民族文字出版专项资金资助项目

贵州省民族古籍抢救推进计划

贵州省民族古籍经典系列编委会

彝文文献经典系列·苏巨黎咪数·法律篇 编委会

导 读

20 世纪 80 年代末，毕节地区彝文翻译组的工作人员，在威宁彝族回族苗族自治县金钟镇大营村一带世袭布摩的妥氏（孔姓）家族那里，收集到一部叫做《苏巨黎咪数》的彝文文献。通过近六年的整理翻译，现由贵州民族出版社出版。这是一部有 15 万字原文的专著，内容独特，题材新颖，且是孤本流传，系首次发现并整理翻译出版。

书名中的“苏巨”一词，可以翻译理解为“告诫人”“教化人”等意思；“黎咪”则有“关于世界观（人生观）的学说”“观点”“哲言”“至理名言”“箴言”等含义。该书的书名合起来可以理解为“教化与箴言”。本书是彝族古代社会寓法于教、教法合流的产物。

所谓“教化”，反映的是古代彝族社会中“礼法合流”与“教入于刑”的情况，教与刑对维持社会秩序同等重要，且两者相辅相成。教是对伦理道德与义务的要求、规范，而刑则是对具体措施的强制。

所谓“箴言”，是古代彝族祖（君）、摩（臣）、布（师）三位一体政权体制社会中，臣子与布摩向君长的进谏，向君长献上的安邦治国的策略。该书记录了古代数位彝族先贤的“教化”与“箴言”，或用列举事例的说理方式，表达他们的思想和主张。

书中所记述的事件多发生在唐朝初至中叶，所提及的有成就的布摩谋臣也多生活在这一历史时期，如普安部的额苦迫默，水西阿哲部的杜阿借，诺濮迂部的勒布额阿抽，播勒部的毕骂额哲，磨弥部的额洪德乌、德皤额濯、毕愁阿兜等著名的布摩谋臣。从该书写作所使用的语气、方言和叙事特点推断，该书的作者是磨弥部一位很有地位和声望的谋臣。他生活在唐朝中叶，该书的成书时间无疑就在这一时期。该书经过历代传抄，传至阿都乃索布摩（阿芋路世袭职业布摩）手中，再传给云南宣威和贵州威宁的妥底家支的布摩，并一直保存至今。

彝族作为一个古老的民族，同各兄弟民族一样，为中国的历史做出过巨大贡献，在祖国大西南这片土地生活的数千年漫长历史长河中，发明创造并使用古老的彝族文字，记录了浩如烟海的史实，留下了卷帙浩繁的典籍文献。正是这些典籍文献，记录了彝族的童年、少年以至于成年的历史，一次次逐鹿西南，开疆拓土，一代代问鼎西南，建立政权，既有卢夷、蜀、滇、夜郎、罗殿、南诏一类成建制并号为“天子之国”的政权形态，又有若干“以什数”的“西南夷君长”政权形态，也有唐宋时期“乌蛮三十七部”这类政权格局，或称“革”，或称“谷”，或称“诏”　“勾”　“蔺”

“尼”，不同规格、不同层次的政权形态的形成，都积极要求强化国家机器，为巩固“国家”这一形态，维护社会秩序，就必然产生与之适应、与之匹配的一系列伦理道德、规范和法律制度。它既带有传统性，又具有普遍意义，这是历史及时代的要求。

彝族社会历史运转到唐朝中叶这一时期，属于笃米（或作笃慕、仲牟由、祝明等）系统，即“六祖”后裔的“乌蛮”各部在历史舞台上崭露头角，从大渡河、金沙江畔到点苍山麓、洱海之滨，从哀牢山、红河流域到滇池周围，从南北盘江流域到广大的乌蒙山区，建立了如林的一个个部政权。此种形势下，人才纷纭、英雄辈出，历史机遇造就了一大批具备安邦治国谋略的饱学之士，历史的大舞台为他们提供了一展雄才大略的机会，于是纷纷走到台前，为各自的君长筹划谋略，献计献策，或以能言巧辩之舌游说各部君长，希望实现他们的政治主张。同时，为维护和巩固本部世袭宗法制统治，各部君长争相笼络、启用人才，虚心纳谏，委以重任，或赐予丰厚的财物，对他们礼遇有加，令他们感动，为报知遇之恩，不惜肝脑涂地。

以毕愁阿兜、额苦迫默为代表的布摩谋臣，在他们关于治国安邦的主张中，开宗明义地对各部的君、臣、师等社会各阶层成员的德才修养、伦理道德与社会责任、义务提出规范要求，并总结出成功的经验、失败的教训，希望部政权的最高决策者——君长在安邦治国时引以为戒，随时重视决策谋略，善于思索判断，重视知识，注意唯才是用。作为君长，“建立政权管理地方，重视稼穑是第一；礼仪分明是第二；练兵习武是第三”。因为民以食为天，所以，必须“靠君长，动员大量耕种，粮食才充足”。提倡爱民，“负责任，持公道。待黎民百姓，要好言好语”。“待民犹待客。”“管四方民众，要像母亲待子女。这样的结果，百姓就服服贴贴，（君长）就受众人拥护。”君长要“以德感化愚顽，用诚心化解成见”。“君不贤，民众就遭殃；主子不贤，奴隶就逃亡。”“君长霸道（暴戾），百姓就遭殃，如进入蛇窝，如服下毒药。”加重赋税，一味盘剥掠夺，其结果，百姓要么背井离乡，要么揭竿而起，被迫造反，动摇削弱君长的统治。

贵为一部（国）之君，“韬略是第一；理想是第二；表现是第三。”“无韬略者愚蠢。”必须“看得高，听得广……懂史是第一……历史与现实巧合，以史为鉴。”“要注意观察，不偏听偏信，要稳重如山。”只有属于昏君的“下等君长，不发号施令，收取民财，搜刮干净，践踏法纪，形同戏耍”。

作为贤明君长，要不拘一格使用人才，哪怕鸡鸣狗盗之徒，也要充分发挥和利用其特长，当然用人要明察，“晒盐易懂，一见就知道；人的好坏，不通过一年半载，就无法了解”。而且必须铭记“六祖”的遗训，“勿让谋臣专横，勿由近臣左右”。否则，被慕魁臣子架空，就受制于人。“随从愚者君长不英明，随从诈者君长命难保。”有道之君重信义，讲信用，可谓一言九鼎，在决策上绝不优柔寡断。

除了告诉君长怎样治理天下、统治民众，该书还对社会各等级、职别的人，如慕魁臣子、布摩（知识分子）、摩史（史官）、布妥、素总、骂色、弄恒、赤纣、武士、唯约等的职责义务、行为准则、道德规范提出了要求。

对社会规范、家庭伦理，书中用了大量的篇幅去阐述，从为人、持家、孝敬父母公婆、尊老爱幼、善待宾朋、兄友弟恭、和睦邻里、崇祖、敬舅到参与社会活动，乃至参政议政，作者由浅入深，用讲事实、摆道理的方式，提出自己关于当时思想教育的主张和伦理观、道德观。

至于如何对待知识与实践，作者认为："实践而后知。""学习技能，通过实践，熟能生巧。""天地之间，各种本领，有知识为大，知识造就人。"因此要"尊重知识，不准伤害布摩"。布摩是知识的象征，尊重布摩也就是尊重知识。反之，伤害布摩等于践踏知识，那是天地所不容，人神所共诛之事。

对于价值观与美的追求，在作者看来，值得提倡的，"一是为官；二是为农；三是为牧"。最鄙视的是偷盗、抢掠、诈骗行为。"人生在世诈骗最贱。"作者任为："聪明的人舌头巧，貌美的人眼睛美"，这是表象的美；"人因善良而美丽"，这是内在的美。"美是唯一的，追求美是第一。花一点功夫，可获得百利。"美既存在于表象，又存在于内在，美的标准在于注重内在，注重实在。"高谈阔论，是不好的呀，好比锅烟不常洗，盛名之下，其实难副，令不出城，大名传得远，声势张得大，道貌岸然而已。”至于搬弄是非口舌，散布谣言，以及种种不仁，则是作者大加鞭挞的对象，“是非口舌，因出风头而起，利舌巧言，引起是非口舌，因口舌生祸端，咎由皆自取!”不仁者非人，堪与兽为伍；无义者非人，奸佞乱仁义。不仁者的具体表现是：“长幼不分，父子隔阂，主客亲戚争财产，不惜动刀兵。”

刚与柔既相济，又相克，且各有长短，作者用人的齿与舌、动物的角与耳、常相伴的水与船作生动的比喻后，得出“不唯刚为上”的结论，反映出了一定的辩证哲学观。

作者从维护部政权的君长统治利益出发，向那时的当政者发出许多坦诚的忠告，集中引述了大大小小思想家们的言论，至少说明了这样一些问题。第一，在漫长的彝族社会历史长河中，彝族先民曾建立过多种形态、不同称号的政权，如“给”“谷”“诏”“勾”“蔺”（尼）等，尽管其规模、级别大小不同，但却延续了数千年。称为“蔺”（尼）的政权形态不仅历时时间最长，而且在彝族地区广为分布。这些具备国家形态的政权，必须有它规范的成文法律，本书就有不少这方面的内容。第二，根据古代彝族社会的实际情况，存在“礼法合流”与“教入于刑”的情况是必然的，这从该书的记述中可以得到印证。第三，在唐代彝族“乌蛮”部政权林立的情况下，彝族内部也曾一度出现“百家争鸣”的局面，各种思想学派及其学说在历史舞台上纷纷亮相，著书立说一时成为风气，政治、经济、文学、教育、历史、地理、军事等内容的著作相继成书，对后世有广泛影响，其中就包括《苏巨黎咪数》一书。我们今天重新整理翻译出版这部文献，意在弘扬优秀民族文化，借鉴彝族先民思想中的精华，为今天的社会主义精神文明建设服务。

编 译 者

2017 年 2 月

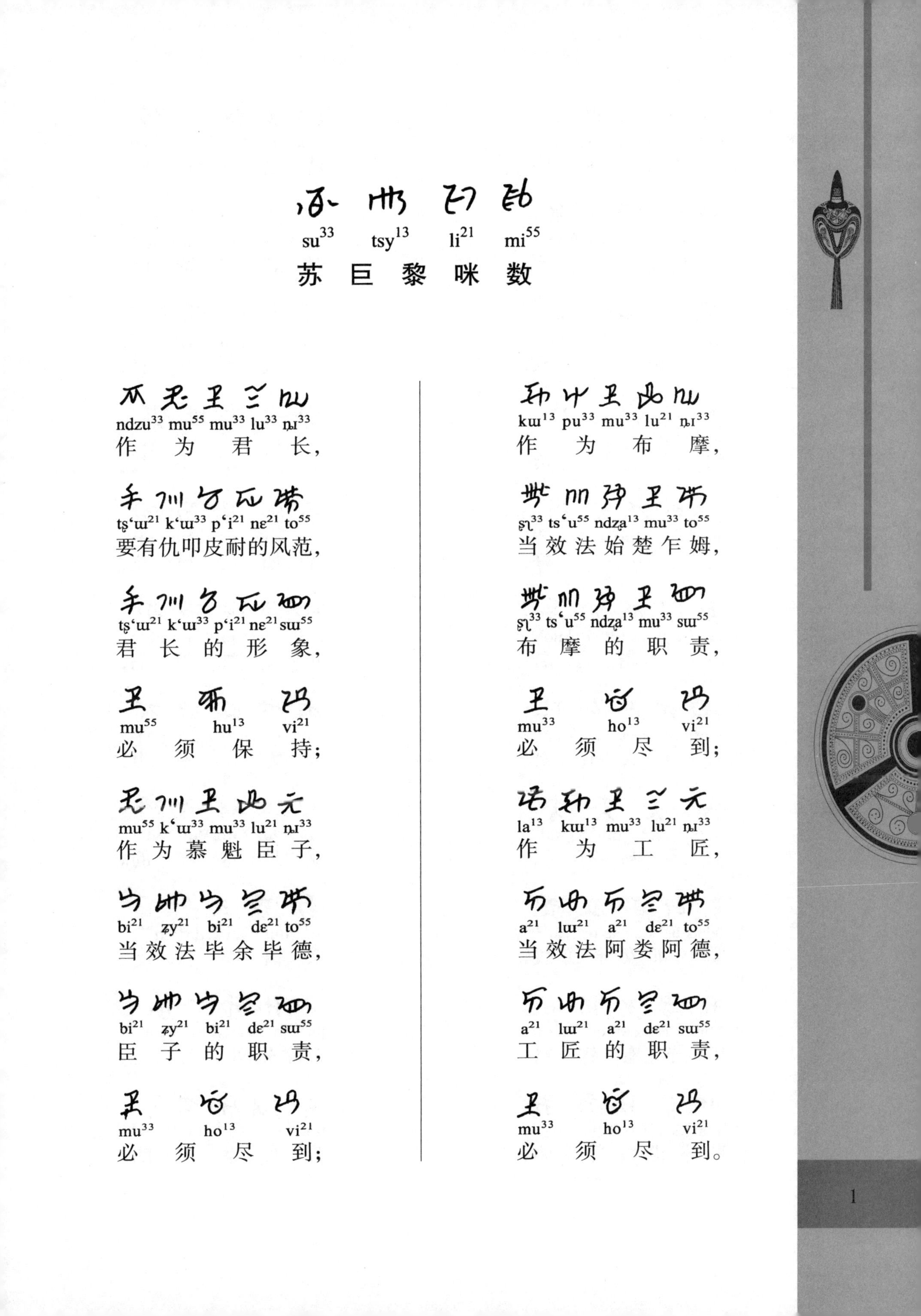

su^{33} tsy^{13} li^{21} mi^{55}

苏巨黎咪数

ndzu^{33} mu^{55} mu^{33} lu^{33} n̥ɹ^{33}
作为君长，

tʂʻɯ^{21} kʻɯ^{33} pʻi^{21} nɛ^{21} to^{55}
要有仇叩皮耐的风范，

tʂʻɯ^{21} kʻɯ^{33} pʻi^{21} nɛ^{21} sɯ^{55}
君长的形象，

mu^{55} hu^{13} vi^{21}
必须保持；

mu^{55} kʻɯ^{33} mu^{33} lu^{21} n̥ɹ^{33}
作为慕魁臣子，

bi^{21} ʑy^{21} bi^{21} dɛ^{21} to^{55}
当效法毕余毕德，

bi^{21} ʑy^{21} bi^{21} dɛ^{21} sɯ^{55}
臣子的职责，

mu^{33} ho^{13} vi^{21}
必须尽到；

kɯ^{13} pu^{33} mu^{33} lu^{21} n̥ɹ^{33}
作为布摩，

ʂʅ^{33} tsʻu^{55} ndʐa^{13} mu^{33} to^{55}
当效法始楚乍姆，

ʂʅ^{33} tsʻu^{55} ndʐa^{13} mu^{33} sɯ^{55}
布摩的职责，

mu^{33} ho^{13} vi^{21}
必须尽到；

la^{13} kɯ^{13} mu^{33} lu^{21} n̥ɹ^{33}
作为工匠，

a^{21} lɯ^{21} a^{21} dɛ^{21} to^{55}
当效法阿娄阿德，

a^{21} lɯ^{21} a^{21} dɛ^{21} sɯ^{55}
工匠的职责，

mu^{33} ho^{13} vi^{21}
必须尽到。

fɛ^{13} k‘u^{33} sɯ^{33} da^{33} su^{13}
政权有秩序，

ʂu^{55} lɪ^{21} ndzu^{33} k‘u^{33} mu^{33}
体现君长尊严。

ndzu^{33} fɛ^{13} zɯ^{33}
君长掌权，

mu^{55} lo^{33} tɛ^{55} su^{13} k‘ɯ^{21}
问臣为上策。

mu^{55} ʂʅ^{33} ndzu^{33} no^{13}ŋgɯ^{55}
而臣先问才好，

mu^{55} ʂʅ^{33} ndzu^{33} no^{13} no^{33}
臣若先问君，

dɯ^{21} ȵɪ^{33} ndzu^{33} ʑɯ^{33}dɯ^{21}
有过失在君，

sa^{13} ȵɪ^{33} mu^{55} sa^{13}
对臣却有利。

fɛ^{13} zɯ^{33} lɯ^{55} tʂ‘u^{33} tʂo^{13}
掌权如女子纺线，

k‘u^{33} k‘e^{33} mu^{55} gu^{33} tʂ‘o^{21}
臣子有谋略，

k‘u^{33} k‘e^{33} ʑɛ^{21} tɯ^{55} tʂʅ^{21}
断事犹如滚线团，

dʐa^{33} tɯ^{33} ŋɯ^{33} dɪ^{13} vi^{21}
就是这样的。

ndzu^{33} ʂʅ^{33} mu^{55} no^{13} no^{33}
君若先问臣，

dɯ^{21} ȵɪ^{33} ndzu^{33} ma^{21} dɯ^{21}
有过不在君，

sa^{13} ȵɪ^{33} mu^{55} ma^{21} sa^{13}
却对臣不利。

a^{21} gɯ^{55} ɬɛ^{13} a^{33} vu^{33}
犹如樱桃花，

bu^{21} lɛ^{21} ʈɯ^{33} a^{33} t‘e^{13}
开晚被雨浇，

vu^{33} de^{13}do^{33} ma^{21} de^{13}
有力使不出，

dʐa^{33} tɯ^{33} ŋɯ^{33}dɪ^{13} vi^{21}
就是这样的。

ȵɪ^{13} du^{55} sɯ^{33} da^{33} lɪ^{21}
宗谱有秩序，

pu^{13} ʂʅ^{33} sɛ^{21} no^{13} ŋgɯ^{55}
布摩先问主人才行。

pu^{13} ʂʅ^{33} sɛ^{21} no^{13} no^{33}
若布摩先问，

pu^{13} ȵɪ^{13} tʂʻa^{33}
布 摩 祭 祖，

ɣɯ^{21} a^{33} li^{21} su^{13} dɯ^{13}
有 章 有 法，

ɣɯ^{21} lɪ^{21} pu^{13} lɪ^{21} bi^{55}
功 是 布 摩 的。

ȵɪ^{13} tʂʻa^{55} ɖu^{21} hɪ^{21} dɯ^{13}
祭祖后人丁兴旺，

nɯ^{21} fa^{13} lɪ^{21} ndʐa^{33} ʂɛ^{13}
如 大 岩 布 缆 绳，

na^{33} ʑi^{33} lɪ^{21} dzɯ^{21} kɯ^{55}
大 江 上 搭 桥，

da^{21} mu^{33} kʻɯ^{33} ma^{21} dɪ^{13}
登 高 无 止 境。

dɯ^{21} ȵɪ^{33} pu^{13} ʑɯ^{33} dɯ^{21}
过 是 布 摩 的，

sa^{13} ȵɪ^{33} pu^{13} ʑɯ^{33} sa^{13}
功 是 布 摩 的，

dʐa^{33} tɯ^{33} ŋɯ^{33} dɪ^{13} vi^{21}
就 是 这 样 的。

sɛ^{21} ʂʅ^{33} pu^{13} no^{13} tɯ^{33}
若 主 人 先 问，

sɛ^{21} ʂʅ^{33} pu^{13} no^{13} no^{33}
这 种 前 提 下，

dɯ^{21} ȵɪ^{33} sɛ^{21} ma^{21} dɯ^{21}
主 人 家 无 过，

sa^{13} ȵɪ^{33} pu^{13} ma^{21} sa^{13}
却 有 碍 布 摩，

pu^{13} ȵɪ^{13} tʂʻa^{55}
布 摩 祭 祖，

ɖu^{21} mi^{33} tɯ^{33}
让 人 得 天 时，

ɖu^{21} dzu^{21} ɣo^{21} ɖu^{33} mo^{21}
人 口 就 发 展，

dʐa^{33} tɯ^{33} ŋɯ^{33} dɪ^{13} vi^{21}
就 是 这 样 的。

ȵɪ^{13} du^{55} ʑɪ^{33} fe^{13} kʻu^{33}
宗 谱 和 政 权，

dʑɪ^{21} ɣo^{21} ŋo^{21} mo^{21} tʻo^{21}
鄂 莫 氏 先 创，

kʻo^{21} ɣo^{33} tɯ^{33} ma^{21} sɯ^{55}
却 因 人 而 异。

ȵɪ^{13} du^{55} mo^{21} lu^{33} no^{33}
重 视 宗 谱 者，

ɣɯ21 ɖu33 ɣɯ21 ta33
得到殊荣；

fe13 k'u33 mo21 lu33 no33
重视谋略者，

ts'ɛ13su13lo33tɕ'y13tɕ'o55lɯ21ʑɯ33
可发展壮大。

to33 dʑi33 ndo21 ȵo33
在家里，

pu55 dʐʅ21 zu33 ma21 no13
若子不听从父，

ve13 dʐʅ21 ȵɪ13 ma21 no13
弟不听从兄，

ʑo21 mbɑ33 mɛ55 ma21 no13
妻不听从夫，

sɛ21 mba33 dʐɯ21 lɪ21 du55
主替奴说话，

dʐɯ21 mba33 sɛ21 lɪ21 no13
主信奴的话，

dʐʅ21 ȵo33 dɛ21 a33 pa33
斤斤计较，

de13 a33 pa33
见利忘义，

mi33mi13ndʑo33mɛ13tɕo55du55vi21
说话无边际，

ʑa13 du55 ʑa13 mi33 mi13
恶语有天地，

gɯ21 dʐʅ21 tɕe13
则众叛亲离，

tɕ'y a33 ŋge33
偷盗诈骗，

tɕ'y33 ŋge33 sʅ55 so21 zu33
偷骗成风，

dʐa33 tɯ33 ŋɯ33 dɪ13 vi21
就是这样的。

ʂa33 su13 fe13 k'u33 lɪ33
外族的追求，

ɣo13 bu33 a33 ʑi21 lu33
塑美丽的像，

t'u33 lu33 la33 ʑɯ33 tɛ13
树在世界上，

dʑi33 bu33 ŋo21 a33 no13
把偶像崇拜，

su33 ʂɛ13 ʈ'u55 a33 ȵɪ13
照着书本做，

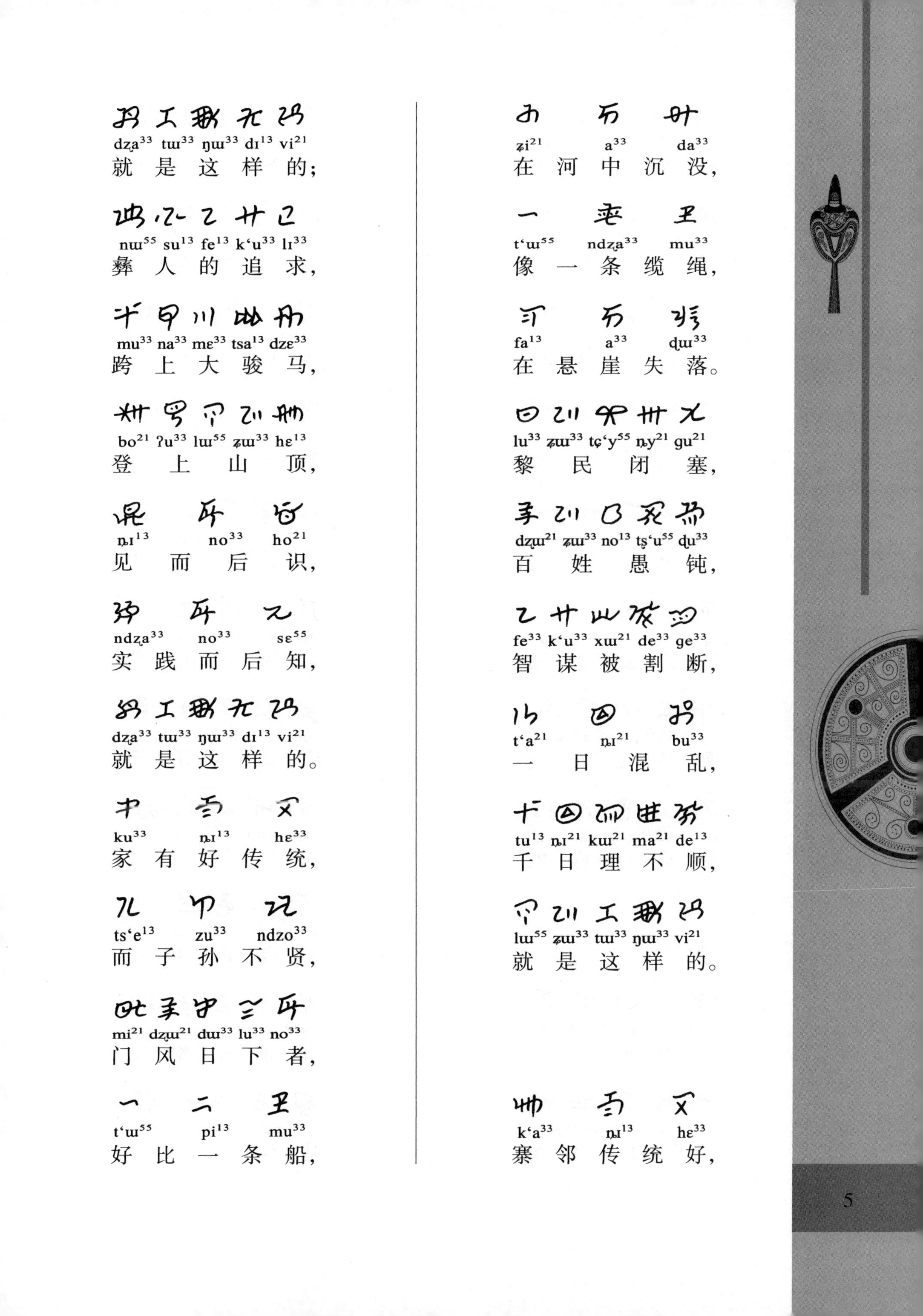

dʐa^{33} tɯ^{33} ŋɯ^{33} dɪ^{13} vi^{21}
就是这样的；

nɯ^{55} su^{13} fe^{13} k'u^{33} lɪ^{33}
彝人的追求，

mu^{33} na^{33} mɛ^{33} tsa^{13} dzɛ^{33}
跨上大骏马，

bo^{21} ʔu^{33} lɯ^{55} ʑɯ^{33} hɛ^{13}
登上山顶，

ȵɪ^{13} no^{33} ho^{21}
见而后识，

ndʐa^{33} no^{33} sɛ^{55}
实践而后知，

dʐa^{33} tɯ^{33} ŋɯ^{33} dɪ^{13} vi^{21}
就是这样的。

ku^{33} ȵɪ^{13} hɛ^{33}
家有好传统，

ts'e^{13} zu^{33} ndzo^{33}
而子孙不贤，

mi^{21} dʐɯ^{21} dɯ^{33} lu^{33} no^{33}
门风日下者，

t'ɯ^{55} pi^{13} mu^{33}
好比一条船，

ʑi^{21} a^{33} da^{33}
在河中沉没，

t'ɯ^{55} ndʐa^{33} mu^{33}
像一条缆绳，

fa^{13} a^{33} ɖɯ^{33}
在悬崖失落。

lu^{33} ʑɯ^{33} tɕ'y^{55} ȵy^{21} gu^{21}
黎民闭塞，

dʐɯ^{21} ʑɯ^{33} no^{13} tʂ'u^{55} ɖu^{33}
百姓愚钝，

fe^{33} k'u^{33} xɯ^{21} de^{33} ge^{33}
智谋被割断，

t'a^{21} ȵɪ^{21} bu^{33}
一日混乱，

tu^{13} ȵɪ^{21} kɯ^{21} ma^{21} de^{13}
千日理不顺，

lɯ^{55} ʑɯ^{33} tɯ^{33} ŋɯ^{33} vi^{21}
就是这样的。

k'a^{33} ȵɪ^{13} hɛ^{33}
寨邻传统好，

tɕʻo^{13} lu^{21} ndɛ^{21} ʑo^{33} lɿ^{33}
众志成城。

tɕʻy^{33} lɿ^{21} kʻa^{33}
邻居爱偷盗，

ɬu^{13} ɣo^{21} lu^{21} lɿ^{21} kʻa^{33}
邻居口舌多。

no^{13} ndɯ^{55} ʑe^{13} ɳɿ^{13} hɛ^{33}
家门失势，

mi^{21} dʐɯ^{21} dɯ^{21} a^{33} no^{13}
门风日下者，

tɕʻi^{33} a^{33} no^{13}
像狗被人骂，

mu^{33} sɯ^{33} pu^{13} lɯ^{55} kʻo^{13}
像马让人训。

dʐa^{33} tɯ^{33} ŋɯ^{33} di^{13} vi^{21}
就是这样的。

ɖu^{21} mi^{33} ʑɯ^{33} zu^{33} ɬi^{33}
笃米的子孙，

li^{33} tʂʻu^{21} lo^{21} ma^{21} no^{33}
稳重的不草率，

lo^{21} tʂʻu^{21} li^{33} ma^{21} de^{13}
草率的不稳重。

ndzu^{33} lo^{21} lɿ^{21} fe^{13} ʂu^{55}
庸君发号令，

mu^{55} ko^{13} bu^{33}
让臣子做主，

ʈa^{13} ʈʻu^{13} ɖɯ^{21}
就像白老鹰，

se^{33} ʔu^{33} lɯ^{55} ʑɯ^{33} ɳɿ^{33}
飞落在树梢，

dʑy^{33} vu^{55} tʂʻɯ^{55} ma^{21} pʻo^{21}
驱不动群鸟，

mu^{55} lo^{21} lɿ^{21} kʻu^{33} kʻe^{33}
庸臣作决断，

ŋgɯ^{21} pʻu^{21} a^{33} tɕʻi^{33} tsɛ^{13}
如鹿群犬吠，

bu^{21} nu^{33} ɳɿ^{55} ma^{21} sʅ^{33}
兽闻声不动。

pu^{13} lo^{21} lɿ^{21} ɳɿ^{13} tʂʻa^{55}
庸布摩祭祖，

vu^{55} pi^{13} ʈʻu^{13} ʑɯ^{33} ɖɯ^{21}
就像白公鸡，

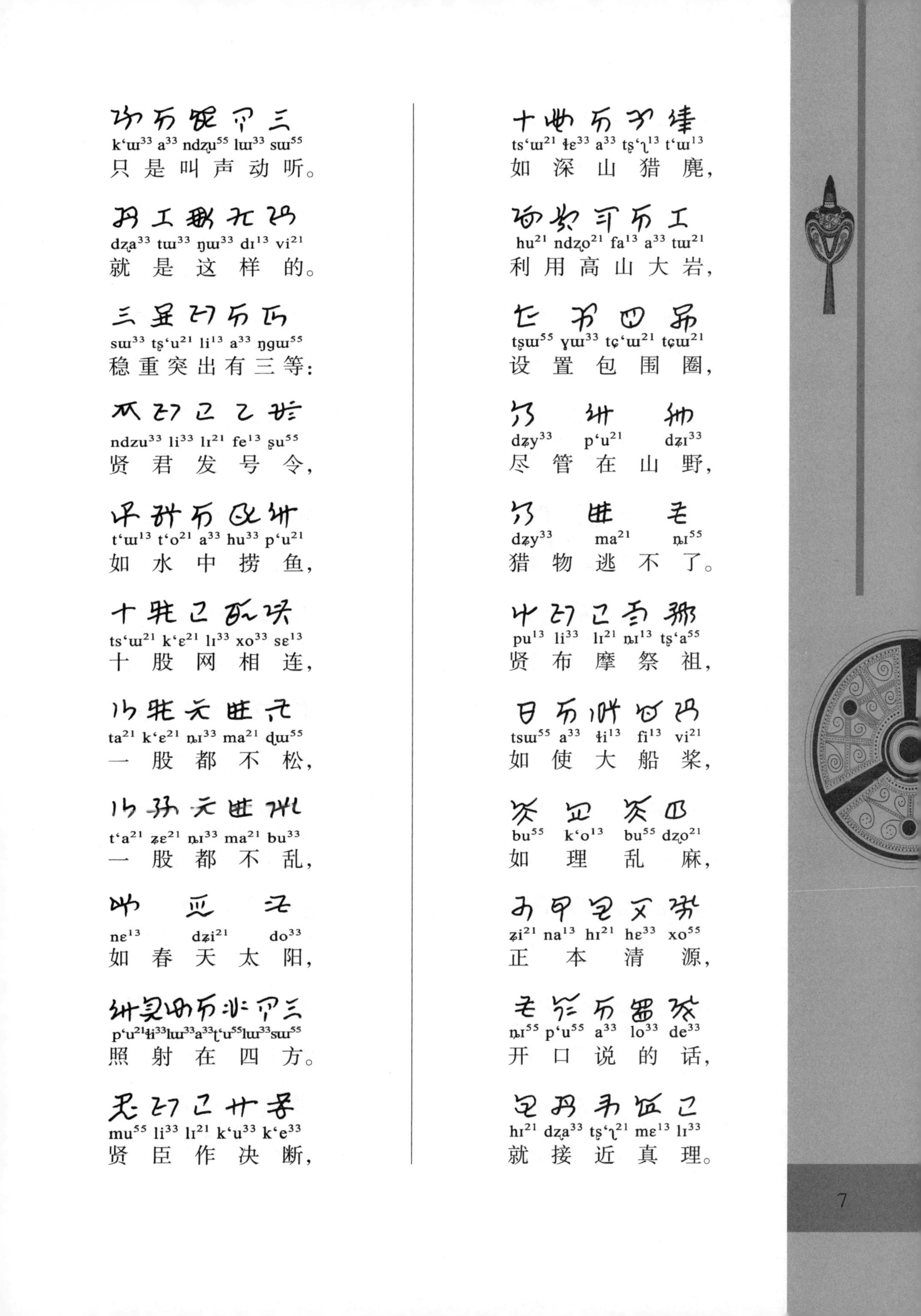

kʻɯ33 a33 ndʐu55 lɯ33 sɯ55
只是叫声动听。

dʐa33 tɯ33 ŋɯ33 dɪ13 vi21
就是这样的。

sɯ33 tʂʻu21 li13 a33 ŋgɯ55
稳重突出有三等：

ndzu33 li33 lɪ21 fe13 ʂu55
贤君发号令，

tʻɯ13 tʻo21 a33 hu33 pʻu21
如水中捞鱼，

tsʻɯ21 kʻɛ21 lɪ33 xo33 sɛ13
十股网相连，

ta21 kʻɛ21 ȵɪ33 ma21 ɖɯ55
一股都不松，

tʻa21 ʑɛ21 ȵɪ33 ma21 bu33
一股都不乱，

nɛ13 dʑi21 do33
如春天太阳，

pʻu21 ɬi33 lɯ33 a33 ʈʻu55 lɯ33 sɯ55
照射在四方。

mu55 li33 lɪ21 kʻu33 kʻe33
贤臣作决断，

tsʻɯ21 ɬɛ33 a33 tʂʻʅ13 tʻɯ13
如深山猎鹿，

hu21 ndʐo21 fa13 a33 tɯ21
利用高山大岩，

tʂɯ55 ɣɯ33 tɕʻɯ21 tɕɯ21
设置包围圈，

dʑy33 pʻu21 dʑɪ33
尽管在山野，

dʑy33 ma21 ȵɪ55
猎物逃不了。

pu13 li33 lɪ21 ȵɪ13 tʂʻa55
贤布摩祭祖，

tsɯ55 a33 ɬi13 fi13 vi21
如使大船桨，

bu55 kʻo13 bu55 dʐo21
如理乱麻，

ʑi21 na13 hɪ21 hɛ33 xo55
正本清源，

ȵɪ55 pʻu55 a33 lo33 de33
开口说的话，

hɪ21 dʐa33 tʂʻʅ21 mɛ13 lɪ33
就接近真理。

dʐa^{33} tɯ^{33} ŋɯ^{33} dɪ^{13} vi^{21}
是 这 样 的 啊。

sɯ^{33} tʂu^{13} li^{33} a^{33} ŋgɯ^{55}
慎 重 有 三 好：

he^{13} pu^{21} li^{33} a^{33} ŋgɯ^{55}
一是开口要慎重；

na^{33} mɛ^{33} li^{33} a^{33} dʐo^{13}
二是观察要慎重；

na^{33} mɛ^{33} li^{33} a^{33} dʐo^{13}
三是考虑要慎重。

sɯ^{33} tʂu^{21} lo^{21} a^{33} ŋgɯ^{55}
快 也 有 三 好：

ne^{33} lɪ^{21} lo^{21} a^{33} ŋgɯ^{55}
第 一 反 应 快；

lo^{21} po^{13} lo^{21} a^{33} dʐa^{33}
第 二 耳 朵 灵；

he^{13} pu^{21} lo^{21} a^{33} mɛ^{21}
第 三 口 才 灵。

ʂʅ^{33} ʑɯ^{33} mba^{33}
先 发 言，

nu^{33} ʑɯ^{33} ndy^{55} su^{13} no^{33}
然 后 再 思 考，

p'u^{21} gu^{33} do^{33} ma^{21} ʑy^{21}
话出口收不回，

tɕy^{33} k'o^{13} ɖu^{21} mu^{33} mu^{33}
九 年 悔 不 转。

ʂʅ^{33} ʑɯ^{33} ndy^{55}
先 考 虑，

nu^{33} ʑɯ^{33} mba^{33} su^{13} no^{33}
然 后 再 发 言，

mu^{55} hɛ^{33} dʑy^{21} li^{33} ɳɪ^{21}
显 得 有 教 养，

tɕy^{33} ts'e^{13} li^{33} hɛ^{33} pu^{33}
九 代 人 得 益。

ndy^{55} lɯ^{21} mba^{33} a^{33} tɕɪ^{13}
思考后开口是第一，

sɛ^{55} lɯ^{33} mba^{33} a^{33} dʐo^{13}
懂行开口是第二，

k'ɛ^{33} lɯ^{33} mba^{33} a^{33} mɛ^{21}
回忆后开口是第三，

dʐa^{33} tɯ^{33} ŋɯ^{33} dɪ^{13} vi^{21}
就是这样的。

tsɿ^{13} su^{13} n̡o^{21} t'a^{21} k'e^{33}
上等用人，

mi^{33} mi^{13} tʂ'ɯ^{55} ly^{21} t'u^{33}
顶天立地，

dʑi^{21} hu^{21} nu^{33} ŋgɛ^{33} mbe^{33}
日月用箭射。

tsɿ^{13} su^{13} tɕo^{55} t'a^{21} k'e^{33}
中等佣人，

ʂu^{55} a^{33} mɛ^{55} ndʐa^{33} du^{33}
能经营丝绸，

ʈ'u^{13} a^{33} ʂɛ^{13} to^{33} p'u^{21}
善管理钱财。

tsɿ^{13} su^{13} tɕɪ^{13} t'a^{21} k'e^{33}
末等佣人，

tsɿ^{13} a^{33} lu^{33} nɯ^{21} ʈ'u^{13}
忠于职守，

k'o^{13} ka^{13} lu^{33} a^{33} n̡ɪ^{33}
所为有依据，

lɯ^{55} ʑɯ^{33} tɯ^{33} ŋɯ^{33} vi^{21}
是这样的啊。

ndu^{21} gu^{21} dʑi^{21} n̡o^{33} tɕo^{55}
上下级之间，

dʐʅ^{21} n̡ɪ^{33} dʐʅ^{21}
要讲忠诚，

k'ɯ^{21} n̡ɪ^{33} k'ɯ^{21} n̡o^{33} vi^{21}
要重信义啊。

hɪ^{21} n̡o^{33} fe^{13} k'u^{33} lɪ^{33}
本领通天者，

mu^{33} ʂɛ^{13} dzɛ^{33}
跨骏马，

ʑɛ^{21} ʂɛ^{13} ve^{13}
披长氅，

dzu^{33} sɯ^{55} ku^{21} a^{33} n̡ɪ^{33}
老虎样端坐，

tɕ'y^{21} tɯ^{33} dzo^{33}
独树一帜，

k'o^{21} tɯ^{33} dɪ^{13} mu^{33} dʐa^{33}
能独挡一面。

hɪ^{21} dʑi^{33} fe^{13} k‘u^{33} lɪ^{33}
天下有本领者，

mu^{33} ʂɯ^{13} dzɛ^{33}
乘坐骑，

ʑɛ^{21} ʂɛ^{13} ve^{13}
披长氅，

dzu^{33} sɯ^{55} ku^{21} a^{33} hɛ^{13}
老虎样站立，

tɕ‘y^{13} tɯ^{33} dzo^{33}
独树一帜，

k‘o^{21} tɯ^{33} dɪ^{13} mu^{33} dʐa^{33}
能独挡一面。

ndu^{21} gu^{21} dʑi^{21} ɳo^{33}
在宫廷里，

ndzɯ^{21} bo^{21} ɳo^{21} ʑɯ^{33} lɪ^{33}
在哲博议厅，

ʑo^{21} lɪ^{21} ʂu^{55} su^{21} tʂ‘o^{55}
由自己发庄严号令，

ʑo^{21} lɪ^{21} k‘ɪ^{33} su^{13} mu^{21}
由自己作高超决断。

mi^{33} mi^{13} zu^{33} ts‘ɯ^{21} ʑo^{33}
天下各种人，

dʐʅ^{21} lɪ^{33} fe^{13} tɯ^{33} dʐʅ^{21}
唯有谋略实在，

fe^{13} k‘u^{33} dʐʅ^{21} a^{33} tɕɪ^{13}
谋略实在是第一，

ŋo^{13} a^{33} tʂ‘o^{21} lo^{33} dʐo^{13}
有抱负是第二，

ŋɯ^{13} a^{33} ŋo^{55} lo^{33} mɛ^{21}
有地位是第三。

gɯ^{21} ʑɪ^{33} ʂu^{33} a^{33} dɪ^{13}
打仗要获胜，

k‘a^{33} k‘u^{33} hɪ^{21} lɪ^{33} bi^{55}
天赐勇与谋，

ʑɛ^{33} lɪ^{21} lu^{21} zu^{33} ʑɛ^{33}
有机遇为长，

lu^{33} bu^{33} dzu^{21} a^{33} tɕɪ^{13}
得机遇者高。

ɳɪ^{13} mu^{21} sa^{13} a^{33} dɪ^{13}
祭祖要顺利，

pu^{13} lɪ^{21} ɣɯ^{21} lɪ^{21} bi^{55}
靠布摩的造诣，

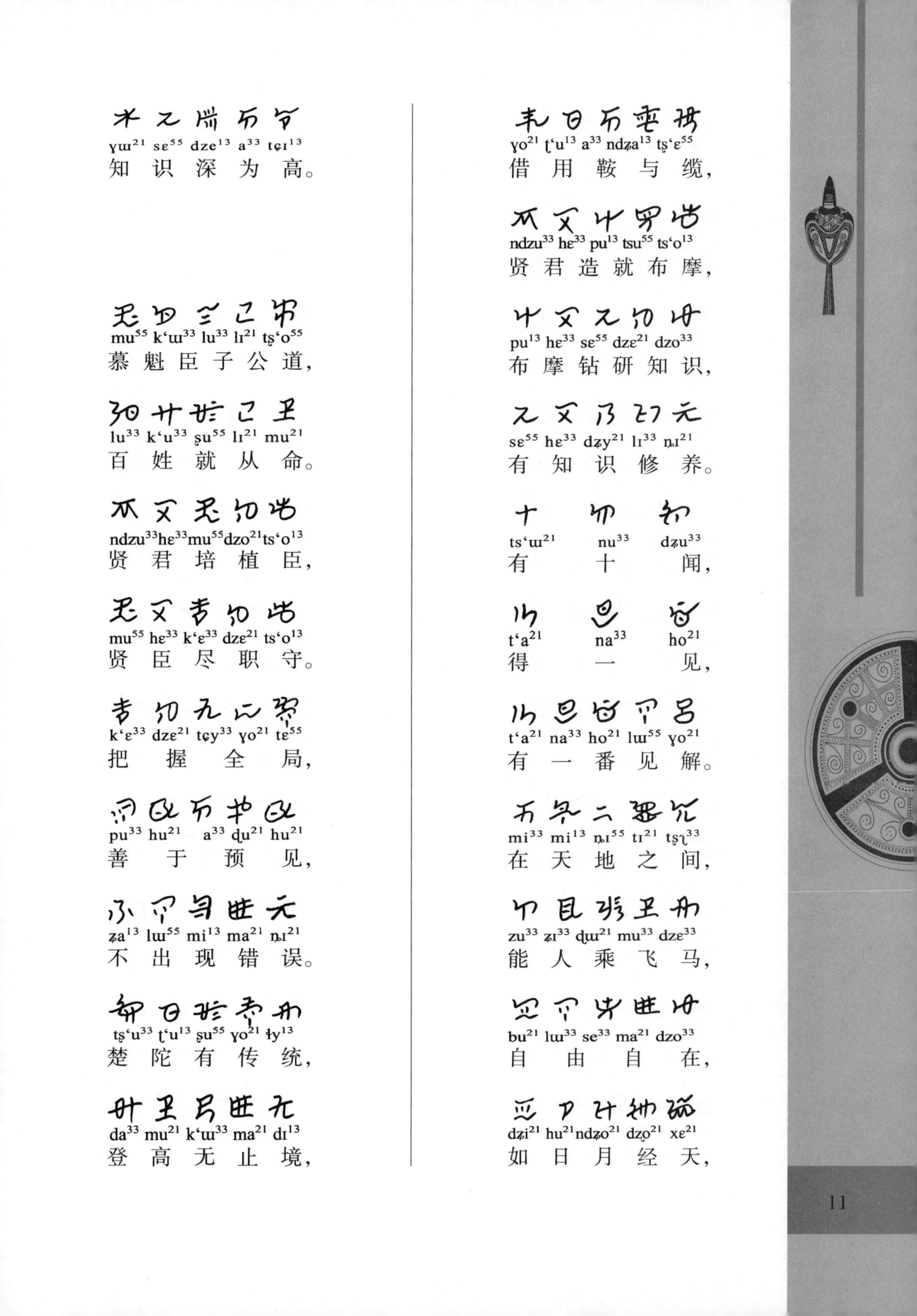

ɣɯ^{21} sɛ^{55} dze^{13} a^{33} tɕɪ^{13}
知识深为高。

mu^{55} k'ɯ^{33} lu^{33} lɪ^{21} tʂ'o^{55}
慕魁臣子公道，

lu^{33} k'u^{33} ʂu^{55} lɪ^{21} mu^{21}
百姓就从命。

ndzu^{33} hɛ^{33} mu^{55} dzo^{21} ts'o^{13}
贤君培植臣，

mu^{55} hɛ^{33} k'ɛ^{33} dzɛ^{21} ts'o^{13}
贤臣尽职守。

k'ɛ^{33} dzɛ^{21} tɕy^{33} ɣo^{21} tɛ^{55}
把握全局，

pu^{33} hu^{21} a^{33} ɖu^{21} hu^{21}
善于预见，

ʑa^{13} lɯ^{55} mi^{13} ma^{21} ȵɪ^{21}
不出现错误。

tʂ'u^{33} ʈ'u^{13} ʂu^{55} ɣo^{21} ɬy^{13}
楚陀有传统，

da^{33} mu^{21} k'ɯ^{33} ma^{21} dɪ^{13}
登高无止境，

ɣo^{21} ʈ'u^{13} a^{33} ndʑa^{13} tʂ'ɛ^{55}
借用鞍与缆，

ndzu^{33} hɛ^{33} pu^{13} tsu^{55} ts'o^{13}
贤君造就布摩，

pu^{13} hɛ^{33} sɛ^{55} dzɛ^{21} dzo^{33}
布摩钻研知识，

sɛ^{55} hɛ^{33} dʑy^{21} lɪ^{33} ȵɪ^{21}
有知识修养。

ts'ɯ^{21} nu^{33} dʑu^{33}
有十闻，

t'a^{21} na^{33} ho^{21}
得一见，

t'a^{21} na^{33} ho^{21} lɯ^{55} ɣo^{21}
有一番见解。

mi^{33} mi^{13} ȵɪ^{55} tɪ^{21} tʂʅ^{33}
在天地之间，

zu^{33} ʑɪ^{33} ɖɯ^{21} mu^{33} dzɛ^{33}
能人乘飞马，

bu^{21} lɯ^{33} se^{33} ma^{21} dzo^{33}
自由自在，

dʑi^{21} hu^{21} ndʑo^{21} dʐo^{21} xɛ^{21}
如日月经天，

t‘ɯ^{33} t‘ɯ^{33} p‘u^{21} ɬi^{33} lɯ^{21}
光芒四射。

ndzu^{33} fe^{13} zɯ^{33}
君长掌权，

mu^{55} a^{33} tɛ^{55}
与臣问计，

k‘ɛ^{33} gɛ^{21} pu^{13} ɳɪ^{13} tʂ‘a^{55}
高明的布摩祭祖，

ɣɯ^{21} a^{33} li^{33} sɛ^{55} dzɛ^{21}
靠满腹经纶。

dzạ^{33} tɯ^{33} ŋɯ^{33} dɪ^{13} vi^{21}
就是这样的。

ḍu^{21} mi^{33} ʑɯ^{33} zu^{33} ɬi^{33}
笃米的子孙，

ndʑo^{13} ʑo^{33} t‘a^{55} lɯ^{21} lɯ^{21}
头顶着苍天，

ʔu^{33} ts‘o^{33} dẓo^{33} ʑɯ^{33} su^{13}
为人在世，

zɛ^{21} ly^{21} no^{33} gu^{33} ly^{21}
求寿须求真理，

gu^{33} ly^{21} no^{33} zɛ^{21} ʂɛ^{13}
求真理就长寿。

ɣo^{21} ly^{21} t‘u^{55} zɯ^{33} vɛ^{21}
善于把握时机，

t‘u^{55} k‘o^{21} zɯ^{33} su^{13} ɣo^{21}
把握时机者都有所得。

kɯ^{13} ly^{21} ʑo^{21}
学习技能，

ṭ‘o^{21} ʑo^{21} k‘o^{13}
通过实践，

ḍu^{21} la^{13} kɯ^{13}
熟能生巧。

ne^{33} ly^{33} p‘i^{55} p‘i^{33} tɕy^{13}
诚心顶敬祖宗，

p‘i^{55} tɕy^{13} no^{33} ne^{33} ɣɯ^{33}
并作为信念。

ne^{33} ly^{33} p‘u^{55} mo^{21} ʂɛ^{55}
认真孝敬父母，

p‘u^{55} mo^{21} ʂɛ^{55} no^{33} ɣɯ^{33}
并作为追求。

ʑɛ^{33} zu^{33} p‘u^{55} mo^{21} ʂɛ^{55}
赤子敬父母，

dy^{33} ly^{33} ŋɯ^{33} lɯ^{33} tɕɪ^{13}
面面俱到是第一，

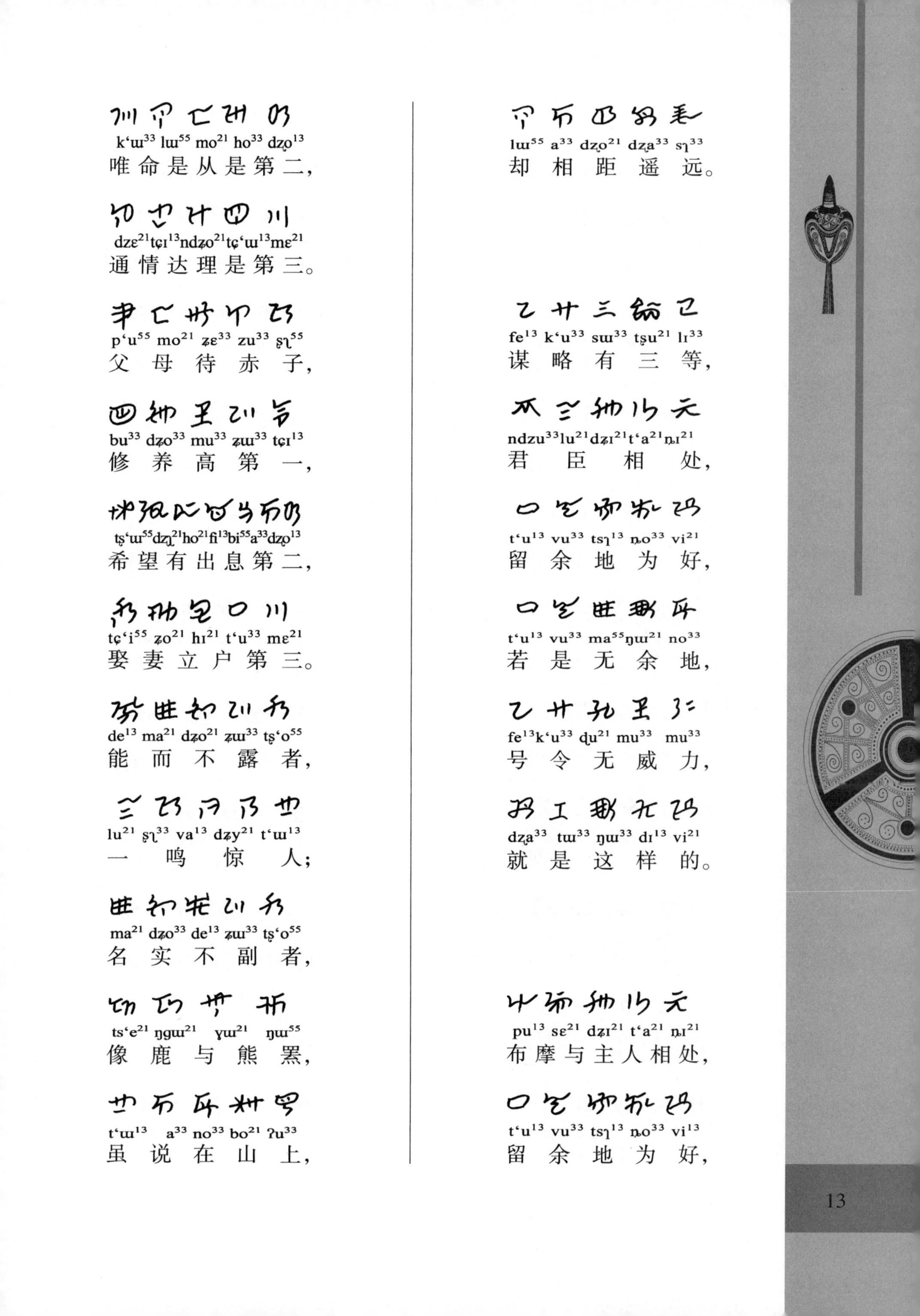

k‘ɯ^{33} lɯ^{55} mo^{21} ho^{33} dʐo^{13}
唯命是从是第二，

dzɛ^{21}tɕɪ^{13}ndʑo^{21}tɕ‘ɯ^{13}mɛ^{21}
通情达理是第三。

p‘u^{55} mo^{21} ʑɛ^{33} zu^{33} ʂʅ^{55}
父母待赤子，

bu^{33} dʑo^{33} mu^{33} ʑɯ^{33} tɕɪ^{13}
修养高第一，

tʂ‘ɯ^{55}dʐʅ^{21}ho^{21}fi^{13}bi^{55}a^{33}dʐo^{13}
希望有出息第二，

tɕ‘i^{55} ʑo^{21} hɪ^{21} t‘u^{33} mɛ^{21}
娶妻立户第三。

de^{13} ma^{21} dʑo^{21} ʑɯ^{33} tʂ‘o^{55}
能而不露者，

lu^{21} ʂʅ^{33} va^{13} dʑy^{21} t‘ɯ^{13}
一鸣惊人；

ma^{21} dʑo^{33} de^{13} ʑɯ^{33} tʂ‘o^{55}
名实不副者，

ts‘e^{21} ŋgɯ^{21} ɣɯ^{21} ŋɯ^{55}
像鹿与熊罴，

t‘ɯ^{13} a^{33} no^{33} bo^{21} ʔu^{33}
虽说在山上，

lɯ^{55} a^{33} dʐo^{21} dʐa^{33} sʅ^{33}
却相距遥远。

fe^{13} k‘u^{33} sɯ^{33} tʂu^{21} lɪ^{33}
谋略有三等，

ndzu^{33}lu^{21}dʑɪ^{21}t‘a^{21}ȵɪ^{21}
君臣相处，

t‘u^{13} vu^{33} tsʅ^{13} ȵo^{33} vi^{21}
留余地为好，

t‘u^{13} vu^{33} ma^{55}ŋɯ^{21} no^{33}
若是无余地，

fe^{13}k‘u^{33} ɖu^{21} mu^{33} mu^{33}
号令无威力，

dʐa^{33} tɯ^{33} ŋɯ^{33} dɪ^{13} vi^{21}
就是这样的。

pu^{13} sɛ^{21} dʑɪ^{21} t‘a^{21} ȵɪ^{21}
布摩与主人相处，

t‘u^{13} vu^{33} tsʅ^{13} ȵo^{33} vi^{13}
留余地为好，

tʻu^{13} vu^{33} ma^{21} tsɿ^{13} su^{13}
若 是 无 余 地，

tʂɛ^{55} hɪ^{21} ɖu^{21} mu^{33} mu^{33}
宗 谱 理 不 顺。

ve^{13} ȵɪ^{21} dʑɪ^{21} tʻa^{21} ȵɪ^{21}
家 族 相 处，

tʻu^{13} vu^{33} tsɿ^{13} ȵo^{33} vi^{21}
留 余 地 为 好，

tʻu^{13} vu^{33} ma^{21} tsɿ^{13} su^{13}
若 是 无 余 地，

pʻi^{55} pʻi^{33} ne^{33} ŋɯ^{33} ŋɯ^{33}
祖 宗 心 欠 欠，

lɯ^{55} ɕi^{13} ɣo^{21} pʻi^{55} pʻi^{21}
祖 灵 气 冲 冲，

ʑy^{21} zu^{55} dʑɪ^{21} tʻa^{55} ȵɪ^{21}
亲 戚 相 处，

tʻu^{13} vu^{33} tsɿ^{13} ȵo^{33} vi^{21}
留 余 地 为 好，

tʻu^{13} vu^{33} ma^{21} tsɿ^{13} su^{13}
若 是 无 余 地，

kʻu^{33} du^{33} ne^{33} ŋɯ^{33} ŋɯ^{33}
相 互 有 怨 言。

nɯ^{55} ʂa^{33} dʑɪ^{21} tʻa^{55} ȵɪ^{21}
彝族与外族相处，

tʻu^{13} vu^{33} tsɿ^{13} ȵo^{33} vi^{21}
留 余 地 为 好，

tʻu^{13} vu^{33} ma^{21} tsɿ^{13} su^{13}
若 是 无 余 地，

ʂɿ^{21} ʂo^{21} ndʐʅ^{33} tsʻɿ^{21} tsʻɿ^{21}
什 勺 泪 汪 汪。

pʻu^{21} sɛ^{21} dʑɪ^{21} tʻa^{21} ȵɪ^{21}
人 与 主 相 处。

tʻu^{13} vu^{33} tsɿ^{13} ȵo^{33} vi^{21}
留 余 地 为 好，

tʻu^{13} vu^{33} ma^{21} tsɿ^{13}
若 不 留 余 地，

hu^{21} lu^{33} ho^{21} dɯ^{13} dɯ^{13}
大 山 悲 切 切。

dʐa^{33} tɯ^{33} ŋɯ^{33} dɪ^{13} vi^{21}
是 这 样 的 啊。

ndzu^{33} lu^{33} mi^{55}
君 臣 关 系，

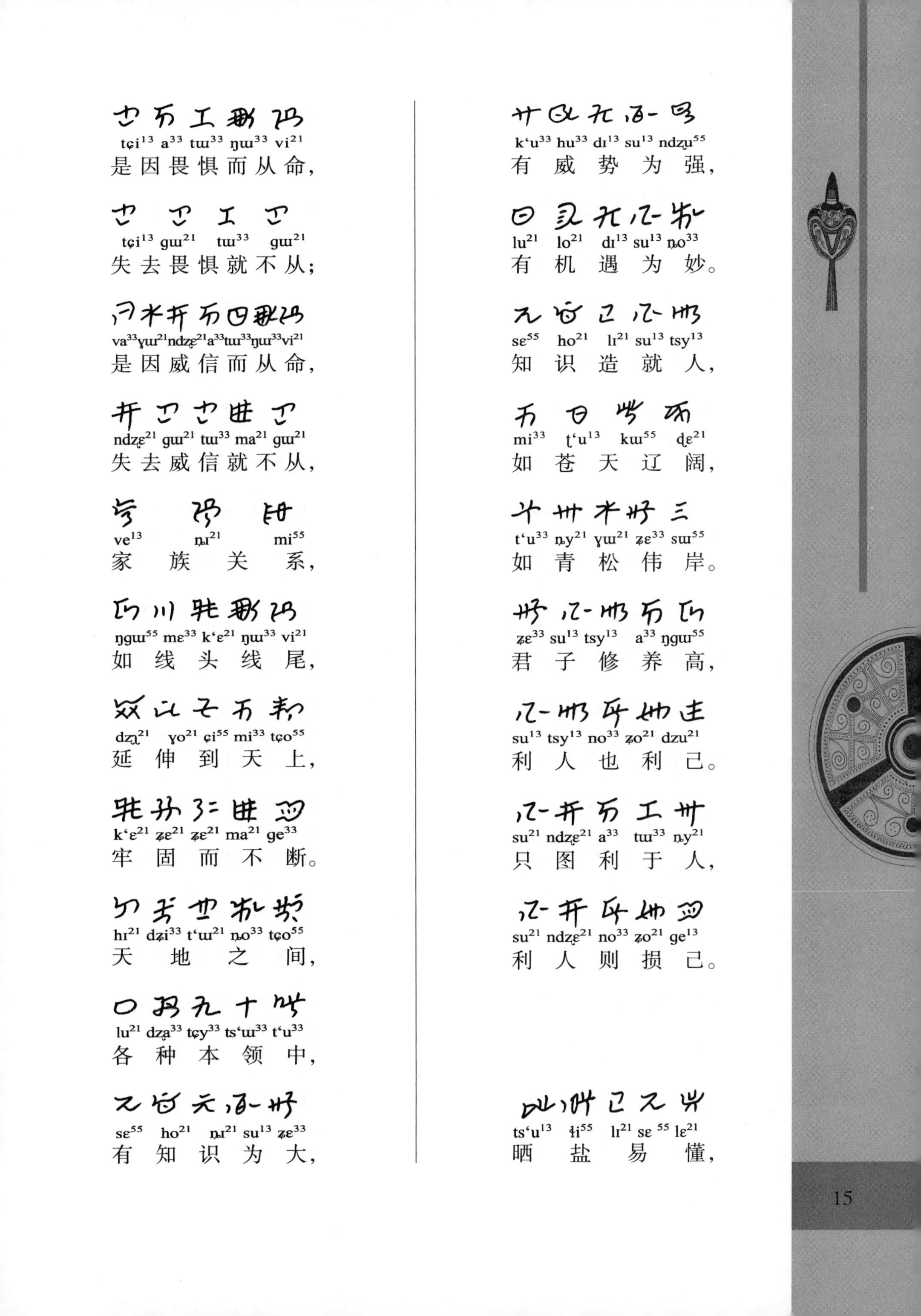

tɕi^{13} a^{33} tɯ^{33} ŋɯ^{33} vi^{21}

是因畏惧而从命，

tɕi^{13} gɯ^{21} tɯ^{33} gɯ^{21}

失去畏惧就不从；

va^{33}ɣɯ^{21}ndʑɛ^{21}a^{33}tɯ^{33}ŋɯ^{33}vi^{21}

是因威信而从命，

ndʑɛ^{21} gɯ^{21} tɯ^{33} ma^{21} gɯ^{21}

失去威信就不从，

ve^{13} ɳɪ^{21} mi^{55}

家族关系，

ŋgɯ^{55} mɛ^{33} k'ɛ^{21} ŋɯ^{33} vi^{21}

如线头线尾，

dʐɿ^{21} ɣo^{21} ɕi^{55} mi^{33} tɕo^{55}

延伸到天上，

k'ɛ^{21} ʑɛ^{21} ʑɛ^{21} ma^{21} ge^{33}

牢固而不断。

hɪ^{21} dʑi^{33} t'ɯ^{21} ɳo^{33} tɕo^{55}

天地之间，

lu^{21} dʐa^{33} tɕy^{33} ts'ɯ^{33} t'u^{33}

各种本领中，

sɛ^{55} ho^{21} ɳɪ^{21} su^{13} ʑɛ^{33}

有知识为大，

k'u^{33} hu^{33} dɪ^{13} su^{13} ndʐu^{55}

有威势为强，

lu^{21} lo^{21} dɪ^{13} su^{13} ɳo^{33}

有机遇为妙。

sɛ^{55} ho^{21} lɪ^{21} su^{13} tsy^{13}

知识造就人，

mi^{33} t'u^{13} kɯ^{55} ɖɛ^{21}

如苍天辽阔，

t'u^{33} ɳy^{21} ɣɯ^{21} ʑɛ^{33} sɯ^{55}

如青松伟岸。

ʑɛ^{33} su^{13} tsy^{13} a^{33} ŋgɯ^{55}

君子修养高，

su^{13} tsy^{13} no^{33} ʑo^{21} dzu^{21}

利人也利己。

su^{21} ndʑɛ^{21} a^{33} tɯ^{33} ɳy^{21}

只图利于人，

su^{21} ndʑɛ^{21} no^{33} ʑo^{21} ge^{13}

利人则损己。

ts'u^{13} ɬi^{55} lɪ^{21} sɛ^{55} lɛ^{21}

晒盐易懂，

t‘a^{13} ɖu^{33} ho^{21} lu^{33} sɛ^{55}
一见就知道；

ʔu^{33} ts‘o^{33} hɛ^{33} dɯ^{21} lɪ^{33}
人的好坏，

k‘o^{13}lɯ^{55}k‘o^{13}p‘a^{33}ma^{21}ŋɯ^{21}no^{33}
不通过一年半载，

sɛ^{55} ma^{21} de^{13} a^{33} vi^{21}
就无法了解。

ts‘o^{21} ts‘e^{13} hy^{13} ʈ‘u^{33}
作为青年人，

ŋgu^{21}ŋgu^{33}hu^{21}ho^{33}sɛ^{55}a^{33}tɕɪ^{13}
懂得租赋者为上，

ʈ‘u^{13}ʂe^{13}ʂu^{55}ȵy^{21}sɛ^{55}a^{33}dʐo^{13}
精通贸易者为中，

dʐɯ^{33}dzu^{33}hɪ^{21}nu^{55}sɛ^{55}a^{33}mɛ^{21}
精通畜牧者为下。

ts‘o^{21} tʂ‘u^{21} lɪ^{21} sɯ^{33} tʂ‘u^{21}
人生占三种条件：

ʑy^{21} ȵɪ^{33} tʂ‘u^{33} ʑɯ^{33} tɕɪ^{13}
依托舅舅为上，

ve^{13} gu^{21} tʂ‘u^{33} ȵɪ^{33} dʐo^{13}
有衣穿为中，

dzu^{33} lu^{33} tʂ‘u^{21} ȵɪ^{33} mɛ^{21}
有饭吃为下。

ȵɪ^{21} ʑɯ^{33} tʂ‘u^{21} lɪ^{33} tʂu^{21}
居住的位置：

ts‘u^{33} ʈ‘u^{13} tʂ‘u^{21} lɪ^{33} tɕɪ^{13}
土地之利为上，

ʂʅ^{33} ʑi^{33} tʂ‘u^{21} a^{33} dʐo^{13}
水草之利为中，

ȵɪ^{21}tʂ‘u^{21}nɯ^{55}tʂ‘u^{21}a^{33}lo^{33}mɛ^{21}
位置适中为下。

tɕo^{55} ʑɯ^{33} tʂ‘u^{21} sɯ^{33} tʂ‘u^{33}
机会有三类：

t‘u^{55} bi^{55} dʐo^{21} lu^{21} tɕɪ^{13}
逢时势为上，

k‘u^{33} tʂ‘o^{21} ɣo^{21} ʑɯ^{33} dʐo^{13}
得施展谋略为中，

ʂu^{55} t‘u^{33} k‘o^{13} mi^{21} mɛ^{21}
不误时机为下。

dʑi^{21} lu^{21} lɪ^{21} sɯ^{33} tʂu^{21}
福气有三类：

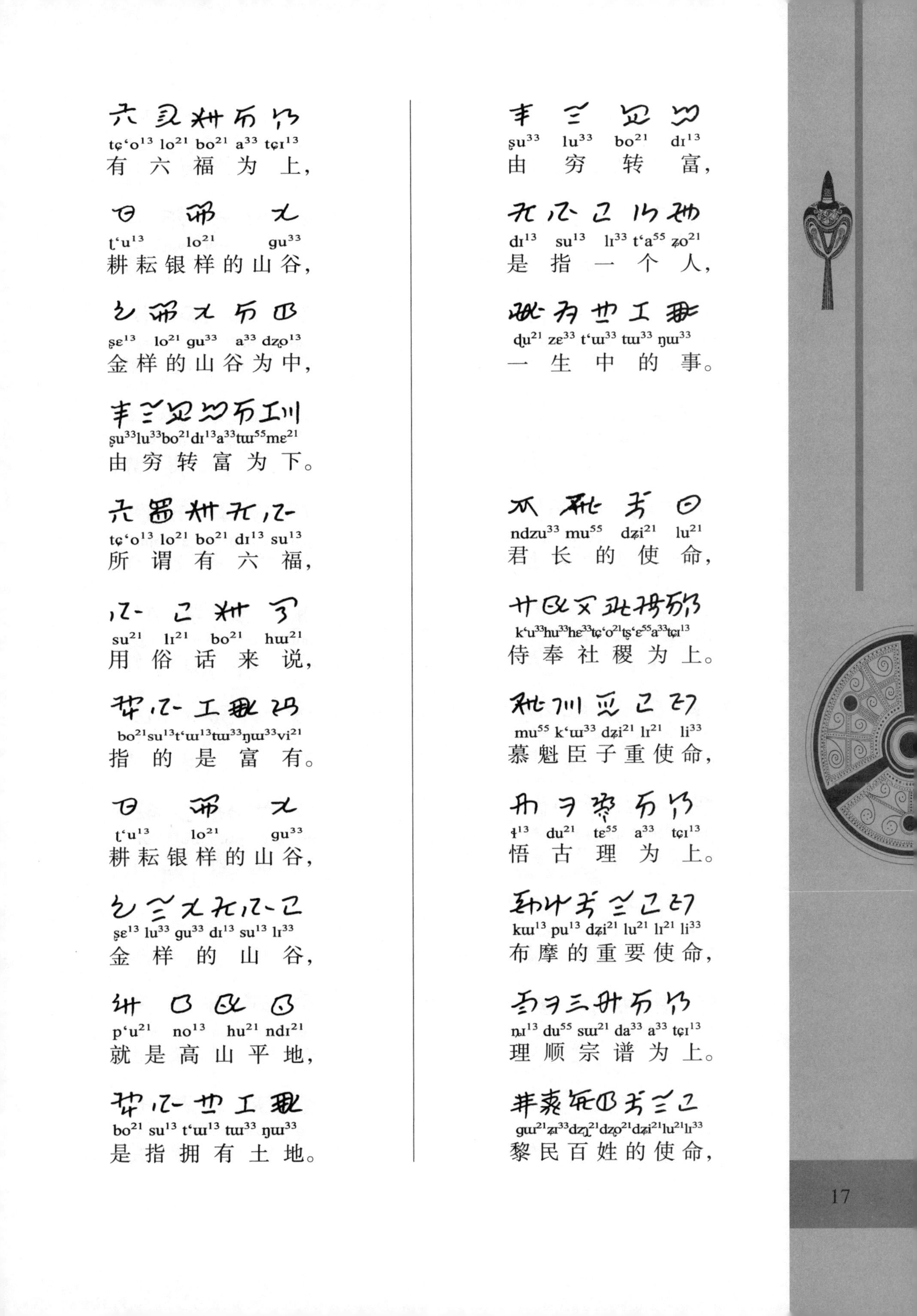

tɕʻo^{13} lo^{21} bo^{21} a^{33} tɕɪ^{13}
有 六 福 为 上，

tʻu^{13} lo^{21} gu^{33}
耕耘银样的山谷，

ʂɛ^{13} lo^{21} gu^{33} a^{33} dʐo^{13}
金样的山谷为中，

ʂu^{33}lu^{33}bo^{21}dɪ^{13}a^{33}tɯ^{55}mɛ^{21}
由 穷 转 富 为 下。

tɕʻo^{13} lo^{21} bo^{21} dɪ^{13} su^{13}
所 谓 有 六 福，

su^{21} lɪ^{21} bo^{21} hɯ^{21}
用 俗 话 来 说，

bo^{21}su^{13}tʻɯ^{13}tɯ^{33}ŋɯ^{33}vi^{21}
指 的 是 富 有。

tʻu^{13} lo^{21} gu^{33}
耕耘银样的山谷，

ʂɛ^{13} lu^{33} gu^{33} dɪ^{13} su^{13} lɪ^{33}
金 样 的 山 谷，

pʻu^{21} no^{13} hu^{21} ndɪ^{21}
就 是 高 山 平 地，

bo^{21} su^{13} tʻɯ^{13} tɯ^{33} ŋɯ^{33}
是 指 拥 有 土 地。

ʂu^{33} lu^{33} bo^{21} dɪ^{13}
由 穷 转 富，

dɪ^{13} su^{13} lɪ^{33} tʻa^{55} ʐo^{21}
是 指 一 个 人，

ɖu^{21} zɛ^{33} tʻɯ^{33} tɯ^{33} ŋɯ^{33}
一 生 中 的 事。

ndzu^{33} mu^{55} dʑi^{21} lu^{21}
君 长 的 使 命，

kʻu^{33}hu^{33}hɛ^{33}tɕʻo^{21}tʂʻɛ^{55}a^{33}tɕɪ^{13}
侍 奉 社 稷 为 上。

mu^{55} kʻɯ^{33} dʑi^{21} lɪ^{21} li^{33}
慕魁臣子重使命，

ɬ^{13} du^{21} tɛ^{55} a^{33} tɕɪ^{13}
悟 古 理 为 上。

kɯ^{13} pu^{13} dʑi^{21} lu^{21} lɪ^{21} li^{33}
布摩的重要使命，

ɳɪ^{13} du^{55} sɯ^{21} da^{33} a^{33} tɕɪ^{13}
理 顺 宗 谱 为 上。

gɯ^{21}ʐɪ^{33}dʐʅ^{21}dʐo^{21}dʑi^{21}lu^{21}lɪ^{33}
黎民百姓的使命，

ɬo^{21} ŋu^{33} n̥ɪ^{33} sɛ^{55} a^{33} tɕɪ^{13}
懂农牧规律为上。

mɛ^{55} ʂu^{33} dʑi^{21} lu^{21} lɪ^{33}
作为妻子，

kɛ^{55} fu^{55} vɛ^{21} tɪ^{13} a^{33} tɕɪ^{13}
以富贵居首为上。

ʑo^{33} hɛ^{33} dʑi^{21} lu^{21} lɪ^{33}
作为丈夫，

tʂʻɯ^{55}fa^{13}ɬo^{33}va^{13}hɛ^{33}a^{33}tɕɪ^{13}
以出人头地为上。

dʑi^{21} ʑɯ^{33} mu^{21} la^{33} hɛ^{33}
如日中天，

vɛ^{33} dʐo^{33} a^{33} ma^{21} dʐɯ^{33}
永居于人上，

tɕʻo^{13} ʑɯ^{33} sɯ^{33} so^{21}dzo^{33}
有高尚形象，

tʂʻɯ^{55} fa^{13} a^{33} ma^{21} dʐɯ^{33}
时时显赫。

ʔu^{33} tsʻo^{21} n̥o^{21} tʻa^{21} kʻe^{33}
为上等之人，

tʂʻɯ^{55} dʐʅ^{21} lɪ^{33}
重得势，

ʔu^{33}ko^{13}na^{33}sɛ^{33}ŋɯ^{33}dɪ^{13}vi^{21}
视若生命与眼珠。

su^{21} tɕo^{55} tʂʻɯ^{55} dʐʅ^{21} lɪ^{33}
二等人得势，

ʑo^{21} ho^{21} xa^{21} da^{13}
重视军事。

su^{13} tɕɪ^{13} tʂʻɯ^{55} dʐʅ^{21} lɪ^{33}
末等人得势，

ŋgo^{21} bu^{21}dʐɯ^{21} ʑɪ^{33} ŋɯ^{33}
家中养奴仆。

gɯ^{21} ʑɪ^{33} dʐʅ^{21} dʐo^{21}
黎民百姓，

tʂʻɯ^{55} dʐʅ^{21} lɪ^{33}
所谓得势，

tɛ^{33} pu^{33} pʻu^{21} no^{13} ŋɯ^{33}
是得到土地。

zɛ^{55} ndʐu^{55} no^{33} n̥ɪ^{13} mu^{21}
长寿就祭祖，

kʻo^{13} ndʐu^{55} no^{33} hɪ^{21} dzo^{33}
丰年就盖房。

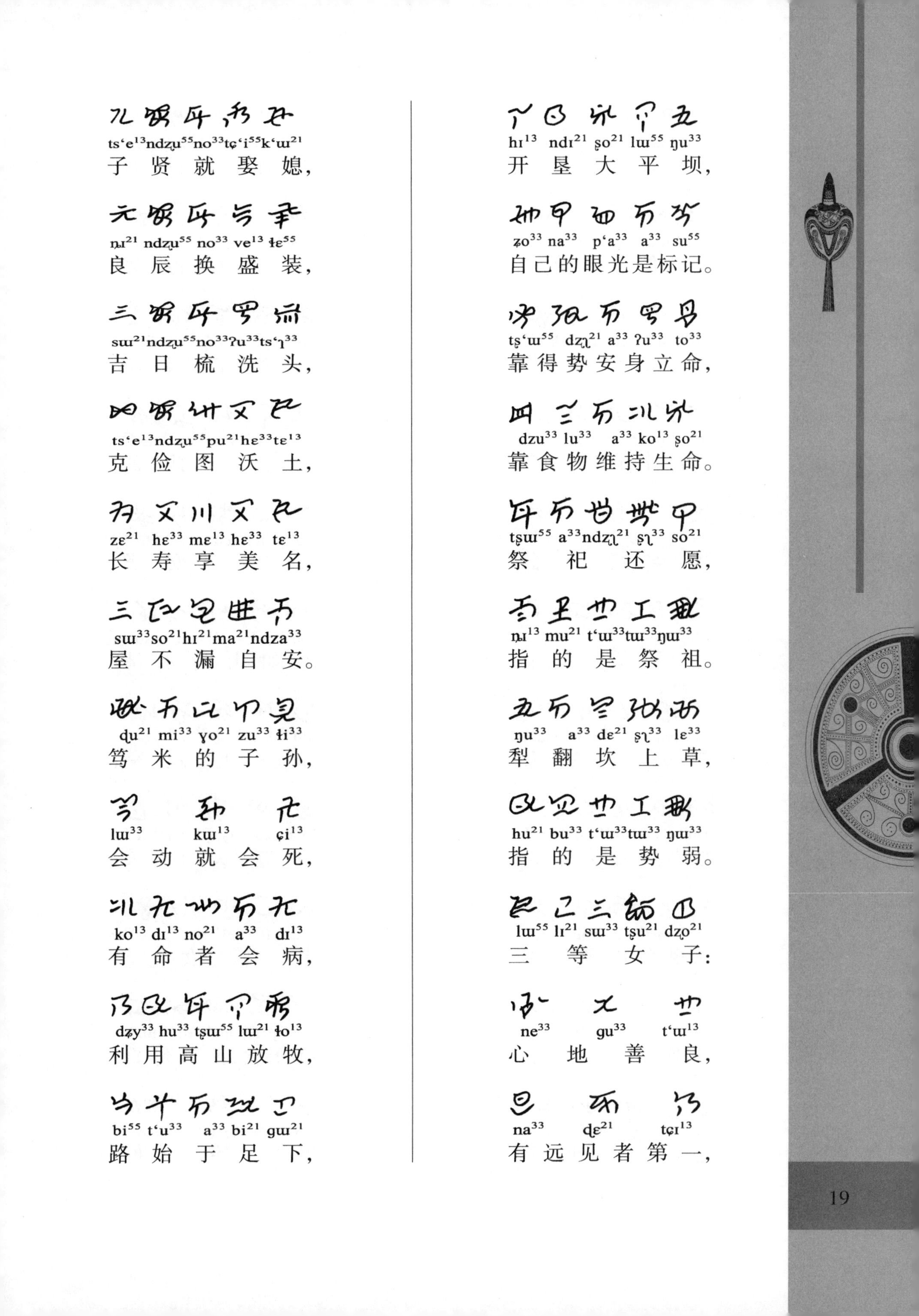

ts‘e^{13}ndzʅu^{55}no^{33}tɕ‘i^{55}k‘ɯ^{21}
子贤就娶媳，

ɲɪ^{21} ndzʅu^{55} no^{33} ve^{13} ɬɛ^{55}
良辰换盛装，

sɯ^{21}ndzʅu^{55}no^{33}ʔu^{33}ts‘ɿ^{33}
吉日梳洗头，

ts‘e^{13}ndzʅu^{55}pu^{21}hɛ^{33}tɛ^{13}
克俭图沃土，

zɛ^{21} hɛ^{33} mɛ^{13} hɛ^{33} tɛ^{13}
长寿享美名，

sɯ^{33}so^{21}hɪ^{21}ma^{21}ndza^{33}
屋不漏自安。

ɖu^{21} mi^{33} ɣo^{21} zu^{33} ɬi^{33}
笃米的子孙，

lɯ^{33} kɯ^{13} ɕi^{13}
会动就会死，

ko^{13} dɪ^{13} no^{21} a^{33} dɪ^{13}
有命者会病，

dʑy^{33} hu^{33} tʂɯ^{55} lɯ^{21} ɬo^{13}
利用高山放牧，

bi^{55} t‘u^{33} a^{33} bi^{21} gɯ^{21}
路始于足下，

hɪ^{13} ndɪ^{21} ʂo^{21} lɯ^{55} ŋu^{33}
开垦大平坝，

ʑo^{33} na^{33} p‘a^{33} a^{33} su^{55}
自己的眼光是标记。

tʂ‘ɯ^{55} dʐʅ^{21} a^{33} ʔu^{33} to^{33}
靠得势安身立命，

dzu^{33} lu^{33} a^{33} ko^{13} ʂo^{21}
靠食物维持生命。

tʂɯ^{55} a^{33}ndzʅ^{21} ʂʅ^{33} so^{21}
祭祀还愿，

ɲɪ^{13} mu^{21} t‘ɯ^{33}tɯ^{33}ŋɯ^{33}
指的是祭祖。

ŋu^{33} a^{33} dɛ^{21} ʂʅ^{33} lɛ^{33}
犁翻坎上草，

hu^{21} bu^{33} t‘ɯ^{33}tɯ^{33} ŋɯ^{33}
指的是势弱。

lɯ^{55} lɪ^{21} sɯ^{33} tʂu^{21} dʐo^{21}
三等女子：

ne^{33} gu^{33} t‘ɯ^{13}
心地善良，

na^{33} ɖɛ^{21} tɕɪ^{13}
有远见者第一，

k‘u^{33} ɖɛ^{21} ndy^{55} ʂɛ^{13} dʐo^{21}
从长计议者第二，

hu^{21} mu^{33} ʂo^{13} ʈ‘o^{21} mɛ^{21}
样样能做者第三。

lɯ^{55} lɪ^{21} tɕɪ^{13} t‘a^{21} k‘ɛ^{33}
第 一 等 女 子，

ts‘ɯ^{21} p‘i^{33} hu^{21} bi^{55} hu^{21}
值得十的付一百，

p‘i^{55} tɕ‘i^{55} tu^{13}
娶 妻 花 千 金，

p‘i^{55} zu^{33} ʑo^{33} hɪ^{21} p‘i^{33}
生 子 值 万 金，

nu^{55} ndɯ^{33} su^{13} t‘a^{21} xɯ^{33}
事 关 一 姓 人，

t‘o^{13} ɖu^{21} ts‘e^{13} t‘u^{13} lɯ^{33}
遇事有众多亲族，

ɳɪ^{13} mu^{33} vi^{21} t‘u^{55} lɯ^{21}
祭祖有众多家族。

vɛ^{21} ɬo^{13} hu^{21} ʑi^{33}
好比山上的水，

hɪ^{55} a^{33} ʑy^{21} ɬɛ^{13} sɯ^{55}
把 山 下 冲 平；

dɯ^{33} ʈ‘u^{55} ŋu^{33} tsu^{55} gu^{33}
比 如 鱼 得 意，

xɯ^{21} ʑɛ^{33} mbo^{55}
把 大 海 占 领。

mi^{33} ɖɛ^{21} tɕ‘ɪ^{13} dzɛ^{21} sɯ^{55}
宛 若 满 天 星，

dzu^{21} lɯ^{33} kɯ^{13} tɯ^{33} ŋɯ^{33}
是 会 如 此 的。

lɯ^{55} lɪ^{21} tɕo^{55} t‘a^{21} k‘e^{33}
第 二 等 女 子，

bo^{21} ʑɛ^{33} a^{33} ʑi^{33} t‘ɯ^{55}
志如山高水清，

ndɪ^{21} k‘ɯ^{33} ɖɛ^{21} a^{33} dzo^{33}
如 平 原 坦 荡，

hɪ^{21} dʐa^{33} tʂ‘ʅ^{21} mɛ^{33} lɪ^{33}
如 苍 天 广 大。

lɯ^{55} lɪ^{33} tɕi^{13} t‘a^{55} k‘e^{33}
末 等 女 子，

tu^{13} p‘i^{33} hu^{21} bi^{55} hu^{21}
值千金者只付百，

p‘i^{33} tɕ‘i^{55} ʑo^{21}
娶 媳 妇，

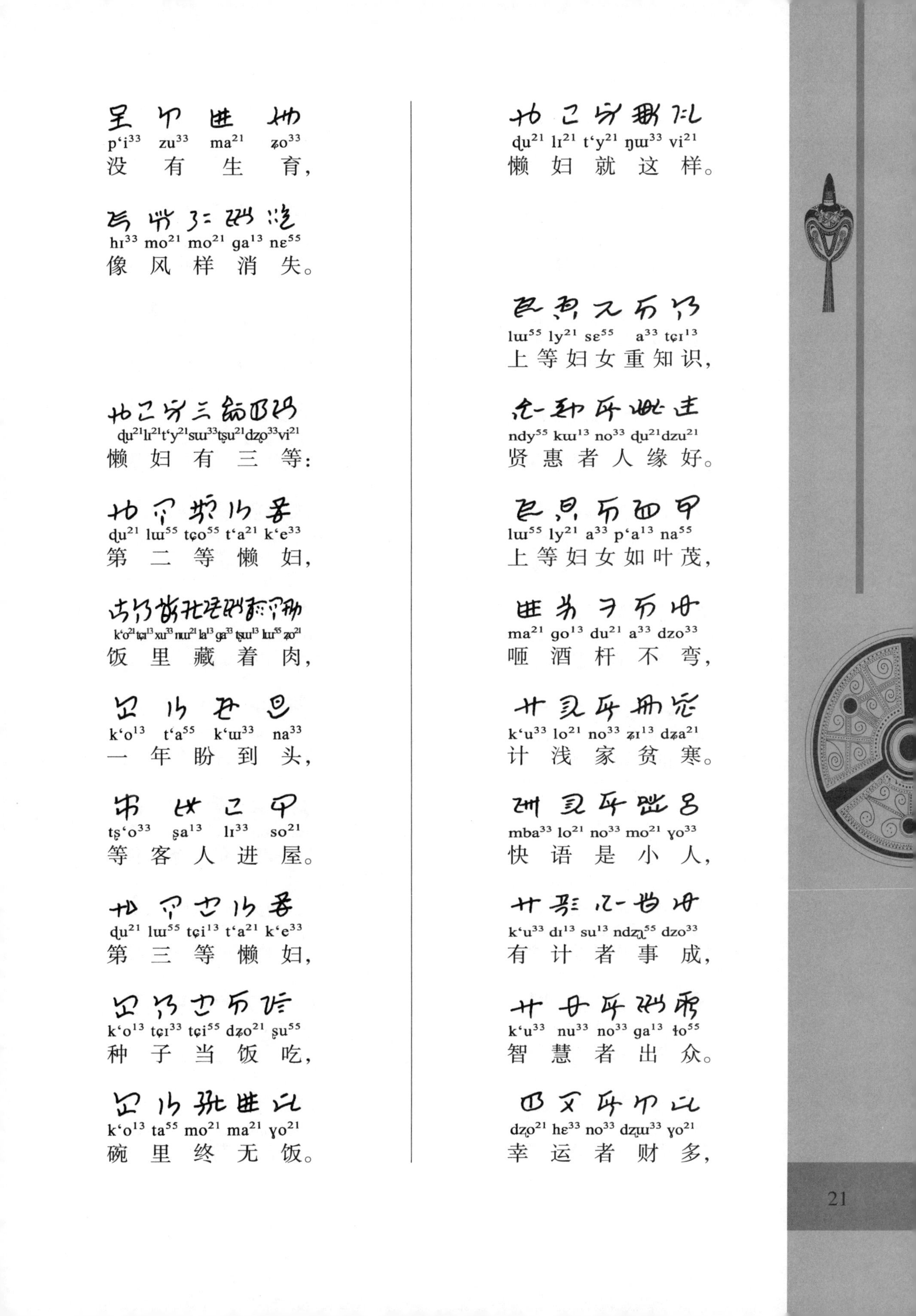

p‘i^{33} zu^{33} ma^{21} ʐo^{33}
没 有 生 育，

hɪ^{33} mo^{21} mo^{21} ga^{13} nɛ^{55}
像 风 样 消 失。

ɖu^{21}lɪ^{21}t‘y^{21}sɯ^{33}tʂu^{21}dʐo^{33}vi^{21}
懒 妇 有 三 等：

ɖu^{21} lɯ^{55} tɕo^{55} t‘a^{21} k‘e^{33}
第 二 等 懒 妇，

k‘o^{21}tɕɪ^{13}xu^{33}nɯ^{21}la^{13}ga^{33}tʂɯ^{13}lɯ^{55}ʐo^{21}
饭 里 藏 着 肉，

k‘o^{13} t‘a^{55} k‘ɯ^{33} na^{33}
一 年 盼 到 头，

tʂ‘o^{33} ʂa^{13} lɪ^{33} so^{21}
等 客 人 进 屋。

ɖu^{21} lɯ^{55} tɕi^{13} t‘a^{21} k‘e^{33}
第 三 等 懒 妇，

k‘o^{13} tɕɪ^{33} tɕi^{55} dʐo^{21} ʂu^{55}
种 子 当 饭 吃，

k‘o^{13} ta^{55} mo^{21} ma^{21} ɣo^{21}
碗 里 终 无 饭。

ɖu^{21} lɪ^{21} t‘y^{21} ŋɯ^{33} vi^{21}
懒 妇 就 这 样。

lɯ^{55} ly^{21} sɛ^{55} a^{33} tɕɪ^{13}
上等妇女重知识，

ndy^{55} kɯ^{13} no^{33} ɖu^{21}dzu^{21}
贤 惠 者 人 缘 好。

lɯ^{55} ly^{21} a^{33} p‘a^{13} na^{55}
上等妇女如叶茂，

ma^{21} go^{13} du^{21} a^{33} dzo^{33}
哑 酒 杆 不 弯，

k‘u^{33} lo^{21} no^{33} ʐɪ^{13} dʐa^{21}
计 浅 家 贫 寒。

mba^{33} lo^{21} no^{33} mo^{21} ɣo^{33}
快 语 是 小 人，

k‘u^{33} dɪ^{13} su^{13} ndzʅ^{55} dzo^{33}
有 计 者 事 成，

k‘u^{33} nu^{33} no^{33} ga^{13} ɬo^{55}
智 慧 者 出 众。

dʐo^{21} hɛ^{33} no^{33} dʐɯ^{33} ɣo^{21}
幸 运 者 财 多，

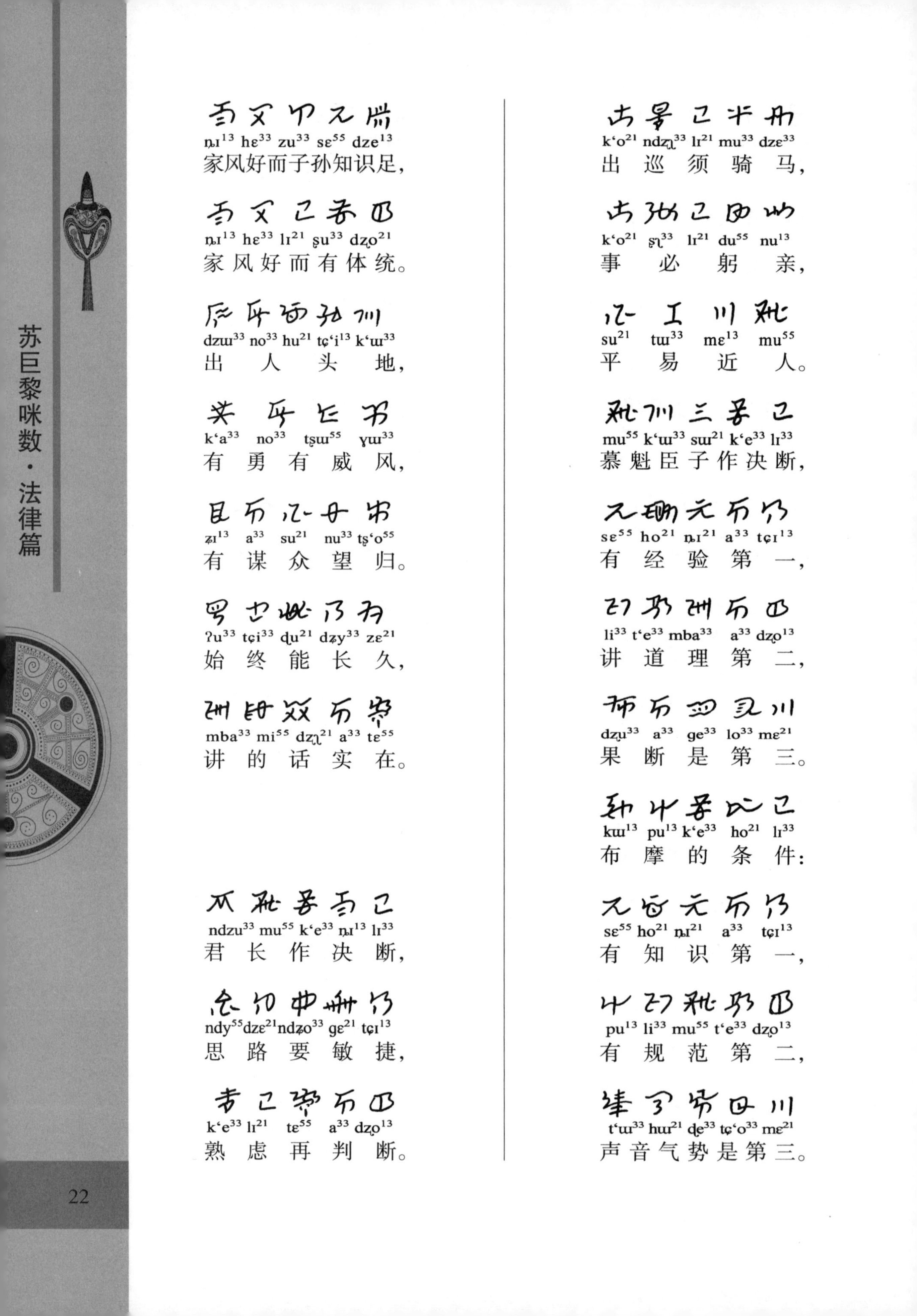

ṇɹ^{13} hɛ^{33} zu^{33} sɛ^{55} dze^{13}
家风好而子孙知识足，

ṇɹ^{13} hɛ^{33} lɪ^{21} ʂu^{33} dʐo^{21}
家风好而有体统。

dzɯ^{33} no^{33} hu^{21} tɕʻi^{13} kʻɯ^{33}
出人头地，

kʻa^{33} no^{33} tʂɯ^{55} ɣɯ^{33}
有勇有威风，

ʐɪ^{13} a^{33} su^{21} nu^{33} tʂʻo^{55}
有谋众望归。

ʔu^{33} tɕi^{33} ɖu^{21} dʑy^{33} zɛ^{21}
始终能长久，

mba^{33} mi^{55} dʐʅ^{21} a^{33} tɛ^{55}
讲的话实在。

ndzu^{33} mu^{55} kʻe^{33} ṇɹ^{13} lɪ^{33}
君长作决断，

ndy^{55}dzɛ^{21}ndʑo^{33} gɛ^{21} tɕɪ^{13}
思路要敏捷，

kʻe^{33} lɪ^{21} tɛ^{55} a^{33} dʐo^{13}
熟虑再判断。

kʻo^{21} ndʐʅ^{33} lɪ^{21} mu^{33} dzɛ^{33}
出巡须骑马，

kʻo^{21} ʂʅ^{33} lɪ^{21} du^{55} nu^{13}
事必躬亲，

su^{21} tɯ^{33} mɛ^{13} mu^{55}
平易近人。

mu^{55} kʻɯ^{33} sɯ^{21} kʻe^{33} lɪ^{33}
慕魁臣子作决断，

sɛ^{55} ho^{21} ṇɹ^{21} a^{33} tɕɪ^{13}
有经验第一，

li^{33} tʻe^{33} mba^{33} a^{33} dʐo^{13}
讲道理第二，

dʐʅ^{33} a^{33} ge^{33} lo^{33} mɛ^{21}
果断是第三。

kɯ^{13} pu^{13} kʻe^{33} ho^{21} lɪ^{33}
布摩的条件：

sɛ^{55} ho^{21} ṇɹ^{21} a^{33} tɕɪ^{13}
有知识第一，

pu^{13} li^{33} mu^{55} tʻe^{33} dʐo^{13}
有规范第二，

tʻɯ^{33} hɯ^{21} ɖe^{33} tɕʻo^{33} mɛ^{21}
声音气势是第三。

la^{13} kɯ^{33} sɯ^{33} tʂu^{21} lɪ^{33}
工匠的三个条件，

k‘ɛ^{55} ʑɪ^{33} tɕi^{13} a^{33} tɕɪ^{13}
经 验 足 第 一，

ndy^{55} lɪ^{21} ȵdʑo^{21} a^{33} dʐo^{13}
设 计 是 第 二，

la^{13} kɯ^{33} na^{33} ʑɪ^{33} mɛ^{33}
心灵手巧是第三。

su^{33} k‘a^{33} sɯ^{33} tʂu^{21} lɪ^{33}
武士的三个条件：

sɿ^{33}ndʐɯ^{33}lu^{33}hy^{13}a^{33}tɕɪ^{13}
有勇有谋是第一，

k‘a^{33}mu^{33}bi^{21}du^{55}a^{33}dʐo^{13}
驾驭骏马是第二，

ne^{33} lu^{33} la^{13} lo^{21} a^{33} mɛ^{21}
得心应手是第三。

ɖu^{21} ɖu^{33} sɯ^{33} k‘e^{33} lɪ^{33}
修 养 有 三 等：

bi^{55} tʂ‘ɛ^{55} t‘e^{33} ʈ‘u^{13}
书 卷 与 功 名，

bo^{21} lɯ^{55} ʔu^{33} a^{33} dʐa^{33}
在 大 山 顶 上，

k‘o^{21} hɛ^{33} k‘o^{21} ndʐu^{55}
属于有修养的人，

k‘o^{21}sɛ^{55}k‘o^{21}ho^{21}su^{13}lɪ^{21}ɣo^{21}
属于有知识的人。

lu^{33} ʑy^{21} xɛ^{21} da^{13}
盔 甲 武 器，

bo^{21} lɯ^{55} dʐo^{33} a^{33} dʐa^{33}
在 大 山 中 间，

k‘o^{21}k‘a^{33}k‘o^{21}kɯ^{13}su^{13}lɪ^{21}ɣo^{21}
属于能征善战者。

tsɯ^{55} ʑy^{21} la^{33} tɕa^{33}
农 活 用 具，

bo^{21} lɯ^{55} tɕ‘i^{33} a^{33} dʐa^{33}
在 大 山 下 面，

k‘o^{21}gu^{33}k‘o^{21}ɬo^{13}su^{13}lɪ^{21}ɣo^{33}
属于农耕畜牧者。

mu^{21} kɯ^{13} vi^{21} gɛ^{21} no^{33}
若 精 通 明 白，

lɯ^{33} lɯ^{55} ʑo^{21} tʂ‘ɯ^{55} dʐɿ^{21}
事事使自己如意。

ʂɛ^{13} kɯ^{13} to^{13} kɯ^{13} no^{33}
勤俭持家有方，

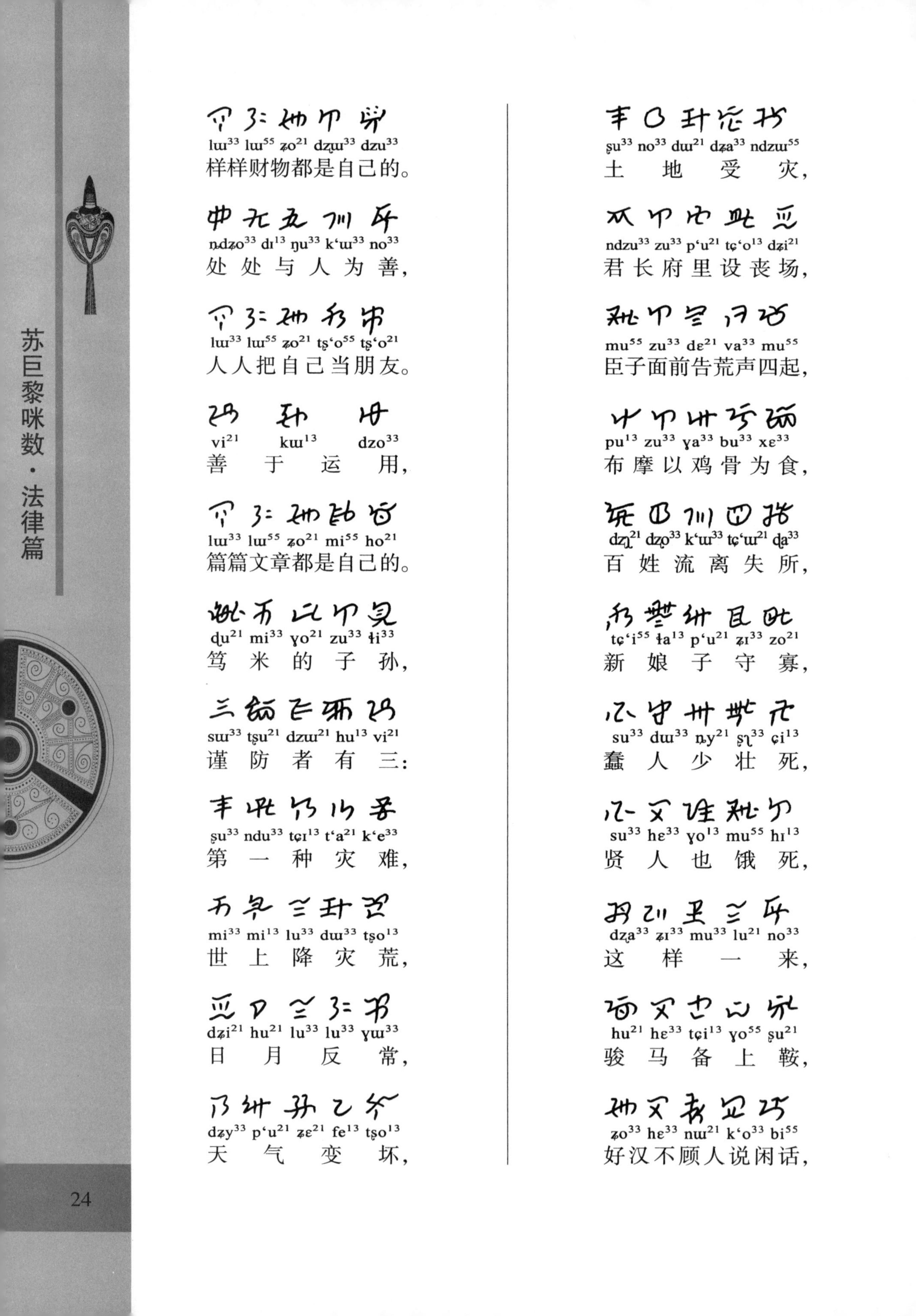

lɯ^{33} lɯ^{55} ʐo^{21} dʐɯ^{33} dzu^{33}
样样财物都是自己的。

ȵdʐo^{33} dɪ^{13} ŋu^{33} k‘ɯ^{33} no^{33}
处处与人为善，

lɯ^{33} lɯ^{55} ʐo^{21} tʂ‘o^{55} tʂ‘o^{21}
人人把自己当朋友。

vi^{21} kɯ^{13} dzo^{33}
善于运用，

lɯ^{33} lɯ^{55} ʐo^{21} mi^{55} ho^{21}
篇篇文章都是自己的。

ɖu^{21} mi^{33} ɣo^{21} zu^{33} ɬi^{33}
笃米的子孙，

sɯ^{33} tʂu^{21} dzɯ^{21} hu^{13} vi^{21}
谨防者有三：

ʂu^{33} ndu^{33} tɕɪ^{13} t‘a^{21} k‘e^{33}
第一种灾难，

mi^{33} mi^{13} lu^{33} dɯ^{33} tʂo^{13}
世上降灾荒，

dʑi^{21} hu^{21} lu^{33} lu^{33} ɣɯ^{33}
日月反常，

dʑy^{33} p‘u^{21} ʑɛ^{21} fe^{13} tʂo^{13}
天气变坏，

ʂu^{33} no^{33} dɯ^{21} dʐa^{33} ndzɯ^{55}
土地受灾，

ndzu^{33} zu^{33} p‘u^{21} tɕ‘o^{13} dʑi^{21}
君长府里设丧场，

mu^{55} zu^{33} dɛ^{21} va^{33} mu^{55}
臣子面前告荒声四起，

pu^{13} zu^{33} ɣa^{33} bu^{33} xɛ^{33}
布摩以鸡骨为食，

dʐʅ^{21} dʐo^{33} k‘ɯ^{33} tɕ‘ɯ^{21} ɖa^{33}
百姓流离失所，

tɕ‘i^{55} ɬa^{13} p‘u^{21} ʑɪ^{33} zo^{21}
新娘子守寡，

su^{33} dɯ^{33} ȵy^{21} ʂʅ^{33} ɕi^{13}
蠢人少壮死，

su^{33} hɛ^{33} ɣo^{13} mu^{55} hɪ^{13}
贤人也饿死，

dʐa^{33} ʑɪ^{33} mu^{33} lu^{21} no^{33}
这样一来，

hu^{21} hɛ^{33} tɕi^{13} ɣo^{55} ʂu^{21}
骏马备上鞍，

ʐo^{33} hɛ^{33} nɯ^{21} k‘o^{33} bi^{55}
好汉不顾人说闲话，

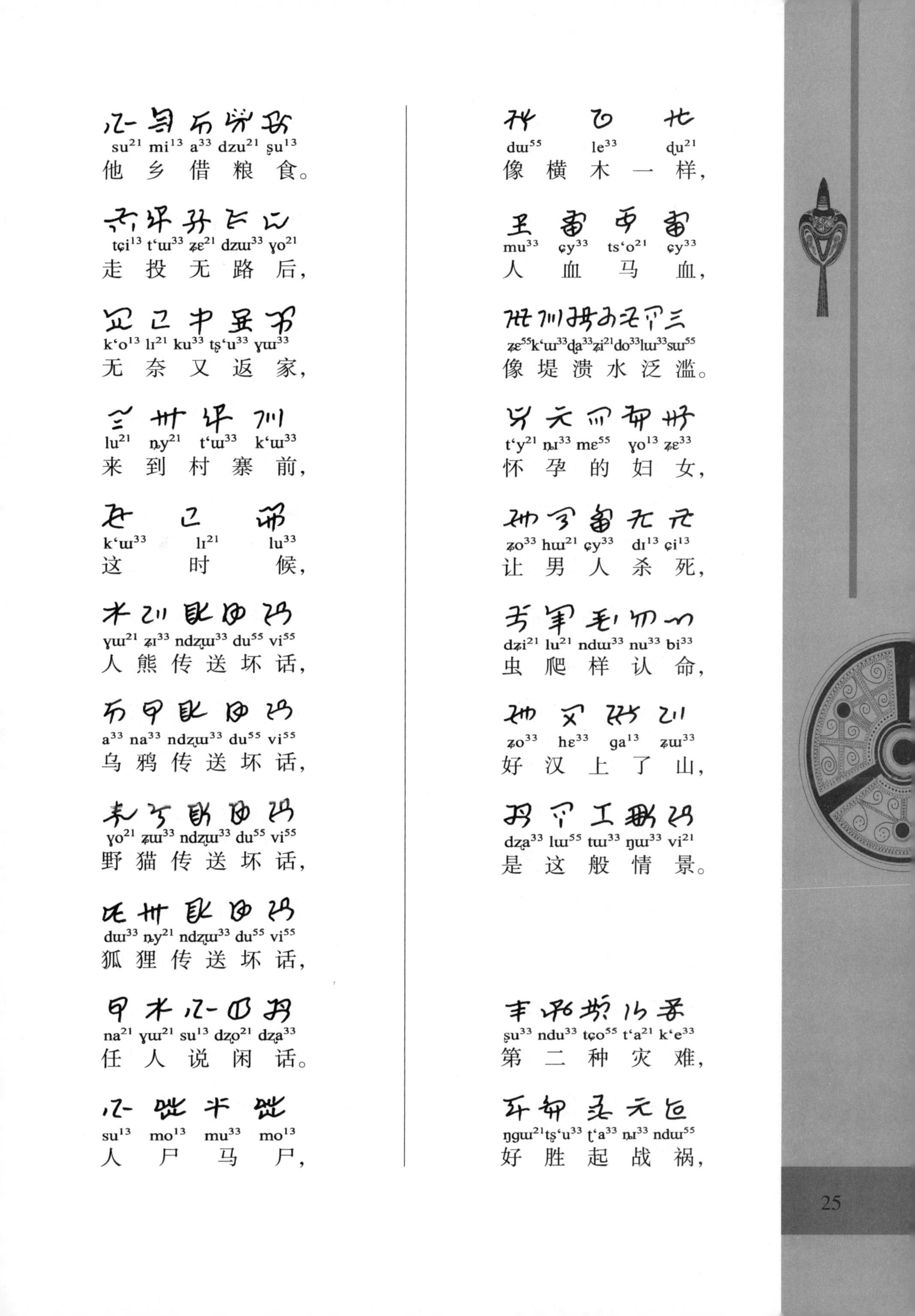

su^{21} mi^{13} a^{33} dzu^{21} ʂu^{13}
他乡借粮食。

tɕi^{13} t'ɯ^{33} ʑɛ^{21} dzɯ^{33} ɣo^{21}
走投无路后，

k'o^{13} lɿ^{21} ku^{33} tʂ'u^{33} ɣɯ^{33}
无奈又返家，

lu^{21} ȵy^{21} t'ɯ^{33} k'ɯ^{33}
来到村寨前，

k'ɯ^{33} lɿ^{21} lu^{33}
这时候，

ɣɯ^{21} ʐɿ^{33} ndʐɯ^{33} du^{55} vi^{55}
人熊传送坏话，

a^{33} na^{33} ndʐɯ^{33} du^{55} vi^{55}
乌鸦传送坏话，

ɣo^{21} ʑɯ^{33} ndʐɯ^{33} du^{55} vi^{55}
野猫传送坏话，

dɯ^{33} ȵy^{21} ndʐɯ^{33} du^{55} vi^{55}
狐狸传送坏话，

na^{21} ɣɯ^{21} su^{13} dʐo^{21} dʐa^{33}
任人说闲话。

su^{13} mo^{13} mu^{33} mo^{13}
人尸马尸，

dɯ^{55} le^{33} ɖu^{21}
像横木一样，

mu^{33} ɕy^{33} ts'o^{21} ɕy^{33}
人血马血，

ʑɛ^{55}k'ɯ^{33}ɖa^{33}ʑi^{21}do^{33}lɯ^{33}sɯ^{55}
像堤溃水泛滥。

t'y^{21} ɳɹ^{33} mɛ^{55} ɣo^{13} ʑɛ^{33}
怀孕的妇女，

ʑo^{33} hɯ^{21} ɕy^{33} dɿ^{13} ɕi^{13}
让男人杀死，

dʑi^{21} lu^{21} ndɯ^{33} nu^{33} bi^{33}
虫爬样认命，

ʑo^{33} hɛ^{33} ga^{13} ʑɯ^{33}
好汉上了山，

dʐa^{33} lɯ^{55} tɯ^{33} ŋɯ^{33} vi^{21}
是这般情景。

ʂu^{33} ndu^{33} tɕo^{55} t'a^{21} k'e^{33}
第二种灾难，

ŋgɯ^{21}tʂ'u^{33} ʈ'a^{33} ɳɹ^{33} ndɯ^{55}
好胜起战祸，

ʂʅ^{33} tɕ'y^{13} ʈ'u^{13} ʐo^{21} pa^{33}
争 强 遇 劲 敌，

ba^{33} mɛ^{13} t'o^{21} ʐɯ^{33} ndɯ^{55}
争 一 席 地 方，

tu^{13} p'i^{33} hu^{21} ʐɯ^{33} ndʐɪ^{33}
损价值上千的马匹；

lu^{21} se^{21} dʐɯ^{21} ɳɪ^{33} ndɯ^{55}
争 属 民 奴 隶，

hɪ^{21} p'i^{33} zu^{33} ʐo^{21} bɛ^{21}
失去值上万的汉子。

vu^{55} ʐɯ^{33} no^{13} ma^{21} xo^{55}
边 境 不 安 定，

no^{13} ʐɪ^{33} dʐɯ^{33} lo^{13} lɯ^{55}
全 境 无 宁 日，

nɛ^{21} ʐɯ^{33} ndʐʅ^{21} ma^{21} su^{21}
不 还 近 处 债，

ndʐʅ^{21} ʐɪ^{33} mo^{21} lo^{13} lɯ^{55}
就 高 筑 债 台，

bi^{21} dʐɯ^{33} ts'u^{33} ʂɯ^{55} bu^{33}
债欠多了如盐咸，

t'a^{21} ʐo^{21} k'u^{33} mu^{33} tu^{13}
为 树 一 人 威 风，

ʐo^{21} gɯ^{55} a^{33} ɳy^{33} k'o^{13}
征 敛 至 身 边，

mu^{21} no^{33} bɛ^{21} nɯ^{21} fu^{33}
动 辄 把 兵 兴，

xo^{21} ɳɪ^{33} vɛ^{33} lɯ^{33} sɯ^{55}
似 簸 箕 扬 动，

mɛ^{55} hɯ^{21} zu^{33} ndʐɯ^{33}
害 人 妻 离 子 散，

vi^{21} nɯ^{21} va^{13} p'u^{21} pu^{33}
如 豺 狼 进 猪 群，

vu^{33} mi^{13} mi^{33} t'u^{33} dʐo^{21}
远 征 往 他 乡，

k'u^{33} nɛ^{55} lɯ^{33} ma^{21} ho^{21}
不 见 了 踪 迹，

ʂu^{33} ɣo^{21} no^{13} na^{55} tʂu^{21}
地 方 空 荡 荡，

sɛ^{33} a^{33} vu^{55} ma^{21} dʐy^{33}
树 上 无 鸟 歇，

xɯ^{21} ʐɯ^{33} pu^{33} ɳy^{21} ndʐɯ^{33}
塘 里 无 蛙 鸣，

gɛ^{21} ma^{21} de^{13} lɯ^{33} sɯ^{55}
似 长 夜 不 明。

ʂu^{33} ndu^{33} tɕi^{13} t‘a^{21} k‘e^{33}
第 三 种 灾 难:

ndzu^{33}ts‘e^{13}ndzu^{33}ŋɯ^{33}lu^{33}
君 位 虽 世 袭,

k‘a^{33} a^{33} ndʐo^{21} no^{33} vu^{55}
让人用武力篡夺,

mu^{55} ts‘e^{13} mu^{55} lu^{33}
臣 位 虽 世 袭,

k‘a^{33} a^{33} ndʐo^{21} no^{33} mu^{33}
让人用武力夺去,

p‘i^{33} mu^{55} ɬi^{33} ma^{21} mu^{55}
子孙不继承权位,

bi^{55} tʂ‘ɛ^{55} lu^{33} a^{33} ndo^{33}
把 毕 濯 丧 失①,

p‘i^{33} pu^{13} ɬi^{33} ma^{21} pu^{13}
布摩子孙不继承祖业,

vɛ^{21} t‘u^{33} se^{33} a^{33} ʂɛ^{13}
维 庹 成 朽 木②,

p‘i^{55} k‘a^{33} ɬi^{33} ma^{21} k‘a^{33}
祖宗勇敢子孙怯,

lu^{33} ʑy^{33} ndʐo^{13} a^{33} ɖo^{33}
刀 把 也 腐 烂。

t‘y^{21} t‘u^{33} ʂu^{33} ŋɯ^{33} vi^{21}
勉 强 像 人 样,

hu^{21} bo^{21} ŋu^{33} ts‘ɯ^{33} ɕi^{13}
该活百岁寿减半,

t‘y^{21} t‘u^{33} ʂu^{33} ma^{55} ŋɯ^{21}
其 实 不 是 人,

ts‘e^{13} ʐɯ^{33} ts‘e^{13} ma^{21} tsa^{13}
不 传 宗 接 代,

t‘y^{21} t‘u^{33} ʂu^{33} ŋɯ^{33} vi^{21}
模 样 还 是 人,

nɯ^{55} tɕ‘ɯ^{21} lɯ^{55} a^{33} lo^{13}
在 人 世 间,

t‘u^{33} ʂu^{33} ndʑi^{21} tsʅ^{13}
虽 披 着 人 皮,

p‘a^{13} tɪ^{13} lɪ^{21} lɯ^{33} sɯ^{55}
却 贱 如 木 叶。

t‘y^{21} lɪ^{21} vi^{13} ho^{55}
得 这 种 遭 遇,

zɛ^{21} la^{13} p‘ɛ^{21} ʈ‘u^{13}
是因命如纸薄,

ɣa^{33} lo^{13} li^{55} ho^{21} zu^{55}
分 量 只 及 鸡。

pu^{13}k‘ɯ^{33}xo^{21}su^{13}lo^{33}ŋga^{13}
要请有道行布摩，

ɕi^{13} no^{21} ʑi^{21} ʑɛ^{33} kɯ^{55}
把病神死神逐过河，

ʂu^{33} ndu^{33} ga^{13} ʑɛ^{33} t‘ɯ^{21}
把灾难送过大山。

su^{21} ɕi^{13} no^{33} su^{21} dzu^{21}
把死归还其主，

mi^{13} ho^{55} no^{33} ʂʅ^{33} ɬi^{55}
如培土长出禾苗，

dzu^{21} lɯ^{33} kɯ^{13} tɯ^{33} ŋɯ^{33}
还是合算的。

hɛ^{33} su^{13} n̥y^{21} nɯ^{21} ndʐɯ^{33}
贤能要数尼能氏③，

hɛ^{33} ʑɯ^{33} ma^{21} so^{21} mu^{55}
贤达无须教，

bi^{21} ʑy^{2} ma^{21} so^{21} mu^{55}
权位无须教。

k‘a^{33}ʑɯ^{33}tɕ‘y^{13}tɕ‘o^{13}ndʐɯ^{33}
勇敢要数瞿确氏④，

k‘a^{33} ʑɯ^{33} ma^{21} mu^{55}
勇敢无须教，

tɕi^{13} t‘e^{33} ma^{21} so^{21} mu^{55}
根底不用传。

tʂ‘u^{33} ʈ‘u^{13} hu^{21} dzo^{33} fi^{13}
楚陀势力强⑤，

mi^{13} dʐa^{33} ɣo^{21} ʑɯ^{33} mu^{33}
雄冠于世间。

dɯ^{13} do^{21} n̥y^{21} tsu^{55} gu^{33}
如窦朵继承尼能传统，

ts‘o^{21} ts‘e^{13} ɣo^{21} ʑɯ^{33} tɕɪ^{13}
有后是第一，

ʑɪ^{33} bu^{33} tɕy^{33} ɣo^{21} hɛ^{33}
哎哺时曾九度繁荣⑥，

ts‘o^{21} ts‘e^{13} hɛ^{33} ɣo^{21} tɕɪ^{13}
后代强是第一，

dʑi^{21} lu^{21} hɛ^{33} ɣo^{21} dʐo^{13}
机遇好第二，

n̥ɪ^{13} hu^{21} hɛ^{33} a^{33} mɛ^{21}
门第好第三。

ne^{33} ʑɯ^{33} ts‘o^{21} tʂɯ^{13} lu^{33}
心可容纳人。

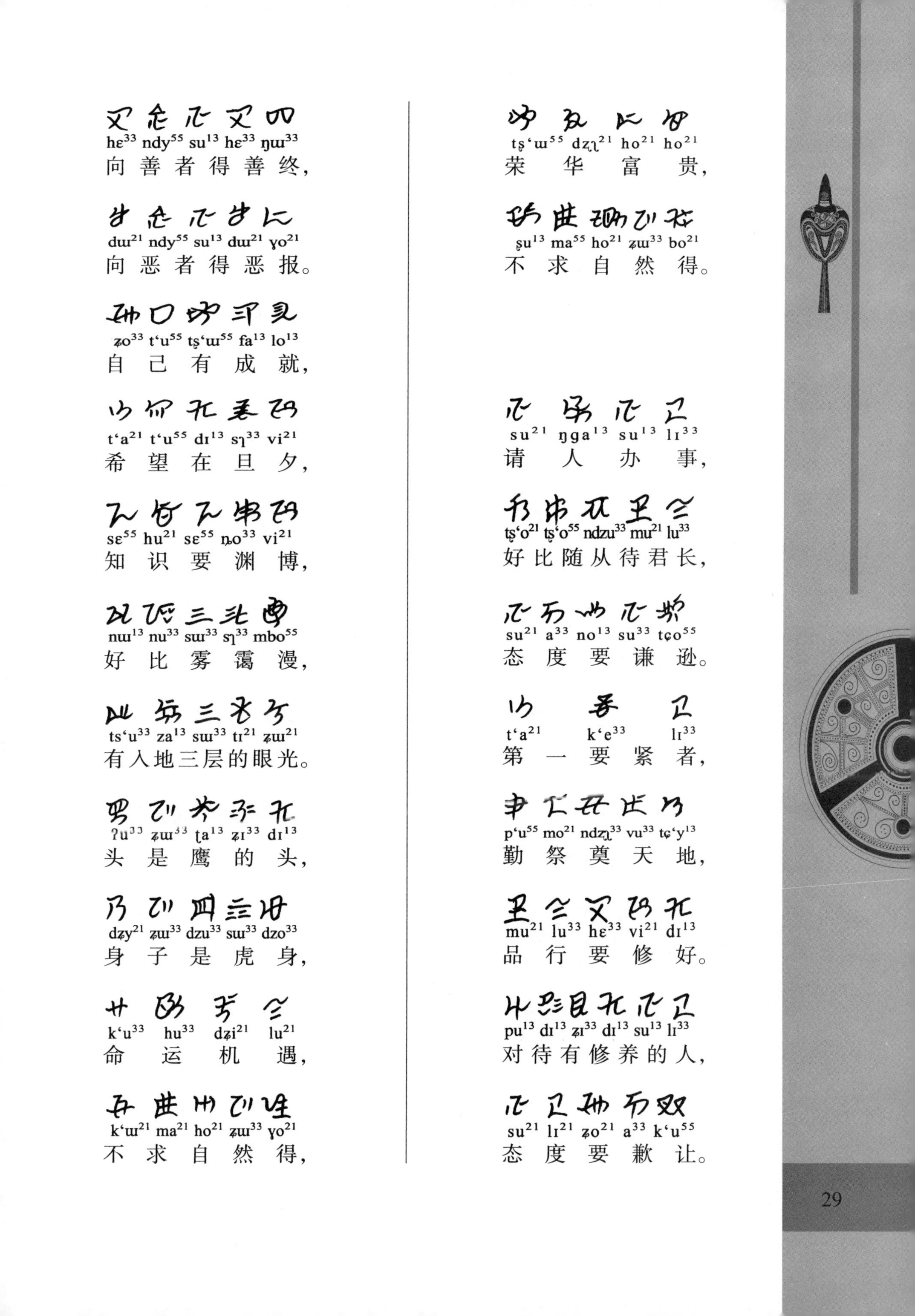

hɛ^{33} ndy^{55} su^{13} hɛ^{33} ŋɯ^{33}
向善者得善终，

dɯ^{21} ndy^{55} su^{13} dɯ^{21} ɣo^{21}
向恶者得恶报。

ʑo^{33} t‘u^{55} tʂ‘ɯ^{55} fa^{13} lo^{13}
自己有成就，

t‘a^{21} t‘u^{55} dɪ^{13} sɿ^{33} vi^{21}
希望在旦夕，

sɛ^{55} hu^{21} sɛ^{55} ɳo^{33} vi^{21}
知识要渊博，

nɯ^{13} nu^{33} sɯ^{33} sɿ^{33} mbo^{55}
好比雾霭漫，

ts‘u^{33} za^{13} sɯ^{33} tɪ^{21} ʑɯ^{21}
有入地三层的眼光。

ʔu^{33} ʑɯ^{33} ʈa^{13} ʑɪ^{33} dɪ^{13}
头是鹰的头，

dʑy^{21} ʑɯ^{33} dzu^{33} sɯ^{33} dzo^{33}
身子是虎身，

k‘u^{33} hu^{33} dʑi^{21} lu^{21}
命运机遇，

k‘ɯ^{21} ma^{21} ho^{21} ʑɯ^{33} ɣo^{21}
不求自然得，

tʂ‘ɯ^{55} dzʅ^{21} ho^{21} ho^{21}
荣华富贵，

ʂu^{13} ma^{55} ho^{21} ʑɯ^{33} bo^{21}
不求自然得。

su^{21} ŋga^{13} su^{13} lɪ^{33}
请人办事，

tʂ‘o^{21} tʂ‘o^{55} ndzu^{33} mu^{21} lu^{33}
好比随从待君长，

su^{21} a^{33} no^{13} su^{33} tɕo^{55}
态度要谦逊。

t‘a^{21} k‘e^{33} lɪ^{33}
第一要紧者，

p‘u^{55} mo^{21} ndzʅ^{33} vu^{33} tɕ‘y^{13}
勤祭奠天地，

mu^{21} lu^{33} hɛ^{33} vi^{21} dɪ^{13}
品行要修好。

pu^{13} dɪ^{13} ʑɪ^{33} dɪ^{13} su^{13} lɪ^{33}
对待有修养的人，

su^{21} lɪ^{21} ʑo^{21} a^{33} k‘u^{55}
态度要歉让。

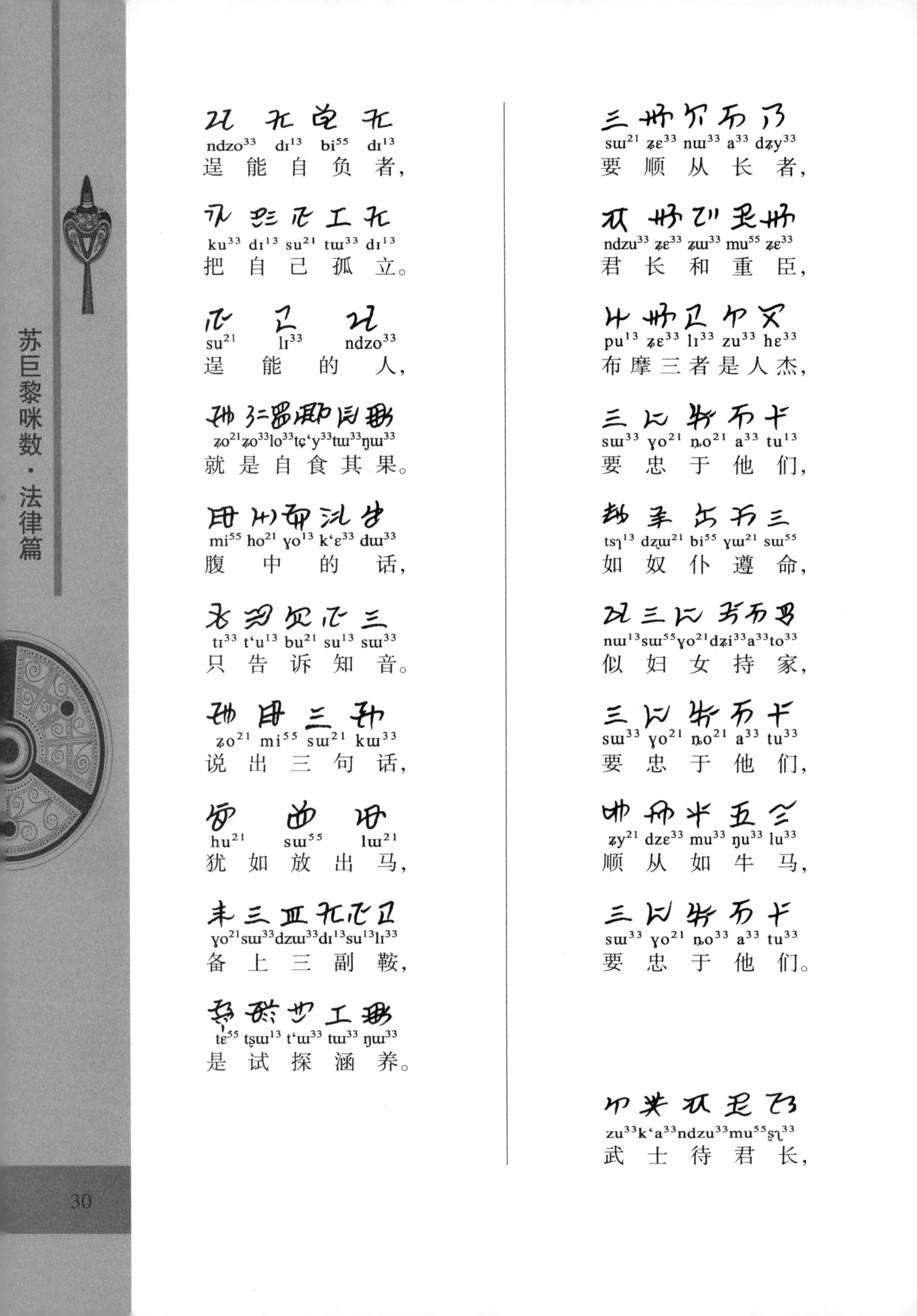

ndzo^{33} dɪ^{13} bi^{55} dɪ^{13}
逞能自负者，

ku^{33} dɪ^{13} su^{21} tɯ^{33} dɪ^{13}
把自己孤立。

su^{21} lɪ^{33} ndzo^{33}
逞能的人，

ʐo^{21}ʐo^{33}lo^{33}tɕ'y^{33}tɯ^{33}ŋɯ^{33}
就是自食其果。

mi^{55} ho^{21} ɣo^{13} k'ɛ^{33} dɯ^{33}
腹中的话，

tɪ^{33} t'u^{13} bu^{21} su^{13} sɯ^{33}
只告诉知音。

ʐo^{21} mi^{55} sɯ^{21} kɯ^{33}
说出三句话，

hu^{21} sɯ^{55} lɯ^{21}
犹如放出马，

ɣo^{21}sɯ^{33}dzɯ^{33}dɪ^{13}su^{13}lɪ^{33}
备上三副鞍，

tɛ^{55} tʂɯ^{13} t'ɯ^{33} tɯ^{33} ŋɯ^{33}
是试探涵养。

sɯ^{21} ʐɛ^{33} nɯ^{33} a^{33} dʑy^{33}
要顺从长者，

ndzu^{33} ʐɛ^{33} ʐɯ^{33} mu^{55} ʐɛ^{33}
君长和重臣，

pu^{13} ʐɛ^{33} lɪ^{33} zu^{33} hɛ^{33}
布摩三者是人杰，

sɯ^{33} ɣo^{21} ȵo^{21} a^{33} tu^{13}
要忠于他们，

tsʅ^{13} dʐɯ^{21} bi^{55} ɣɯ^{21} sɯ^{55}
如奴仆遵命，

nɯ^{13}sɯ^{55}ɣo^{21}dʑi^{33}a^{33}to^{33}
似妇女持家，

sɯ^{33} ɣo^{21} ȵo^{21} a^{33} tu^{33}
要忠于他们，

ʐy^{21} dzɛ^{33} mu^{33} ŋu^{33} lu^{33}
顺从如牛马，

sɯ^{33} ɣo^{21} ȵo^{33} a^{33} tu^{33}
要忠于他们。

zu^{33}k'a^{33}ndzu^{33}mu^{55}ʂʅ^{33}
武士待君长，

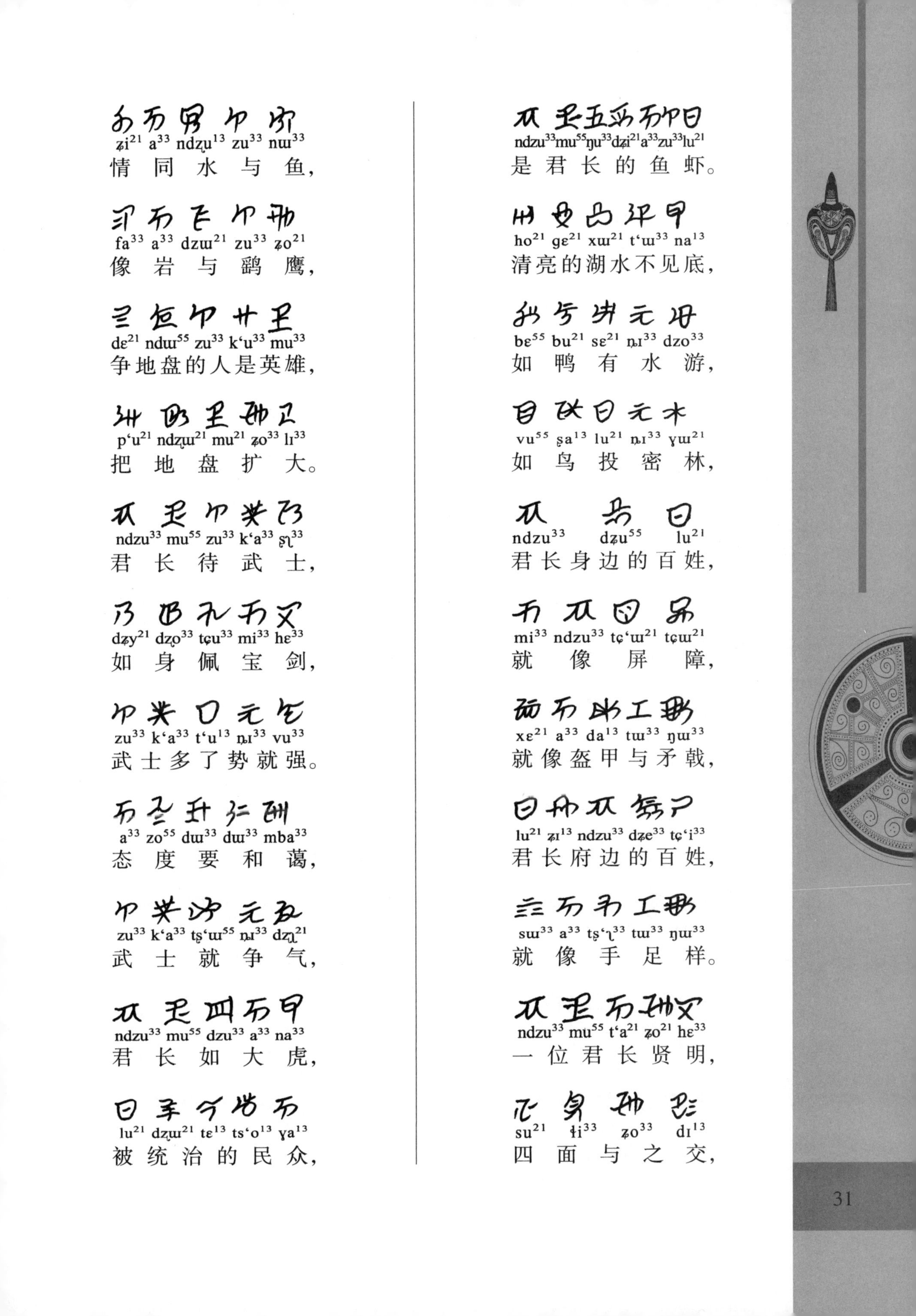

ʑi21 a33 ndʐu13 zu33 nɯ33
情同水与鱼，

fa33 a33 dzɯ21 zu33 ʑo21
像岩与鹞鹰，

dɛ21 ndɯ55 zu33 k‘u33 mu33
争地盘的人是英雄，

p‘u21 ndʐɯ21 mu21 ʑo33 lɪ33
把地盘扩大。

ndzu33 mu55 zu33 k‘a33 ʂʅ33
君长待武士，

dʑy21 dʐo33 tɕu33 mi33 hɛ33
如身佩宝剑，

zu33 k‘a33 t‘u13 ɲɪ33 vu33
武士多了势就强。

a33 zo55 dɯ33 dɯ33 mba33
态度要和蔼，

zu33 k‘a33 tʂ‘ɯ55 ɲɪ33 dʐʅ21
武士就争气，

ndzu33 mu55 dzu33 a33 na33
君长如大虎，

lu21 dzɯ21 tɛ13 ts‘o13 ɣa13
被统治的民众，

ndzu33 mu55 ŋu33 dʑi21 a33 zu33 lu21
是君长的鱼虾。

ho21 gɛ21 xɯ21 t‘ɯ33 na13
清亮的湖水不见底，

bɛ55 bu21 sɛ21 ɲɪ33 dzo33
如鸭有水游，

vu55 ʂa13 lu21 ɲɪ33 ɣɯ21
如鸟投密林，

ndzu33 dʑu55 lu21
君长身边的百姓，

mi33 ndzu33 tɕ‘ɯ21 tɕɯ21
就像屏障，

xɛ21 a33 da13 tɯ33 ŋɯ33
就像盔甲与矛戟，

lu21 ʑɪ13 ndzu33 dʑe33 tɕ‘i33
君长府边的百姓，

sɯ33 a33 tʂ‘ʅ33 tɯ33 ŋɯ33
就像手足样。

ndzu33 mu55 t‘a21 ʑo21 hɛ33
一位君长贤明，

su21 ɬi33 ʑo33 dɪ13
四面与之交，

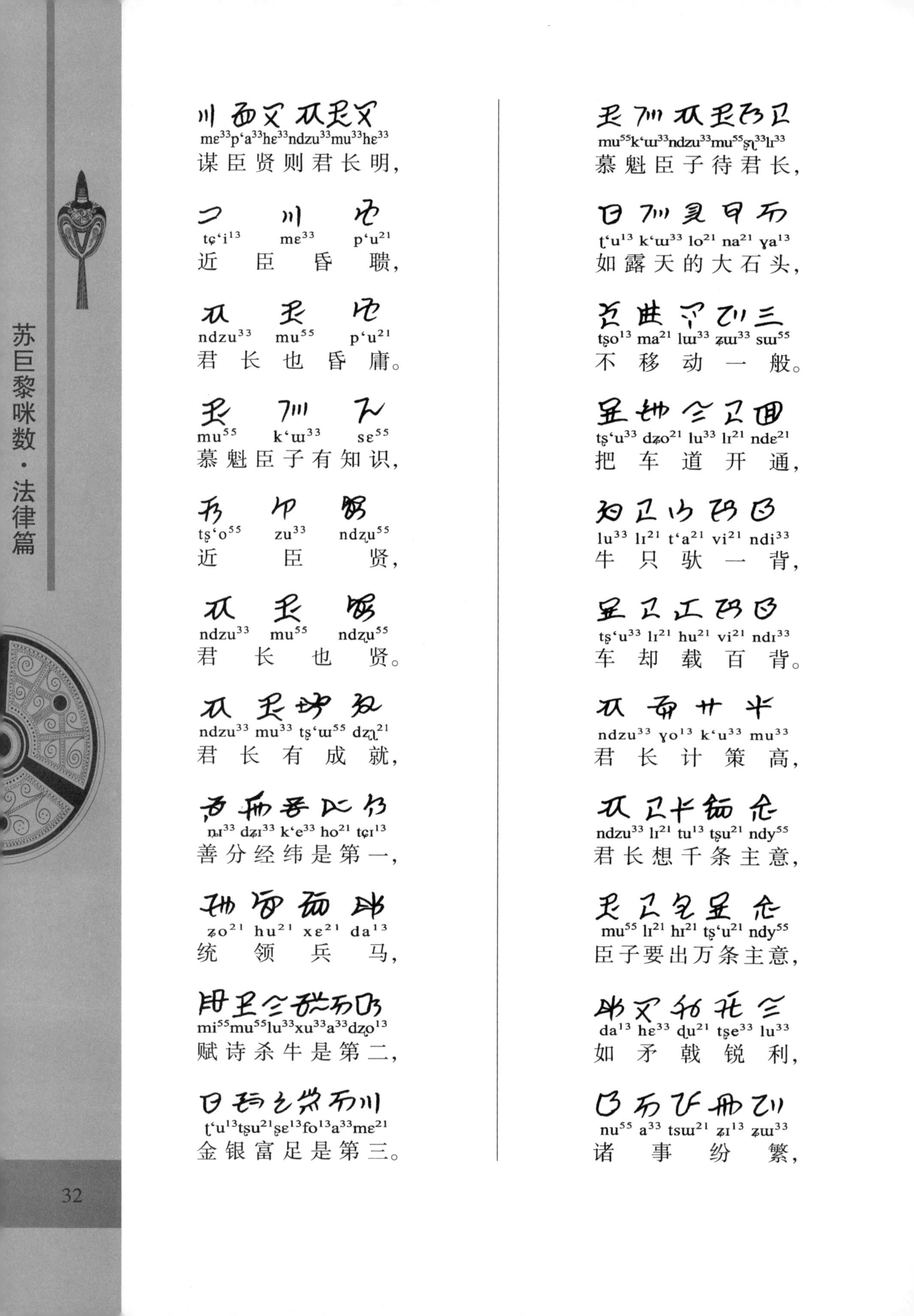

mɛ^{33}p'a^{33}hɛ^{33}ndzu^{33}mu^{33}hɛ^{33}
谋臣贤则君长明，

tɕ'i^{13} mɛ^{33} p'u^{21}
近臣昏聩，

ndzu^{33} mu^{55} p'u^{21}
君长也昏庸。

mu^{55} k'ɯ^{33} sɛ^{55}
慕魁臣子有知识，

tʂ'o^{55} zu^{33} ndʐu^{55}
近臣贤，

ndzu^{33} mu^{55} ndʐu^{55}
君长也贤。

ndzu^{33} mu^{33} tʂ'ɯ^{55} dʐʅ^{21}
君长有成就，

n̥ɪ^{33} dʑɪ^{33} k'e^{33} ho^{21} tɕɪ^{13}
善分经纬是第一，

ʑo^{21} hu^{21} xɛ^{21} da^{13}
统领兵马，

mi^{55}mu^{55}lu^{33}xu^{33}a^{33}dʐo^{13}
赋诗杀牛是第二，

ʈ'u^{13}tʂu^{21}ʂɛ^{13}fo^{13}a^{33}mɛ^{21}
金银富足是第三。

mu^{55}k'ɯ^{33}ndzu^{33}mu^{55}ʂʅ^{33}lɪ^{33}
慕魁臣子待君长，

ʈ'u^{13} k'ɯ^{33} lo^{21} na^{21} ɣa^{13}
如露天的大石头，

tʂo^{13} ma^{21} lɯ^{33} ʑɯ^{33} sɯ^{55}
不移动一般。

tʂ'u^{33} dʑo^{21} lu^{33} lɪ^{21} ndɛ^{21}
把车道开通，

lu^{33} lɪ^{21} t'a^{21} vi^{21} ndi^{33}
牛只驮一背，

tʂ'u^{33} lɪ^{21} hu^{21} vi^{21} ndɪ^{33}
车却载百背。

ndzu^{33} ɣo^{13} k'u^{33} mu^{33}
君长计策高，

ndzu^{33} lɪ^{21} tu^{13} tʂu^{21} ndy^{55}
君长想千条主意，

mu^{55} lɪ^{21} hɪ^{21} tʂ'u^{21} ndy^{55}
臣子要出万条主意，

da^{13} hɛ^{33} ɖu^{21} tʂe^{33} lu^{33}
如矛戟锐利，

nu^{55} a^{33} tsɯ^{21} ʑɪ^{13} ʑɯ^{33}
诸事纷繁，

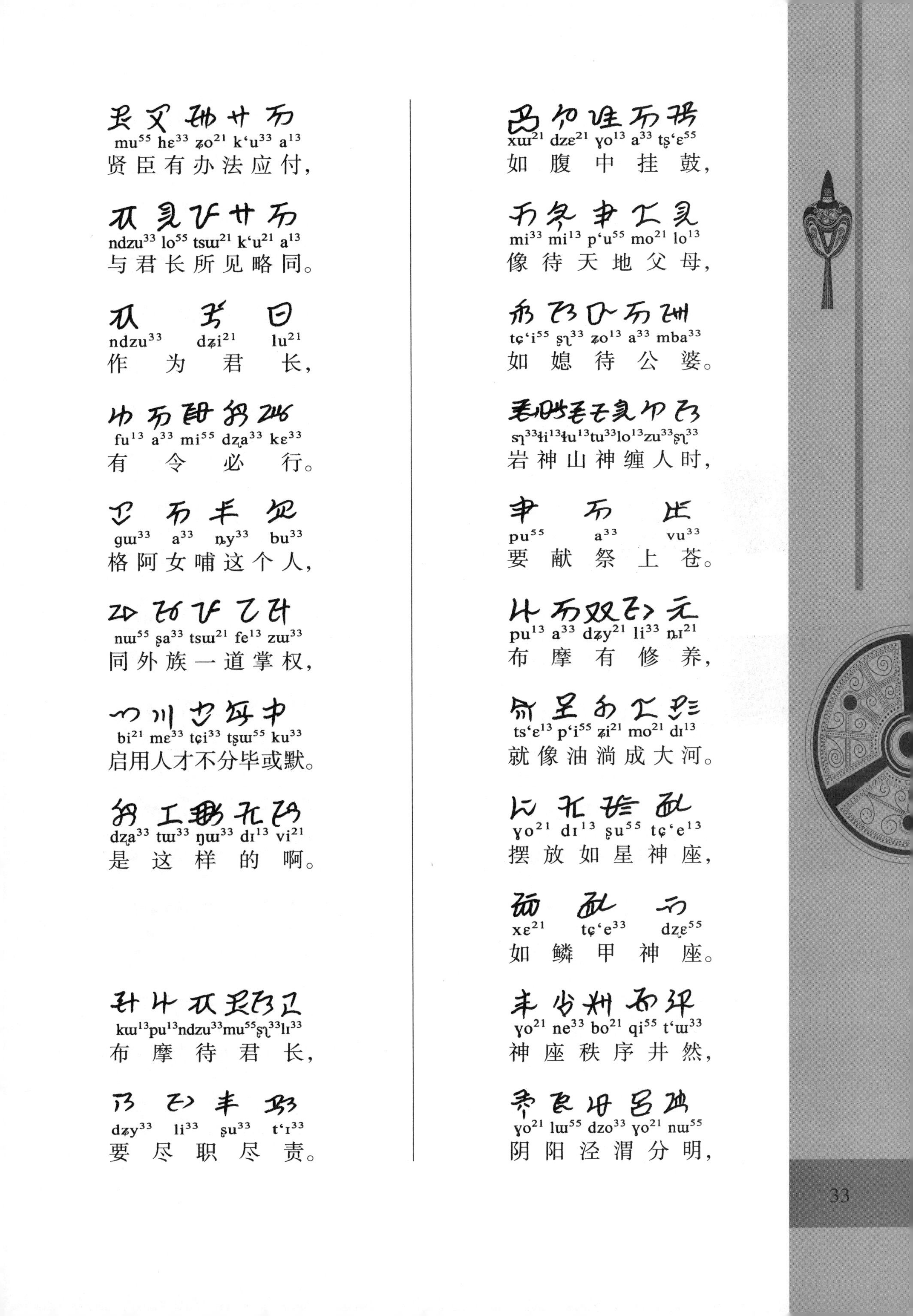

mu^{55} hɛ^{33} ʐo^{21} k‘u^{33} a^{13}

贤臣有办法应付，

ndzu^{33} lo^{55} tsɯ^{21} k‘u^{21} a^{13}

与君长所见略同。

ndzu^{33} dʑi^{21} lu^{21}

作为君长，

fu^{13} a^{33} mi^{55} dʐa^{33} kɛ^{33}

有令必行。

gɯ^{33} a^{33} ȵy^{33} bu^{33}

格阿女哺这个人，

nɯ^{55} ʂa^{33} tsɯ^{21} fe^{13} zɯ^{33}

同外族一道掌权，

bi^{21} mɛ^{33} tɕi^{33} tʂɯ^{55} ku^{33}

启用人才不分毕或默。

dʐa^{33} tɯ^{33} ŋɯ^{33} dɪ^{13} vi^{21}

是这样的啊。

kɯ^{13}pu^{13}ndzu^{33}mu^{55}ʂʅ^{33}lɪ^{33}

布摩待君长，

dʑy^{33} li^{33} ʂu^{33} t‘ɪ^{33}

要尽职尽责。

xɯ^{21} dzɛ^{21} ɣo^{13} a^{33} tʂ‘ɛ^{55}

如腹中挂鼓，

mi^{33} mi^{13} p‘u^{55} mo^{21} lo^{13}

像待天地父母，

tɕ‘i^{55} ʂʅ^{33} ʐo^{13} a^{33} mba^{33}

如媳待公婆。

ʂʅ^{33}ɬi^{13}ɬu^{13}tu^{33}lo^{13}zu^{33}ʂʅ^{33}

岩神山神缠人时，

pu^{55} a^{33} vu^{33}

要献祭上苍。

pu^{13} a^{33} dʑy^{21} li^{33} ɳɪ^{21}

布摩有修养，

ts‘ɛ^{13} p‘i^{55} ʑi^{21} mo^{21} dɪ^{13}

就像油淌成大河。

ɣo^{21} dɪ^{13} ʂu^{55} tɕ‘e^{13}

摆放如星神座，

xɛ^{21} tɕ‘e^{33} dʐɛ^{55}

如鳞甲神座。

ɣo^{21} ne^{33} bo^{21} qi^{55} t‘ɯ^{33}

神座秩序井然，

ɣo^{21} lɯ^{55} dzo^{33} ɣo^{21} nɯ^{55}

阴阳泾渭分明，

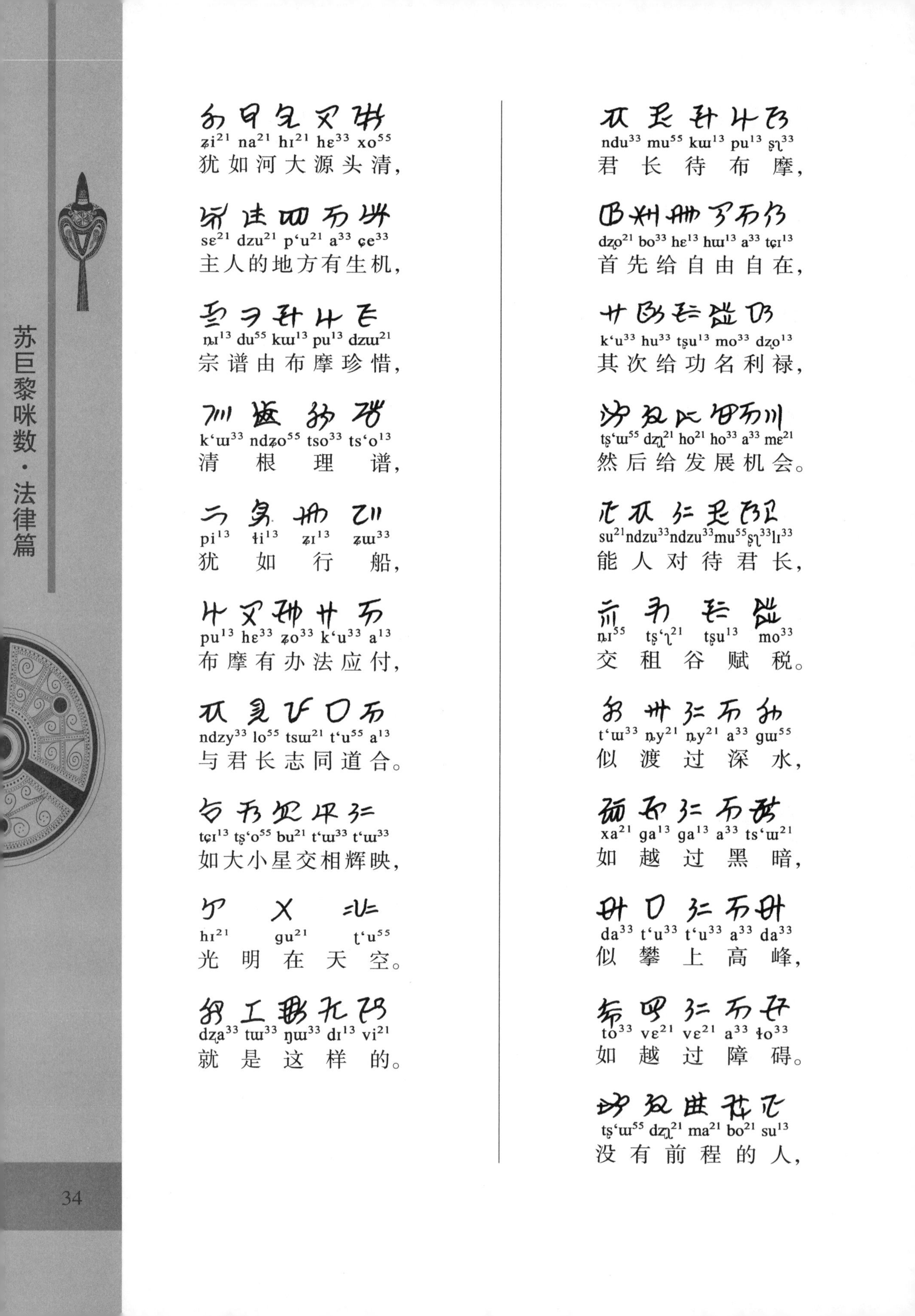

ʑi^{21} na^{21} hɪ^{21} hɛ^{33} xo^{55}
犹如河大源头清，

sɛ^{21} dzu^{21} p'u^{21} a^{33} ɕe^{33}
主人的地方有生机，

ȵɪ^{13} du^{55} kɯ^{13} pu^{13} dzɯ^{21}
宗谱由布摩珍惜，

k'ɯ^{33} ndʑo^{55} tso^{33} ts'o^{13}
清 根 理 谱，

pi^{13} ɬi^{13} ʑɪ^{13} ʑɯ^{33}
犹 如 行 船，

pu^{13} hɛ^{33} ʑo^{33} k'u^{33} a^{13}
布摩有办法应付，

ndzy^{33} lo^{55} tsɯ^{21} t'u^{55} a^{13}
与君长志同道合。

tɕɪ^{13} tʂ'o^{55} bu^{21} t'ɯ^{33} t'ɯ^{33}
如大小星交相辉映，

hɪ^{21} gu^{21} t'u^{55}
光 明 在 天 空。

dʑa^{33} tɯ^{33} ŋɯ^{33} dɪ^{13} vi^{21}
就 是 这 样 的。

ndu^{33} mu^{55} kɯ^{13} pu^{13} ʂʅ^{33}
君 长 待 布 摩，

dʐo^{21} bo^{33} hɛ^{13} hɯ^{13} a^{33} tɕɪ^{13}
首先给自由自在，

k'u^{33} hu^{33} tʂu^{13} mo^{33} dʐo^{13}
其次给功名利禄，

tʂ'ɯ^{55} dʐʅ^{21} ho^{21} ho^{33} a^{33} me^{21}
然后给发展机会。

su^{21}ndzu^{33}ndzu^{33}mu^{55}ʂʅ^{33}lɪ^{33}
能人对待君长，

ȵɪ^{55} tʂ'ʅ^{21} tʂu^{13} mo^{33}
交 租 谷 赋 税。

t'ɯ^{33} ȵy^{21} ȵy^{21} a^{33} gɯ^{55}
似 渡 过 深 水，

xa^{21} ga^{13} ga^{13} a^{33} ts'ɯ^{21}
如 越 过 黑 暗，

da^{33} t'u^{33} t'u^{33} a^{33} da^{33}
似 攀 上 高 峰，

to^{33} vɛ^{21} vɛ^{21} a^{33} ɬo^{33}
如 越 过 障 碍。

tʂ'ɯ^{55} dʐʅ^{21} ma^{21} bo^{21} su^{13}
没 有 前 程 的 人，

fe^{13} k'u^{33} dɪ^{13} ma^{55} kɯ^{21}
是不接近权势的，

fe^{13} k'u^{33} ma^{21} tɕi^{21} su^{13}
不怕权势的人，

tʂ'ɯ^{55} tɕ'ɯ^{21} ma^{21} tɕɪ^{13}
是无所畏惧的。

ɳɪ^{13} gu^{33} fe^{13} tʂɛ^{55} k'ɯ^{33}
根底好则权势牢固，

fe^{13} gu^{33} ɳɪ^{21} ɳɪ^{33} ɣo^{21}
有实权则样样得。

ndzu^{33} mu^{55} su^{13} ndzu^{33} ʂʅ^{33}
君长待能人，

mɛ^{13}k'u^{13}vu^{33}ndzɛ^{13}a^{33}tɕɪ^{13}
第一为传诵美名，

mu^{33} tsɛ^{55} ʂɛ^{13} dɪ^{13} a^{33} dʐo^{13}
第二为骏马，

tʂ'ʅ^{33}ŋu^{33}ɬɛ^{55}dʐo^{21}a^{33}tɯ^{33}mɛ^{21}
第三为借助，

lu^{21} dʐɯ^{21} ndzu^{33} mu^{55} ʂʅ^{33}
百姓对君长，

dʐʅ^{21} k'ɯ^{33} bo^{21} a^{33} tɕɪ^{13}
诚实是第一，

hy^{13} mu^{33} ŋgu^{21} mu^{33} dʐo^{13}
租税是第二，

ndzu^{33} mu^{55} ʈ'u^{55} ʐɯ^{33} so^{21}
君长的恩惠，

hu^{21} lu^{33} dʑy^{33} a^{33} ndʐu^{55}
大山样的重。

ndzu^{33}mu^{55}lu^{21}dʐɯ^{33}ʂʅ^{33}lɪ^{33}
君长对待百姓，

p'u^{21}no^{13}hu^{21}ndɪ^{21}bi^{55}a^{33}tɕɪ^{13}
赐给土地是第一，

dʐo^{21}bo^{33}hɪ^{21}hɯ^{55}bi^{55}a^{33}dʐo^{13}
过得自在是第二，

ʔu^{33}ts'o^{33}la^{13}lu^{33}bi^{55}a^{33}mɛ^{21}
分给奴仆是第三。

ndzu^{33} ʐɯ^{33} mi^{55} tɕy^{33} po^{13}
君长讲的九成话，

hɪ^{13} no^{33} lu^{21} ɳo^{21} dʐa^{33}
听不听八成由百姓。

ɳɪ^{55} ɳɪ^{33} ne^{33} dʐɯ^{33} ndzu^{33}
有心之人是财主宰心，

ne^{33} dʐɯ^{33} ma^{21} ndzu^{33} no^{33}
若财不主宰心，

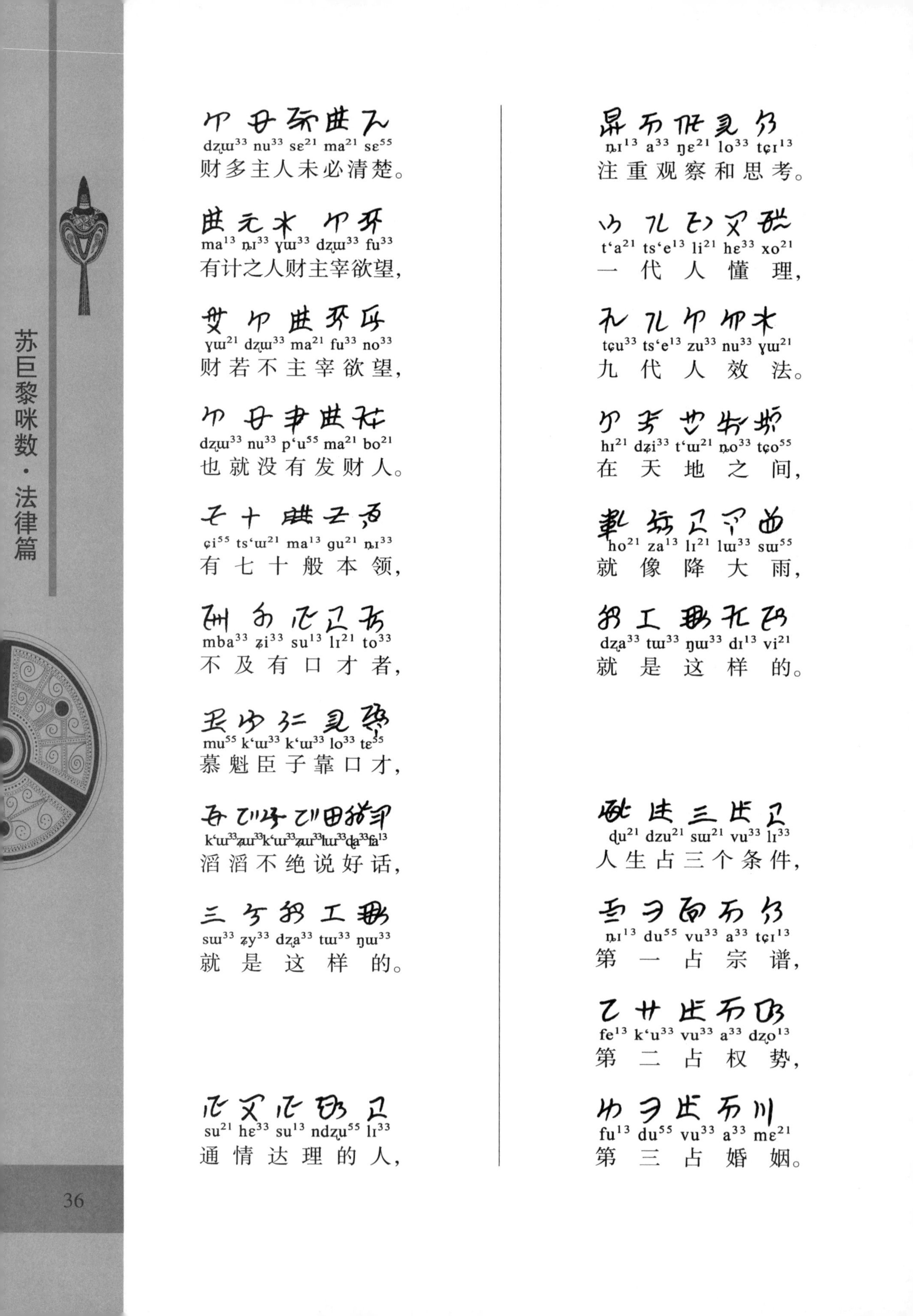

dʐɯ33 nu33 sɛ21 ma21 sɛ55
财多主人未必清楚。

ma13 ȵɪ33 ɣɯ33 dʐɯ33 fu33
有计之人财主宰欲望，

ɣɯ21 dʐɯ33 ma21 fu33 no33
财若不主宰欲望，

dʐɯ33 nu33 p'u55 ma21 bo21
也就没有发财人。

ɕi55 ts'ɯ21 ma13 gu21 ȵɪ33
有七十般本领，

mba33 ʑi33 su13 lɪ21 to33
不及有口才者，

mu55 k'ɯ33 k'ɯ33 lo33 tɛ55
慕魁臣子靠口才，

k'ɯ33 ʐɯ33 k'ɯ33 ʐɯ33 lɯ33 ɖa33 fa13
滔滔不绝说好话，

sɯ33 ʑy33 dʐa33 tɯ33 ŋɯ33
就是这样的。

su21 hɛ33 su13 ndʐu55 lɪ33
通情达理的人，

ȵɪ13 a33 ŋɛ21 lo33 tɕɪ13
注重观察和思考。

t'a21 ts'e13 li21 hɛ33 xo21
一代人懂理，

tɕu33 ts'e13 zu33 nu33 ɣɯ21
九代人效法。

hɪ21 dʑi33 t'ɯ21 ȵo33 tɕo55
在天地之间，

ho21 za13 lɪ21 lɯ33 sɯ55
就像降大雨，

dʐa33 tɯ33 ŋɯ33 dɪ13 vi21
就是这样的。

ɖu21 dzu21 sɯ21 vu33 lɪ33
人生占三个条件，

ȵɪ13 du55 vu33 a33 tɕɪ13
第一占宗谱，

fe13 k'u33 vu33 a33 dʐo13
第二占权势，

fu13 du55 vu33 a33 mɛ21
第三占婚姻。

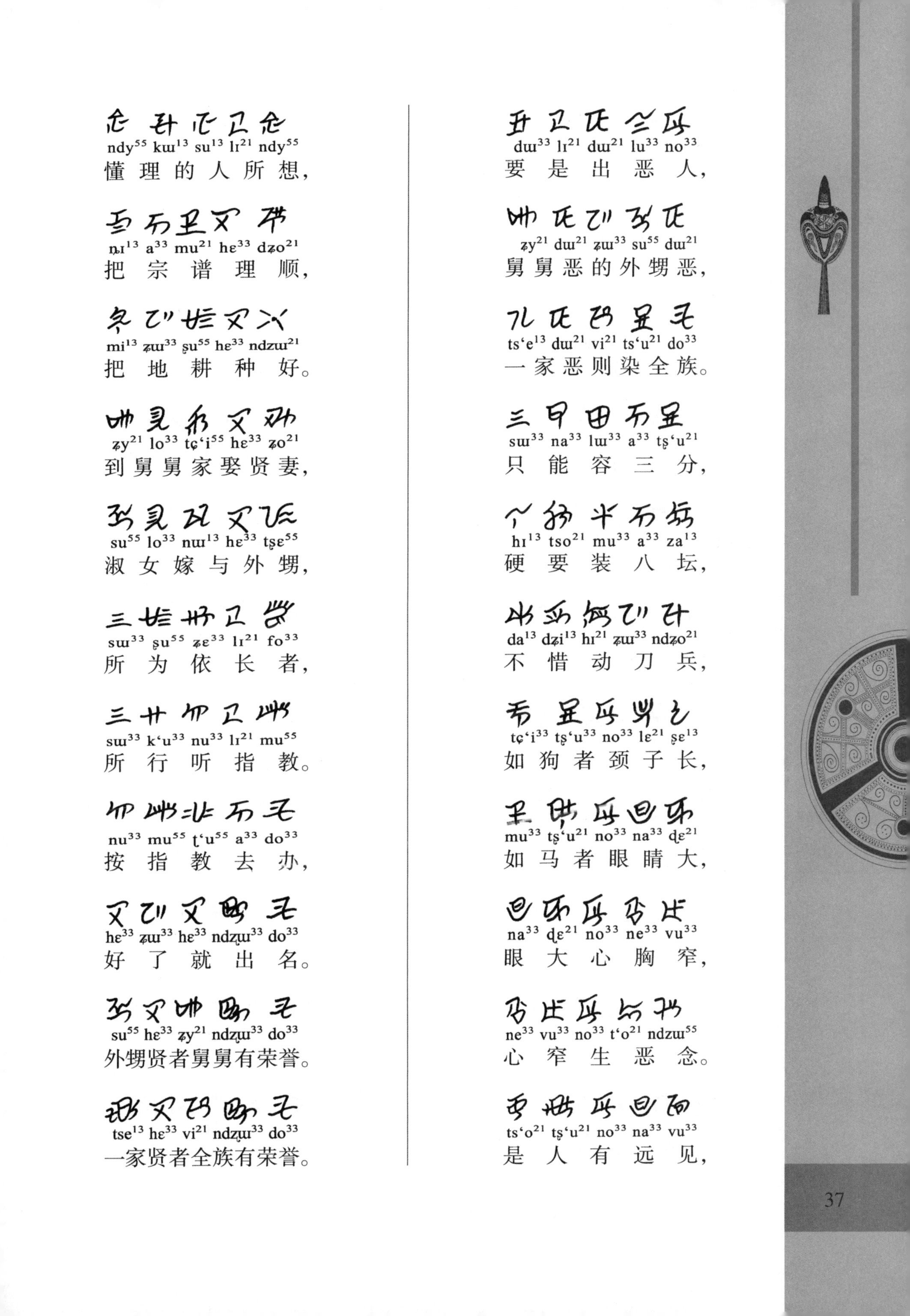

ndy^{55} kɯ^{13} su^{13} lɪ^{21} ndy^{55}
懂理的人所想，

ȵɪ^{13} a^{33} mu^{21} hɛ^{33} dʑo^{21}
把宗谱理顺，

mi^{13} ʐɯ^{33} ṣu^{55} hɛ^{33} ndzɯ^{21}
把地耕种好。

ʑy^{21} lo^{33} tɕ‘i^{55} hɛ^{33} ʑo^{21}
到舅舅家娶贤妻，

su^{55} lo^{33} nɯ^{13} hɛ^{33} tṣɛ^{55}
淑女嫁与外甥，

sɯ^{33} ṣu^{55} ʑɛ^{33} lɪ^{21} fo^{33}
所为依长者，

sɯ^{33} k‘u^{33} nu^{33} lɪ^{21} mu^{55}
所行听指教。

nu^{33} mu^{55} ţ‘u^{55} a^{33} do^{33}
按指教去办，

hɛ^{33} ʐɯ^{33} hɛ^{33} ndẓɯ^{33} do^{33}
好了就出名。

su^{55} hɛ^{33} ʑy^{21} ndẓɯ^{33} do^{33}
外甥贤者舅舅有荣誉。

tse^{13} hɛ^{33} vi^{21} ndẓɯ^{33} do^{33}
一家贤者全族有荣誉。

dɯ^{33} lɪ^{21} dɯ^{21} lu^{33} no^{33}
要是出恶人，

ʑy^{21} dɯ^{21} ʐɯ^{33} su^{55} dɯ^{21}
舅舅恶的外甥恶，

ts‘e^{13} dɯ^{21} vi^{21} ts‘u^{21} do^{33}
一家恶则染全族。

sɯ^{33} na^{33} lɯ^{33} a^{33} tṣ‘u^{21}
只能容三分，

hɪ^{13} tso^{21} mu^{33} a^{33} za^{13}
硬要装八坛，

da^{13} dʑi^{13} hɪ^{21} ʐɯ^{33} ndʑo^{21}
不惜动刀兵，

tɕ‘i^{33} tṣ‘u^{33} no^{33} lɛ^{21} ṣɛ^{13}
如狗者颈子长，

mu^{33} tṣ‘u^{21} no^{33} na^{33} ḍɛ^{21}
如马者眼睛大，

na^{33} ḍɛ^{21} no^{33} ne^{33} vu^{33}
眼大心胸窄，

ne^{33} vu^{33} no^{33} t‘o^{21} ndzɯ^{55}
心窄生恶念。

ts‘o^{21} tṣ‘u^{21} no^{33} na^{33} vu^{33}
是人有远见，

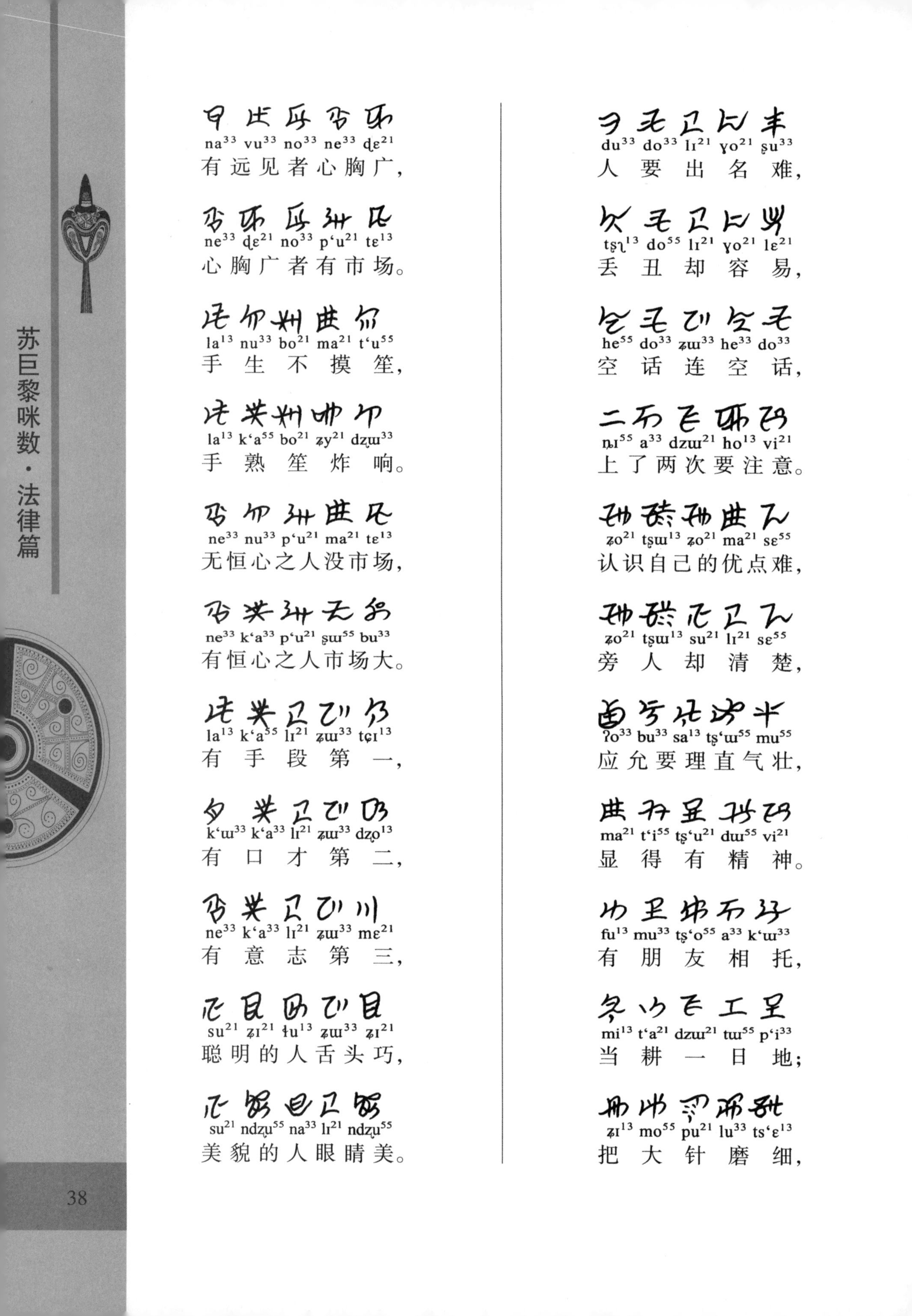

na^{33} vu^{33} no^{33} ne^{33} ɖɛ^{21}
有远见者心胸广，

ne^{33} ɖɛ^{21} no^{33} p‘u^{21} tɛ^{13}
心胸广者有市场。

la^{13} nu^{33} bo^{21} ma^{21} t‘u^{55}
手生不摸笙，

la^{13} k‘a^{55} bo^{21} ʑy^{21} dʐɯ^{33}
手熟笙炸响。

ne^{33} nu^{33} p‘u^{21} ma^{21} tɛ^{13}
无恒心之人没市场，

ne^{33} k‘a^{33} p‘u^{21} ʂɯ^{55} bu^{33}
有恒心之人市场大。

la^{13} k‘a^{55} lɪ^{21} ʑɯ^{33} tɕɪ^{13}
有手段第一，

k‘ɯ^{33} k‘a^{33} lɪ^{21} ʑɯ^{33} dzo̧^{13}
有口才第二，

ne^{33} k‘a^{33} lɪ^{21} ʑɯ^{33} mɛ^{21}
有意志第三，

su^{21} ʐɪ^{21} ɬu^{13} ʑɯ^{33} ʐɪ^{21}
聪明的人舌头巧，

su^{21} ndzu̧^{55} na^{33} lɪ^{21} ndzu̧^{55}
美貌的人眼睛美。

du^{33} do^{33} lɪ^{21} ɣo^{21} ʂu^{33}
人要出名难，

tʂʅ^{13} do^{55} lɪ^{21} ɣo^{21} lɛ^{21}
丢丑却容易，

he^{55} do^{33} ʑɯ^{33} he^{33} do^{33}
空话连空话，

n̥ɪ^{55} a^{33} dzɯ^{21} ho^{13} vi^{21}
上了两次要注意。

ʑo^{21} tʂɯ^{13} ʑo^{21} ma^{21} sɛ^{55}
认识自己的优点难，

ʑo^{21} tʂɯ^{13} su^{21} lɪ^{21} sɛ^{55}
旁人却清楚，

ʔo^{33} bu^{33} sa^{13} tʂ‘ɯ^{55} mu^{55}
应允要理直气壮，

ma^{21} t‘i^{55} tʂ‘u^{21} dɯ^{55} vi^{21}
显得有精神。

fu^{13} mu^{33} tʂ‘o^{55} a^{33} k‘ɯ^{33}
有朋友相托，

mi^{13} t‘a^{21} dzɯ^{21} tɯ^{55} p‘i^{33}
当耕一日地；

ʐɪ^{13} mo^{55} pu^{21} lu^{33} ts‘ɛ^{13}
把大针磨细，

tɕʻi^{13} pʻa^{55} se^{33} ʑɯ^{33} ndɖo^{33}
踢 开 拦 路 木，

mi^{13} tʻa^{21} dzɯ^{21} tɯ^{33} pʻi^{33}
当 耕 一 日 地；

kʻɯ^{33} kʻa^{33} bi^{55} dzɛ^{21} tʻu^{13}
有口才者的表达，

la^{13} kʻa^{55} mi^{33} tʂu^{33} ŋgo^{21}
有手段者的练剑，

mi^{13} tʻa^{21} dzɯ^{21} tɯ^{55} pʻi^{33}
当 耕 一 日 地，

su^{21} sɯ^{33} mi^{13} tɕʻo^{13} pʻi^{33}
三样当耕六日地，

dɯ^{55} su^{13} tʻy^{21} ŋɯ^{33} gɯ^{33}
只 不 过 如 此。

su^{21} sɯ^{33} sɯ^{21} ŋgɯ^{55} pʻi^{33}
值得片刻者有三，

tɕʻy^{33} su^{13} tʻa^{21} ŋgɯ^{55} pʻi^{33}
一 是 偷 盗 者，

lɯ^{13} su^{13} tʻa^{21} ŋgɯ^{55} pʻi^{33}
二 是 抢 掠 者，

ŋge^{33} su^{13} tʻa^{21} ŋgɯ^{55} pʻi^{33}
三 是 诈 骗 者。

su^{21} sɯ^{33} sɯ^{33} hɪ^{21} pʻi^{33}
万世值得者有三，

tʂɯ^{55} su^{21} tʻa^{21} hɪ^{21} pʻi^{33}
一 是 为 官 者，

ŋu^{33} su^{13} tʻa^{21} hɪ^{21} pʻi^{33}
二 是 为 农 者，

ɬo^{13} su^{13} tʻa^{21} hɪ^{21} pʻi^{33}
三 是 为 牧 者，

su^{21} sɯ^{33} pʻi^{33} ma^{21} ge^{33}
永 远 都 值 得。

ndzu^{33} ʑɛ^{33} fe^{33} dʑy^{33} pʻu^{21}
君为大令如天高，

mu^{55} ʑɛ^{33} kʻu^{33} ʂu^{33} no^{13}
臣为大计如地广，

pu^{13} ʑɛ^{33} sɛ^{55} tɕy^{33} po^{33}
布摩为大知识渊博。

dzɿ^{21} dʐo^{21} ho^{21} mɛ^{33} nu^{33}
百 姓 见 识 多，

ʔu^{33} tsʻo^{33} tʂɯ^{13} tɯ^{33} ŋɯ^{33}
人 靠 的 是 精 明，

ndu^{33} mu^{55} tʂɯ^{13} lɪ^{33}
君长精明，

xɛ^{21} a^{33} da^{13} tsu^{55} tsʻo^{13}
订军事制度，

zu^{33} lu^{21} tʂɯ^{13} a^{33} lɪ^{33}
为民精明，

n̥ɪ^{55} a^{33} tʂʻʅ^{21} tɛ^{13} kʻɯ^{33}
注重稼穑，

ʂa^{33} su^{13} tʂɯ^{13} a^{33} lɪ^{33}
外族的精明，

mɛ^{13} du^{33} ʂu^{21} tʂɯ^{13} tɕɪ^{13}
注重取功名。

nɯ^{55} su^{13} tʂɯ^{13} a^{33} lɪ^{33}
彝人的精明，

dʐo^{21} bo^{21} kʻu^{33} hu^{33} tɕɪ^{13}
注重自在与希望。

tʂɯ^{13} fe^{13} a^{33} ndʐu^{55} dzy^{21}
靠精明与机遇，

lɯ^{55} sɯ^{33} tʂʻa^{33} a^{33} ɖɛ^{21}
心如天样大。

xɛ^{21} hɛ^{33} a^{33}
坚硬的甲胄，

ka^{33} tsɯ^{21} dɯ^{13}
与武士共生，

hɪ^{21} mu^{21} bi^{21} pʻu^{55} dʑy^{21}
大房顶上盖实在，

tʂɛ^{13} mu^{21} tʻu^{13} tɪ^{33} kʻɯ^{21}
仓廪大而基础稳，

mi^{33} ɖɛ^{21} tɕɪ^{13} dzɛ^{21} sɯ^{55}
宛若满天星。

tʂɯ^{13} ma^{21} ndʐu^{55} su^{13}
欠精明的人，

hɪ^{21} ma^{21} hɛ^{33} ʑɛ^{55} nu^{33} a^{33}
如源头不好的水汇集，

xɛ^{21} dzɛ^{21} dzɛ^{21} mu^{33} a^{33}
泾渭分不清，

ma^{21}dɪ^{13}tɕʻi^{13}ho^{21}ʈʻu^{13}bu^{33}sɯ^{55}
无基础就像雨量小，

su^{21} tɕʻy^{55} su^{21} hɛ^{33} tɕʻi^{13}
弱者是强者的基础，

su^{21} tɕʻy^{55} ma^{21} bo^{21} su^{13}
若没有弱者，

su^{21} hɛ^{33} tɕʻi^{13} ma^{21} ɣo^{21}
强者无基础。

ʑo^{33} hɛ^{33} sɯ^{33} ʑi^{21} tɕʻy^{55}
一强而三弱，

ȵɪ^{13} mu^{55} kʻo^{33} ma^{21} ɣo^{21}
祭祖无粮食，

ʑo^{33} tɕʻy^{55} sɯ^{33} ʑi^{33} hɛ^{33}
一弱而三强，

ȵɪ^{13} mu^{21} mu^{21} bi^{21} bi^{21}
祭祖排场大。

ʑo^{33}tɕʻy^{55}sɯ^{33}ʑi^{33}hɛ^{33}a^{33}ŋgɯ^{55}
一弱三强者为上。

to^{13} lɪ^{33} dzɛ^{33} he^{13} ha^{13}
火中放生柴，

tʻa^{21} dʑɪ^{33} ɖu^{21} lɯ^{33} lɯ^{33}
此火熊熊燃；

dzɛ^{33} lɪ^{21} to^{13} tʻo^{21} ʈʻo^{21}
用生柴发火，

tʻa^{21} dʑɪ^{33} na^{33} dɯ^{33} dɯ^{33}
此火黑黢黢。

hɪ^{55} lɪ^{21} sɯ^{33} tʂu^{21} dʐo^{21}
不仁者有三，

ʑɛ^{33} a^{33} ȵɪ^{33} tɕo^{55} tʂʻɯ^{55}
长与幼不分，

dzu^{33} pu^{13} ndɯ^{55}
争地盘，

tʻu^{33} ndʐu^{55} dzɯ^{21} ʈʻu^{13} vu^{33}
宛若松枝缀满刺，

kʻo^{13} su^{13} su^{21} kʻɛ^{55} dʑɛ^{55}
如强盗抓人，

pu^{55} zu^{55} tɕʻy^{33} tɕʻy^{13} ɣo^{21}
父子生隔阂，

lu^{21} dʐɯ^{33} se^{33} na^{33} dzu^{21}
民众都刁顽，

ve^{13} ȵɪ^{21} mɛ^{13} gu^{55}
兄弟徒有名，

hɪ^{55} ʑɯ^{33} tɕɪ^{13} tʻy^{21} ŋɯ^{33}
这是第一不仁。

hɪ^{33} ʑɯ^{33} tɕo^{55} tʻa^{21} kʻe^{33}
第二种不仁，

tɕʻa^{13} ʈʻu^{13} ʂʅ^{33} nu^{33} tɕo^{55}
神座与神位分开，

pu^{13} sɛ^{21} zu^{33} do^{33} ndɯ^{55}
布摩与主人争论，

mi^{33} ŋgo^{21} tsʻu^{33} ʈʻu^{13} ɖa^{33}
拔刀相见，

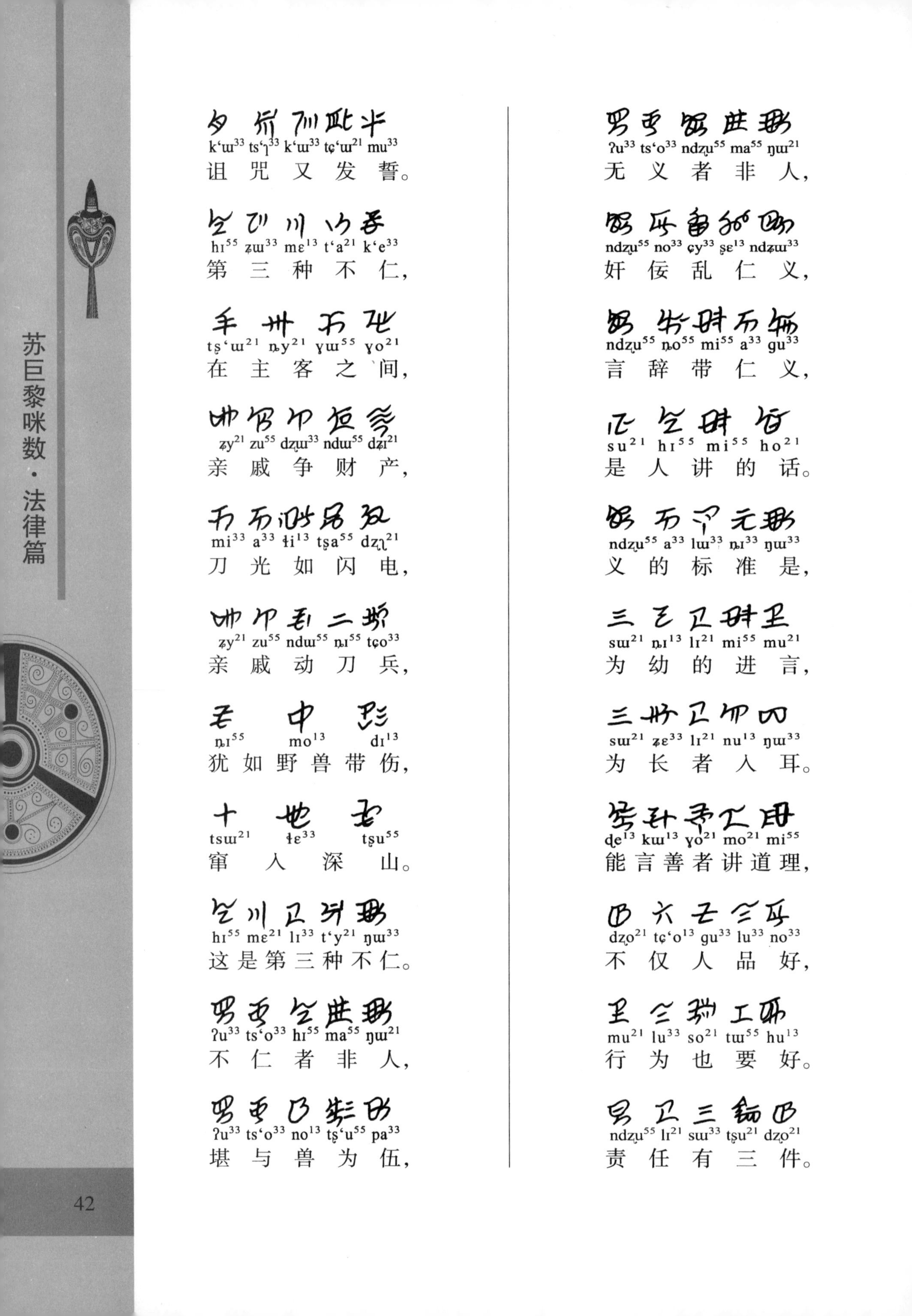

k‘ɯ^{33} ts‘ʅ^{33} k‘ɯ^{33} tɕ‘ɯ^{21} mu^{33}
诅咒又发誓。

hɪ^{55} ʑɯ^{33} mɛ^{13} t‘a^{21} k‘e^{33}
第三种不仁，

tʂ‘ɯ^{21} ȵy^{21} ɣɯ^{55} ɣo^{21}
在主客之间，

ʑy^{21} zu^{55} dʑɯ^{33} ndɯ^{55} dʑɪ^{21}
亲戚争财产，

mi^{33} a^{33} ɬi^{13} tʂa^{55} dʐʅ^{21}
刀光如闪电，

ʑy^{21} zu^{55} ndɯ^{55} ȵɪ^{55} tɕo^{33}
亲戚动刀兵，

ȵɪ^{55} mo^{13} dɪ^{13}
犹如野兽带伤，

tsɯ^{21} ɬɛ^{33} tʂu^{55}
窜入深山。

hɪ^{55} mɛ^{21} lɪ^{33} t‘y^{21} ŋɯ^{33}
这是第三种不仁。

ʔu^{33} ts‘o^{33} hɪ^{55} ma^{55} ŋɯ^{21}
不仁者非人，

ʔu^{33} ts‘o^{33} no^{13} tʂ‘u^{55} pa^{33}
堪与兽为伍，

ʔu^{33} ts‘o^{33} ndʐu^{55} ma^{55} ŋɯ^{21}
无义者非人，

ndʐu^{55} no^{33} ɕy^{33} ʂɛ^{13} ndʑɯ^{33}
奸佞乱仁义，

ndʐu^{55} ȵo^{55} mi^{55} a^{33} gu^{33}
言辞带仁义，

su^{21} hɪ^{55} mi^{55} ho^{21}
是人讲的话。

ndʐu^{55} a^{33} lɯ^{33} ȵɪ^{33} ŋɯ^{33}
义的标准是，

sɯ^{21} ȵɪ^{13} lɪ^{21} mi^{55} mu^{21}
为幼的进言，

sɯ^{21} ʑɛ^{33} lɪ^{21} nu^{13} ŋɯ^{33}
为长者入耳。

ɖe^{13} kɯ^{13} ɣo^{21} mo^{21} mi^{55}
能言善者讲道理，

dʐo^{21} tɕ‘o^{13} gu^{33} lu^{33} no^{33}
不仅人品好，

mu^{21} lu^{33} so^{21} tɯ^{55} hu^{13}
行为也要好。

ndʐu^{55} lɪ^{21} sɯ^{33} tʂu^{21} dʐo^{21}
责任有三件。

ndʐu^{55} lɯ^{33} tɕɪ^{13} t'a^{21} k'ɪ^{33}
第一件责任：

lɯ^{55} ɕi^{13} dɯ^{33}
在祖宗灵位边，

nɛ^{13} k'e^{55} k'ɯ^{33} ndʐu^{55}
要循规蹈矩，

ɣa^{13} du^{21} ndzɯ^{55}
忌讳乱讲。

ndzʅ^{33} vu^{33} t'ɯ^{55} ʈ'u^{13} kɯ^{21}
祭祀要公平，

gu^{55} nɯ^{55} ʂo^{13} ʂʅ^{33} bo^{21}
阴阳如松柏有别，

ku^{33} dʐa^{33} mo^{13} tʂ'u^{33} tse^{13}
理顺祖灵桶⑦，

p'i^{55} p'i^{33} ts'e^{21} ŋgɯ^{21} p'u^{21}
祖宗如鹿群，

p'u^{21} no^{13} ʂo^{13} ɳy^{21} ts'u^{55}
地盘如青松，

tʂ'ɯ^{55} pu^{13} bu^{21} dzu^{21} k'ɛ^{55}
牌位如英雄排列，

tɕi^{13} t'o^{33} ɳɪ^{55} ʈ'u^{13} ʑi^{13}
上下如白虎躺卧，

hɪ^{21} t'ɯ^{21} tɕ'i^{13} tɕi^{13} tʂ'ɯ^{55}
天地头脚端正，

tʂɛ^{55} hɪ^{21} ɣo^{13} ʑi^{21} za^{13}
谱系如碧水流畅。

ɣo hɪ^{21} ʐo^{33}
生华丽的根，

mi^{33} ʈ'u^{13} a^{33} lo^{33} p'u^{55}
遇上了天时，

dʐa^{33} tɯ^{33} ŋɯ^{33} dɪ^{13} vi^{21}
是这样的啊。

ndʐu^{55} lɯ^{33} tɕo^{55} t'a^{21} k'e^{33}
第二件责任，

k'u^{33} hu^{33} du^{21} ndy^{55} lo^{13}
勤追求希望，

mɛ^{13} ɣo^{21} ɳdʑo^{33} ts'ɯ^{21} ɳɪ^{55}
十二岁起求功名，

ɳɪ^{33} dʑɪ^{33} ndʐu^{55}
讲道理，

no^{13} bu^{21} hɛ^{13} t'ɯ^{33} ɳo^{33}
志向明，

mu^{21} lu^{33} ʂʅ^{33} nu^{13} kɯ^{13}
行为先规范。

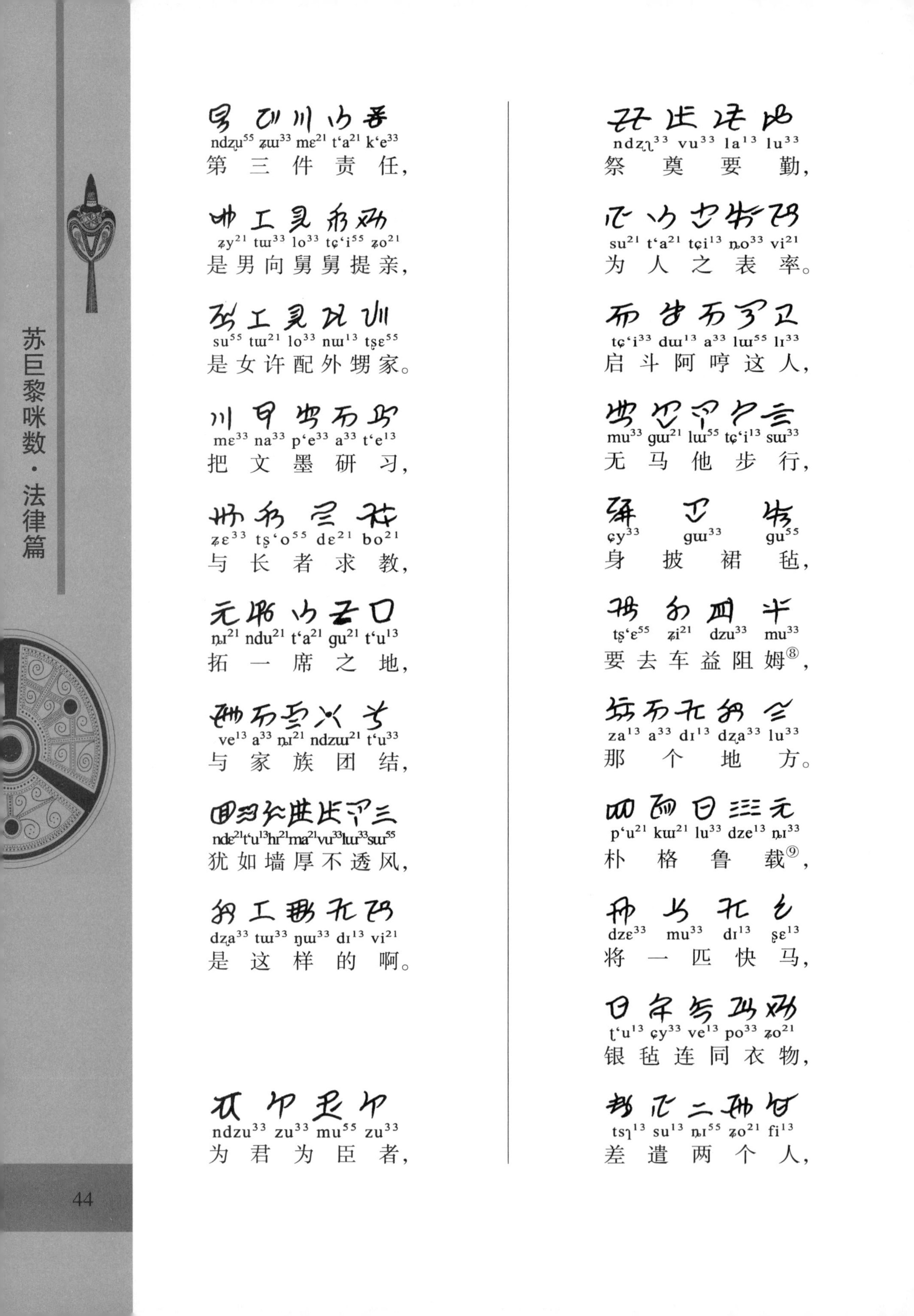

ndʐu^{55} ʐɯ^{33} mɛ^{21} t‘a^{21} k‘e^{33}
第 三 件 责 任，

ʐy^{21} tɯ^{33} lo^{33} tɕ‘i^{55} ʐo^{21}
是男向舅舅提亲，

su^{55} tɯ^{21} lo^{33} nɯ^{13} tʂɛ^{55}
是女许配外甥家。

mɛ^{33} na^{33} p‘e^{33} a^{33} t‘e^{13}
把 文 墨 研 习，

ʐɛ^{33} tʂ‘o^{55} dɛ^{21} bo^{21}
与 长 者 求 教，

ȵɪ^{21} ndu^{21} t‘a^{21} gu^{21} t‘u^{13}
拓 一 席 之 地，

ve^{13} a^{33} ȵɪ^{21} ndzɯ^{21} t‘u^{33}
与 家 族 团 结，

ndɛ^{21}t‘u^{13}hɪ^{21}ma^{21}vu^{33}lɯ^{33}sɯ^{55}
犹如墙厚不透风，

dʐa^{33} tɯ^{33} ŋɯ^{33} dɪ^{13} vi^{21}
是 这 样 的 啊。

ndzu^{33} zu^{33} mu^{55} zu^{33}
为 君 为 臣 者，

ndʐʅ^{33} vu^{33} la^{13} lu^{33}
祭 奠 要 勤，

su^{21} t‘a^{21} tɕi^{13} ȵo^{33} vi^{21}
为 人 之 表 率。

tɕ‘i^{33} dɯ^{13} a^{33} lɯ^{55} lɪ^{33}
启 斗 阿 哼 这 人，

mu^{33} gɯ^{21} lɯ^{55} tɕ‘i^{13} sɯ^{33}
无 马 他 步 行，

ɕy^{33} gɯ^{33} gu^{55}
身 披 裙 毡，

tʂ‘ɛ^{55} ʑi^{21} dzu^{33} mu^{33}
要去车益阻姆⑧，

za^{13} a^{33} dɪ^{13} dʐa^{33} lu^{33}
那 个 地 方。

p‘u^{21} kɯ^{21} lu^{33} dze^{13} ȵɪ^{33}
朴 格 鲁 载⑨，

dzɛ^{33} mu^{33} dɪ^{13} ʂɛ^{13}
将 一 匹 快 马，

ʈ‘u^{13} ɕy^{33} ve^{13} po^{33} ʐo^{21}
银 毡 连 同 衣 物，

tsʅ^{13} su^{13} ȵɪ^{55} ʐo^{21} fi^{13}
差 遣 两 个 人，

t‘y^{21} du^{55} xo^{33} mu^{33} lu^{33}
一并送给他去。

bu^{55} a^{33} hu^{21} ts‘ɿ^{33}
在补雅洪茨⑩，

ʑi^{21} gɯ^{55} do^{33} ʑɯ^{33} mɛ^{13}
摆渡的地方追上，

t‘y^{21} bi^{55} du^{55} a^{33} vi^{21}
就送给了他。

t‘y^{21} ȵɪ^{33} ɣo^{21} ʑɯ^{33} tɯ^{33}
这件事过后，

ɬo^{13} ʑɯ^{33} tɕ‘o^{13} ɣɯ^{21} ʑɛ^{33}
西部六力士，

nɛ^{13} mi^{13} k‘ɯ^{21} ba^{33}
耐弥克巴地⑪，

za^{13} a^{33} dɪ^{13} dʐa^{33} lu^{33}
他们要攻占。

tɕɯ^{21} hɛ^{33} tʂo^{13}
被围困，

du^{55} a^{33} kɯ^{21}
往后撤，

dʑo^{21} ʂu^{33} tʂo^{13}
无路绕道行，

fa^{13} a^{33} tʂ‘ɛ^{55}
遇大岩阻道，

fa^{33} sɯ^{55} sɯ^{33} ʑɯ^{55} k‘ɯ^{33} ȵɪ^{13} lu^{33}
连遇三道大岩，

ɬo^{55} ma^{13} tɕ‘o^{13} ɣɯ^{21} ʑɛ^{33}
西部六力士，

hɛ^{33} ŋu^{33} lu^{21} a^{33} k‘o^{13}
被当地人俘获，

mu^{21} ȵɪ^{33} nu^{55} dɪ^{13} vi^{21}
曾有过这事。

ku^{33} k‘ɯ^{33} gɯ^{55}
古口勾家⑫，

dɯ^{21} p‘u^{21} ɣɯ^{21} tʂ‘o^{55} lɪ^{33}
德皤厄濯其人⑬，

mu^{55} dʐo^{21} sɿ^{33} a^{33} t‘u^{55}
居高位之时，

t‘y^{21} fe^{13} zɯ^{33} p‘u^{21} t‘u^{55}
掌权依传统，

t‘y^{21} k‘u^{33} ha^{13} ȵɪ^{33} dʑɪ^{21}
谋断入情理。

lu^{21} dzɛ^{21} a^{33} tsu^{55} lɪ^{33}
录载阿租⑭，

ŋɛ21 n̥ɪ13 ʑi21 t'ɯ33 na13
有深谋远虑，

se33 a33 ʑɪ33 lɯ33 sɯ55
像树荫一般，

bi55 gɯ55 ndʐʅ33 vu33
祭奠还愿，

ʑo21 lɪ21 su21 a33 hɛ33
愿为别人好，

su21 lɪ21 ʑo21 hɛ33 dʐʅ21
别人记恩情。

la13 lu21 ʑo21 lɪ33
自己动手，

su21 a33 dɯ21 su13 lɪ33
别人冒犯时，

ʑo21 a33 dɯ21 ne33 nu33
自己才发怒，

mba33 vu33 ʑo21 lɪ21
自己开口，

su21 lo33 mba33 su13 lɪ33
别人开口时，

ʑo21 a33 mba33 bu21 dzu33
自家话作数。

dʑɪ21 no21 ʑo21 su21 a13
自家先应人，

mu21 su13 lɪ21 ʑo21 a13
有事人应己，

mu21 su13 ma13 ʑo55 a33 ʑɯ21
有事可出兵，

k'u33 hu33 gɯ55 tɕi33 ndɯ55
机遇犹如争渡口，

xɛ21 da13 lɪ21 hɯ21 ʂu13
借助于兵甲，

ʑo21 ma13 su21 a33 ʑɯ21
自家胜别人，

dɯ55 k'ɯ13 ŋɯ33 dɪ13 vi21
有这种说法。

fe13 zɯ33 p'u21 t'u55 k'u33
掌权发号令，

n̥ɪ33 dʑɪ33 su21 ɬy13 du55 nu21 bu21
要依老人讲的道理，

mi21 nɯ55 dʐo21 dʑɪ33
好比做媳妇。

k‘o^{21} mo^{21} p‘u^{55} pu^{13} t‘u^{33}
如侍候男人，

mi^{21} nɯ^{55} ʑi^{21} sɛ^{33} vi^{33}
女人操持家务，

tɕ‘i^{55} dzɛ^{33} hu^{21} k‘ɯ^{33} ma^{13}
像骑马要先喂马，

ɬɯ^{13} mɛ^{33} xɯ^{21} a^{33} se^{13}
功夫到了海水也干涸。

tʂ‘o^{33} mi^{33} k‘ɛ^{33} gɛ^{21} sɯ^{55}
如秋天分明，

su^{21}ta^{21}ʑɪ^{33}tɕ‘a^{13}t‘a^{21}dzɯ^{33}sɯ^{55}
一个部族像一张弓，

lu^{21}ndʐɯ^{21}lɪ^{33}tɕ‘a^{13}ɬi^{13}ŋɯ^{33}
百姓就如弓背，

ndzu^{33}mu^{55}lɪ^{33}tɕ‘a^{13}ndo^{33}ŋɯ^{33}
君长是弓弦，

mu^{55}k‘ɯ^{33}lɪ^{33}tɕ‘a^{13}ɬɯ^{13}ŋɯ^{33}
臣子是箭袋。

zu^{33} k‘a^{33} tʂ‘o^{55} zu^{33} lɪ^{33}
武士和兵卒，

tɕ‘a^{13} hɪ^{13} tɕ‘a^{13} zu^{33} ŋɯ^{33}
是箭杆箭头，

bi^{55} sɛ^{21} ʂa^{13} sɛ^{21} lo^{13}
各司其职，

t‘a^{21} t‘u^{55} dʐa^{33} ŋɯ^{33} vi^{21}
作用有时间。

ndzu^{33} mu^{55} sɯ^{33} ʈ‘u^{13} tɕ‘o^{55}
君长英明，

lu^{21} dʐɯ^{21} tʂ‘ɯ^{55} dʐʅ^{21} gu^{21}
百姓有前程，

ndzu^{33} zu^{33} mu^{33} ku^{33} t‘u^{33}
若君长无能，

lu^{21} dʐɯ^{21} tʂ‘ɯ^{21} ho^{21} ho^{21}
百姓就背井离乡。

ndzu^{33} k‘a^{33} no^{33} lu^{21} ts‘ɯ^{55}
君长恶则百姓迁，

sɛ^{21} k‘a^{33} no^{33} dʐɯ^{21} p‘o^{21}
主子恶则奴仆逃。

ne^{33} ʑɯ^{33} ma^{21} lo^{13} du^{33}
人心不可轻视，

lɯ^{55} ʑɯ^{33} tɯ^{33} ŋɯ^{33} vi^{21}
是这样的啊。

ȵy^{21} nɯ^{21} lɯ^{55} tʻo^{21} ʑɯ^{33}
依靠青草的动物，

tɕʻy^{13} ʑɯ^{33} nu^{33} tsɯ^{21} dɯ^{13}
角与耳朵在一起，

tɕʻy^{13} kʻa^{33} ʂʅ^{33} ʑɯ^{33} bɛ^{21}
坚硬的角倒先落，

nu^{33} nu^{33} mu^{55} ma^{21} bo^{21}
柔软的耳朵却常在！

dɯ^{13} do^{21} lɯ^{55} tʻo^{21} ʑɯ^{33}
依靠嘴巴说话的人，

dʑɛ^{21} a^{33} ɬu^{13} tsɯ^{21} dɯ^{13}
牙齿与舌头在一起，

dʑɛ^{21} kʻa^{33} ʂʅ^{33} ʑɯ^{33} bɛ^{21}
坚硬的牙齿倒先落，

ɬu^{13} nu^{33} mu^{55} ma^{21} bo^{21}
柔软的舌头却常在！

ʑi^{33} ʑɯ^{33} lu^{33} tsɯ^{21} dɯ^{13}
水与船在一起，

lu^{33} kʻa^{33} ʑi^{21} ma^{21} ndɯ^{21}
坚硬的船挡不住水，

ʑi^{21} nu^{33} lɯ^{55} lu^{33} no^{21}
柔软的水把船冲。

hɪ^{21} mu^{55} nu^{33} lɯ^{55} dzɯ^{21}
天臣诺娄则说：

kʻa^{33} a^{33} tɯ^{55} ma^{21} tɕɪ^{13}
“不唯刚为上。”

sɯ^{21} bo^{21} sɯ^{21} ku^{33}
开化或愚顽的人，

ȵɪ^{55} a^{33} tʂʻʅ^{21} lɪ^{33} vi^{21}
都以五谷为食，

sɯ^{33} nɛ^{21} sɯ^{21} vu^{33}
熟人或者陌生人，

ndʐʅ^{33} a^{33} vu^{33} lɪ^{21} sɛ^{55}
都懂祭祀的道理。

sɯ^{21} tɕo^{13} sɯ^{21} ȵɯ^{33}
灵敏或迟钝的人，

mi^{55} a^{33} gu^{33} lɪ^{33} ka^{13}
都要操练语言。

tsʻu^{33} mi^{13} lu^{21} ta^{21} tʻu^{13}
离开石沙地筑城，

fe^{13} kʻu^{33} lu^{21} ȵo^{33}
才能筑起权威的城池；

se^{33} lu^{33} tɕʻɯ^{21} tʻa^{21} tɕɯ^{21}
离开树林辟乐园，

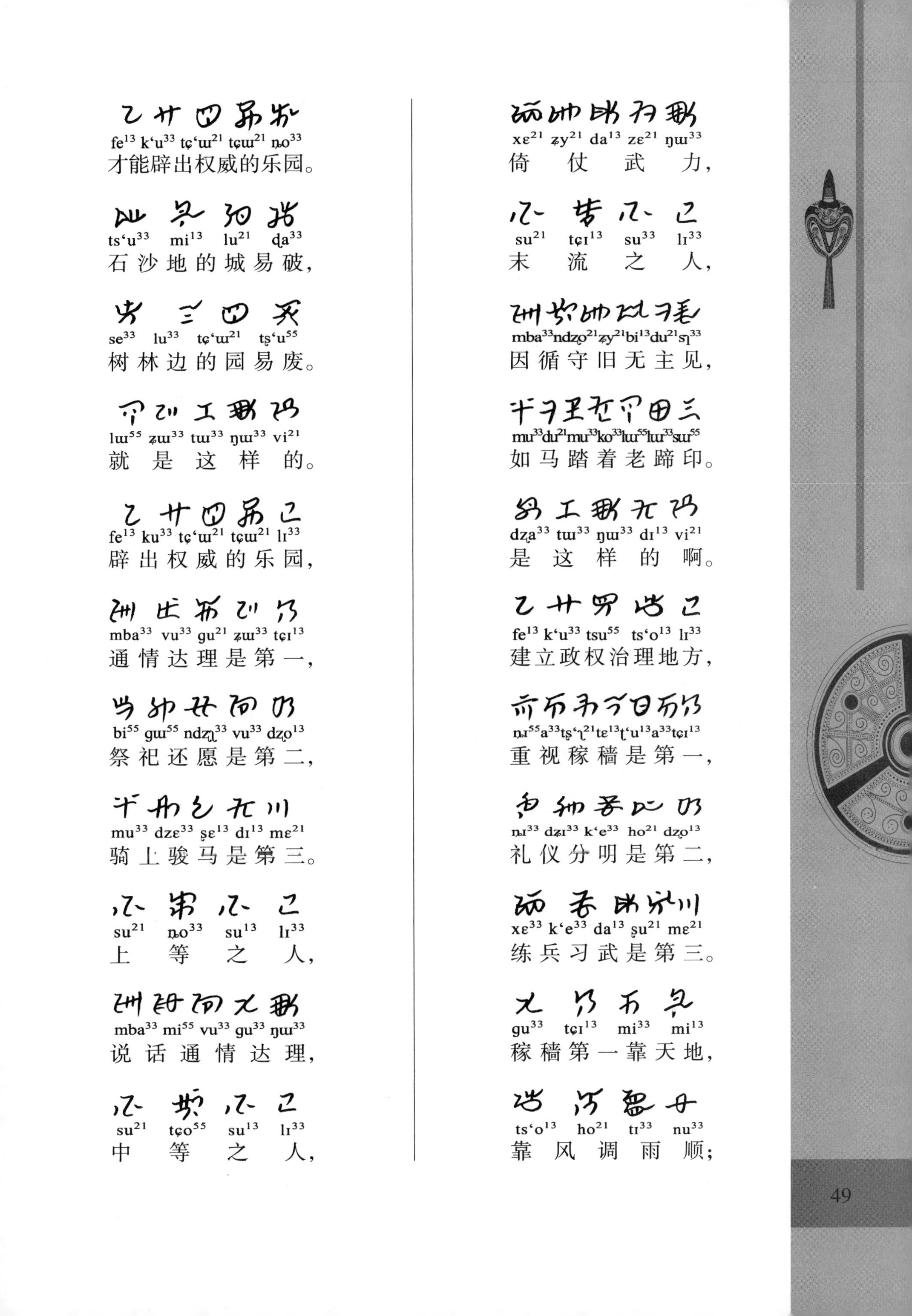

fe^{13} k'u^{33} tɕ'ɯ^{21} tɕɯ^{21} ȵo^{33}
才能辟出权威的乐园。

ts'u^{33} mi^{13} lu^{21} ḍa^{33}
石沙地的城易破，

se^{33} lu^{33} tɕ'ɯ^{21} tʂ'u^{55}
树林边的园易废。

lɯ^{55} ʑɯ^{33} tɯ^{33} ŋɯ^{33} vi^{21}
就是这样的。

fe^{13} ku^{33} tɕ'ɯ^{21} tɕɯ^{21} lɪ^{33}
辟出权威的乐园，

mba^{33} vu^{33} gu^{21} ʑɯ^{33} tɕɪ^{13}
通情达理是第一，

bi^{55} gɯ^{55} ndʐʅ^{33} vu^{33} dʐo^{13}
祭祀还愿是第二，

mu^{33} dzɛ^{33} ʂɛ^{13} dɪ^{13} mɛ^{21}
骑上骏马是第三。

su^{21} ȵo^{33} su^{13} lɪ^{33}
上等之人，

mba^{33} mi^{55} vu^{33} gu^{33} ŋɯ^{33}
说话通情达理，

su^{21} tɕo^{55} su^{13} lɪ^{33}
中等之人，

xɛ^{21} ʑy^{21} da^{13} zɛ^{21} ŋɯ^{33}
倚仗武力，

su^{21} tɕɪ^{13} su^{33} lɪ^{33}
末流之人，

mba^{33}ndʐo^{21}ʑy^{21}bi^{13}du^{21}sʅ^{33}
因循守旧无主见，

mu^{33}du^{21}mu^{33}ko^{33}lɯ^{55}lɯ^{33}sɯ^{55}
如马踏着老蹄印。

dʐa^{33} tɯ^{33} ŋɯ^{33} dɪ^{13} vi^{21}
是这样的啊。

fe^{13} k'u^{33} tsu^{55} ts'o^{13} lɪ^{33}
建立政权治理地方，

ɲɪ^{55}a^{33}tʂ'ʅ^{21}tɛ^{13}ȶ'u^{13}a^{33}tɕɪ^{13}
重视稼穑是第一，

ɲɪ^{33} dʑɪ^{33} k'e^{33} ho^{21} dʐo^{13}
礼仪分明是第二，

xɛ^{33} k'e^{33} da^{13} ʂu^{21} mɛ^{21}
练兵习武是第三。

gu^{33} tɕɪ^{13} mi^{33} mi^{13}
稼穑第一靠天地，

ts'o^{13} ho^{21} tɪ^{33} nu^{33}
靠风调雨顺；

gu^{55} tɕu^{55} dʑi^{21} hu^{21}
第二靠日月，

ʂɛ^{13} hu^{55} ma^{21} tʂ‘e^{13} ts‘o^{21}
气候要温和，

gu^{33} mɛ^{21} ndzu^{33} mu^{55}
第三要靠君长，

ɬo^{13} a^{33} ɣɯ^{21} gu^{33} ʑɛ^{33}
动员大量耕种，

vu^{33} a^{33} dʑo^{55} tɪ^{33} t‘u^{13}
粮食才充足。

ʑɛ^{21} fe^{13} hɛ^{21} lɯ^{55} tɕɪ^{13}
要知年景的好坏，

nɛ^{13} ts‘ɛ^{13} mu^{33} a^{33} dzo^{33}
先观春季气候。

nɛ^{13} tsɛ^{13} mu^{33} lɯ^{13} tɕɪ^{13}
要知春季的气候，

ts‘u^{33} mi^{33} so^{21} a^{33} dzo^{33}
得观冬季的风色。

mɛ^{21} mi^{33} so^{21} lɯ^{55} tɕɪ^{13}
要知秋收的气候，

ha^{13} ts‘o^{13} a^{33} ʑɪ^{33} dzo^{33}
在于观察晴时的夜空。

fe^{13} k‘u^{33} hɛ^{21} lɯ^{55} tɕɪ^{13}
政令苛刻的缘由，

ndzu^{33} zu^{33} ly^{21} a^{33} dzo^{33}
在于君长贪财，

ndzu^{33} zu^{33} ly^{21} lɯ^{55} tɕɪ^{13}
君长贪财的起因，

tʂ‘ɯ^{21} lɯ^{21} mu^{55} a^{33} dzo^{33}
在于身边的谋臣。

ndzu^{33} zu^{33} mu^{55} zu^{33}
为君为臣，

ts‘o^{21} ts‘e^{13} hy^{13} t‘u^{33}
后继有人，

su^{21} hɛ^{33} su^{21} ndzu̥^{55}
能人强者，

xɛ^{21} dʐɛ^{55} tɯ^{33} n̥o^{33} vi^{21}
有号召力。

hɛ^{33} ts‘e^{13} ndzu̥^{55} tʂ‘a^{33}
贤良之辈，

mi^{33} mi^{13} ɣo^{13} ne^{33} ŋɛ^{21}
有志释天地奥秘，

dʑi^{21} hu^{21} sɯ^{33} sɛ^{55}
懂日月运行规律。

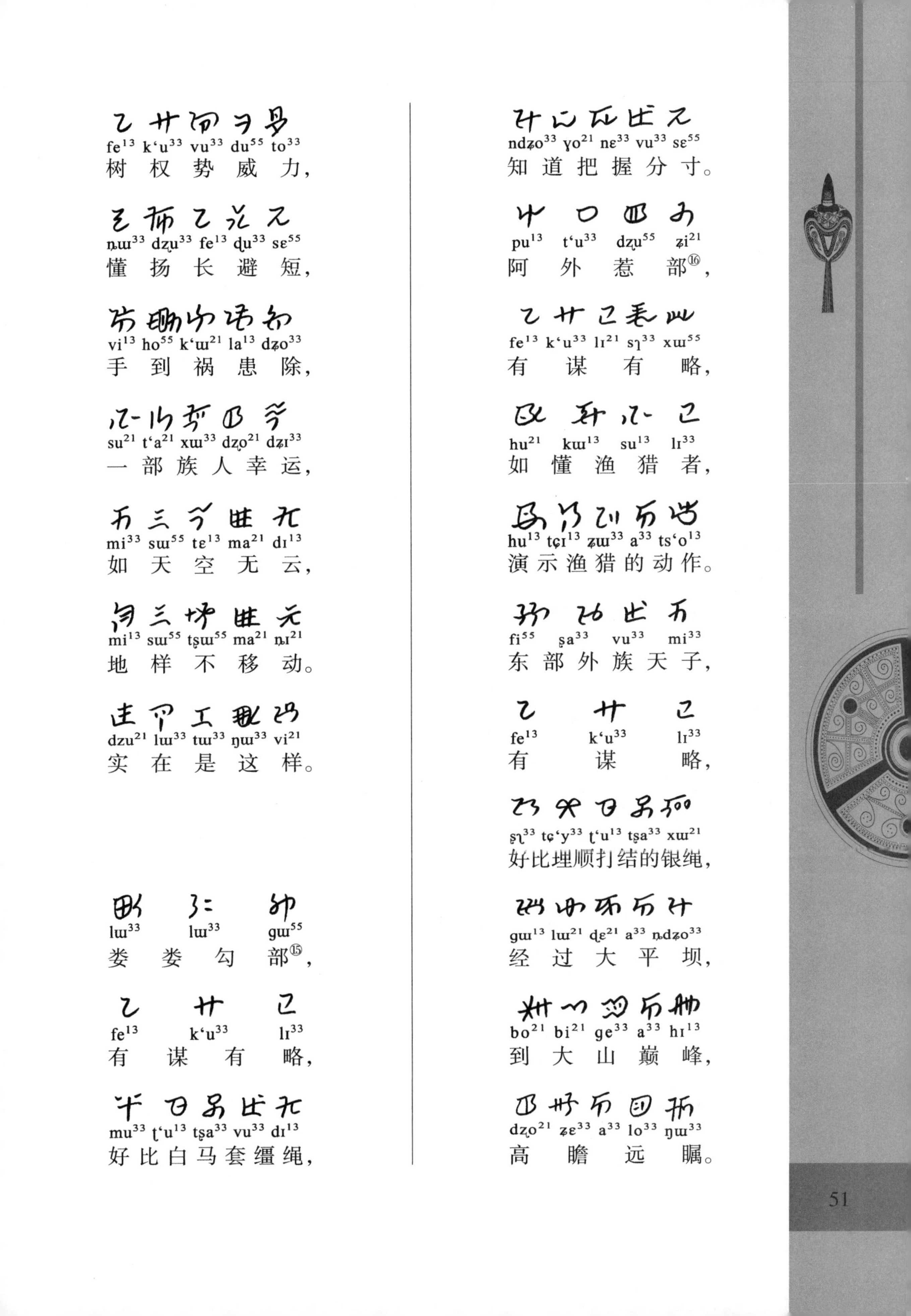

fe^{13} k'u^{33} vu^{33} du^{55} to^{33}
树权势威力，

n̥ɯ^{33} dʐu^{33} fe^{13} ɖu^{33} sɛ^{55}
懂扬长避短，

vi^{13} ho^{55} k'ɯ^{21} la^{13} dʑo^{33}
手到祸患除，

su^{21} t'a^{21} xɯ^{33} dʐo^{21} dʑɪ^{33}
一部族人幸运，

mi^{33} sɯ^{55} tɛ^{13} ma^{21} dɪ^{13}
如天空无云，

mi^{13} sɯ^{55} tʂɯ^{55} ma^{21} n̥ɪ^{21}
地样不移动。

dzu^{21} lɯ^{33} tɯ^{33} ŋɯ^{33} vi^{21}
实在是这样。

lɯ^{33} lɯ^{33} gɯ^{55}
娄娄勾部⑮，

fe^{13} k'u^{33} lɪ^{33}
有谋有略，

mu^{33} ʈ'u^{13} tʂa^{33} vu^{33} dɪ^{13}
好比白马套缰绳，

ndʑo^{33} ɣo^{21} nɛ^{33} vu^{33} sɛ^{55}
知道把握分寸。

pu^{13} t'u^{33} dʐu^{55} ʑi^{21}
阿外惹部⑯，

fe^{13} k'u^{33} lɪ^{21} sɿ^{33} xɯ^{55}
有谋有略，

hu^{21} kɯ^{13} su^{13} lɪ^{33}
如懂渔猎者，

hu^{13} tɕɪ^{13} ʑɯ^{33} a^{33} ts'o^{13}
演示渔猎的动作。

fi^{55} ʂa^{33} vu^{33} mi^{33}
东部外族天子，

fe^{13} k'u^{33} lɪ^{33}
有谋略，

ʂʅ^{33} tɕ'y^{33} ʈ'u^{13} tʂa^{33} xɯ^{21}
好比埋顺打结的银绳，

gɯ^{13} lɯ^{21} ɖɛ^{21} a^{33} n̥dʑo^{33}
经过大平坝，

bo^{21} bi^{21} ge^{33} a^{33} hɪ^{13}
到大山巅峰，

dʐo^{21} ʑɛ^{33} a^{33} lo^{33} ŋɯ^{33}
高瞻远瞩。

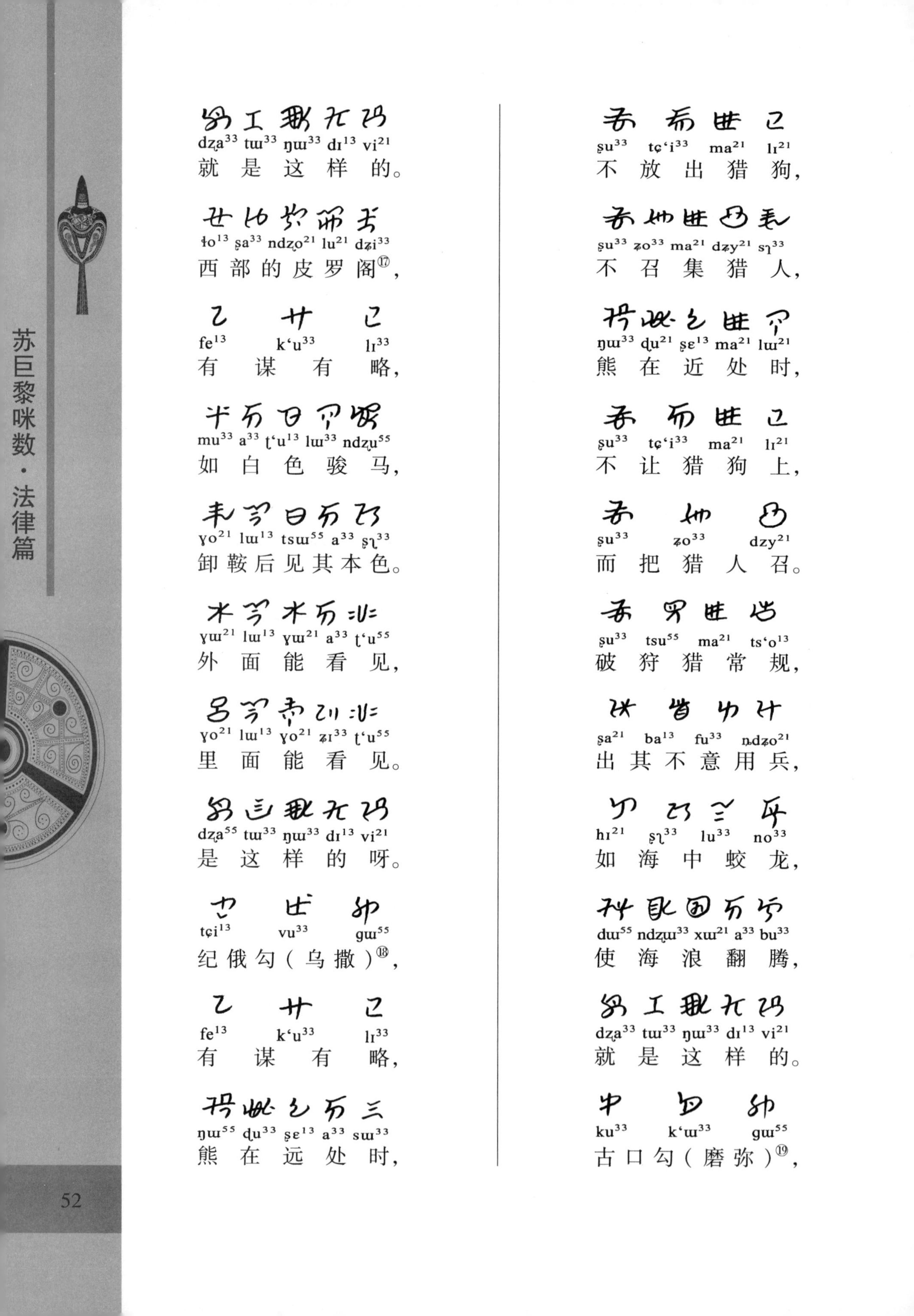

dʐa33 tɯ33 ŋɯ33 dɪ13 vi21
就是这样的。

ɬo13 ʂa33 ndʐo21 lu21 dʑi33
西部的皮罗阁⑰，

fe13 k‘u33 lɪ33
有谋有略，

mu33 a33 ʈ‘u13 lɯ33 ndʐu55
如白色骏马，

ɣo21 lɯ13 tsɯ55 a33 ʂʅ33
卸鞍后见其本色。

ɣɯ21 lɯ13 ɣɯ21 a33 ʈ‘u55
外面能看见，

ɣo21 lɯ13 ɣo21 ʑɪ33 ʈ‘u55
里面能看见。

dʐa55 tɯ33 ŋɯ33 dɪ13 vi21
是这样的呀。

tɕi13 vu33 gɯ55
纪俄勾（乌撒）⑱，

fe13 k‘u33 lɪ33
有谋有略，

ŋɯ55 ɖu33 ʂɛ13 a33 sɯ33
熊在远处时，

ʂu33 tɕ‘i33 ma21 lɪ21
不放出猎狗，

ʂu33 ʑo33 ma21 dʑy21 sʅ33
不召集猎人，

ŋɯ33 ɖu21 ʂɛ13 ma21 lɯ21
熊在近处时，

ʂu33 tɕ‘i33 ma21 lɪ21
不让猎狗上，

ʂu33 ʑo33 dzy21
而把猎人召。

ʂu33 tsu55 ma21 ts‘o13
破狩猎常规，

ʂa21 ba13 fu33 ȵdʑo21
出其不意用兵，

hɪ21 ʂʅ33 lu33 no33
如海中蛟龙，

dɯ55 ndʐɯ33 xɯ21 a33 bu33
使海浪翻腾，

dʐa33 tɯ33 ŋɯ33 dɪ13 vi21
就是这样的。

ku33 k‘ɯ33 gɯ55
古口勾（磨弥）⑲，

fe^{13} k'u^{33} lɪ^{33}
有　谋　略，

dzɛ^{21} ʈ'u^{13} tɕ'o^{33} so^{21} sɯ^{55}
如鼓声悦耳，

t'u^{55} kɯ^{13} su^{13} lɪ^{21} t'u^{55}
会击鼓的击鼓，

nu^{13} kɯ^{13} su^{13} lɪ^{21} nu^{13}
会听的来听，

mu^{13} kɯ^{13} ȵɪ^{33} ŋu^{33} vi^{21}
精通的去实施。

a^{33} tsu^{55} na^{33} ȵɪ^{33}
“阿租你呀，

ŋgɯ^{33} ŋgɯ^{33} mu^{33} ŋu^{33} vi^{21}
稳妥地实施，

tɕi^{13} tɕ'o^{13} ȵɪ^{33} t'a^{21} ʑy^{33}
形象不得损害，

ȵɪ^{33} dʑɪ^{33} ȵɪ^{33} t'a^{21} ȵɪ^{13}
别把规章小看！”

a^{21} mɛ^{13} ȵɪ^{13} ɣo^{55}
阿默尼部[20]，

lɛ^{21} ȵy^{33} ts'u^{33} lɛ^{21}
如冬季备耕，

t'a^{21} hu^{21} ŋɯ^{33} lu^{33}
尚有一月时，

lu^{21} nu^{33} ma^{21} lɪ^{21} sɿ^{33}
牛还闲着时，

ts'u^{33} ŋu^{33} ka^{13}
就部署耕种，

mu^{33} dʐo^{21} gɯ^{33} a^{33} vi^{21}
就已经做了，

tɛ^{13} a^{33} nɯ^{21} le^{33} le^{33}
田地赤裸裸，

tɕ'i^{33} ɣa^{33} dʐo^{21} k'o^{33} k'o^{33}
任鸡狗践踏，

lɯ^{55} ʑɯ^{33} ȵɪ^{33} ma^{21} ȵdʑu^{13}
如此可不行！

nɯ^{21} pu^{13} bu^{55} a^{33} nu^{33} ȵɪ^{33}
“您布波阿诺，

t'ɯ^{55} ʂu^{13} pu^{13} ŋɯ^{33} lu^{21}
是精明布摩，

lu^{21} ɣo^{13} tʂ'u^{33} bu^{33} lo^{21}
如城中易行车。

fi^{55} ʂɿ^{33} mu^{33}
如东部燕麦，

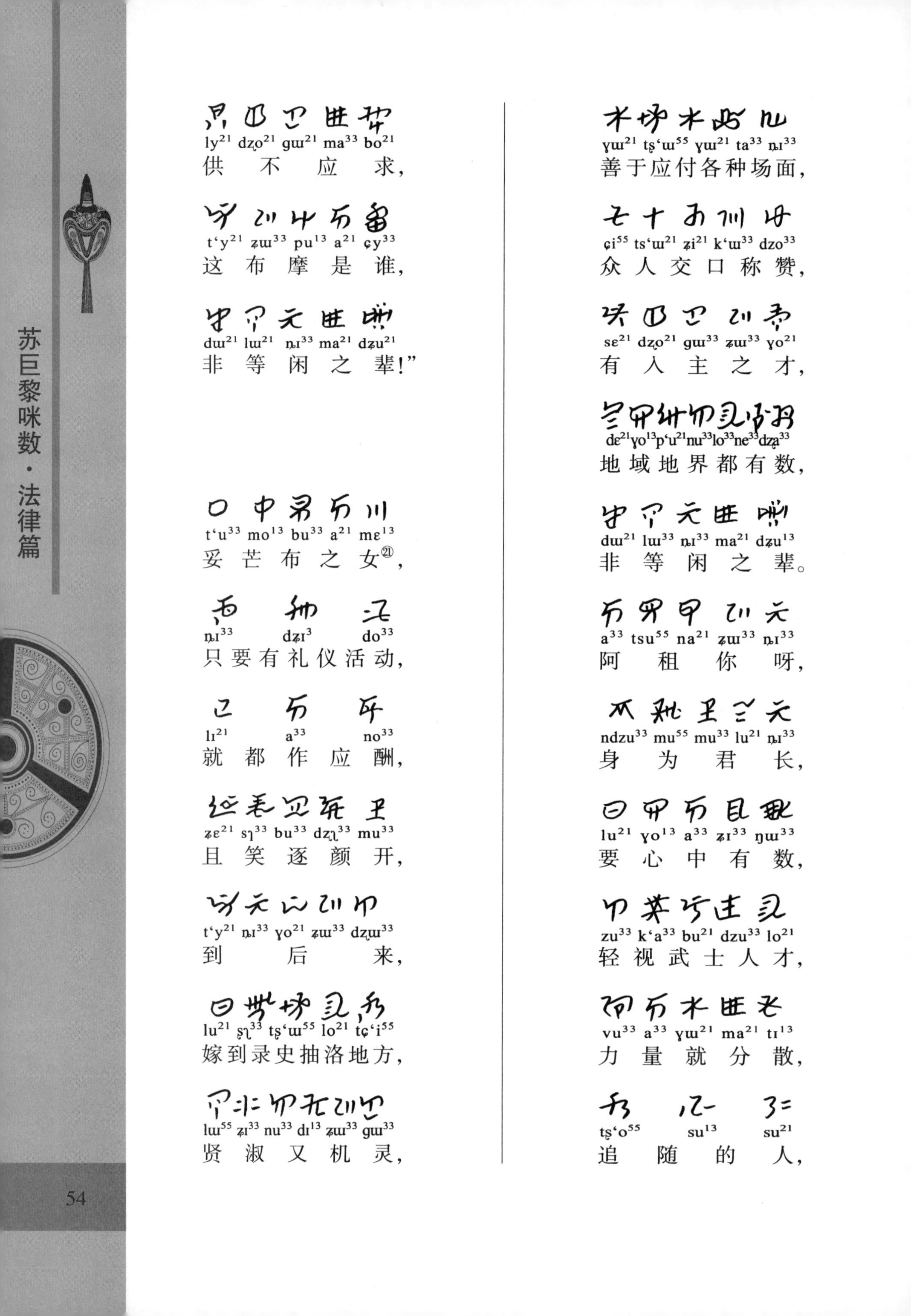

ly^{21} dʐo^{21} gɯ^{21} ma^{33} bo^{21}
供不应求，

t‘y^{21} ʑɯ^{33} pu^{13} a^{21} ɕy^{33}
这布摩是谁，

dɯ^{21} lɯ^{21} n̥ɪ^{33} ma^{21} dʑu^{21}
非等闲之辈！”

t‘u^{33} mo^{13} bu^{33} a^{21} mɛ^{13}
妥芒布之女[21]，

n̥ɪ^{33} dʑɪ^{3} do^{33}
只要有礼仪活动，

lɪ^{21} a^{33} no^{33}
就都作应酬，

ʑɛ^{21} sɿ^{33} bu^{33} dʐʅ^{33} mu^{33}
且笑逐颜开，

t‘y^{21} n̥ɪ^{33} ɣo^{21} ʑɯ^{33} dʐɯ^{33}
到后来，

lu^{21} ʂʅ^{33} tʂ‘ɯ^{55} lo^{21} tɕ‘i^{55}
嫁到录史抽洛地方，

lɯ^{55} ʑɪ^{33} nu^{33} dɪ^{13} ʑɯ^{33} gɯ^{33}
贤淑又机灵，

ɣɯ^{21} tʂ‘ɯ^{55} ɣɯ^{21} ta^{33} n̥ɪ^{33}
善于应付各种场面，

ɕi^{55} ts‘ɯ^{21} ʑi^{21} k‘ɯ^{33} dzo^{33}
众人交口称赞，

sɛ^{21} dʐo^{21} gɯ^{33} ʑɯ^{33} ɣo^{21}
有人主之才，

dɛ^{21}ɣo^{13}p‘u^{21}nu^{33}lo^{33}ne^{33}dʐa^{33}
地域地界都有数，

dɯ^{21} lɯ^{33} n̥ɪ^{33} ma^{21} dʑu^{13}
非等闲之辈。

a^{33} tsu^{55} na^{21} ʑɯ^{33} n̥ɪ^{33}
阿租你呀，

ndzu^{33} mu^{55} mu^{33} lu^{21} n̥ɪ^{33}
身为君长，

lu^{21} ɣo^{13} a^{33} ʑɪ^{33} ŋɯ^{33}
要心中有数，

zu^{33} k‘a^{33} bu^{21} dzu^{33} lo^{21}
轻视武士人才，

vu^{33} a^{33} ɣɯ^{21} ma^{21} tɪ^{13}
力量就分散，

tʂ‘o^{55} su^{13} su^{21}
追随的人，

ndzu^{33}lo^{33}de^{13}ma^{21}dʑu^{13}ʑu^{33}tʂʻo^{55}
跟君长并非心甘情愿，

fe^{13} kʻu^{33} lɪ^{33}
所出谋略，

ȵɪ^{13} tʂʻɛ^{55} ʑɛ^{33} mu^{33} no^{33}
爱民施大恩，

na^{33} ʑi^{33} tʻɯ^{33} ȵy^{21} ȵy^{21}
似大水清澈，

tsʻɿ^{21} lɯ^{33} ȵɪ^{33} ma^{21} dʑu^{13}
离不了细流，

ɣɯ^{55} ʑɯ^{33} pʻi^{55} pʻi^{33}
从前老祖宗，

tʻu^{55} a^{33} bi^{21}
就如此兴起，

ʑo^{21} lu^{33} ɬi^{33} ʑɛ^{21} no^{21}
传统要承袭，

mi^{13} ɬi^{33} dɯ^{33} ʑɯ^{33} xo^{21}
天下才太平，

ɬi^{13} lɯ^{21} a^{33} su^{21} tsu^{55}
对四方民众，

mo^{21} ɣo^{13} a^{33} zu^{33} ʂɿ^{33}
要像母亲待子女，

mu^{21} su^{13} ȵɪ^{33} ŋɯ^{33} lu^{33}
这样的结果，

a^{21} bi^{13} bi^{21} ty^{33} ty^{33}
百姓就服服贴贴，

pʻu^{21} ŋɯ^{33} a^{33} dɪ^{13} lu^{33}
就受众人拥护。

nu^{33} pu^{33} do^{21} a^{33} lu^{33} xu^{33}
平息事态时杀牛，

mu^{33} ŋge^{13} ʂɛ^{13} ɕɪ^{33}
骏马钱财，

su^{21} a^{33} lo^{33} ma^{55} kʻɯ^{21}
轮不到别人，

su^{21} ɬi^{33} dʑɪ^{33} ʑɯ^{33} lɯ^{55}
别人纷争四起，

ʑo^{21} hu^{21} tʻo^{33} ma^{55} kɯ^{21}
轮不到自己出马，

xɛ^{21} da^{13} vi^{21} ma^{21} do^{33}
动不上干戈。

bi^{55} gɯ^{55} ndʐɿ^{33} vu^{33}
祭奠还愿，

su^{21} lo^{33} dɪ^{33} ma^{21} mɛ^{13}
也无人可及。

lu^{21} ts'o^{21} mo^{21} ga^{13}
在录嵯莫嘎地方[22]，

zɯ^{33} ʑɯ^{33} ȵɪ^{55} zu^{55} dʑɪ^{21}
与阿外惹联姻结盟；

ndu^{21} mu^{33} fa^{13} na^{55} lu^{21}
在董姆法娜地方[23]，

ʑi^{21} tɕɪ^{13} ʂɛ^{13} ndʐʅ^{55} dʑɪ^{21}
同益吉部嫡庶弟兄；

ɣo^{21} ʈ'u^{13} hu^{21} k'ɛ^{55}
在峨吐洪凯地方[24]，

ndɖɛ^{21} ʑɯ^{33} ȵɪ^{55} zu^{33} dʑɪ^{21}
与德家联姻修好。

lɯ^{55} ʑɯ^{33} su^{13} ȵɪ^{33} mu^{55}
一 旦 这 样 做，

dɯ^{33} ndʐʅ^{21} ts'ɛ^{13} a^{33} dzo^{33}
争端的可能性小。

bi^{55} gɯ^{55} ndʐʅ^{33} vu^{33}
祭 祀 还 愿，

tʂ'ʅ^{13} dzɛ^{21} tɕ'i^{13} a^{33} dʐa^{33}
从 根 部 理 起，

k'u^{33} hu^{33} tʂu^{13} mo^{33}
威 势 与 收 获，

ts'u^{33} ʑɯ^{33} vu^{33} ʑɛ^{33} ɖu^{21}
好比冬天降大雪，

hɪ^{55} ʑɯ^{33} ɖu^{55} lɯ^{33} sɯ^{55}
落到低洼的地方。

mi^{13} ŋgo^{21} lɯ^{55} tɛ^{13} ʈ'o^{21}
掌权管理各族，

bi^{21} mɛ^{33} tɕi^{13} tʂɯ^{13} ku^{33}
发挥各部的优势，

mu^{21} a^{33} dɪ^{13} sʅ^{33} no^{33}
一 旦 这 样 做，

mi^{13} ŋgo^{21} lɯ^{55} tɛ^{13} ʈ'o^{21}
扩地盘稳基业，

ɖu^{21} ndʐʅ^{21} lɯ^{55} fe^{13} zɯ^{33}
受人民拥护而掌权，

gɛ^{21} ʈ'u^{13} fe^{33} lɯ^{33} lɯ^{33}
开 明 威 望 高，

t'a^{21} lɯ^{33} tʂ'ɯ^{55} ma^{21} dɪ^{13}
没有一个人抱怨，

vu^{33} zu^{33} ɬi^{33} tɕ'i^{13}
助 手 和 下 人，

t'a^{21} tɕ'i^{13} no^{13} ma^{21} ȵɪ^{21}
没 人 有 意 见。

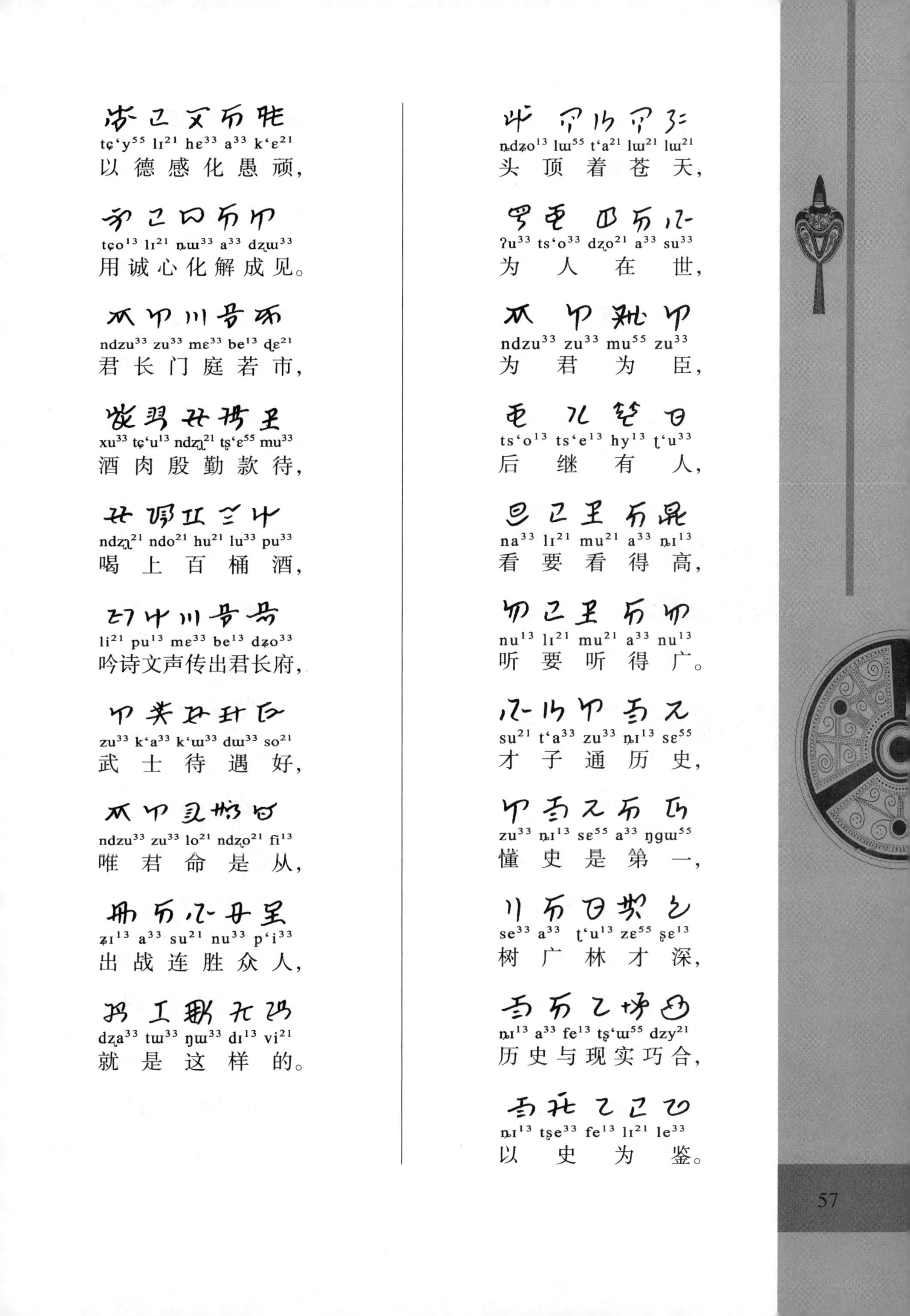

tɕʻy^{55} lɪ^{21} hɛ^{33} a^{33} kʻɛ^{21}
以德感化愚顽，

tɕo^{13} lɪ^{21} ȵɯ^{33} a^{33} dʐɯ^{33}
用诚心化解成见。

ndzu^{33} zu^{33} mɛ^{33} be^{13} ɖɛ^{21}
君长门庭若市，

xu^{33} tɕʻu^{13} ndʐʅ^{21} tʂʻɛ^{55} mu^{33}
酒肉殷勤款待，

ndʐʅ^{21} ndo^{21} hu^{21} lu^{33} pu^{33}
喝上百桶酒，

li^{21} pu^{13} mɛ^{33} be^{13} dʑo^{33}
吟诗文声传出君长府，

zu^{33} kʻa^{33} kʻɯ^{33} dɯ^{33} so^{21}
武士待遇好，

ndzu^{33} zu^{33} lo^{21} ndʑo^{21} fi^{13}
唯君命是从，

ʐɪ^{13} a^{33} su^{21} nu^{33} pʻi^{33}
出战连胜众人，

dʐa^{33} tɯ^{33} ŋɯ^{33} dɪ^{13} vi^{21}
就是这样的。

ȵdʑo^{13} lɯ^{55} tʻa^{21} lɯ^{21} lɯ^{21}
头顶着苍天，

ʔu^{33} tsʻo^{33} dʐo^{21} a^{33} su^{33}
为人在世，

ndzu^{33} zu^{33} mu^{55} zu^{33}
为君为臣，

tsʻo^{13} tsʻe^{13} hy^{13} ʈʻu^{33}
后继有人，

na^{33} lɪ^{21} mu^{21} a^{33} ȵɪ^{13}
看要看得高，

nu^{13} lɪ^{21} mu^{21} a^{33} nu^{13}
听要听得广。

su^{21} tʻa^{33} zu^{33} ȵɪ^{13} sɛ^{55}
才子通历史，

zu^{33} ȵɪ^{13} sɛ^{55} a^{33} ŋgɯ^{55}
懂史是第一，

se^{33} a^{33} ʈʻu^{13} zɛ^{55} ʂɛ^{13}
树广林才深，

ȵɪ^{13} a^{33} fe^{13} tʂʻɯ^{55} dzy^{21}
历史与现实巧合，

ȵɪ^{13} tʂe^{33} fe^{13} lɪ^{21} le^{33}
以史为鉴。

vi^{13} hu^{55} lɪ^{33}
有 祸 患，

xo^{21} li^{21} xo^{21} t‘e^{33}
自然顺利克服，

ʑa^{13} ma^{33} ʂu^{33} a^{33} vi^{21}
避免出差错。

pu^{13} hɛ^{33} k‘ɯ^{33} t‘a^{21} ma^{13}
别顶撞有本领的布摩，

pu^{13} dɯ^{21} k‘ɯ^{33} t‘a^{21} ma^{13}
别顶撞本领差的布摩。

pu^{13} dɯ^{21} su^{21} lɪ^{21} p‘u^{21}
本领差的布摩有人用，

bu^{33} ʑɛ^{33} t‘u^{13} a^{33} xu^{33}
杀大量的羊，

ʂa^{13} a^{33} vu^{33} lɯ^{33} sɯ^{55}
忙得不可开交，

vi^{55} lɯ^{55} tɯ^{33} ŋɯ^{33} vi^{21}
引起了祸祟。

pu^{13} hɛ^{33} su^{13} lɪ^{21} pu^{13}
高明的布摩上阵，

tɛ^{13} lɯ^{13} mi^{33} so^{21} sɯ^{55}
好比云开日出，

gɛ^{21} ʈ‘u^{13} sɯ^{33} xo^{21} sɯ^{55}
像天亮一样，

dʐa^{33} tɯ^{33} ŋɯ^{33} dɪ^{13} vi^{21}
是这样的呀。

ɳɹ^{13}du^{55}sɯ^{33}da^{33}lɪ^{21}t‘u^{55}bi^{55}
宗谱好就有机遇，

dʐo^{21}lu^{21}t‘o^{33}dʑy^{21}fe^{13}tɕɪ^{13}
谋安居乐业是第一，

tɕ‘a^{13} bo^{33} ɣo^{21}
神 座 如 山，

ʑɯ^{55} pu^{13} lɪ^{21} mu^{55} t‘e^{33}
布摩随时光临。

ndʐʅ^{21} xo^{21} vu^{33} xo^{21} dʐo^{13}
祭祀清白是第二，

p‘i^{55} t‘u^{33} ho^{21} hu^{33} mɛ^{21}
祭祀隆重是第三。

t‘y^{21}ɳɹ^{33}ʑy^{21}tɕɪ^{13}su^{55}t‘a^{21}lo^{21}
讲究姻亲的出身根底，

t‘a^{21} t‘u^{55} dʐa^{33} ŋɯ^{33} vi^{21}
这是现实呀。

ta^{21} ts‘e^{13} ʑy^{21} tɕɪ^{13} dɯ^{21}
第一代舅舅根底差，

k‘ɯ33 tɕ‘y55 a33 nu13 ho21
让 人 说 是 非，

ȵɪ55 ts‘e13 ʑy21 tɕɪ13 dɯ21
第二代舅舅根底差，

tɕ‘i55 ma21 sɯ13 hɪ21 vu33
娶 妻 无 法 选 择，

hɪ21 ma21 sɯ13 ȵɪ55 ndo21
若 饥 不 择 食。

sɯ21 ts‘e13 ʑy21 tɕɪ13 dɯ21
第三代舅舅根底差，

mba33 ŋo33 ŋɛ21 ma21 ŋgɯ55
说 话 分 量 轻。

ɬi33 ts‘e13 ʑy21 tɕɪ13 dɯ13
第四代舅舅根底差，

dʐʅ21 mi55 gu33 ma21 bo21
得不到真传文章，

ʔu33 k‘ɯ33 mu33 ʑo21 dzɛ33
如 善 马 任 人 骑。

ŋu33 ts‘e13 ʑy21 tɕɪ13 dɯ21
第五代舅舅根底差，

ȵɪ21 lu33 mba33 ʑɛ21 ɬɯ33
白日让人作笑料，

sɯ33 lu33 dʑo33 ko33 li55
夜里让人说闲话。

tɕo13 ts‘e13 ʑy21 tɕɪ13 dɯ21
第六代舅舅根底差，

ɕy33 ʈ‘u33 lɪ21 mɛ33 tɕ‘e13
好 比 毡 摆 拖 地，

ʈ‘o21 la33 lɪ21 tɕɪ55 sɯ55
像 汗 透 出 衣 服，

ʑo33 ɖu33 lɪ33 su21 mba33
受 他 人 鄙 视。

ɕi55 ts‘e13 ʑy21 tɕɪ13 dɯ21
第七代舅舅根底差，

hɯ21 hɛ21 lɯ55 do33 mu33
饥 寒 起 邪 念，

la13 vu33 tɯ33 t‘i55 t‘o33
动 手 去 行 窃。

hɪ13 ts‘e13 ʑy21 tɕɪ13 dɯ21
第八代舅舅根底差，

ʑo13 ma21 tɪ13 dzu21 ʈ‘o21
好 比 抓 饭 吃，

mu33 dzɛ33 ɣo21 tɕɪ13 ɖu33
地 位 像 马 镫。

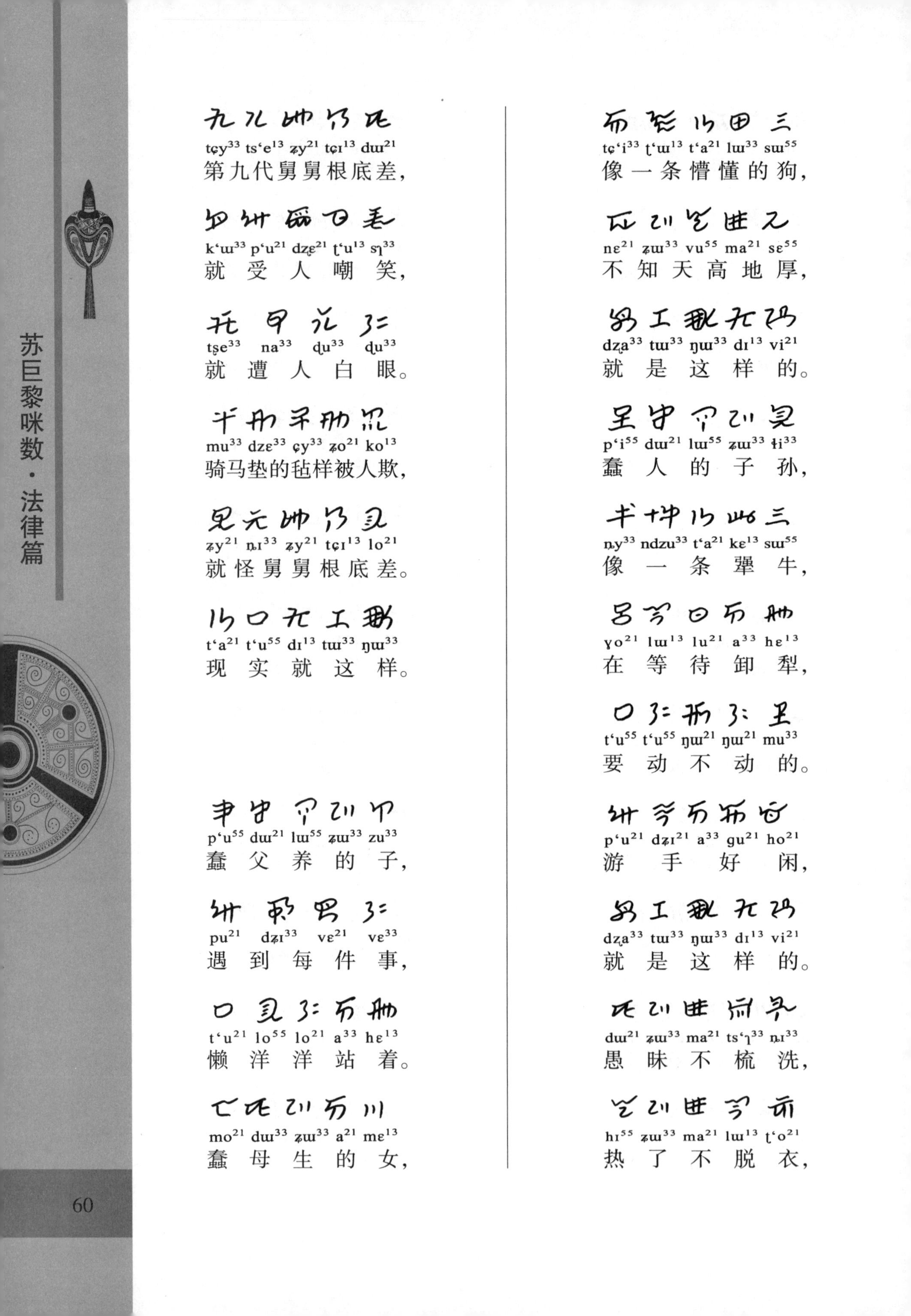

tɕy^{33} ts‘e^{13} ʑy^{21} tɕɪ^{13} dɯ^{21}
第九代舅舅根底差，

k‘ɯ^{33} p‘u^{21} dʑɛ^{21} ʈ‘u^{13} sɿ^{33}
就受人嘲笑，

tʂe^{33} na^{33} ɖu^{33} ɖu^{33}
就遭人白眼。

mu^{33} dzɛ^{33} ɕy^{33} ʑo^{21} ko^{13}
骑马垫的毡样被人欺，

ʑy^{21} ȵɪ^{33} ʑy^{21} tɕɪ^{13} lo^{21}
就怪舅舅根底差。

t‘a^{21} t‘u^{55} dɪ^{13} tɯ^{33} ŋɯ^{33}
现实就这样。

p‘u^{55} dɯ^{21} lɯ^{55} ʑɯ^{33} zu^{33}
蠢父养的子，

pu^{21} dʑɪ^{33} vɛ^{21} vɛ^{33}
遇到每件事，

t‘u^{21} lo^{55} lo^{21} a^{33} hɛ^{13}
懒洋洋站着。

mo^{21} dɯ^{33} ʑɯ^{33} a^{21} mɛ^{13}
蠢母生的女，

tɕ‘i^{33} ʈ‘ɯ^{13} t‘a^{21} lɯ^{33} sɯ^{55}
像一条懵懂的狗，

nɛ^{21} ʑɯ^{33} vu^{55} ma^{21} sɛ^{55}
不知天高地厚，

dʐa^{33} tɯ^{33} ŋɯ^{33} dɪ^{13} vi^{21}
就是这样的。

p‘i^{55} dɯ^{21} lɯ^{55} ʑɯ^{33} ɬi^{33}
蠢人的子孙，

ȵy^{33} ndzu^{33} t‘a^{21} kɛ^{13} sɯ^{55}
像一条犟牛，

ɣo^{21} lɯ^{13} lu^{21} a^{33} hɛ^{13}
在等待卸犁，

t‘u^{55} t‘u^{55} ŋɯ^{21} ŋɯ^{21} mu^{33}
要动不动的。

p‘u^{21} dʐɪ^{21} a^{33} gu^{21} ho^{21}
游手好闲，

dʐa^{33} tɯ^{33} ŋɯ^{33} dɪ^{13} vi^{21}
就是这样的。

dɯ^{21} ʑɯ^{33} ma^{21} ts‘ɿ^{33} ȵɪ^{33}
愚昧不梳洗，

hɪ^{55} ʑɯ^{33} ma^{21} lɯ^{13} ʈ‘o^{21}
热了不脱衣，

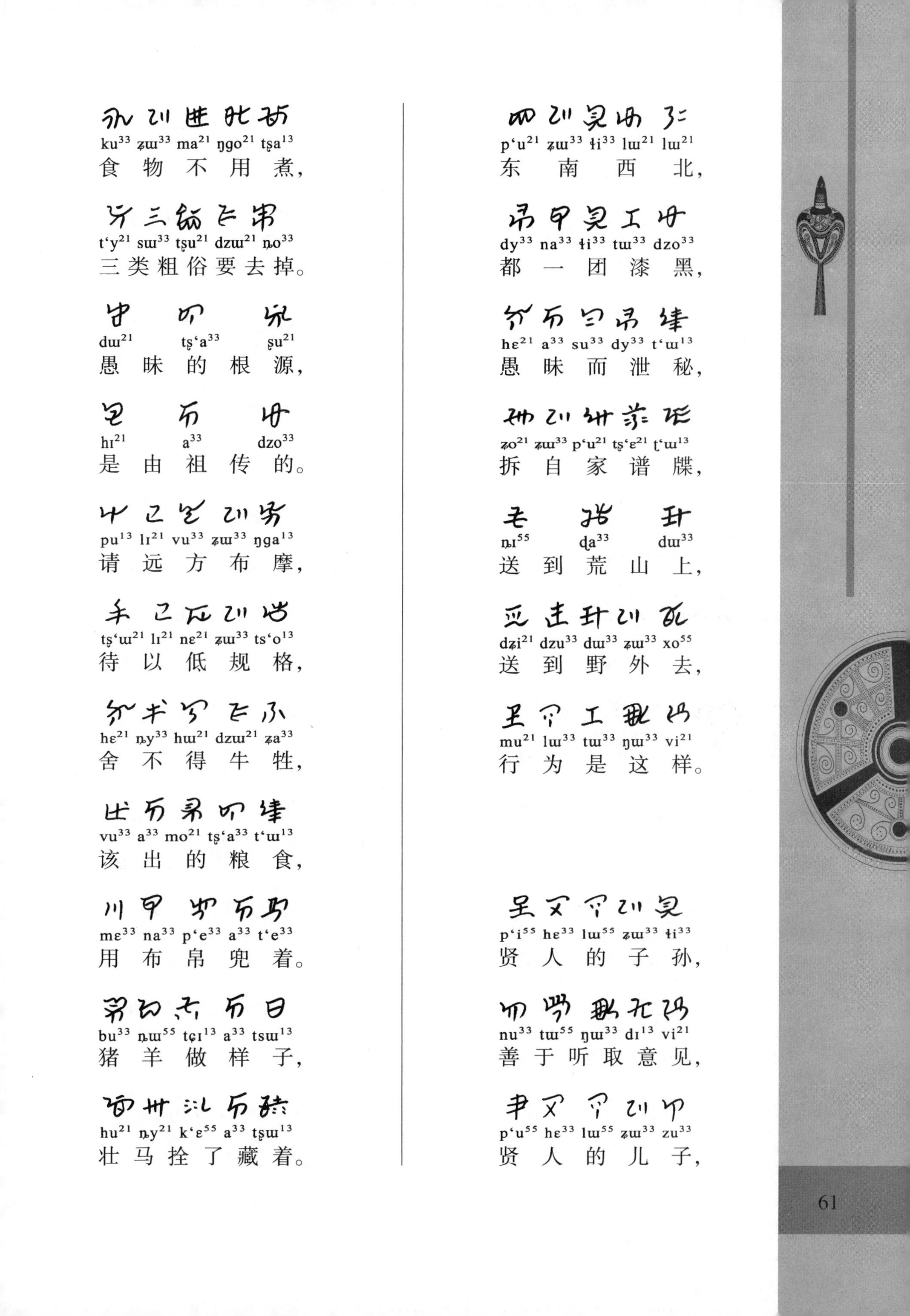

ku^{33} ʑɯ^{33} ma^{21} ŋgo^{21} tʂa^{13}
食物不用煮，

tʻy^{21} sɯ^{33} tʂu^{21} dzɯ^{21} ȵo^{33}
三类粗俗要去掉。

dɯ^{21} tʂʻa^{33} ʂu^{21}
愚昧的根源，

hɪ^{21} a^{33} dzo^{33}
是由祖传的。

pu^{13} lɪ^{21} vu^{33} ʑɯ^{33} ŋga^{13}
请远方布摩，

tʂʻɯ^{21} lɪ^{21} nɛ^{21} ʑɯ^{33} tsʻo^{13}
待以低规格，

hɛ^{21} ȵy^{33} hɯ^{21} dzɯ^{21} ʑa^{33}
舍不得牛牲，

vu^{33} a^{33} mo^{21} tʂʻa^{33} tʻɯ^{13}
该出的粮食，

mɛ^{33} na^{33} pʻe^{33} a^{33} tʻe^{33}
用布帛兜着。

bu^{33} ȵɯ^{55} tɕɪ^{13} a^{33} tsɯ^{13}
猪羊做样子，

hu^{21} ȵy^{21} kʻɛ^{55} a^{33} tʂɯ^{13}
壮马拴了藏着。

pʻu^{21} ʑɯ^{33} ɬi^{33} lɯ^{21} lɯ^{21}
东南西北，

dy^{33} na^{33} ɬi^{33} tɯ^{33} dzo^{33}
都一团漆黑，

hɛ^{21} a^{33} su^{33} dy^{33} tʻɯ^{13}
愚昧而泄秘，

ʑo^{21} ʑɯ^{33} pʻu^{21} tʂʻɛ^{21} ʈʻɯ^{13}
拆自家谱牒，

ȵɪ^{55} ɖa^{33} dɯ^{33}
送到荒山上，

dʑi^{21} dzu^{33} dɯ^{33} ʑɯ^{33} xo^{55}
送到野外去，

mu^{21} lɯ^{33} tɯ^{33} ŋɯ^{33} vi^{21}
行为是这样。

pʻi^{55} hɛ^{33} lɯ^{55} ʑɯ^{33} ɬi^{33}
贤人的子孙，

nu^{33} tɯ^{55} ŋɯ^{33} dɪ^{13} vi^{21}
善于听取意见，

pʻu^{55} hɛ^{33} lɯ^{55} ʑɯ^{33} zu^{33}
贤人的儿子，

na^{33} p'u^{21} ŋɯ^{33} dɪ^{13} vi^{13}
是 有 眼 光 的。

ʑy^{21} ȵɪ^{33} ʑy^{21} tɕɪ^{13} lɪ^{33}
舅 舅 的 根 底，

mi^{33}mi^{13}ma^{21}ndɯ^{33}vi^{13}ŋɯ^{33}vi^{21}
世 间 无 人 能 及，

ʑy^{21} ȵɪ^{33} ʑy^{21} tɕɪ^{13}
舅 舅 根 底 第 一，

hɛ^{33} su^{13} lo^{33} tɕ'i^{55} ʑo^{21}
妻 娶 良 家 女，

fu^{13} lɯ^{33} ȵɪ^{33} ŋɯ^{33} vi^{21}
有 女 嫁 良 家。

ȵɪ^{55} dzu^{33} mu^{33} ʑɯ^{33} ɣo^{13}
上等人的第二个条件，

ʑy^{21} hɛ^{33} su^{55} ma^{21} ɖo^{33}
舅 强 甥 不 弱。

sɯ^{33} dzu^{21} mu^{33} ʑɯ^{33} ɣo^{13}
上等人的第三个条件，

p'i^{55} k'a^{33} ɬi^{33} ma^{21} ʈu^{55}
子 孙 不 依 赖 祖 宗。

ɬi^{33} dzu^{21} mu^{33} ʑɯ^{33} ɣo^{13}
上等人的第四个条件，

p'u^{55} hɛ^{33} zu^{33} ma^{21} dɯ^{21}
父 强 子 不 弱，

ʑy^{21} hɛ^{33} lɯ^{55} ʑɯ^{33} su^{55}
强 者 的 外 甥，

dzu^{33} mbi^{21} ho^{21} ma^{21} dʑo^{33}
闻 虎 啸 不 惊，

p'i^{55} k'a^{33} lɯ^{55} ʑɯ^{33} ɬi^{33}
贤 人 的 子 孙，

ʂɛ^{13} ts'o^{21} ho^{21} ma^{21} ndʐɯ^{33}
不 人 云 亦 云，

hɛ^{33} a^{33} lo^{33} ne^{33} tu^{33}
心 中 自 有 数，

dʐʅ^{21} k'ɯ^{33} ʑɯ^{33} ho^{33} lo^{13}
真 话 选 知 音。

mi^{21} nɯ^{55} mo^{21}
作 为 讲 妇 道，

ŋgɯ^{55} ʂɛ^{13} ɖɛ^{21} su^{13} k'ɯ^{33}
贤 淑 众 人 赞，

zu^{33}ȵy^{21}va^{33}bo^{21}mu^{33}su^{13}ʑo^{33}
生 子 名 声 显 赫。

lu^{33} he^{33} du^{33} a^{33} do^{33}
如 出 了 名 的 牛，

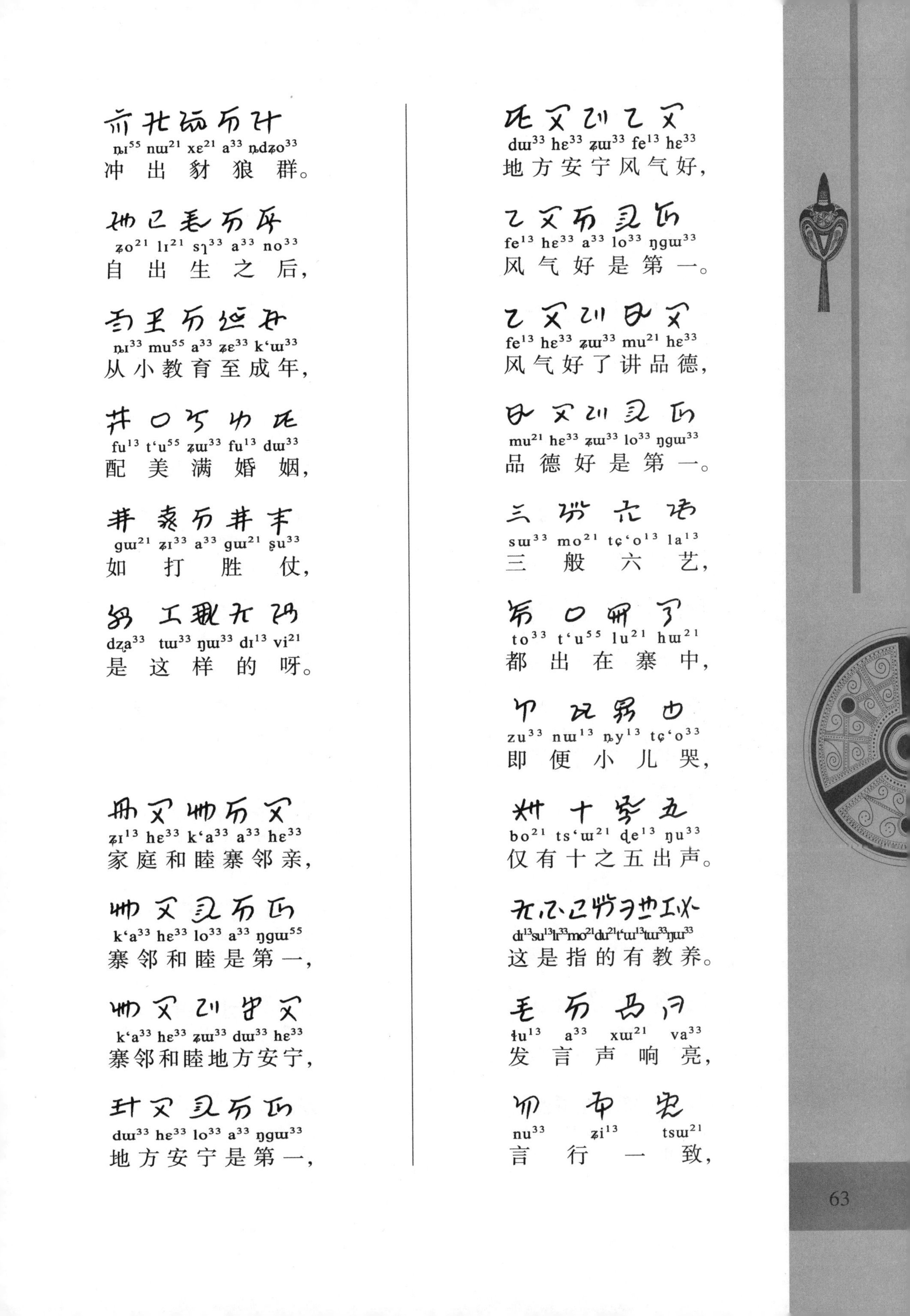

ȵɪ^{55} nɯ^{21} xɛ^{21} a^{33} ȵdʑo^{33}
冲 出 豺 狼 群。

ʑo^{21} lɪ^{21} sɿ^{33} a^{33} no^{33}
自 出 生 之 后，

ȵɪ^{33} mu^{55} a^{33} ʑɛ^{33} k'ɯ^{33}
从小教育至成年，

fu^{13} t'u^{55} ʑɯ^{33} fu^{13} dɯ^{33}
配 美 满 婚 姻，

gɯ^{21} ʑɪ^{33} a^{33} gɯ^{21} ʂu^{33}
如 打 胜 仗，

dʐa^{33} tɯ^{33} ŋɯ^{33} dɪ^{13} vi^{21}
是 这 样 的 呀。

ʑɪ^{13} hɛ^{33} k'a^{33} a^{33} hɛ^{33}
家庭和睦寨邻亲，

k'a^{33} hɛ^{33} lo^{33} a^{33} ŋgɯ^{55}
寨邻和睦是第一，

k'a^{33} hɛ^{33} ʑɯ^{33} dɯ^{33} hɛ^{33}
寨邻和睦地方安宁，

dɯ^{33} hɛ^{33} lo^{33} a^{33} ŋgɯ^{33}
地方安宁是第一，

dɯ^{33} hɛ^{33} ʑɯ^{33} fe^{13} hɛ^{33}
地方安宁风气好，

fe^{13} hɛ^{33} a^{33} lo^{33} ŋgɯ^{33}
风气好是第一。

fe^{13} hɛ^{33} ʑɯ^{33} mu^{21} hɛ^{33}
风气好了讲品德，

mu^{21} hɛ^{33} ʑɯ^{33} lo^{33} ŋgɯ^{33}
品德好是第一。

sɯ^{33} mo^{21} tɕ'o^{13} la^{13}
三 般 六 艺，

to^{33} t'u^{55} lu^{21} hɯ^{21}
都 出 在 寨 中，

zu^{33} nɯ^{13} ȵy^{13} tɕ'o^{33}
即 便 小 儿 哭，

bo^{21} ts'ɯ^{21} ɖe^{13} ŋu^{33}
仅有十之五出声。

dɪ^{13}su^{13}lɪ^{33}mo^{21}dɯ^{21}t'ɯ^{13}tɯ^{33}ŋɯ^{33}
这是指的有教养。

ɬu^{13} a^{33} xɯ^{21} va^{33}
发 言 声 响 亮，

nu^{33} ʑi^{13} tsɯ^{21}
言 行 一 致，

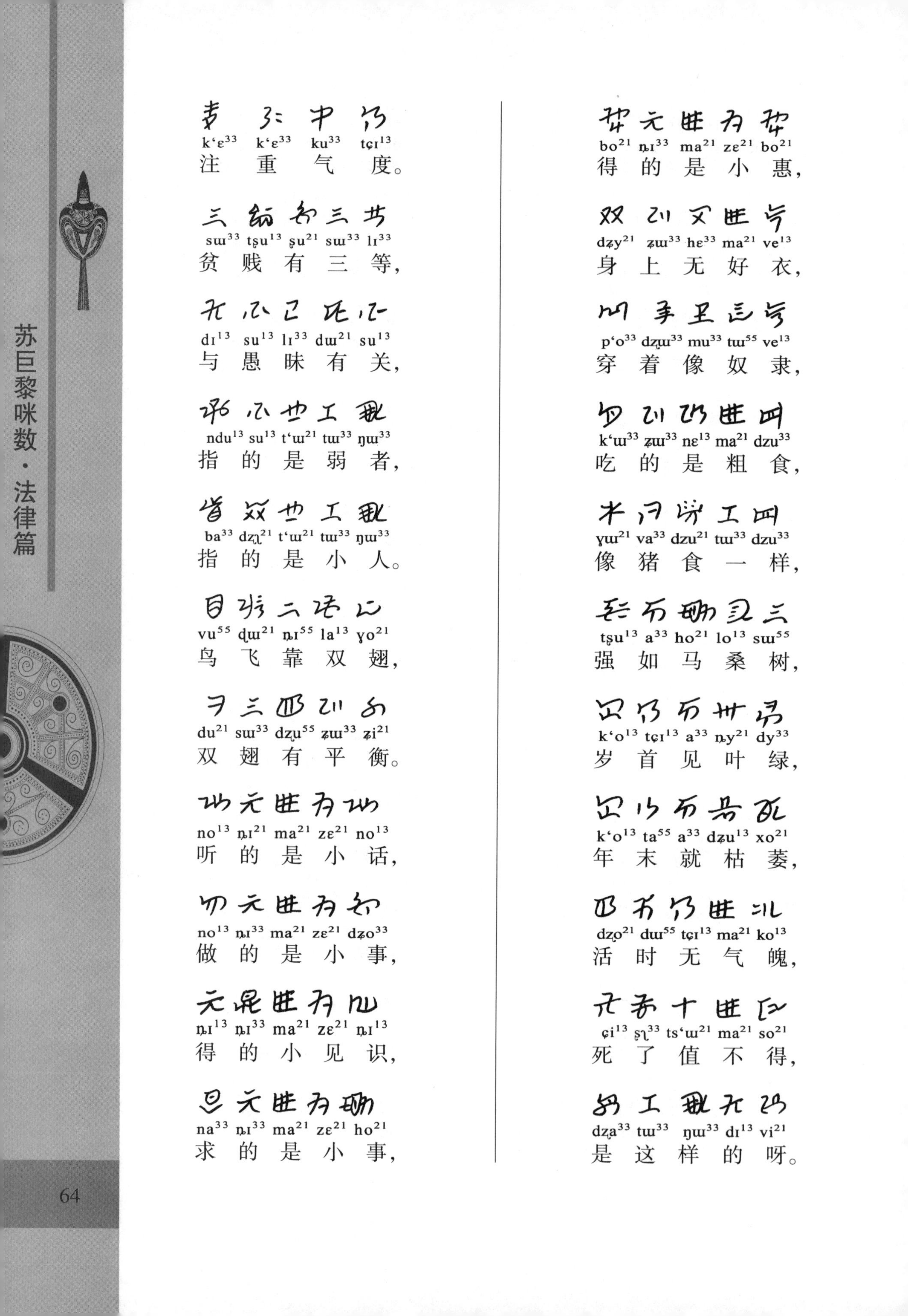

kʻɛ^{33} kʻɛ^{33} ku^{33} tɕɪ^{13}
注重气度。

sɯ^{33} tʂu^{13} ʂu^{21} sɯ^{33} lɪ^{33}
贫贱有三等，

dɪ^{13} su^{13} lɪ^{33} dɯ^{21} su^{13}
与愚昧有关，

ndu^{13} su^{13} tʻɯ^{21} tɯ^{33} ŋɯ^{33}
指的是弱者，

ba^{33} dʐʅ^{21} tʻɯ^{21} tɯ^{33} ŋɯ^{33}
指的是小人。

vu^{55} ɖɯ^{21} ȵɪ^{55} la^{13} ɣo^{21}
鸟飞靠双翅，

du^{21} sɯ^{33} dʐu^{55} ʑɯ^{33} ʑi^{21}
双翅有平衡。

no^{13} ȵɪ^{21} ma^{21} zɛ^{21} no^{13}
听的是小话，

no^{13} ȵɪ^{33} ma^{21} zɛ^{21} dʑo^{33}
做的是小事，

ȵɪ^{13} ȵɪ^{33} ma^{21} zɛ^{21} ȵɪ^{13}
得的小见识，

na^{33} ȵɪ^{33} ma^{21} zɛ^{21} ho^{21}
求的是小事，

bo^{21} ȵɪ^{33} ma^{21} zɛ^{21} bo^{21}
得的是小惠，

dʑy^{21} ʑɯ^{33} hɛ^{33} ma^{21} ve^{13}
身上无好衣，

pʻo^{33} dʐɯ^{33} mu^{33} tɯ^{55} ve^{13}
穿着像奴隶，

kʻɯ^{33} ʑɯ^{33} nɛ^{13} ma^{21} dzu^{33}
吃的是粗食，

ɣɯ^{21} va^{33} dzu^{21} tɯ^{33} dzu^{33}
像猪食一样，

tʂu^{13} a^{33} ho^{21} lo^{13} sɯ^{55}
强如马桑树，

kʻo^{13} tɕɪ^{13} a^{33} ȵy^{21} dy^{33}
岁首见叶绿，

kʻo^{13} ta^{55} a^{33} dʑu^{13} xo^{21}
年末就枯萎，

dʐo^{21} dɯ^{55} tɕɪ^{13} ma^{21} ko^{13}
活时无气魄，

ɕi^{13} ʂʅ^{33} tsʻɯ^{21} ma^{21} so^{21}
死了值不得，

dʑa^{33} tɯ^{33} ŋɯ^{33} dɪ^{13} vi^{21}
是这样的呀。

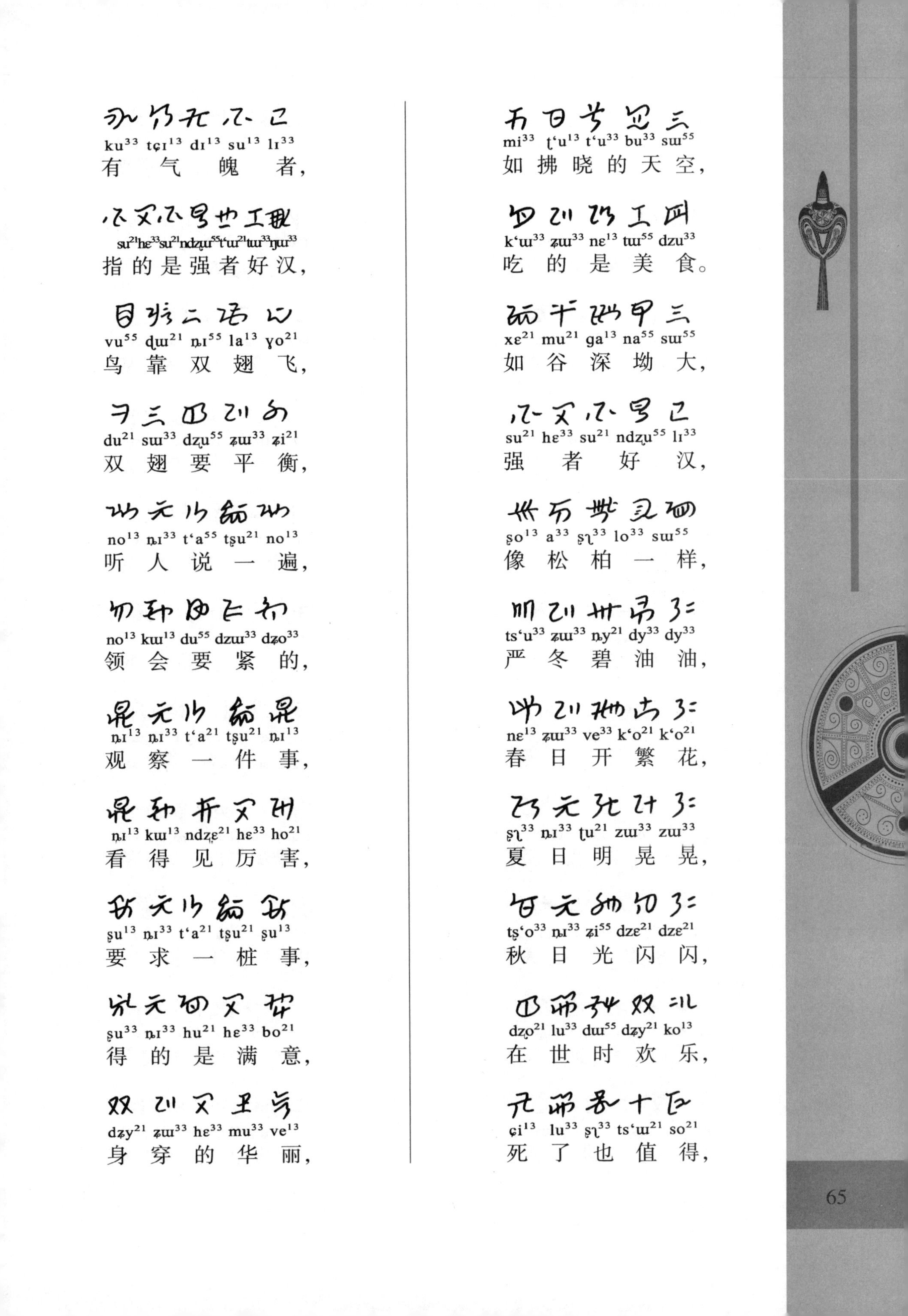

ku^{33} tɕɪ^{13} dɪ^{13} su^{13} lɪ^{33}
有气魄者，

su^{21}hɛ^{33}su^{21}ndʐu^{55}t'ɯ^{21}tɯ^{33}ŋu^{33}
指的是强者好汉，

vu^{55} ɖɯ^{21} ɳɪ^{55} la^{13} ɣo^{21}
鸟靠双翅飞，

du^{21} sɯ^{33} dʐu^{55} ʑɯ^{33} ʑi^{21}
双翅要平衡，

no^{13} ɳɪ^{33} t'a^{55} tʂu^{21} no^{13}
听人说一遍，

no^{13} kɯ^{13} du^{55} dzɯ^{33} dʑo^{33}
领会要紧的，

ɳɪ^{13} ɳɪ^{33} t'a^{21} tʂu^{21} ɳɪ^{13}
观察一件事，

ɳɪ^{13} kɯ^{13} ndʐɛ^{21} hɛ^{33} ho^{21}
看得见厉害，

ʂu^{13} ɳɪ^{33} t'a^{21} tʂu^{21} ʂu^{13}
要求一桩事，

ʂu^{33} ɳɪ^{33} hu^{21} hɛ^{33} bo^{21}
得的是满意，

dʑy^{21} ʑɯ^{33} hɛ^{33} mu^{33} ve^{13}
身穿的华丽，

mi^{33} ʈ'u^{13} t'u^{33} bu^{33} sɯ^{55}
如拂晓的天空，

k'ɯ^{33} ʑɯ^{33} nɛ^{13} tɯ^{55} dzu^{33}
吃的是美食。

xɛ^{21} mu^{21} ga^{13} na^{55} sɯ^{55}
如谷深坳大，

su^{21} hɛ^{33} su^{21} ndʐu^{55} lɪ^{33}
强者好汉，

ʂo^{13} a^{33} ʂʅ^{33} lo^{33} sɯ^{55}
像松柏一样，

ts'u^{33} ʑɯ^{33} ɳy^{21} dy^{33} dy^{33}
严冬碧油油，

nɛ^{13} ʑɯ^{33} ve^{33} k'o^{21} k'o^{21}
春日开繁花，

ʂʅ^{33} ɳɪ^{33} ʈu^{21} zɯ^{33} zɯ^{33}
夏日明晃晃，

tʂ'o^{33} ɳɪ^{33} ʑi^{55} dzɛ^{21} dzɛ^{21}
秋日光闪闪，

dʐo^{21} lu^{33} dɯ^{55} dʑy^{21} ko^{13}
在世时欢乐，

ɕi^{13} lu^{33} ʂʅ^{33} ts'ɯ^{21} so^{21}
死了也值得，

ndu^{21} ʔu^{33} tsɛ^{55} hu^{21} dzɛ^{33}
骑蝗头魂马，

zɛ^{55} da^{33} ȵɪ^{33} hu^{21} no^{33}
虽归葬入山，

dʐo^{21} nu^{33} mu^{55} ma^{21} bo^{21}
却永垂不朽，

dʐa^{33} tɯ^{33} ŋɯ^{33} dɪ^{13} vi^{21}
就像这样呀。

ndzu^{33} hɛ^{33} tʂʻɛ^{21} tʂʻɛ^{21} dʐo^{33}
贤能君长在位，

vu^{33} fe^{13} dʑu^{33} ȵɪ^{33} a^{13}
向远处发令人也服从，

ma^{21} ɖa^{33} dʑu^{33} ndʐʅ^{55}
都不敢怠慢，

vu^{33} a^{33} ȵɪ^{33} ma^{21} nɖo^{33}
再远也无阻。

mo^{21} a^{33} ɣɯ^{21} vu^{33} ʑɛ^{33}
号令重势力大，

vu^{33} a^{33} dʑo^{33} tɪ^{33} tʻu^{13}
传得远而广。

li^{21} hɛ^{33} tʂʻɛ^{21} tʂʻɛ^{21} ȵɪ^{33}
经纶满腹，

bi^{21} tʂʻɛ^{55} ɖu^{21} du^{21} sɯ^{55}
虎皮权杖好比栋梁，

ʈʻu^{55} tɕʻe^{13} la^{13} ɣo^{33} sɯ^{55}
就当握扇子，

fe^{13} ʑɯ^{33} lu^{33} lo^{21} du^{55} sɯ^{33} dʐo^{21}
民众都服从，

tʻy^{21} lɪ^{21} mu^{55} ŋɯ^{33} dʐʅ^{21}
实在有作为。

pu^{13} hɛ^{33} tʂʻɛ^{21} tʂʻɛ^{21} dʐo^{33}
贤能布摩有作为，

li^{21} hɛ^{33} tʂʻɛ^{21} tʂʻɛ^{21} ȵɪ^{33}
经纶满腹，

ȵɪ^{13} to^{21} tʂʻɛ^{21} tʂʻɛ^{21} kɯ^{13}
理谱经验足，

tʂʻɯ^{55} pu^{13} bu^{21} dzu^{33} ɣɯ^{21} ho^{21} nu^{33} ʑɯ^{13}
英雄豪杰也言听计从，

ɖu^{21} ɖu^{21} mu^{33}
并以礼相待。

ndzu^{33} zu^{33} ma^{21} ndy^{55} mba^{33}
为君不加思索而发言，

tʂʻɯ^{33} kʻɯ^{33} ŋe^{21} nɯ^{21} tʂɯ^{13}
好比仇叩君长运红铜，

tʂɯ^{13} ȵɪ^{21} za^{13} a^{33} ʑy^{33}
部下不理解。

mu^{55} zu^{33} ma^{21} ndy^{55} mba^{33}
为臣不加思索而发言，

bi^{21} ʑy^{21} mɛ^{33} na^{33} pʻe^{33}
如毕余氏卷大幅绸，

tʻɯ^{55} ȵɪ^{33} tʂʻa^{33} a^{33} ʑy^{33}
受同事误会，

ȵy^{21} kʻɛ^{21} ge^{33} ɣo^{21} ʑɯ^{33}
如青线断了，

lɯ^{55} la^{13} dʐʅ^{21} ma^{21} mɛ^{13}
巧妇接不拢，

fe^{13} ŋgɯ^{21} tɛ^{13} mɛ^{33} tsɯ^{21}
飘荡在空中，

nu^{33} ʑɯ^{33} mu^{55} hɛ^{33} vu^{33}
拉开了与贤臣的距离。

pu^{13} zu^{33} ma^{21} ndy^{55} mba^{33}
布摩不加思索而发言，

tsʻu^{33} ʑɯ^{33} ʂo^{13} ʂʅ^{33} nɯ^{33}
如冬天的野生松柏，

dzɛ^{21} mu^{21} ka^{13} dʑo^{13}
树高而枝枯，

dʐa^{33} tɯ^{33} ŋɯ^{33} dɪ^{13} vi^{21}
是这样的呀。

ndzu^{33} zu^{33} ndy^{55} lɯ^{21} mba^{33}
君长思索后发言，

ndʑo^{21} lɯ^{55} ɣo^{21} su^{13} no^{33}
虽然有出入，

tʂʻɯ^{21} kʻɯ^{33} ku^{33} nɯ^{21} tʂɯ^{13}
好比仇叩君运红绸，

tʂɯ^{13} ȵɪ^{21} za^{13} ʑɯ^{33} li^{33}
部下会理解。

mu^{55} zu^{33} ndy^{55} lɯ^{21} mba^{33}
臣子思索后发言，

ȵdʑo^{21} lɯ^{55} ɣo^{21} su^{13} no^{33}
虽然有出入，

pʻi^{21} nɛ^{21} mɛ^{33} na^{33} pʻe^{33}
如皮耐氏卷大幅绸，

tʻɯ^{55} tʻɯ^{33} tʂʻa^{33} a^{33} nɯ^{55}
同事会照应。

pu^{13} zu^{33} ndy^{55} lɯ^{21} mba^{33}
布摩思索后发言，

ȵdʑo^{21} lɯ^{21} vu^{33} su^{13} no^{33}
虽然有出入，

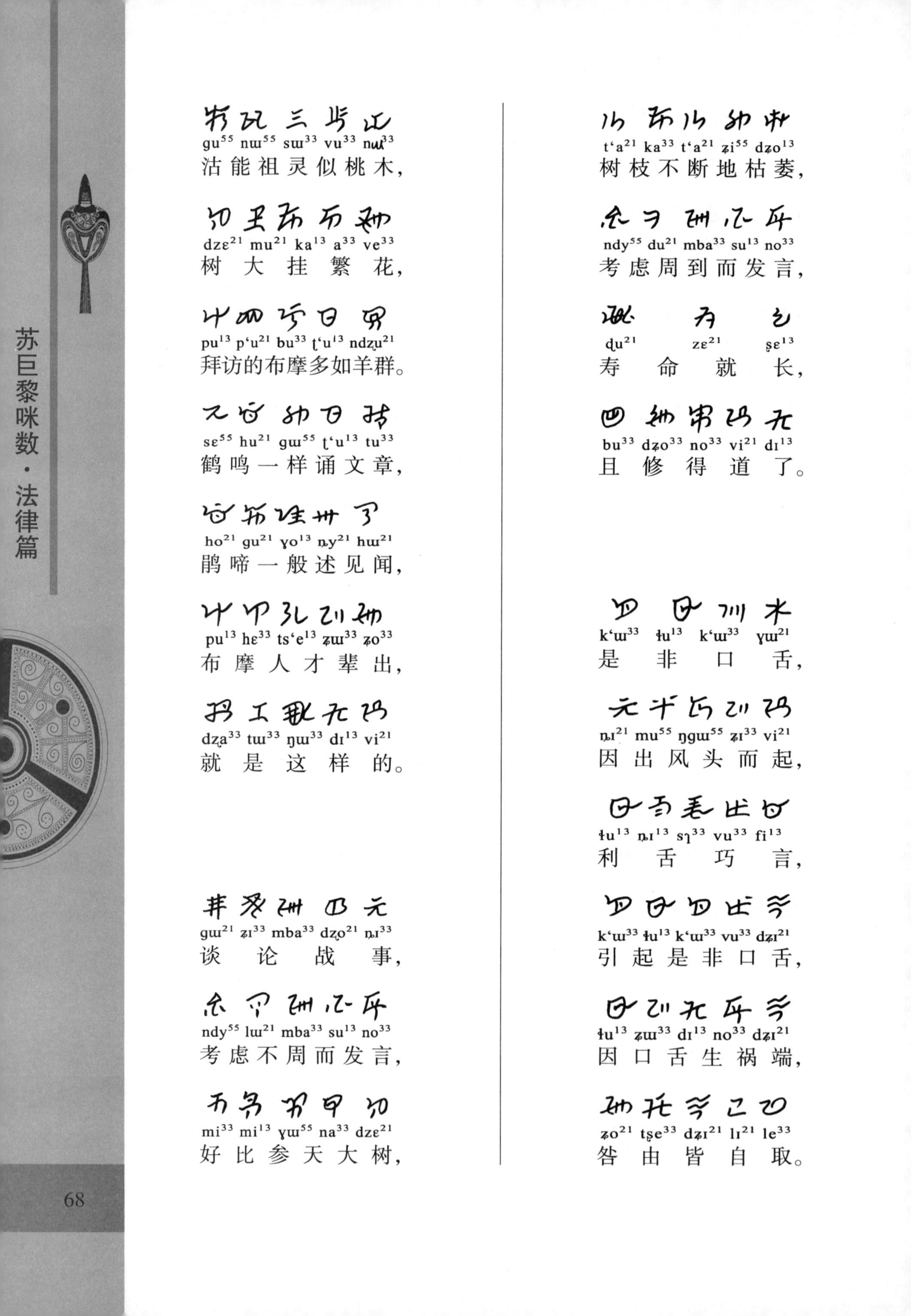

gu^{55} nɯ^{55} sɯ^{33} vu^{33} nɯ^{33}
沽能祖灵似桃木，

dzɛ^{21} mu^{21} ka^{13} a^{33} ve^{33}
树大挂繁花，

pu^{13} p'u^{21} bu^{33} ʈ'u^{13} ndʐu^{21}
拜访的布摩多如羊群。

sɛ^{55} hu^{21} gɯ^{55} ʈ'u^{13} tu^{33}
鹤鸣一样诵文章，

ho^{21} gu^{21} ɣo^{13} ȵy^{21} hɯ^{21}
鹃啼一般述见闻，

pu^{13} hɛ^{33} ts'e^{13} ʑɯ^{33} ʑo^{33}
布摩人才辈出，

dʐa^{33} tɯ^{33} ŋɯ^{33} dɪ^{13} vi^{21}
就是这样的。

gɯ^{21} ʑɪ^{33} mba^{33} dʐo^{21} ȵɪ^{33}
谈论战事，

ndy^{55} lɯ^{21} mba^{33} su^{13} no^{33}
考虑不周而发言，

mi^{33} mi^{13} ɣɯ^{55} na^{33} dzɛ^{21}
好比参天大树，

t'a^{21} ka^{33} t'a^{21} ʑi^{55} dʑo^{13}
树枝不断地枯萎，

ndy^{55} du^{21} mba^{33} su^{13} no^{33}
考虑周到而发言，

ɖu^{21} zɛ^{21} ʂɛ^{13}
寿命就长，

bu^{33} dʑo^{33} no^{33} vi^{21} dɪ^{13}
且修得道了。

k'ɯ^{33} ɬu^{13} k'ɯ^{33} ɣɯ^{21}
是非口舌，

ȵɪ^{21} mu^{55} ŋgɯ^{55} ʑɪ^{33} vi^{21}
因出风头而起，

ɬu^{13} ȵɪ^{13} sɿ^{33} vu^{33} fi^{13}
利舌巧言，

k'ɯ^{33} ɬu^{13} k'ɯ^{33} vu^{33} dʑɪ^{21}
引起是非口舌，

ɬu^{13} ʑɯ^{33} dɪ^{13} no^{33} dʑɪ^{21}
因口舌生祸端，

ʑo^{21} tʂe^{33} dʑɪ^{21} lɪ^{21} le^{33}
咎由皆自取。

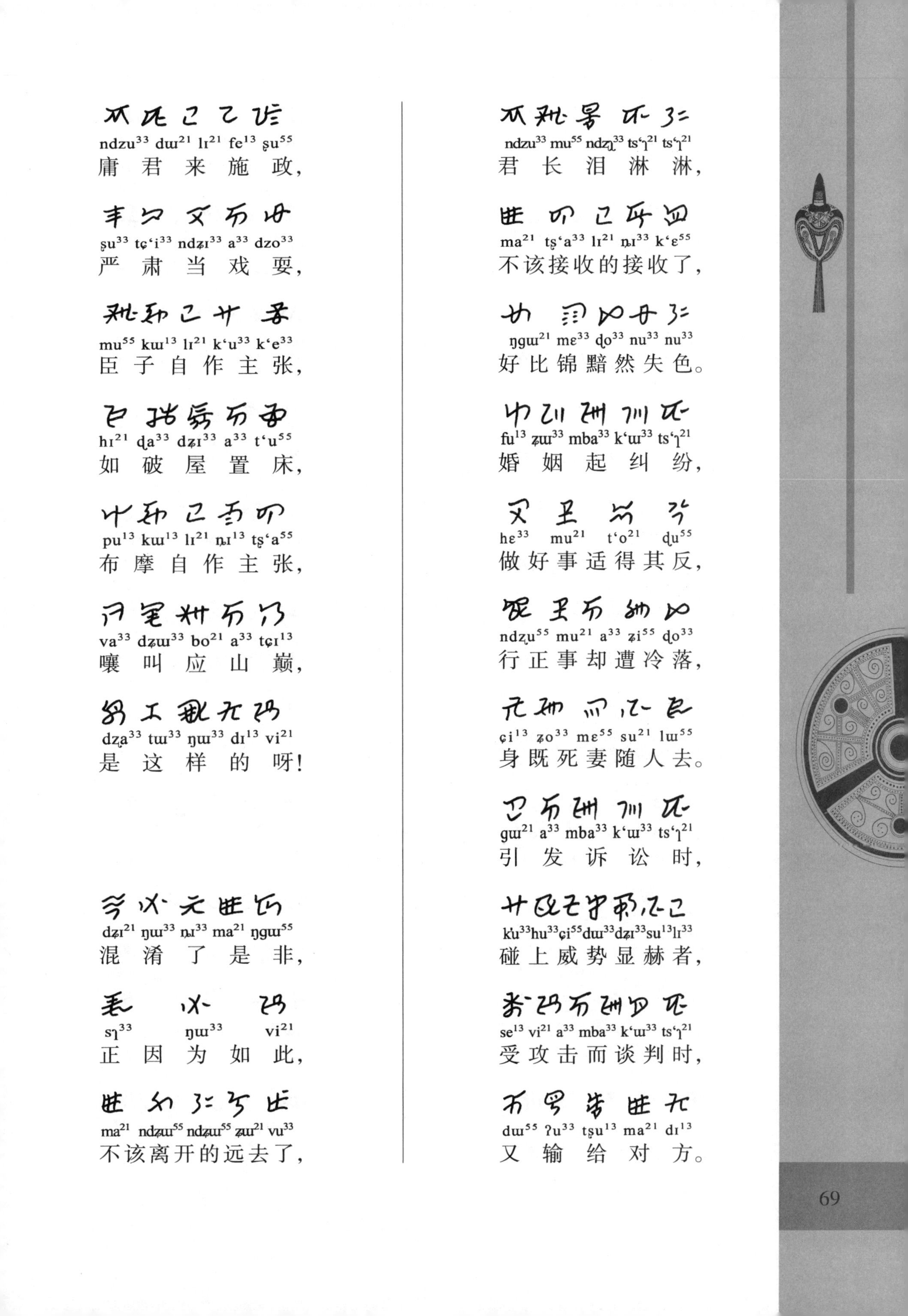

ndzu^{33} dɯ^{21} lɪ^{21} fe^{13} ʂu^{55}
庸君来施政，

ʂu^{33} tɕʻi^{33} ndʑɪ^{33} a^{33} dzo^{33}
严肃当戏耍，

mu^{55} kɯ^{13} lɪ^{21} kʻu^{33} kʻe^{33}
臣子自作主张，

hɪ^{21} ɖa^{33} dʑɪ^{33} a^{33} tʻu^{55}
如破屋置床，

pu^{13} kɯ^{13} lɪ^{21} ɳɪ^{13} tʂʻa^{55}
布摩自作主张，

va^{33} dʑɯ^{33} bo^{21} a^{33} tɕɪ^{13}
嚷叫应山巅，

dʐa^{33} tɯ^{33} ŋɯ^{33} dɪ^{13} vi^{21}
是这样的呀！

dʑɪ^{21} ŋɯ^{33} ɳɪ^{33} ma^{21} ŋgɯ^{55}
混淆了是非，

sɿ^{33} ŋɯ^{33} vi^{21}
正因为如此，

ma^{21} ndʑɯ^{55} ndʑɯ^{55} ʑɯ^{21} vu^{33}
不该离开的远去了，

ndzu^{33} mu^{55} ndʐɿ^{33} tsʻɿ^{21} tsʻɿ^{21}
君长泪淋淋，

ma^{21} tʂʻa^{33} lɪ^{21} ɳɪ^{33} kʻɛ^{55}
不该接收的接收了，

ŋgɯ^{21} mɛ^{33} ɖo^{33} nu^{33} nu^{33}
好比锦黯然失色。

fu^{13} ʐɯ^{33} mba^{33} kʻɯ^{33} tsʻɿ^{21}
婚姻起纠纷，

hɛ^{33} mu^{21} tʻo^{21} ɖu^{55}
做好事适得其反，

ndʐu^{55} mu^{21} a^{33} ʑi^{55} ɖo^{33}
行正事却遭冷落，

ɕi^{13} ʑo^{33} mɛ^{55} su^{21} lɯ^{55}
身既死妻随人去。

gɯ^{21} a^{33} mba^{33} kʻɯ^{33} tsʻɿ^{21}
引发诉讼时，

kʻu^{33}hu^{33}ɕi^{55}dɯ^{33}dʑɪ^{33}su^{13}lɪ^{33}
碰上威势显赫者，

se^{13} vi^{21} a^{33} mba^{33} kʻɯ^{33} tsʻɿ^{21}
受攻击而谈判时，

dɯ^{55} ʔu^{33} tʂu^{13} ma^{21} dɪ^{13}
又输给对方。

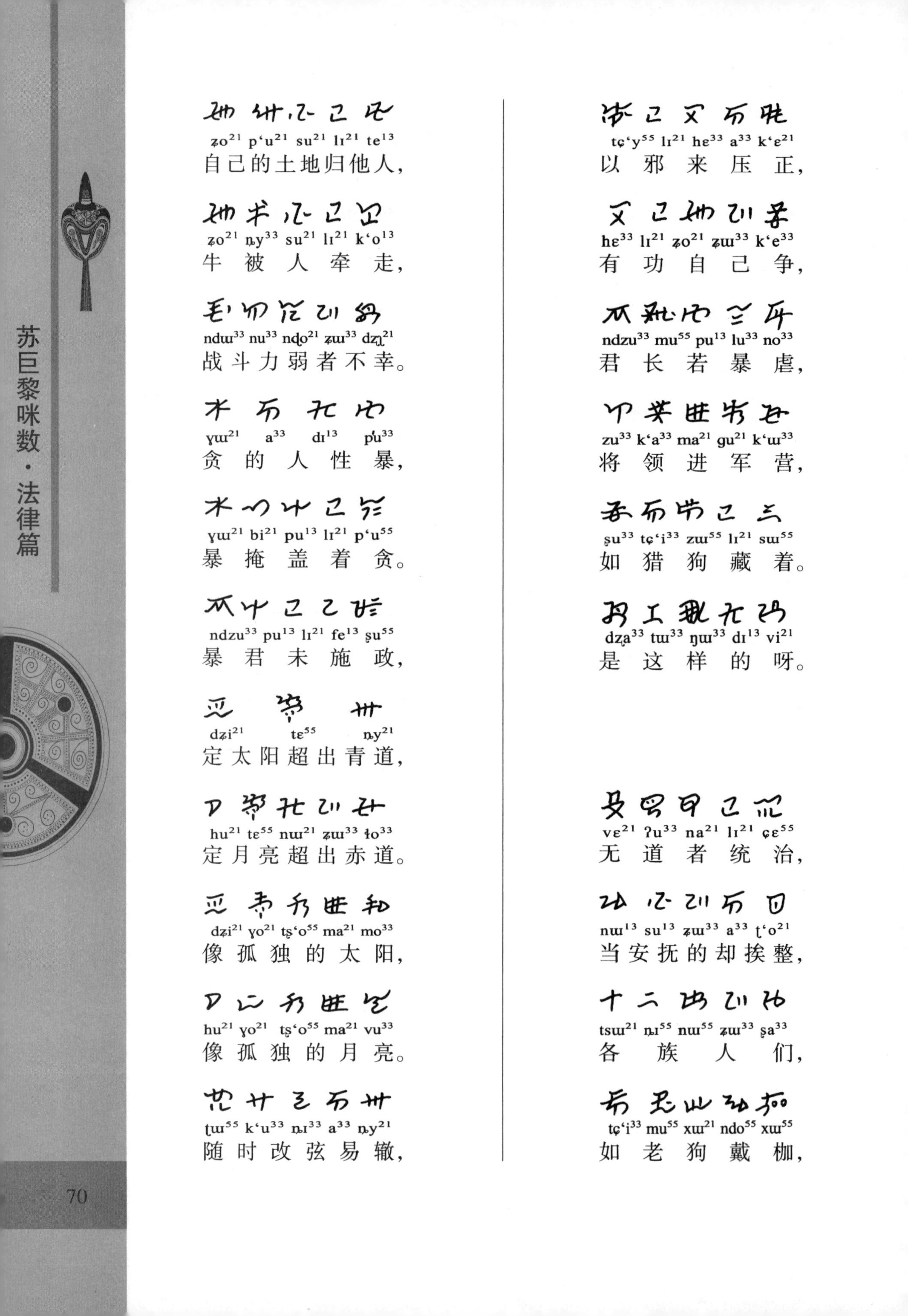

ʐo^{21} pʻu^{21} su^{21} lɪ^{21} te^{13}
自己的土地归他人，

ʐo^{21} ȵy^{33} su^{21} lɪ^{21} kʻo^{13}
牛被人牵走，

ndɯ^{33} nu^{33} nɖo^{21} ʐɯ^{33} dʐʅ^{21}
战斗力弱者不幸。

ɣɯ^{21} a^{33} dɪ^{13} pʻu^{33}
贪的人性暴，

ɣɯ^{21} bi^{21} pu^{13} lɪ^{21} pʻu^{55}
暴掩盖着贪。

ndzu^{33} pu^{13} lɪ^{21} fe^{13} ʂu^{55}
暴君未施政，

dʑi^{21} tɛ^{55} ȵy^{21}
定太阳超出青道，

hu^{21} tɛ^{55} nɯ^{21} ʐɯ^{33} ɬo^{33}
定月亮超出赤道。

dʑi^{21} ɣo^{21} tʂʻo^{55} ma^{21} mo^{33}
像孤独的太阳，

hu^{21} ɣo^{21} tʂʻo^{55} ma^{21} vu^{33}
像孤独的月亮。

ʈɯ^{55} kʻu^{33} ȵɪ^{33} a^{33} ȵy^{21}
随时改弦易辙，

tɕʻy^{55} lɪ^{21} hɛ^{33} a^{33} kʻɛ^{21}
以邪来压正，

hɛ^{33} lɪ^{21} ʐo^{21} ʐɯ^{33} kʻe^{33}
有功自己争，

ndzu^{33} mu^{55} pu^{13} lu^{33} no^{33}
君长若暴虐，

zu^{33} kʻa^{33} ma^{21} gu^{21} kʻɯ^{33}
将领进军营，

ʂu^{33} tɕʻi^{33} zɯ^{55} lɪ^{21} sɯ^{55}
如猎狗藏着。

dʐa^{33} tɯ^{33} ŋɯ^{33} dɪ^{13} vi^{21}
是这样的呀。

vɛ^{21} ʔu^{33} na^{21} lɪ^{21} ɕɛ^{55}
无道者统治，

nɯ^{13} su^{13} ʐɯ^{33} a^{33} ʈʻo^{21}
当安抚的却挨整，

tsɯ^{21} ȵɪ^{55} nɯ^{55} ʐɯ^{33} ʂa^{33}
各族人们，

tɕʻi^{33} mu^{55} xɯ^{21} ndo^{55} xɯ^{55}
如老狗戴枷，

mu^{33} mu^{55} tʂa^{33} vu^{33} dɪ^{13}
老马上缰绳，

ts'o^{21}mu^{55}t'o^{21}ndʐu^{21}xɯ^{21}
老年人拄拐杖，

fe^{13} ʂu^{55} lɪ^{33} tɕy^{33} ŋɯ^{21}
政令不一致，

k'u^{33} ʂu^{21} lɪ^{33} me^{13} ʈ'o^{21}
良策不采纳，

mi^{33} dʐɯ^{33} hɪ^{21} ma^{21} k'ɯ^{21}
好比雷响天不动，

va^{13} ʑi^{21} ʈu^{33} ma^{21} xo^{21}
就像水浑浊不清，

tɛ^{13} tʂ'ɯ^{21} k'ɯ^{33}
犹如云层厚，

hɪ^{21} ma^{21} vu^{33}
不透风一般，

ɣo^{21} lu^{33} dʐɛ^{21}
像出现鸟王，

ʈa^{13} ma^{21} ʑɪ^{33} lɯ^{33} sɯ^{55}
雄鹰不现身，

dʐa^{33} tɯ^{33} ŋɯ^{33} dɪ^{13} vi^{21}
就是这样的。

ɬu^{13}ʑɯ^{33}ɣɯ^{21}dzo^{33}mu^{21}lɪ^{33}
高谈阔论，

ma^{21} ŋgɯ^{55} sɿ^{33} ŋɯ^{33} vi^{21}
是不好的呀。

ma^{21} ts'ɿ^{33} a^{33} nɛ^{13} sɯ^{33}
好比锅烟不常洗，

p'u^{55} lɪ^{33} mɛ^{33} dʐɛ^{55} ŋu^{21}
盛名之下，

ma^{21} ɣɯ^{21} lo^{13} gɯ^{21} a^{33} dɪ^{13}
其实难副。

lu^{33} ʑy^{21} tʂ'u^{33} ȵɪ^{33} ȵɯ^{33}
令不出城，

vu^{33} ʑɯ^{33} dʑo^{33} mu^{33} dzo^{33}
大名传得远，

p'ɛ^{21} mɛ^{33} t'u^{13} ȵɪ^{33} vu^{33}
声势张得大，

ȵɪ^{13} mu^{21} mu^{55} ma^{21} ɣo^{21}
道貌岸然而已。

p'u^{55} ma^{21} bo^{21} ʑɯ^{33} zu^{33}
无教养的人，

mu^{33} dzɛ^{33} hɪ^{21} vu^{33} lɪ^{33}
骑马进家门，

mo^{13} tʂʻu^{33} zɛ^{55} ʑɯ^{33} dʑi^{33}
如山间野竹，

a^{21} dɛ^{21} a^{21} ly^{21} ȵɪ^{33}
愚昧无知，

ʑɛ^{33} kʻo^{13} du^{55} ma^{21} mu^{33}
不接受长者的教育，

sɛ^{21} kʻo^{13} ʂu^{55} ma^{21} tʂʻo^{21}
不服从主人的分工。

nu^{33} no^{33} dzɛ^{21} a^{33} dzu^{33}
如同听不见鼓声，

ɣo^{21} ʑɯ^{33} kʻo^{21} ʑo^{33} su^{13}
后来的人们，

tʻy^{21} lo^{33} ȵɪ^{33} tʻa^{21} ʑo^{21}
切不可效法。

ʂʅ^{33} ʑɯ^{33} hɛ^{33} du^{55} kʻo^{13}
原本受到好的教育，

nu^{33} ʑɯ^{33} dɯ^{21} du^{55} tʻɯ^{13}
却做出丑事来，

lu^{33} mu^{33} ma^{21} ta^{33} bo^{21}
没有好修养，

hɪ^{21} ʑɯ^{33} ȵy^{33} dʐu^{33}
气壮如牛，

nu^{33} ʑɯ^{33} dɯ^{21} lu^{33} mu^{33}
干出了蠢事，

bɛ^{21} lɯ^{33} ʔu^{33} ȵo^{33} ŋgɯ^{21}
把利弊颠倒。

ɣo^{21} ʑɯ^{33} tɕʻi^{55} kʻo^{21} ʑo^{21}
凡是娶妻子，

ȵy^{33} dʐu^{33} lo^{33} tʻa^{21} ʑo^{21}
不要娶犟如牛的女子。

ȵɪ^{13} ʑo^{33} vɪ^{13} tʂʻɯ^{55} mbo^{55}
弟弟压倒兄长，

xɯ^{21} ʑɯ^{33} ʈa^{13} du^{21} ʂɛ^{13}
就像鹰在海上飞，

ɣo^{21} ʑɯ^{33} ȵɪ^{13} kʻo^{21} ʑo^{33}
当弟弟的人，

tʻy^{21} lo^{33} ȵɪ^{33} tʻa^{21} ʑo^{21}
都不可这样。

dʐɯ^{33} ʑo^{33} sɛ^{21} ndʑɪ^{33} mu^{33}
奴仆做出主人架势，

dɯ^{21} ʑɯ^{33} dʐɯ^{21} ndʑo^{21} dʐo^{21}
奴仆自作主张，

ɣo^{21} ʑɯ^{33} dʐɯ^{21} kʻo^{21} ʑo^{33}
所有的奴仆，

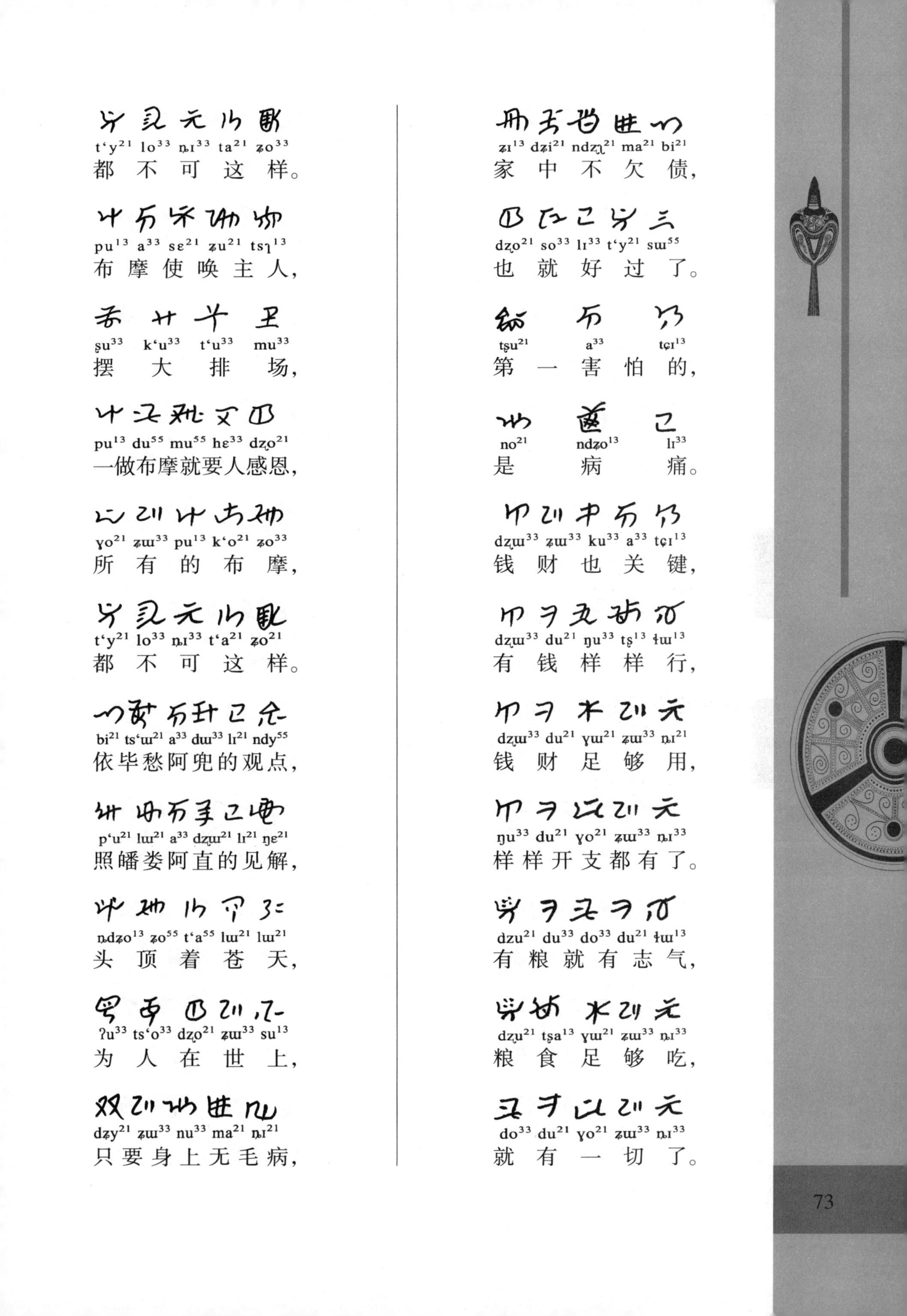

t‘y^{21} lo^{33} ȵɪ^{33} ta^{21} ʑo^{33}
都 不 可 这 样。

pu^{13} a^{33} sɛ^{21} ʑu^{21} tsɿ^{13}
布 摩 使 唤 主 人，

ʂu^{33} k‘u^{33} t‘u^{33} mu^{33}
摆 大 排 场，

pu^{13} du^{55} mu^{55} hɛ^{33} dʐo^{21}
一做布摩就要人感恩，

ɣo^{21} ʑɯ^{33} pu^{13} k‘o^{21} ʑo^{33}
所 有 的 布 摩，

t‘y^{21} lo^{33} ȵɪ^{33} t‘a^{21} ʑo^{21}
都 不 可 这 样。

bi^{21} ts‘ɯ^{21} a^{33} dɯ^{33} lɪ^{21} ndy^{55}
依毕愁阿兜的观点，

p‘u^{21} lɯ^{21} a^{33} dʐɯ^{21} lɪ^{21} ŋɛ^{21}
照皤娄阿直的见解，

ȵdʑo^{13} ʑo^{55} t‘a^{55} lɯ^{21} lɯ^{21}
头 顶 着 苍 天，

ʔu^{33} ts‘o^{33} dʐo^{21} ʑɯ^{33} su^{13}
为 人 在 世 上，

dʑy^{21} ʑɯ^{33} nu^{33} ma^{21} ȵɪ^{21}
只要身上无毛病，

ʑɪ^{13} dʑi^{21} ndʐʅ^{21} ma^{21} bi^{21}
家 中 不 欠 债，

dʐo^{21} so^{33} lɪ^{33} t‘y^{21} sɯ^{55}
也 就 好 过 了。

tʂu^{21} a^{33} tɕɪ^{13}
第 一 害 怕 的，

no^{21} ndʑo^{13} lɪ^{33}
是 病 痛。

dʐɯ^{33} ʑɯ^{33} ku^{33} a^{33} tɕɪ^{13}
钱 财 也 关 键，

dʐɯ^{33} du^{21} ŋu^{33} tʂ^{13} ɬɯ^{13}
有 钱 样 样 行，

dʐɯ^{33} du^{21} ɣɯ^{21} ʑɯ^{33} ȵɪ^{21}
钱 财 足 够 用，

ŋu^{33} du^{21} ɣo^{21} ʑɯ^{33} ȵɪ^{33}
样样开支都有了。

dzu^{21} du^{33} do^{33} du^{21} ɬɯ^{13}
有 粮 就 有 志 气，

dʐu^{21} tʂa^{13} ɣɯ^{21} ʑɯ^{33} ȵɪ^{33}
粮 食 足 够 吃，

do^{33} du^{21} ɣo^{21} ʑɯ^{33} ȵɪ^{33}
就 有 一 切 了。

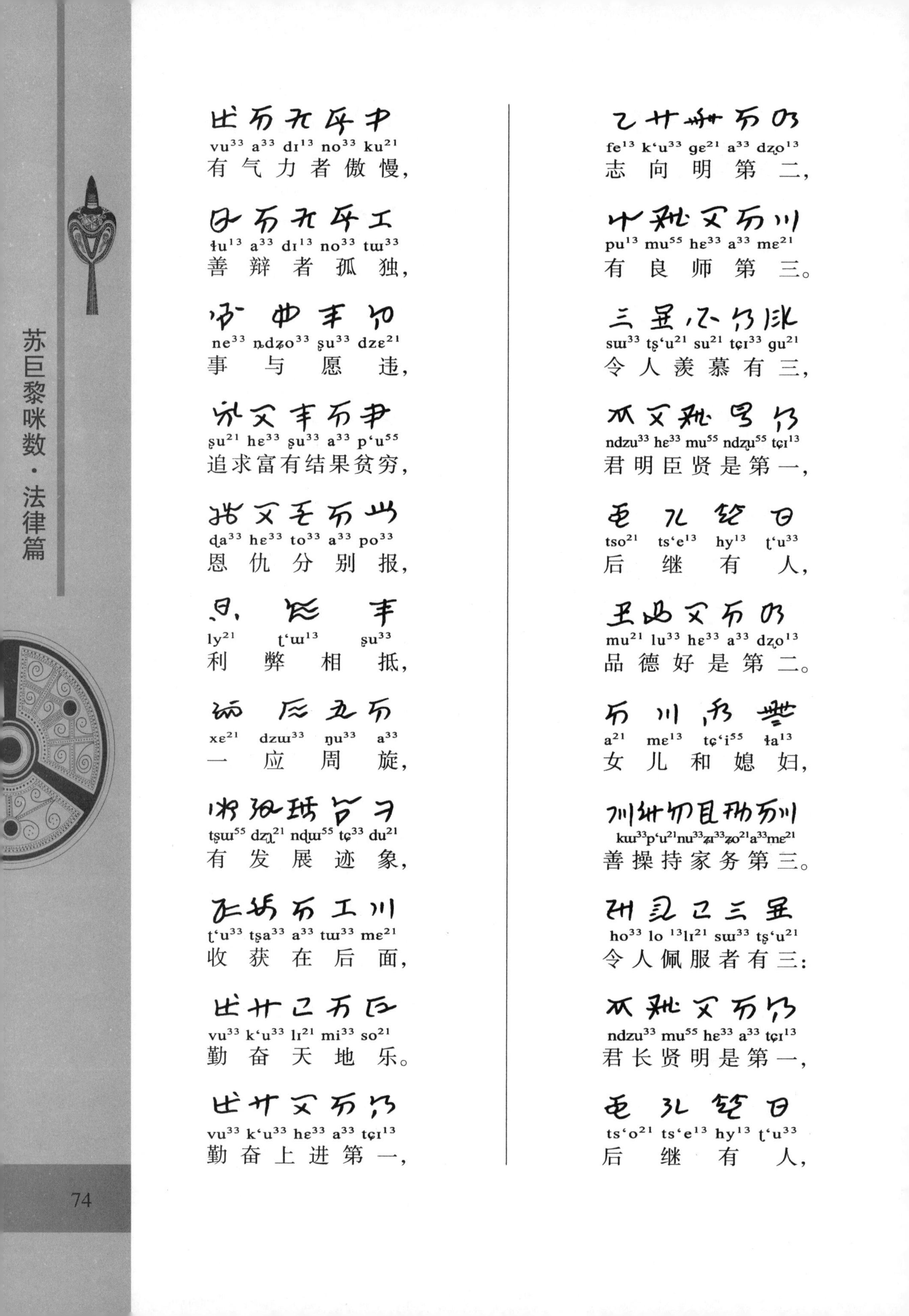

vu^{33} a^{33} dɪ^{13} no^{33} ku^{21}
有气力者傲慢，

ɬu^{13} a^{33} dɪ^{13} no^{33} tɯ^{33}
善辩者孤独，

ne^{33} ȵdʑo^{33} ʂu^{33} dzɛ^{21}
事与愿违，

ʂu^{21} hɛ^{33} ʂu^{33} a^{33} pʻu^{55}
追求富有结果贫穷，

ɖa^{33} hɛ^{33} to^{33} a^{33} po^{33}
恩仇分别报，

ly^{21} ʈʻɯ^{13} ʂu^{33}
利弊相抵，

xɛ^{21} dzɯ^{33} ŋu^{33} a^{33}
一应周旋，

tʂɯ^{55} dʐʅ^{21} nɖɯ^{55} tɕ^{33} du^{21}
有发展迹象，

ʈʻu^{33} tʂa^{33} a^{33} tɯ^{33} mɛ^{21}
收获在后面，

vu^{33} kʻu^{33} lɪ^{21} mi^{33} so^{21}
勤奋天地乐。

vu^{33} kʻu^{33} hɛ^{33} a^{33} tɕɪ^{13}
勤奋上进第一，

fe^{13} kʻu^{33} gɛ^{21} a^{33} dʐo^{13}
志向明第二，

pu^{13} mu^{55} hɛ^{33} a^{33} mɛ^{21}
有良师第三。

sɯ^{33} tʂʻu^{21} su^{21} tɕɪ^{33} gu^{21}
令人羡慕有三，

ndzu^{33} hɛ^{33} mu^{55} ndʐu^{55} tɕɪ^{13}
君明臣贤是第一，

tso^{21} tsʻe^{13} hy^{13} ʈʻu^{33}
后继有人，

mu^{21} lu^{33} hɛ^{33} a^{33} dʐo^{13}
品德好是第二。

a^{21} mɛ^{13} tɕʻi^{55} ɬa^{13}
女儿和媳妇，

kɯ^{33}pʻu^{21}nu^{33}ʐɪ^{33}ʑo^{21}a^{33}mɛ^{21}
善操持家务第三。

ho^{33} lo ^{13}lɪ^{21} sɯ^{33} tʂʻu^{21}
令人佩服者有三：

ndzu^{33} mu^{55} hɛ^{33} a^{33} tɕɪ^{13}
君长贤明是第一，

tsʻo^{21} tsʻe^{13} hy^{13} ʈʻu^{33}
后继有人，

hɛ^{33} ʑɯ^{33} dʐo^{55}
发扬传统是第二，

p'u^{21} no^{13} hɛ^{33} ʑɯ^{33} mɛ^{21}
得好田地是第三。

ʔu^{33}tso^{33}dʐo^{13}su^{21}ŋge^{33}a^{33}tɯ^{33}mɛ^{21}
人生在世诈骗最贱，

ndzu^{33} ŋge^{33} lɪ^{21} fe^{13} ʂu^{55}
君长发假令，

ɬo^{13} lɪ^{21} no^{13} ma^{21} dze^{13}
薨后亡灵不得祭。

ndzu^{33} ʑɯ^{33} ma^{21} ko^{55} bu^{33}
有君长名叫麻戈帛，

fe^{13} a^{33} k'u^{33} lo^{33} ŋge^{33}
为发假令付出代价，

vu^{55}pi^{13}da^{13}lɪ^{21}t'u^{55}lɯ^{33}ɕi^{13}
死于雄鸡之距。

mu^{55} lɪ^{21} p'u^{21} a^{33} lɯ^{55}
叫朴阿娄的臣子，

fe^{13} a^{33} k'u^{33} lo^{33} ŋge^{33}
为发假令付出代价，

mu^{33}ʈ'u^{13}nu^{33}nɯ^{21}lɪ^{21}xɯ^{55}
让红鼻白马拖着，

lu^{21} po^{21} fa^{13} ʈ'u^{13} fa^{13}
在洛波大岩上，

mi^{33} hɪ^{33} a^{33} ts'ɿ^{33} lɯ^{55} ɕi^{13}
让风给吹死。

pu^{13} ʑɯ^{33} du^{33} ɣɯ^{21} bi^{21}
布摩杜额壁，

ɳɪ^{13} a^{33} vɛ^{21} lo^{33} ŋge^{33} ʂɿ^{33}
叙谱祭祖好作假，

ga^{13}lɯ^{21}mi^{13}mɛ^{13}dɪ^{13}bu^{33}lɯ^{55}ɕi^{21}
被山上的野火烧死。

sɯ^{33} a^{33} ŋge^{33} tʂ'a^{33} ʂu^{21}
三位都怪作假，

ma^{21} dzu^{21} ŋge^{33} ɣo^{21} ʂu^{21}
就因为作假，

sɿ^{33} so^{21} ga^{13} ʑɯ^{33} nɛ^{55}
没有留下声息。

dʐɿ^{21} ts'a^{33} ʂu^{21}
应当诚实，

ndzu^{33} dʐɿ^{21} lɪ^{21} fe^{13} ʂu^{55}
诚实的君长发号令，

t'a^{21} ʑo^{21} mba^{33}
一人讲话，

tu^{13} p‘u^{33} ta^{33} mu^{33}
调 动 千 人。

mu^{55} dʐʅ^{21} lɪ^{33} k‘u^{33} k‘e^{33}
诚实的臣子做决断,

bu^{33} nu^{33} ʂu^{21} sɿ^{55} gu^{33}
能 拨 乱 反 正。

pu^{13} dʐʅ^{13} lɪ^{33} n̥ɪ^{13} tʂ‘a^{55}
诚实的布摩祭祖,

mo^{13} dʑi^{2} ^{1}tɯ^{13} dʐo^{33} p‘u^{21}
细 竹 可 做 钥 匙,

ʂu^{55} a^{33} mɛ^{33} ʑi^{55} dzɛ^{21}
就 如 锦 生 辉,

kɯ^{21} a^{33} ʈɯ^{55} bu^{21} lɯ^{33}
绸 缎 有 光 彩,

t‘u^{13} a^{33} ʂɛ^{13} ʈo^{21} zɯ^{33}
金 银 亮 闪 闪,

tɯ^{13} dʑy^{33} dʐo^{33} a^{33} to^{33}
如 箱 锁 打 开,

dʐʅ^{21} ʑɯ^{33} ma^{21} gɯ^{33} dzu^{21}
诚 实 者 永 存,

k‘ɯ^{21} ʑɯ^{33} ma^{21} ɖa^{33} fa^{13}
如坚固的大岩不垮,

dʐa^{33} tɯ^{33} ŋɯ^{33} dɪ^{13} vi^{21}
就 是 这 样 的。

xɯ^{21} a^{33} dʐu^{55} lu^{33} po^{33}
侯 家 仲 鲁 保,

fi^{55}ʑɯ^{33}vu^{33}ʈo^{21}n̥y^{21}lo^{33}ŋge^{33}
骗东边的武陀尼,

ɬo^{13} ʑɯ^{33} ndʐo^{21} lu^{21} dʑi^{33}
说西部卓罗纪(皮罗阁)家,

dʑi^{33} lo^{33} bu^{21} a^{33} dɪ^{13}
出现铜牛怪叫现象,

ʑo^{21} lɪ^{21} k‘u^{33} to^{33} dʐa^{33}
全靠他设法镇住,

ŋɛ^{21} nɯ^{21} tɕu^{33} hu^{33} tʂ‘ɯ^{13}
为此用九百驮红绸,

ŋge^{33} dʐɯ^{33} mu^{33} lɯ^{33} ta^{33}
赔偿说谎的损失。

ɬo^{13}ʑɯ^{33}ndʐo^{21}lu^{21}dʑi^{33}lo^{33}ŋge^{33}
又骗西部卓罗纪,

fi^{55} ʑɯ^{33} vu^{33} ʈo^{21} n̥y^{21}
说东部武陀尼地方,

ŋε^{21} tʂa^{13} ha^{33} a^{33} dɪ^{13}
爆 发 了 火 山，

ʑo^{21} lɪ^{21} t'u^{55} tu^{33} dʐa^{33}
说 被 他 堵 住 了。

mε^{33} na^{33} tɕy^{33} hu^{33} p'e^{33}
为此用九百匹青绸，

ŋge^{33} dʐɯ^{33} mu^{33} lɯ^{33} ta^{33}
赔 偿 说 谎 的 损 失。

ʔu^{33}ʑɯ^{33}a^{21}dε^{21}bi^{33}ʑɯ^{33}lo^{13}
骗 上 方 阿 德 毕，

vε^{21} nε^{13} mε^{13} ma^{13} gu^{21}
说左面邻部默氏兴兵，

ts'u^{33} ʈ'u^{13} ʈ'ɯ^{55} ɣa^{33} di^{13}
神 速 开 来 进 攻 了，

ʑo^{21} lɪ^{33} k'u^{33} tu^{33} dʐa^{33}
全 靠 他 设 法 稳 住。

bi^{21} ɣo^{21} mu^{33} tɕy^{33} hu^{33}
为 此 用 九 百 匹 马，

ŋge^{33} dʐɯ^{33} mu^{33} lɯ^{33} ta^{33}
赔 偿 说 谎 的 损 失。

ʑo^{21}ʑɯ^{33}mε^{21}dɯ^{33} ʂʅ^{33} a^{33} ŋge^{33}
又 骗 右 面 德 施 家，

vε^{21} da^{33} bi^{21} ma^{13} gu^{21}
说左面的德毕兴兵，

be^{13} mε^{33} tse^{13} a^{33} dɪ^{13}
大 兵 压 境 时，

ʑo^{21} lɪ^{21} se^{13} tu^{33} dʐa^{33}
被 他 说 退 了。

dɯ^{21} ʂʅ^{21} ȵy^{21} hɪ^{13} hu^{21}
德施索取了八百头牛，

ŋge^{33} dʐɯ^{33} mu^{33} lɯ^{55} ta^{33}
赔 偿 说 谎 的 损 失。

t'y^{21} ȵɪ^{33} ɣo^{21} ʑɯ^{33}
从 此 以 后，

pi^{13} ɬi^{13} hɪ^{33} a^{33} ts'ʅ^{21}
好 比 大 船 被 风 刮，

na^{33} ʑi^{33} gu^{21} a^{33} nε^{55}
沉 没 大 江 中，

xɯ^{21} mi^{55} k'ɯ^{33} ly^{21}
侯 家 制 造 谎 言 者，

xɯ^{21} ŋge^{33} ge^{13} tɯ^{33} ŋɯ^{33}
因 欺 骗 而 灭 绝。

ku^{33} ku^{33} a^{33} dzɯ^{21} gɯ^{55}
古 古 阿 则 渡 口，

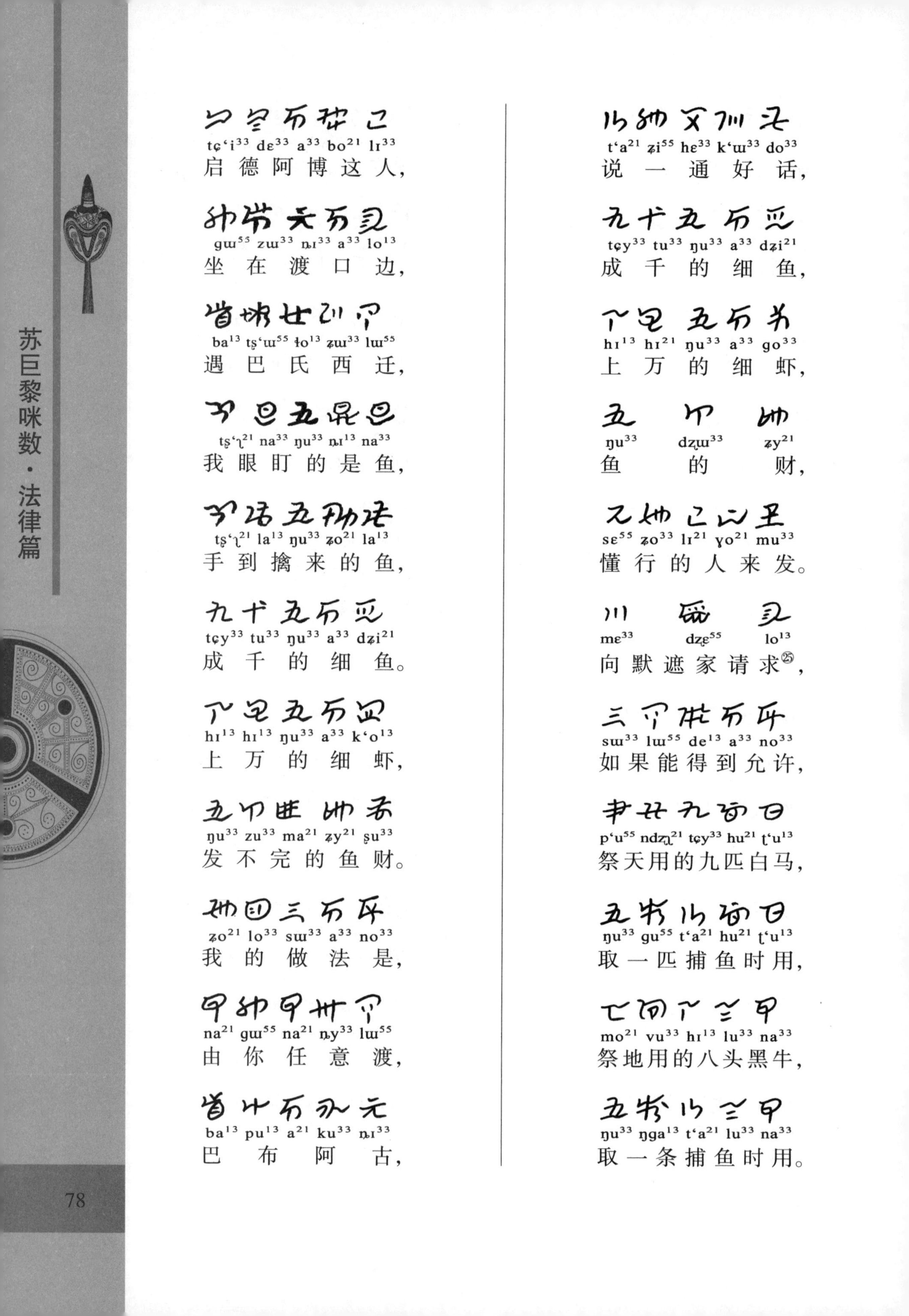

tɕʻi^{33} dɛ^{33} a^{33} bo^{21} lɪ^{33}
启德阿博这人，

gɯ^{55} zɯ^{33} ȵɪ^{33} a^{33} lo^{13}
坐在渡口边，

ba^{13} tʂʻɯ^{55} ɬo^{13} ʐɯ^{33} lɯ^{55}
遇巴氏西迁，

tʂʻʅ^{21} na^{33} ŋu^{33} ȵɪ^{13} na^{33}
我眼盯的是鱼，

tʂʻʅ^{21} la^{13} ŋu^{33} ʑo^{21} la^{13}
手到擒来的鱼，

tɕy^{33} tu^{33} ŋu^{33} a^{33} dʑi^{21}
成千的细鱼。

hɪ^{13} hɪ^{13} ŋu^{33} a^{33} kʻo^{13}
上万的细虾，

ŋu^{33} zu^{33} ma^{21} ʑy^{21} ʂu^{33}
发不完的鱼财。

ʑo^{21} lo^{33} sɯ^{33} a^{33} no^{33}
我的做法是，

na^{21} gɯ^{55} na^{21} ȵy^{33} lɯ^{55}
由你任意渡，

ba^{13} pu^{13} a^{21} ku^{33} ȵɪ^{33}
巴布阿古，

tʻa^{21} ʑi^{55} hɛ^{33} kʻɯ^{33} do^{33}
说一通好话，

tɕy^{33} tu^{33} ŋu^{33} a^{33} dʑi^{21}
成千的细鱼，

hɪ^{13} hɪ^{21} ŋu^{33} a^{33} go^{33}
上万的细虾，

ŋu^{33} dʐɯ^{33} ʑy^{21}
鱼的财，

sɛ^{55} ʑo^{33} lɪ^{21} ɣo^{21} mu^{33}
懂行的人来发。

mɛ^{33} dʐɛ^{55} lo^{13}
向默遮家请求[25]，

sɯ^{33} lɯ^{55} de^{13} a^{33} no^{33}
如果能得到允许，

pʻu^{55} ndʐʅ^{21} tɕy^{33} hu^{21} ʈʻu^{13}
祭天用的九匹白马，

ŋu^{33} gu^{55} tʻa^{21} hu^{21} ʈʻu^{13}
取一匹捕鱼时用，

mo^{21} vu^{33} hɪ^{13} lu^{33} na^{33}
祭地用的八头黑牛，

ŋu^{33} ŋga^{13} tʻa^{21} lu^{33} na^{33}
取一条捕鱼时用。

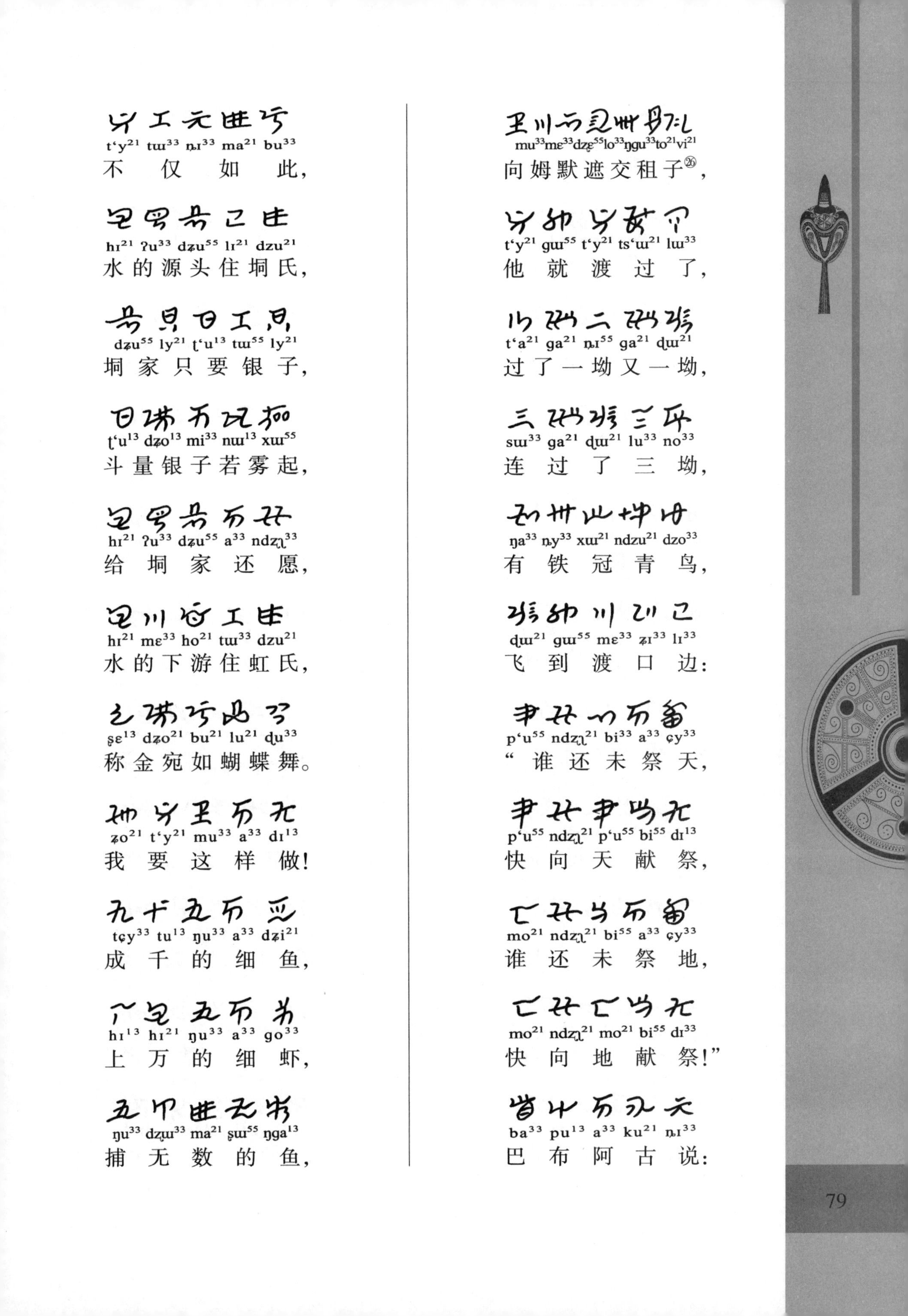

t‘y21 tɯ33 n̥ɪ33 ma21 bu33
不仅如此，

hɪ21 ʔu33 dʑu55 lɪ21 dzu21
水的源头住垌氏，

dʑu55 ly21 ʈ‘u13 tɯ55 ly21
垌家只要银子，

ʈ‘u13 dʑo13 mi33 nɯ13 xɯ55
斗量银子若雾起，

hɪ21 ʔu33 dʑu55 a33 ndʐʅ33
给垌家还愿，

hɪ21 mɛ33 ho21 tɯ33 dzu21
水的下游住虹氏，

ʂɛ13 dʑo21 bu21 lu21 ɖu33
称金宛如蝴蝶舞。

ʑo21 t‘y21 mu33 a33 dɪ13
我要这样做!

tɕy33 tu13 ŋu33 a33 dʑi21
成千的细鱼，

hɪ13 hɪ21 ŋu33 a33 go33
上万的细虾，

ŋu33 dʐɯ33 ma21 ʂɯ55 ŋga13
捕无数的鱼，

mu33mɛ33dʑɛ55lo33ŋgu33to21vi21
向姆默遮交租子[26]，

t‘y21 gɯ55 t‘y21 ts‘ɯ21 lɯ33
他就渡过了，

t‘a21 ga21 n̥ɪ55 ga21 ɖɯ21
过了一坳又一坳，

sɯ33 ga21 ɖɯ21 lu33 no33
连过了三坳，

ŋa33 n̥y33 xɯ21 ndzu21 dzo33
有铁冠青鸟，

ɖɯ21 gɯ55 mɛ33 ʑɪ33 lɪ33
飞到渡口边：

p‘u55 ndʐʅ21 bi33 a33 ɕy33
“谁还未祭天，

p‘u55 ndʐʅ21 p‘u55 bi55 dɪ13
快向天献祭，

mo21 ndʐʅ21 bi55 a33 ɕy33
谁还未祭地，

mo21 ndʐʅ21 mo21 bi55 dɪ33
快向地献祭!”

ba33 pu13 a33 ku21 n̥ɪ33
巴布阿古说：

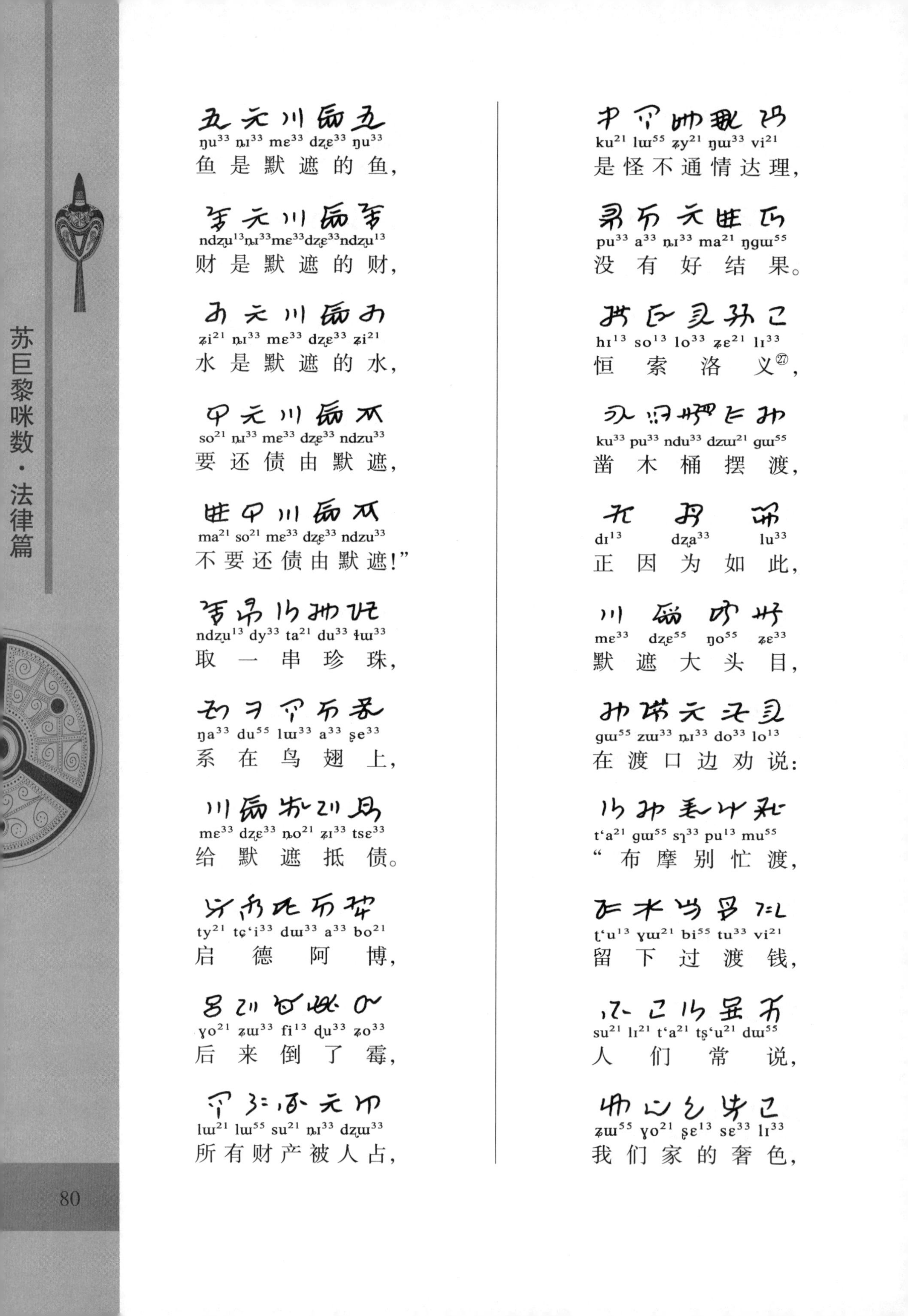

ŋu^{33} ȵɪ^{33} mɛ^{33} dʑɛ^{33} ŋu^{33}
鱼 是 默 遮 的 鱼，

ndzu^{13} ȵɪ^{33} mɛ^{33} dʑɛ^{33} ndzu^{13}
财 是 默 遮 的 财，

ʑi^{21} ȵɪ^{33} mɛ^{33} dʑɛ^{33} ʑi^{21}
水 是 默 遮 的 水，

so^{21} ȵɪ^{33} mɛ^{33} dʑɛ^{33} ndzu^{33}
要 还 债 由 默 遮，

ma^{21} so^{21} mɛ^{33} dʑɛ^{33} ndzu^{33}
不 要 还 债 由 默 遮!”

ndzu^{13} dy^{33} ta^{21} du^{33} ɬɯ^{33}
取 一 串 珍 珠，

ŋa^{33} du^{55} lɯ^{33} a^{33} ʂe^{33}
系 在 鸟 翅 上，

mɛ^{33} dʑɛ^{33} ȵo^{21} ʑɪ^{33} tsɛ^{33}
给 默 遮 抵 债。

ty^{21} tɕ'i^{33} dɯ^{33} a^{33} bo^{21}
启 德 阿 博，

ɣo^{21} ʑɯ^{33} fi^{13} ɖu^{33} ʑo^{33}
后 来 倒 了 霉，

lɯ^{21} lɯ^{55} su^{21} ȵɪ^{33} dʑɯ^{33}
所 有 财 产 被 人 占，

ku^{21} lɯ^{55} ʑy^{21} ŋɯ^{33} vi^{21}
是 怪 不 通 情 达 理，

pu^{33} a^{33} ȵɪ^{33} ma^{21} ŋgɯ^{55}
没 有 好 结 果。

hɪ^{13} so^{13} lo^{33} ʑɛ^{21} lɪ^{33}
恒 索 洛 义[27]，

ku^{33} pu^{33} ndu^{33} dzɯ^{21} gɯ^{55}
凿 木 桶 摆 渡，

dɪ^{13} dʑa^{33} lu^{33}
正 因 为 如 此，

mɛ^{33} dʑɛ^{55} ŋo^{55} ʑɛ^{33}
默 遮 大 头 目，

gɯ^{55} zɯ^{33} ȵɪ^{33} do^{33} lo^{13}
在 渡 口 边 劝 说：

t'a^{21} gɯ^{55} sɿ^{33} pu^{13} mu^{55}
“ 布 摩 别 忙 渡，

t'u^{13} ɣɯ^{21} bi^{55} tu^{33} vi^{21}
留 下 过 渡 钱，

su^{21} lɪ^{21} t'a^{21} tʂ'u^{21} dɯ^{55}
人 们 常 说，

ʑɯ^{55} ɣo^{21} ʂɛ^{13} sɛ^{33} lɪ^{33}
我 们 家 的 奢 色，

k‘ε^{55} so^{21} ndo^{33}

定下好规矩，

bo^{21} so^{21} ndo^{33} tu^{33} dʐa^{33}

立下好制度，

tʂ‘ʅ^{33} lu^{33} ŋga^{21} bo^{21} bo^{33}

这里值得光顾吗?

ho^{21} so^{21} ho^{21} no^{33} nu^{33}

看得起就歇下!

fu^{33} mu^{33} ɬa^{13} dʐu^{55} dʐu^{33}

愿意吗年轻人，

k‘ε^{21} t‘u^{13} ho^{21} no^{33} dʑo^{21}

开了钱就过，

dʑo^{21} sɿ^{33} vi^{21} pu^{13} mu^{55}

请渡吧布摩!”

hɪ^{13} so^{21} lo^{33} ʑε^{33} n̥ɪ^{33}

恒索洛义，

k‘ɯ^{33} ʑɯ^{33} dʑo^{21} ma^{33} no^{13}

不肯过渡口，

t‘u^{13} mu^{33} ku^{21} a^{33} tsε^{33}

舍不得出钱，

t‘o^{21} lɯ^{55} ʑa^{13} a^{33} vi^{21}

铸成了过错。

hɪ^{13} so^{21} tɕ‘i^{13} gɯ^{55} mu^{33}

恒索赤脚过河，

mε^{33} dʐε^{55} ʂε^{13} sε^{21} n̥ɪ^{33}

默遮奢色，

tʂe^{33} na^{33} ɖu^{33} ɖu^{33}

两眼巴巴，

tʂo^{13} mo^{13} ʑɯ^{33} n̥ɪ^{33}

抬头看天上，

to^{33} mu^{33} ʑo^{21} ma^{33} zo^{21}

羞辱不了我，

to^{33} mu^{33} p‘u^{55} lɪ^{21} zo^{21}

羞辱了上苍，

ʂa^{13} mu^{33} ʑo^{21} ma^{33} zo^{21}

羞辱不了我，

ʂa^{13} mu^{33} mo^{21} lɪ^{21} zo^{21}

羞辱了大地，

p‘u^{55} tʂ‘ɯ^{21} k‘ɯ^{33}

羞辱了天君，

mo^{21} p‘i^{21} nε^{21} lɪ^{33} zo^{21}

羞辱了地王!

to^{13} ɣo^{21} lɯ^{55} la^{13} to^{33}

奢色赶紧动手，

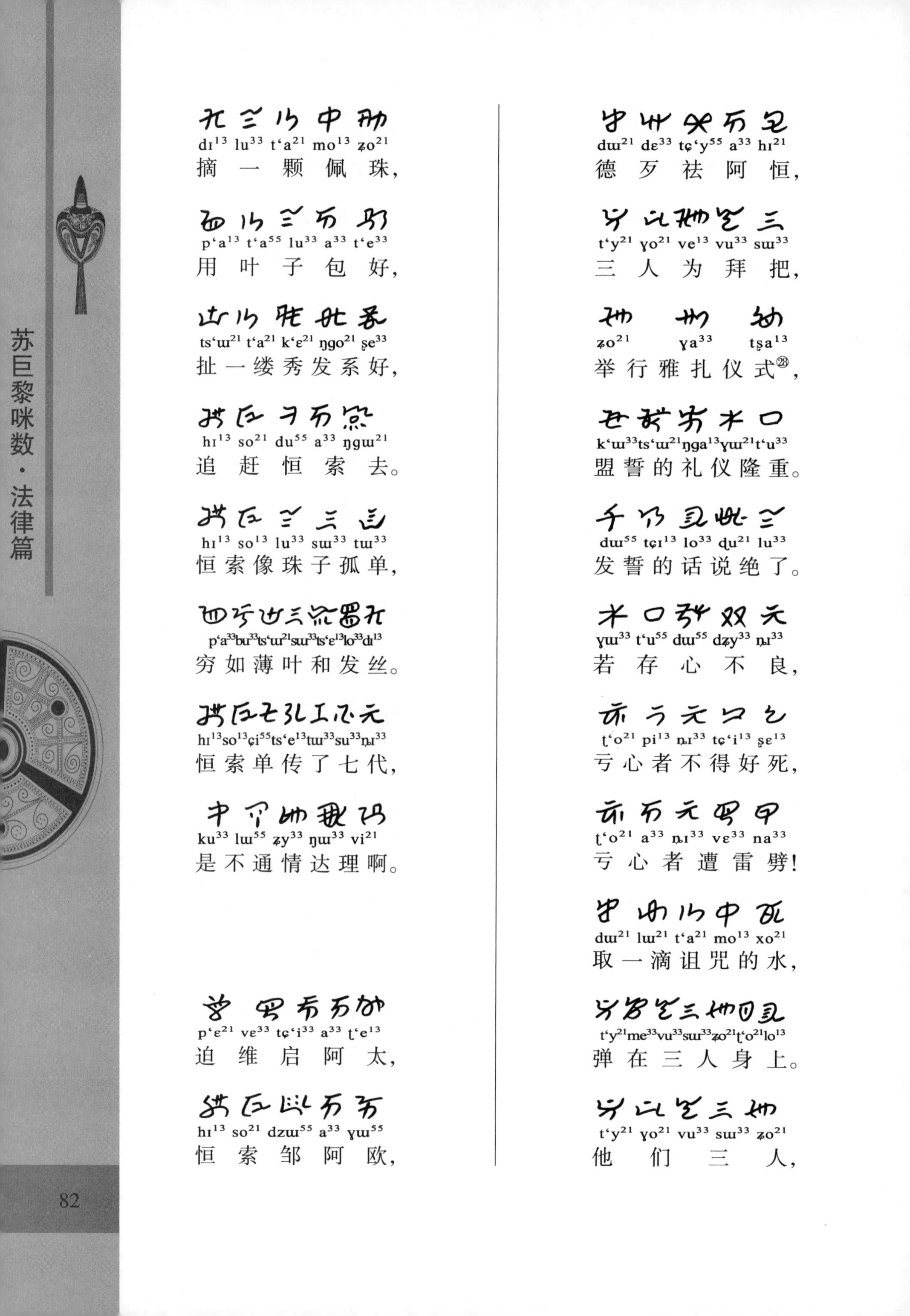

dɪ^{13} lu^{33} t‘a^{21} mo^{13} ʑo^{21}
摘 一 颗 佩 珠，

p‘a^{13} t‘a^{55} lu^{33} a^{33} t‘e^{33}
用 叶 子 包 好，

ts‘ɯ^{21} t‘a^{21} k‘ɛ^{21} ŋgo^{21} ʂe^{33}
扯一缕秀发系好，

hɪ^{13} so^{21} du^{55} a^{33} ŋgɯ^{21}
追 赶 恒 索 去。

hɪ^{13} so^{13} lu^{33} sɯ^{33} tɯ^{33}
恒索像珠子孤单，

p‘a^{33}bu^{33}ts‘ɯ^{21}sɯ^{33}ts‘ɛ^{13}lo^{33}dɪ^{13}
穷如薄叶和发丝。

hɪ^{13}so^{13}ɕi^{55}ts‘e^{13}tɯ^{33}su^{33}ȵɪ^{33}
恒索单传了七代，

ku^{33} lɯ^{55} ʑy^{33} ŋɯ^{33} vi^{21}
是不通情达理啊。

p‘ɛ^{21} vɛ^{33} tɕ‘i^{33} a^{33} ʈ‘e^{13}
迫 维 启 阿 太，

hɪ^{13} so^{21} dzɯ^{55} a^{33} ɣɯ^{55}
恒 索 邹 阿 欧，

dɯ^{21} dɛ^{33} tɕ‘y^{55} a^{33} hɪ^{21}
德 歹 祛 阿 恒，

t‘y^{21} ɣo^{21} ve^{13} vu^{33} sɯ^{33}
三 人 为 拜 把，

ʑo^{21} ɣa^{33} tʂa^{13}
举行雅扎仪式[28]，

k‘ɯ^{33}ts‘ɯ^{21}ŋga^{13}ɣɯ^{21}t‘u^{33}
盟誓的礼仪隆重。

dɯ^{55} tɕɪ^{13} lo^{33} ɖu^{21} lu^{33}
发誓的话说绝了。

ɣɯ^{33} t‘u^{55} dɯ^{55} dʑy^{33} ȵɪ^{33}
若 存 心 不 良，

ʈ‘o^{21} pi^{13} ȵɪ^{33} tɕ‘i^{13} ʂɛ^{13}
亏心者不得好死，

ʈ‘o^{21} a^{33} ȵɪ^{33} vɛ^{33} na^{33}
亏 心 者 遭 雷 劈！

dɯ^{21} lɯ^{21} t‘a^{21} mo^{13} xo^{21}
取一滴诅咒的水，

t‘y^{21}me^{33}vu^{33}sɯ^{33}ʑo^{21}ʈ‘o^{21}lo^{13}
弹 在 三 人 身 上。

t‘y^{21} ɣo^{21} vu^{33} sɯ^{33} ʑo^{21}
他 们 三 人，

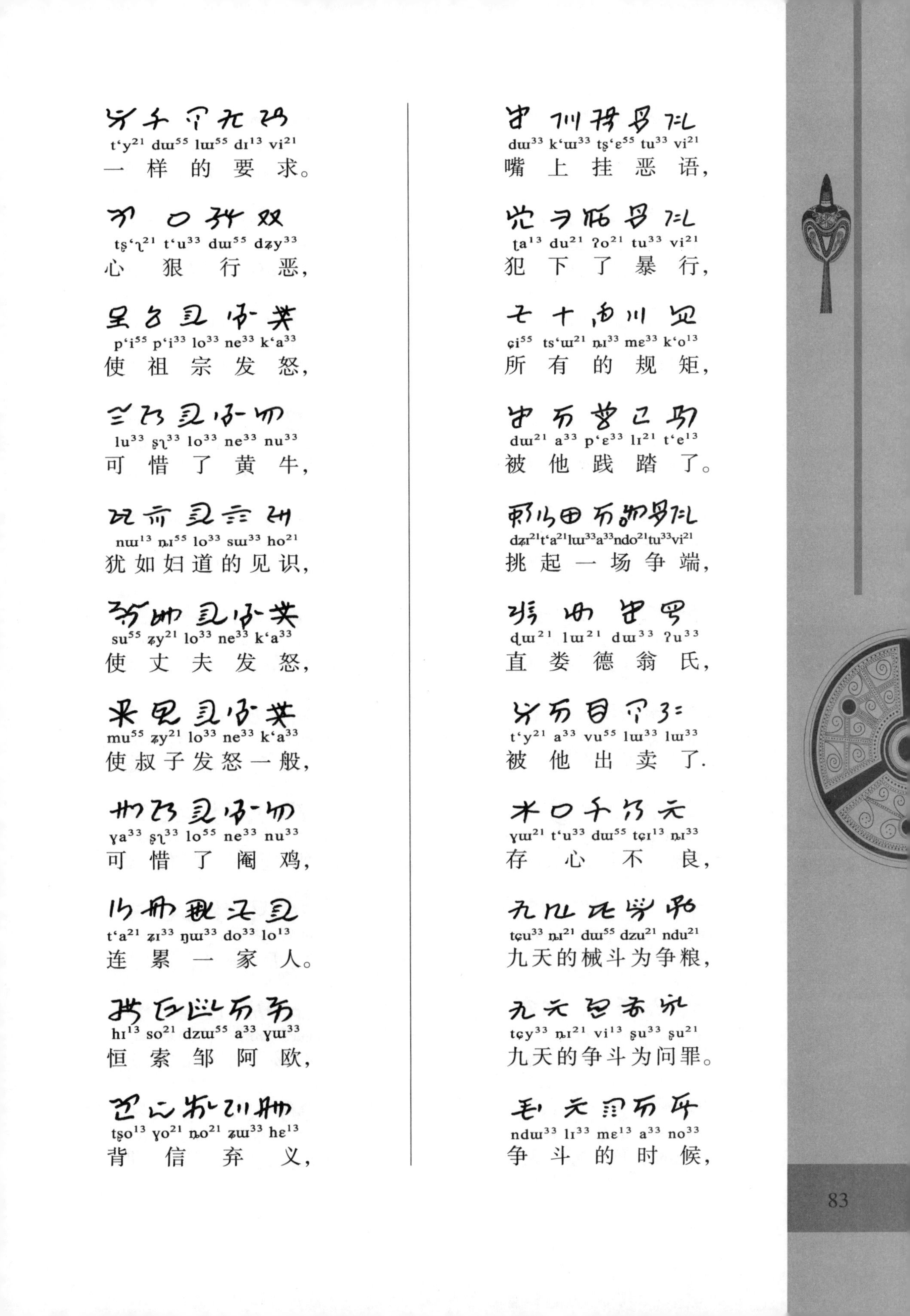

t‘y^{21} dɯ^{55} lɯ^{55} dɪ^{13} vi^{21}
一 样 的 要 求。

tʂ‘ʅ^{21} t‘u^{33} dɯ^{55} dʑy^{33}
心 狠 行 恶，

p‘i^{55} p‘i^{33} lo^{33} ne^{33} k‘a^{33}
使 祖 宗 发 怒，

lu^{33} ʂʅ^{33} lo^{33} ne^{33} nu^{33}
可 惜 了 黄 牛，

nɯ^{13} ȵɪ^{55} lo^{33} sɯ^{33} ho^{21}
犹如妇道的见识，

su^{55} ʑy^{21} lo^{33} ne^{33} k‘a^{33}
使 丈 夫 发 怒，

mu^{55} ʑy^{21} lo^{33} ne^{33} k‘a^{33}
使叔子发怒一般，

ɣa^{33} ʂʅ^{33} lo^{55} ne^{33} nu^{33}
可 惜 了 阉 鸡，

t‘a^{21} ʑɪ^{33} ŋɯ^{33} do^{33} lo^{13}
连 累 一 家 人。

hɪ^{13} so^{21} dzɯ^{55} a^{33} ɣɯ^{33}
恒 索 邹 阿 欧，

tʂo^{13} ɣo^{21} ȵo^{21} ʑɯ^{33} hɛ^{13}
背 信 弃 义，

dɯ^{33} k‘ɯ^{33} tʂ‘ɛ^{55} tu^{33} vi^{21}
嘴 上 挂 恶 语，

ʈa^{13} du^{21} ʔo^{21} tu^{33} vi^{21}
犯 下 了 暴 行，

ɕi^{55} ts‘ɯ^{21} ȵɪ^{33} mɛ^{33} k‘o^{13}
所 有 的 规 矩，

dɯ^{21} a^{33} p‘ɛ^{33} lɪ^{21} t‘e^{13}
被 他 践 踏 了。

dʑɪ^{21}t‘a^{21}lɯ^{33}a^{33}ndo^{21}tu^{33}vi^{21}
挑 起 一 场 争 端，

ɖɯ^{21} lɯ^{21} dɯ^{33} ʔu^{33}
直 娄 德 翁 氏，

t‘y^{21} a^{33} vu^{55} lɯ^{33} lɯ^{33}
被 他 出 卖 了.

ɣɯ^{21} t‘u^{33} dɯ^{55} tɕɪ^{13} ȵɪ^{33}
存 心 不 良，

tɕu^{33} ȵɪ^{21} dɯ^{55} dzu^{21} ndu^{21}
九天的械斗为争粮，

tɕy^{33} ȵɪ^{21} vi^{13} ʂu^{33} ʂu^{21}
九天的争斗为问罪。

ndɯ^{33} lɪ^{33} mɛ^{13} a^{33} no^{33}
争 斗 的 时 候，

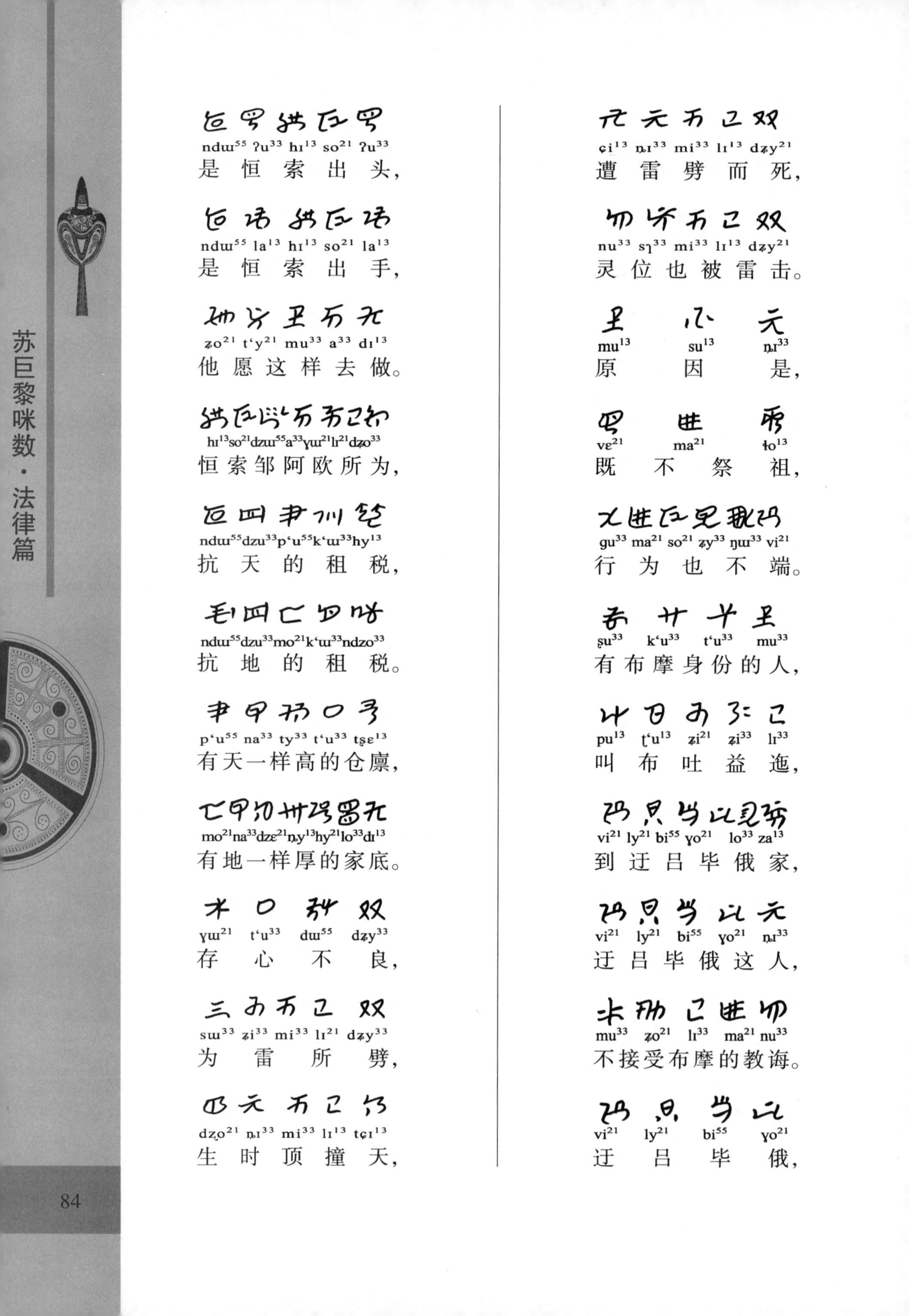

ndɯ^{55} ʔu^{33} hɪ^{13} so^{21} ʔu^{33}
是恒索出头，

ndɯ^{55} la^{13} hɪ^{13} so^{21} la^{13}
是恒索出手，

ʑo^{21} t'y^{21} mu^{33} a^{33} dɪ^{13}
他愿这样去做。

hɪ^{13}so^{21}dzɯ^{55}a^{33}ɣɯ^{21}lɪ^{21}dʑo^{33}
恒索邹阿欧所为，

ndɯ^{55}dzu^{33}p'u^{55}k'ɯ^{33}hy^{13}
抗天的租税，

ndɯ^{55}dzu^{33}mo^{21}k'ɯ^{33}ndzo^{33}
抗地的租税。

p'u^{55} na^{33} ty^{33} t'u^{33} tʂɛ^{13}
有天一样高的仓廪，

mo^{21}na^{33}dzɛ^{21}ȵy^{13}hy^{21}lo^{33}dɪ^{13}
有地一样厚的家底。

ɣɯ^{21} t'u^{33} dɯ^{55} dʑy^{33}
存心不良，

sɯ^{33} ʑi^{33} mi^{33} lɪ^{21} dʑy^{33}
为雷所劈，

dʐo^{21} ȵɪ^{33} mi^{33} lɪ^{13} tɕɪ^{13}
生时顶撞天，

ɕi^{13} ȵɪ^{33} mi^{33} lɪ^{13} dʑy^{21}
遭雷劈而死，

nu^{33} sɿ^{33} mi^{33} lɪ^{13} dʑy^{21}
灵位也被雷击。

mu^{13} su^{13} ȵɪ^{33}
原因是，

vɛ^{21} ma^{21} ɬo^{13}
既不祭祖，

gu^{33} ma^{21} so^{21} ʑy^{33} ŋɯ^{33} vi^{21}
行为也不端。

ʂu^{33} k'u^{33} t'u^{33} mu^{33}
有布摩身份的人，

pu^{13} ʈ'u^{13} ʑi^{21} ʑi^{33} lɪ^{33}
叫布吐益迤，

vi^{21} ly^{21} bi^{55} ɣo^{21} lo^{33} za^{13}
到迁吕毕俄家，

vi^{21} ly^{21} bi^{55} ɣo^{21} ȵɪ^{33}
迁吕毕俄这人，

mu^{33} ʑo^{21} lɪ^{33} ma^{21} nu^{33}
不接受布摩的教诲。

vi^{21} ly^{21} bi^{55} ɣo^{21}
迁吕毕俄，

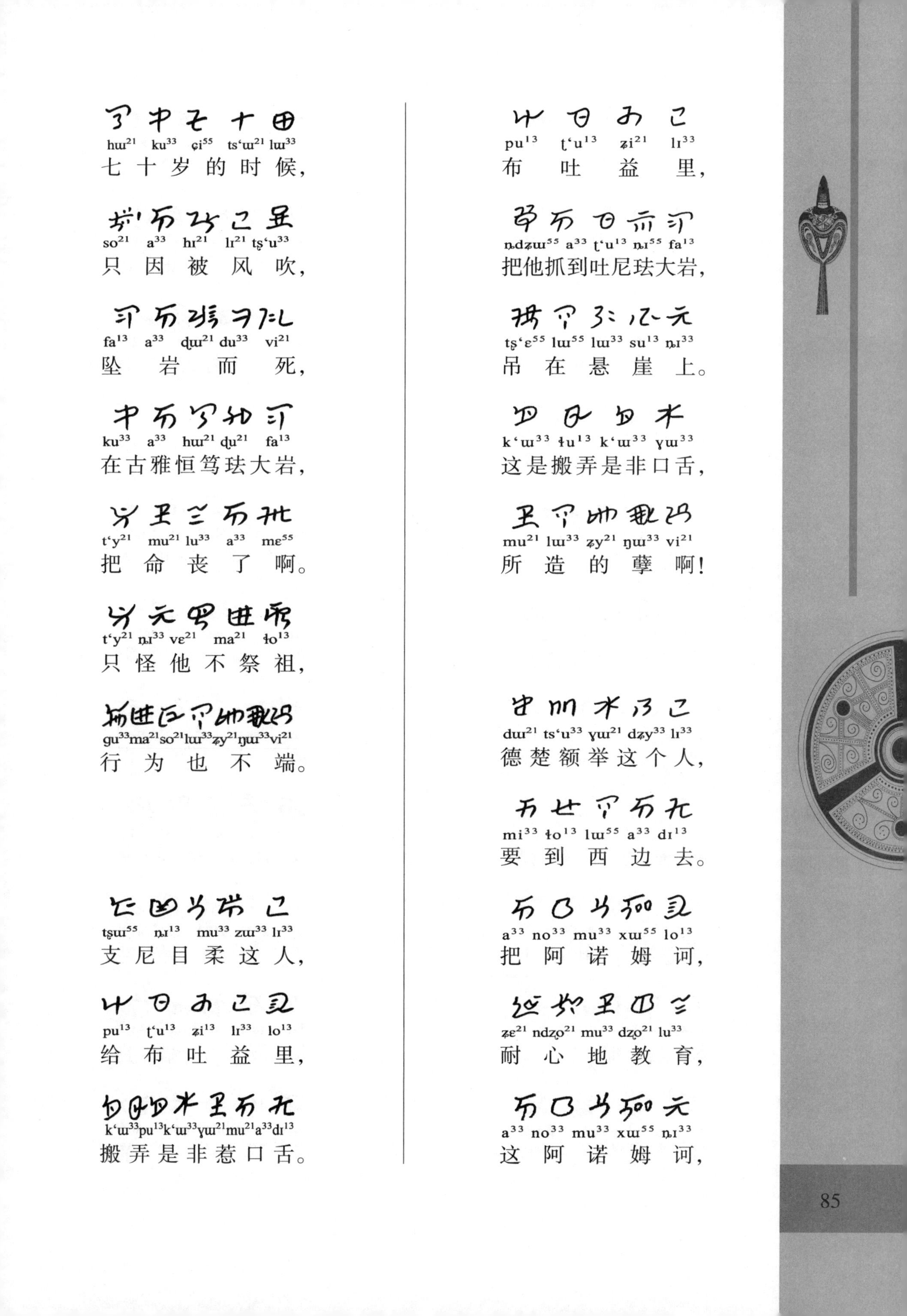

hɯ^{21} ku^{33} ɕi^{55} ts'ɯ^{21} lɯ^{33}
七十岁的时候，

so^{21} a^{33} hɪ^{21} lɪ^{21} tʂ'u^{33}
只因被风吹，

fa^{13} a^{33} ɖɯ^{21} du^{33} vi^{21}
坠岩而死，

ku^{33} a^{33} hɯ^{21} ɖu^{21} fa^{13}
在古雅恒笃珐大岩，

t'y^{21} mu^{21} lu^{33} a^{33} mɛ^{55}
把命丧了啊。

t'y^{21} ȵɪ^{33} vɛ^{21} ma^{21} ɬo^{13}
只怪他不祭祖，

gu^{33}ma^{21}so^{21}lɯ^{33}ʑy^{21}ŋɯ^{33}vi^{21}
行为也不端。

tʂɯ^{55} ȵɪ^{13} mu^{33} zɯ^{33} lɪ^{33}
支尼目柔这人，

pu^{13} ʈ'u^{13} ʑi^{13} lɪ^{33} lo^{13}
给布吐益里，

k'ɯ^{33}pu^{13}k'ɯ^{33}ɣɯ^{21}mu^{21}a^{33}dɪ^{13}
搬弄是非惹口舌。

pu^{13} ʈ'u^{13} ʑi^{21} lɪ^{33}
布吐益里，

ȵdʑɯ^{55} a^{33} ʈ'u^{13} ȵɪ^{55} fa^{13}
把他抓到吐尼珐大岩，

tʂ'ɛ^{55} lɯ^{55} lɯ^{33} su^{13} ȵɪ^{33}
吊在悬崖上。

k'ɯ^{33} ɬu^{13} k'ɯ^{33} ɣɯ^{33}
这是搬弄是非口舌，

mu^{21} lɯ^{33} ʑy^{21} ŋɯ^{33} vi^{21}
所造的孽啊！

dɯ^{21} ts'u^{33} ɣɯ^{21} dʑy^{33} lɪ^{33}
德楚额举这个人，

mi^{33} ɬo^{13} lɯ^{55} a^{33} dɪ^{13}
要到西边去。

a^{33} no^{33} mu^{33} xɯ^{55} lo^{13}
把阿诺姆诃，

ʑɛ^{21} ndʐo^{21} mu^{33} dʐo^{21} lu^{33}
耐心地教育，

a^{33} no^{33} mu^{33} xɯ^{55} ȵɪ^{33}
这阿诺姆诃，

mi^{55} vɛ^{13} ʑo^{21}

不听打招呼，

ndzɯ^{21} bo^{21} ɣa^{13} ma^{21} nu^{33}

也不服教育。

dɯ^{21} ts'u^{33} ɣɯ^{21} dʑy^{33} lɪ^{33}

德楚额举，

ɬu^{33} a^{33} to^{33} dzu^{33} ʂu^{33}

求山神鲁朵出力，

sɿ^{33} a^{33} ɬi^{13} ɣɯ^{21} tɕo^{33}

求岩神斯里帮忙，

mi^{21} a^{33} ȵdʑo^{55} k'ɯ^{33} tʂ'ɛ^{55}

求水神迷觉相助。

a^{33} no^{33} mu^{33} xɯ^{55} ȵɪ^{33}

阿诺姆诃，

hɛ^{33} hɛ^{33} tɛ^{13} tɛ^{13} mu^{33}

就神志不清楚，

ts'ɯ^{21} p'u^{33} fa^{13} ʈ'u^{13}

到愁普珐吐岩上，

ȵɪ^{21} lɯ^{33} lɯ^{33} su^{13} ȵɪ^{33}

呆在那里了。

a^{21} mɛ^{13} ʔu^{33} nɯ^{13}

像妇女一样，

mi^{55} a^{33} ma^{21} pu^{33}

说话无分寸，

gu^{33} a^{33} ma^{21} ʑɪ^{33} su^{13}

做事不正经，

to^{13} la^{33} ma^{55} dɪ^{13} vi^{21}

就没有好结果啊！

pu^{33} mu^{33} hɛ^{13} su^{13} ȵɪ^{33}

暴戾狠心的人，

dʐɯ^{33} ʑɯ^{33} tɕ'y^{55}

吝啬钱财，

dzu^{21} ʑɯ^{33} ku^{33} su^{13} ȵɪ^{33}

贪占钱财，

t'o^{21} la^{13} ma^{21} dɪ^{13} vi^{21}

没有好结果啊。

bi^{21} ʑɪ^{33} tɕ'o^{13} ɬu^{13} ʑi^{21}

毕家确弄益，

dʐo^{21} tɕ'i^{33} ʂu^{33} ʑo^{55} tse^{13}

领猎人猎狗，

tɕ'a^{13} t'a^{55} nu^{33} ŋgɛ^{33} kɯ^{21}

备强弓利箭，

ɣɯ^{55} na^{21} dzu^{33} mu^{33} ʂu^{33}
在欧纳阻姆打猎。

ts'e^{13} ŋgɯ^{21} na^{33} tɕ'i^{33} tɪ^{13}
大鹿让猎狗逮住，

lu^{33} lɛ^{21} xɯ^{21} ȵy^{21} ɖu^{55}
拖到鲁勒侯尼湖边。

ndʐa^{13} dɯ^{13} a^{33} dʑi^{33}
乍陡阿吉这人，

ts'e^{13} xu^{33} fu^{13} ma^{55} kɯ^{13}
不把鹿肉分，

bi^{21} ʑɯ^{33} tɕ'o^{13} ɬu^{13} ʑi^{21}
毕家确弄益，

ts'e^{13} xu^{33} lɪ^{33} ma^{21} bi^{55}
没得到鹿肉，

ts'e^{13} se^{13} ba^{33} a^{33} tʂo^{13}
抽出杀鹿的刀，

ndʐa^{13} dɯ^{33} a^{33} dʑi^{21}
朝着乍陡阿吉，

t'a^{33} ndɛ^{33} ʑɪ^{33} a^{33} zɯ^{33}
指着他的头说：

ȵɪ^{55} nu^{33} sɛ^{21} ma^{21} bo^{21}
“满山的野兽没有主，

du^{55} a^{33} dʐo^{21} dʐa^{33} vi^{21}
是有这种说法，

na^{21} ŋu^{33} t'ɯ^{55} ʐo^{21} lɯ^{33} dɪ^{13}
你就去捉了来!”

ndʐa^{13} dɯ^{33} a^{33} dʑi^{21} ȵɪ^{33}
乍陡阿吉，

k'a^{33} pu^{13} ne^{33} no^{33} k'e^{33}
怒从心头起：

tɛ^{13} ʑɯ^{33} vu^{55} dʐo^{21} nu^{33}
“漫天飞的鸟，

sɪ^{13} zɯ^{33} ndɪ^{33} lɪ^{21} sɛ^{21}
是赛仁邓主宰，

ts'e^{21} ŋgɯ^{21} ȵɪ^{55} la^{13} bu^{33}
鹿是兽中的弱者，

k'o^{21} dʐo^{21} tɪ^{13} du^{33} dʐa^{33}
是容易逮住的，

ɣɯ^{21} hɛ^{13} ts'e^{13} va^{33} dʐɯ^{33}
听见熊叫也惊恐，

t'u^{55} a^{33} t'u^{13} du^{33} dʐa^{33}
脸都吓白了!”

lu^{33} pi^{13} ɬu^{13} ho^{21} lu^{33}
“雄鹿是山神的公绵羊，

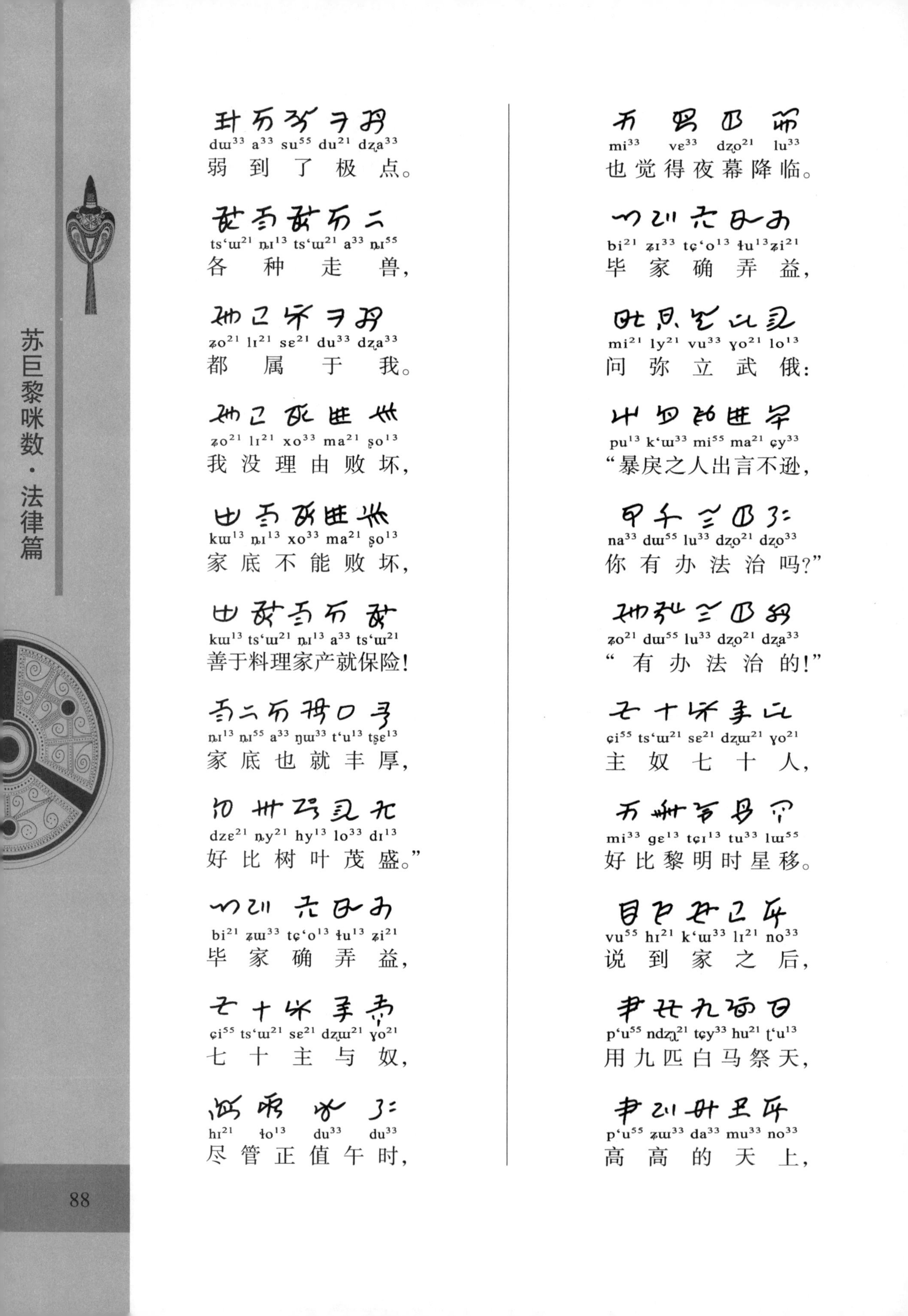

dɯ^{33} a^{33} su^{55} du^{21} dʐa^{33}
弱到了极点。

ts'ɯ^{21} n̥ɪ^{13} ts'ɯ^{21} a^{33} n̥ɪ^{55}
各种走兽，

ʑo^{21} lɪ^{21} sɛ^{21} du^{33} dʐa^{33}
都属于我。

ʑo^{21} lɪ^{21} xo^{33} ma^{21} ʂo^{13}
我没理由败坏，

kɯ^{13} n̥ɪ^{13} xo^{33} ma^{21} ʂo^{13}
家底不能败坏，

kɯ^{13} ts'ɯ^{21} n̥ɪ^{13} a^{33} ts'ɯ^{21}
善于料理家产就保险！

n̥ɪ^{13} n̥ɪ^{55} a^{33} ŋɯ^{33} t'u^{13} tʂɛ^{13}
家底也就丰厚，

dzɛ^{21} n̥y^{21} hy^{13} lo^{33} dɪ^{13}
好比树叶茂盛。”

bi^{21} ʑɯ^{33} tɕ'o^{13} ɬu^{13} ʑi^{21}
毕家确弄益，

ɕi^{55} ts'ɯ^{21} sɛ^{21} dʐɯ^{21} ɣo^{21}
七十主与奴，

hɪ^{21} ɬo^{13} du^{33} du^{33}
尽管正值午时，

mi^{33} vɛ^{33} dʐo^{21} lu^{33}
也觉得夜幕降临。

bi^{21} ʑɪ^{33} tɕ'o^{13} ɬu^{13} ʑi^{21}
毕家确弄益，

mi^{21} ly^{21} vu^{33} ɣo^{21} lo^{13}
问弥立武俄：

pu^{13} k'ɯ^{33} mi^{55} ma^{21} ɕy^{33}
“暴戾之人出言不逊，

na^{33} dɯ^{55} lu^{33} dʐo^{21} dʐo^{33}
你有办法治吗？”

ʑo^{21} dɯ^{55} lu^{33} dʐo^{21} dʐa^{33}
“有办法治的！”

ɕi^{55} ts'ɯ^{21} sɛ^{21} dʐɯ^{21} ɣo^{21}
主奴七十人，

mi^{33} gɛ^{13} tɕɪ^{13} tu^{33} lɯ^{55}
好比黎明时星移。

vu^{55} hɪ^{21} k'ɯ^{33} lɪ^{21} no^{33}
说到家之后，

p'u^{55} ndʐʅ^{21} tɕy^{33} hu^{21} ʈ'u^{13}
用九匹白马祭天，

p'u^{55} ʑɯ^{33} da^{33} mu^{33} no^{33}
高高的天上，

hɪ^{21} mi^{33} sɯ^{33} dʐo^{21} ɬi^{13}
日出三竿时，

tɕy^{33} tsʻɯ^{33} tɕy^{33} ŋga^{13} ɖɯ^{21}
越过了九十九山坳，

vu^{55} hɪ^{21} kʻɯ^{33} lɪ^{21} lu^{33}
来到家之后，

bi^{21} ʑɯ^{33} tɕʻo^{13} ɬu^{13} ʑi^{21}
毕家确弄益，

hu^{21} lu^{33} tsʻɯ^{21} ɳɪ^{55} dzɯ^{21}
备十二对牛马，

mi^{21} ly^{21} vu^{33} ɣo^{21} bi^{55}
送给弥立武俄。

mi^{21} ly^{21} vu^{33} ɣo^{21} ɳɪ^{33}
弥立武俄说：

sɛ^{21} ɳɪ^{33} ma^{21} tʻy^{55} do^{33}
“如果主人家舍不得，

pu^{13} ɳɪ^{33} ma^{21} tʻy^{55} zɯ^{33}
布摩也不愿接受！”

ɣo^{21} ɳo^{33} lɯ^{55} a^{33} lo^{13}
就在大路旁，

ʂo^{13} tʻu^{33} ɬɛ^{13} tʻi^{55} tu^{33}
以松在上桃在下摆设，

ʂo^{13} ɣo^{21} ɬɛ^{13} ɣo^{21} kʻo^{13}
用松枝桃枝设神座，

hu^{21} mi^{21} lu^{33} mi^{21} tʂʻɯ^{55}
焚牛毛马毛，

tʻy^{21} a^{33} tʻi^{55} tu^{33} vi^{21}
他布置妥当后，

hu^{21} lu^{33} tsʻɯ^{21} ɳɪ^{55} dzɯ^{21}
十二对牛马，

pu^{13} mi^{13} mu^{33} lɯ^{33} no^{21}
作为布摩的报酬领去，

vu^{55} hɪ^{21} kʻɯ^{33} lɪ^{21} lu^{33}
到了家中后，

vu^{33} a^{33} ʂɛ^{13} mu^{33} lɪ^{33}
就疯疯癫癫了，

a^{21} mi^{21} ʑo^{21} lɪ^{21} ma^{55}
“昨晚我做梦，

su^{21} ɳy^{21} mu^{33} ɳy^{21} dzɛ^{33}
梦见青人骑青马，

ɳo^{21} kʻu^{33} kʻɛ^{55} a^{33} go^{13}
从天而降，

tʂo^{13} dzu^{21} ɳo^{33} ʑɯ^{33} za^{13}
来到家门口，

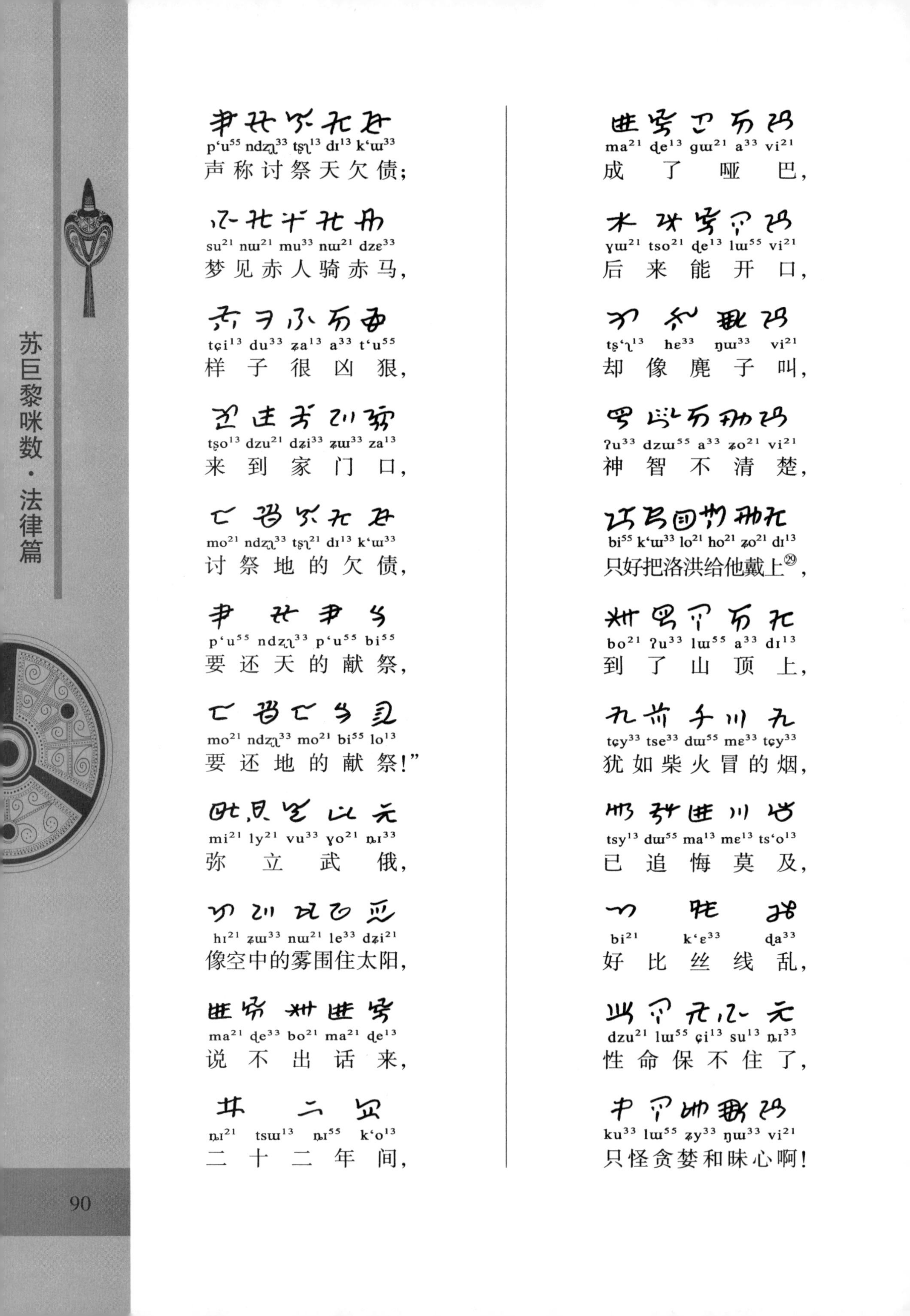

p‘u^{55} ndzʅ^{33} tʂʅ^{13} dɪ^{13} k‘ɯ^{33}
声称讨祭天欠债；

su^{21} nɯ^{21} mu^{33} nɯ^{21} dzɛ^{33}
梦见赤人骑赤马，

tɕi^{13} du^{33} ʑa^{13} a^{33} t‘u^{55}
样子很凶狠，

tʂo^{13} dzu^{21} dʑi^{33} ʑɯ^{33} za^{13}
来到家门口，

mo^{21} ndzʅ^{33} tʂʅ^{21} dɪ^{13} k‘ɯ^{33}
讨祭地的欠债，

p‘u^{55} ndzʅ^{33} p‘u^{55} bi^{55}
要还天的献祭，

mo^{21} ndzʅ^{33} mo^{21} bi^{55} lo^{13}
要还地的献祭！”

mi^{21} ly^{21} vu^{33} ɣo^{21} ȵɪ^{33}
弥立武俄，

hɪ^{21} ʑɯ^{33} nɯ^{21} le^{33} dʑi^{21}
像空中的雾围住太阳，

ma^{21} ɖe^{33} bo^{21} ma^{21} ɖe^{13}
说不出话来，

ȵɪ^{21} tsɯ^{13} ȵɪ^{55} k‘o^{13}
二十二年间，

ma^{21} ɖe^{13} gɯ^{21} a^{33} vi^{21}
成了哑巴，

ɣɯ^{21} tso^{21} ɖe^{13} lɯ^{55} vi^{21}
后来能开口，

tʂ‘ʅ^{13} hɛ^{33} ŋɯ^{33} vi^{21}
却像麂子叫，

ʔu^{33} dzɯ^{55} a^{33} ʑo^{21} vi^{21}
神智不清楚，

bi^{55} k‘ɯ^{33} lo^{21} ho^{21} ʑo^{21} dɪ^{13}
只好把洛洪给他戴上[29]，

bo^{21} ʔu^{33} lɯ^{55} a^{33} dɪ^{13}
到了山顶上，

tɕy^{33} tse^{33} dɯ^{55} mɛ^{33} tɕy^{33}
犹如柴火冒的烟，

tsy^{13} dɯ^{55} ma^{13} mɛ^{13} ts‘o^{13}
已追悔莫及，

bi^{21} k‘ɛ^{33} ɖa^{33}
好比丝线乱，

dzu^{21} lɯ^{55} ɕi^{13} su^{13} ȵɪ^{33}
性命保不住了，

ku^{33} lɯ^{55} ʑy^{33} ŋɯ^{33} vi^{21}
只怪贪婪和昧心啊！

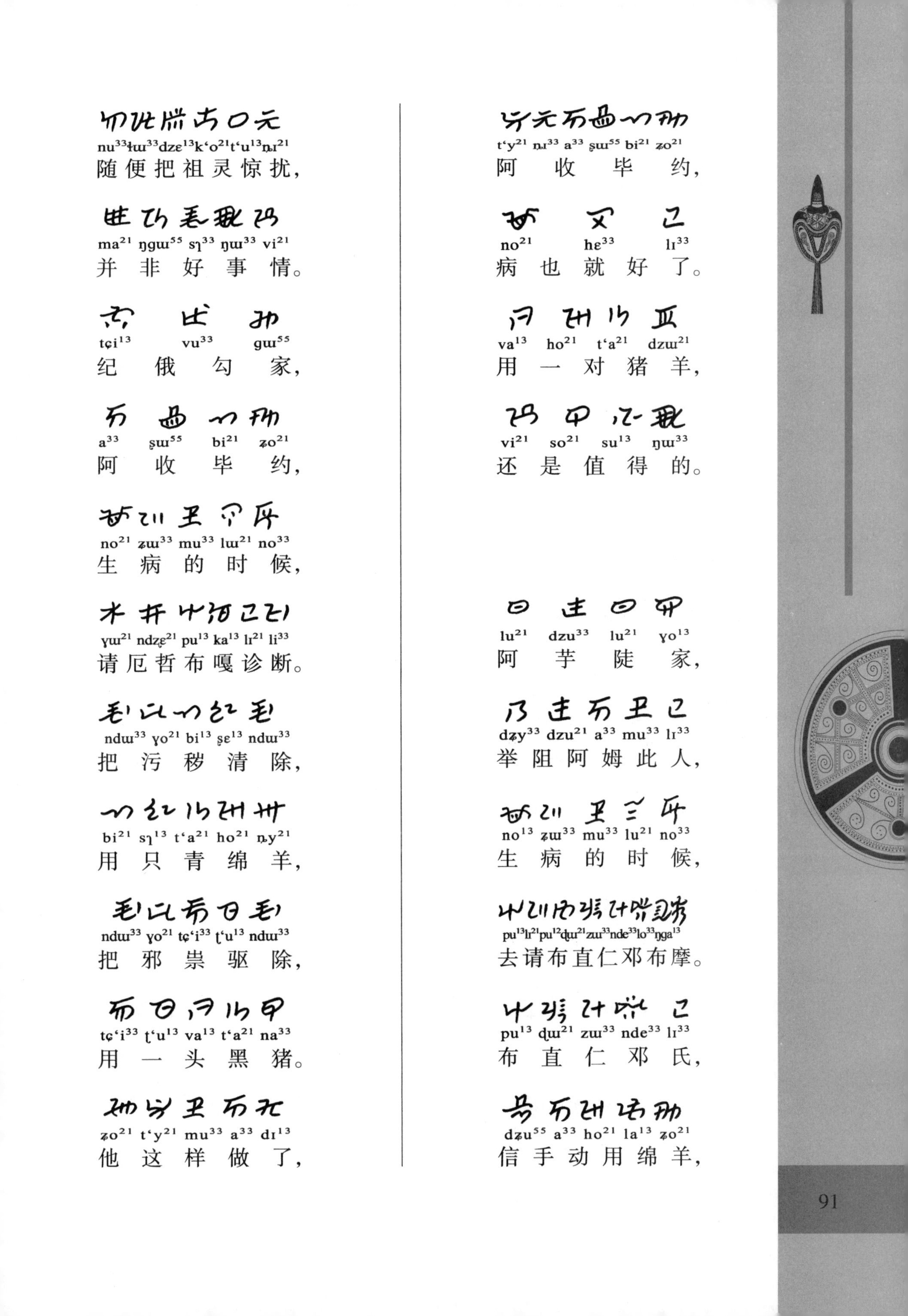

nu^{33}ɬɯ^{33}dzɛ^{13}k‘o^{21}t‘u^{13}ɳɪ^{21}
随便把祖灵惊扰，

ma^{21} ŋgɯ^{55} sɿ^{33} ŋɯ^{33} vi^{21}
并 非 好 事 情。

tɕi^{13} vu^{33} gɯ^{55}
纪 俄 勾 家，

a^{33} ʂɯ^{55} bi^{21} ʑo^{21}
阿 收 毕 约，

no^{21} ʑɯ^{33} mu^{33} lɯ^{21} no^{33}
生 病 的 时 候，

ɣɯ^{21} ndʑɛ^{21} pu^{13} ka^{13} lɪ^{21} li^{33}
请厄哲布嘎诊断。

ndɯ^{33} ɣo^{21} bi^{13} ʂɛ^{13} ndɯ^{33}
把 污 秽 清 除，

bi^{21} sɿ^{13} t‘a^{21} ho^{21} n̥y^{21}
用 只 青 绵 羊，

ndɯ^{33} ɣo^{21} tɕ‘i^{33} ʈ‘u^{13} ndɯ^{33}
把 邪 祟 驱 除，

tɕ‘i^{33} ʈ‘u^{13} va^{13} t‘a^{21} na^{33}
用 一 头 黑 猪。

ʑo^{21} t‘y^{21} mu^{33} a^{33} dɪ^{13}
他 这 样 做 了，

t‘y^{21} ɳɪ^{33} a^{33} ʂɯ^{55} bi^{21} ʑo^{21}
阿 收 毕 约，

no^{21} hɛ^{33} lɪ^{33}
病 也 就 好 了。

va^{13} ho^{21} t‘a^{21} dzɯ^{21}
用 一 对 猪 羊，

vi^{21} so^{21} su^{13} ŋɯ^{33}
还 是 值 得 的。

lu^{21} dzu^{33} lu^{21} ɣo^{13}
阿 芋 陡 家，

dʑy^{33} dzu^{21} a^{33} mu^{33} lɪ^{33}
举 阻 阿 姆 此 人，

no^{13} ʑɯ^{33} mu^{33} lu^{21} no^{33}
生 病 的 时 候，

pu^{13}lɪ^{21}pu^{12}ɖɯ^{21}zɯ^{33}nde^{33}lo^{33}ŋga^{13}
去请布直仁邓布摩。

pu^{13} ɖɯ^{21} zɯ^{33} nde^{33} lɪ^{33}
布 直 仁 邓 氏，

dʑu^{55} a^{33} ho^{21} la^{13} ʑo^{21}
信 手 动 用 绵 羊，

nu^{33} ɬɯ^{13} dzɛ^{13} k'o^{21} t'u^{33}
随便惊扰祖灵，

dɪ^{13} su^{13} ŋɯ^{33} a^{33} mo^{21}
是这样做的。

bi^{21} sɛ^{13} a^{33} tɕ'i^{33} ʈ'u^{13}
污秽与邪祟，

lɪ^{33} ma^{21} dɯ^{55}
他不去过问，

ndɯ^{55} ɣo^{21} su^{21} dzu^{21} ndɯ^{33}
却清扫住宅，

ndɯ^{55} ɣo^{21} ʈ'ɛ^{33} ʈ'u^{13} ndɯ^{33}
却清扫祖灵，

su^{21} dzu^{21} t'a^{21} ɣo^{21} ȵy^{21}
住宅设一神位，

ʈ'ɛ^{33} ʈ'u^{13} t'a^{21} va^{13} na^{55}
清扫祖灵用头黑猪，

ʑo^{21} t'y^{21} mu^{33} a^{33} dɪ^{13}
他自行其是。

a^{21} mu^{33} no^{21} hɛ^{33} lɪ^{33}
阿姆病虽愈，

su^{21} dzu^{21} ʈ'ɛ^{13} ʈ'u^{13} ndʐu^{13}
住宅与祖灵，

t'a^{21} dzɯ^{33} su^{13} ʈ'u^{55} tɕɪ^{33}
都被人看见，

mu^{21} ma^{21} de^{13} ɣo^{21} lɯ^{33}
收不了场了。

lu^{21} dzu^{33} lu^{21} ɣo^{13}
阿芋陡家，

ŋgu^{21} na^{33} ɣo^{21} na^{33}
神位神座大，

t'a^{21} ts'u^{33} ma^{21} ts'e^{13} mu^{33}
两头不讲究，

nu^{33} ɬɯ^{13} dzɛ^{21} k'o^{21} t'u^{13}
随便惊扰祖灵，

ɬo^{13} lɯ^{55} ʑy^{33} ŋɯ^{33} vi^{21}
只怪越礼啊！

pu^{13} kɯ^{13} ȵɪ^{13} tʂ'a^{55}
布摩祭祖，

kɯ^{13} lɪ^{21} pu^{13} tɕ'o^{33} de^{13}
草率行事，

t'o^{13} la^{13} ma^{21} dɪ^{13} vi^{21}
就无好结果。

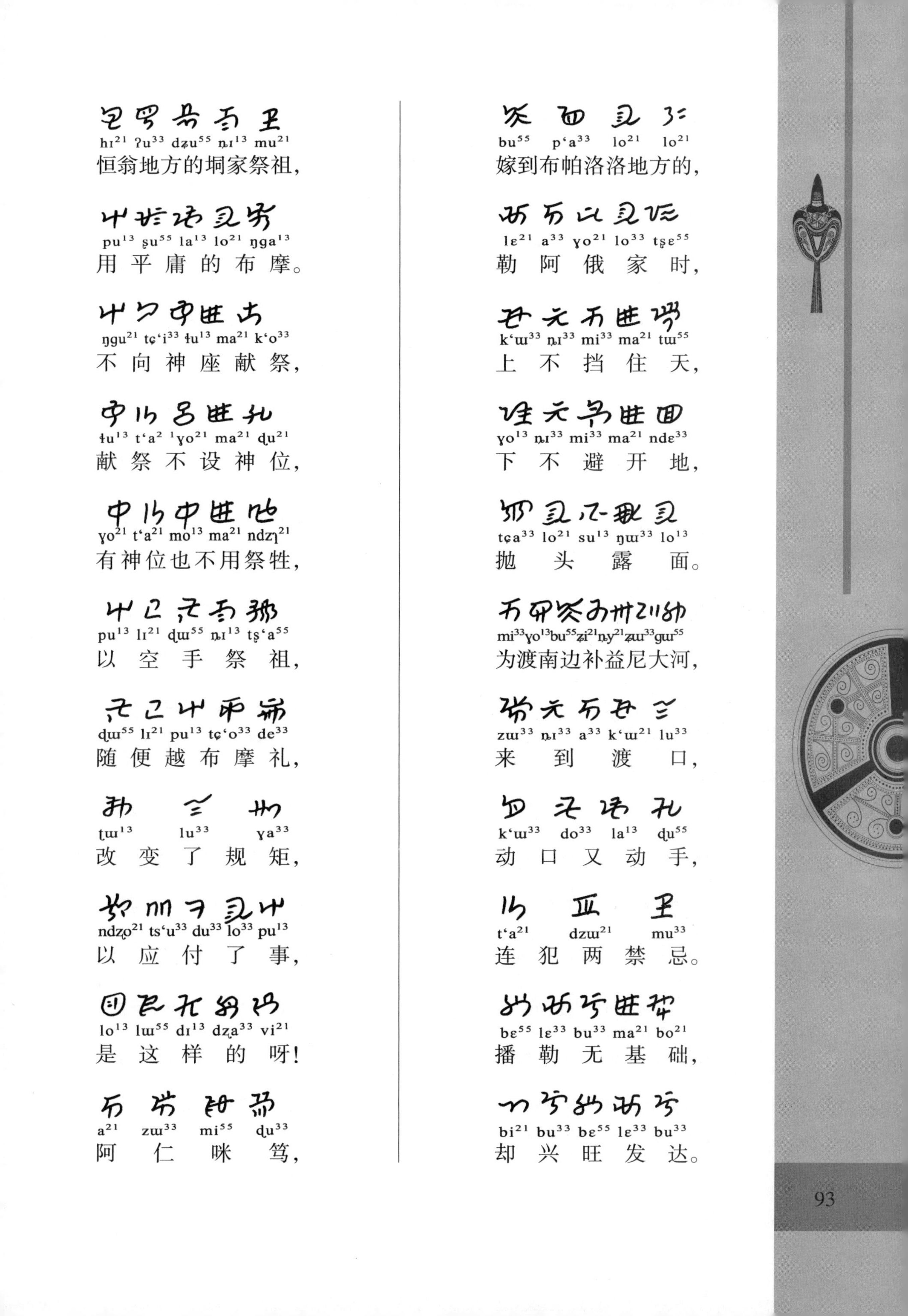

hɪ^{21} ʔu^{33} dʑu^{55} n̥ɪ^{13} mu^{21}
恒翁地方的垌家祭祖，

pu^{13} ʂu^{55} la^{13} lo^{21} ŋga^{13}
用平庸的布摩。

ŋgu^{21} tɕʻi^{33} ɬu^{13} ma^{21} kʻo^{33}
不向神座献祭，

ɬu^{13} tʻa^{2} ^{1}ɣo^{21} ma^{21} ɖu^{21}
献祭不设神位，

ɣo^{21} tʻa^{21} mo^{13} ma^{21} ndʐʅ^{21}
有神位也不用祭牲，

pu^{13} lɪ^{21} ɖɯ^{55} n̥ɪ^{13} tʂʻa^{55}
以空手祭祖，

ɖɯ^{55} lɪ^{21} pu^{13} tɕʻo^{33} de^{33}
随便越布摩礼，

ʈɯ^{13} lu^{33} ɣa^{33}
改变了规矩，

ndʐo^{21} tsʻu^{33} du^{33} lo^{33} pu^{13}
以应付了事，

lo^{13} lɯ^{55} dɪ^{13} dʐa^{33} vi^{21}
是这样的呀！

a^{21} zɯ^{33} mi^{55} ɖu^{33}
阿仁咪笃，

bu^{55} pʻa^{33} lo^{21} lo^{21}
嫁到布帕洛洛地方的，

lɛ^{21} a^{33} ɣo^{21} lo^{33} tʂɛ^{55}
勒阿俄家时，

kʻɯ^{33} n̥ɪ^{33} mi^{33} ma^{21} tɯ^{55}
上不挡住天，

ɣo^{13} n̥ɪ^{33} mi^{33} ma^{21} ndɛ^{33}
下不避开地，

tɕa^{33} lo^{21} su^{13} ŋɯ^{33} lo^{13}
抛头露面。

mi^{33}ɣo^{13}bu^{55}ʑi^{21}n̥y^{21}ʐɯ^{33}gɯ^{55}
为渡南边补益尼大河，

zɯ^{33} n̥ɪ^{33} a^{33} kʻɯ^{21} lu^{33}
来到渡口，

kʻɯ^{33} do^{33} la^{13} ɖu^{55}
动口又动手，

tʻa^{21} dzɯ^{21} mu^{33}
连犯两禁忌。

bɛ^{55} lɛ^{33} bu^{33} ma^{21} bo^{21}
播勒无基础，

bi^{21} bu^{33} bɛ^{55} lɛ^{33} bu^{33}
却兴旺发达。

bɛ^{55} lɛ^{33} bu^{55} ma^{21} bo^{21}
播勒有秩序，

bi^{21} bu^{55} bɛ^{55} lɛ^{33} bu^{55}
要让播勒乱，

ʑo^{21} t‘y^{21} mu^{33} a^{33} dɪ^{13}
她要这样做。

sɿ^{33} so^{21} lɪ^{21} bɛ^{55} ndzu^{33}
像风把鸭抬，

bɛ^{55} ɖɯ^{21} ȵɪ^{33} lɯ^{33} lɯ^{33}
鸭子展翅飞，

lɯ^{55} ɣo^{21} lɪ^{33} xɯ^{21} ve^{13}
似女子穿裙子，

xɯ^{21} ve^{13} ȵɪ^{33} lo^{21} lo^{21}
裙子摆动着。

p‘u^{13} a^{33} ɣo^{13}
希望大如地，

no^{13} a^{33} tɕɪ^{13} lɯ^{33} lɯ^{33}
雄心勃勃，

k‘ɯ^{33} ɣo^{21} la^{13} ma^{55} ʂɿ^{33}
说到做不到，

t‘o^{21} ʑɯ^{33} bo^{21} ma^{21} ʑy^{21}
不付诸行动，

mu^{21} ma^{33} du^{21} ɣo^{21} lɯ^{55}
不能实现了。

a^{21} zɯ^{33} mi^{55} ɖu^{33}
阿仁咪笃，

t‘ɯ^{21} ʈ‘u^{13} tʂɯ^{55} do^{33}
去了特吐周朵地方，

k‘ɯ^{21}ŋgɯ^{55}k‘ɯ^{21}mu^{33}mo^{21}
生了叩格克姆，

lo^{13} ʑɯ^{33} su^{13} ŋɯ^{33} lu^{33}
是这样的了。

ɣɯ^{21} ȵɪ^{33} ɣɯ^{21} a^{33} tɕ‘y^{33}
先把他人害，

a^{33} ŋgɯ^{55} ʂɛ^{13} sɛ^{21} ts‘o^{13}
害阿格奢色，

bi^{33} k‘ɛ^{33} ɖa^{33}
像丝线散开，

dzu^{21} lɯ^{55} ɕi^{13}
那样地去死。

ɣo^{21} ȵɪ^{33} ɣo^{21} ʑɯ^{33} tɕ‘y^{33}
然后害自家，

a^{21} zɯ^{33} mi^{55} ɖu^{33}
阿仁咪笃，

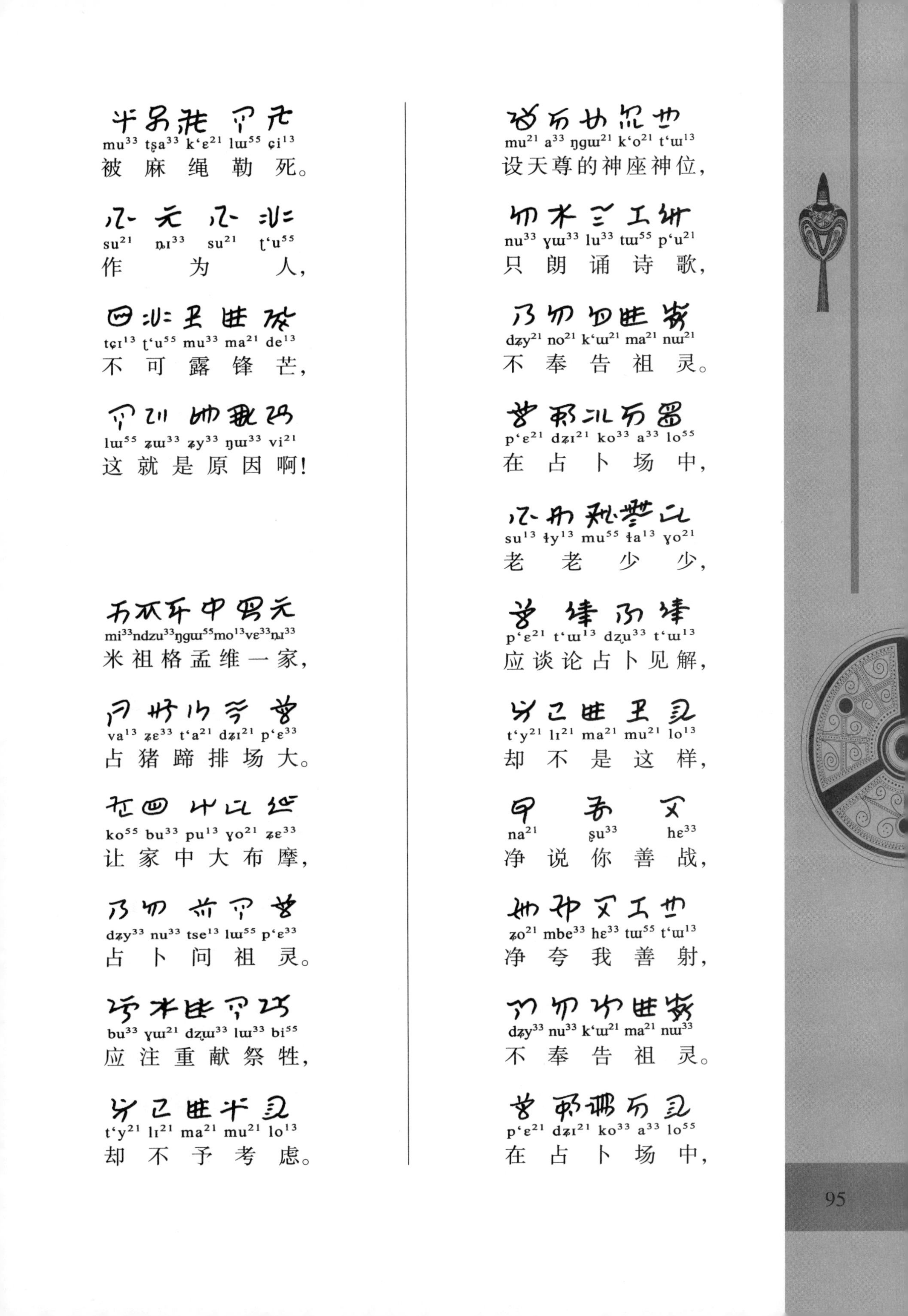

mu^{33} tʂa^{33} k'ɛ^{21} lɯ^{55} ɕi^{13}
被麻绳勒死。

su^{21} n̥ɪ^{33} su^{21} t'u^{55}
作为人，

tɕɪ^{13} t'u^{55} mu^{33} ma^{21} de^{13}
不可露锋芒，

lɯ^{55} ʑɯ^{33} ʑy^{33} ŋɯ^{33} vi^{21}
这就是原因啊！

mi^{33}ndzu^{33}ŋgɯ^{55}mo^{13}vɛ^{33}n̥ɪ^{33}
米祖格孟维一家，

va^{13} ʑɛ^{33} t'a^{21} dʑɪ^{21} p'ɛ^{33}
占猪蹄排场大。

ko^{55} bu^{33} pu^{13} ɣo^{21} ʑɛ^{33}
让家中大布摩，

dʑy^{33} nu^{33} tse^{13} lɯ^{55} p'ɛ^{33}
占卜问祖灵。

bu^{33} ɣɯ^{21} dʐɯ^{33} lɯ^{33} bi^{55}
应注重献祭牲，

t'y^{21} lɪ^{21} ma^{21} mu^{21} lo^{13}
却不予考虑。

mu^{21} a^{33} ŋgɯ^{21} k'o^{21} t'ɯ^{13}
设天尊的神座神位，

nu^{33} ɣɯ^{33} lu^{33} tɯ^{55} p'u^{21}
只朗诵诗歌，

dʑy^{21} no^{21} k'ɯ^{21} ma^{21} nɯ^{21}
不奉告祖灵。

p'ɛ^{21} dʑɪ^{21} ko^{33} a^{33} lo^{55}
在占卜场中，

su^{13} ɬy^{13} mu^{55} ɬa^{13} ɣo^{21}
老老少少，

p'ɛ^{21} t'ɯ^{13} dʐu^{33} t'ɯ^{13}
应谈论占卜见解，

t'y^{21} lɪ^{21} ma^{21} mu^{21} lo^{13}
却不是这样，

na^{21} ʂu^{33} hɛ^{33}
净说你善战，

ʑo^{21} mbe^{33} hɛ^{33} tɯ^{55} t'ɯ^{13}
净夸我善射，

dʑy^{33} nu^{33} k'ɯ^{21} ma^{21} nɯ^{33}
不奉告祖灵。

p'ɛ^{21} dʑɪ^{21} ko^{33} a^{33} lo^{55}
在占卜场中，

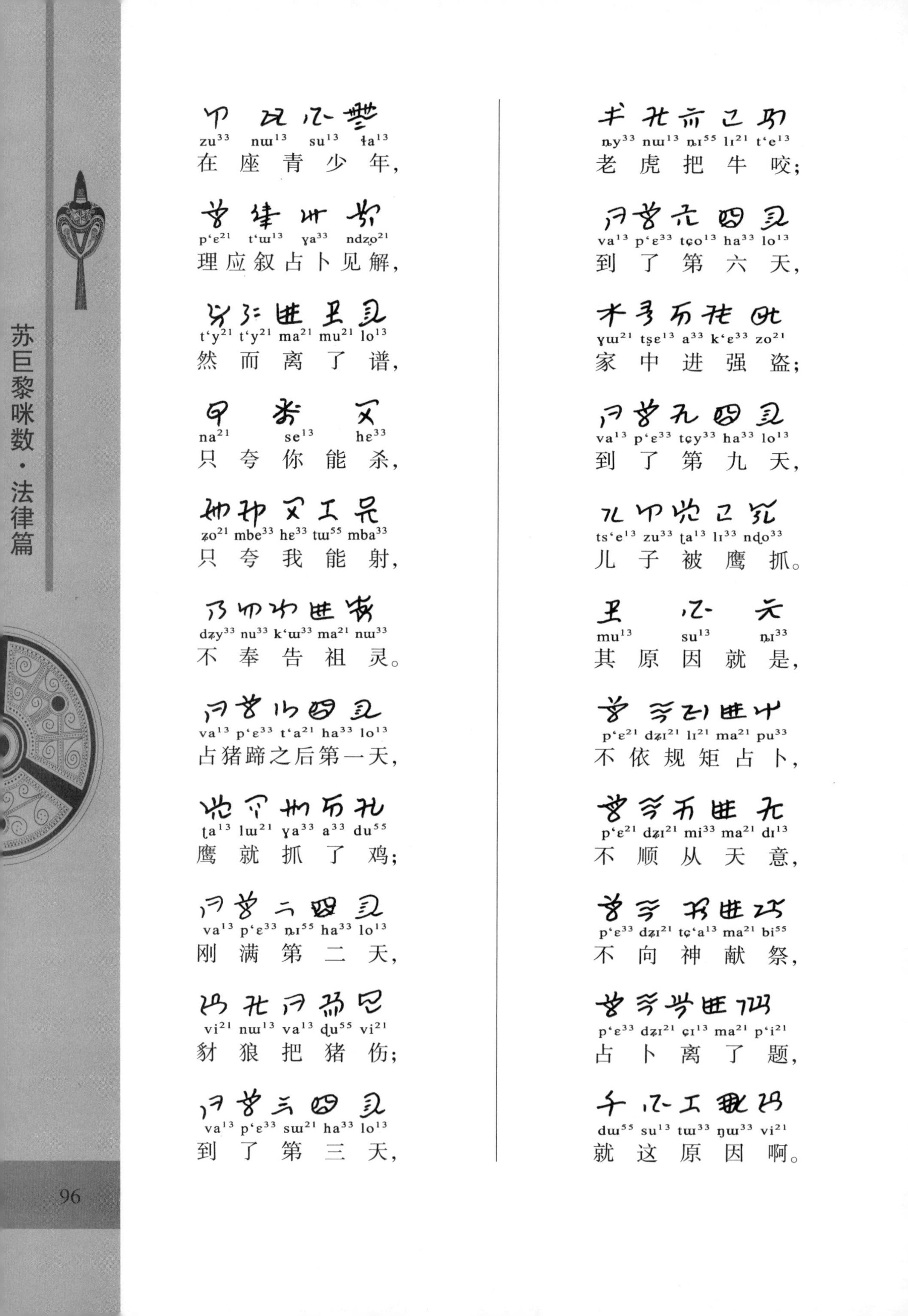

zu^{33} nɯ^{13} su^{13} ɬa^{13}
在 座 青 少 年，

p‘ɛ^{21} t‘ɯ^{13} ɣa^{33} ndʐo^{21}
理应叙占卜见解，

t‘y^{21} t‘y^{21} ma^{21} mu^{21} lo^{13}
然 而 离 了 谱，

na^{21} se^{13} hɛ^{33}
只 夸 你 能 杀，

ʐo^{21} mbe^{33} hɛ^{33} tɯ^{55} mba^{33}
只 夸 我 能 射，

dʑy^{33} nu^{33} k‘ɯ^{33} ma^{21} nɯ^{33}
不 奉 告 祖 灵。

va^{13} p‘ɛ^{33} t‘a^{21} ha^{33} lo^{13}
占猪蹄之后第一天，

ʈa^{13} lɯ^{21} ɣa^{33} a^{33} du^{55}
鹰 就 抓 了 鸡；

va^{13} p‘ɛ^{33} ȵɪ^{55} ha^{33} lo^{13}
刚 满 第 二 天，

vi^{21} nɯ^{13} va^{13} ɖu^{55} vi^{21}
豺 狼 把 猪 伤；

va^{13} p‘ɛ^{33} sɯ^{21} ha^{33} lo^{13}
到 了 第 三 天，

ȵy^{33} nɯ^{13} ȵɪ^{55} lɪ^{21} t‘e^{13}
老 虎 把 牛 咬；

va^{13} p‘ɛ^{33} tɕo^{13} ha^{33} lo^{13}
到 了 第 六 天，

ɣɯ^{21} tʂɛ^{13} a^{33} k‘ɛ^{33} zo^{21}
家 中 进 强 盗；

va^{13} p‘ɛ^{33} tɕy^{33} ha^{33} lo^{13}
到 了 第 九 天，

ts‘e^{13} zu^{33} ʈa^{13} lɪ^{33} nɖo^{33}
儿 子 被 鹰 抓。

mu^{13} su^{13} ȵɪ^{33}
其 原 因 就 是，

p‘ɛ^{21} dʑɪ^{21} lɪ^{21} ma^{21} pu^{33}
不 依 规 矩 占 卜，

p‘ɛ^{21} dʑɪ^{21} mi^{33} ma^{21} dɪ^{13}
不 顺 从 天 意，

p‘ɛ^{33} dʑɪ^{21} tɕ‘a^{13} ma^{21} bi^{55}
不 向 神 献 祭，

p‘ɛ^{33} dʑɪ^{21} ɕɪ^{13} ma^{21} p‘i^{21}
占 卜 离 了 题，

dɯ^{55} su^{13} tɯ^{33} ŋɯ^{33} vi^{21}
就 这 原 因 啊。

pu^{13} ŋgɯ^{55} ɬi^{33} a^{33} tʂe^{33}
布格丽阿旨其人，

lɯ^{55} vɛ^{21} t‘a^{21} lɯ^{33} t‘u^{55}
制个祖灵桶，

vɛ^{21} t‘u^{55} sɯ^{21} ha^{33} lo^{13}
刚过了三天，

ɣa^{21} pi^{13} ʈa^{13} lɪ^{21} ndo^{33}
家中公鸡被鹰抓，

vɛ^{21} t‘u^{55} tɕ‘o^{13} ha^{33} lo^{13}
到了第六天，

va^{13} ts‘ɯ^{21} vi^{13} lɪ^{21} t‘e^{13}
肥猪被狼咬死，

vɛ^{21} t‘u^{55} tɕy^{33} ȵɪ^{21} lo^{13}
到了第九天，

ȵy^{33} ts‘ɯ^{21} ȵɪ^{55} lɪ^{21} ʑo^{21}
壮牛被老虎逮去。

pu^{13} ɬi^{33} a^{33} tʂe^{33} ȵɪ^{33}
布丽阿旨，

tɕ‘i^{55} a^{33} ho^{21} mi^{21} lɪ^{33}
好比用羊毛，

ɕy^{33} t‘u^{33} lɯ^{55} lɯ^{33}
用力擀毡子，

ʑɛ^{21} ŋgɯ^{55} ho^{21} ho^{21}
诚惶诚恐，

ndʐu^{55} p‘a^{33} t‘o^{33} t‘o^{33} lɯ^{33}
如足踏树叶，

vɛ^{21} pu^{33} a^{33} gɛ^{21} ma^{13}
求祖灵桶明示：

ts‘ɯ^{21} ŋgɯ^{55} ʑɛ^{55} na^{33} ʑy^{21}
“灾难深重的原因，

ts‘ɯ^{21} vu^{55} dzu^{33} a^{33} na^{33}
是尊贵如虎的祖宗您，

na^{21}t‘u^{55}dzɯ^{21}ŋɯ^{33}lo^{33}dɪ^{13}
被冒犯所致吗？”

lɯ^{55} vɛ^{21} ko^{33} a^{33} lo^{55}
从祖灵桶里面，

tʂ‘o^{33} tʂu^{13} nɛ^{13} ŋa^{33} ɖe^{13}
传出铃声似鸟鸣：

ʑo^{21} t‘u^{55} ʑy^{33}
“并非因为安置我，

ʑo^{21} t‘u^{55} dzɯ^{21} ma^{55} ŋɯ^{21}
也不是把我冒犯！

ʑo^{21} t‘u^{55} sɯ^{21} ha^{13} lo^{13}
把我安置三天后，

mi^{21} ndʑo^{55} tʂ'ɯ^{21} tʂ'ɯ^{55} ly^{21}
水神向我要饭吃，

ʑo^{21} tʂo^{13} ɣa^{33} lo^{33} t'o^{21}
我只好动鸡；

ʑo^{21} t'u^{55} tɕ'o^{13} ha^{33} lo^{13}
到了第六天，

sɿ^{33} ɬi^{13} tʂ'ɯ^{21} tʂ'ɯ^{55} ly^{21}
岩神向我要饭吃，

ʑo^{21} tʂo^{13} va^{13} lo^{33} t'o^{21}
我只好牵猪；

ʑo^{21} t'u^{55} tɕy^{33} ha^{33} lo^{13}
到了第九天，

ɬu^{13} to^{33} tʂ'ɯ^{21} tʂ'ɯ^{55} ly^{21}
山神向我要饭吃，

ʑo^{21} tʂo^{13} ȵy^{33} lo^{33} t'o^{21}
我只好牵牛，

mu^{21} su^{13} ȵɪ^{33} ŋɯ^{33} lu^{33}
原因就这样。

ʑɯ^{55}ɣo^{21}hɛ^{33}mu^{33}a^{33}t'o^{21}ɖu^{33}
行好没得好结果，

ndʐu^{55} mu^{21} a^{33} ʑi^{55} bɛ^{21}
反以怨报德，

ndʐɿ^{55} mu^{33} no^{33} no^{13} nɛ^{55}
行正事却失威信，

t'a^{21} lɯ^{33} mu^{33} ʑɯ^{33} gɯ^{33}
是这么回事。

ʑo^{21} ȵo^{33} ma^{21} ɣɯ^{21} ȵɪ^{33}
我不得安宁，

p'i^{55} ȵo^{33} ŋo^{21} dʐo^{21} sɿ^{33}
祖宗与鄂莫相处[30]，

ŋo^{21} a^{33} ɣɯ^{21} tse^{13} vi^{21}
由鄂莫摆布，

p'i^{33} ȵo^{21} mo^{21} dʐo^{21} sɿ^{33}
祖宗与鄂莫相处，

mo^{21} a^{33} ɣɯ^{21} tse^{13} vi^{21}
凭鄂莫支配。

su^{21} p'i^{55} mu^{33} kɯ^{13} ȵɪ^{33}
人家祖宗会为人，

na^{21} p'i^{55} mu^{33} ma^{21} kɯ^{13}
你的祖宗不会为人。

vɛ^{21} ȵy^{21} ŋa^{33} tse^{13}
祖灵桶以鸟形为装饰，

sɯ^{21} ʑɯ^{33} gɯ^{55} ku^{33} a^{33}
也作了祭奠，

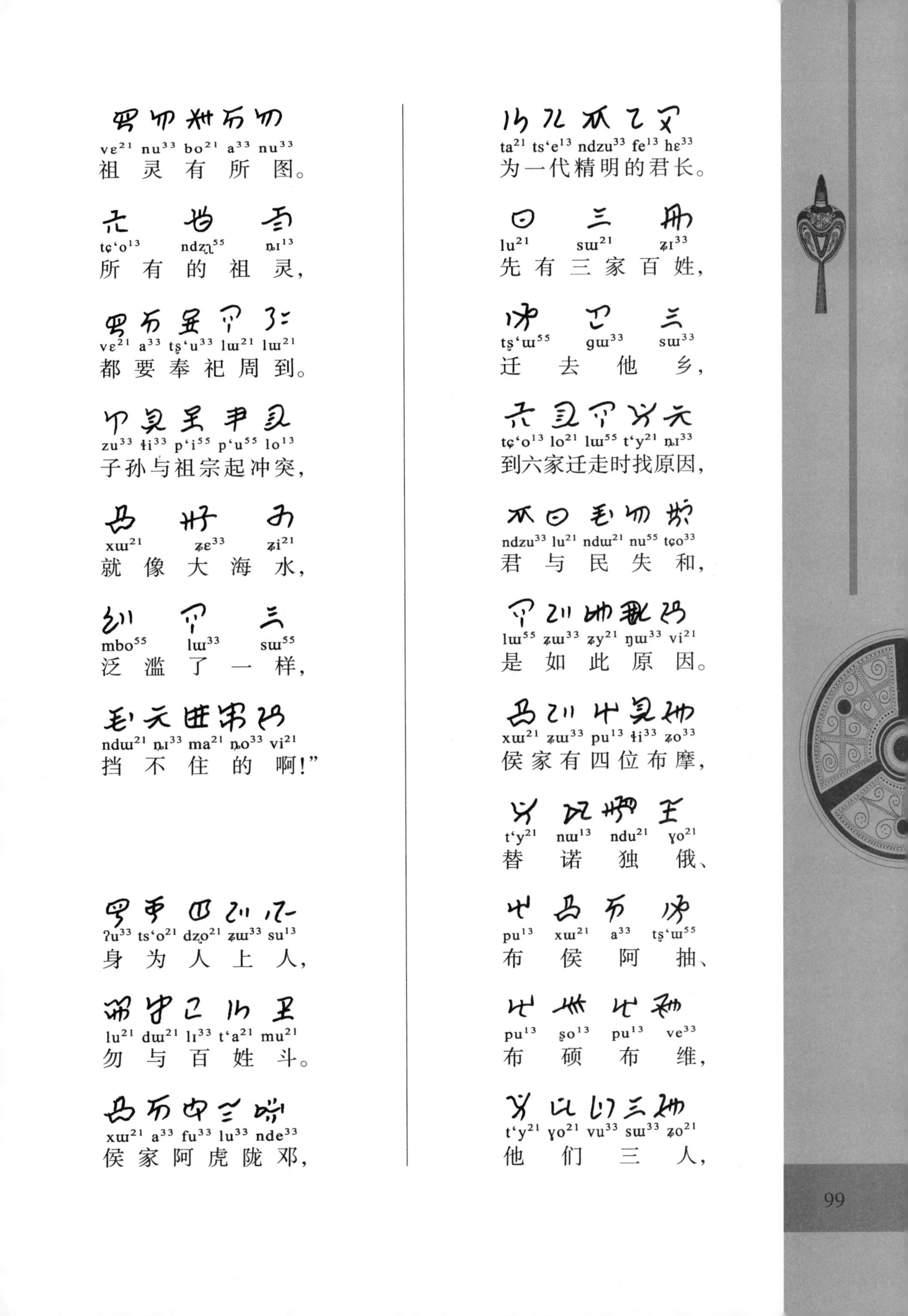

vε^{21} nu^{33} bo^{21} a^{33} nu^{33}
祖灵有所图。

tɕ'o^{13} ndzʅ^{55} n̥ɪ^{13}
所有的祖灵，

vε^{21} a^{33} tʂ'u^{33} lɯ^{21} lɯ^{21}
都要奉祀周到。

zu^{33} ɬi^{33} p'i^{55} p'u^{55} lo^{13}
子孙与祖宗起冲突，

xɯ^{21} ʑε^{33} ʑi^{21}
就像大海水，

mbo^{55} lɯ^{33} sɯ^{55}
泛滥了一样，

ndɯ^{21} n̥ɪ^{33} ma^{21} n̥o^{33} vi^{21}
挡不住的啊！”

ʔu^{33} ts'o^{21} dzo^{21} ʑɯ^{33} su^{13}
身为人上人，

lu^{21} dɯ^{21} lɪ^{33} t'a^{21} mu^{21}
勿与百姓斗。

xɯ^{21} a^{33} fu^{33} lu^{33} nde^{33}
侯家阿虎陇邓，

ta^{21} ts'e^{13} ndzu^{33} fe^{13} hε^{33}
为一代精明的君长。

lu^{21} sɯ^{21} ʑɪ^{33}
先有三家百姓，

tʂ'ɯ^{55} gɯ^{33} sɯ^{33}
迁去他乡，

tɕ'o^{13} lo^{21} lɯ^{55} t'y^{21} n̥ɪ^{33}
到六家迁走时找原因，

ndzu^{33} lu^{21} ndɯ^{21} nu^{55} tɕo^{33}
君与民失和，

lɯ^{55} ʑɯ^{33} ʑy^{21} ŋɯ^{33} vi^{21}
是如此原因。

xɯ^{21} ʑɯ^{33} pu^{13} ɬi^{33} ʑo^{33}
侯家有四位布摩，

t'y^{21} nɯ^{13} ndu^{21} ɣo^{21}
替诺独俄、

pu^{13} xɯ^{21} a^{33} tʂ'ɯ^{55}
布侯阿抽、

pu^{13} ʂo^{13} pu^{13} ve^{33}
布硕布维，

t'y^{21} ɣo^{21} vu^{33} sɯ^{33} ʑo^{21}
他们三人，

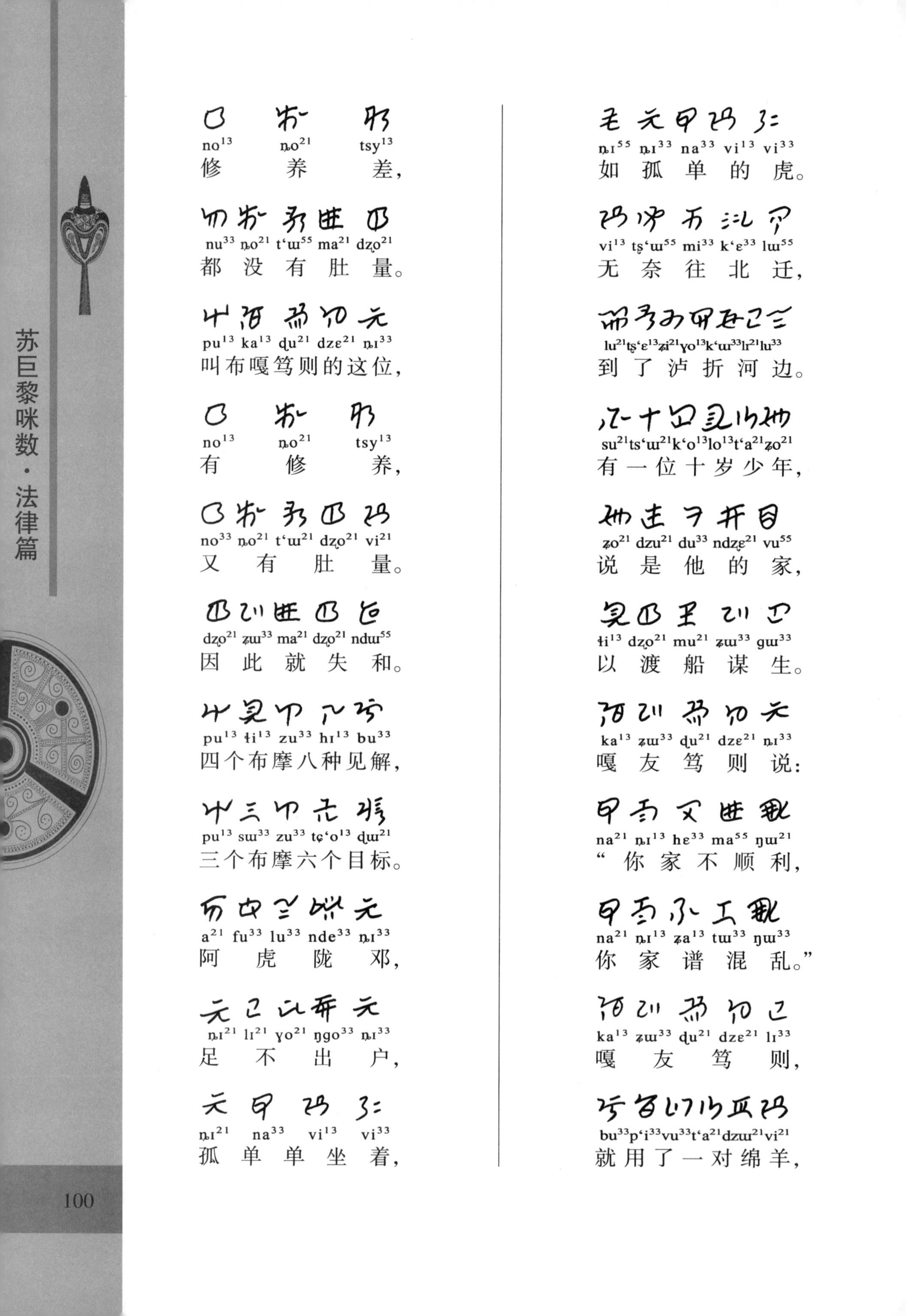

no^{13} ȵo^{21} tsy^{13}

修 养 差，

nu^{33} ȵo^{21} t'ɯ^{55} ma^{21} dʐo^{21}

都没有肚量。

pu^{13} ka^{13} ɖu^{21} dzɛ^{21} ȵɪ^{33}

叫布嘎笃则的这位，

no^{13} ȵo^{21} tsy^{13}

有 修 养，

no^{33} ȵo^{21} t'ɯ^{21} dʐo^{21} vi^{21}

又 有 肚 量。

dʐo^{21} ʑɯ^{33} ma^{21} dʐo^{21} ndɯ^{55}

因此就失和。

pu^{13} ɬi^{13} zu^{33} hɪ^{13} bu^{33}

四个布摩八种见解，

pu^{13} sɯ^{33} zu^{33} tɕ'o^{13} ɖɯ^{21}

三个布摩六个目标。

a^{21} fu^{33} lu^{33} nde^{33} ȵɪ^{33}

阿 虎 陇 邓，

ȵɪ^{21} lɪ^{21} ɣo^{21} ŋgo^{33} ȵɪ^{33}

足 不 出 户，

ȵɪ^{21} na^{33} vi^{13} vi^{33}

孤单单坐着，

ȵɪ^{55} ȵɪ^{33} na^{33} vi^{13} vi^{33}

如孤单的虎。

vi^{13} tʂ'ɯ^{55} mi^{33} k'ɛ^{33} lɯ^{55}

无奈往北迁，

lu^{21}tʂ'ɛ^{13}ʑi^{21}ɣo^{13}k'ɯ^{33}lɪ^{21}lu^{33}

到了泸折河边。

su^{21}ts'ɯ^{21}k'o^{13}lo^{13}t'a^{21}ʑo^{21}

有一位十岁少年，

ʑo^{21} dzu^{21} du^{33} ndʐɛ^{21} vu^{55}

说是他的家，

ɬi^{13} dʐo^{21} mu^{21} ʑɯ^{33} gɯ^{33}

以渡船谋生。

ka^{13} ʑɯ^{33} ɖu^{21} dzɛ^{21} ȵɪ^{33}

嘎友笃则说：

na^{21} ȵɪ^{13} hɛ^{33} ma^{55} ŋɯ^{21}

“你家不顺利，

na^{21} ȵɪ^{13} ʑa^{13} tɯ^{33} ŋɯ^{33}

你家谱混乱。”

ka^{13} ʑɯ^{33} ɖu^{21} dzɛ^{21} lɪ^{33}

嘎友笃则，

bu^{33}p'i^{33}vu^{33}t'a^{21}dzɯ^{21}vi^{21}

就用了一对绵羊，

ȵɪ13 ʑa13 ŋgu21 du33 vi21
把他家谱理顺。

tɕʻi55 ʑɯ33 tʻa21 ʑo21 kʻɯ21
后来娶妻，

ɕi55 tsʻɯ21 ɕi55 kʻo13 lo21
七十七岁时，

zu33 hɛ33 tʻa21 ʑo21 ʑo33
生一聪明子，

a21 lu33 bi55 dʐɯ33 mɛ13
取名阿鲁毕旨。

ka13 ʑɯ33 ɖu21 dzɛ21 ȵɪ33
嘎友笃则，

mi33 kʻɛ33 dʐo21 lɯ33 lɯ33
就定居北边。

a21 fu33 lu33 nde33 ȵɪ21
阿虎陇邓，

kʻo13 ʑɯ33 nɛ13 ŋa33 no21
是年得怪病，

hu21 ʑɯ33 bu33 ŋge33 ʂʅ33
是月体虚弱，

tu13 ŋgu21 mu21 ma21 de13
千般治不愈，

hɪ21 tsʻʅ33 ndo21 ma21 kʻu55
万种药无效，

sɯ21 ʑɯ33 dʐa33 a33 lu33
成了这个样。

a21 fu33 lu33 nde33 ȵɪ33
阿虎陇邓，

a21 mi21 ʑo21 lɪ21 ma55
说他昨晚做梦，

pu13 nu33 ʂɛ13 dzɯ21 dzɯ21
见身手不凡的布摩，

ta21 ʑo21 ʂo13 du21 ɬɛ13 du21 tɯ33
手持松桃杖，

ɖu21 dzɛ21 lu33 tsu55
为笃则鲁租家，

ɣo21 tʻu33 ȵɪ13 mu21
设神位祭祖，

dʑo55 ȵy33 tʻe13 dʐa33 lu33
使用了牛牲。

li21 mi55 du55 sɯ21 kɯ33
深奥的问题，

a21 bu33 a21 tɕɪ13 lo33 no13
向阿婕阿借求教。

t‘y^{21} mi^{33} tɕy^{33} ma^{55} lɯ^{21}
他没上天去，

tɕɪ^{13} dzo^{33} t‘y^{21} lɪ^{21} ho^{21}
却知星运行。

t‘y^{21} mi^{13} t‘a^{21} ma^{55} lɯ^{21}
他未深入地，

ʂʅ^{33} ɬi^{55} t‘y^{21} lɪ^{21} sɛ^{55}
却懂得地理。

pu^{13} ka^{13} ɖu^{21} dzɛ^{21} ŋga^{13}
专请布摩嘎友笃则。

a^{21} fu^{33} lu^{33} nde^{33}
阿虎陇邓，

no^{21} k‘ɯ^{21} tɕy^{33} ha^{33} lo^{13}
得病九天后，

ʈ‘u^{13} mi^{33} sɯ^{55} ʑɯ^{33} t‘ɯ^{33}
若黎明降临，

hɛ^{33} lɪ^{21} su^{13} ŋɯ^{33} vi^{21}
病痊愈了啊。

xɯ^{21} ʑɯ^{33} ɣɯ^{21} lɯ^{55} n̥ɪ^{33}
侯友欧娄这人，

k‘o^{13} ʑɯ^{33} nɛ^{13} ŋa^{33} no^{21}
当年得怪病，

hu^{21}ʑɯ^{33}bu^{33}ŋge^{33}ʂʅ^{33}dʐa^{33}lu^{33}
当月身体虚弱。

ʑi^{21} tʂʅ^{33} nɯ^{55} bi^{33}
就往益旨诺毕地方，

ʑi^{21} vi^{33} a^{33} ndzu^{55} ɬi^{33}
请益迂阿租的孙子[31]，

n̥ɪ^{55} k‘ɯ^{33} pu^{13} dzɛ^{21} ŋga^{13}
叫做尼叩布则的[32]，

ko^{33} dɯ^{33} so^{21} ʑɯ^{33} n̥o^{33}
就在家里面，

va^{13}pɛ^{21}ɣa^{33}hu^{21}tse^{13}n̥ɪ^{33}ɣo^{21}
举行占猪蹄活动。

p‘ɛ^{21} mi^{21} dzo^{33} lɯ^{55} ɣo^{21}
占出路数来，

ko^{55} bu^{33} pu^{13} ɣo^{21} ʑɛ^{33}
家中大布摩，

t‘y^{21} tɕɪ^{13} su^{13} ma^{21} dʐo^{21}
没有人能解。

p‘ɛ^{21} ʈ‘u^{13} sɯ^{33} ʑi^{55} ndʐo^{21}
又连占三次，

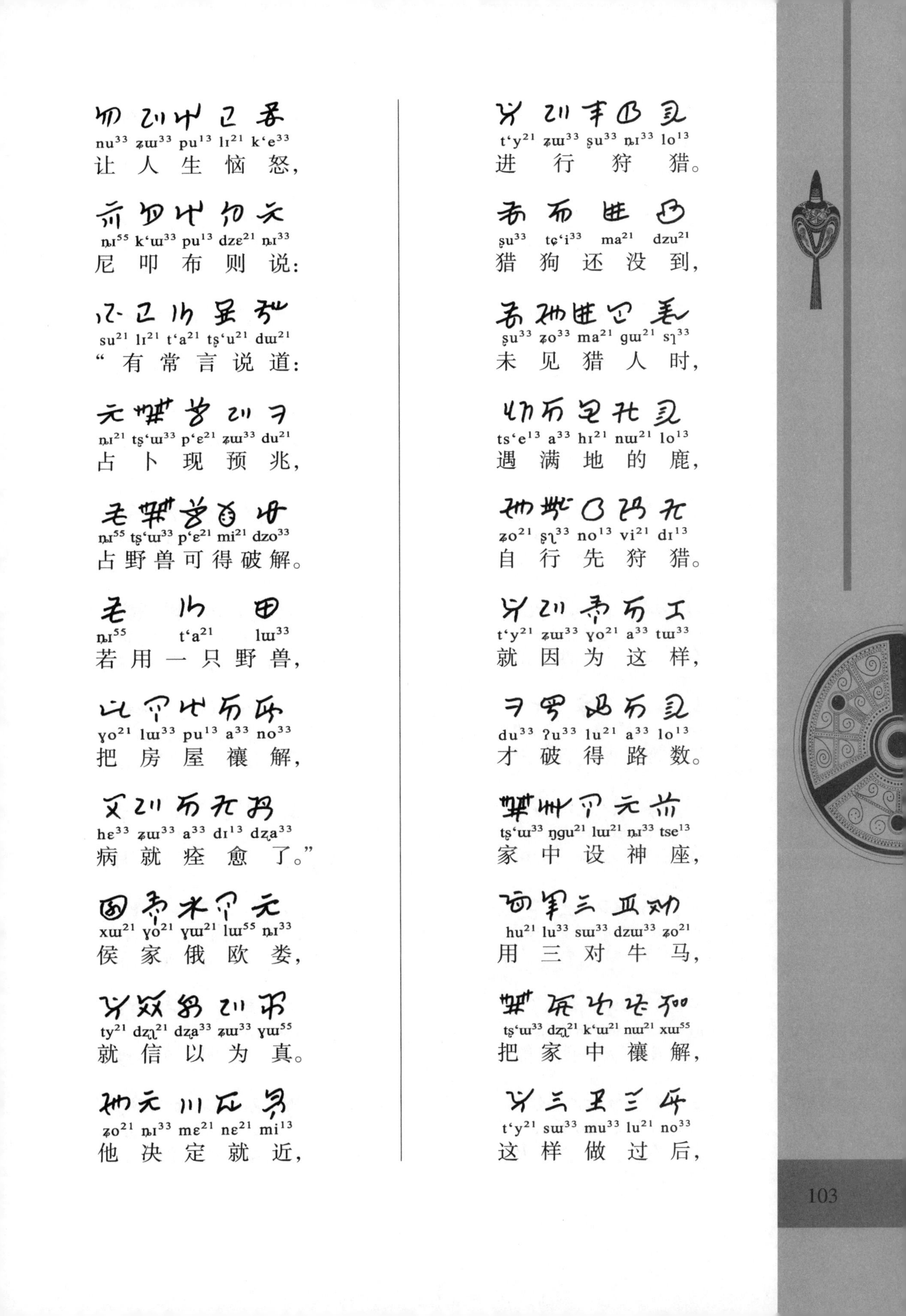

nu^{33} ʑɯ^{33} pu^{13} lɪ^{21} k'e^{33}
让 人 生 恼 怒，

n̥ɪ^{55} k'ɯ^{33} pu^{13} dzɛ^{21} n̥ɪ^{33}
尼 叩 布 则 说：

su^{21} lɪ^{21} t'a^{21} tʂ'u^{21} dɯ^{21}
“有 常 言 说 道：

n̥ɪ^{21} tʂ'ɯ^{33} p'ɛ^{21} ʑɯ^{33} du^{21}
占 卜 现 预 兆，

n̥ɪ^{55} tʂ'ɯ^{33} p'ɛ^{21} mi^{21} dzo^{33}
占野兽可得破解。

n̥ɪ^{55} t'a^{21} lɯ^{33}
若 用 一 只 野 兽，

ɣo^{21} lɯ^{33} pu^{13} a^{33} no^{33}
把 房 屋 禳 解，

hɛ^{33} ʑɯ^{33} a^{33} dɪ^{13} dʐa^{33}
病 就 痊 愈 了。”

xɯ^{21} ɣo^{21} ɣɯ^{21} lɯ^{55} n̥ɪ^{33}
侯 家 俄 欧 娄，

ty^{21} dʐʅ^{21} dʐa^{33} ʑɯ^{33} ɣɯ^{55}
就 信 以 为 真。

ʑo^{21} n̥ɪ^{33} mɛ^{21} nɛ^{21} mi^{13}
他 决 定 就 近，

t'y^{21} ʑɯ^{33} ʂu^{33} n̥ɪ^{33} lo^{13}
进 行 狩 猎。

ʂu^{33} tɕ'i^{33} ma^{21} dzu^{21}
猎 狗 还 没 到，

ʂu^{33} ʑo^{33} ma^{21} gɯ^{21} sʅ^{33}
未 见 猎 人 时，

ts'e^{13} a^{33} hɪ^{21} nɯ^{21} lo^{13}
遇 满 地 的 鹿，

ʑo^{21} ʂʅ^{33} no^{13} vi^{21} dɪ^{13}
自 行 先 狩 猎。

t'y^{21} ʑɯ^{33} ɣo^{21} a^{33} tɯ^{33}
就 因 为 这 样，

du^{33} ʔu^{33} lu^{21} a^{33} lo^{13}
才 破 得 路 数。

tʂ'ɯ^{33} ŋgu^{21} lɯ^{21} n̥ɪ^{33} tse^{13}
家 中 设 神 座，

hu^{21} lu^{33} sɯ^{33} dzɯ^{33} ʑo^{21}
用 三 对 牛 马，

tʂ'ɯ^{33} dʐʅ^{21} k'ɯ^{21} nɯ^{21} xɯ^{55}
把 家 中 禳 解，

t'y^{21} sɯ^{33} mu^{33} lu^{21} no^{33}
这 样 做 过 后，

xɯ^{21} ɣo^{21} ɣɯ^{21} lɯ^{55} ȵɪ^{33}
侯 友 欧 娄,

t‘u^{13} mi^{33} t‘ɯ^{33} xo^{21} sɯ^{55}
犹 黎 明 到 来,

hɛ^{33} lɯ^{55} no^{13} dɪ^{13} dʐɯ^{33}
病 也 就 好 了。

ʑi^{21} ly^{33} pu^{13} to^{33} ȵɪ^{33}
益 里 布 朵,

mi^{33} ɬo^{13} lɯ^{55} a^{33} dɪ^{13}
有 事 去 西 部,

p‘u^{21} ʑɯ^{33} dʐɯ^{21} mo^{21}
遇 濮 尤 直 蒙,

hu^{33} t‘u^{21} ȵɪ^{33} ʑɯ^{33} k‘ɯ^{33}
在必经之地捕鱼。

mɛ^{33} to^{13} p‘a^{13} mu^{33} lu^{33}
岸 边 烧 有 火,

ȵɪ^{55} pu^{33} no^{33} ȵɪ^{33} ȵɪ^{33}
两 岸 火 熊 熊,

sɯ^{33} pu^{33} t‘a^{21} dʑɪ^{33} dzo^{33}
燃 有 三 堆 火,

mɛ^{33} to^{13} sɯ^{33} du^{21}
从 三 堆 火 中,

t‘a^{21} dʑɪ^{33} mu^{33} lɯ^{33} bi^{55}
取一把火种相送。

ʑo^{21} lɪ^{21} ȵɪ^{13} hɛ^{33} vi^{21}
说他家门不幸,

ʑo^{21} t‘a^{33} ʑo^{21} tɯ^{55} dzɿ^{21}
只 剩 他 一 人。

ʑi^{21} ly^{33} pu^{13} to^{33} ȵɪ^{33}
益 里 布 朵 说:

t‘y^{21} ȵɪ^{13} hɛ^{33} ma^{55} ŋɯ^{21}
“并非家门不幸,

t‘y^{21} ȵɪ^{13} ʑa^{13} tɯ^{33} ŋɯ^{33}
只 是 家 谱 乱。”

sɯ^{33} hu^{21} lo^{13} lu^{21} no^{33}
过 了 三 个 月,

va^{13} ho^{21} t‘a^{21} dzɯ^{21} vi^{21}
用 一 对 猪 羊,

ɣo^{21} dʑi^{33} mu^{55} hy^{13} ŋga^{13}
请 高 明 布 摩,

tɕo^{55} ʑɯ^{33} ɣo^{21} ts‘ɛ^{13} t‘ɯ^{13}
把 家 中 清 扫。

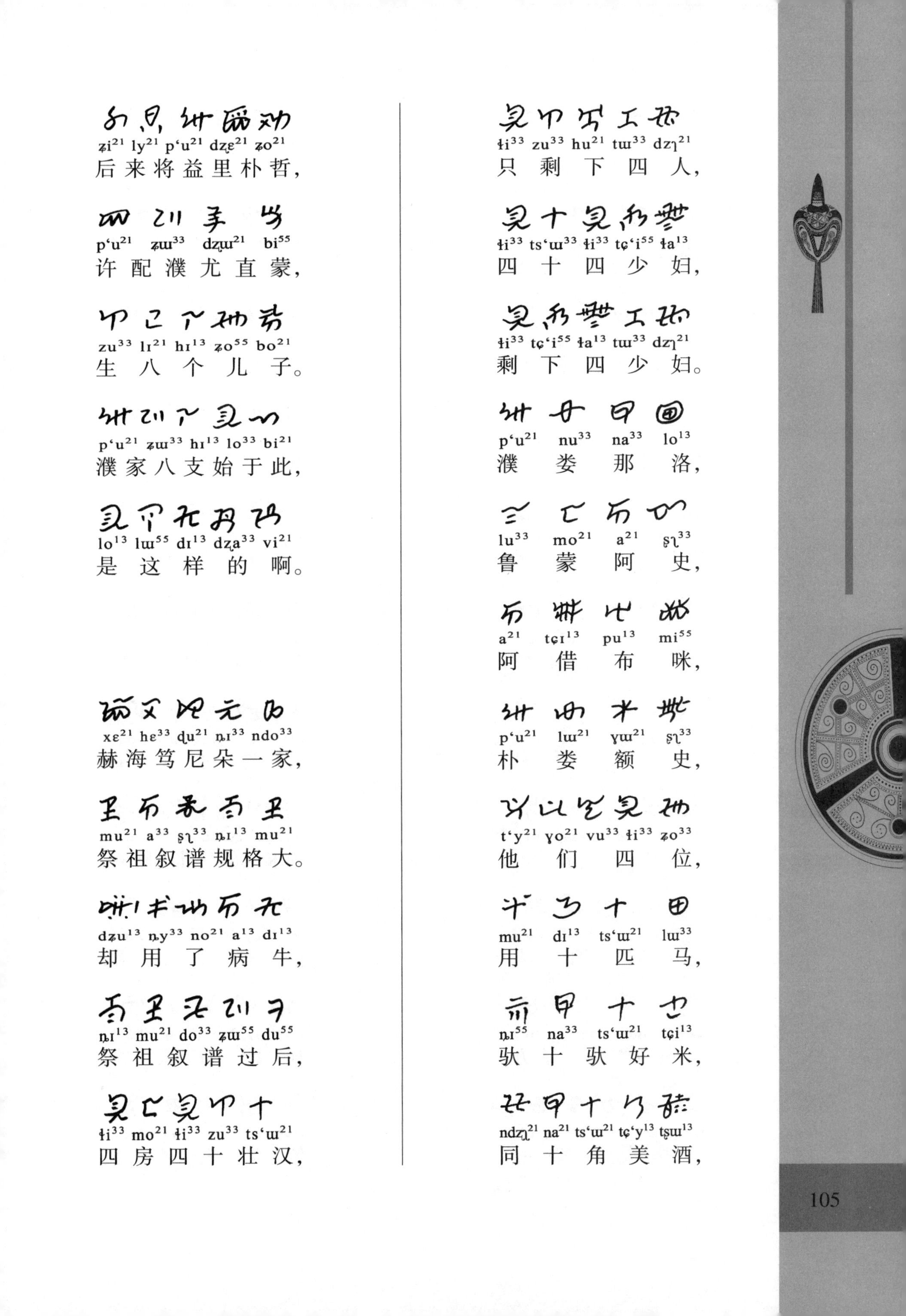

ʑi^{21} ly^{21} pʻu^{21} dʐɛ^{21} ʑo^{21}
后来将益里朴哲，

pʻu^{21} ʑɯ^{33} dʐɯ^{21} bi^{55}
许配濮尤直蒙，

zu^{33} lɪ^{21} hɪ^{13} ʑo^{55} bo^{21}
生 八 个 儿 子。

pʻu^{21} ʑɯ^{33} hɪ^{13} lo^{33} bi^{21}
濮家八支始于此，

lo^{13} lɯ^{55} dɪ^{13} dʐa^{33} vi^{21}
是 这 样 的 啊。

xɛ^{21} hɛ^{33} ɖu^{21} ȵɪ^{33} ndo^{33}
赫海笃尼朵一家，

mu^{21} a^{33} ʂʅ^{33} ȵɪ^{13} mu^{21}
祭祖叙谱规格大。

dʐu^{13} ȵy^{33} no^{21} a^{13} dɪ^{13}
却 用 了 病 牛，

ȵɪ^{13} mu^{21} do^{33} ʑɯ^{55} du^{55}
祭 祖 叙 谱 过 后，

ɬi^{33} mo^{21} ɬi^{33} zu^{33} tsʻɯ^{21}
四 房 四 十 壮 汉，

ɬi^{33} zu^{33} hu^{21} tɯ^{33} dzʅ^{21}
只 剩 下 四 人，

ɬi^{33} tsʻɯ^{33} ɬi^{33} tɕʻi^{55} ɬa^{13}
四 十 四 少 妇，

ɬi^{33} tɕʻi^{55} ɬa^{13} tɯ^{33} dzʅ^{21}
剩 下 四 少 妇。

pʻu^{21} nu^{33} na^{33} lo^{13}
濮 娄 那 洛，

lu^{33} mo^{21} a^{21} ʂʅ^{33}
鲁 蒙 阿 史，

a^{21} tɕɪ^{13} pu^{13} mi^{55}
阿 借 布 咪，

pʻu^{21} lɯ^{21} ɣɯ^{21} ʂʅ^{33}
朴 娄 额 史，

tʻy^{21} ɣo^{21} vu^{33} ɬi^{33} ʑo^{33}
他 们 四 位，

mu^{21} dɪ^{13} tsʻɯ^{21} lɯ^{33}
用 十 匹 马，

ȵɪ^{55} na^{33} tsʻɯ^{21} tɕi^{13}
驮 十 驮 好 米，

ndʐʅ^{21} na^{21} tsʻɯ^{21} tɕʻy^{13} tʂɯ^{13}
同 十 角 美 酒，

tʂo^{55} tsʻɯ^{21} ʑo^{33} tɕo^{55}
带 十 名 随 从，

ndʑo^{13} lɯ^{55} da^{33} lo^{21}
到觉娄打洛地方，

lɛ^{21} pu^{13} ŋɛ^{21} a^{33} tʂʻɯ^{55} lo^{33}
向 勒 布 额 阿 抽，

li^{21} mu^{21} nu^{13} mu^{33} lu^{33}
把 原 因 请 教。

lɛ^{21} pu^{13} a^{33} tʂʻɯ^{55} ɳɪ^{33}
勒 布 阿 抽 说：

ʑo^{21} li^{21} mi^{55} sɯ^{33} bo^{21}
“我有三种本领，

ɳɪ^{55} bo^{21} xɯ^{55} ʑɯ^{33} gɯ^{21}
已 丧 失 两 种。”

tʻy^{21} li^{21} mu^{33} ma^{21} bi^{55}
得 到 指 教 后，

tʻy^{21} ɣo^{21} vu^{33} ɬi^{33} ʑo^{33}
他 们 四 人，

kɯ^{55} lɯ^{21} fa^{13} ʈʻu^{13}
又到勾娄珐吐地方，

bi^{21} dɛ^{21} pu^{13} ʔu^{33} ʈʻu^{13}
都 毕 德 布 翁 吐，

tʻy^{21} dʐo^{21} lu^{33} ʑɯ^{33} kʻɯ^{33}
居 住 的 府 上。

bi^{21} dɛ^{21} pu^{13} ʔu^{33} ʈʻu^{13}
毕 德 布 翁 吐，

mu^{55} mi^{55} ndy^{55} ʑɯ^{33} vu^{33}
绞 尽 了 脑 汁，

tsʻɯ^{21} da^{33} ŋu^{33} ma^{21} ɣo^{21}
却 事 倍 功 半，

tʻy^{21} li^{21} mi^{55} ma^{21} bi^{55}
得 不 到 良 策。

ɳɪ^{21} ɣo^{21} vu^{33} ɬi^{33} ʑo^{33}
“他 们 四 位 啊，

li^{21} mi^{55} nu^{33} a^{33} no^{33}
若 要 讨 良 策，

mi^{33}kʻɛ^{33}ɖu^{21}tu^{13}vi^{21}a^{33}ŋɯ^{55}
须求北部笃杜迁阿欧，

mi^{33} tɕy^{55} tɕɪ^{13} ma^{21} lɯ^{21}
他 虽 未 上 天，

tɕɪ^{13} dzo^{33} tʻy^{21} lɪ^{21} ho^{21}
却 精 通 天 象；

tʻy^{21} mi^{13} tʻa^{55} ma^{55} lɯ^{21}
他 虽 未 入 地，

ʂʅ^{33} ɬi^{55} tʻy^{21} lɪ^{21} sɛ^{55}
却精通地理，

tʻy^{21} lo^{33} no^{13} lɯ^{55} dɪ^{13}
必须请教他！”

lu^{33} mo^{21} a^{21} ʂʅ^{33}
鲁蒙阿史，

mu^{33} dɪ^{13} no^{13} dɪ^{13} kʻo^{13}
因马乏而返。

tʻy^{21} ɣo^{21} vu^{33} sɯ^{33} ʑo^{21}
一行三人，

ɖu^{21} tu^{13} vi^{21} a^{33} ŋɯ^{55}
来到笃杜迂阿欧，

dʐo^{21} lu^{21} kʻɯ^{33} lɪ^{21} lu^{33}
居住的府上。

ɖu^{21} tu^{13} vi^{21} a^{33} ŋɯ^{55}
笃杜迂阿欧，

tʂʻɯ^{21} tʻy^{21} hɪ^{21} ʑɛ^{33} tɕo^{55}
以上宾之礼，

ʈʻu^{13} ɕy^{33} ʑɛ^{21} ɕy^{33} ɬɯ^{13}
身着盛装，

dze^{13} ɬu^{13} ɳdʑo^{55} ɬu^{13} kʻo^{13}
殷勤地接待。

tʻy^{21} a^{33} ɳɪ^{33} dʐa^{33} lu^{33}
这样了过后，

tʻy^{21} a^{33} ʑo^{21} mba^{33} lɯ^{33}
才开口问道：

ɳɪ^{21} sɯ^{33} kʻo^{33} ʑɯ^{33} lɯ^{55}
“要到哪里去，

na^{21} ʑɯ^{33} ɣo^{21} ʑɯ^{33} sɯ^{33}
你一行三人？”

ʑo^{21} ɳɪ^{33} mu^{33} nɛ^{55} tɪ^{13} ɣɯ^{21}
“我们寻走失的马，

tʂa^{33} ge^{33} ʂu^{13} tɯ^{33} ŋɯ^{33}
找断落的绳！”

ɖu^{21} tu^{13} vi^{21} a^{33} ŋɯ^{55}
笃杜迂阿欧说：

ʑo^{21} dʐo^{21} ʑo^{21} ʑɯ^{33} ɳo^{21}
“在我的眼里，

lu^{13}ʂɛ^{13}gɯ^{55}du^{21}tʂʻʅ^{21}lɯ^{55}ɳɪ^{33}
蛟龙飞鹤都见过，

ɳɪ^{33} sɯ^{33} tɯ^{55} ma^{21} bu^{33}
不单你三位。

ɳɪ^{21} ɬi^{33} tɯ^{33} ŋɯ^{33} vi^{21}
你们一行是四人，

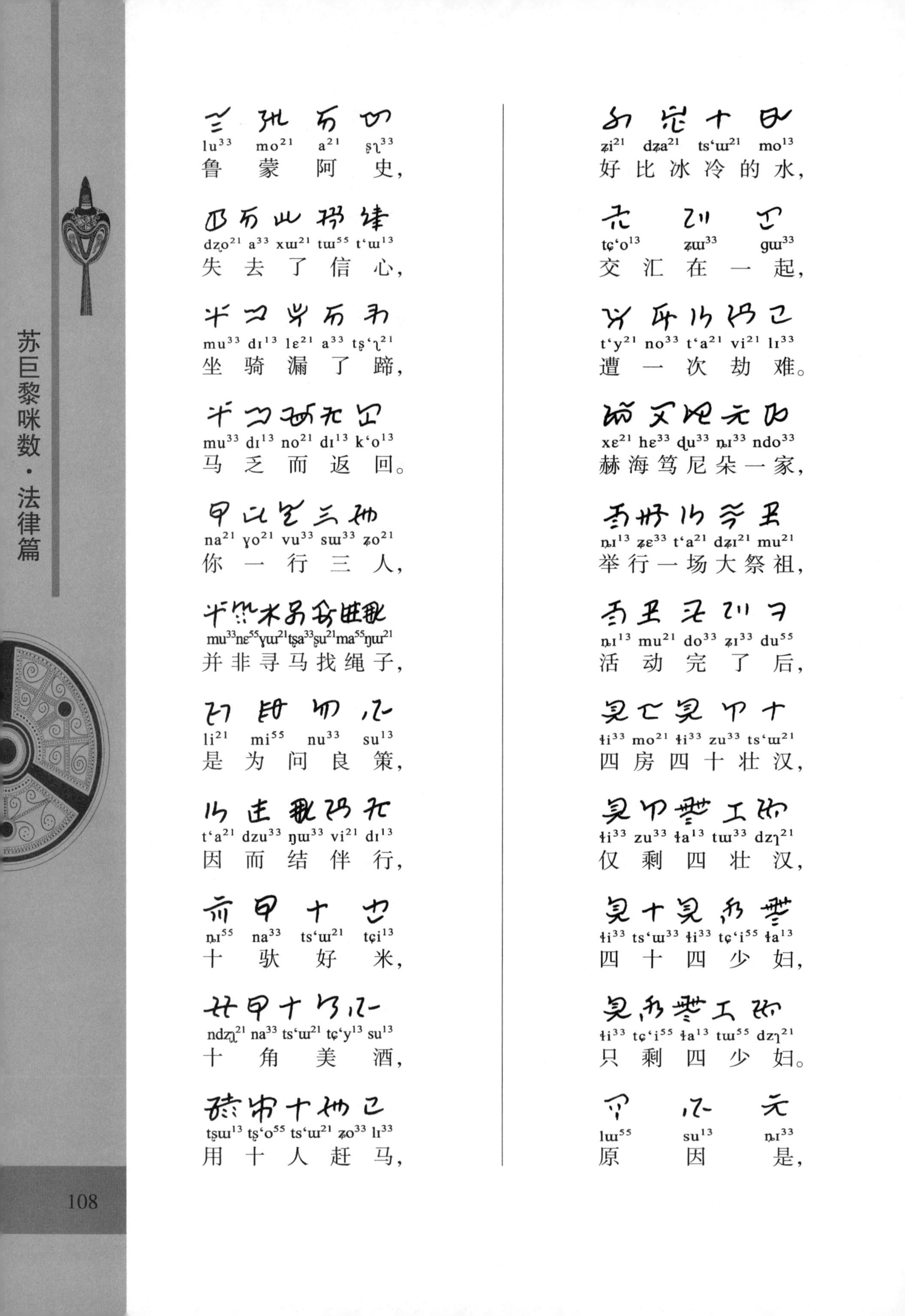

lu33 mo21 a21 ʂʅ33
鲁蒙阿史，

dʐo21 a33 xɯ21 tɯ55 tʻɯ13
失去了信心，

mu33 dɪ13 lɛ21 a33 tʂʻʅ21
坐骑漏了蹄，

mu33 dɪ13 no21 dɪ13 kʻo13
马乏而返回。

na21 ɣo21 vu33 sɯ33 ʑo21
你一行三人，

mu33 nɛ55 ɣɯ21 tʂa33 ʂu21 ma55 ŋɯ21
并非寻马找绳子，

li21 mi55 nu33 su13
是为问良策，

tʻa21 dzu33 ŋɯ33 vi21 dɪ13
因而结伴行，

ȵɪ55 na33 tsʻɯ21 tɕi13
十驮好米，

ndʐʅ21 na33 tsʻɯ21 tɕʻy13 su13
十角美酒，

tʂɯ13 tʂʻo55 tsʻɯ21 ʑo33 lɪ33
用十人赶马，

ʑi21 dʑa21 tsʻɯ21 mo13
好比冰冷的水，

tɕʻo13 ʑɯ33 gɯ33
交汇在一起，

tʻy21 no33 tʻa21 vi21 lɪ33
遭一次劫难。

xɛ21 hɛ33 ɖu33 ȵɪ33 ndo33
赫海笃尼朵一家，

ȵɪ13 ʑɛ33 tʻa21 dʑɪ21 mu21
举行一场大祭祖，

ȵɪ13 mu21 do33 ʑɪ33 du55
活动完了后，

ɬi33 mo21 ɬi33 zu33 tsʻɯ21
四房四十壮汉，

ɬi33 zu33 ɬa13 tɯ33 dzʅ21
仅剩四壮汉，

ɬi33 tsʻɯ33 ɬi33 tɕʻi55 ɬa13
四十四少妇，

ɬi33 tɕʻi55 ɬa13 tɯ55 dzʅ21
只剩四少妇。

lɯ55 su13 ȵɪ33
原因是，

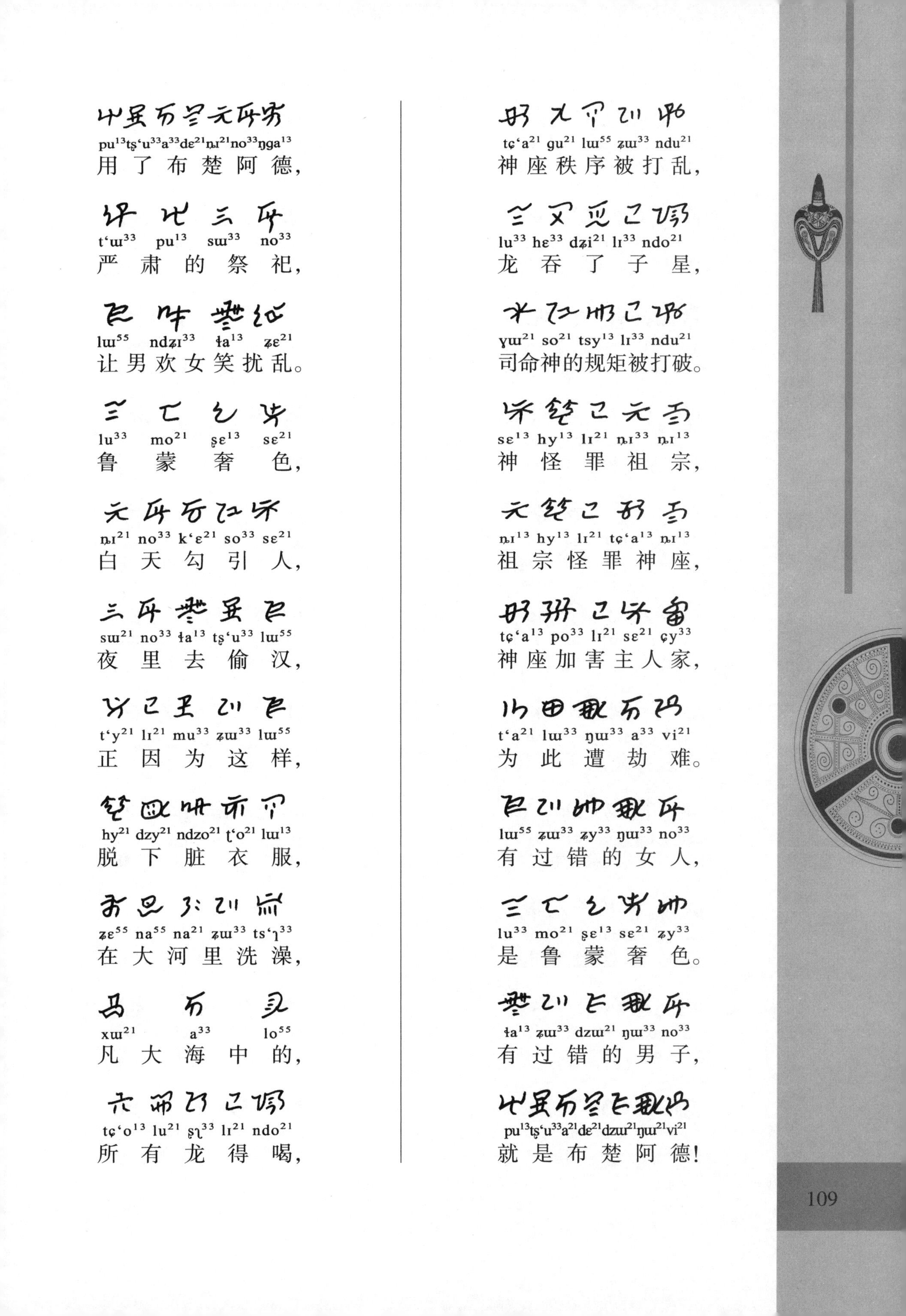

pu^{13}tʂ'u^{33}a^{33}dɛ^{21}n̩ɪ^{21}no^{33}ŋga^{13}
用了布楚阿德，

t'ɯ^{33} pu^{13} sɯ^{33} no^{33}
严肃的祭祀，

lɯ^{55} ndʑɪ^{33} ɬa^{13} ʑɛ^{21}
让男欢女笑扰乱。

lu^{33} mo^{21} ʂɛ^{13} sɛ^{21}
鲁蒙奢色，

n̩ɪ^{21} no^{33} k'ɛ^{21} so^{33} sɛ^{21}
白天勾引人，

sɯ^{21} no^{33} ɬa^{13} tʂ'u^{33} lɯ^{55}
夜里去偷汉，

t'y^{21} lɪ^{21} mu^{33} ʑɯ^{33} lɯ^{55}
正因为这样，

hy^{21} dzy^{21} ndzo^{21} t'o^{21} lɯ^{13}
脱下脏衣服，

ʑɛ^{55} na^{55} na^{21} ʑɯ^{33} ts'ɿ^{33}
在大河里洗澡，

xɯ^{21} a^{33} lo^{55}
凡大海中的，

tɕ'o^{13} lu^{21} ʂɿ^{33} lɪ^{21} ndo^{21}
所有龙得喝，

tɕ'a^{21} gu^{21} lɯ^{55} ʑɯ^{33} ndu^{21}
神座秩序被打乱，

lu^{33} hɛ^{33} dʑi^{21} lɪ^{33} ndo^{21}
龙吞了子星，

ɣɯ^{21} so^{21} tsy^{13} lɪ^{33} ndu^{21}
司命神的规矩被打破。

sɛ^{13} hy^{13} lɪ^{21} n̩ɪ^{33} n̩ɪ^{13}
神怪罪祖宗，

n̩ɪ^{13} hy^{13} lɪ^{21} tɕ'a^{13} n̩ɪ^{13}
祖宗怪罪神座，

tɕ'a^{13} po^{33} lɪ^{21} sɛ^{21} ɕy^{33}
神座加害主人家，

t'a^{21} lɯ^{33} ŋɯ^{33} a^{33} vi^{21}
为此遭劫难。

lɯ^{55} ʑɯ^{33} ʑy^{33} ŋɯ^{33} no^{33}
有过错的女人，

lu^{33} mo^{21} ʂɛ^{13} sɛ^{21} ʑy^{33}
是鲁蒙奢色。

ɬa^{13} ʑɯ^{33} dzɯ^{21} ŋɯ^{33} no^{33}
有过错的男子，

pu^{13}tʂ'u^{33}a^{21}dɛ^{21}dzɯ^{21}ŋɯ^{21}vi^{21}
就是布楚阿德！

pu^{13} hɛ^{33} su^{13} ŋga^{13} lɯ^{55} vi^{21}
要 请 贤 能 布 摩，

ɣo^{21} dʑi^{33} mu^{55} hy^{21} ŋga^{13}
要 请 高 明 布 摩，

ɣo^{21} ȵo^{33} k‘ɛ^{21} hɛ^{33} nɯ^{21}
把 家 里 禳 解，

tɕo^{55} ʑɯ^{33} ɣo^{21} ts‘ɛ^{13} t‘ɯ^{13}
把 家 里 清 扫。

t‘y^{21} lɪ^{21} mu^{33} ŋu^{13} vi^{21}
必 须 这 样 做，

mi^{33} a^{33} tɕɪ^{13} nu^{33} dɪ^{13}
天上才会出现繁星，

p‘u^{21} a^{33} ɖu^{21} dzu^{21} ɣɯ^{21}
地上才会人丁兴旺，

dzu^{21} lɯ^{33} a^{33} ʑɪ^{33} dɪ^{13}
门 户 才 会 生 辉！”

t‘y^{21}ȵɪ^{33}ɖu^{21}tu^{13}vi^{21}a^{33}ŋɯ^{55}
这是笃杜迂阿欧，

ʂu^{55} ɣo^{21} tʂ‘o^{55} lɯ^{55} k‘ɛ^{33}
说 的 肺 腑 话，

t‘e^{13} lɯ^{55} tʂ‘o^{33} lɯ^{55} p‘u^{21}
开 的 金 玉 口。

ɣo^{21} ʑɯ^{33} ndʑo^{13} ʑo^{21} ŋga^{13}
为 此 请 能 人，

ɣɯ^{21} dzɛ^{21} a^{33} nɯ^{55} ŋga^{13}
请 额 则 阿 诺 氏，

ɣo^{21} dʑi^{21} mu^{55} hy^{13} ŋga^{13}
请 的 高 明 布 摩，

ɣo^{21} ȵo^{21} k‘ɛ^{21} hɛ^{21} nɯ^{21}
把 家 里 禳 解，

dʑɪ^{21} ʈ‘u^{13} sɯ^{55} xo^{21}
做 得 很 透 彻，

tɛ^{13} lɯ^{13} mi^{33} so^{21} sɯ^{55}
如 云 开 日 出。

dzu^{21} lɯ^{33} lɯ^{21} su^{13} ȵɪ^{33}
得 非 常 好 处，

li^{21} mi^{55} ʑɪ^{33} ŋɯ^{33} vi^{21}
是受益于良策啊！

ʂʅ^{33} ʑɯ^{33} ɣɯ^{55} t‘u^{55}
在 那 从 前，

ndʑo^{21} a^{33} lu^{21} dʑi^{33} ɣo^{55}
卓罗纪（皮罗阁）家，

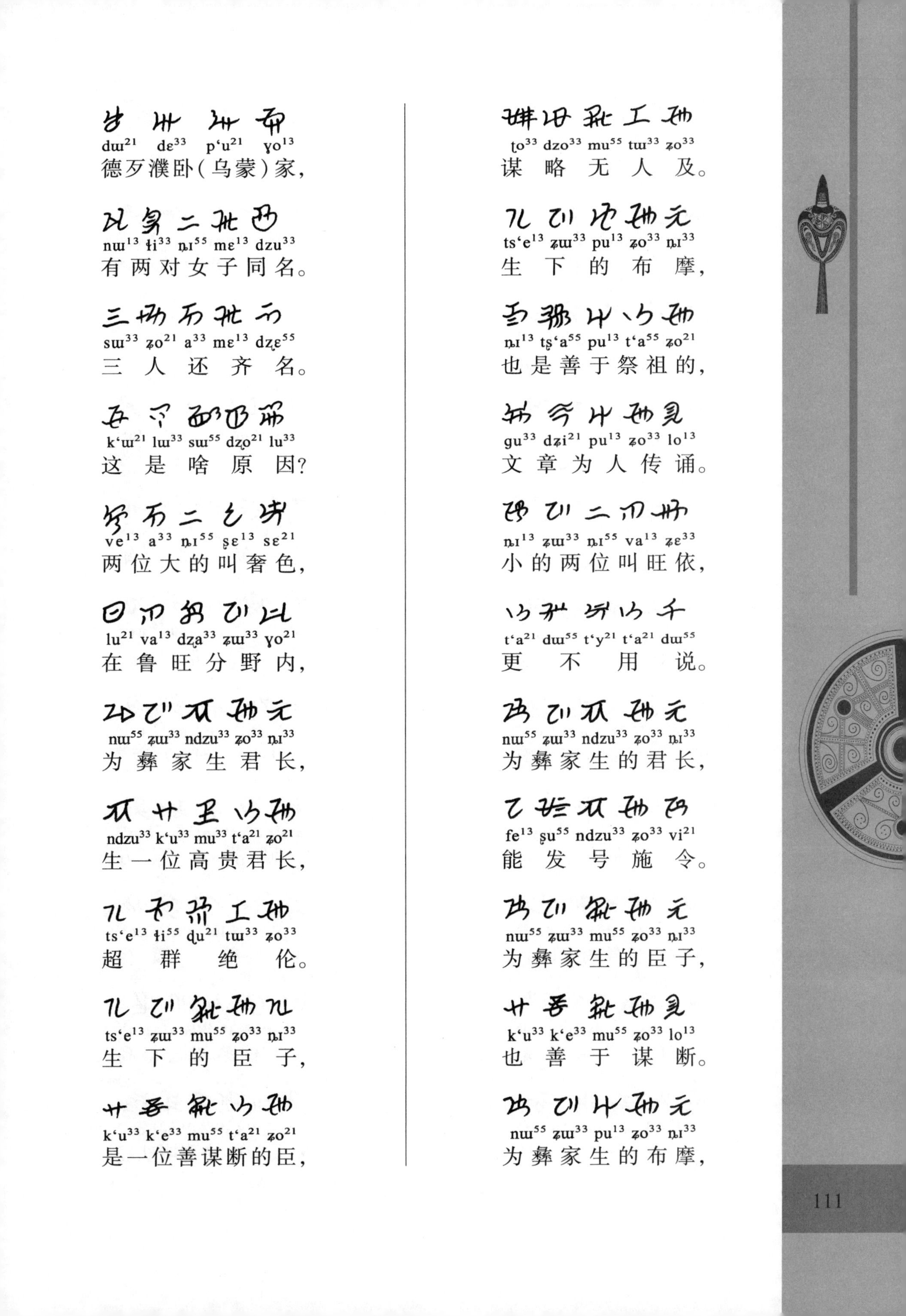

dɯ^{21} dɛ^{33} p‘u^{21} ɣo^{13}
德歹濮卧(乌蒙)家，

nɯ^{13} ɬi^{33} ȵɪ^{55} mɛ^{13} dzu^{33}
有两对女子同名。

sɯ^{33} ʑo^{21} a^{33} mɛ^{13} dʑɛ^{55}
三 人 还 齐 名。

k‘ɯ^{21} lɯ^{33} sɯ^{55} dʐo^{21} lu^{33}
这 是 啥 原 因?

ve^{13} a^{33} ȵɪ^{55} ʂɛ^{13} sɛ^{21}
两位大的叫奢色，

lu^{21} va^{13} dʐa^{33} ʑɯ^{33} ɣo^{21}
在鲁旺分野内，

nɯ^{55} ʑɯ^{33} ndzu^{33} ʑo^{33} ȵɪ^{33}
为彝家生君长，

ndzu^{33} k‘u^{33} mu^{33} t‘a^{21} ʑo^{21}
生一位高贵君长，

ts‘e^{13} ɬi^{55} ɖu^{21} tɯ^{33} ʑo^{33}
超 群 绝 伦。

ts‘e^{13} ʑɯ^{33} mu^{55} ʑo^{33} ȵɪ^{33}
生 下 的 臣 子，

k‘u^{33} k‘e^{33} mu^{55} t‘a^{21} ʑo^{21}
是一位善谋断的臣，

ʈo^{33} dzo^{33} mu^{55} tɯ^{33} ʑo^{33}
谋 略 无 人 及。

ts‘e^{13} ʑɯ^{33} pu^{13} ʑo^{33} ȵɪ^{33}
生 下 的 布 摩，

ȵɪ^{13} tʂ‘a^{55} pu^{13} t‘a^{55} ʑo^{21}
也是善于祭祖的，

gu^{33} dʑi^{21} pu^{13} ʑo^{33} lo^{13}
文章为人传诵。

ȵɪ^{13} ʑɯ^{33} ȵɪ^{55} va^{13} ʑɛ^{33}
小的两位叫旺依，

t‘a^{21} dɯ^{55} t‘y^{21} t‘a^{21} dɯ^{55}
更 不 用 说。

nɯ^{55} ʑɯ^{33} ndzu^{33} ʑo^{33} ȵɪ^{33}
为彝家生的君长，

fe^{13} ʂu^{55} ndzu^{33} ʑo^{33} vi^{21}
能 发 号 施 令。

nɯ^{55} ʑɯ^{33} mu^{55} ʑo^{33} ȵɪ^{33}
为彝家生的臣子，

k‘u^{33} k‘e^{33} mu^{55} ʑo^{33} lo^{13}
也 善 于 谋 断。

nɯ^{55} ʑɯ^{33} pu^{13} ʑo^{33} ȵɪ^{33}
为彝家生的布摩，

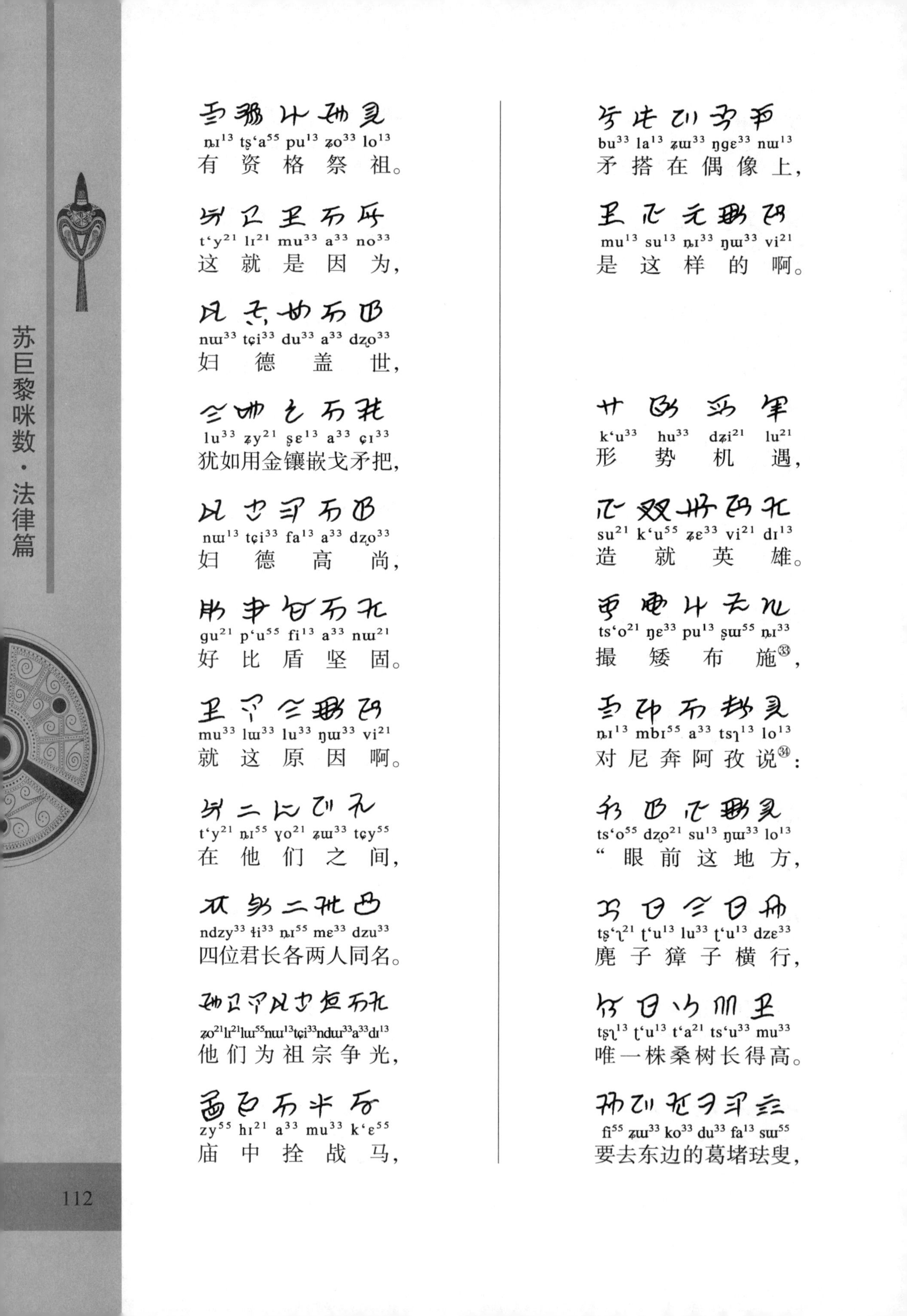

ȵɪ^{13} tʂʻa^{55} pu^{13} ʑo^{33} lo^{13}
有资格祭祖。

tʻy^{21} lɪ^{21} mu^{33} a^{33} no^{33}
这就是因为，

nɯ^{33} tɕi^{33} du^{33} a^{33} dʐo^{33}
妇德盖世，

lu^{33} ʐy^{21} ʂɛ^{13} a^{33} ɕɪ^{33}
犹如用金镶嵌戈矛把，

nɯ^{13} tɕi^{33} fa^{13} a^{33} dʐo^{33}
妇德高尚，

gu^{21} pʻu^{55} fi^{13} a^{33} nɯ^{21}
好比盾坚固。

mu^{33} lɯ^{33} lu^{33} ŋɯ^{33} vi^{21}
就这原因啊。

tʻy^{21} ȵɪ^{55} ɣo^{21} ʑɯ^{33} tɕy^{55}
在他们之间，

ndzy^{33} ɬi^{33} ȵɪ^{55} mɛ^{33} dzu^{33}
四位君长各两人同名。

ʑo^{21}lɪ^{21}lɯ^{55}nɯ^{13}tɕi^{33}ndɯ^{33}a^{33}dɪ^{13}
他们为祖宗争光，

zy^{55} hɪ^{21} a^{33} mu^{33} kʻɛ^{55}
庙中拴战马，

bu^{33} la^{13} ʑɯ^{33} ŋgɛ^{33} nɯ^{13}
矛搭在偶像上，

mu^{13} su^{13} ȵɪ^{33} ŋɯ^{33} vi^{21}
是这样的啊。

kʻu^{33} hu^{33} dʑi^{21} lu^{21}
形势机遇，

su^{21} kʻu^{55} ʑɛ^{33} vi^{21} dɪ^{13}
造就英雄。

tsʻo^{21} ŋɛ^{33} pu^{13} ʂɯ^{55} ȵɪ^{33}
撮矮布施㉝，

ȵɪ^{13} mbɪ^{55} a^{33} tsɿ^{13} lo^{13}
对尼奔阿孜说㉞：

tsʻo^{55} dʐo^{21} su^{13} ŋɯ^{33} lo^{13}
“眼前这地方，

tʂʻʅ^{21} ʈʻu^{13} lu^{33} ʈʻu^{13} dzɛ^{33}
麂子獐子横行，

tʂʅ^{13} ʈʻu^{13} tʻa^{21} tsʻu^{33} mu^{33}
唯一株桑树长得高。

fi^{55} ʑɯ^{33} ko^{33} du^{33} fa^{13} sɯ^{55}
要去东边的葛堵珐叟，

tʂʻɯ55 se33 kʻe33 a33 dɪ13
去砍伐良材。”

xɛ21hɛ33dzʅ13hu21kʻɯ21lɪ21lu33
来到赫海宰洪地方，

a33 tsʻu55 ɣɯ21 tɕɪ13 lɪ33
遇阿楚额吉，

tʂʻo33 kʻu33 tʻɯ13 lɯ33 mbe33
树靶子练射箭。

tʂʻʅ21 ʈʻu13 lu33 ʈʻu13 dʐo33
麂子獐子受惊，

ȵɪ13 mbe33 a33 tsʅ13 tsʻʅ21
撞着尼奔阿孜。

ȵɪ13 mbe33 a33 tsʅ13 ȵɪ33
这尼奔阿孜，

kʻa33 pu13 ne33 nu33 kʻe33
怒从心头起，

tʂʻɯ55 se33 tɕʻa13 ʑɯ33 ʑo21
拔树当弓用，

a33 tsʻu33 ɣɯ21 tɕɪ13 mbe33
射阿楚额吉，

ɣɯ21 tɕɪ13 lo33 ma55 zo21
未射中阿吉，

dʑi21 dzɛ21 dʐo21 ȵo33 tʂʻɯ55
阿吉岿然不动，

tʻe13ɬo13tʻa21ʑo21lɪ21ŋɯ33dʐa33
他是一位出众之人。

ko55 du33 fa13 sɯ33
取葛堵珐叟的，

tʂʻɯ55 se33 tʻa21 du13 ʑo21
一株良材，

tsʻo21 ŋe33 pu13 ʂɯ55 lɪ21 vi21
由撮矮布施，

a21 tsʻu55 ɣɯ21 tɕɪ13 bi55
交给阿楚额吉。

a21 tsʻu55 ɣɯ21 tɕɪ13 lɪ21 pu13
阿楚额吉做布摩，

ʂu55 hu21 ȵy21 nɯ21 mɛ33
前程似锦上添花，

dɪ13 su13 tʻy21 ŋɯ33 gɯ33
就是这样的。

dzu21 kʻɛ55 ɣɯ55 ɣo21
地位的问题，

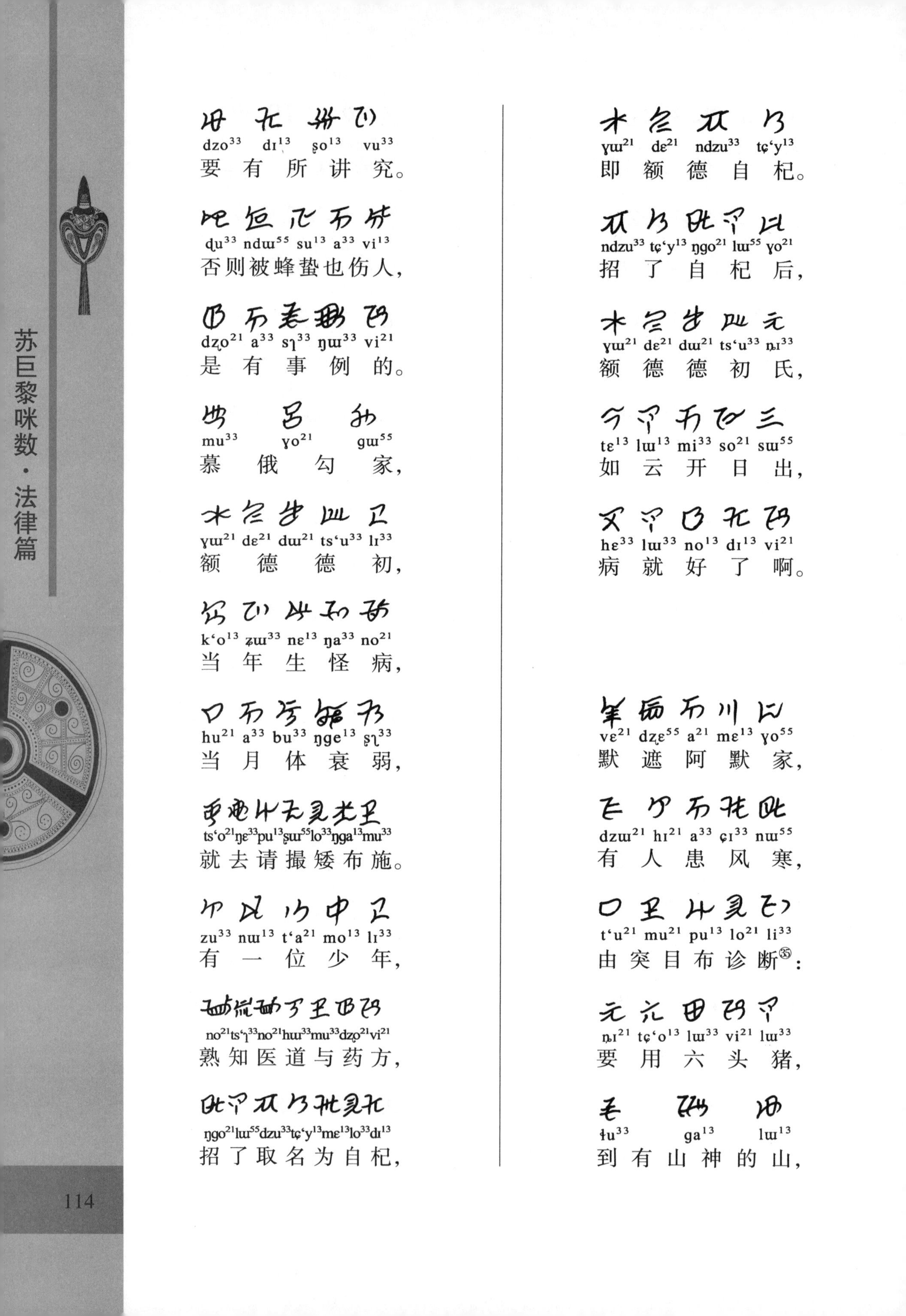

dzo^{33} dɪ^{13} ʂo^{13} vu^{33}
要 有 所 讲 究。

ɖu^{33} ndɯ^{55} su^{13} a^{33} vi^{13}
否则被蜂蛰也伤人，

dʐo^{21} a^{33} sɿ^{33} ŋɯ^{33} vi^{21}
是 有 事 例 的。

mu^{33} ɣo^{21} gɯ^{55}
慕 俄 勾 家，

ɣɯ^{21} dɛ^{21} dɯ^{21} ts‘u^{33} lɪ^{33}
额 德 德 初，

k‘o^{13} ʑɯ^{33} nɛ^{13} ŋa^{33} no^{21}
当 年 生 怪 病，

hu^{21} a^{33} bu^{33} ŋge^{13} ʂɿ^{33}
当 月 体 衰 弱，

ts‘o^{21}ŋɛ^{33}pu^{13}ʂɯ^{55}lo^{33}ŋga^{13}mu^{33}
就去请撮矮布施。

zu^{33} nɯ^{13} t‘a^{21} mo^{13} lɪ^{33}
有 一 位 少 年，

no^{21}ts‘ɿ^{33}no^{21}hɯ^{33}mu^{33}dʐo^{21}vi^{21}
熟知医道与药方，

ŋgo^{21}lɯ^{55}dzu^{33}tɕ‘y^{13}mɛ^{13}lo^{33}dɪ^{13}
招了取名为自杞，

ɣɯ^{21} dɛ^{21} ndzu^{33} tɕ‘y^{13}
即 额 德 自 杞。

ndzu^{33} tɕ‘y^{13} ŋgo^{21} lɯ^{55} ɣo^{21}
招 了 自 杞 后，

ɣɯ^{21} dɛ^{21} dɯ^{21} ts‘u^{33} ɳɪ^{33}
额 德 德 初 氏，

tɛ^{13} lɯ^{13} mi^{33} so^{21} sɯ^{55}
如 云 开 日 出，

hɛ^{33} lɯ^{33} no^{13} dɪ^{13} vi^{21}
病 就 好 了 啊。

vɛ^{21} dʐɛ^{55} a^{21} mɛ^{13} ɣo^{55}
默 遮 阿 默 家，

dzɯ^{21} hɪ^{21} a^{33} ɕɪ^{33} nɯ^{55}
有 人 患 风 寒，

t‘u^{21} mu^{21} pu^{13} lo^{21} lɪ^{33}
由 突 目 布 诊 断[35]：

ɳɪ^{21} tɕ‘o^{13} lɯ^{33} vi^{21} lɯ^{33}
要 用 六 头 猪，

ɬu^{33} ga^{13} lɯ^{13}
到 有 山 神 的 山，

tu^{33} ga^{13} lɯ^{21} a^{33} fu^{33}
有山神的坳去杀，

mu^{21} tɯ^{33} ŋu^{33} a^{33} ɣɯ^{21}
必须这样做。

ɖɯ^{21} lɯ^{21} pu^{13} lɪ^{21} li^{33}
由直娄布诊断㊱：

ɳdʑɯ^{55} mu^{33} dzɛ^{21} hɪ^{55} mu^{33}
以林木设神关，

lɛ^{21} lɯ^{33} dɪ^{13} ɣɯ^{21}
禳解就好了。

ho^{21} dɯ^{21} vu^{55} lɪ^{21} li^{33}
洪德乌的建议是：

bi^{21} ʑɯ^{33} pu^{13} ɳɪ^{55} p'u^{21}
“经两路布摩诊断，

sɯ^{33} lɪ^{21} ŋɯ^{33} a^{33} no^{33}
既然如此，

t'u^{21} mu^{21} pu^{13} du^{55} mu^{33}
就依突目布，

ɳɪ^{21} tɕ'o^{13} ʈ'u^{55} vi^{21} fu^{33}
到六方杀猪，

mu^{33} a^{33} dɪ^{13} ɳɪ^{33} ɳɪ^{33}
试着去做吧，

dʑy^{33} vu^{55} a^{33} ɕɪ^{33} zo^{21}
嫁祸与飞禽，

ʑo^{21} bo^{21} ɳɪ^{33}
我的主意，

so^{21} a^{33} ɳɪ^{33} sɯ^{55} ɖɯ^{21}
是这样的。

ɖɯ^{21} lɯ^{21} pu^{13} du^{55} mu^{33}
或者就依直娄布，

mɛ^{21} mu^{33} t'u^{33}
摆设席位，

dʐɯ^{33} mu^{33} ndʐɯ^{33} ɳɪ^{33} ɳɪ^{33}
有热闹气氛。

dʑy^{33} vu^{55} ɳɪ^{33} ʔu^{33} ts'o^{33}
飞禽与人，

ɳdʐɯ^{55} ɣo^{21} vu^{33} ʑɯ^{33} gɯ^{33}
把距离拉远。

ʑo^{21} k'ɯ^{33} a^{33} t'a^{21} t'ɯ^{13}
不依一人之言，

ts'ɯ^{21} pu^{13} k'ɯ^{33} a^{33} t'ɯ^{13}
听各位布摩的意见，

ʑo^{21} la^{13} a^{33} t'a^{21} tɕo^{33}
不只经一人之手，

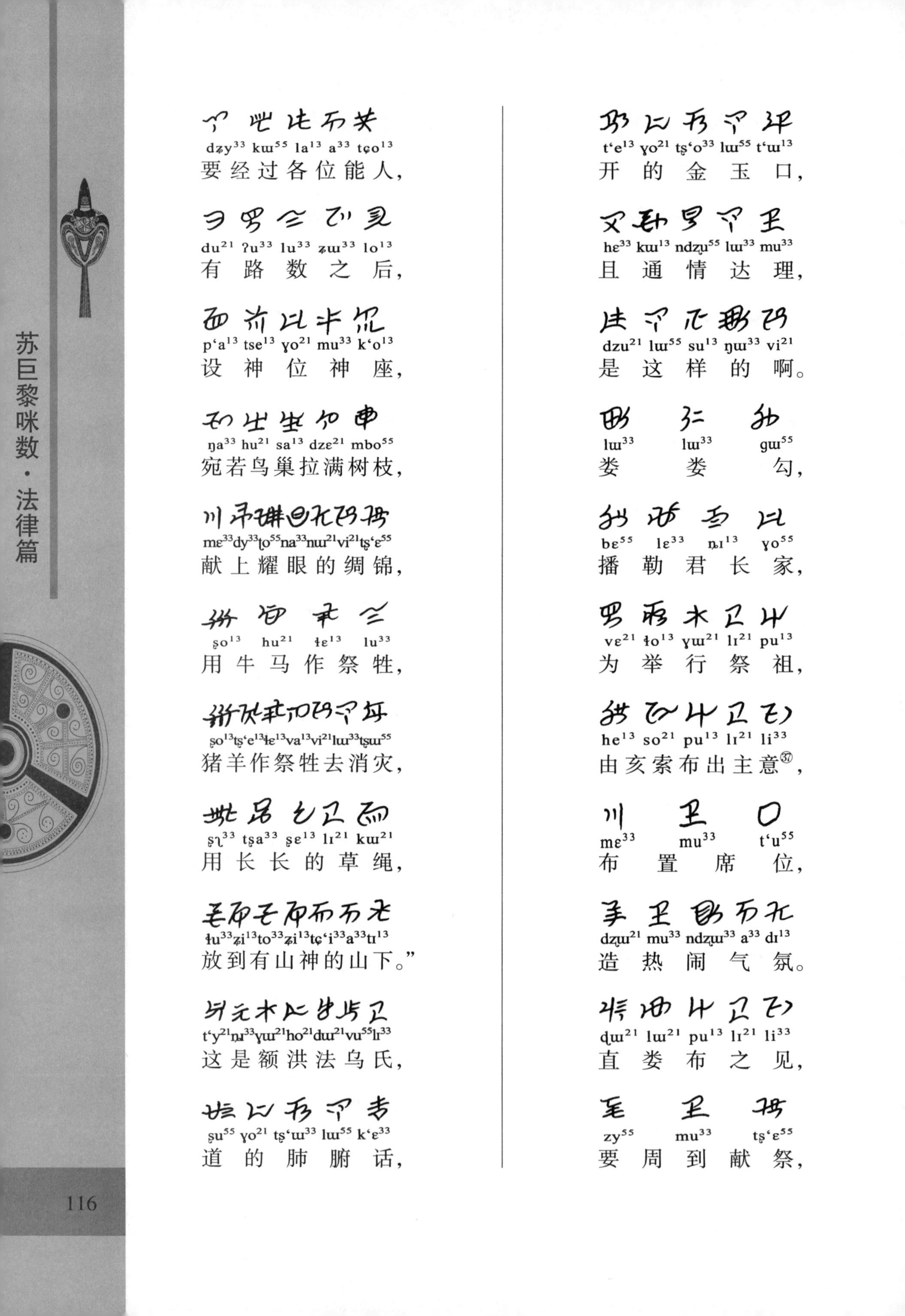

dʑy33 kɯ55 la13 a33 tɕo13
要经过各位能人，

du21 ʔu33 lu33 ʑɯ33 lo13
有路数之后，

p'a13 tse13 ɣo21 mu33 k'o13
设神位神座，

ŋa33 hu21 sa13 dzɛ21 mbo55
宛若鸟巢拉满树枝，

mɛ33 dy33 ʈo55 na33 nɯ21 vi21 tʂ'ɛ55
献上耀眼的绸锦，

ʂo13 hu21 ɬɛ13 lu33
用牛马作祭牲，

ʂo13 tʂ'e13 ɬɛ13 va13 vi21 lɯ33 tʂɯ55
猪羊作祭牲去消灾，

ʂʅ33 tʂa33 ʂɛ13 lɪ21 kɯ21
用长长的草绳，

ɬu33 ʑi13 to33 ʑi13 tɕ'i33 a33 tɪ13
放到有山神的山下。”

t'y21 ɳɪ33 ɣɯ21 ho21 dɯ21 vu55 lɪ33
这是额洪法乌氏，

ʂu55 ɣo21 tʂ'ɯ33 lɯ55 k'ɛ33
道的肺腑话，

t'e13 ɣo21 tʂ'o33 lɯ55 t'ɯ13
开的金玉口，

hɛ33 kɯ13 ndʐu55 lɯ33 mu33
且通情达理，

dzu21 lɯ55 su13 ŋɯ33 vi21
是这样的啊。

lɯ33 lɯ33 gɯ55
娄娄勾，

bɛ55 lɛ33 ɳɪ13 ɣo55
播勒君长家，

vɛ21 ɬo13 ɣɯ21 lɪ21 pu13
为举行祭祖，

he13 so21 pu13 lɪ21 li33
由亥索布出主意[37]，

mɛ33 mu33 t'u55
布置席位，

dʐɯ21 mu33 ndʐɯ33 a33 dɪ13
造热闹气氛。

ɖɯ21 lɯ21 pu13 lɪ21 li33
直娄布之见，

zy55 mu33 tʂ'ɛ55
要周到献祭，

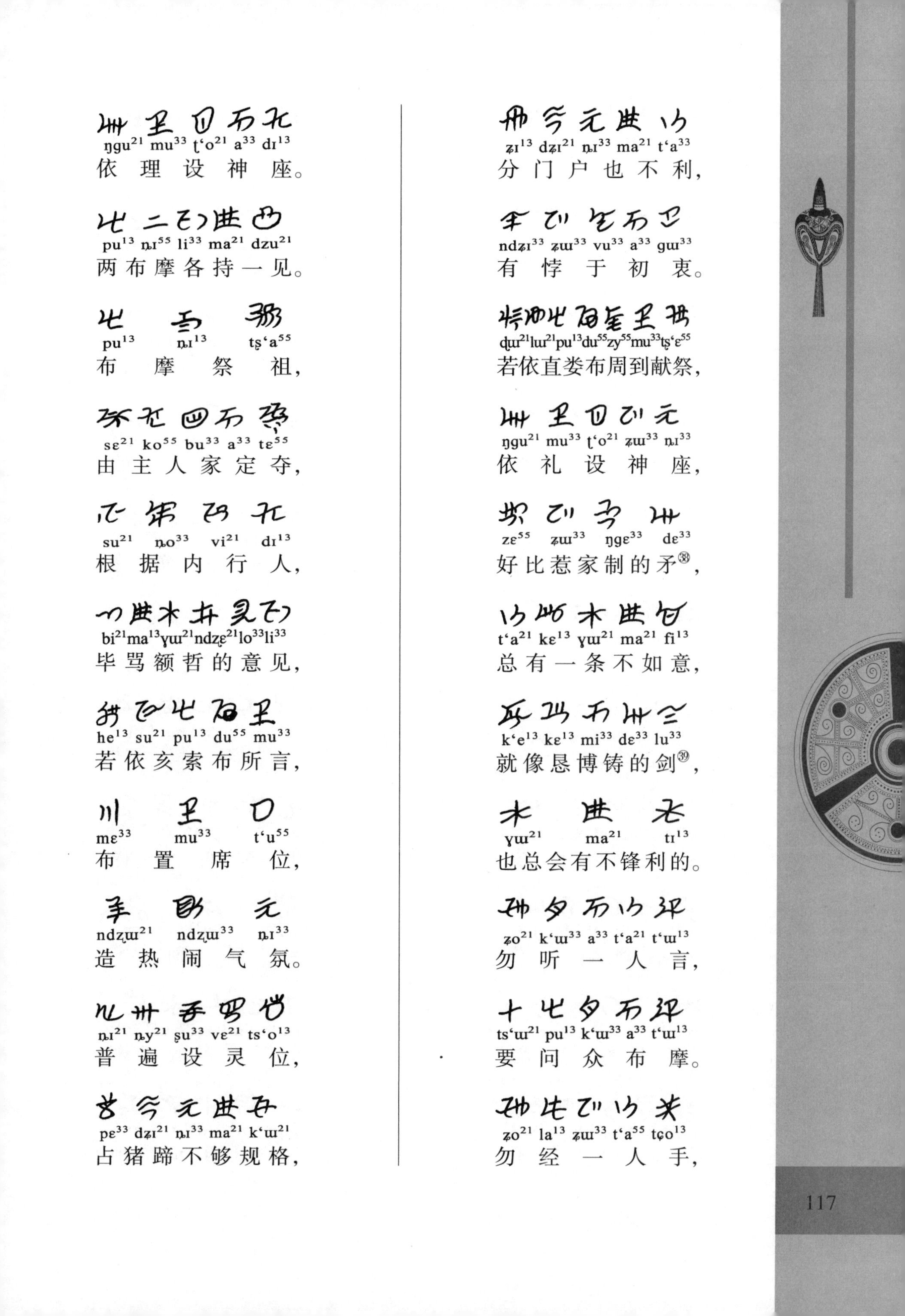

ŋgu^{21} mu^{33} ȶ'o^{21} a^{33} dɪ^{13}

依理设神座。

pu^{13} ȵɪ^{55} li^{33} ma^{21} dzu^{21}

两布摩各持一见。

pu^{13} ȵɪ^{13} tʂ'a^{55}

布摩祭祖，

sɛ^{21} ko^{55} bu^{33} a^{33} tɛ^{55}

由主人家定夺，

su^{21} ȵo^{33} vi^{21} dɪ^{13}

根据内行人，

bi^{21}ma^{13}ɣɯ^{21}ndzɛ^{21}lo^{33}li^{33}

毕骂额哲的意见，

he^{13} su^{21} pu^{13} du^{55} mu^{33}

若依亥索布所言，

mɛ^{33} mu^{33} t'u^{55}

布置席位，

ndʐɯ^{21} ndʐɯ^{33} ȵɪ^{33}

造热闹气氛。

ȵɪ^{21} ȵy^{21} ʂu^{33} vɛ^{21} ts'o^{13}

普遍设灵位，

pɛ^{33} dʑɪ^{21} ȵɪ^{33} ma^{21} k'ɯ^{21}

占猪蹄不够规格，

ʑɪ^{13} dʑɪ^{21} ȵɪ^{33} ma^{21} t'a^{33}

分门户也不利，

ndʑɪ^{33} ʑɯ^{33} vu^{33} a^{33} gɯ^{33}

有悖于初衷。

ɖɯ^{21}lɯ^{21}pu^{13}du^{55}zy^{55}mu^{33}tʂ'ɛ^{55}

若依直娄布周到献祭，

ŋgu^{21} mu^{33} ȶ'o^{21} ʑɯ^{33} ȵɪ^{33}

依礼设神座，

zɛ^{55} ʑɯ^{33} ŋgɛ^{33} dɛ^{33}

好比惹家制的矛[38]，

t'a^{21} kɛ^{13} ɣɯ^{21} ma^{21} fi^{13}

总有一条不如意，

k'e^{13} kɛ^{13} mi^{33} dɛ^{33} lu^{33}

就像恳博铸的剑[39]，

ɣɯ^{21} ma^{21} tɪ^{13}

也总会有不锋利的。

ʑo^{21} k'ɯ^{33} a^{33} t'a^{21} t'ɯ^{13}

勿听一人言，

ts'ɯ^{21} pu^{13} k'ɯ^{33} a^{33} t'ɯ^{13}

要问众布摩。

ʑo^{21} la^{13} ʑɯ^{33} t'a^{55} tɕo^{13}

勿经一人手，

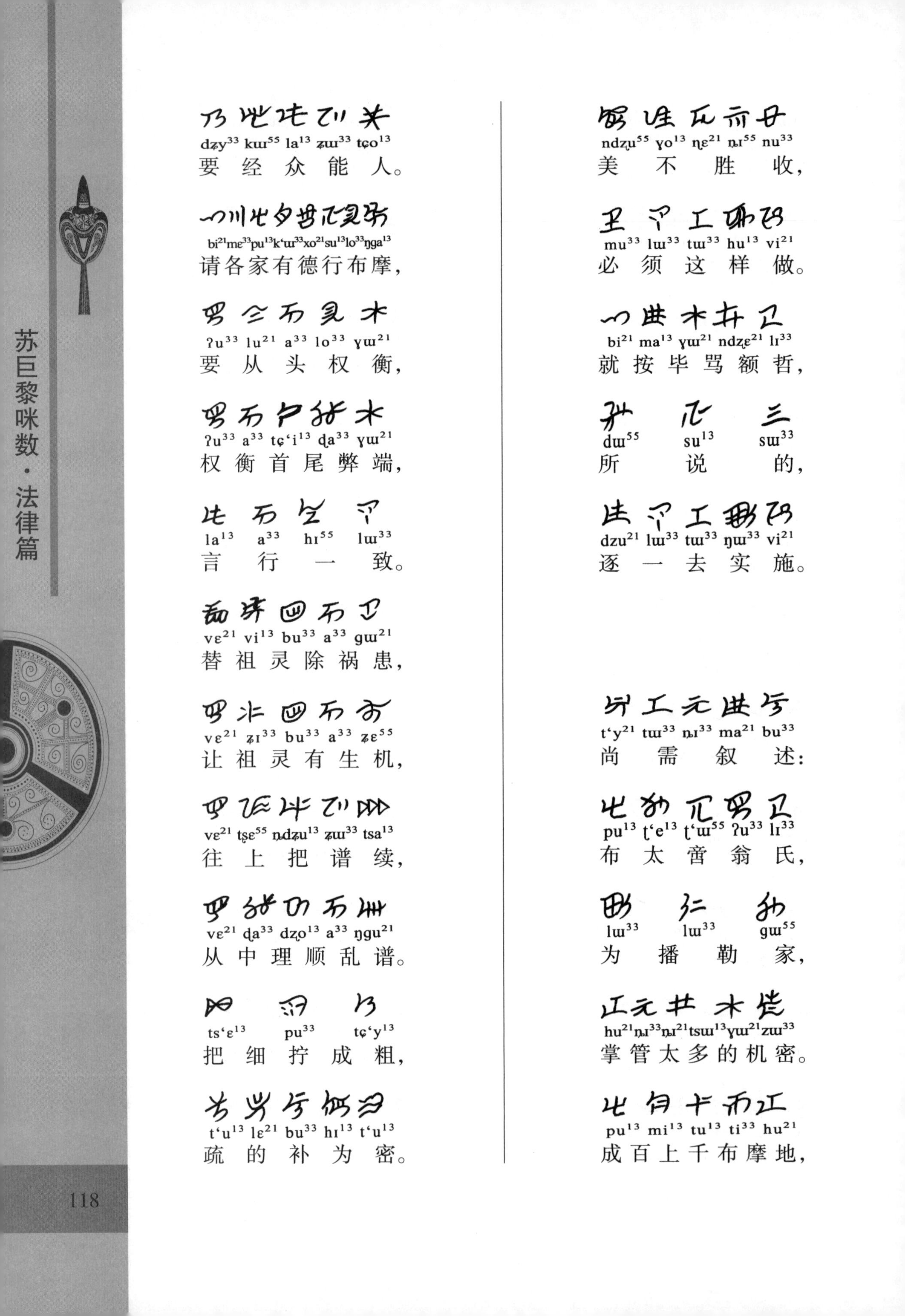

dʑy^{33} kɯ^{55} la^{13} ʑɯ^{33} tɕo^{13}
要经众能人。

bi^{21}mɛ^{33}pu^{13}k'ɯ^{33}xo^{21}su^{13}lo^{33}ŋga^{13}
请各家有德行布摩，

ʔu^{33} lu^{21} a^{33} lo^{33} ɣɯ^{21}
要从头权衡，

ʔu^{33} a^{33} tɕ'i^{13} ɖa^{33} ɣɯ^{21}
权衡首尾弊端，

la^{13} a^{33} hɪ^{55} lɯ^{33}
言行一致。

vɛ^{21} vi^{13} bu^{33} a^{33} gɯ^{21}
替祖灵除祸患，

vɛ^{21} ʑɪ^{33} bu^{33} a^{33} ʑɛ^{55}
让祖灵有生机，

vɛ^{21} tʂɛ^{55} ȵdʑu^{13} ʑɯ^{33} tsa^{13}
往上把谱续，

vɛ^{21} ɖa^{33} dʐo^{13} a^{33} ŋgu^{21}
从中理顺乱谱。

ts'ɛ^{13} pu^{33} tɕ'y^{13}
把细拧成粗，

t'u^{13} lɛ^{21} bu^{33} hɪ^{13} t'u^{13}
疏的补为密。

ndʐu^{55} ɣo^{13} ɳɛ^{21} ȵɪ^{55} nu^{33}
美不胜收，

mu^{33} lɯ^{33} tɯ^{33} hu^{13} vi^{21}
必须这样做。

bi^{21} ma^{13} ɣɯ^{21} ndʐɛ^{21} lɪ^{33}
就按毕骂额哲，

dɯ^{55} su^{13} sɯ^{33}
所说的，

dzu^{21} lɯ^{33} tɯ^{33} ŋɯ^{33} vi^{21}
逐一去实施。

t'y^{21} tɯ^{33} ȵɪ^{33} ma^{21} bu^{33}
尚需叙述：

pu^{13} ʈ'e^{13} ʈ'ɯ^{55} ʔu^{33} lɪ^{33}
布太啻翁氏，

lɯ^{33} lɯ^{33} gɯ^{55}
为播勒家，

hu^{21}ȵɪ^{33}ȵɪ^{21}tsɯ^{13}ɣɯ^{21}zɯ^{33}
掌管太多的机密。

pu^{13} mi^{13} tu^{13} ti^{33} hu^{21}
成百上千布摩地，

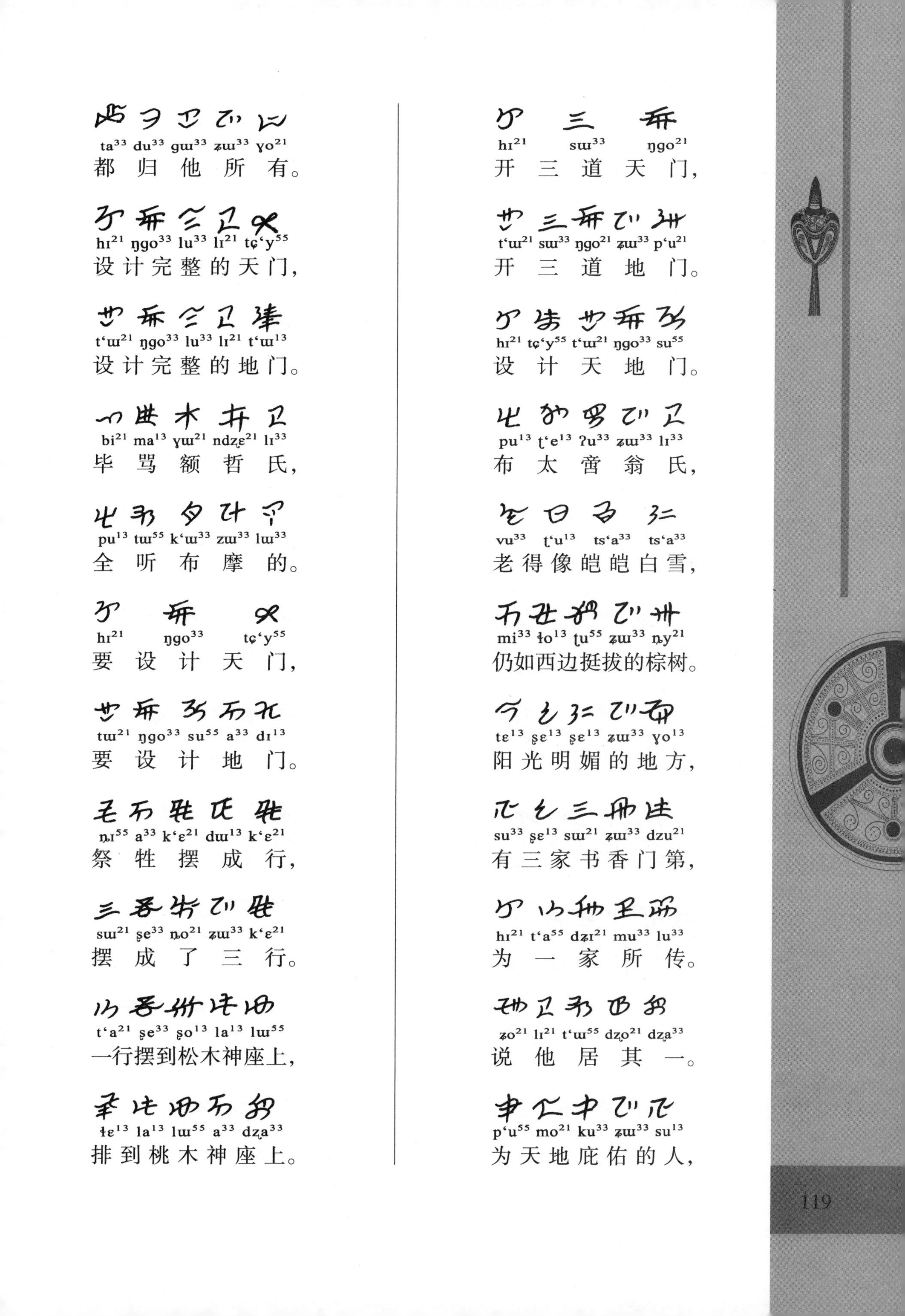

ta^{33} du^{33} gɯ^{33} ʑɯ^{33} ɣo^{21}
都归他所有。

hɪ^{21} ŋgo^{33} lu^{33} lɪ^{21} tɕ'y^{55}
设计完整的天门，

t'ɯ^{21} ŋgo^{33} lu^{33} lɪ^{21} t'ɯ^{13}
设计完整的地门。

bi^{21} ma^{13} ɣɯ^{21} ndʑɛ^{21} lɪ^{33}
毕骂额哲氏，

pu^{13} tɯ^{55} k'ɯ^{33} zɯ^{33} lɯ^{33}
全听布摩的。

hɪ^{21} ŋgo^{33} tɕ'y^{55}
要设计天门，

tɯ^{21} ŋgo^{33} su^{55} a^{33} dɪ^{13}
要设计地门。

ȵɪ^{55} a^{33} k'ɛ^{21} dɯ^{13} k'ɛ^{21}
祭牲摆成行，

sɯ^{21} ʂe^{33} ɳo^{21} ʑɯ^{33} k'ɛ^{21}
摆成了三行。

t'a^{21} ʂe^{33} ʂo^{13} la^{13} lɯ^{55}
一行摆到松木神座上，

ɬɛ^{13} la^{13} lɯ^{55} a^{33} dʐa^{33}
排到桃木神座上。

hɪ^{21} sɯ^{33} ŋgo^{21}
开三道天门，

t'ɯ^{21} sɯ^{33} ŋgo^{21} ʑɯ^{33} p'u^{21}
开三道地门。

hɪ^{21} tɕ'y^{55} t'ɯ^{21} ŋgo^{33} su^{55}
设计天地门。

pu^{13} ʈ'e^{13} ʔu^{33} ʑɯ^{33} lɪ^{33}
布太啻翁氏，

vu^{33} ʈ'u^{13} ts'a^{33} ts'a^{33}
老得像皑皑白雪，

mi^{33} ɬo^{13} ʈu^{55} ʑɯ^{33} ɳy^{21}
仍如西边挺拔的棕树。

tɛ^{13} ʂɛ^{13} ʂɛ^{13} ʑɯ^{33} ɣo^{13}
阳光明媚的地方，

su^{33} ʂɛ^{13} sɯ^{21} ʑɯ^{33} dzu^{21}
有三家书香门第，

hɪ^{21} t'a^{55} dʑɪ^{21} mu^{33} lu^{33}
为一家所传。

ʑo^{21} lɪ^{21} t'ɯ^{55} dʐo^{21} dʐa^{33}
说他居其一。

p'u^{55} mo^{21} ku^{33} ʑɯ^{33} su^{13}
为天地庇佑的人，

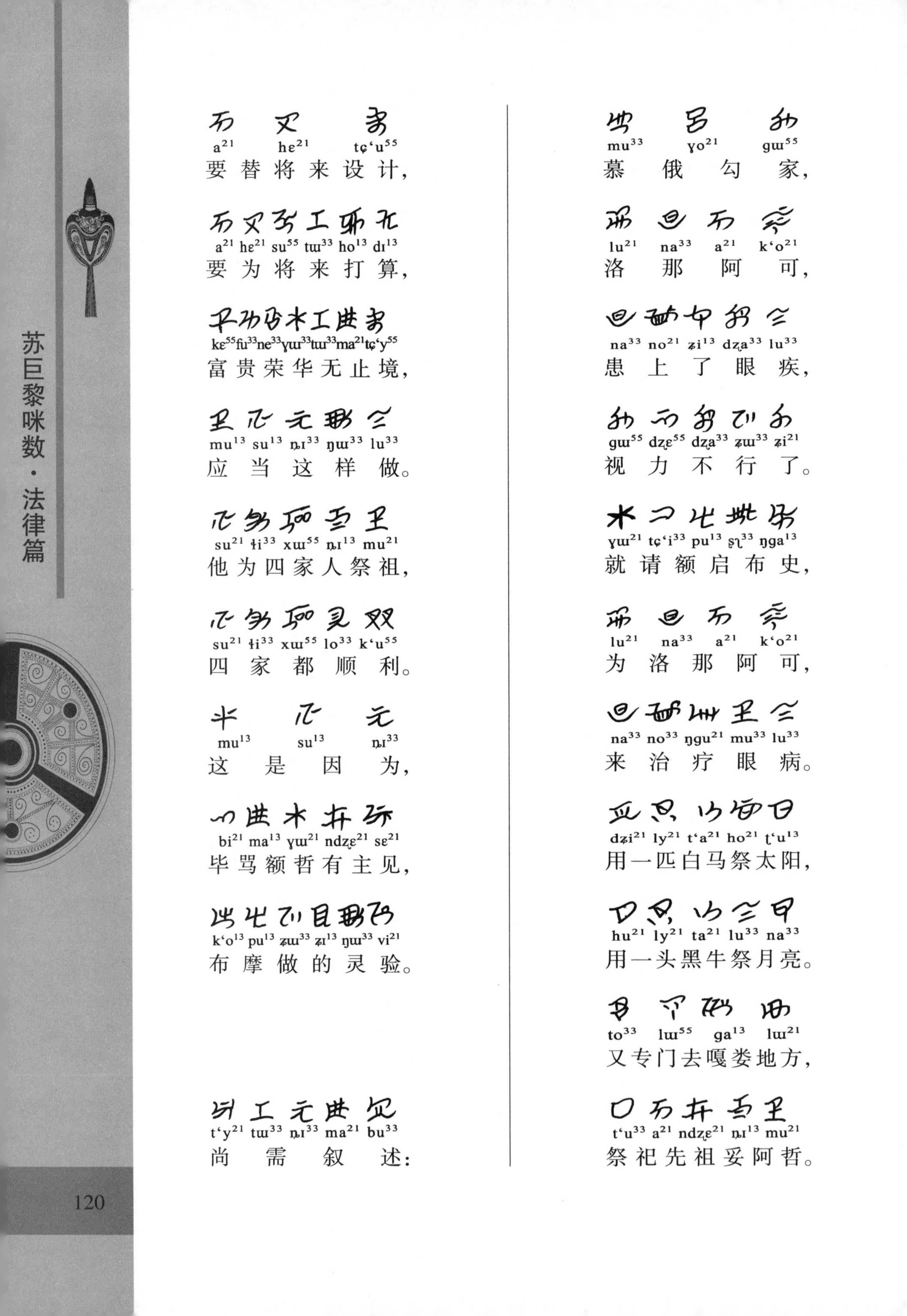

a^{21} hɛ^{21} tɕʻu^{55}
要替将来设计，

a^{21} hɛ^{21} su^{55} tɯ^{33} ho^{13} dɪ^{13}
要为将来打算，

kɛ^{55}fu^{33}ne^{33}ɣɯ^{33}tɯ^{33}ma^{21}tɕʻy^{55}
富贵荣华无止境，

mu^{13} su^{13} ȵɪ^{33} ŋɯ^{33} lu^{33}
应当这样做。

su^{21} ɬi^{33} xɯ^{55} ȵɪ^{13} mu^{21}
他为四家人祭祖，

su^{21} ɬi^{33} xɯ^{55} lo^{33} kʻu^{55}
四家都顺利。

mu^{13} su^{13} ȵɪ^{33}
这是因为，

bi^{21} ma^{13} ɣɯ^{21} ndʐɛ^{21} sɛ^{21}
毕骂额哲有主见，

kʻo^{13} pu^{13} ʑɯ^{33} ʑɪ^{13} ŋɯ^{33} vi^{21}
布摩做的灵验。

tʻy^{21} tɯ^{33} ȵɪ^{33} ma^{21} bu^{33}
尚需叙述：

mu^{33} ɣo^{21} gɯ^{55}
慕俄勾家，

lu^{21} na^{33} a^{21} kʻo^{21}
洛那阿可，

na^{33} no^{21} ʑi^{13} dʑa^{33} lu^{33}
患上了眼疾，

gɯ^{55} dʐɛ^{55} dʑa^{33} ʑɯ^{33} ʑi^{21}
视力不行了。

ɣɯ^{21} tɕʻi^{33} pu^{13} ʂʅ^{33} ŋga^{13}
就请额启布史，

lu^{21} na^{33} a^{21} kʻo^{21}
为洛那阿可，

na^{33} no^{33} ŋgu^{21} mu^{33} lu^{33}
来治疗眼病。

dʑi^{21} ly^{21} tʻa^{21} ho^{21} ʈʻu^{13}
用一匹白马祭太阳，

hu^{21} ly^{21} ta^{21} lu^{33} na^{33}
用一头黑牛祭月亮。

to^{33} lɯ^{55} ga^{13} lɯ^{21}
又专门去嘎娄地方，

tʻu^{33} a^{21} ndʐɛ^{21} ȵɪ^{13} mu^{21}
祭祀先祖妥阿哲。

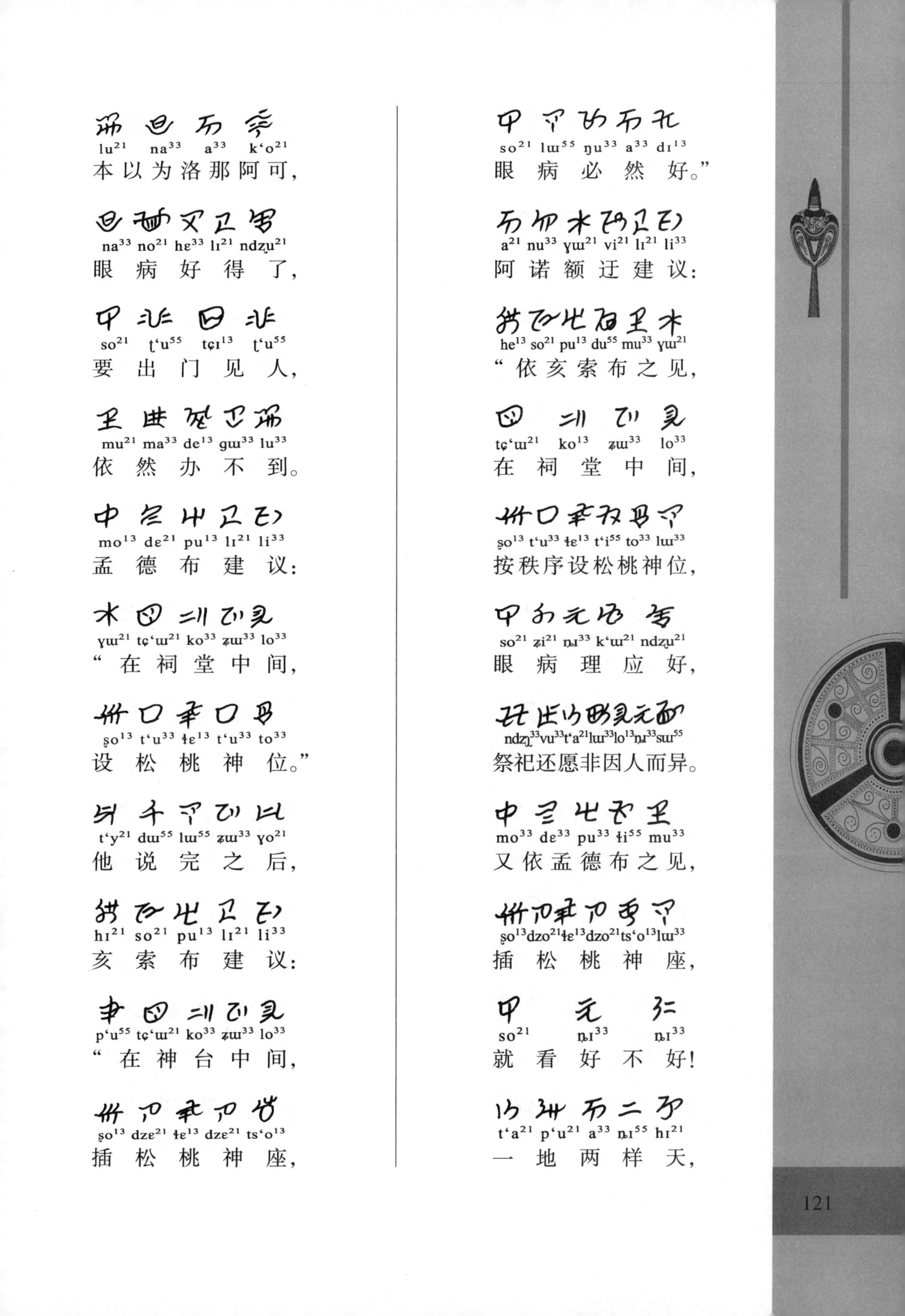

lu21 na33 a33 k‘o21
本以为洛那阿可，

na33 no21 hɛ33 lɪ21 ndʐu21
眼病好得了，

so21 ʈ‘u55 tɕɪ13 ʈ‘u55
要出门见人，

mu21 ma33 de13 gɯ33 lu33
依然办不到。

mo13 dɛ21 pu13 lɪ21 li33
孟德布建议：

ɣɯ21 tɕ‘ɯ21 ko33 ʑɯ33 lo33
“在祠堂中间，

ʂo13 t‘u33 ɬɛ13 t‘u33 to33
设松桃神位。”

t‘y21 dɯ55 lɯ55 ʑɯ33 ɣo21
他说完之后，

hɪ21 so21 pu13 lɪ21 li33
亥索布建议：

p‘u55 tɕ‘ɯ21 ko33 ʑɯ33 lo33
“在神台中间，

ʂo13 dzɛ21 ɬɛ13 dzɛ21 ts‘o13
插松桃神座，

so21 lɯ55 ŋu33 a33 dɪ13
眼病必然好。”

a21 nu33 ɣɯ21 vi21 lɪ21 li33
阿诺额迁建议：

he13 so21 pu13 du55 mu33 ɣɯ21
“依亥索布之见，

tɕ‘ɯ21 ko13 ʑɯ33 lo33
在祠堂中间，

ʂo13 t‘u33 ɬɛ13 t‘i55 to33 lɯ33
按秩序设松桃神位，

so21 ʑi21 ȵɪ33 k‘ɯ21 ndʐu21
眼病理应好，

ndʐʅ33 vu33 t‘a21 lɯ33 lo13 ȵɪ33 sɯ55
祭祀还愿非因人而异。

mo33 dɛ33 pu33 ɬi55 mu33
又依孟德布之见，

ʂo13 dzo21 ɬɛ13 dzo21 ts‘o13 lɯ33
插松桃神座，

so21 ȵɪ33 ȵɪ33
就看好不好！

t‘a21 p‘u21 a33 ȵɪ55 hɪ21
一地两样天，

t‘a^{21} no^{13} a^{33} n̥ɪ^{55} t‘ɯ^{21}
一方两种地，

t‘y^{21} lo^{33} t‘a^{21} ɖu^{33} sɯ^{55}
其实都一样，

ʐo^{21} k‘ɯ^{33} ʐɯ^{33} t‘a^{21} t‘ɯ^{13}
勿以一人言，

ts‘ɯ^{21} pu^{13} k‘ɯ^{33} ʐɯ^{33} t‘ɯ^{13}
听各位布摩说，

ʐo^{21} la^{13} ʐɯ^{33} t‘a^{21} tɕo^{13}
勿经一人手，

dʐy^{33} kɯ^{55} la^{13} ʐɯ^{33} tɕo^{13}
要经众能人，

lɯ^{55} tɕ‘ɯ^{21} ko^{33} ʐɯ^{33} lo^{33}
在祠堂中间，

dʑi^{21} a^{33} hu^{21} dzɛ^{21} ts‘o^{13}
设日月神座，

so^{21} lɯ^{55} tɯ^{33} ŋɯ^{33} dɪ^{13}
眼疾就好了！”

a^{21} nu^{33} ɣɯ^{21} vi^{21}
这是阿诺额迁，

ʂu^{55} ɣo^{21} tʂ‘o^{55} lɯ^{55} k‘ɛ^{55}
开的金玉口，

t‘e^{13} ɣo^{21} tso^{33} lɯ^{55} t‘ɯ^{13}
道的肺腑话。

a^{21} ndʐɛ^{21} ɖu^{13} tɕ‘o^{13} xɯ^{55}
阿哲部众人，

sɯ^{55} dzu^{33} dʐa^{33} vi^{21}
都认为是这样。

k‘ɯ^{21} bo^{21} n̥ɪ^{21} tsɯ^{13} lɯ^{55}
克博家二十少女，

lu^{33} nde^{33} n̥ɪ^{21} tsɯ^{13} ɬa^{13}
陇邓家二十少男，

se^{33} a^{33} vu^{55} hɛ^{13} ho^{21}
为树上雀鸟，

mbe^{33} no^{33} ʈa^{13} mu^{33} mbe^{33}
见了鹰就射，

ts‘ʅ^{33} no^{33} ʂɛ^{13} mu^{33} ts‘ʅ^{21}
见了蛇就捉。

lu^{33} nde^{33} hu^{21} dʐa^{33} tɕɪ^{13}
陇邓的大山顶，

a^{21} zɯ^{33} vɛ^{21} ʂu^{21} ko^{33}
阿仁用作供奉祖灵，

lo^{13} ʐɯ^{33} su^{13} ŋɯ^{33} vi^{21}
是这样的啊。

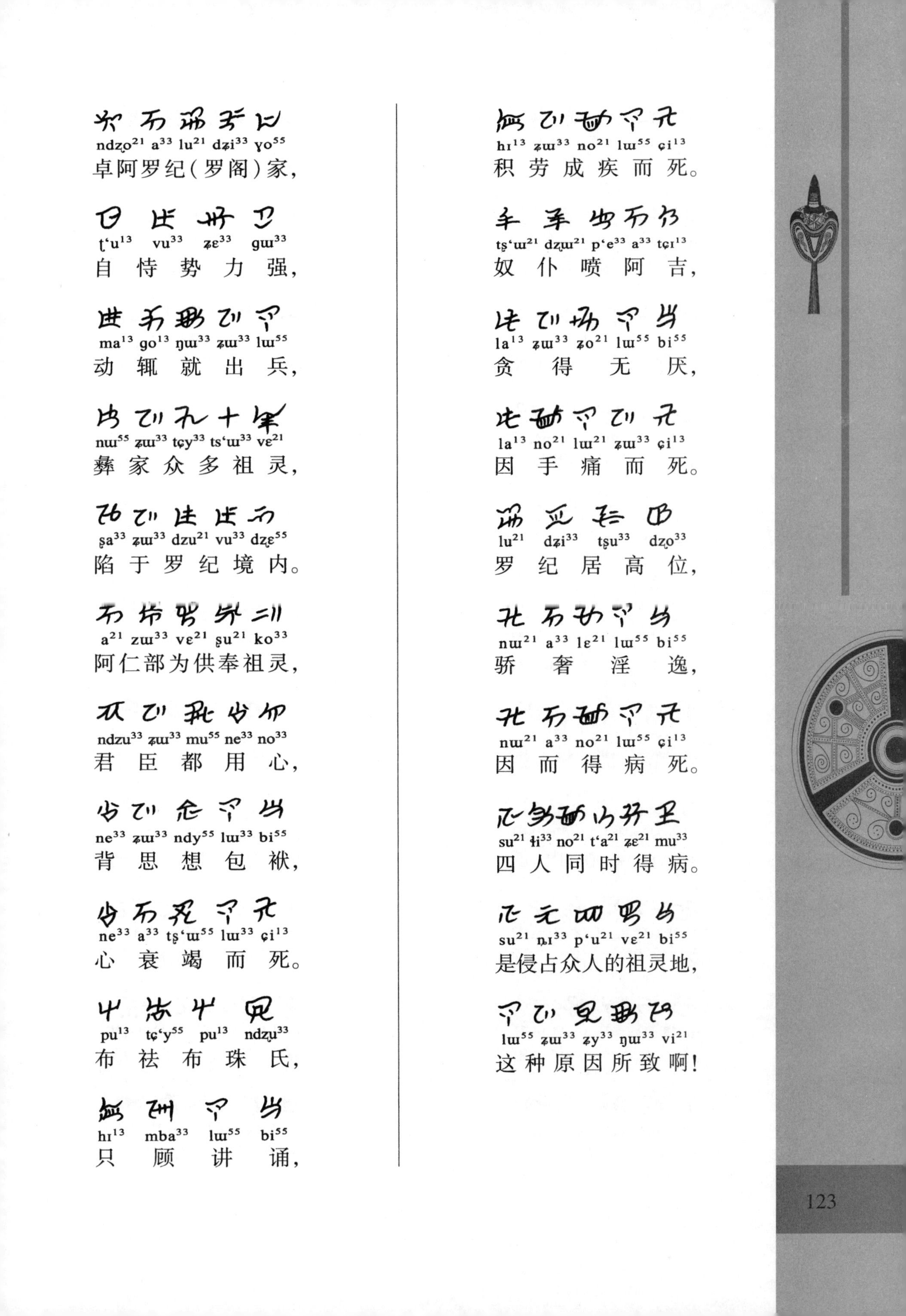

ndʐo^{21} a^{33} lu^{21} dʑi^{33} ɣo^{55}
卓阿罗纪（罗阁）家，

tʻu^{13} vu^{33} ʑɛ^{33} gɯ^{33}
自恃势力强，

ma^{13} go^{13} ŋɯ^{33} ʑɯ^{33} lɯ^{55}
动辄就出兵，

nɯ^{55} ʑɯ^{33} tɕy^{33} tsʻɯ^{33} vɛ^{21}
彝家众多祖灵，

ʂa^{33} ʑɯ^{33} dzu^{21} vu^{33} dʑɛ^{55}
陷于罗纪境内。

a^{21} zɯ^{33} vɛ^{21} ʂu^{21} ko^{33}
阿仁部为供奉祖灵，

ndzu^{33} ʑɯ^{33} mu^{55} ne^{33} no^{33}
君臣都用心，

ne^{33} ʑɯ^{33} ndy^{55} lɯ^{33} bi^{55}
背思想包袱，

ne^{33} a^{33} tʂʻɯ^{55} lɯ^{33} ɕi^{13}
心衰竭而死。

pu^{13} tɕʻy^{55} pu^{13} ndʐu^{33}
布祛布珠氏，

hɪ^{13} mba^{33} lɯ^{55} bi^{55}
只顾讲诵，

hɪ^{13} ʑɯ^{33} no^{21} lɯ^{55} ɕi^{13}
积劳成疾而死。

tʂʻɯ^{21} dʐɯ^{21} pʻe^{33} a^{33} tɕɪ^{13}
奴仆喷阿吉，

la^{13} ʑɯ^{33} ʑo^{21} lɯ^{55} bi^{55}
贪得无厌，

la^{13} no^{21} lɯ^{21} ʑɯ^{33} ɕi^{13}
因手痛而死。

lu^{21} dʑi^{33} tʂu^{33} dʐo^{33}
罗纪居高位，

nɯ^{21} a^{33} lɛ^{21} lɯ^{55} bi^{55}
骄奢淫逸，

nɯ^{21} a^{33} no^{21} lɯ^{55} ɕi^{13}
因而得病死。

su^{21} ɬi^{33} no^{21} tʻa^{21} ʑɛ^{21} mu^{33}
四人同时得病。

su^{21} ȵɪ^{33} pʻu^{21} vɛ^{21} bi^{55}
是侵占众人的祖灵地，

lɯ^{55} ʑɯ^{33} ʑy^{33} ŋɯ^{33} vi^{21}
这种原因所致啊！

t‘y^{21} tɯ^{33} ɳɪ^{33} ma^{21} bu^{33}
尚 需 叙 述:

lu^{21} ts‘o^{21} ŋgɯ^{21} hɪ^{21} lɪ^{33}
洛 措 格 恒 氏,

na^{33} tɛ^{21} a^{33} dʐo^{33} ɕi^{13}
为那待阿卓的死,

sɛ^{21} la^{13} pu^{13} a^{33} p‘i^{21}
主 持 了 葬 礼。

mu^{21} su^{13} ɳɪ^{33} ŋɯ^{33} lu^{33}
事 毕 之 后,

ko^{21} li^{21} ɣɯ^{21} tʂ‘o^{33} ɳɪ^{33}
叫 戈 里 俄 濯 的,

lu^{21} ts‘o^{21} ŋgɯ^{21} hɪ^{21} xo^{55}
送 洛 措 格 恒,

tɛ^{13}ts‘o^{13}ʂo^{13}ga^{13}k‘ɯ^{33}lɪ^{21}lu^{33}
来 到 点 苍 山 麓。

ko^{21} li^{21} ɣɯ^{21} tʂ‘o^{21} ɳɪ^{33}
戈 里 俄 濯,

mu^{55} a^{33} t‘y^{21} ŋga^{13} lɯ^{33}
讲 了 个 故 事:

a^{21} hɯ^{21} ɣɯ^{55} t‘u^{21} zɛ^{33}
“在 那 从 前 时,

ʂu^{21} pi^{13} ʈa^{13} lɪ^{33} ɳɖo^{33}
雉 鸡 被 鹰 捕 捉,

a^{21} ɣo^{21} ɣɯ^{21} tʂ‘o^{55}
落 在 阿 俄 额 濯 家,

kɯ^{21} go^{13} lɯ^{33} a^{33} ɖu^{55}
院 落 的 中 间。

a^{21} ɣo^{21} ɣɯ^{21} tʂ‘o^{55}
阿 俄 额 濯,

ʂu^{21} pi^{13} ʈa^{13} ndo^{33} tɿ^{13}
把 雉 鸡 救 下,

mo^{21} ʑy^{33} ʑa^{13} a^{33} bu^{33}
犯 下 了 过 错。”

tʂ‘ɿ^{21} dʐo^{21} tʂ‘ɿ^{21} ʑɯ^{33} ɣɯ^{55}
这 是 已 过 之 事。

dʑy^{33} du^{21} vu^{55} sɯ^{55} ʂɛ^{13}
犹 如 林 中 鸟,

dʐo^{21} lo^{13} kɯ^{13} ɳɪ^{33} de^{13}
有 一 身 本 领,

ʔu^{33} lɯ^{55} ʑo^{21} ʑɯ^{33} dʐɿ^{21}
就 充 满 自 信,

ma^{21} dʐo^{21} ndu^{21} ʈ‘u^{33} ts‘ɛ^{13}
无能的人作用小,

ʐo^{21} ʐɯ^{33} tʂɯ^{55} ma^{21} dɪ^{13}
顾不了自己。

tʻy^{21} ṇɪ^{33} no^{55} dʐɯ^{33} lu^{33}
这就叫出息。

tʻɯ^{21} no^{33} tʻy^{21}a^{33} sɯ^{55}
一样的道理，

tʂʻʅ^{21} dʐo^{21} tʂʻʅ^{21} ʐɯ^{33} ɣɯ^{55}
过去说的是：

ɕi^{13} mi^{13} ʐɯ^{33} ʂu^{33} mi^{13}
在死界病界，

nɛ^{55} mi^{13} ʐɯ^{33} ʂu^{33} mi^{13}
亡灵的世界，

dʐo^{21} lo^{13} kɯ^{13} ṇɪ^{33} dɪ^{13}
有一身本领，

ʔu^{33} lɯ^{55} ʐo^{21} a^{33} dʐʅ^{21}
就充满自信，

ma^{21} dʐo^{21} ndu^{21} ʈʻu^{33} tsʻe^{13}
无能的人作用小，

ʐo^{21} ʐɯ^{33} tʂɯ^{55} ma^{21} dɪ^{13}
顾不了自己。

tʂʻʅ^{21} dʐo^{21} tʂʻʅ^{21} ʐɯ^{33} ɣo^{21}
如今的事，

pu^{13} mu^{33} na^{21} ʐo^{33} ŋga^{13}
你请我做布摩，

pu^{13} sɛ^{21} tɕo^{55} vi^{13} ndɯ^{33}
我为你消灾。

kʻɯ^{21}tʻy^{21}ṇdʐɯ^{55}ṇdʐo^{13}mu^{33}
布有上下秩序的神道，

ndzu^{33} se^{13} tɕʻo^{33} ʐy^{21} mu^{33}
扮演出阵的君长。

kʻɛ^{55} ʔu^{33} tɕy^{33} la^{33} bu^{33}
上边置各神灵位，

kʻɛ^{55} dʐo^{13} tsʻɯ^{21} ŋgɯ^{33} a^{33}
中间设各样神座，

kʻɛ^{55} mɛ^{33} tsʻɯ^{21} a^{33} tsʻɯ^{55}
下面放各类贡品。

ndzu^{33} tɕʻo^{33} gɯ^{55} tɕy^{33} ʐɛ^{21}
君形象是鹤在天，

gɯ^{55} dʐɛ^{55} hu^{21} a^{33} tʂʻɛ^{55}
鹤归天时在山上饯行。

mu^{55} tɕʻo^{33} ɣo^{13} hɪ^{13} ʐɛ^{21}
臣形象是鹃居地，

ɣo^{13} hɛ^{33} du^{33} ʂɛ^{13} tʂʻɛ^{55}
鹃辞世时在地上饯行。

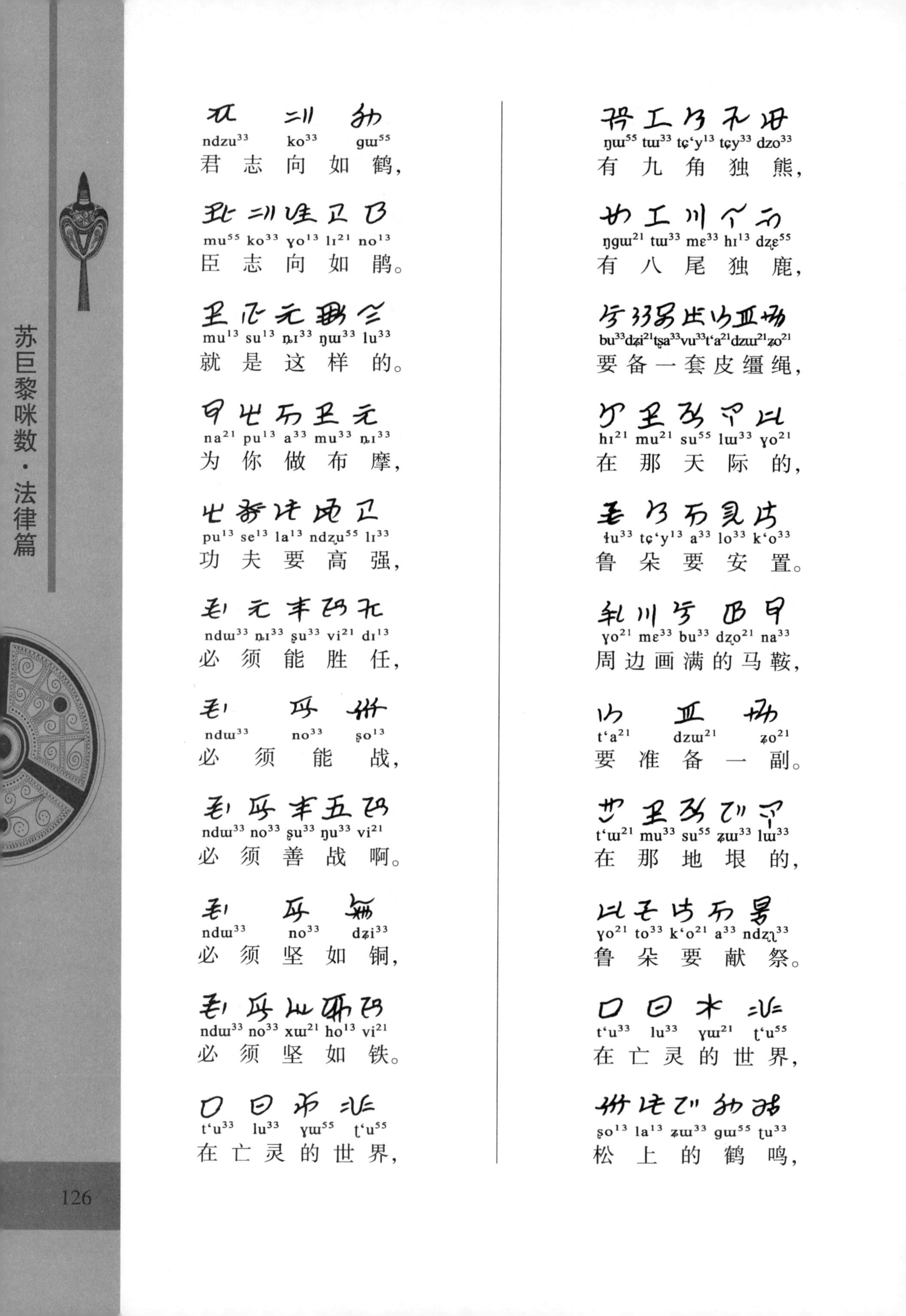

ndzu^{33} ko^{33} gɯ^{55}
君志向如鹤，

mu^{55} ko^{33} ɣo^{13} lɪ^{21} no^{13}
臣志向如鹃。

mu^{13} su^{13} ȵɪ^{33} ŋɯ^{33} lu^{33}
就是这样的。

na^{21} pu^{13} a^{33} mu^{33} ȵɪ^{33}
为你做布摩，

pu^{13} se^{13} la^{13} ndʐu^{55} lɪ^{33}
功夫要高强，

ndɯ^{33} ȵɪ^{33} ʂu^{33} vi^{21} dɪ^{13}
必须能胜任，

ndɯ^{33} no^{33} ʂo^{13}
必须能战，

ndɯ^{33} no^{33} ʂu^{33} ŋu^{33} vi^{21}
必须善战啊。

ndɯ^{33} no^{33} dʑi^{33}
必须坚如铜，

ndɯ^{33} no^{33} xɯ^{21} ho^{13} vi^{21}
必须坚如铁。

tʻu^{33} lu^{33} ɣɯ^{55} tʻu^{55}
在亡灵的世界，

ŋɯ^{55} tɯ^{33} tɕʻy^{13} tɕy^{33} dzo^{33}
有九角独熊，

ŋgɯ^{21} tɯ^{33} mɛ^{33} hɪ^{13} dʑɛ^{55}
有八尾独鹿，

bu^{33}dʑi^{21}tʂa^{33}vu^{33}tʻa^{21}dzɯ^{21}ʑo^{21}
要备一套皮缰绳，

hɪ^{21} mu^{21} su^{55} lɯ^{33} ɣo^{21}
在那天际的，

ɬu^{33} tɕʻy^{13} a^{33} lo^{33} kʻo^{33}
鲁朵要安置。

ɣo^{21} mɛ^{33} bu^{33} dʐo^{21} na^{33}
周边画满的马鞍，

tʻa^{21} dzɯ^{21} ʑo^{21}
要准备一副。

tʻɯ^{21} mu^{33} su^{55} ʑɯ^{33} lɯ^{33}
在那地垠的，

ɣo^{21} to^{33} kʻo^{21} a^{33} ndʐʅ^{33}
鲁朵要献祭。

tʻu^{33} lu^{33} ɣɯ^{21} tʻu^{55}
在亡灵的世界，

ʂo^{13} la^{13} ʑɯ^{33} gɯ^{55} ʈu^{33}
松上的鹤鸣，

ɬɛ^{13} la^{13} ʑɯ^{33} ɣo^{13} hɯ^{21}
松上有鹃啼，

ŋɯ^{55} bo^{21} ʑɯ^{33} ʈa^{13} dʐo^{21}
高山的雄鹰。

pu^{13} vi^{21} tsʻɯ^{33} ŋgo^{21}
布摩为除害，

hu^{21} lu^{33} tʻa^{21} dzɯ^{21} ʑo^{21}
要备一对牛马，

tʻu^{33} lu^{33} ɣɯ^{21} ʈʻu^{33} ʂʅ^{33}
献给亡灵世界。

lu^{21} gu^{21} tʻa^{21} dzɯ^{33} ʑo^{21}
备一对花牛，

tʻu^{33} lu^{33} nu^{33} ʑɯ^{33} tʻɯ^{21}
往天上献祭。

gɯ^{55} pu^{13} ȵy^{21} ʔu^{33} pu^{33}
鹤布摩是太阳星，

ɣo^{13} pu^{13} nɯ^{21} mɛ^{33} ve^{13}
鹃布摩是月亮星，

ʈa^{13} pu^{13} xɯ^{21} gɯ^{21} gu^{55}
鹰布摩披铁蓑衣。

pu^{13} sɯ^{33} dʑi^{21} ʑɪ^{33} dɪ^{13}
三布摩生的日相，

pu^{13} sɯ^{33} hu^{21} tɕʻo^{13} dzo^{55}
三布摩带的月容，

pu^{13} sɯ^{33} dʑy^{33} mu^{33} ve^{13}
三布摩形象高，

pu^{13} zu^{33} pu^{13} ʑɯ^{33} gɯ^{33}
布摩做事灵验，

ɣɯ^{21} no^{13} ɣɯ^{21} a^{33} lɯ^{55}
做事有威力。

vi^{13} ndɯ^{33} sɯ^{33} ʔu^{33} pʻu^{21}
除害有头绪，

vi^{13} ndɯ^{33} sɯ^{33} mɛ^{33} pu^{33}
除害有结果。

pu^{13} vi^{13} ndɯ^{33} tɯ^{33} ʂu^{33}
布摩善于除害。

zɛ^{55} ʑɯ^{33} ŋgɛ^{33} dɛ^{33} ȵɪ^{33}
惹家制的矛，

pu^{13} se^{13} ŋgɛ^{33} ma^{21} dɛ^{33}
矛不杀布摩。

ŋɯ^{55} a^{33} nu^{33} ma^{21} dzɛ^{21}
恩家制利箭，

pu^{13} mbe^{33} nu^{33} ma^{21} dzɛ^{21}
箭不射布摩。

k‘e^{13} po^{33} lɪ^{21} mi^{55} t‘u^{55}
恳博铸利箭，

pu^{13} mu^{33} tʂ‘u^{13} ma^{21} t‘u^{55}
不伤害布摩，

pu^{13} tʂ‘u^{55} mi^{33} ma^{21} t‘u^{55}
没有伤害布摩的箭。

ŋu^{33} mo^{21} lɪ^{21} ma^{13} tɪ^{13}
鄂莫家抓兵，

pu^{13} ŋgɯ^{21} lo^{13} ma^{21} dɪ^{13}
不准抓布摩。

bi^{21} ʑy^{21} lɪ^{33} se^{33} ʂu^{55}
毕余撒播的树木，

pu^{13} ndu^{21} se^{33} ma^{21} ʂu^{55}
不准用来打布摩，

dɪ^{33} ŋɯ^{33} vi^{21}
是这样的啊。

hu^{21} ȵɪ^{21} tsɯ^{13} ndzu^{33} mu^{55}
百二十君长，

ȵɪ^{55} nɯ^{21} bo^{21} ga^{13}
在尼乃博嘎这地方，

hɯ^{21} t‘a^{33} dʑɪ^{21} ʑɯ^{33} dzu^{21}
展开一场会战。

mi^{21} ly^{21} ʈa^{13} zu^{33} se^{13}
杀弥立大汝的，

a^{21} ɣɯ^{21} lɪ^{33} ndɛ^{21} ɬi^{13}
是阿额列歹的子孙，

dɯ^{33} ɣo^{21} a^{33} ʑɪ^{33} ŋɯ^{33}
名叫陡俄阿野。

mi^{21} ly^{21} ʈa^{13} zu^{33} ȵɪ^{33}
弥立大汝说：

na^{21} ʑɯ^{33} ʑɪ^{21} ma^{21} ŋɯ^{21}
“你是不良之徒，

na^{21} a^{33} ndzo^{21} ŋɯ^{33} lo^{13}
你是个恶人，

ɣɯ^{21} k‘ɛ^{55} ŋgɛ^{33} ma^{21} ʑɯ^{33}
矛不进布摩的肉！”

dɯ^{21} ɣo^{21} a^{33} ʑɪ^{33} ȵɪ^{33}
陡俄阿野说：

ɣɯ^{21} k‘ɛ^{55} ŋgɛ^{33} ma^{21} ʑɯ^{33}
“矛不进布摩的肉，

ɣɯ^{21} ɣo^{13} se^{13} du^{33} ŋu^{33}
就杀进布摩的腹！”

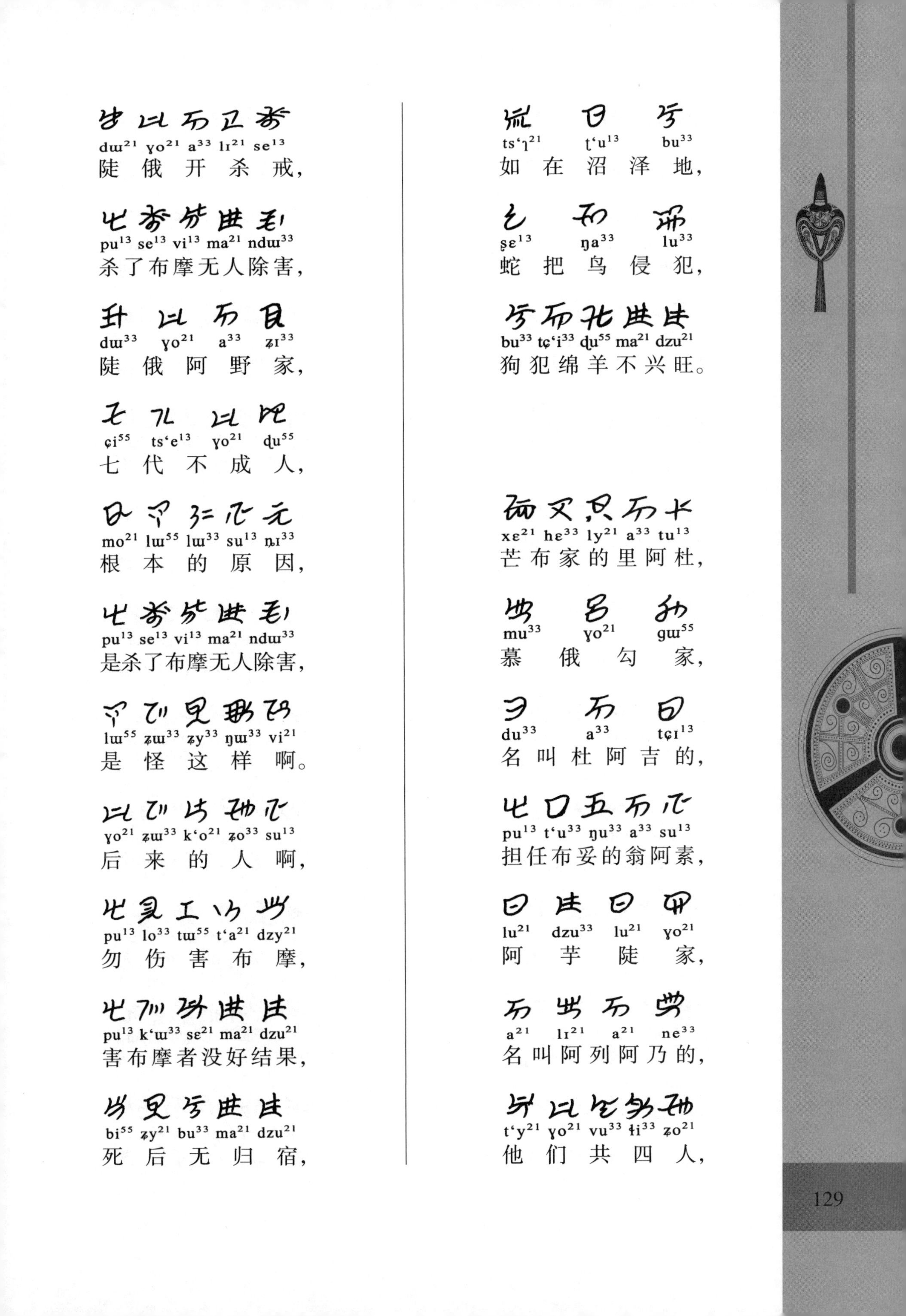

dɯ^{21} ɣo^{21} a^{33} lɪ^{21} se^{13}
陡俄开杀戒，

pu^{13} se^{13} vi^{13} ma^{21} ndɯ^{33}
杀了布摩无人除害，

dɯ^{33} ɣo^{21} a^{33} ʑɪ^{33}
陡俄阿野家，

ɕi^{55} tsʻe^{13} ɣo^{21} ɖu^{55}
七代不成人，

mo^{21} lɯ^{55} lɯ^{33} su^{13} ɳɪ^{33}
根本的原因，

pu^{13} se^{13} vi^{13} ma^{21} ndɯ^{33}
是杀了布摩无人除害，

lɯ^{55} ʑɯ^{33} ʑy^{33} ŋɯ^{33} vi^{21}
是怪这样啊。

ɣo^{21} ʑɯ^{33} kʻo^{21} ʑo^{33} su^{13}
后来的人啊，

pu^{13} lo^{33} tɯ^{55} tʻa^{21} dzy^{21}
勿伤害布摩，

pu^{13} kʻɯ^{33} sɛ^{21} ma^{21} dzu^{21}
害布摩者没好结果，

bi^{55} ʑy^{21} bu^{33} ma^{21} dzu^{21}
死后无归宿，

tsʻɿ^{21} ʈʻu^{13} bu^{33}
如在沼泽地，

ʂɛ^{13} ŋa^{33} lu^{33}
蛇把鸟侵犯，

bu^{33} tɕʻi^{33} ɖu^{55} ma^{21} dzu^{21}
狗犯绵羊不兴旺。

xɛ^{21} hɛ^{33} ly^{21} a^{33} tu^{13}
芒布家的里阿杜，

mu^{33} ɣo^{21} gɯ^{55}
慕俄勾家，

du^{33} a^{33} tɕɪ^{13}
名叫杜阿吉的，

pu^{13} tʻu^{33} ŋu^{33} a^{33} su^{13}
担任布妥的翁阿素，

lu^{21} dzu^{33} lu^{21} ɣo^{21}
阿芋陡家，

a^{21} lɪ^{21} a^{21} ne^{33}
名叫阿列阿乃的，

tʻy^{21} ɣo^{21} vu^{33} ɬi^{33} ʑo^{21}
他们共四人，

mɛ^{33} vɛ^{21} dzu^{21} a^{33} dɪ^{13}
相约一道买丝绸，

lɛ^{21}pu^{13}ŋɛ^{21}a^{33}tʂʻɯ^{55}lo^{33}pʻu^{55}
与勒布阿抽相遇。

lɛ^{21} pu^{13} a^{33} tʂʻɯ^{55} ȵɪ^{33}
勒布阿抽说道：

ȵɪ^{21} ȵɪ^{33} ndzu^{33} ɬi^{33} ʑo^{33}
"尊敬的四位，

mɛ^{33} vɛ^{21} dzu^{33} ʑɯ^{33} dɪ^{13}
相约买丝绸，

lu^{21} va^{13} dʐa^{33} ʑɯ^{33} ɣɯ^{55}
在遥远的异乡，

tʻy^{21} a^{33} lɯ^{55} vɛ^{21} lu^{33}
它才可买到！"

mu^{33} gɯ^{55} du^{33} a^{33} tɕɪ^{13}
慕勾杜阿吉说：

pu^{13} mu^{55} na^{21} sɯ^{55} su^{13}
"你这大布摩，

pʻu^{55} lɪ^{21} sɿ^{33} a^{33} no^{33}
既然得相逢，

za^{13} mu^{33} sɿ^{33} a^{33} dɪ^{13}
要请我们客！"

ȵɪ^{55} tʻa^{21} tsa^{33} ȵɪ^{33} dʐu^{33}
就取一些茶，

lɛ^{21} pu^{13} a^{33} tʂʻɯ^{55} bi^{55}
送勒布阿抽。

tʂʅ^{21} ndu^{33} mu^{55} ɬi^{33} ʑo^{33}
这四位君臣，

mɛ^{21}vɛ^{33}ndʐu^{55}a^{33}dzy^{33}lo^{33}dɪ^{13}
为买丝绸齐心协力，

mɛ^{33} vɛ^{21} ʂu^{33}
同甘苦，

mɛ^{33}vɛ^{21}tɕo^{33}lo^{33}tʻa^{21}dzy^{33}dɪ^{13}
患难与共结伴行，

ɕi^{55}mi^{33}ɕi^{55}du^{33}nɛ^{21}ʑɯ^{33}xɯ^{55}
天高地远的朋友。

ɬi^{33} lu^{21} va^{13} ʑɯ^{33} ɣɯ^{55}
遥远的异乡，

vɛ^{21} mu^{33} ȵy^{21} dʑy^{33} tʂʻu^{33}
为尊贵客人。

vɛ^{21}tɕo^{55}dɯ^{21}kʻu^{33}tʂʻu^{33}lo^{33}dɪ^{13}
生意做成快返回，

mu^{33} gɯ^{55} du^{33} a^{33} tɕɪ^{13}
慕勾杜阿吉，

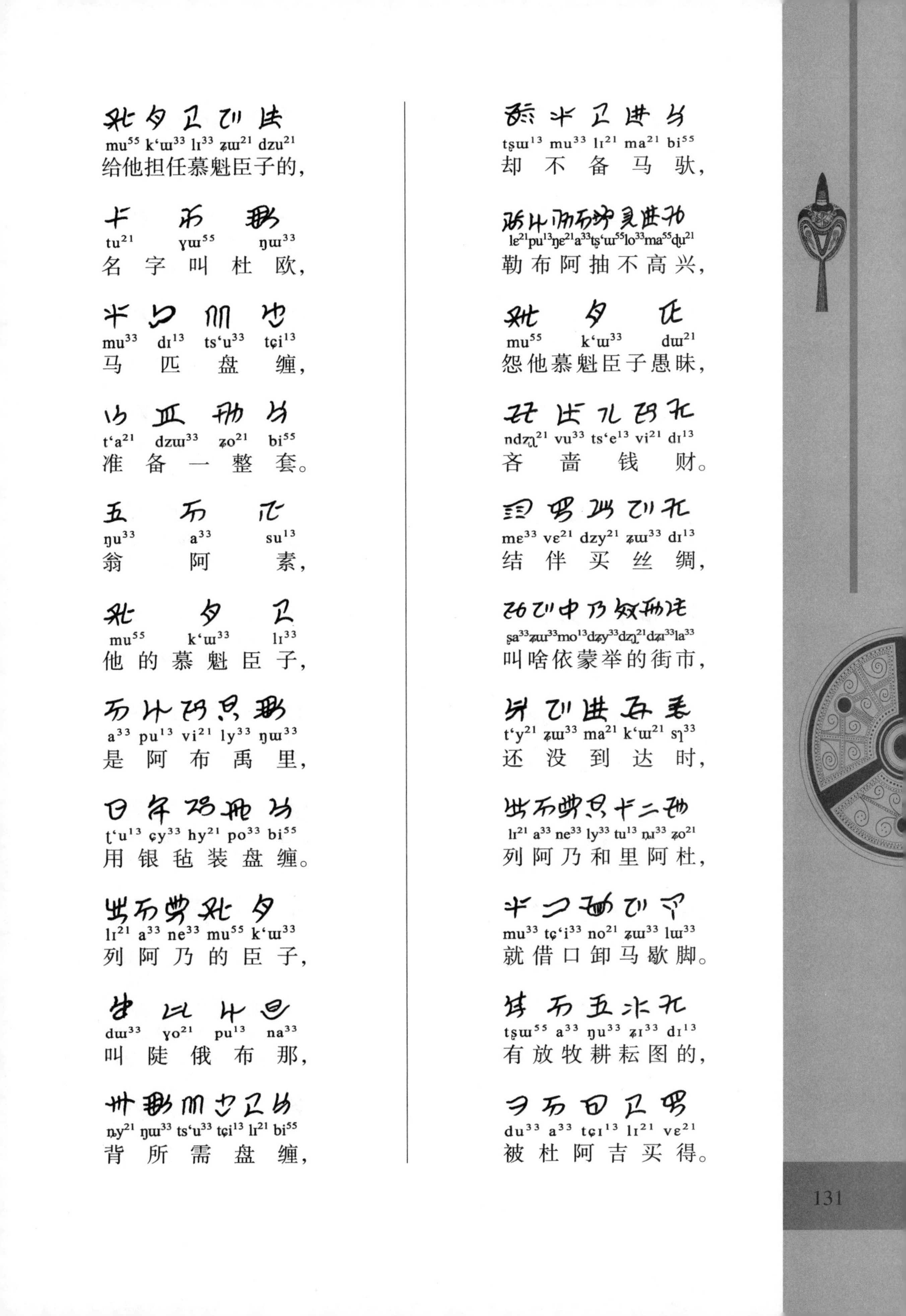

mu^{55} k'ɯ^{33} lɪ^{33} ʑɯ^{21} dzu^{21}
给他担任慕魁臣子的，

tu^{21} ɣɯ^{55} ŋɯ^{33}
名字叫杜欧，

mu^{33} dɪ^{13} ts'u^{33} tɕi^{13}
马匹盘缠，

t'a^{21} dzɯ^{33} ʑo^{21} bi^{55}
准备一整套。

ŋu^{33} a^{33} su^{13}
翁阿素，

mu^{55} k'ɯ^{33} lɪ^{33}
他的慕魁臣子，

a^{33} pu^{13} vi^{21} ly^{33} ŋɯ^{33}
是阿布禹里，

t'u^{13} ɕy^{33} hy^{21} po^{33} bi^{55}
用银毡装盘缠。

lɪ^{21} a^{33} ne^{33} mu^{55} k'ɯ^{33}
列阿乃的臣子，

dɯ^{33} ɣo^{21} pu^{13} na^{33}
叫陡俄布那，

n̥y^{21} ŋɯ^{33} ts'u^{33} tɕi^{13} lɪ^{21} bi^{55}
背所需盘缠，

tʂɯ^{13} mu^{33} lɪ^{21} ma^{21} bi^{55}
却不备马驮，

lɛ^{21} pu^{13} ŋɛ^{21} a^{33} tʂ'ɯ^{55} lo^{33} ma^{55} ɖu^{21}
勒布阿抽不高兴，

mu^{55} k'ɯ^{33} dɯ^{21}
怨他慕魁臣子愚昧，

ndʐʅ^{21} vu^{33} ts'e^{13} vi^{21} dɪ^{13}
吝啬钱财。

mɛ^{33} vɛ^{21} dzy^{21} ʑɯ^{33} dɪ^{13}
结伴买丝绸，

ʂa^{33} ʑɯ^{33} mo^{13} dʑy^{33} dʐʅ^{21} dʐɪ^{33} la^{33}
叫啥依蒙举的街市，

t'y^{21} ʑɯ^{33} ma^{21} k'ɯ^{21} sʅ^{33}
还没到达时，

lɪ^{21} a^{33} ne^{33} ly^{33} tu^{13} n̥ɪ^{33} ʑo^{21}
列阿乃和里阿杜，

mu^{33} tɕ'i^{33} no^{21} ʑɯ^{33} lɯ^{33}
就借口卸马歇脚。

tʂɯ^{55} a^{33} ŋu^{33} ʑɪ^{33} dɪ^{13}
有放牧耕耘图的，

du^{33} a^{33} tɕɪ^{13} lɪ^{21} vɛ^{21}
被杜阿吉买得。

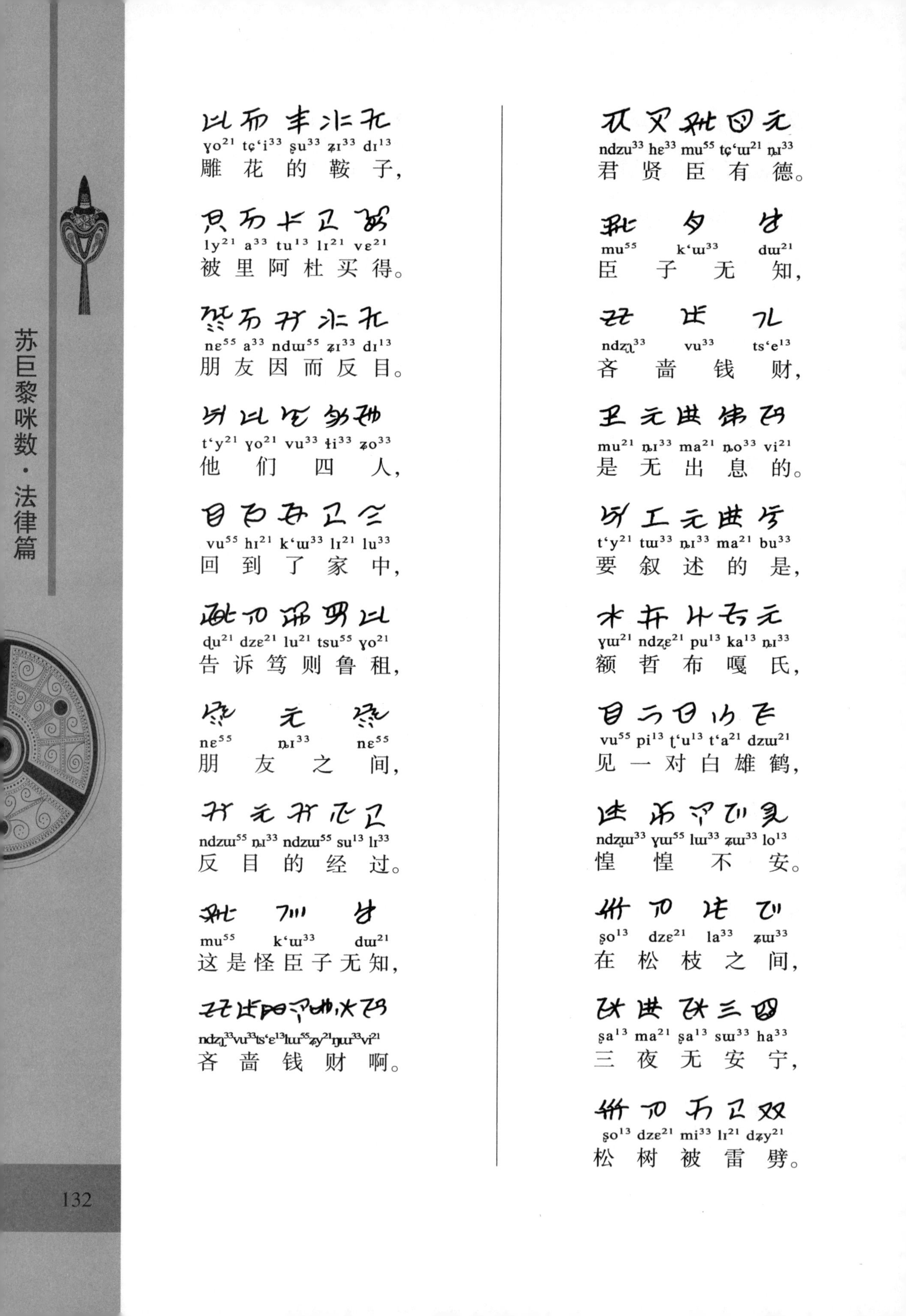

ɣo^{21} tɕʻi^{33} ʂu^{33} ʑɪ^{33} dɪ^{13}
雕 花 的 鞍 子，

ly^{21} a^{33} tu^{13} lɪ^{21} vɛ^{21}
被 里 阿 杜 买 得。

nɛ^{55} a^{33} ndɯ^{55} ʑɪ^{33} dɪ^{13}
朋 友 因 而 反 目。

tʻy^{21} ɣo^{21} vu^{33} ɬi^{33} ʑo^{33}
他 们 四 人，

vu^{55} hɪ^{21} kʻɯ^{33} lɪ^{21} lu^{33}
回 到 了 家 中，

ɖu^{21} dzɛ^{21} lu^{21} tsu^{55} ɣo^{21}
告 诉 笃 则 鲁 租，

nɛ^{55} ȵɪ^{33} nɛ^{55}
朋 友 之 间，

ndzɯ^{55} ȵɪ^{33} ndzɯ^{55} su^{13} lɪ^{33}
反 目 的 经 过。

mu^{55} kʻɯ^{33} dɯ^{21}
这 是 怪 臣 子 无 知，

ndʐʅ^{33}vu^{33}tsʻɛ^{13}ɬɯ^{55}ʑy^{21}ŋɯ^{33}vi^{21}
吝 啬 钱 财 啊。

ndzu^{33} he^{33} mu^{55} tɕʻɯ^{21} ȵɪ^{33}
君 贤 臣 有 德。

mu^{55} kʻɯ^{33} dɯ^{21}
臣 子 无 知，

ndʐʅ^{33} vu^{33} tsʻe^{13}
吝 啬 钱 财，

mu^{21} ȵɪ^{33} ma^{21} ȵo^{33} vi^{21}
是 无 出 息 的。

tʻy^{21} tɯ^{33} ȵɪ^{33} ma^{21} bu^{33}
要 叙 述 的 是，

ɣɯ^{21} ndʐɛ^{21} pu^{13} ka^{13} ȵɪ^{33}
额 哲 布 嘎 氏，

vu^{55} pi^{13} ʈʻu^{13} tʻa^{21} dzɯ^{21}
见 一 对 白 雄 鹤，

ndʐɯ^{33} ɣɯ^{55} lɯ^{33} ʑɯ^{33} lo^{13}
惶 惶 不 安。

ʂo^{13} dzɛ^{21} la^{33} ʑɯ^{33}
在 松 枝 之 间，

ʂa^{13} ma^{21} ʂa^{13} sɯ^{33} ha^{33}
三 夜 无 安 宁，

ʂo^{13} dzɛ^{21} mi^{33} lɪ^{21} dʑy^{21}
松 树 被 雷 劈。

ɣɯ^{21} ndʐɛ^{21} pu^{13} ka^{13} n̥ɪ^{33}
额哲布嘎说：

vu^{55} ne^{33} ʑɪ^{33}
飞禽有灵性，

vu^{55} sɛ^{55} dzɛ^{21} ŋɯ^{33} vi^{21}
飞禽知先兆，

vu^{55} pi^{13} tʻu^{13} ʑo^{21} xo^{33}
受白鹤启发，

n̥ɪ^{55} bu^{33} tʻɯ^{33} lɯ^{33} n̥ɪ^{33}
豁然开朗了。

ɣɯ^{21} ndʐɛ^{13} pu^{13} ka^{13}
额则布嘎，

ɕi^{55} tʻu^{55} no^{21} ha^{33}
距大限到来，

sɯ^{33}hu^{21}tɕu^{33}tsʻɯ^{33}ha^{33}tɯ^{33}dzɿ^{21}
剩一年零二十五天，

tʻy^{21} ʑɯ^{33} dɪ^{13} dʐa^{33} lu^{33}
在这个时间，

ɣɯ^{21} ndʐɛ^{21} pu^{13} ka^{13} n̥ɪ^{33}
额哲布嘎，

ʑo^{21} ɕi^{13} ʑo^{21} tʻa^{33}
安排自己的后事，

ʑo^{21} bɛ^{21} ʑo^{21} fu^{13} mu^{33}
准备自己的后事。

a^{21}tsʻu^{33}ɣɯ^{21}tɕɪ^{13}dʑo^{21}lu^{33}gu^{33}a^{33}kʻɯ^{33}
来到阿初额吉家。

a^{21}tsʻu^{33}ɣɯ^{21}tɕɪ^{13}mu^{55}kʻɯ^{33}lɪ^{33}
阿初额吉的慕魁，

a^{21} ku^{33} a^{21} no^{13} ŋɯ^{33}
是阿吉阿诺。

tʂʻʅ^{21} kɯ^{13} ku^{33} a^{33} su^{13}
说他虽有心计，

gɯ^{55}ɣo^{13}dzɛ^{21}ʑɯ^{33}vu^{55}ŋɯ^{33}vi^{21}
却是鹤鹃手下小鸟，

tʂʻɯ^{21} tʻɯ^{55} tsʻo^{13}
只招待一餐，

lu^{33} tʻɯ^{33} xu^{33}
只杀一个牲，

kʻe^{13}tʻɯ^{55}kʻo^{55}du^{33}ŋu^{33} dɪ^{13}
只送一件礼，

ɣɯ^{21}ndʐɛ^{21}pu^{13}ka^{13}lo^{33}ma^{55}dɯ^{21}
额哲布嘎不高兴。

mu^{55} kʻɯ^{33} dɯ^{21}
这是慕魁无知，

ndʐʅ^{33} vu^{33} tsʻe^{13} vi^{21} dɪ^{13}
吝啬钱财啊!

ɣɯ^{21} ndʐɛ^{21} pu^{13} ka^{13} n̥ɪ^{33}
额哲布嘎,

ʑo^{21} ɕi^{13} ʑo^{21} ʈʻa^{33} mu^{33}
安排自己的后事,

mu^{33} ɣo^{13} gɯ^{55}
来到慕俄勾,

lu^{21}na^{33}a^{21}kʻo^{21}dʐo^{21}lu^{33}gu^{33}a^{33}kʻɯ^{33}
洛那阿可家。

a^{21} nu^{33} ɣɯ^{21} vi^{33} n̥ɪ^{33}
阿诺额禹说:

tʂʻʅ^{21} su^{13} kʻu^{33} hu^{33} ʑɛ^{33}
这是威望高的人,

dʑi^{21} lu^{21} n̥o^{33} vi^{21} dɪ^{13}
有造就的人,

sɛ^{55} ho^{21} n̥ɪ^{33} vi^{21} dɪ^{13}
有知识的人,

tʂʻɯ^{21}lɪ^{21}tɕy^{33}tsʻɯ^{33}tɕy^{33}lɯ^{33}tsʻo^{13}
就以贵宾礼款待,

lu^{33}lɪ^{21}tɕy^{33}tsʻɯ^{33}tɕy^{33}lu^{33}xu^{33}
杀九十九头牛,

dzɛ^{33} mu^{33} lɪ^{33}
所备的坐骑,

tɕy^{33} tsʻɯ^{33} tɕy^{33} n̥ɪ^{33} ɣa^{13}
挑选最好的,

tɕy^{33} tsʻɯ^{33} tɕy^{33} ze^{13} ndʑi^{21}
九十九张豹皮,

tɕy^{33} bo^{33} tʻu^{13} lu^{33} mbe^{33}
都是顶好的,

tɕy^{33} tsʻɯ^{33} tɕy^{33} dzɯ^{33} bi^{55}
九十九件礼品,

bi^{55} n̥o^{33} tɯ^{33} ŋɯ^{33} vi^{21}
都是上等的。

tʻy^{21} bi^{55} gu^{21} ʑɯ^{33} du^{55}
受馈赠之后,

ɣɯ^{21} ndʐɛ^{21} pu^{13} ka^{13} n̥ɪ^{33}
额哲布嘎,

mba^{33} tʻy^{21} dɯ^{55} do^{33} lɯ^{33}
就开口说道:

nɯ^{21} zu^{33} nɯ^{13}
“你让年轻的,

ʑo^{21}ɣo^{21}mo^{21}mi^{55}sɛ^{55}dɯ^{33}lu^{33}
熟悉我的著作的,

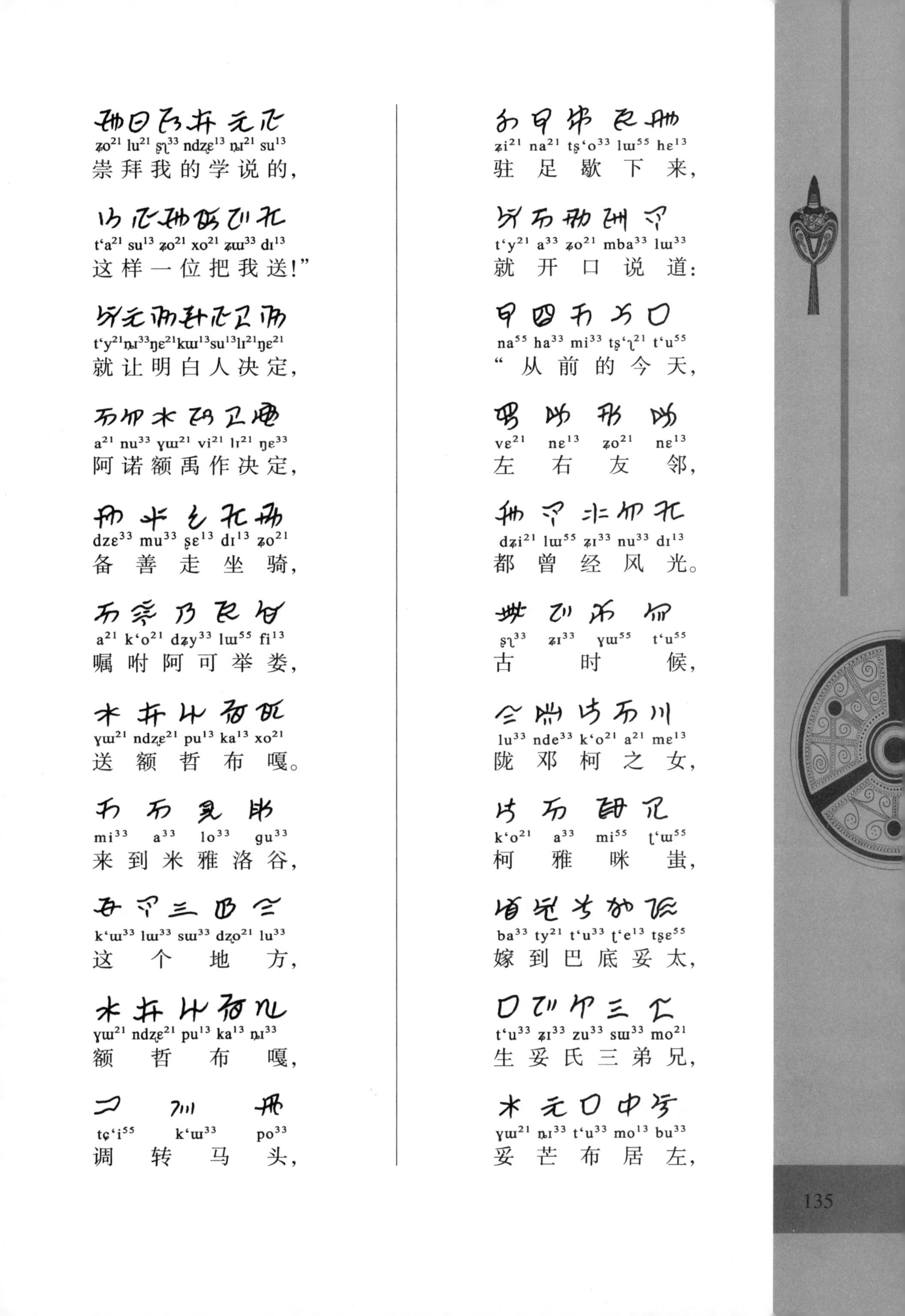

ʑo^{21} lu^{21} ʂʅ^{33} ndʐɛ^{13} ȵɪ^{21} su^{13}
崇拜我的学说的，

tʻa^{21} su^{13} ʑo^{21} xo^{21} ʑɯ^{33} dɪ^{13}
这样一位把我送！”

tʻy^{21}ȵɪ^{33}ŋɛ^{21}kɯ^{13}su^{13}lɪ^{21}ŋɛ^{21}
就让明白人决定，

a^{21} nu^{33} ɣɯ^{21} vi^{21} lɪ^{21} ŋɛ^{33}
阿诺额禹作决定，

dzɛ^{33} mu^{33} ʂɛ^{13} dɪ^{13} ʑo^{21}
备善走坐骑，

a^{21} kʻo^{21} dʑy^{33} lɯ^{55} fi^{13}
嘱咐阿可举娄，

ɣɯ^{21} ndʐɛ^{21} pu^{13} ka^{13} xo^{21}
送额哲布嘎。

mi^{33} a^{33} lo^{33} gu^{33}
来到米雅洛谷，

kʻɯ^{33} lɯ^{33} sɯ^{33} dʐo^{21} lu^{33}
这个地方，

ɣɯ^{21} ndʐɛ^{21} pu^{13} ka^{13} ȵɪ^{33}
额哲布嘎，

tɕʻi^{55} kʻɯ^{33} po^{33}
调转马头，

ʑi^{21} na^{21} tʂʻo^{33} lɯ^{55} hɛ^{13}
驻足歇下来，

tʻy^{21} a^{33} ʑo^{21} mba^{33} lɯ^{33}
就开口说道：

na^{55} ha^{33} mi^{33} tʂʻʅ^{21} tʻu^{55}
“从前的今天，

vɛ^{21} nɛ^{13} ʑo^{21} nɛ^{13}
左右友邻，

dʑi^{21} lɯ^{55} ʑɪ^{33} nu^{33} dɪ^{13}
都曾经风光。

ʂʅ^{33} ʑɪ^{33} ɣɯ^{55} tʻu^{55}
古时候，

lu^{33} nde^{33} kʻo^{21} a^{21} mɛ^{13}
陇邓柯之女，

kʻo^{21} a^{33} mi^{55} ʈʻɯ^{55}
柯雅咪蚩，

ba^{33} ty^{21} tʻu^{33} ʈʻe^{13} tʂɛ^{55}
嫁到巴底妥太，

tʻu^{33} ʑɪ^{33} zu^{33} sɯ^{33} mo^{21}
生妥氏三弟兄，

ɣɯ^{21} ȵɪ^{33} tʻu^{33} mo^{13} bu^{33}
妥芒布居左，

ɣo^{21} n̥ɪ^{33} t'u^{33} a^{21} ndʐɛ^{21}
妥阿哲居右，

n̥ɪ^{13} no^{33} a^{21} tɕ'i^{33}
阿琪是幼支。

t'u^{33} tɕ'i^{33} zu^{33} ma^{21} ga^{33}
妥琪为人差，

gɯ^{55} mu^{33} ɖɯ^{21}
宛若鹤高飞，

hɪ^{21} a^{33} vɛ^{33}
在空中盘旋，

dʑo^{21} ʑɯ^{33} dʐo^{21} dʐa^{33} sɿ^{33}
尚存此传统。

dʑɪ^{21} lɪ^{21} dʐʅ^{21}
实存在纠葛，

dɯ^{21} lɪ^{33} t'o^{21} a^{33} no^{33}
争纷是事实。

ʂʅ^{33} su^{13} t'a^{21} dzɯ^{21} mu^{33}
先另立门户，

hu^{21} ʈ'u^{13} t'a^{21} lɯ^{33} dzɛ^{33}
骑一匹白马，

vɛ^{21} n̥ɪ^{13} ma^{13} sɛ^{21}
作骂色领兵，

tʂ'ʅ^{21} ma^{13} t'u^{33} tɕ'i^{33} ma^{13}
这妥琪的兵，

dɯ^{55} mi^{13} hɯ^{21} a^{33} no^{33}
若发生战事，

hɛ^{33} ʂu^{33} ɣo^{21} n̥o^{33} ʂo^{13}
善战求得胜，

nɯ^{21} lɪ^{21} ta^{33} kɯ^{13} sɛ^{55}
知你的才能。”

a^{21} k'o^{21} dʑy^{33} lɯ^{55} n̥ɪ^{33}
阿可举娄，

ts'o^{21} ʑɪ^{33} ts'o^{21} ŋu^{21} sɛ^{55}
明察秋毫，

dɪ^{13} su^{13} ŋɯ^{33} a^{33} mo^{21}
认为说得对。

hɯ^{21} ts'e^{13} gu^{21} ʑɯ^{33} du^{55}
“以后的事，

k'o^{13} ʑɯ^{33} ndʐo^{33} lu^{33} dɪ^{13}
又从何处起？”

ɣɯ^{21} ndʐɛ^{21} pu^{13} ka^{13} n̥ɪ^{33}
额哲布嘎说：

mo^{13} bu^{33} du^{55} ʑɯ^{33} ndzo^{33}
“后由芒布挑起，

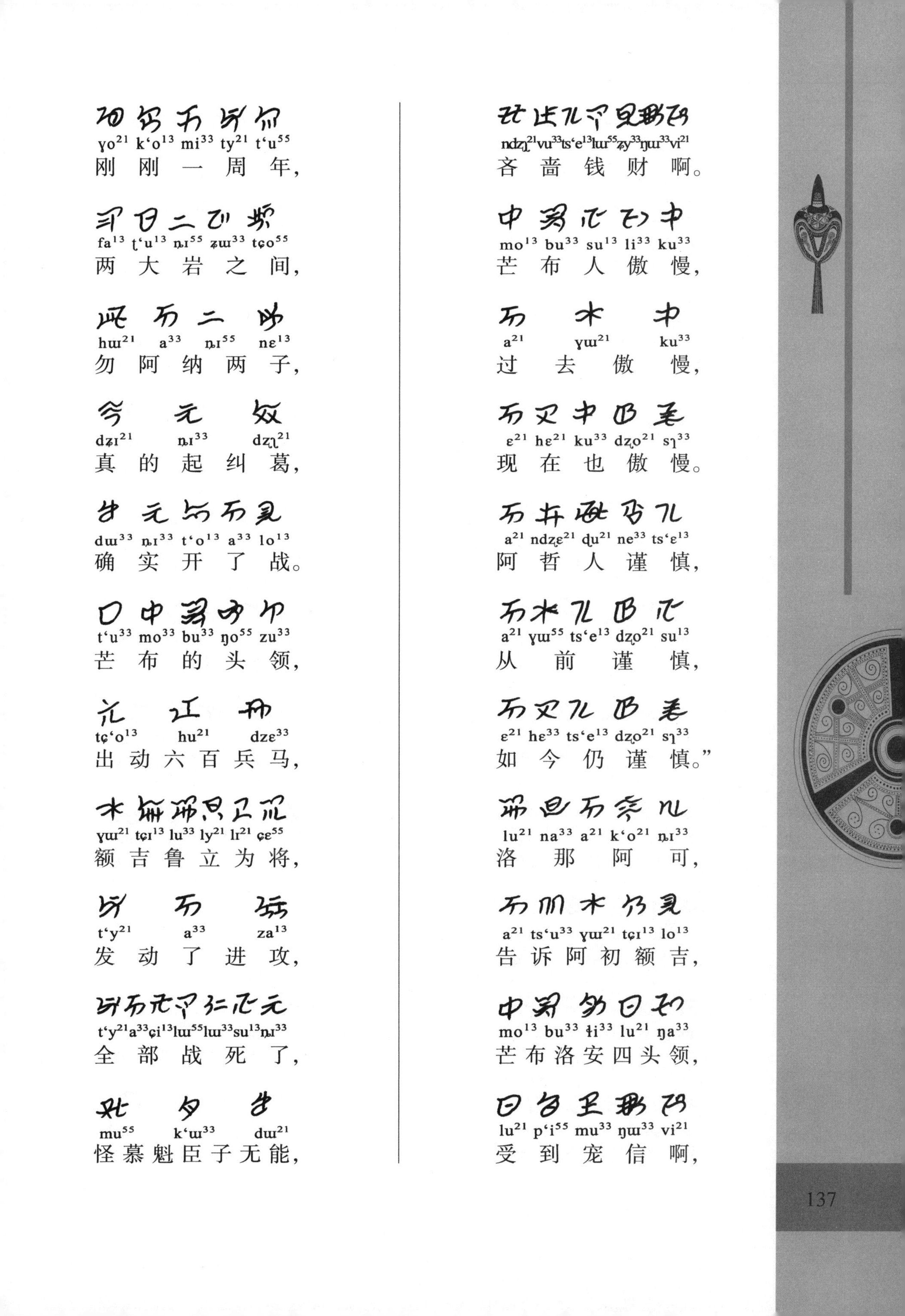

ɣo^{21} k‘o^{13} mi^{33} ty^{21} t‘u^{55}
刚 刚 一 周 年，

fa^{13} ʈ‘u^{13} ȵɪ^{55} ʑɯ^{33} tɕo^{55}
两 大 岩 之 间，

hɯ^{21} a^{33} ȵɪ^{55} nɛ^{13}
勿 阿 纳 两 子，

dʑɪ^{21} ȵɪ^{33} dʐʅ^{21}
真 的 起 纠 葛，

dɯ^{33} ȵɪ^{33} t‘o^{13} a^{33} lo^{13}
确 实 开 了 战。

t‘u^{33} mo^{33} bu^{33} ŋo^{55} zu^{33}
芒 布 的 头 领，

tɕ‘o^{13} hu^{21} dzɛ^{33}
出 动 六 百 兵 马，

ɣɯ^{21} tɕɪ^{13} lu^{33} ly^{21} lɪ^{21} ɕɛ^{55}
额 吉 鲁 立 为 将，

t‘y^{21} a^{33} za^{13}
发 动 了 进 攻，

t‘y^{21}a^{33}ɕi^{13}lɯ^{55}lɯ^{33}su^{13}ȵɪ^{33}
全 部 战 死 了，

mu^{55} k‘ɯ^{33} dɯ^{21}
怪 慕 魁 臣 子 无 能，

ndʐʅ^{21}vu^{33}ts‘e^{13}lɯ^{55}ʑy^{33}ŋɯ^{33}vi^{21}
吝 啬 钱 财 啊。

mo^{13} bu^{33} su^{13} li^{33} ku^{33}
芒 布 人 傲 慢，

a^{21} ɣɯ^{21} ku^{33}
过 去 傲 慢，

ɛ^{21} hɛ^{21} ku^{33} dʐo^{21} sʅ^{33}
现 在 也 傲 慢。

a^{21} ndʐɛ^{21} ɖu^{21} ne^{33} ts‘ɛ^{13}
阿 哲 人 谨 慎，

a^{21} ɣɯ^{55} ts‘e^{13} dʐo^{21} su^{13}
从 前 谨 慎，

ɛ^{21} hɛ^{33} ts‘e^{13} dʐo^{21} sʅ^{33}
如 今 仍 谨 慎。”

lu^{21} na^{33} a^{21} k‘o^{21} ȵɪ^{33}
洛 那 阿 可，

a^{21} ts‘u^{33} ɣɯ^{21} tɕɪ^{13} lo^{13}
告 诉 阿 初 额 吉，

mo^{13} bu^{33} ɬi^{33} lu^{21} ŋa^{33}
芒 布 洛 安 四 头 领，

lu^{21} p‘i^{55} mu^{33} ŋɯ^{33} vi^{21}
受 到 宠 信 啊，

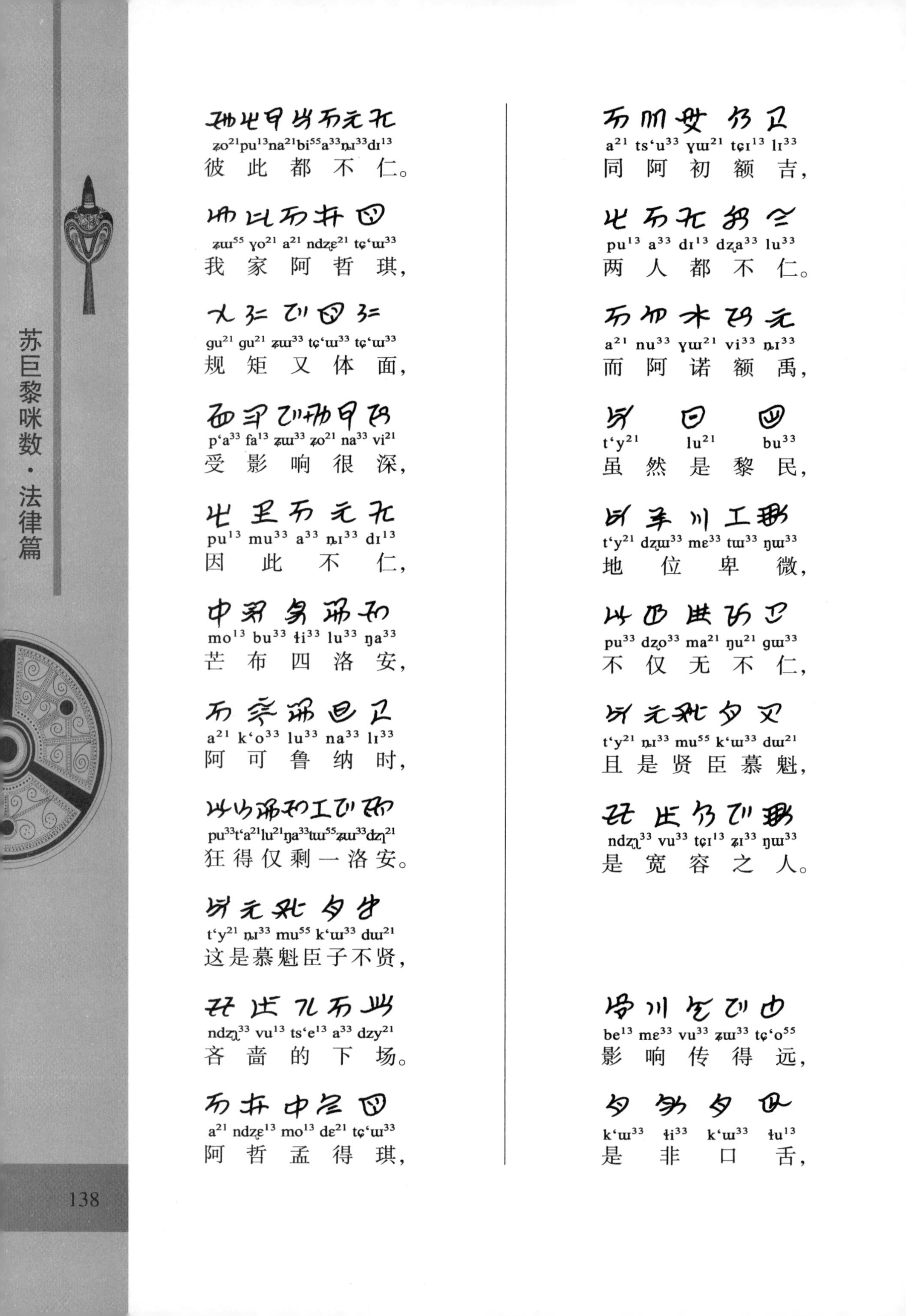

ʑo^{21}pu^{13}na^{21}bi^{55}a^{33}ȵɪ^{33}dɪ^{13}
彼 此 都 不 仁。

ʑɯ^{55} ɣo^{21} a^{21} ndʑɛ^{21} tɕ'ɯ^{33}
我 家 阿 哲 琪，

gu^{21} gu^{21} ʑɯ^{33} tɕ'ɯ^{33} tɕ'ɯ^{33}
规 矩 又 体 面，

p'a^{33} fa^{13} ʑɯ^{33} ʑo^{21} na^{33} vi^{21}
受 影 响 很 深，

pu^{13} mu^{33} a^{33} ȵɪ^{33} dɪ^{13}
因 此 不 仁，

mo^{13} bu^{33} ɬi^{33} lu^{33} ŋa^{33}
芒 布 四 洛 安，

a^{21} k'o^{33} lu^{33} na^{33} lɪ^{33}
阿 可 鲁 纳 时，

pu^{33}t'a^{21}lu^{21}ŋa^{33}tɯ^{55}ʑɯ^{33}dʐɿ^{21}
狂 得 仅 剩 一 洛 安。

t'y^{21} ȵɪ^{33} mu^{55} k'ɯ^{33} dɯ^{21}
这是慕魁臣子不贤，

ndʐɿ^{33} vu^{13} ts'e^{13} a^{33} dzy^{21}
吝 啬 的 下 场。

a^{21} ndʑɛ^{13} mo^{13} dɛ^{21} tɕ'ɯ^{33}
阿 哲 孟 得 琪，

a^{21} ts'u^{33} ɣɯ^{21} tɕɪ^{13} lɪ^{33}
同 阿 初 额 吉，

pu^{13} a^{33} dɪ^{13} dʐa^{33} lu^{33}
两 人 都 不 仁。

a^{21} nu^{33} ɣɯ^{21} vi^{33} ȵɪ^{33}
而 阿 诺 额 禹，

t'y^{21} lu^{21} bu^{33}
虽 然 是 黎 民，

t'y^{21} dʐɯ^{33} mɛ^{33} tɯ^{33} ŋɯ^{33}
地 位 卑 微，

pu^{33} dʐo^{33} ma^{21} ŋu^{21} gɯ^{33}
不 仅 无 不 仁，

t'y^{21} ȵɪ^{33} mu^{55} k'ɯ^{33} dɯ^{21}
且 是 贤 臣 慕 魁，

ndʐɿ^{33} vu^{33} tɕɪ^{13} ʑɪ^{33} ŋɯ^{33}
是 宽 容 之 人。

be^{13} mɛ^{33} vu^{33} ʑɯ^{33} tɕ'o^{55}
影 响 传 得 远，

k'ɯ^{33} ɬi^{33} k'ɯ^{33} ɬu^{13}
是 非 口 舌，

dzɛ^{21} mu^{33} ma^{21} ȵo^{33} vi^{21}
搬弄可不好。

dɯ^{21} dɛ^{33} pʻu^{21} ɣo^{13}
德歹濮卧家，

a^{33} ʂɯ^{55} ɖu^{21} bi^{33}
阿收笃毕，

tʻy^{21} dɯ^{55} lɯ^{55} dɪ^{13} vi^{21}
说这样的话：

ʑy^{21} ȵɪ^{33} ɣɯ^{21} tɕɪ^{13} lɪ^{33}
“舅舅家额吉，

ʑy^{21}hɛ^{33}tʻy^{21}dʐu^{33}lɪ^{33}ma^{55}ŋɯ^{21}
不是善良之辈，

lɛ^{21} kʻo^{13} lɛ^{21} kʻɯ^{21} ŋɯ^{33} dɪ^{13}
是出尔反尔之人。”

ʑy^{21} ȵɪ^{33} ɣɯ^{21} tɕɪ^{13} lɪ^{21} dʑo^{33}
额吉听到后，

mi^{33} a^{33} ʂʅ^{33} ɖu^{21} xɯ^{55}
如火上烧油，

zu^{33} ŋu^{33} a^{33} tsʻɯ^{21} tɪ^{13}
被人赖账。

a^{33} ʂɯ^{55} ɖu^{21} bi^{33}
发誓要把阿收笃毕，

ʔu^{33} kʻe^{33} la^{13} tʻo^{33} mu^{33}
砍头切肢。

xɛ^{21}hɛ^{33}dʐu^{55}ʂɛ^{13}kʻɯ^{33}lɪ^{21}lu^{33}
到了赫海珠舍，

tʂʻʅ^{21} a^{33} ʂɯ^{55} ɖu^{21} bi^{55}
芒布给阿收笃毕，

vɛ^{21} tʂʻɯ^{21} tsʻo^{13} kʻu^{33} mu^{33}
佯装待以贵宾礼，

lu^{33} xu^{33} a^{33} tɕi^{33} ʑɛ^{33}
杀牛规格大，

tʻy^{21} ʑɯ^{33} ho^{21} dʑa^{33} lu^{33}
准备了等着。

se^{13} su^{13} ʑɯ^{21} ma^{21} vi^{13}
“杀人的无过，

ndʑa^{33} su^{13} ʑɯ^{33} lo^{33} vi^{13}
受累反有过，

ʑɯ^{55}ɣo^{21}lɛ^{21}kʻo^{33}lɛ^{21}kʻɯ^{21}ŋɯ^{33}vi^{21}
我是出尔反尔的呀！

su^{55} ʑy^{21} ɖu^{21} bi^{33} lɪ^{33}
女婿笃毕，

lɛ^{21} hɛ^{33} lɛ^{21} ndʐu^{55} ŋɯ^{33} lo^{21}
是正人君子，

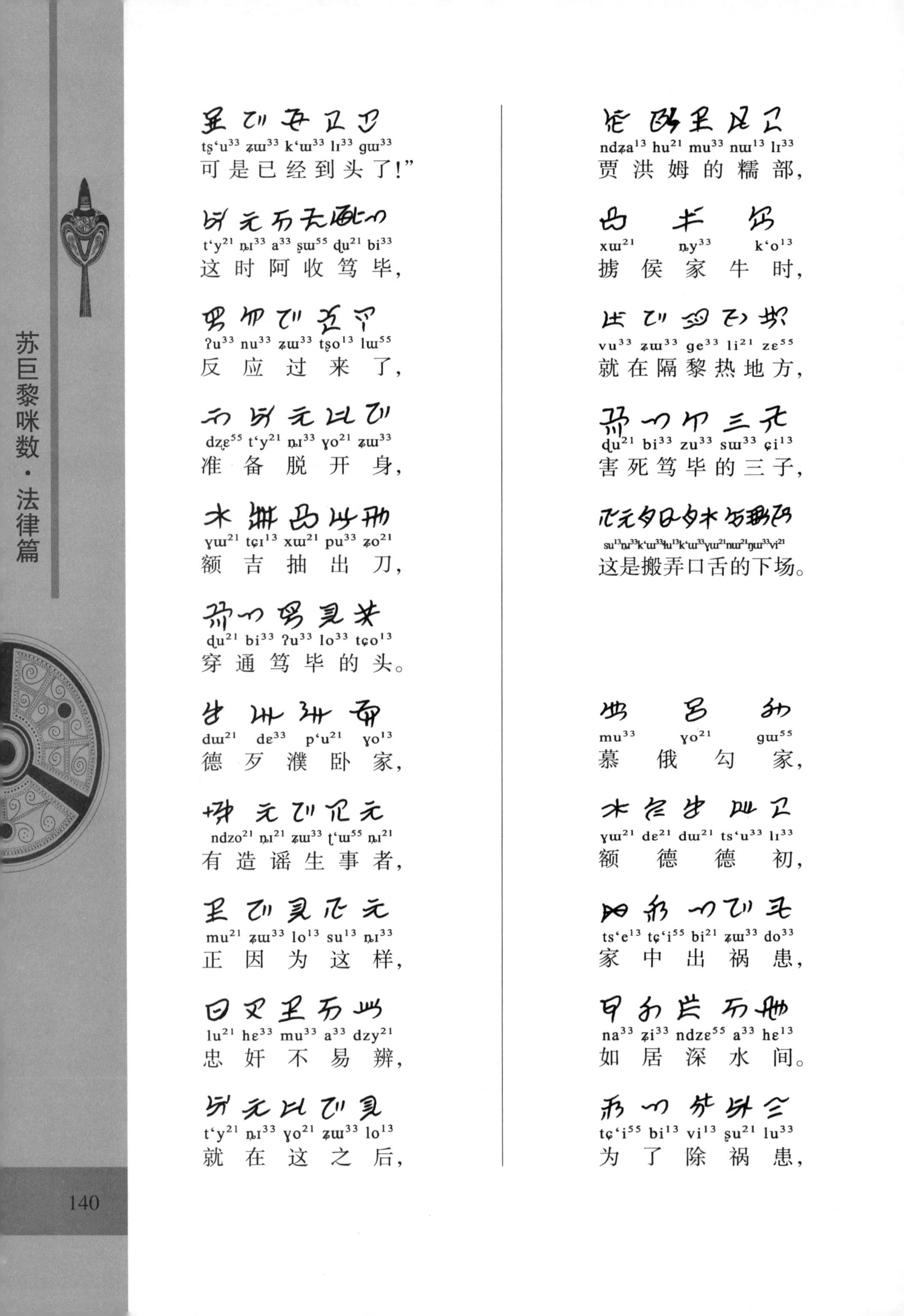

tʂʻu^{33} ʑɯ^{33} kʻɯ^{33} lɪ^{33} gɯ^{33}
可是已经到头了！”

tʻy^{21} ȵɪ^{33} a^{33} ʂɯ^{55} ɖu^{21} bi^{33}
这时阿收笃毕，

ʔu^{33} nu^{33} ʑɯ^{33} tʂo^{13} lɯ^{55}
反应过来了，

dzɛ^{55} tʻy^{21} ȵɪ^{33} ɣo^{21} ʑɯ^{33}
准备脱开身，

ɣɯ^{21} tɕɪ^{13} xɯ^{21} pu^{33} ʑo^{21}
额吉抽出刀，

ɖu^{21} bi^{33} ʔu^{33} lo^{33} tɕo^{13}
穿通笃毕的头。

dɯ^{21} dɛ^{33} pʻu^{21} ɣo^{13}
德歹濮卧家，

ndzo^{21} ȵɪ^{21} ʑɯ^{33} ʈʻu^{55} ȵɪ^{21}
有造谣生事者，

mu^{21} ʑɯ^{33} lo^{13} su^{13} ȵɪ^{33}
正因为这样，

lu^{21} hɛ^{33} mu^{33} a^{33} dzy^{21}
忠奸不易辨，

tʻy^{21} ȵɪ^{33} ɣo^{21} ʑɯ^{33} lo^{13}
就在这之后，

ndʑa^{13} hu^{21} mu^{33} nɯ^{13} lɪ^{33}
贾洪姆的糯部，

xɯ^{21} ȵy^{33} kʻo^{13}
掳侯家牛时，

vu^{33} ʑɯ^{33} ge^{33} li^{21} zɛ^{55}
就在隔黎热地方，

ɖu^{21} bi^{33} zu^{33} sɯ^{33} ɕi^{13}
害死笃毕的三子，

su^{13} ȵɪ^{33} kʻɯ^{33} ɬu^{13} kʻɯ^{33} ɣɯ^{21} nɯ^{21} ŋɯ^{33} vi^{21}
这是搬弄口舌的下场。

mu^{33} ɣo^{21} gɯ^{55}
慕俄勾家，

ɣɯ^{21} dɛ^{21} dɯ^{21} tsʻu^{33} lɪ^{33}
额德德初，

tsʻe^{13} tɕʻi^{55} bi^{21} ʑɯ^{33} do^{33}
家中出祸患，

na^{33} ʑi^{33} ndzɛ^{55} a^{33} hɛ^{13}
如居深水间。

tɕʻi^{55} bi^{13} vi^{13} ʂu^{21} lu^{33}
为了除祸患，

pu^{13}sɛ^{21}vi^{13}nu^{33}tɕo^{55}a^{33}lo^{13}
传本领高强布摩。

ɣɯ^{21} dzɛ^{21} n̥ɪ^{33}
心 事 重，

t'y^{21} ŋɯ^{33} dʐʅ^{21} ʑɯ^{33} ɣɯ^{55}
的 确 折 磨 人。

he^{21} so^{21} pu^{13} ʑɯ^{33} ɬi^{33}
亥 索 布 后 裔，

pu^{13} ŋu^{33} na^{33} dɪ^{13} lɪ^{33}
名 叫 布 翁 纳 弟，

ma^{21} dɯ^{55} pu^{13} mu^{55} pu^{13}
理 当 做 布 摩，

ɣo^{21} lɪ^{33} ndɯ^{33} su^{13} ɕy^{33}
除 患 是 义 务。

bu^{33} n̥dʑi^{21} tʂa^{33} vu^{33}
就像皮制的缰绳，

t'a^{21} dzɯ^{21} sɯ^{33} sɛ^{21}
在 手 中 那 样，

ne^{33} ɕi^{13} bi^{55}
求 解 恨，

mu^{21} sʅ^{33} ʑɯ^{33} ɣɯ^{55} dɪ^{13}
须 做 到 利 索，

ɣo^{21} ʑɯ^{33} pu^{13} n̥dʑo^{13} ʑo^{55}
高 强 的 布 摩，

dɯ^{21} tɕ'ɯ^{33} ʑɯ^{33} n̥ɪ^{33} dɪ^{13}
如 置 身 战 场，

pu^{13} se^{13} vi^{13} ndɯ^{33} lɪ^{33}
拼 杀 般 除 患。

ʂu^{33} ʑɯ^{33} mu^{33} dʐa^{33} vi^{21}
就 像 战 斗 啊。

ndɯ^{33} no^{33} ʂo^{13}
须 用 松，

ndɯ^{33} no^{33} ɬɛ^{13} ŋu^{33} vi^{21}
须 用 桃 除 患，

tʂ'ʅ^{21} ʑɯ^{33} ʂo^{13}
这 不 是 用 松，

tʂ'ʅ^{21} ʑɯ^{33} ɬɛ^{13} ma^{55} ŋɯ^{21}
用 桃 能 对 付 的。

t'u^{33} lu^{33} ɣɯ^{55} ʈ'u^{55}
在 天 地 背 面，

dʑi^{33} na^{33} dʑi^{21} ʑɪ^{33} dɪ^{13}
巨 铜 如 日 状，

xɯ^{21} na^{33} hu^{21} tɕ'o^{13} dzo^{55}
巨 铁 形 若 月。

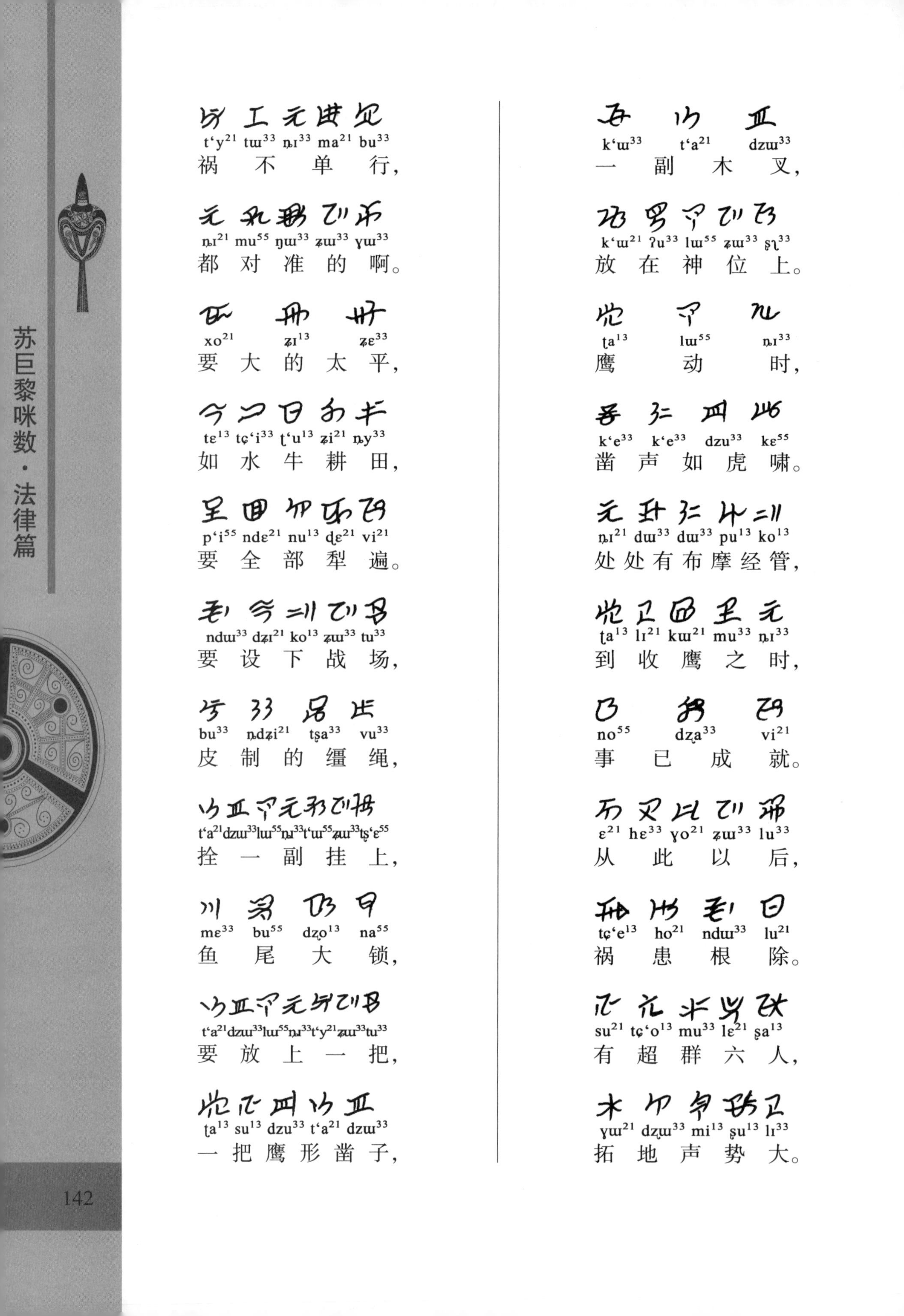

t‘y^{21} tɯ^{33} ȵɪ^{33} ma^{21} bu^{33}
祸不单行，

ȵɪ^{21} mu^{55} ŋɯ^{33} ʑɯ^{33} ɣɯ^{33}
都对准的啊。

xo^{21} ʑɪ^{13} ʑɛ^{33}
要大的太平，

tɛ^{13} tɕ‘i^{33} ʈ‘u^{13} ʑi^{21} ȵy^{33}
如水牛耕田，

p‘i^{55} ndɛ^{21} nu^{13} ɖɛ^{21} vi^{21}
要全部犁遍。

ndɯ^{33} dʑɪ^{21} ko^{13} ʑɯ^{33} tu^{33}
要设下战场，

bu^{33} ȵdʑi^{21} tʂa^{33} vu^{33}
皮制的缰绳，

t‘a^{21}dzɯ^{33}lɯ^{55}ȵɪ^{33}t‘ɯ^{55}ʑɯ^{33}tʂ‘ɛ^{55}
拴一副挂上，

mɛ^{33} bu^{55} dʐo^{13} na^{55}
鱼尾大锁，

t‘a^{21}dzɯ^{33}lɯ^{55}ȵɪ^{33}t‘y^{21}ʑɯ^{33}tu^{33}
要放上一把，

ʈa^{13} su^{13} dzu^{33} t‘a^{21} dzɯ^{33}
一把鹰形凿子，

k‘ɯ^{33} t‘a^{21} dzɯ^{33}
一副木叉，

k‘ɯ^{21} ʔu^{33} lɯ^{55} ʑɯ^{33} ʂʅ^{33}
放在神位上。

ʈa^{13} lɯ^{55} ȵɪ^{33}
鹰动时，

k‘e^{33} k‘e^{33} dzu^{33} kɛ^{55}
凿声如虎啸。

ȵɪ^{21} dɯ^{33} dɯ^{33} pu^{13} ko^{13}
处处有布摩经管，

ʈa^{13} lɪ^{21} kɯ^{21} mu^{33} ȵɪ^{33}
到收鹰之时，

no^{55} dʐa^{33} vi^{21}
事已成就。

ɛ^{21} hɛ^{33} ɣo^{21} ʑɯ^{33} lu^{33}
从此以后，

tɕ‘e^{13} ho^{21} ndɯ^{33} lu^{21}
祸患根除。

su^{21} tɕ‘o^{13} mu^{33} lɛ^{21} ʂa^{13}
有超群六人，

ɣɯ^{21} dʐɯ^{33} mi^{13} ʂu^{13} lɪ^{33}
拓地声势大。

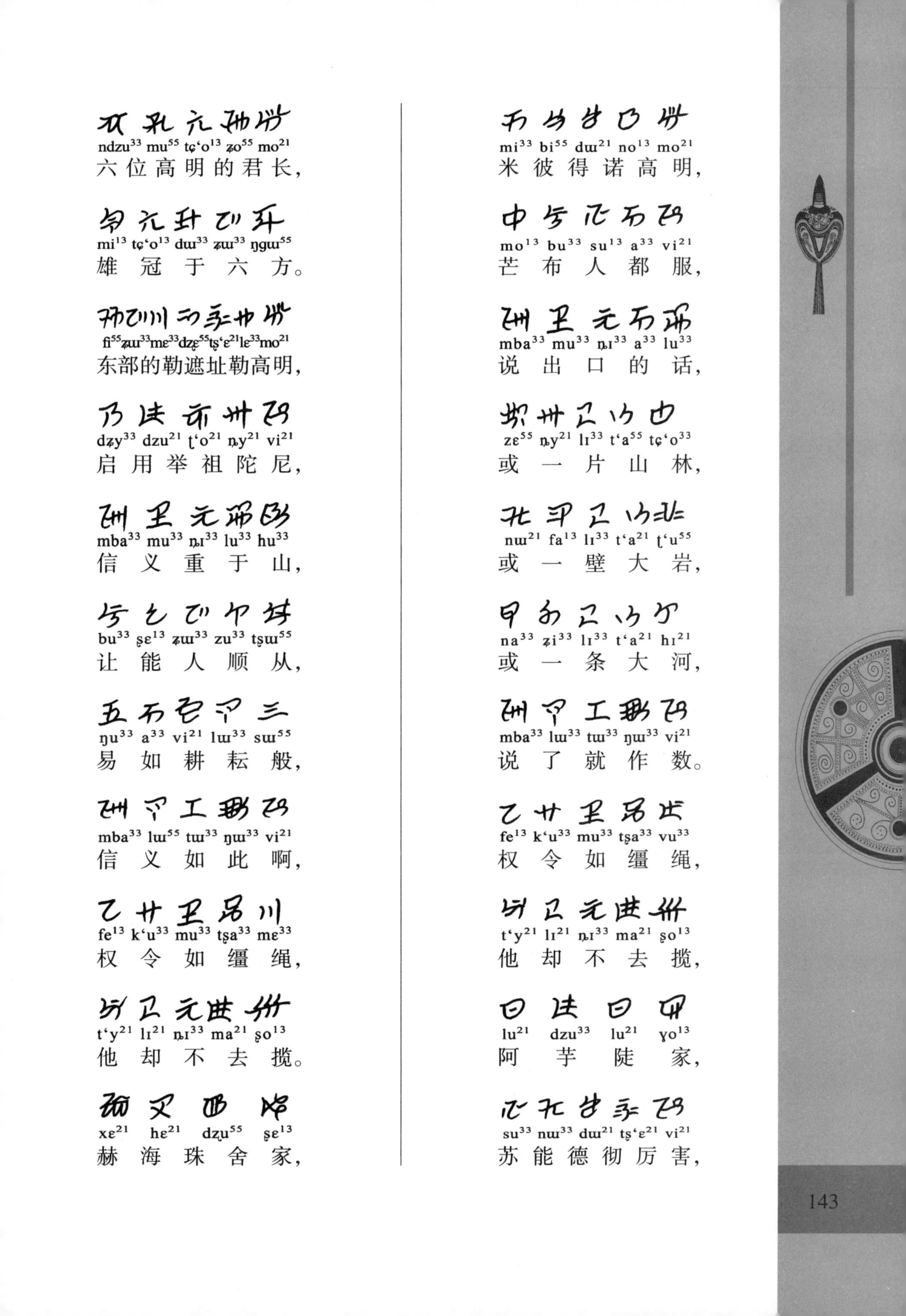

ndzu^{33} mu^{55} tɕ‘o^{13} ʐo^{55} mo^{21}
六位高明的君长，

mi^{13} tɕ‘o^{13} dɯ^{33} ʑɯ^{33} ŋgɯ^{55}
雄冠于六方。

fi^{55}ʑɯ^{33}mɛ^{33}dʑɛ^{55}tʂ‘ɛ^{21}lɛ^{33}mo^{21}
东部的勒遮址勒高明，

dʑy^{33} dzu^{21} ţ‘o^{21} ȵy^{21} vi^{21}
启用举祖陀尼，

mba^{33} mu^{33} ȵɪ^{33} lu^{33} hu^{33}
信义重于山，

bu^{33} ʂɛ^{13} ʑɯ^{33} zu^{33} tʂɯ^{55}
让能人顺从，

ŋu^{33} a^{33} vi^{21} lɯ^{33} sɯ^{55}
易如耕耘般，

mba^{33} lɯ^{55} tɯ^{33} ŋɯ^{33} vi^{21}
信义如此啊，

fe^{13} k‘u^{33} mu^{33} tʂa^{33} mɛ^{33}
权令如缰绳，

t‘y^{21} lɪ^{21} ȵɪ^{33} ma^{21} ʂo^{13}
他却不去揽。

xɛ^{21} hɛ^{21} dʐu^{55} ʂɛ^{13}
赫海珠舍家，

mi^{33} bi^{55} dɯ^{21} no^{13} mo^{21}
米彼得诺高明，

mo^{13} bu^{33} su^{13} a^{33} vi^{21}
芒布人都服，

mba^{33} mu^{33} ȵɪ^{33} a^{33} lu^{33}
说出口的话，

zɛ^{55} ȵy^{21} lɪ^{33} t‘a^{55} tɕ‘o^{33}
或一片山林，

nɯ^{21} fa^{13} lɪ^{33} t‘a^{21} ţ‘u^{55}
或一壁大岩，

na^{33} ʑi^{33} lɪ^{33} t‘a^{21} hɪ^{21}
或一条大河，

mba^{33} lɯ^{33} tɯ^{33} ŋɯ^{33} vi^{21}
说了就作数。

fe^{13} k‘u^{33} mu^{33} tʂa^{33} vu^{33}
权令如缰绳，

t‘y^{21} lɪ^{21} ȵɪ^{33} ma^{21} ʂo^{13}
他却不去揽，

lu^{21} dzu^{33} lu^{21} ɣo^{13}
阿芋陡家，

su^{33} nɯ^{33} dɯ^{21} tʂ‘ɛ^{21} vi^{21}
苏能德彻厉害，

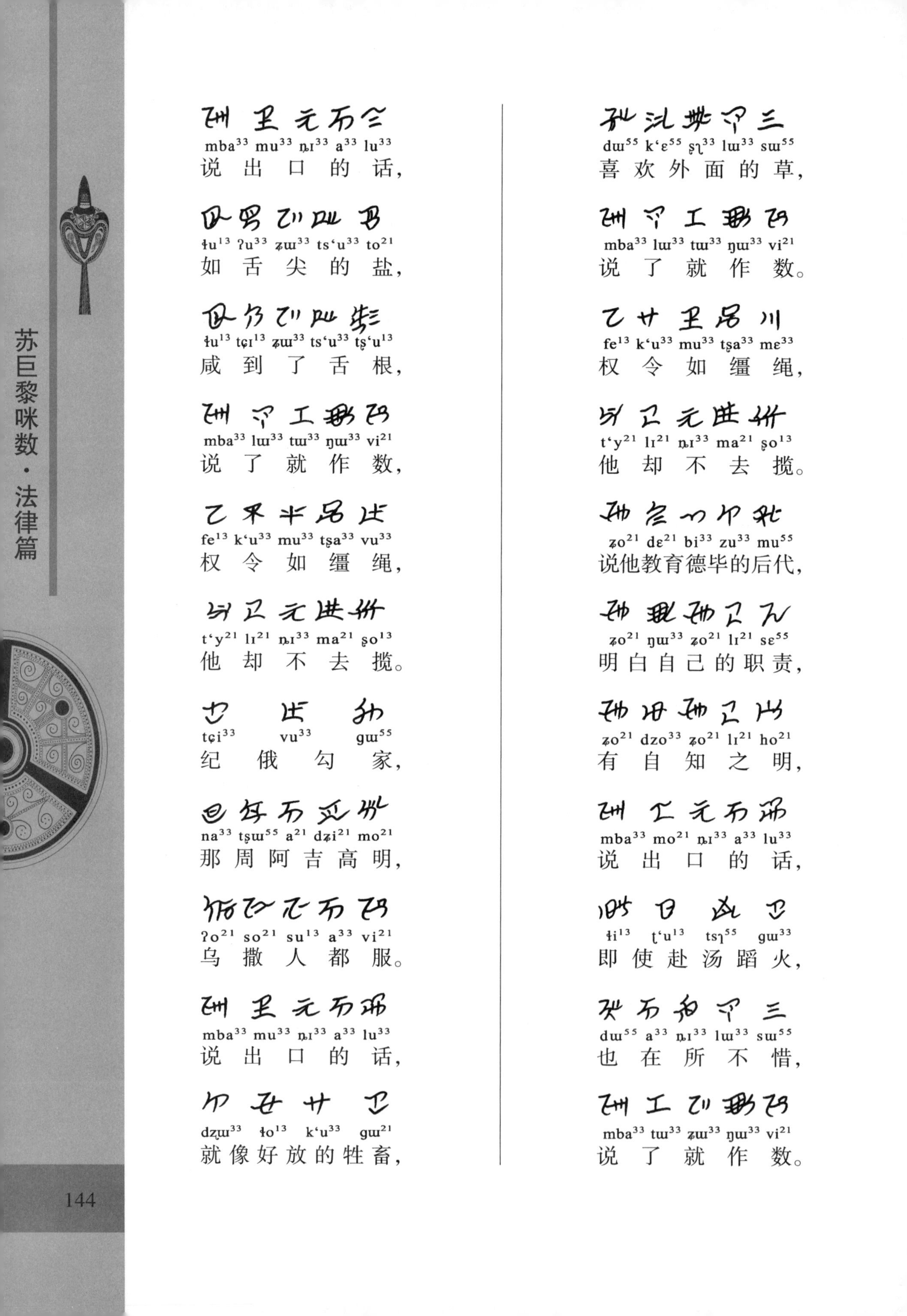

mba^{33} mu^{33} ȵɪ^{33} a^{33} lu^{33}
说 出 口 的 话，

ɬu^{13} ʔu^{33} ʑɯ^{33} tsʻu^{33} to^{21}
如 舌 尖 的 盐，

ɬu^{13} tɕɪ^{13} ʑɯ^{33} tsʻu^{33} tʂʻu^{13}
咸 到 了 舌 根，

mba^{33} lɯ^{33} tɯ^{33} ŋɯ^{33} vi^{21}
说 了 就 作 数，

fe^{13} kʻu^{33} mu^{33} tʂa^{33} vu^{33}
权 令 如 缰 绳，

tʻy^{21} lɪ^{21} ȵɪ^{33} ma^{21} ʂo^{13}
他 却 不 去 揽。

tɕi^{33} vu^{33} gɯ^{55}
纪 俄 勾 家，

na^{33} tʂɯ^{55} a^{21} dʑi^{21} mo^{21}
那 周 阿 吉 高 明，

ʔo^{21} so^{21} su^{13} a^{33} vi^{21}
乌 撒 人 都 服。

mba^{33} mu^{33} ȵɪ^{33} a^{33} lu^{33}
说 出 口 的 话，

dʐɯ^{33} ɬo^{13} kʻu^{33} gɯ^{21}
就像好放的牲畜，

dɯ^{55} kʻɛ^{55} ʂʅ^{33} lɯ^{33} sɯ^{55}
喜 欢 外 面 的 草，

mba^{33} lɯ^{33} tɯ^{33} ŋɯ^{33} vi^{21}
说 了 就 作 数。

fe^{13} kʻu^{33} mu^{33} tʂa^{33} mɛ^{33}
权 令 如 缰 绳，

tʻy^{21} lɪ^{21} ȵɪ^{33} ma^{21} ʂo^{13}
他 却 不 去 揽。

ʑo^{21} dɛ^{21} bi^{33} zu^{33} mu^{55}
说他教育德毕的后代，

ʑo^{21} ŋɯ^{33} ʑo^{21} lɪ^{21} sɛ^{55}
明白自己的职责，

ʑo^{21} dzo^{33} ʑo^{21} lɪ^{21} ho^{21}
有 自 知 之 明，

mba^{33} mo^{21} ȵɪ^{33} a^{33} lu^{33}
说 出 口 的 话，

ɬi^{13} ʈʻu^{13} tsʅ^{55} gɯ^{33}
即 使 赴 汤 蹈 火，

dɯ^{55} a^{33} ȵɪ^{33} lɯ^{33} sɯ^{55}
也 在 所 不 惜，

mba^{33} tɯ^{33} ʑɯ^{33} ŋɯ^{33} vi^{21}
说 了 就 作 数。

fe13 k‘u33 mu33 tʂa33 mɛ33
权 令 如 缰 绳，

ʐo21 lɪ21 ȵɪ33 ma21 ʂo13
自 己 不 去 揽。

pu13 t‘u33 dzʉ55 ʑi21
濮 妥 珠 益 家，

ɣɯ21 ndzɯ21 a33 dʑi21
额 哲 阿 吉，

t‘y21 lɪ21 mba33 a3 no33
他 说 出 的 话，

mu21 ʑɯ33 tɕy33 zu33 ɬɯ13
如 天 上 雷 鸣，

nɛ21 ʑɯ33 tɯ33 ɬi13 ɖu21
像 地 上 闪 电，

sɛ33 ly21 xɯ21 lu33 ho21
有 求 必 应，

k‘o21mba33lɯ55tɯ33ŋɯ33vi21
说 了 都 算 数。

fe13 k‘u33 mu33 tʂa33 mɛ33
权 令 如 缰 绳，

ɣɯ21 ndzɯ21 a33 dʑi21 lo33
额 哲 阿 吉，

ʂo13 lɯ55 a33 ɣɯ33 dɪ13
一 心 要 去 揽。

t‘y21 ȵɪ33 t‘a21 gɯ55 mu33
他 一 时 得 志，

ʂu13 su13 xɯ55 ʔu33 tɕo55
把 对 手 除 掉。

p‘i21 nɯ55 fe13 dzɛ21 ts‘o13
在皮能地方树权威，

pu13 t‘u33 nɯ55 mi33 ɣo21
濮 妥 家 得 天 下，

dzu21 lɯ33 su13 ŋɯ33 vi21
是 这 样 的 啊。

a21 dʑi33 ɣɯ21 k‘u33
阿 吉 额 苦，

k‘o13 ʑɯ33 nɛ13 ŋa33 no21
当 年 生 怪 病，

hu21ʑɯ33bu33ŋge33ʂʅ33dʐa33lu33
当 月 体 虚 弱。

t‘a21 ȵɪ21 xɯ33 ʑɯ33 lo13
有 一 天 早 上，

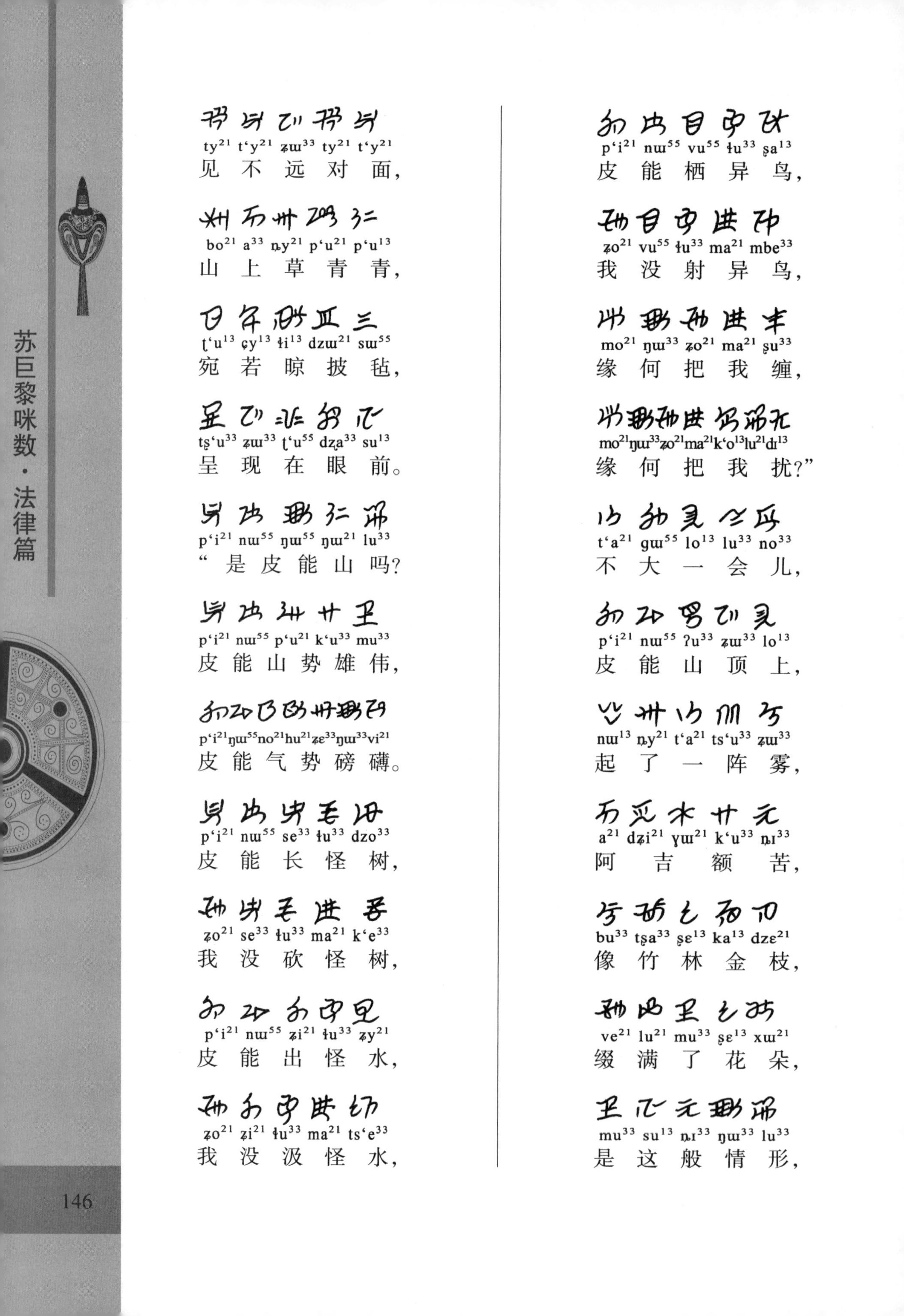

ty^{21} t‘y^{21} ʑɯ^{33} ty^{21} t‘y^{21}
见 不 远 对 面，

bo^{21} a^{33} ȵy^{21} p‘u^{21} p‘u^{13}
山 上 草 青 青，

ʈ‘u^{13} ɕy^{13} ɬi^{13} dzɯ^{21} sɯ^{55}
宛 若 晾 披 毡，

tʂ‘u^{33} ʑɯ^{33} ʈ‘u^{55} dʐa^{33} su^{13}
呈 现 在 眼 前。

p‘i^{21} nɯ^{55} ŋɯ^{55} ŋɯ^{21} lu^{33}
“是 皮 能 山 吗？

p‘i^{21} nɯ^{55} p‘u^{21} k‘u^{33} mu^{33}
皮 能 山 势 雄 伟，

p‘i^{21}ŋɯ^{55}no^{21}hu^{21}ʑɛ^{33}ŋɯ^{33}vi^{21}
皮 能 气 势 磅 礴。

p‘i^{21} nɯ^{55} se^{33} ɬu^{33} dzo^{33}
皮 能 长 怪 树，

ʑo^{21} se^{33} ɬu^{33} ma^{21} k‘e^{33}
我 没 砍 怪 树，

p‘i^{21} nɯ^{55} ʑi^{21} ɬu^{33} ʑy^{21}
皮 能 出 怪 水，

ʑo^{21} ʑi^{21} ɬu^{33} ma^{21} ts‘e^{33}
我 没 汲 怪 水，

p‘i^{21} nɯ^{55} vu^{55} ɬu^{33} ʂa^{13}
皮 能 栖 异 鸟，

ʑo^{21} vu^{55} ɬu^{33} ma^{21} mbe^{33}
我 没 射 异 鸟，

mo^{21} ŋɯ^{33} ʑo^{21} ma^{21} ʂu^{33}
缘 何 把 我 缠，

mo^{21}ŋɯ^{33}ʑo^{21}ma^{21}k‘o^{13}lu^{21}dɹ^{13}
缘 何 把 我 扰？”

t‘a^{21} gɯ^{55} lo^{13} lu^{33} no^{33}
不 大 一 会 儿，

p‘i^{21} nɯ^{55} ʔu^{33} ʑɯ^{33} lo^{13}
皮 能 山 顶 上，

nɯ^{13} ȵy^{21} t‘a^{21} ts‘u^{33} ʑɯ^{33}
起 了 一 阵 雾，

a^{21} dʑi^{21} ɣɯ^{21} k‘u^{33} ȵɹ^{33}
阿 吉 额 苦，

bu^{33} tʂa^{33} ʂɛ^{13} ka^{13} dzɛ^{21}
像 竹 林 金 枝，

ve^{21} lu^{21} mu^{33} ʂɛ^{13} xɯ^{21}
缀 满 了 花 朵，

mu^{33} su^{13} ȵɹ^{33} ŋɯ^{33} lu^{33}
是 这 般 情 形，

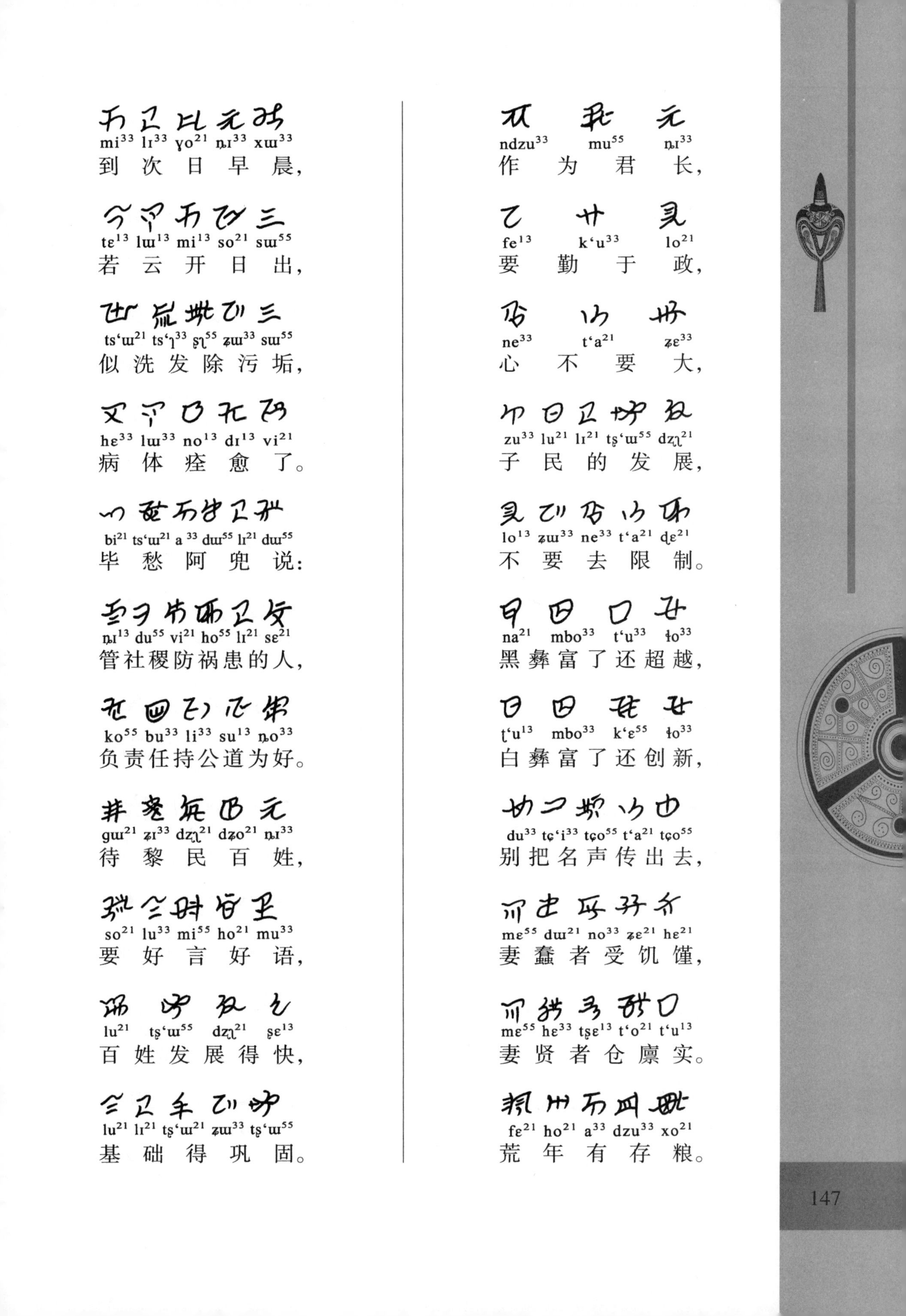

mi^{33} lɪ^{33} ɣo^{21} n̥ɪ^{33} xɯ^{33}
到次日早晨，

tɛ^{13} lɯ^{13} mi^{13} so^{21} sɯ^{55}
若云开日出，

ts‘ɯ^{21} ts‘ɿ^{33} ʂɿ^{55} ʑɯ^{33} sɯ^{55}
似洗发除污垢，

hɛ^{33} lɯ^{33} no^{13} dɪ^{13} vi^{21}
病体痊愈了。

bi^{21} ts‘ɯ^{21} a^{33} dɯ^{55} lɪ^{21} dɯ^{55}
毕愁阿兜说：

n̥ɪ^{13} du^{55} vi^{21} ho^{55} lɪ^{21} sɛ^{21}
管社稷防祸患的人，

ko^{55} bu^{33} li^{33} su^{13} n̥o^{33}
负责任持公道为好。

gɯ^{21} ʑɪ^{33} dʐʅ^{21} dʑo^{21} n̥ɪ^{33}
待黎民百姓，

so^{21} lu^{33} mi^{55} ho^{21} mu^{33}
要好言好语，

lu^{21} tʂ‘ɯ^{55} dʐʅ^{21} ʂɛ^{13}
百姓发展得快，

lu^{21} lɪ^{21} tʂ‘ɯ^{21} ʑɯ^{33} tʂ‘ɯ^{55}
基础得巩固。

ndzu^{33} mu^{55} n̥ɪ^{33}
作为君长，

fe^{13} k‘u^{33} lo^{21}
要勤于政，

ne^{33} t‘a^{21} ʑɛ^{33}
心不要大，

zu^{33} lu^{21} lɪ^{21} tʂ‘ɯ^{55} dʐʅ^{21}
子民的发展，

lo^{13} ʑɯ^{33} ne^{33} t‘a^{21} ɖɛ^{21}
不要去限制。

na^{21} mbo^{33} t‘u^{33} ɬo^{33}
黑彝富了还超越，

ʈ‘u^{13} mbo^{33} k‘ɛ^{55} ɬo^{33}
白彝富了还创新，

du^{33} tɕ‘i^{33} tɕo^{55} t‘a^{21} tɕo^{55}
别把名声传出去，

mɛ^{55} dɯ^{21} no^{33} ʑɛ^{21} hɛ^{21}
妻蠢者受饥馑，

mɛ^{55} hɛ^{33} tʂɛ^{13} t‘o^{21} t‘u^{13}
妻贤者仓廪实。

fɛ^{21} ho^{21} a^{33} dzu^{33} xo^{21}
荒年有存粮。

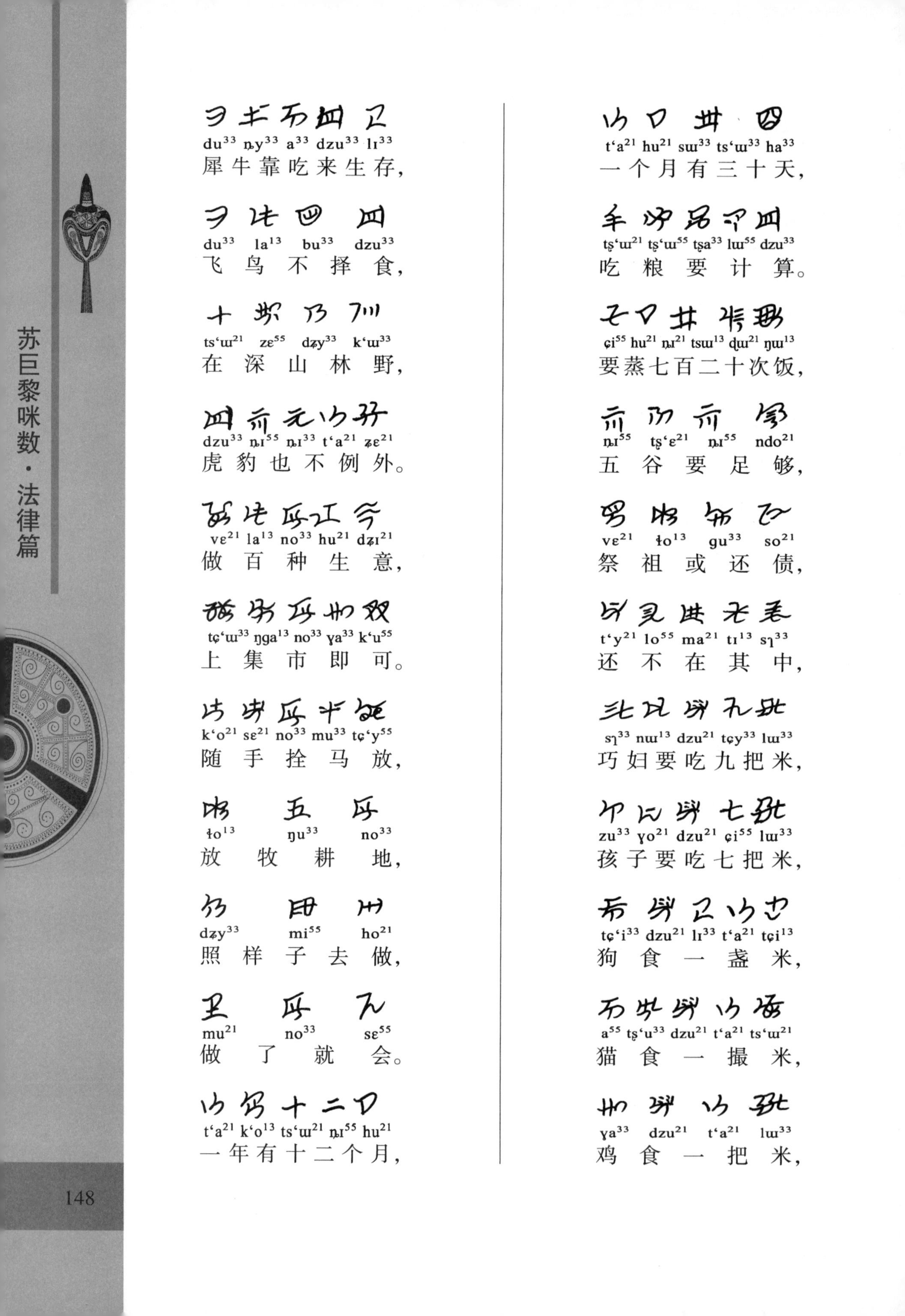

du^{33} ȵy^{33} a^{33} dzu^{33} lɪ^{33}
犀牛靠吃来生存，

du^{33} la^{13} bu^{33} dzu^{33}
飞鸟不择食，

ts‘ɯ^{21} zɛ^{55} dʑy^{33} k‘ɯ^{33}
在深山林野，

dzu^{33} ȵɪ^{55} ȵɪ^{33} t‘a^{21} ʑɛ^{21}
虎豹也不例外。

vɛ^{21} la^{13} no^{33} hu^{21} dʑɪ^{21}
做百种生意，

tɕ‘ɯ^{33} ŋga^{13} no^{33} ɣa^{33} k‘u^{55}
上集市即可。

k‘o^{21} sɛ^{21} no^{33} mu^{33} tɕ‘y^{55}
随手拴马放，

ɬo^{13} ŋu^{33} no^{33}
放牧耕地，

dʑy^{33} mi^{55} ho^{21}
照样子去做，

mu^{21} no^{33} sɛ^{55}
做了就会。

t‘a^{21} k‘o^{13} ts‘ɯ^{21} ȵɪ^{55} hu^{21}
一年有十二个月，

t‘a^{21} hu^{21} sɯ^{33} ts‘ɯ^{33} ha^{33}
一个月有三十天，

tʂ‘ɯ^{21} tʂ‘ɯ^{55} tʂa^{33} lɯ^{55} dzu^{33}
吃粮要计算。

ɕi^{55} hu^{21} ȵɪ^{21} tsɯ^{13} ɖɯ^{21} ŋɯ^{13}
要蒸七百二十次饭，

ȵɪ^{55} tʂ‘ɛ^{21} ȵɪ^{55} ndo^{21}
五谷要足够，

vɛ^{21} ɬo^{13} gu^{33} so^{21}
祭祖或还债，

t‘y^{21} lo^{55} ma^{21} tɪ^{13} sɿ^{33}
还不在其中，

sɿ^{33} nɯ^{13} dzu^{21} tɕy^{33} lɯ^{33}
巧妇要吃九把米，

zu^{33} ɣo^{21} dzu^{21} ɕi^{55} lɯ^{33}
孩子要吃七把米，

tɕ‘i^{33} dzu^{21} lɪ^{33} t‘a^{21} tɕi^{13}
狗食一盏米，

a^{55} tʂ‘u^{33} dzu^{21} t‘a^{21} ts‘ɯ^{21}
猫食一撮米，

ɣa^{33} dzu^{21} t‘a^{21} lɯ^{33}
鸡食一把米，

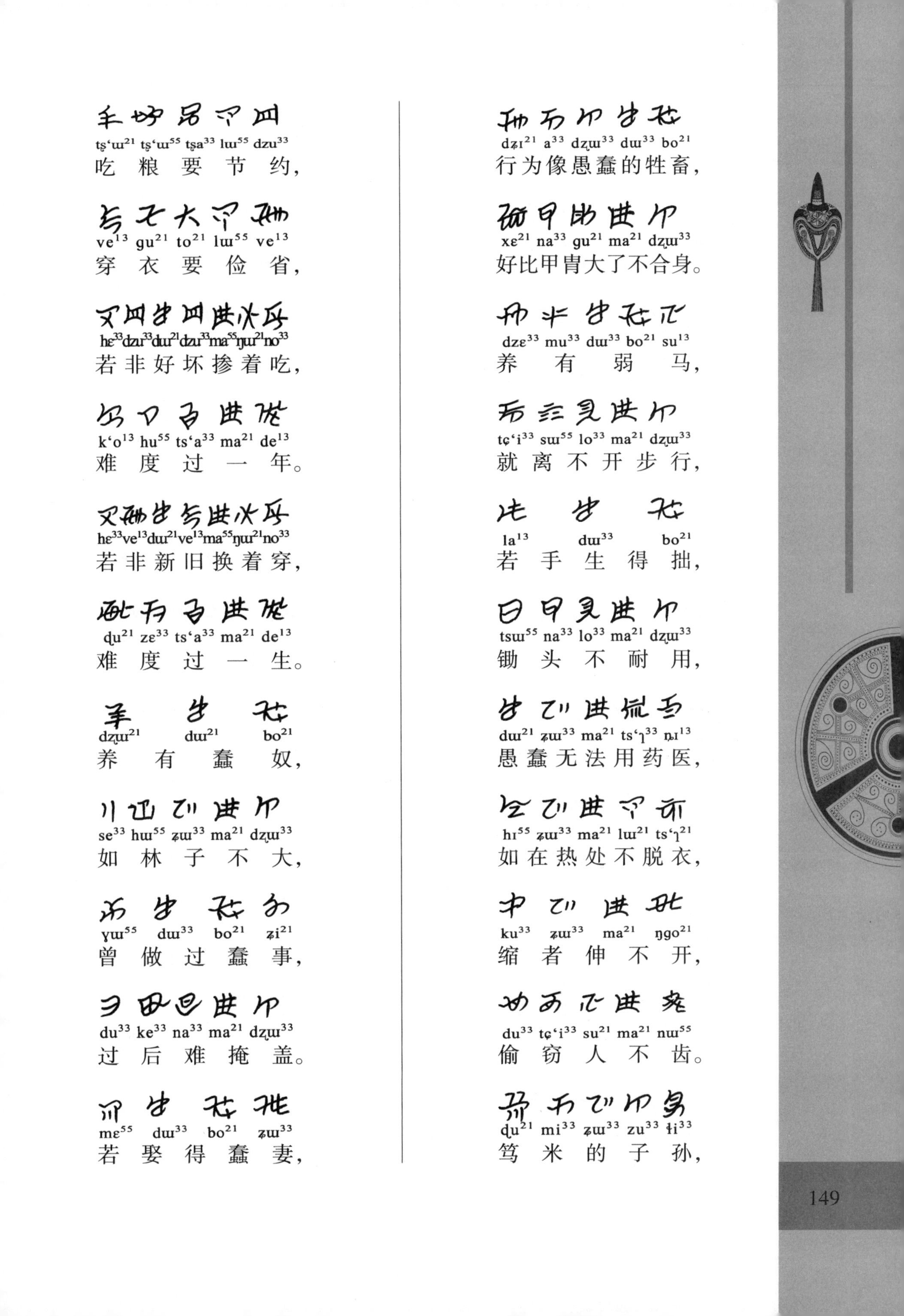

tʂʻɯ^{21} tʂʻɯ^{55} tʂa^{33} lɯ^{55} dzu^{33}
吃粮要节约，

ve^{13} gu^{21} to^{21} lɯ^{55} ve^{13}
穿衣要俭省，

hɛ^{33}dzu^{33}dɯ^{21}dzu^{33}ma^{55}ŋɯ^{21}no^{33}
若非好坏掺着吃，

kʻo^{13} hu^{55} tsʻa^{33} ma^{21} de^{13}
难度过一年。

hɛ^{33}ve^{13}dɯ^{21}ve^{13}ma^{55}ŋɯ^{21}no^{33}
若非新旧换着穿，

ɖu^{21} zɛ^{33} tsʻa^{33} ma^{21} de^{13}
难度过一生。

dʐɯ^{21} dɯ^{21} bo^{21}
养有蠢奴，

se^{33} hɯ^{55} ʑɯ^{33} ma^{21} dʐɯ^{33}
如林子不大，

ɣɯ^{55} dɯ^{33} bo^{21} ʑi^{21}
曾做过蠢事，

du^{33} ke^{33} na^{33} ma^{21} dʐɯ^{33}
过后难掩盖。

mɛ^{55} dɯ^{33} bo^{21} ʑɯ^{33}
若娶得蠢妻，

dʑɪ^{21} a^{33} dʐɯ^{33} dɯ^{33} bo^{21}
行为像愚蠢的牲畜，

xɛ^{21} na^{33} gu^{21} ma^{21} dʐɯ^{33}
好比甲胄大了不合身。

dzɛ^{33} mu^{33} dɯ^{33} bo^{21} su^{13}
养有弱马，

tɕʻi^{33} sɯ^{55} lo^{33} ma^{21} dʐɯ^{33}
就离不开步行，

la^{13} dɯ^{33} bo^{21}
若手生得拙，

tsɯ^{55} na^{33} lo^{33} ma^{21} dʐɯ^{33}
锄头不耐用，

dɯ^{21} ʑɯ^{33} ma^{21} tsʻɿ^{33} ɳɪ^{13}
愚蠢无法用药医，

hɪ^{55} ʑɯ^{33} ma^{21} lɯ^{21} tsʻɿ^{21}
如在热处不脱衣，

ku^{33} ʑɯ^{33} ma^{21} ŋgo^{21}
缩者伸不开，

du^{33} tɕʻi^{33} su^{21} ma^{21} nɯ^{55}
偷窃人不齿。

ɖu^{21} mi^{33} ʑɯ^{33} zu^{33} ɬi^{33}
笃米的子孙，

ma^{21} ɕi^{13} ma^{21} no^{21} n̥o^{33}
不生病不横死就好，

ma^{21} lu^{13} ma^{21} ɖɯ^{21} so^{21}
不被日晒雨淋就好过，

ma^{21} tɕʻy^{33} ma^{21} ŋge^{33} hɛ^{33}
不偷不骗就是好人。

sɯ^{21} ʑɯ^{33} ma^{21} kʻɯ^{33} no^{33}
不 幸 运 的 是，

ndzu^{33} ku^{33} lu^{21} ɖa^{33} nɛ^{55}
君长霸道百姓遭殃，

bi^{21} tse^{13} ʑɯ^{33} vu^{33}
如 进 入 蛇 窝，

do^{13} na^{55} dɛ^{21} dʑi^{33} ʑɯ^{33}
如 服 下 毒 药，

tʻy^{21} sɯ^{21} ma^{21} kʻɯ^{21} no^{21}
如此也就不幸了。

tʻa^{21} xɯ^{33} ko^{33} dzo^{33} lɪ^{33}
一部的人都倒霉，

ndzu^{33} mu^{55} ku^{33} tʻa^{21} ʑo^{21}
是怪一位君长霸道。

tʻa^{21} kʻa^{33} ko^{33} dzo^{33} lɪ^{33}
一 寨 人 都 倒 霉，

kɯ^{13} ku^{33} ku^{33} tʻa^{21} ʑo^{21}
是因寨中有个恶人。

tʻa^{21} ʑɪ^{33} ko^{33} dzo^{21} lɪ^{21}
一 家 人 都 倒 霉，

mi^{13} ŋge^{33} tʻa^{21} hɯ^{33} ŋɯ^{33}
是因骗了一回土地。

tʻa^{21} ʑo^{21} ko^{33} dzo^{21} lɪ^{21}
一 个 人 倒 霉，

ve^{13}ŋgu^{13}tʻa^{21}dzɯ^{33}ŋɯ^{33}dɪ^{13}vi^{21}
是 因 不 务 正 业。

kʻa^{33} ʑɯ^{33} su^{13} mu^{33} tso^{33}
帮 助 同 寨 人，

hɯ^{21} nu^{33} sɛ^{21}
比 如 牵 牲 口，

mu^{33} su^{13} a^{33} tɯ^{33} ŋgɯ^{55}
互相帮助是第一，

mu^{55} su^{13} lɪ^{21} su^{13}
互 相 接 济，

lo^{13} tɕʻe^{13} tʻu^{33} tɯ^{33} ŋɯ^{33}
像扫得磨与碓中的残余。

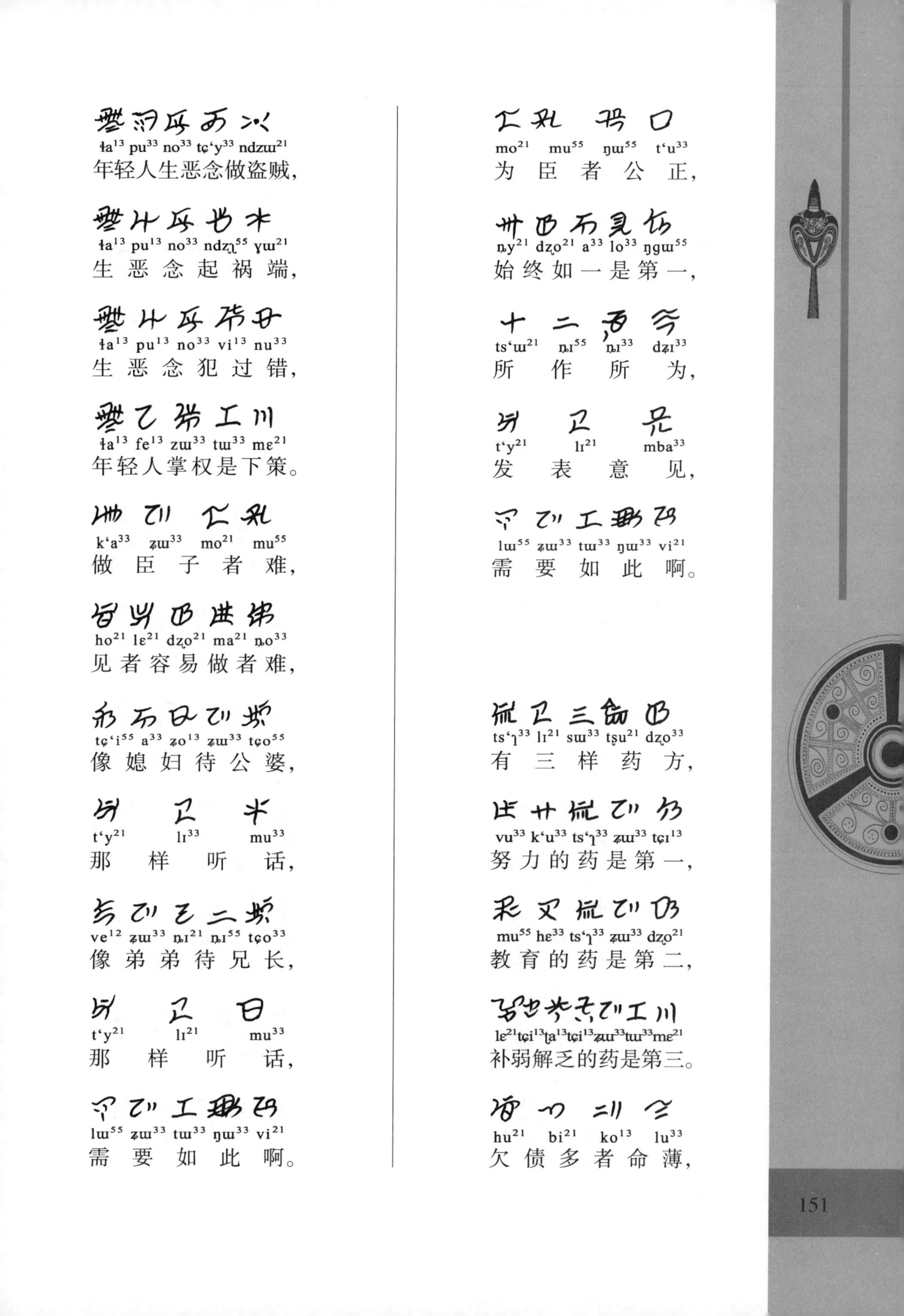

ɬa^{13} pu^{33} no^{33} tɕʻy^{33} ndzɯ^{21}
年轻人生恶念做盗贼，

ɬa^{13} pu^{13} no^{33} ndzʅ^{55} ɣɯ^{21}
生恶念起祸端，

ɬa^{13} pu^{13} no^{33} vi^{13} nu^{33}
生恶念犯过错，

ɬa^{13} fe^{13} zɯ^{33} tɯ^{33} mɛ^{21}
年轻人掌权是下策。

kʻa^{33} ʑɯ^{33} mo^{21} mu^{55}
做臣子者难，

ho^{21} lɛ^{21} dʐo^{21} ma^{21} ȵo^{33}
见者容易做者难，

tɕʻi^{55} a^{33} ʐo^{13} ʑɯ^{33} tɕo^{55}
像媳妇待公婆，

tʻy^{21} lɪ^{33} mu^{33}
那样听话，

ve^{12} ʑɯ^{33} ȵɪ^{21} ȵɪ^{55} tɕo^{33}
像弟弟待兄长，

tʻy^{21} lɪ^{21} mu^{33}
那样听话，

lɯ^{55} ʑɯ^{33} tɯ^{33} ŋɯ^{33} vi^{21}
需要如此啊。

mo^{21} mu^{55} ŋɯ^{55} tʻu^{33}
为臣者公正，

ȵy^{21} dʐo^{21} a^{33} lo^{33} ŋgɯ^{55}
始终如一是第一，

tsʻɯ^{21} ȵɪ^{55} ȵɪ^{33} dʑɪ^{33}
所作所为，

tʻy^{21} lɪ^{21} mba^{33}
发表意见，

lɯ^{55} ʑɯ^{33} tɯ^{33} ŋɯ^{33} vi^{21}
需要如此啊。

tsʻʅ^{33} lɪ^{21} sɯ^{33} tʂu^{21} dʐo^{33}
有三样药方，

vu^{33} kʻu^{33} tsʻʅ^{33} ʑɯ^{33} tɕɪ^{13}
努力的药是第一，

mu^{55} hɛ^{33} tsʻʅ^{33} ʑɯ^{33} dʐo^{21}
教育的药是第二，

lɛ^{21} tɕi^{13} ɬa^{13} tɕi^{13} ʑɯ^{33} tɯ^{33} mɛ^{21}
补弱解乏的药是第三。

hu^{21} bi^{21} ko^{13} lu^{33}
欠债多者命薄，

bi^{21} su^{13} lo^{33} t‘a^{21} tɕi^{33}
别逼欠债的人，

mo^{21} ɖo^{33} su^{13} t‘a^{21} ŋu^{33}
别借给无赖钱物。

ʑɛ^{21} hɛ^{21} dɯ^{21} dʑa^{33} no^{33}
好比防灾荒，

lɯ^{21} a^{33} k‘o^{21} bi^{55} dzu^{33}
出门要带粮，

ma^{21} bi^{55} ly^{21} a^{33} ŋɯ^{33}
否则就要求人，

k‘ɯ^{33} dzu^{33} k‘ɯ^{33} ʑɯ^{33} lo^{13}
吃了嘴就软，

ndzu^{33} ŋu^{33} vi^{21} dzu^{33} lu^{33}
被吃所主宰，

k‘ɯ^{33} dzu^{33} mu^{55} k‘o^{33} ʂʅ^{33}
为吃所支配，

tʂ‘ɯ^{55} ko^{55} tɕo^{55} lu^{21} no^{33}
若要不挨饿，

su^{21} t‘a^{33} ʑɪ^{33}
作为一家人，

t‘ɯ^{55} ɲɪ^{55} mu^{33}
所为略有一二，

ʑi^{21} a^{33} ʑy^{21}
如遇着河流，

t‘a^{21} ndʑa^{13} mu^{33}
架桥而过。

fa^{13} a^{33} ɖɯ^{33}
不然如坠岩，

bu^{21}lu^{21}mɛ^{13}a^{33}nɛ^{55}tɯ^{33}ŋɯ^{33}
名字像蝴蝶消失。

ndʐu^{55} lɪ^{33} ʑi^{21} dzu^{21} do^{33}
有粮食而人显能，

tɯ^{33} tʂ‘o^{55} ts‘u^{33} no^{33} ts‘o^{21}
有朋友觉冬天暖，

ʂʅ^{33} no^{33} tʂ‘e^{13} dɪ^{13} vi^{21}
又觉夏日凉。

ne^{33} da^{33} lɪ^{33}
因为不干净，

ʑi^{21} lo^{33} ts‘ʅ^{33}
才用水来洗，

ʑi^{21} ne^{33} da^{33} lɪ^{33}
水都不干净，

ts‘ʅ^{33} lu^{33} lɪ^{33} ma^{21} ɣo^{21}
无干净可言。

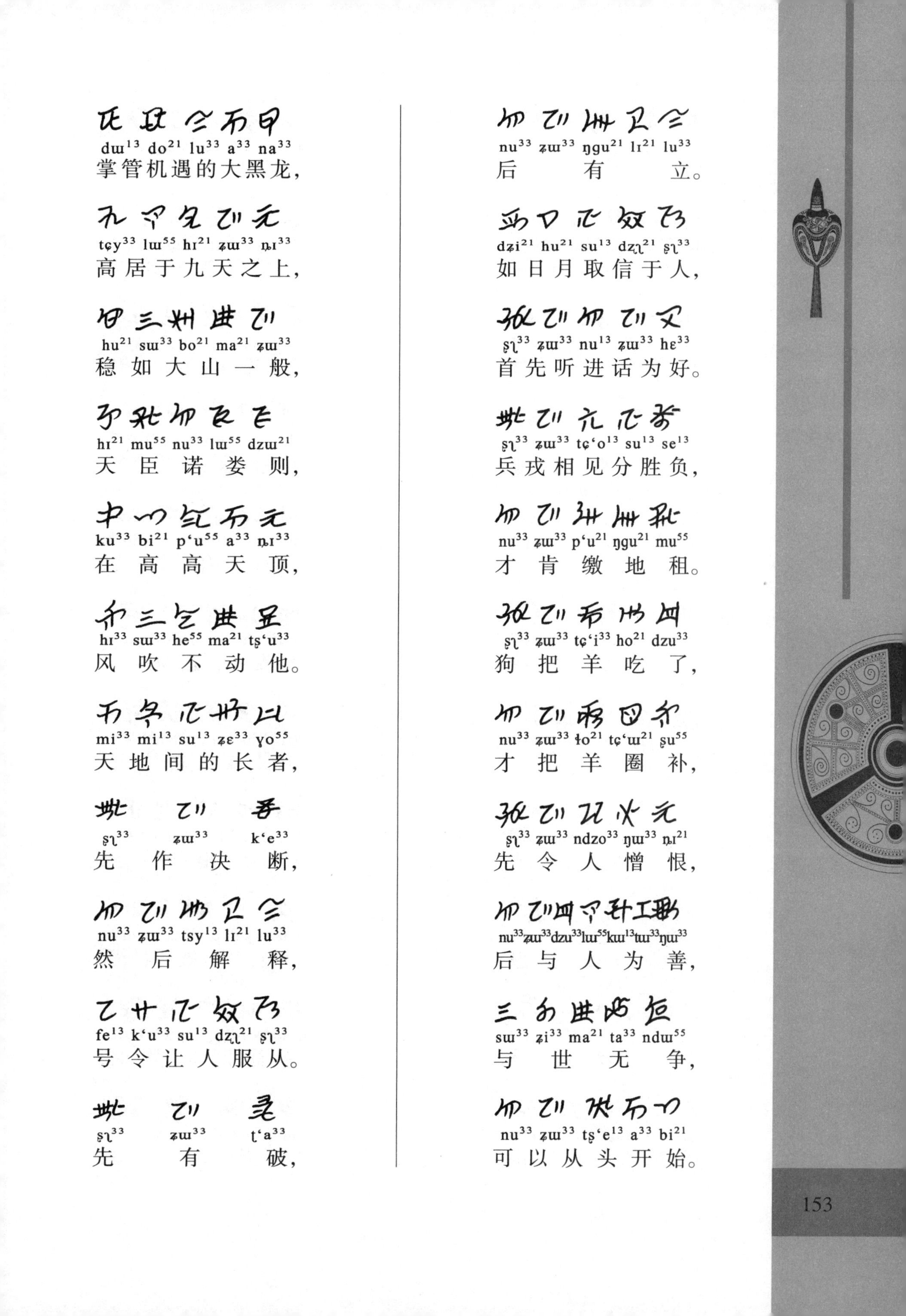

dɯ^{13} do^{21} lu^{33} a^{33} na^{33}
掌管机遇的大黑龙，

tɕy^{33} lɯ^{55} hɪ^{21} ʑɯ^{33} n̥ɪ^{33}
高居于九天之上，

hu^{21} sɯ^{33} bo^{21} ma^{21} ʑɯ^{33}
稳如大山一般，

hɪ^{21} mu^{55} nu^{33} lɯ^{55} dzɯ^{21}
天臣诺娄则，

ku^{33} bi^{21} p‘u^{55} a^{33} n̥ɪ^{33}
在高高天顶，

hɪ^{33} sɯ^{33} he^{55} ma^{21} tʂ‘u^{33}
风吹不动他。

mi^{33} mi^{13} su^{13} ʑɛ^{33} ɣo^{55}
天地间的长者，

ʂʅ^{33} ʑɯ^{33} k‘e^{33}
先作决断，

nu^{33} ʑɯ^{33} tsy^{13} lɪ^{21} lu^{33}
然后解释，

fe^{13} k‘u^{33} su^{13} dzʅ^{21} ʂʅ^{33}
号令让人服从。

ʂʅ^{33} ʑɯ^{33} t‘a^{33}
先有破，

nu^{33} ʑɯ^{33} ŋgu^{21} lɪ^{21} lu^{33}
后有立。

dʑi^{21} hu^{21} su^{13} dzʅ^{21} ʂʅ^{33}
如日月取信于人，

ʂʅ^{33} ʑɯ^{33} nu^{13} ʑɯ^{33} hɛ^{33}
首先听进话为好。

ʂʅ^{33} ʑɯ^{33} tɕ‘o^{13} su^{13} se^{13}
兵戎相见分胜负，

nu^{33} ʑɯ^{33} p‘u^{21} ŋgu^{21} mu^{55}
才肯缴地租。

ʂʅ^{33} ʑɯ^{33} tɕ‘i^{33} ho^{21} dzu^{33}
狗把羊吃了，

nu^{33} ʑɯ^{33} ɬo^{21} tɕ‘ɯ^{21} ʂu^{55}
才把羊圈补，

ʂʅ^{33} ʑɯ^{33} ndzo^{33} ŋɯ^{33} n̥ɪ^{21}
先令人憎恨，

nu^{33}ʑɯ^{33}dzu^{33}lɯ^{55}kɯ^{13}tɯ^{33}ŋɯ^{33}
后与人为善，

sɯ^{33} ʑi^{33} ma^{21} ta^{33} ndɯ^{55}
与世无争，

nu^{33} ʑɯ^{33} tʂ‘e^{13} a^{33} bi^{21}
可以从头开始。

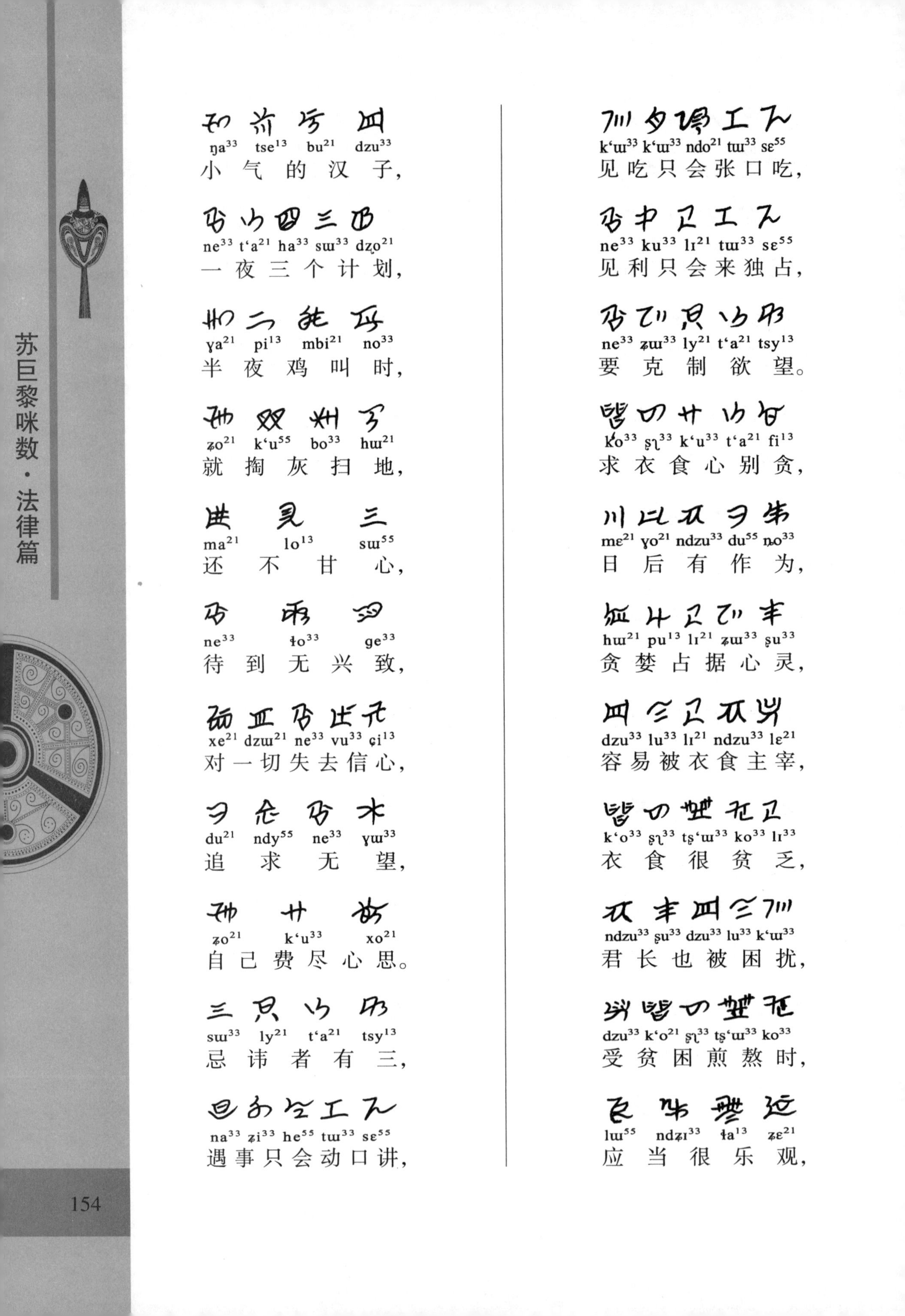

ŋa^{33} tse^{13} bu^{21} dzu^{33}
小气的汉子，

ne^{33} t'a^{21} ha^{33} sɯ^{33} dzo^{21}
一夜三个计划，

ɣa^{21} pi^{13} mbi^{21} no^{33}
半夜鸡叫时，

ʑo^{21} k'u^{55} bo^{33} hɯ^{21}
就掏灰扫地，

ma^{21} lo^{13} sɯ^{55}
还不甘心，

ne^{33} ɬo^{33} ge^{33}
待到无兴致，

xe^{21} dzɯ^{21} ne^{33} vu^{33} ɕi^{13}
对一切失去信心，

du^{21} ndy^{55} ne^{33} ɣɯ^{33}
追求无望，

ʑo^{21} k'u^{33} xo^{21}
自己费尽心思。

sɯ^{33} ly^{21} t'a^{21} tsy^{13}
忌讳者有三，

na^{33} ʑi^{33} he^{55} tɯ^{33} sɛ^{55}
遇事只会动口讲，

k'ɯ^{33} k'ɯ^{33} ndo^{21} tɯ^{33} sɛ^{55}
见吃只会张口吃，

ne^{33} ku^{33} lɪ^{21} tɯ^{33} sɛ^{55}
见利只会来独占，

ne^{33} ʑɯ^{33} ly^{21} t'a^{21} tsy^{13}
要克制欲望。

k'o^{33} ʂʅ^{33} k'u^{33} t'a^{21} fi^{13}
求衣食心别贪，

mɛ^{21} ɣo^{21} ndzu^{33} du^{55} ɲo^{33}
日后有作为，

hɯ^{21} pu^{13} lɪ^{21} ʑɯ^{33} ʂu^{33}
贪婪占据心灵，

dzu^{33} lu^{33} lɪ^{21} ndzu^{33} lɛ^{21}
容易被衣食主宰，

k'o^{33} ʂʅ^{33} tʂ'ɯ^{33} ko^{33} lɪ^{33}
衣食很贫乏，

ndzu^{33} ʂu^{33} dzu^{33} lu^{33} k'ɯ^{33}
君长也被困扰，

dzu^{33} k'o^{21} ʂʅ^{33} tʂ'ɯ^{33} ko^{33}
受贫困煎熬时，

lɯ^{55} ndʑɪ^{33} ɬa^{13} ʑɛ^{21}
应当很乐观，

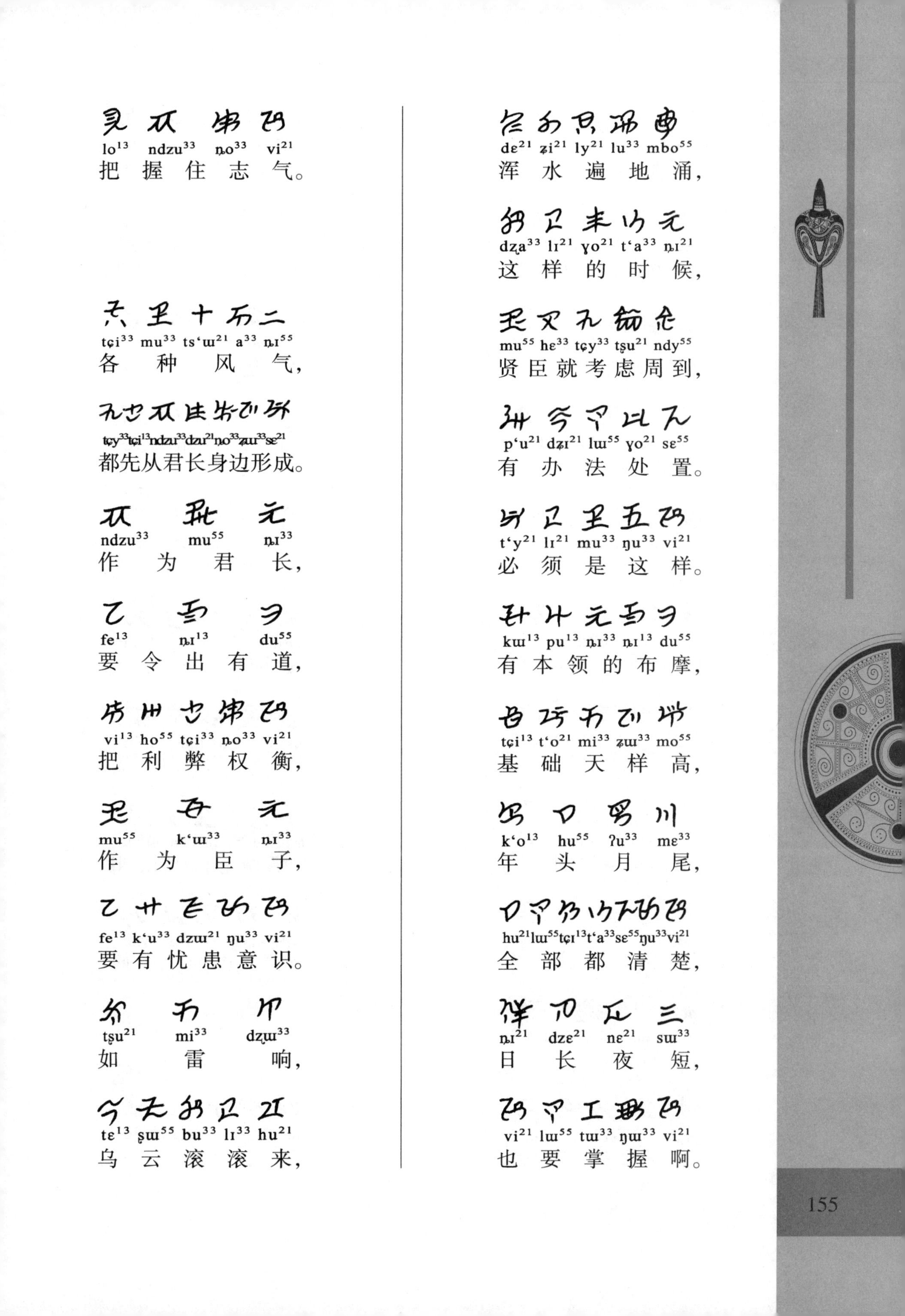

lo^{13} ndzu^{33} n̥o^{33} vi^{21}
把握住志气。

tɕi^{33} mu^{33} ts'ɯ^{21} a^{33} n̥ɪ^{55}
各种风气，

tɕy^{33}tɕi^{13}ndzu^{33}dzɯ^{21}n̥o^{33}ʐu^{33}sɛ^{21}
都先从君长身边形成。

ndzu^{33} mu^{55} n̥ɪ^{33}
作为君长，

fe^{13} n̥ɪ^{13} du^{55}
要令出有道，

vi^{13} ho^{55} tɕi^{33} n̥o^{33} vi^{21}
把利弊权衡，

mu^{55} k'ɯ^{33} n̥ɪ^{33}
作为臣子，

fe^{13} k'u^{33} dzɯ^{21} ŋu^{33} vi^{21}
要有忧患意识。

tʂu^{21} mi^{33} dʐɯ^{33}
如雷响，

tɛ^{13} ʂɯ^{55} bu^{33} lɪ^{33} hu^{21}
乌云滚滚来，

dɛ^{21} ʑi^{21} ly^{21} lu^{33} mbo^{55}
浑水遍地涌，

dʐa^{33} lɪ^{21} ɣo^{21} t'a^{33} n̥ɪ^{21}
这样的时候，

mu^{55} hɛ^{33} tɕy^{33} tʂu^{21} ndy^{55}
贤臣就考虑周到，

p'u^{21} dʑɪ^{21} lɯ^{55} ɣo^{21} sɛ^{55}
有办法处置。

t'y^{21} lɪ^{21} mu^{33} ŋu^{33} vi^{21}
必须是这样。

kɯ^{13} pu^{13} n̥ɪ^{33} n̥ɪ^{13} du^{55}
有本领的布摩，

tɕi^{13} t'o^{21} mi^{33} ʐɯ^{33} mo^{55}
基础天样高，

k'o^{13} hu^{55} ʔu^{33} mɛ^{33}
年头月尾，

hu^{21}lɯ^{55}tɕɪ^{13}t'a^{33}sɛ^{55}ŋu^{33}vi^{21}
全部都清楚，

n̥ɪ^{21} dzɛ^{21} nɛ^{21} sɯ^{33}
日长夜短，

vi^{21} lɯ^{55} tɯ^{33} ŋɯ^{33} vi^{21}
也要掌握啊。

ȵɪ^{13} ʑɯ^{33} sɯ^{21} k'o^{13}
宁 愿 观 察 三 年，

dʑy^{21} de^{13} fe^{13} a^{33}
可 乐 而 为 之，

sɯ^{21} ȵɪ^{21} dʑy^{21} ma^{21} de^{13}
不可只乐得三天。

ndzu^{33} ne^{33} tsy^{13} ʑɯ^{33} dʑy^{21}
君 长 为 求 欢 乐，

lu^{21} ne^{33} xa^{13} ʑɯ^{33} xɯ^{55}
取 民 心 而 领 导，

lu^{21} dʑɪ^{21} ndʑo^{13} ʑɯ^{33}
民 众 的 上 进 心，

ts'ɯ^{21} k'ɛ^{21} sɯ^{55} lɯ^{33} ʑɯ^{33}
宛 若 发 丝，

bu^{21} lu^{21} ma^{21} lɪ^{21}
如 蝴 蝶 涌 至，

ndzu^{33} a^{33} lɯ^{55}
君 长 就 高 兴。

tɕy^{33} hu^{21} ŋɯ^{55} dʐɯ^{55}
九 百 头 牲 口，

ma^{21} lɪ^{21} sɛ^{21} a^{33} lɯ^{55}
派 兵 来 牵 去，

sɯ^{21} hu^{21} ŋɯ^{33} vi^{21} dɪ^{13}
只 用 三 个 月，

ts'ɯ^{21} ȵɪ^{33} t'a^{21} gu^{33} ȵɪ^{33}
十 天 居 一 处，

ɬo^{13} lo^{13} dʐɯ^{33} ts'ɯ^{21} ȵɪ^{21}
放 足 十 天 牧，

ɬo^{13} t'a^{55} ȵɪ^{21} ȵɪ^{33} ndzu^{33}
仅 做 主 一 天，

lo^{13} ma^{21} dʐɯ^{33} ts'ɯ^{21} k'o^{13}
留 十 年 心 事，

ndzu^{33} lo^{33} tʂ'o^{55} sɯ^{33} ȵɪ^{21}
跟 随 君 长 三 天，

ȵɪ^{13} mu^{21} lo^{33} ma^{21} dʐɯ^{33}
像 祭 祖 不 周，

ts'ɯ^{21}ȵɪ^{33}ȵɪ^{13}mu^{21}t'a^{21}ȵɪ^{21}ȵɪ^{13}
一天做完十天的祭祖，

vi^{13} ndɯ^{33} lo^{33} ma^{21} dʐɯ^{33}
如 除 祟 不 彻 底。

tɕi^{33} lu^{33} lɪ^{21} sɯ^{21} tʂ'u^{21}
担 心 者 有 三，

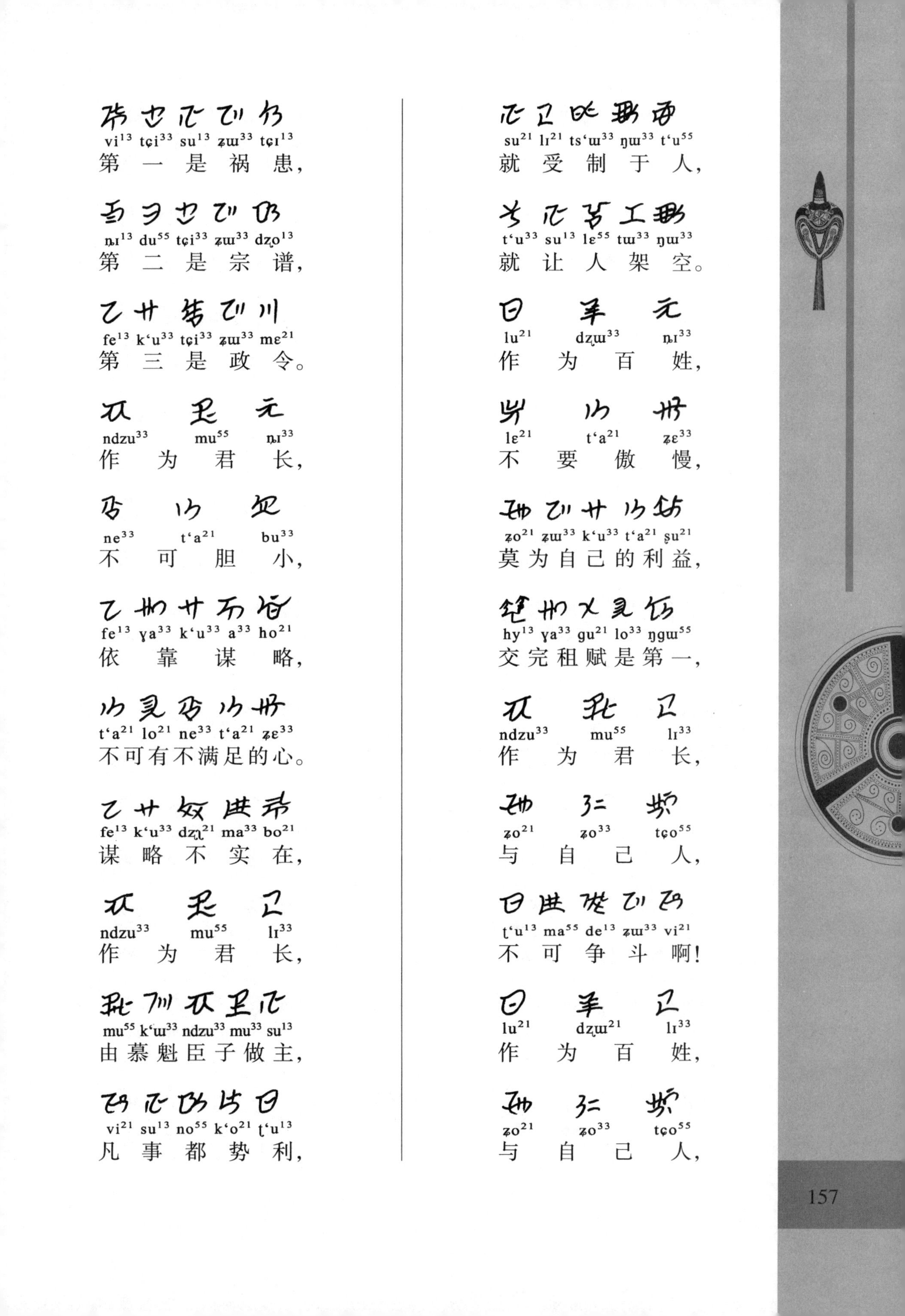

vi^{13} tɕi^{33} su^{13} ʑɯ^{33} tɕɪ^{13}
第　一　是　祸　患，

n̥ɪ^{13} du^{55} tɕi^{33} ʑɯ^{33} dʐo^{13}
第　二　是　宗　谱，

fe^{13} k‘u^{33} tɕi^{33} ʑɯ^{33} mɛ^{21}
第　三　是　政　令。

ndzu^{33} mu^{55} n̥ɪ^{33}
作　为　君　长，

ne^{33} t‘a^{21} bu^{33}
不　可　胆　小，

fe^{13} ɣa^{33} k‘u^{33} a^{33} ho^{21}
依　靠　谋　略，

t‘a^{21} lo^{21} ne^{33} t‘a^{21} ʑɛ^{33}
不可有不满足的心。

fe^{13} k‘u^{33} dʐʅ^{21} ma^{33} bo^{21}
谋　略　不　实　在，

ndzu^{33} mu^{55} lɪ^{33}
作　为　君　长，

mu^{55} k‘ɯ^{33} ndzu^{33} mu^{33} su^{13}
由慕魁臣子做主，

vi^{21} su^{13} no^{55} k‘o^{21} ʈ‘u^{13}
凡　事　都　势　利，

su^{21} lɪ^{21} ts‘ɯ^{33} ŋɯ^{33} t‘u^{55}
就　受　制　于　人，

t‘u^{33} su^{13} lɛ^{55} tɯ^{33} ŋɯ^{33}
就　让　人　架　空。

lu^{21} dʐɯ^{33} n̥ɪ^{33}
作　为　百　姓，

lɛ^{21} t‘a^{21} ʑɛ^{33}
不　要　傲　慢，

ʑo^{21} ʑɯ^{33} k‘u^{33} t‘a^{21} ʂu^{21}
莫为自己的利益，

hy^{13} ɣa^{33} gu^{21} lo^{33} ŋgɯ^{55}
交完租赋是第一，

ndzu^{33} mu^{55} lɪ^{33}
作　为　君　长，

ʑo^{21} ʑo^{33} tɕo^{55}
与　自　己　人，

ʈ‘u^{13} ma^{55} de^{13} ʑɯ^{33} vi^{21}
不　可　争　斗　啊！

lu^{21} dʐɯ^{21} lɪ^{33}
作　为　百　姓，

ʑo^{21} ʑo^{33} tɕo^{55}
与　自　己　人，

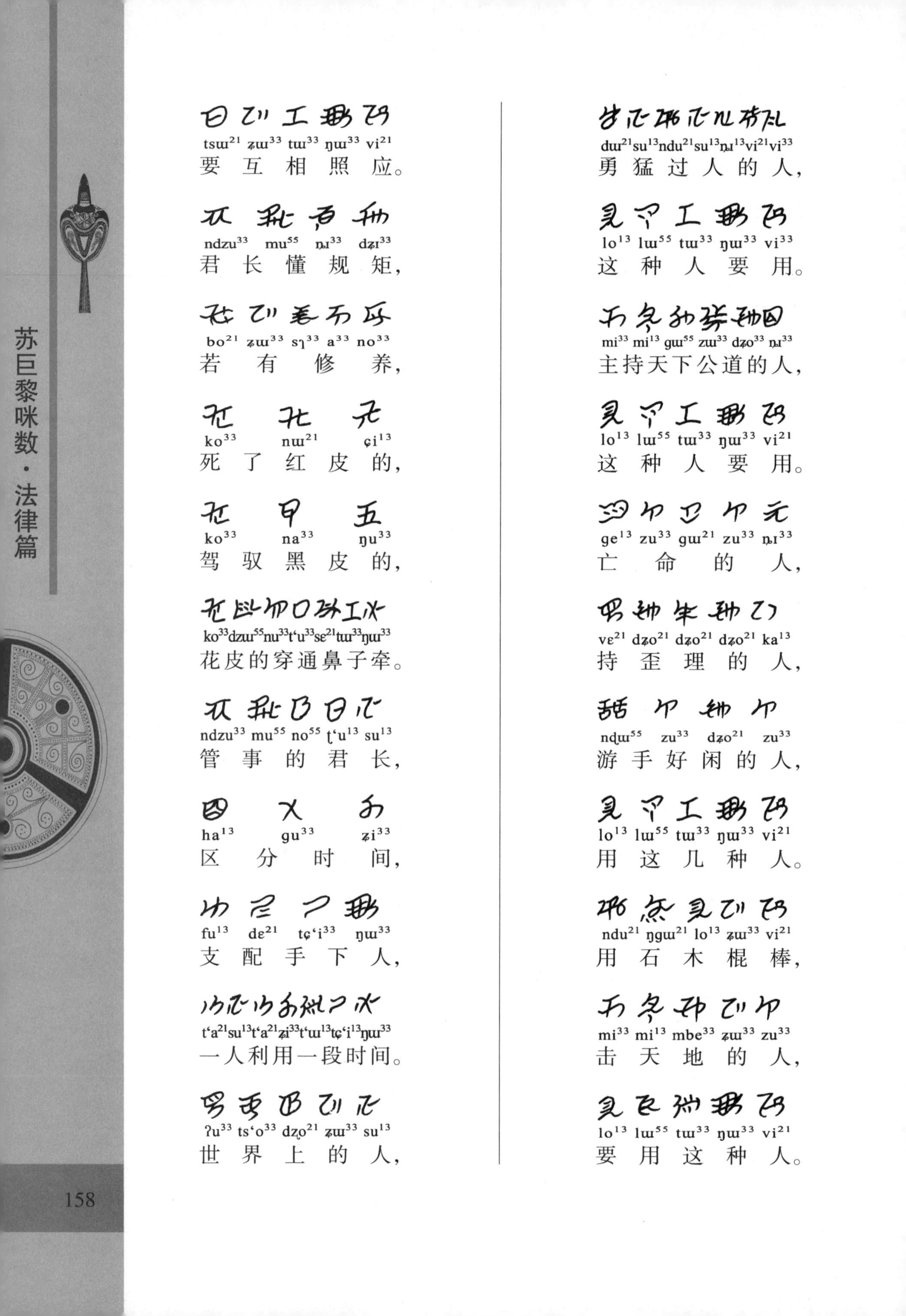

tsɯ^{21} ʑɯ^{33} tɯ^{33} ŋɯ^{33} vi^{21}
要互相照应。

ndzu^{33} mu^{55} n̥ɹ^{33} dʑɹ^{33}
君长懂规矩，

bo^{21} ʑɯ^{33} sɿ^{33} a^{33} no^{33}
若有修养，

ko^{33} nɯ^{21} ɕi^{13}
死了红皮的，

ko^{33} na^{33} ŋu^{33}
驾驭黑皮的，

ko^{33}dzɯ^{55}nu^{33}t'u^{33}sɛ^{21}tɯ^{33}ŋɯ^{33}
花皮的穿通鼻子牵。

ndzu^{33} mu^{55} no^{55} ʈ'u^{13} su^{13}
管事的君长，

ha^{13} gu^{33} ʑi^{33}
区分时间，

fu^{13} dɛ^{21} tɕ'i^{33} ŋɯ^{33}
支配手下人，

t'a^{21}su^{13}t'a^{21}ʑi^{33}t'ɯ^{13}tɕ'i^{13}ŋɯ^{33}
一人利用一段时间。

ʔu^{33} ts'o^{33} dʐo^{21} ʑɯ^{33} su^{13}
世界上的人，

dɯ^{21}su^{13}ndu^{21}su^{13}n̥ɹ^{13}vi^{21}vi^{33}
勇猛过人的人，

lo^{13} lɯ^{55} tɯ^{33} ŋɯ^{33} vi^{33}
这种人要用。

mi^{33} mi^{13} gɯ^{55} zɯ^{33} dʑo^{33} n̥ɹ^{33}
主持天下公道的人，

lo^{13} lɯ^{55} tɯ^{33} ŋɯ^{33} vi^{21}
这种人要用。

ge^{13} zu^{33} gɯ^{21} zu^{33} n̥ɹ^{33}
亡命的人，

vɛ^{21} dʑo^{21} dʑo^{21} dʑo^{21} ka^{13}
持歪理的人，

nɖɯ^{55} zu^{33} dʑo^{21} zu^{33}
游手好闲的人，

lo^{13} lɯ^{55} tɯ^{33} ŋɯ^{33} vi^{21}
用这几种人。

ndu^{21} ŋgɯ^{21} lo^{13} ʑɯ^{33} vi^{21}
用石木棍棒，

mi^{33} mi^{13} mbe^{33} ʑɯ^{33} zu^{33}
击天地的人，

lo^{13} lɯ^{55} tɯ^{33} ŋɯ^{33} vi^{21}
要用这种人。

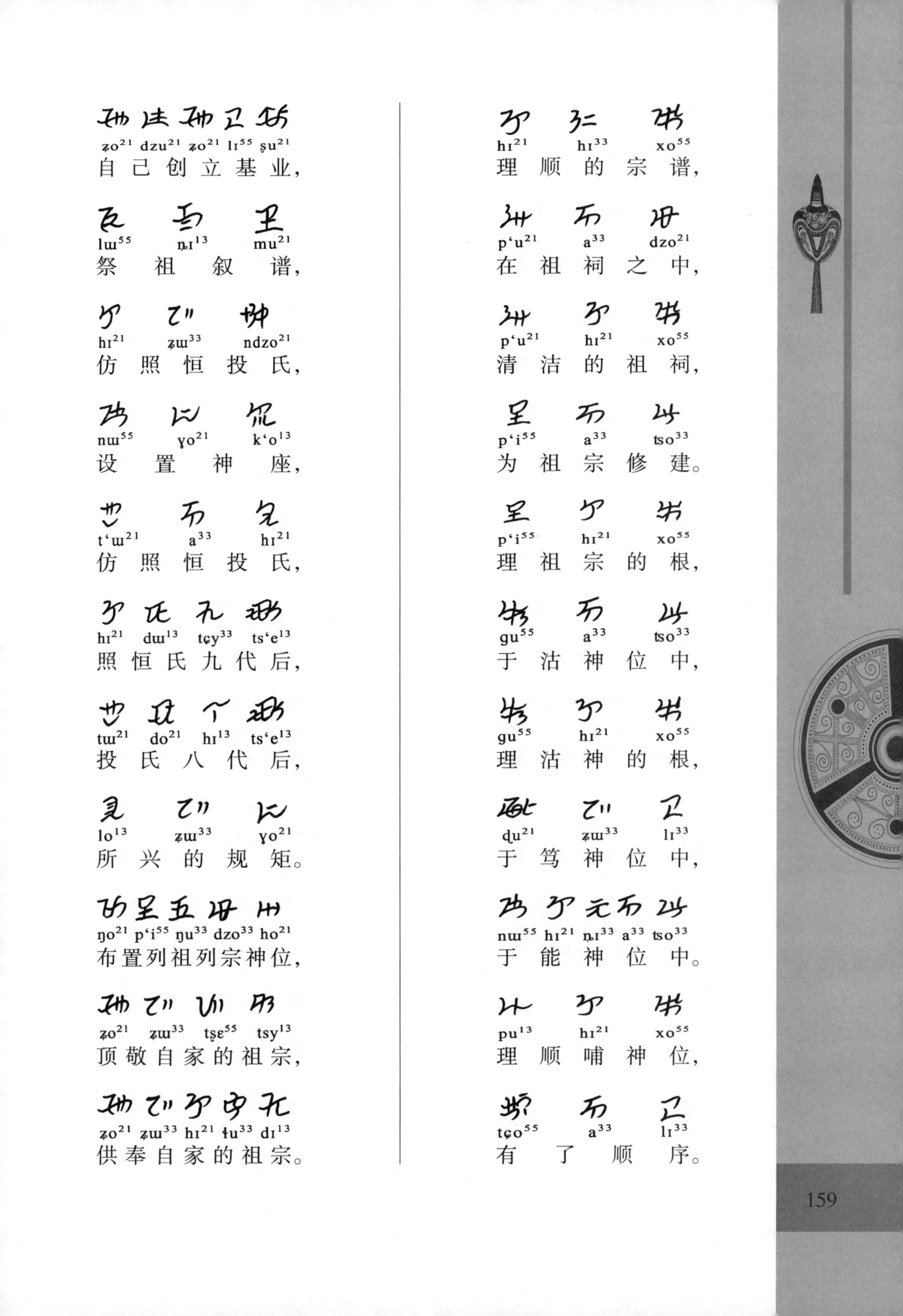

ʑo^{21} dzu^{21} ʑo^{21} lɪ^{55} ʂu^{21}
自己创立基业，

lɯ^{55} ȵɪ^{13} mu^{21}
祭祖叙谱，

hɪ^{21} ʑɯ^{33} ndzo^{21}
仿照恒投氏，

nɯ^{55} ɣo^{21} k'o^{13}
设置神座，

t'ɯ^{21} a^{33} hɪ^{21}
仿照恒投氏，

hɪ^{21} dɯ^{13} tɕy^{33} ts'e^{13}
照恒氏九代后，

tɯ^{21} do^{21} hɪ^{13} ts'e^{13}
投氏八代后，

lo^{13} ʑɯ^{33} ɣo^{21}
所兴的规矩。

ŋo^{21} p'i^{55} ŋu^{33} dzo^{33} ho^{21}
布置列祖列宗神位，

ʑo^{21} ʑɯ^{33} tʂɛ^{55} tsy^{13}
顶敬自家的祖宗，

ʑo^{21} ʑɯ^{33} hɪ^{21} ɬu^{33} dɪ^{13}
供奉自家的祖宗。

hɪ^{21} hɪ^{33} xo^{55}
理顺的宗谱，

p'u^{21} a^{33} dzo^{21}
在祖祠之中，

p'u^{21} hɪ^{21} xo^{55}
清洁的祖祠，

p'i^{55} a^{33} tso^{33}
为祖宗修建。

p'i^{55} hɪ^{21} xo^{55}
理祖宗的根，

gu^{55} a^{33} tso^{33}
于沽神位中，

gu^{55} hɪ^{21} xo^{55}
理沽神的根，

ɖu^{21} ʑɯ^{33} lɪ^{33}
于笃神位中，

nɯ^{55} hɪ^{21} ȵɪ^{33} a^{33} tso^{33}
于能神位中。

pu^{13} hɪ^{21} xo^{55}
理顺哺神位，

tɕo^{55} a^{33} lɪ^{33}
有了顺序。

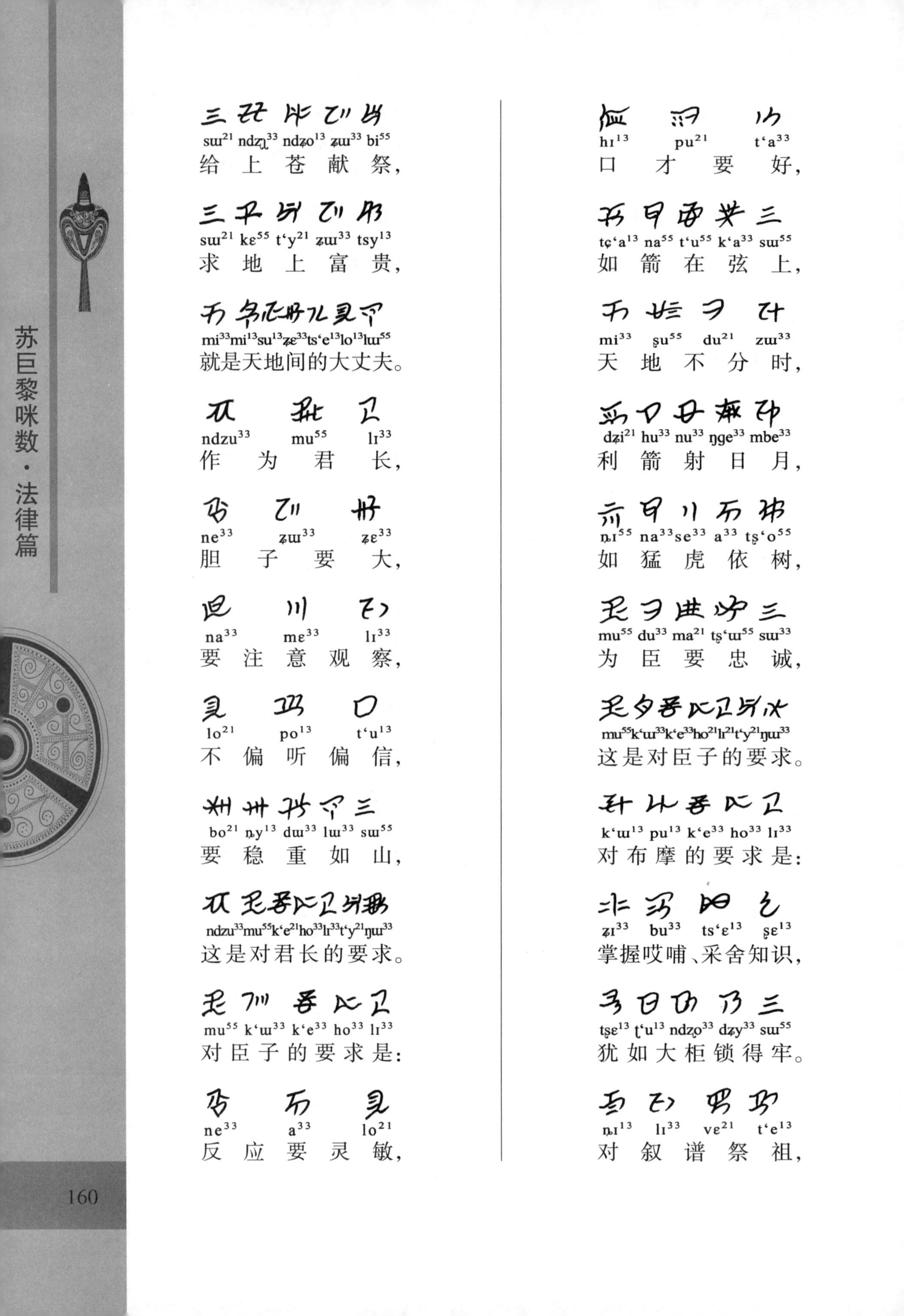

sɯ^{21} ndzʅ^{33} ndʑo^{13} ʑɯ^{33} bi^{55}
给 上 苍 献 祭，

sɯ^{21} kɛ^{55} t'y^{21} ʑɯ^{33} tsy^{13}
求 地 上 富 贵，

mi^{33}mi^{13}su^{13}ʑɛ^{33}ts'e^{13}lo^{13}lɯ^{55}
就是天地间的大丈夫。

ndzu^{33} mu^{55} lɪ^{33}
作 为 君 长，

ne^{33} ʑɯ^{33} ʑɛ^{33}
胆 子 要 大，

na^{33} mɛ^{33} lɪ^{33}
要 注 意 观 察，

lo^{21} po^{13} t'u^{13}
不 偏 听 偏 信，

bo^{21} ȵy^{13} dɯ^{33} lɯ^{33} sɯ^{55}
要 稳 重 如 山，

ndzu^{33}mu^{55}k'e^{21}ho^{33}lɪ^{33}t'y^{21}ŋɯ^{33}
这是对君长的要求。

mu^{55} k'ɯ^{33} k'e^{33} ho^{33} lɪ^{33}
对臣子的要求是：

ne^{33} a^{33} lo^{21}
反 应 要 灵 敏，

hɪ^{13} pu^{21} t'a^{33}
口 才 要 好，

tɕ'a^{13} na^{55} t'u^{55} k'a^{33} sɯ^{55}
如 箭 在 弦 上，

mi^{33} ʂu^{55} du^{21} zɯ^{33}
天 地 不 分 时，

dʑi^{21} hu^{33} nu^{33} ŋge^{33} mbe^{33}
利 箭 射 日 月，

ȵɪ^{55} na^{33}se^{33} a^{33} tʂ'o^{55}
如 猛 虎 依 树，

mu^{55} du^{33} ma^{21} tʂ'ɯ^{55} sɯ^{33}
为 臣 要 忠 诚，

mu^{55}k'ɯ^{33}k'e^{33}ho^{21}lɪ^{21}t'y^{21}ŋɯ^{33}
这是对臣子的要求。

k'ɯ^{13} pu^{13} k'e^{33} ho^{33} lɪ^{33}
对布摩的要求是：

ʑɪ^{33} bu^{33} ts'ɛ^{13} ʂɛ^{13}
掌握哎哺、采舍知识，

tʂɛ^{13} ʈ'u^{13} ndʐo^{33} dʑy^{33} sɯ^{55}
犹如大柜锁得牢。

ȵɪ^{13} lɪ^{33} vɛ^{21} t'e^{13}
对 叙 谱 祭 祖，

ndʐo^{33} tʻy^{21} lɪ^{21} ndʐo^{33} pʻu^{21}
如钥匙开锁，

xo^{21} li^{21} xo^{21} tʻe^{13}
要清白洁净。

ʂu^{55} ɣo^{21} tʂʻo^{55} lɯ^{33} kʻɛ^{55}
要推心置腹，

ɣo^{21} ʈʻu^{13} ŋge^{33} za^{13} sɯ^{55}
要毫无保留，

kɯ^{13}pu^{13}kʻe^{33}ho^{21}lɪ^{21}tʻy^{21}ŋɯ^{33}
这是对布摩的要求。

mu^{55} ʂʅ^{33} kʻe^{33} ho^{21} lɪ^{33}
对摩史的要求是：

mɛ^{33} na^{33} pʻe^{33} ʐɯ^{33} tʂʻʅ^{21}
像展开黑绸，

ʈɯ^{55} na^{33} ʑi^{55} dzɛ^{21} sɯ^{55}
犹如锦生辉，

nɛ^{13} dʑi^{21} do^{33}
像在春天的阳光下，

ʂo^{13} ʂʅ^{33} ve^{33} ɣɯ^{21} sɯ^{55}
松柏挂繁花，

gɯ^{55} ɣo^{13} ʈu^{33} dɯ^{33} so^{21}
像鹤鹃鸣声悦耳，

mu^{55}ʂʅ^{33}kʻe^{33}ho^{33}lɪ^{33}tʻy^{21}ŋɯ^{33}
这是对摩史的要求。

pu^{33} tʻu^{33} kʻe^{33} ho^{33} lɪ^{33}
对布妥(管事)的要求是：

mu^{21} ku^{33} ma^{21} tʻu^{55}
不贪得无厌，

na^{33} mɛ^{33} ma^{21} tɕʻɯ^{33}
不势利，

kʻɯ^{33} pʻe^{33} ma^{21} tʂo^{13}
说话算数，

tʂʻo^{33} mi^{33} tʻɯ^{33} gɛ^{21} sɯ^{55}
秋天般明朗，

bi^{55} tʂʻɛ^{55} ʔu^{33} ʐɯ^{33} ȵɪ^{21}
奉命行事，

dzu^{33} dʑi^{21} sʅ^{55} lɪ^{21} me^{33}
认真负责任。

pu^{13}tʻu^{33}kʻe^{33}ho^{33}lɪ^{33}tʻy^{21}ŋɯ^{33}
布妥要做到这些。

su^{13} ndzu^{33} mu^{55} lo^{13} ȵɪ^{33}
作为素总头目[40]，

kʻɯ^{33} pʻe^{33} ʐɯ^{33} dʑɛ^{21} vu^{33}
不能随便开口，

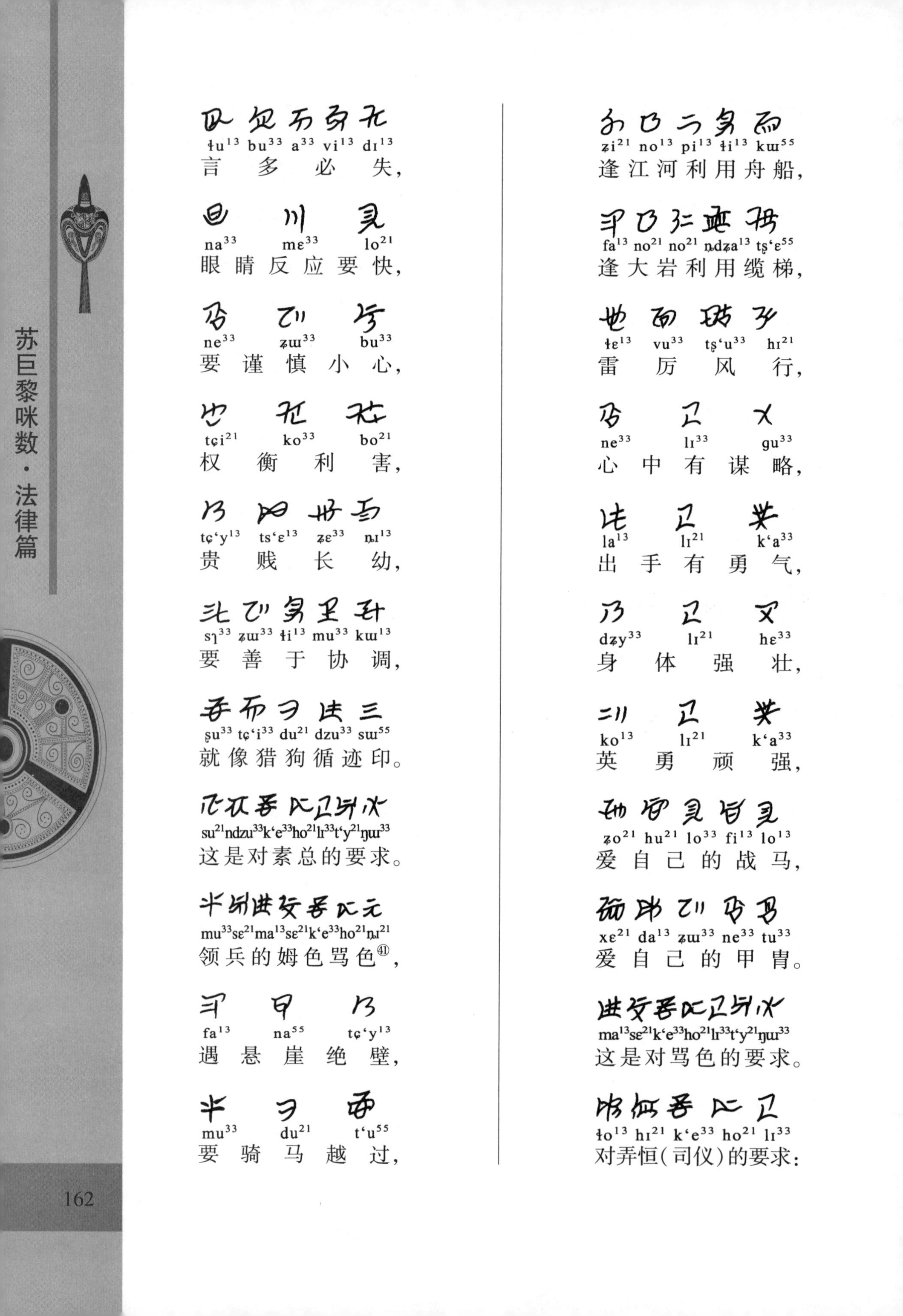

ɬu^{13} bu^{33} a^{33} vi^{13} dɪ^{13}
言多必失，

na^{33} mɛ^{33} lo^{21}
眼睛反应要快，

ne^{33} ʑɯ^{33} bu^{33}
要谨慎小心，

tɕi^{21} ko^{33} bo^{21}
权衡利害，

tɕʻy^{13} tsʻɛ^{13} ʑɛ^{33} ȵɪ^{13}
贵贱长幼，

sʅ^{33} ʑɯ^{33} ɬi^{13} mu^{33} kɯ^{13}
要善于协调，

ʂu^{33} tɕʻi^{33} du^{21} dzu^{33} sɯ^{55}
就像猎狗循迹印。

su^{21}ndzu^{33}kʻe^{33}ho^{21}lɪ^{33}tʻy^{21}ŋɯ^{33}
这是对素总的要求。

mu^{33}sɛ^{21}ma^{13}sɛ^{21}kʻe^{33}ho^{21}ȵɪ^{21}
领兵的姆色骂色[41]，

fa^{13} na^{55} tɕʻy^{13}
遇悬崖绝壁，

mu^{33} du^{21} tʻu^{55}
要骑马越过，

ʑi^{21} no^{13} pi^{13} ɬi^{13} kɯ^{55}
逢江河利用舟船，

fa^{13} no^{21} no^{21} ȵdʑa^{13} tʂʻɛ^{55}
逢大岩利用缆梯，

ɬɛ^{13} vu^{33} tʂʻu^{33} hɪ^{21}
雷厉风行，

ne^{33} lɪ^{33} gu^{33}
心中有谋略，

la^{13} lɪ^{21} kʻa^{33}
出手有勇气，

dʑy^{33} lɪ^{21} hɛ^{33}
身体强壮，

ko^{13} lɪ^{21} kʻa^{33}
英勇顽强，

ʑo^{21} hu^{21} lo^{33} fi^{13} lo^{13}
爱自己的战马，

xɛ^{21} da^{13} ʑɯ^{33} ne^{33} tu^{33}
爱自己的甲胄。

ma^{13}sɛ^{21}kʻe^{33}ho^{21}lɪ^{33}tʻy^{21}ŋɯ^{33}
这是对骂色的要求。

ɬo^{13} hɪ^{21} kʻe^{33} ho^{21} lɪ^{33}
对弄恒(司仪)的要求：

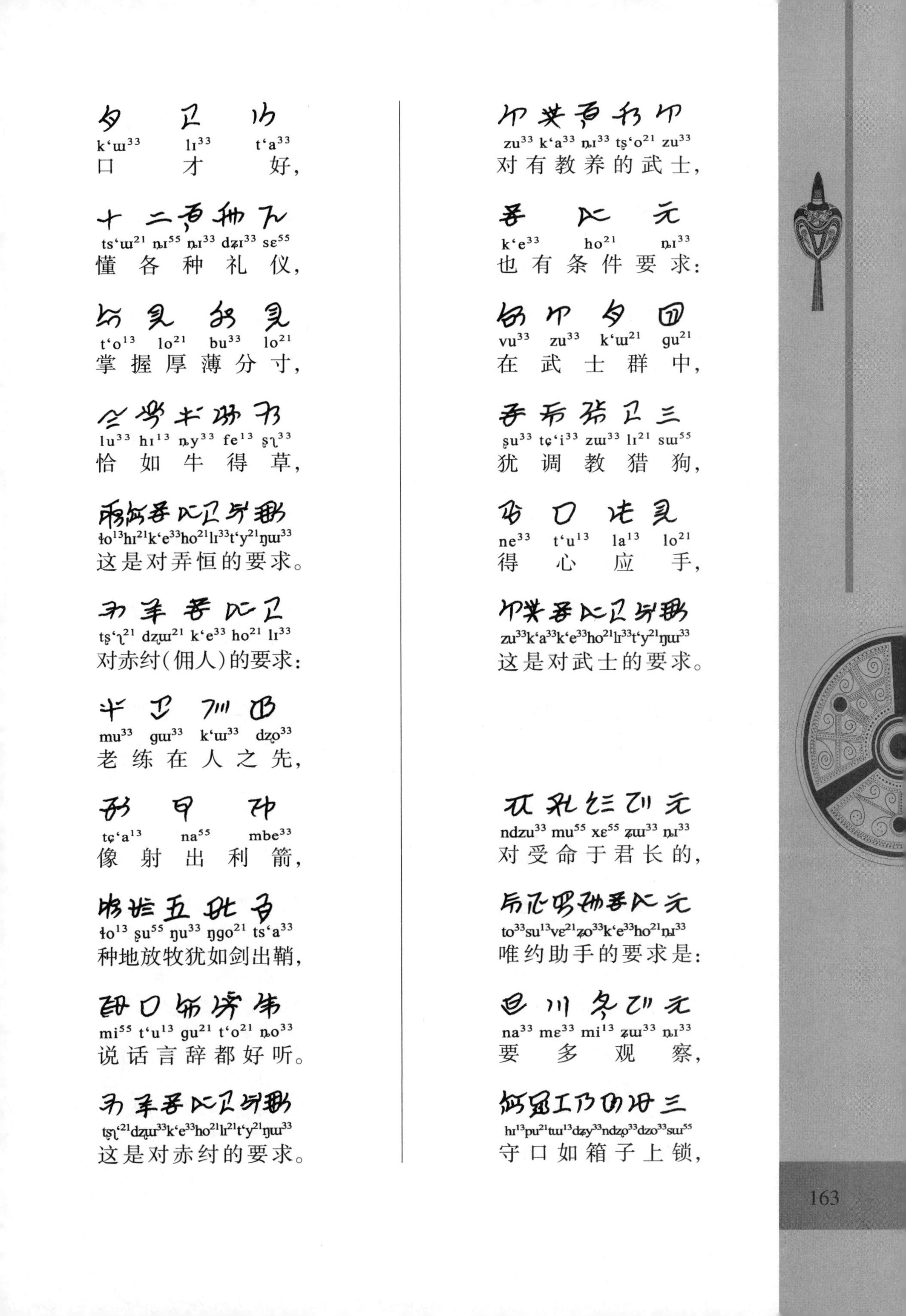

k‘ɯ^{33} lɪ^{33} t‘a^{33}

口 才 好，

ts‘ɯ^{21} ȵɹ^{55} ȵɹ^{33} dʑɪ^{33} sɛ^{55}

懂 各 种 礼 仪，

t‘o^{13} lo^{21} bu^{33} lo^{21}

掌 握 厚 薄 分 寸，

lu^{33} hɪ^{13} ȵy^{33} fe^{13} ʂʅ^{33}

恰 如 牛 得 草，

ɬo^{13}hɪ^{21}k‘e^{33}ho^{21}lɪ^{33}t‘y^{21}ŋɯ^{33}

这是对弄恒的要求。

tʂ‘ʅ^{21} dʐɯ^{21} k‘e^{33} ho^{21} lɪ^{33}

对赤纣（佣人）的要求：

mu^{33} gɯ^{33} k‘ɯ^{33} dʐo^{33}

老 练 在 人 之 先，

tɕ‘a^{13} na^{55} mbe^{33}

像 射 出 利 箭，

ɬo^{13} ʂu^{55} ŋu^{33} ŋgo^{21} ts‘a^{33}

种地放牧犹如剑出鞘，

mi^{55} t‘u^{13} gu^{21} t‘o^{21} ȵo^{33}

说 话 言 辞 都 好 听。

tʂʅ‘^{21}dʐɯ^{33}k‘e^{33}ho^{21}lɪ^{21}t‘y^{21}ŋɯ^{33}

这是对赤纣的要求。

zu^{33} k‘a^{33} ȵɪ^{33} tʂ‘o^{21} zu^{33}

对 有 教 养 的 武 士，

k‘e^{33} ho^{21} ȵɹ^{33}

也 有 条 件 要 求：

vu^{33} zu^{33} k‘ɯ^{21} gu^{21}

在 武 士 群 中，

ʂu^{33} tɕ‘i^{33} zɯ^{33} lɪ^{21} sɯ^{55}

犹 调 教 猎 狗，

ne^{33} t‘u^{13} la^{13} lo^{21}

得 心 应 手，

zu^{33}k‘a^{33}k‘e^{33}ho^{21}lɪ^{33}t‘y^{21}ŋɯ^{33}

这是对武士的要求。

ndzu^{33} mu^{55} xɛ^{55} ʑɯ^{33} ȵɹ^{33}

对 受 命 于 君 长 的，

to^{33}su^{13}vɛ^{21}ʑo^{33}k‘e^{33}ho^{21}ȵɹ^{33}

唯 约 助 手 的 要 求 是：

na^{33} mɛ^{33} mi^{13} ʑɯ^{33} ȵɹ^{33}

要 多 观 察，

hɪ^{13}pu^{21}tɯ^{13}dʑy^{33}ndʐo^{33}dzo^{33}sɯ^{55}

守 口 如 箱 子 上 锁，

ne33 n̥dʑo33 lɪ21 ʑɯ33 bo21
欲 望 有 限 度，

tɕʻa13 na55 kɯ55 ʑɯ33 hɛ13
身 为 众 矢 之 的，

ɬi33 kʻɛ55 ndɛ33 ʑɯ33 n̥ɪ33
居 于 风 头 上，

na33 ʑɯ33 vu33 mo21 nu33
见 识 要 广，

mba33 lu33 n̥ɪ33
一 旦 开 口，

tʻo21 bu33 ʑɯ33 lo33 tsɯ21
要 注 意 深 浅。

ko13 mu33 dʐo21 tɕʻo13 ndʐu55
要 做 好 表 率。

tʂʻo55 dɯ21 ndzu33 mu55 ku33
随从愚者君长不英明，

tɕʻi33ŋge33nu33sɛ33ʂa13vi21dɪ13
随从诈者君长命难保。

su21 n̥o33 ne33 ŋo21 sɛ55
上等人的知识在心中，

su21 tɕo55 kʻɯ33 ŋo21 sɛ55
中等人的知识在嘴上，

su21 tɕi13 no33 la13 ku21 tɯ33
下等人只有靠双手，

tʂa33 mɛ33 vu33 tɯ33 sɛ55
见 识 只 有 缰 绳 长。

su21 hɛ33 mba33 ɕy33 la13
聪明人的话有分量，

tʂo13 tɯ33 n̥o21 vu33 dɪ13
反 复 推 敲 都 有 理。

kʻu33 dɪ13 lo33 ma21 dʐu33
志 短 事 不 成，

kʻu33dɪ13ne33ga21lo33ma21dʐu33
有 志 不 专 也 不 成，

ne33ga33sɛ55ho21lo33ma21dʐu33
有计知识浅也不成。

sɛ55 n̥ɪ21 ho21 n̥ɪ21
有 知 识 才 能，

ndzu33 ʑɯ33 mu55 lɪ21 ga33
为 君 长 所 用，

dʐɿ21 ʂɛ13 kʻɯ21 n̥dʑo55
诚 实 坦 白，

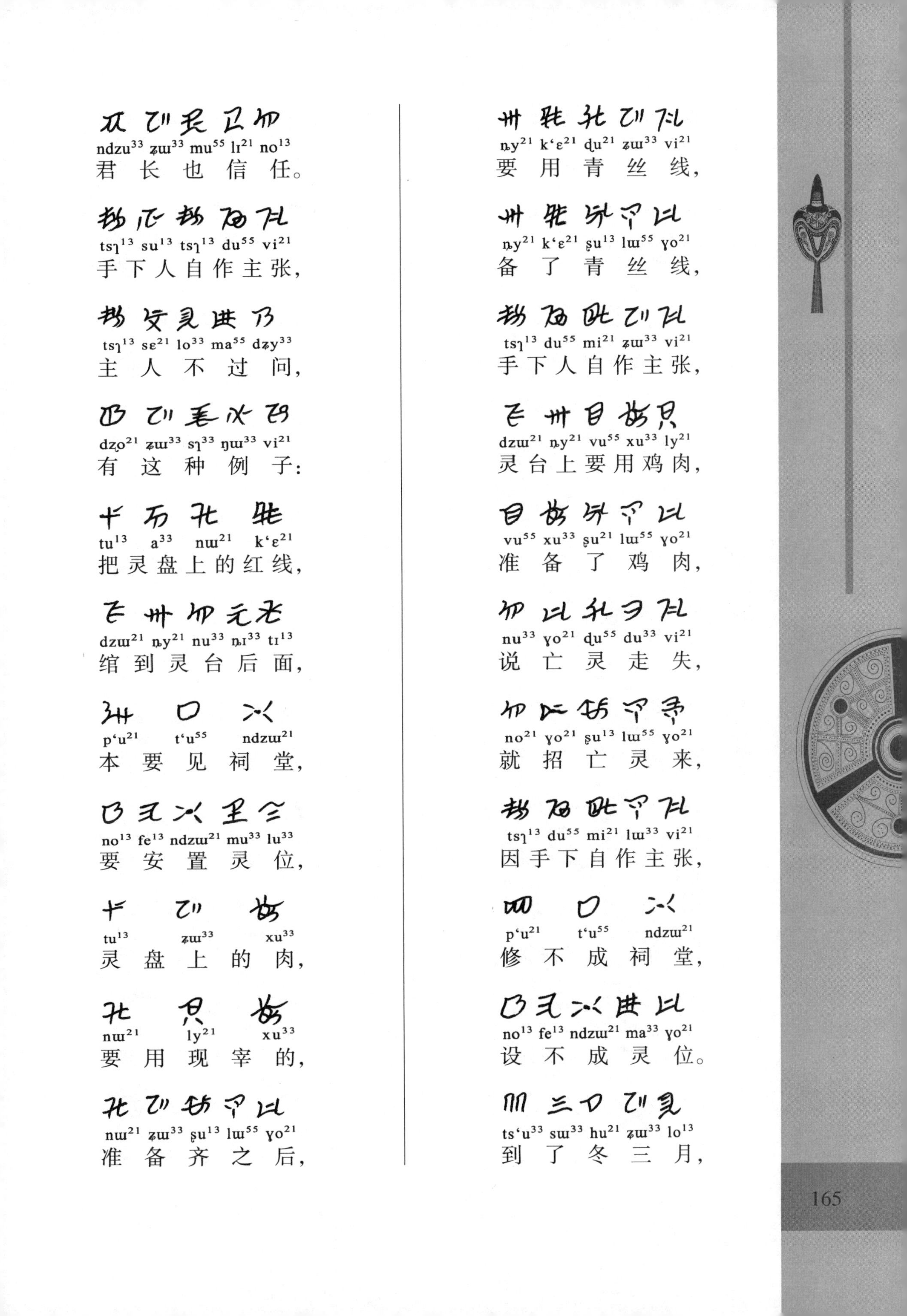

ndzu^{33} ʑɯ^{33} mu^{55} lɪ^{21} no^{13}
君长也信任。

tsɿ^{13} su^{13} tsɿ^{13} du^{55} vi^{21}
手下人自作主张，

tsɿ^{13} sɛ^{21} lo^{33} ma^{55} dʑy^{33}
主人不过问，

dʐo^{21} ʑɯ^{33} sɿ^{33} ŋɯ^{33} vi^{21}
有这种例子：

tu^{13} a^{33} nɯ^{21} k‘ɛ^{21}
把灵盘上的红线，

dzɯ^{21} ȵy^{21} nu^{33} ȵɪ^{33} tɪ^{13}
缩到灵台后面，

p‘u^{21} t‘u^{55} ndzɯ^{21}
本要见祠堂，

no^{13} fe^{13} ndzɯ^{21} mu^{33} lu^{33}
要安置灵位，

tu^{13} ʑɯ^{33} xu^{33}
灵盘上的肉，

nɯ^{21} ly^{21} xu^{33}
要用现宰的，

nɯ^{21} ʑɯ^{33} ʂu^{13} lɯ^{55} ɣo^{21}
准备齐之后，

ȵy^{21} k‘ɛ^{21} ɖu^{21} ʑɯ^{33} vi^{21}
要用青丝线，

ȵy^{21} k‘ɛ^{21} ʂu^{13} lɯ^{55} ɣo^{21}
备了青丝线，

tsɿ^{13} du^{55} mi^{21} ʑɯ^{33} vi^{21}
手下人自作主张，

dzɯ^{21} ȵy^{21} vu^{55} xu^{33} ly^{21}
灵台上要用鸡肉，

vu^{55} xu^{33} ʂu^{21} lɯ^{55} ɣo^{21}
准备了鸡肉，

nu^{33} ɣo^{21} ɖu^{55} du^{33} vi^{21}
说亡灵走失，

no^{21} ɣo^{21} ʂu^{13} lɯ^{55} ɣo^{21}
就招亡灵来，

tsɿ^{13} du^{55} mi^{21} lɯ^{33} vi^{21}
因手下自作主张，

p‘u^{21} t‘u^{55} ndzɯ^{21}
修不成祠堂，

no^{13} fe^{13} ndzɯ^{21} ma^{33} ɣo^{21}
设不成灵位。

ts‘u^{33} sɯ^{33} hu^{21} ʑɯ^{33} lo^{13}
到了冬三月，

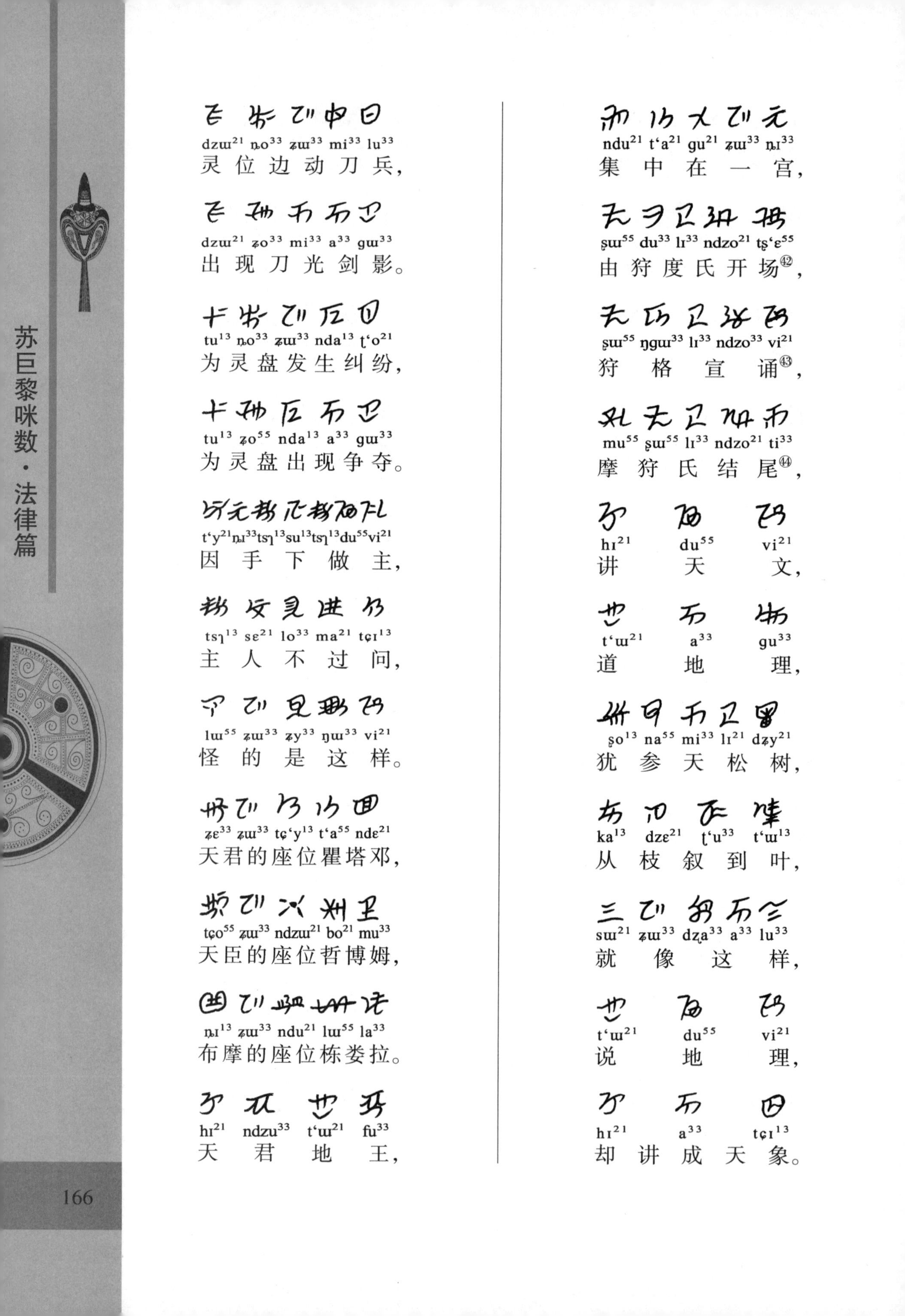

dzɯ^{21} n̥o^{33} ʑɯ^{33} mi^{33} lu^{33}
灵位边动刀兵，

dzɯ^{21} ʑo^{33} mi^{33} a^{33} gɯ^{33}
出现刀光剑影。

tu^{13} n̥o^{33} ʑɯ^{33} nda^{13} t‘o^{21}
为灵盘发生纠纷，

tu^{13} ʑo^{55} nda^{13} a^{33} gɯ^{33}
为灵盘出现争夺。

t‘y^{21}n̥ɪ^{33}tsɿ^{13}su^{13}tsɿ^{13}du^{55}vi^{21}
因手下做主，

tsɿ^{13} sɛ^{21} lo^{33} ma^{21} tɕɪ^{13}
主人不过问，

lɯ^{55} ʑɯ^{33} ʑy^{33} ŋɯ^{33} vi^{21}
怪的是这样。

ʑɛ^{33} ʑɯ^{33} tɕ‘y^{13} t‘a^{55} ndɛ^{21}
天君的座位瞿塔邓，

tɕo^{55} ʑɯ^{33} ndzɯ^{21} bo^{21} mu^{33}
天臣的座位哲博姆，

n̥ɪ^{13} ʑɯ^{33} ndu^{21} lɯ^{55} la^{33}
布摩的座位栋娄拉。

hɪ^{21} ndzu^{33} t‘ɯ^{21} fu^{33}
天君地王，

ndu^{21} t‘a^{21} gu^{21} ʑɯ^{33} n̥ɪ^{33}
集中在一宫，

ʂɯ^{55} du^{33} lɪ^{33} ndzo^{21} tʂ‘ɛ^{55}
由狩度氏开场[42]，

ʂɯ^{55} ŋgɯ^{33} lɪ^{33} ndzo^{33} vi^{21}
狩格宣诵[43]，

mu^{55} ʂɯ^{55} lɪ^{33} ndzo^{21} ti^{33}
摩狩氏结尾[44]，

hɪ^{21} du^{55} vi^{21}
讲天文，

t‘ɯ^{21} a^{33} gu^{33}
道地理，

ʂo^{13} na^{55} mi^{33} lɪ^{21} dʑy^{21}
犹参天松树，

ka^{13} dzɛ^{21} ʈ‘u^{33} t‘ɯ^{13}
从枝叙到叶，

sɯ^{21} ʑɯ^{33} dʐa^{33} a^{33} lu^{33}
就像这样，

t‘ɯ^{21} du^{55} vi^{21}
说地理，

hɪ^{21} a^{33} tɕɪ^{13}
却讲成天象。

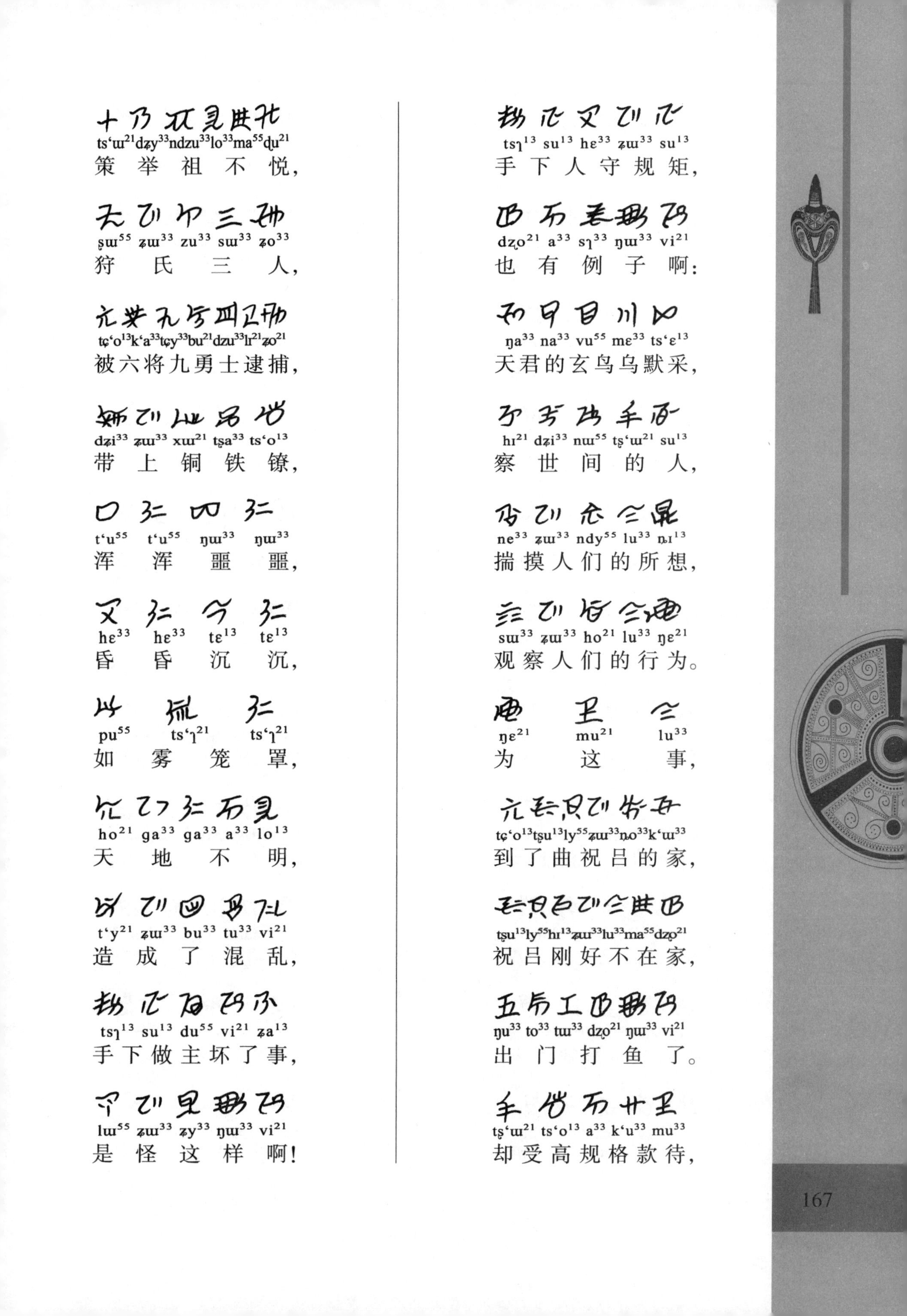

ts‘ɯ^{21}dʑy^{33}ndzu^{33}lo^{33}ma^{55}ɖu^{21}
策举祖不悦，

ʂɯ^{55} ʑɯ^{33} zu^{33} sɯ^{33} ʑo^{33}
狩氏三人，

tɕ‘o^{13}k‘a^{33}tɕy^{33}bu^{21}dzu^{33}lɿ^{21}ʑo^{21}
被六将九勇士逮捕，

dʑi^{33} ʑɯ^{33} xɯ^{21} tʂa^{33} ts‘o^{13}
带上铜铁镣，

t‘u^{55} t‘u^{55} ŋɯ^{33} ŋɯ^{33}
浑浑噩噩，

hɛ^{33} hɛ^{33} tɛ^{13} tɛ^{13}
昏昏沉沉，

pu^{55} ts‘ɿ^{21} ts‘ɿ^{21}
如雾笼罩，

ho^{21} ga^{33} ga^{33} a^{33} lo^{13}
天地不明，

t‘y^{21} ʑɯ^{33} bu^{33} tu^{33} vi^{21}
造成了混乱，

tsɿ^{13} su^{13} du^{55} vi^{21} ʑa^{13}
手下做主坏了事，

lɯ^{55} ʑɯ^{33} ʑy^{33} ŋɯ^{33} vi^{21}
是怪这样啊！

tsɿ^{13} su^{13} hɛ^{33} ʑɯ^{33} su^{13}
手下人守规矩，

dʐo^{21} a^{33} sɿ^{33} ŋɯ^{33} vi^{21}
也有例子啊：

ŋa^{33} na^{33} vu^{55} mɛ^{33} ts‘ɛ^{13}
天君的玄鸟乌默采，

hɪ^{21} dʑi^{33} nɯ^{55} tʂ‘ɯ^{21} su^{13}
察世间的人，

ne^{33} ʑɯ^{33} ndy^{55} lu^{33} ȵɪ^{13}
揣摸人们的所想，

sɯ^{33} ʑɯ^{33} ho^{21} lu^{33} ŋɛ^{21}
观察人们的行为。

ŋɛ^{21} mu^{21} lu^{33}
为这事，

tɕ‘o^{13}tʂu^{13}ly^{55}ʑɯ^{33}ȵo^{33}k‘ɯ^{33}
到了曲祝吕的家，

tʂu^{13}ly^{55}hɪ^{13}ʑɯ^{33}lu^{33}ma^{55}dʐo^{21}
祝吕刚好不在家，

ŋu^{33} to^{33} tɯ^{33} dʐo^{21} ŋɯ^{33} vi^{21}
出门打鱼了。

tʂ‘ɯ^{21} ts‘o^{13} a^{33} k‘u^{33} mu^{33}
却受高规格款待，

lu^{33} xo^{33} a^{33} tɕɪ^{33} ʑɛ^{33}
杀牲礼仪重，

tʂu^{13} ly^{55} ŋu^{55} a^{21} mɛ^{13}
祝吕伍阿默，

vɛ^{13} zu^{33} hɪ^{13} ma^{55} dʑo^{21}
当哥的不在家，

dʑa^{33} ŋɯ^{33} kɯ^{13} ɣo^{21} no^{33}
就由她做主。

tʂʻʅ^{21} lo^{33} ʑɯ^{33} ɣo^{21} no^{33}
因为如此，

hɪ^{21} dʑi^{33} nɯ^{55} tʂʻɯ^{21} su^{13}
世间的人，

mi^{33} ɣo^{13} ŋɛ^{33} dɛ^{33} tsɛ^{13}
在南边打铜，

tɕʻo^{33} hɛ^{33} mu^{33} ʑɯ^{33} tɕo^{55}
动听的声音传上天。

mi^{33} kʻɛ^{33} mɛ^{33} ɣa^{13} dzu^{21}
在北边织绸，

ʑi^{55} ndzu^{33} mu^{33} ʑɯ^{33} ʈu^{55}
生辉的绸影映上天。

nɯ^{55} ʑɯ^{33} ȵɪ^{33} ɬo^{13} hɪ^{21}
中部的弄恒，

ȵy^{33} a^{33} ho^{21} tɕʻɯ^{21} tsʻo^{13}
修牛羊圈栏，

mu^{33} a^{33} ba^{33} bu^{21} ɬo^{13}
牧成群的马，

pʻu^{55} ʑɯ^{33} mo^{21} ʑɪ^{33} zɯ^{33}
得天地照顾，

hɛ^{33} ne^{33} tʻy^{21} lɪ^{21} ndy^{55}
善良的心胸中装，

hu^{21}dʑɪ^{21}tʻy^{21}lɪ^{21}nu^{33}dʑa^{33}dɪ^{13}
凡事都有请示。

ŋa^{33} na^{33} vu^{55} mɛ^{33} tsʻɛ^{13}
玄鸟乌默采，

ɣo^{21}bu^{33}ɳɪ^{55}nu^{33}fi^{13}lɪ^{21}vi^{21}
把所见所闻，

tsʻɯ^{21}dʑy^{33}ndzu^{33}ʑɯ^{33}dzo^{33}
禀告策举祖，

dʑy^{33} ndzu^{33} tʻy^{21} ho^{33} dʑy^{21}
举祖满意了，

dʑy^{21} ŋɯ^{33} mo^{21}
高兴了，

tʂɛ^{55} lu^{33} tʂɛ^{55} lu^{21}
要头绪有头绪，

hɪ^{21} k‘o^{13} hɪ^{21} k‘o^{13} mu^{33}
要根本有根本，

tʂɛ^{55} k‘ɯ^{21} tʂɛ^{55} tɕy^{33} bu^{33}
所有有条理的根本，

hɪ^{21} hɛ^{33} hɪ^{21} hɪ^{13} tso^{21}
所有能发展的根本，

tɕ‘o^{13} p‘i^{33} ɳo^{21} ʑɯ^{33} ʈ‘o^{21}
都赐给六祖，

dʑy^{33} ndzu^{33} tsɿ^{13} su^{13} ʂʅ^{33}
举祖优待手下人，

hu^{21} lu^{33} dʑy^{33} nɯ^{21} tʂ‘u^{13}
大山般的物产，

p‘a^{13} sɯ^{55} tsɯ^{13} ʑɯ^{33} tɪ^{13}
叶子一样的做出，

vu^{55} ma^{21} se^{13} ʑi^{21} ndo^{33}
飞鸟不渴得水饮，

ho^{21} gɛ^{21} dʑy^{33} ve^{33} lu^{21}
白羊像山花一样，

ɳɹ^{55} ma^{21} he^{13} dzu^{21} tʂu^{33}
走兽不饥而得食，

t‘y^{21}ɳɹ^{33}ts^{13}su^{13}tsɿ^{13}du^{55}vi^{21}
这是手下人从命，

tsɿ^{13} sɛ^{21} lo^{33} ma^{21} tɕɪ^{33}
主人虽未过问，

lɯ^{55} ʑɯ^{33} ʑɪ^{33} ŋɯ^{33} vi^{21}
却办得满意。

k‘ɯ^{33} ɬu^{13} k‘ɯ^{33} ɣɯ^{33}
造谣生事，

mu^{21} ma^{33} sɿ^{55} ŋɯ^{33} vi^{21}
是不应该的啊，

fi^{55} xɯ^{21} fu^{33} a^{33} fu^{33} ɳɹ^{33}
东部侯家父阿荷，

mu^{33}tɕ‘y^{55}ts‘e^{33}zu^{33}dɯ^{55}ɳɹ^{33}lu^{33}
是斤斤计较的人。

ku^{33} k‘ɯ^{33} gɯ^{55} ʑɯ^{33}
古口勾家，

pu^{13} to^{33} no^{13} du^{55} lɪ^{33}
闻其恶名，

su^{21} dʐɯ^{33} ly^{21} ŋɯ^{33} vi^{21}
是贪别人财物，

mu^{33}tɕ‘y^{55}ts‘e^{13}zu^{33}bo^{21}dʑo^{33}dʑo^{33}
斤斤计较之辈，

ʂʅ^{33} la^{13} dɪ^{13}
把柄被抓住。

ɬo^{13} ʑɯ^{33} bi^{21} tɕʻi^{33} a^{33} ɳɹ^{55}
西部的毕启阿尼[45]，

su^{21} dzu^{21} ly^{21} ŋɯ^{33} vi^{21}
贪人家的粮，

ʑo^{21}ɳɹ^{33}tɛ^{13}ɣo^{21}ɬi^{33}pʻu^{55}tʂʻʅ^{21}
说他只有四块田，

mu^{33} nɯ^{33} lɪ^{33} tʂʻʅ^{21} lɛ^{21}
种了不够吃，

ʑo^{21} ʑɯ^{33} tɕʻi^{13} ʈʻu^{13} ndo^{21}
还打着赤脚，

ʑo^{21} tɕʻi^{33} ʈʻu^{13} dzu^{21} sɯ^{55}
狗食样的饭，

ɣo^{21} dzu^{33} dzu^{33} ma^{21} sɛ^{55}
还不知能不能吃到。

tʻy^{21}ɳɹ^{33}a^{21}ɣo^{21}tʂɯ^{55}ndʑ^{33}lɪ^{21}dʑo^{33}
阿俄周德听说后[46]，

ɕi^{55} ho^{21} zu^{33} kʻa^{33}
带七位武士，

ɕi^{55} tsʻɯ^{21} dzɛ^{33} ŋgo^{21} ɕɛ^{55}
领七十兵马，

ʑo^{21} to^{21} lɯ^{55} hu^{21} sɯ^{13}
出动兵马，

xɛ^{21} dʑɪ^{13} da^{13} dʑɪ^{21}
动了刀兵，

fi^{55}xɯ^{21}fu^{13}a^{33}fu^{33}lo^{33}za^{13}
攻打东部侯家，

ʔu^{33} kʻe^{33} la^{13} tʻo^{33} mu^{33}
父阿苻身首异处。

fi^{55} xɯ^{21} ɬo^{13} xɯ^{21}
东西两部侯，

se^{13} tʂʻa^{33} ɳɹ^{33} ma^{21} tʂʅ^{21}
不明受攻打的原因，

tɕʻi^{33} ʈʻu^{21} ndu^{21}
像追着狗打，

ɣɯ^{21} mu^{33} la^{33} ʑɯ^{33} tʂʻɛ^{55}
为造谣者所害，

ne^{33}ʑɯ^{33}ɣɯ^{21}va^{33}ze^{33}tu^{33}vi^{21}
还忍气吞声，

tʻy^{21}ɳɹ^{33}kʻɯ^{33}ɬu^{13}kʻɯ^{33}ɣɯ^{21}mu^{33}
这是造谣生事，

lɯ^{55} ʑɯ^{33} ʑy^{33} ŋɯ^{33} vi^{21}
造成的恶果啊！

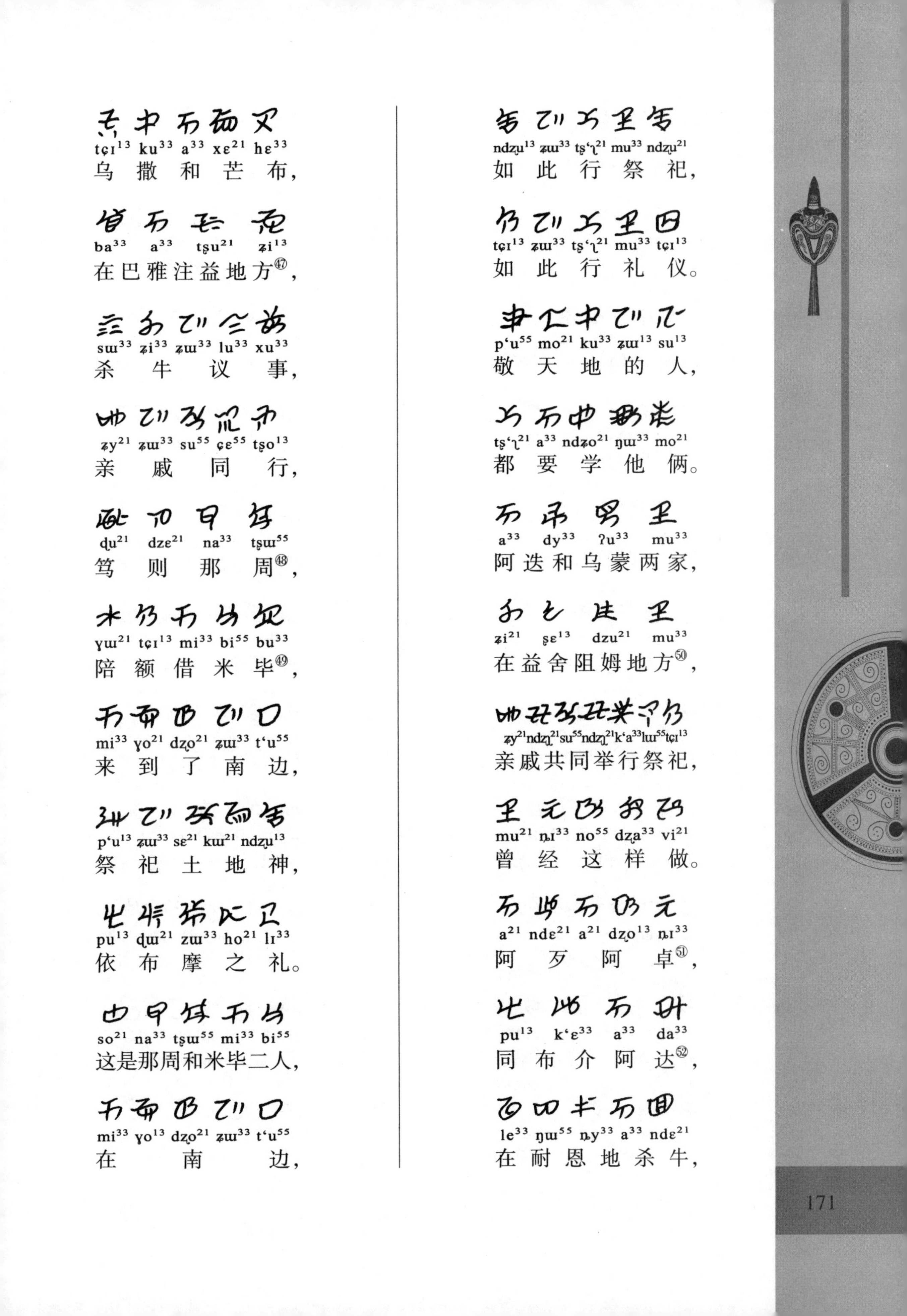

tɕɪ^{13} ku^{33} a^{33} xɛ^{21} hɛ^{33}
乌 撒 和 芒 布，

ba^{33} a^{33} tʂu^{21} ʑi^{13}
在巴雅注益地方[47]，

sɯ^{33} ʑi^{33} ʑɯ^{33} lu^{33} xu^{33}
杀 牛 议 事，

ʑy^{21} ʑɯ^{33} su^{55} ɕɛ^{55} tʂo^{13}
亲 戚 同 行，

ɖu^{21} dzɛ^{21} na^{33} tʂɯ^{55}
笃 则 那 周[48]，

ɣɯ^{21} tɕɪ^{13} mi^{33} bi^{55} bu^{33}
陪 额 借 米 毕[49]，

mi^{33} ɣo^{21} dʐo^{21} ʑɯ^{33} t‘u^{55}
来 到 了 南 边，

p‘u^{13} ʑɯ^{33} sɛ^{21} kɯ^{21} ndʐu^{13}
祭 祀 土 地 神，

pu^{13} ɖɯ^{21} zɯ^{33} ho^{21} lɪ^{33}
依 布 摩 之 礼。

so^{21} na^{33} tʂɯ^{55} mi^{33} bi^{55}
这是那周和米毕二人，

mi^{33} ɣo^{13} dʐo^{21} ʑɯ^{33} t‘u^{55}
在 南 边，

ndʐu^{13} ʑɯ^{33} tʂ‘ʅ^{21} mu^{33} ndʐu^{21}
如 此 行 祭 祀，

tɕɪ^{13} ʑɯ^{33} tʂ‘ʅ^{21} mu^{33} tɕɪ^{13}
如 此 行 礼 仪。

p‘u^{55} mo^{21} ku^{33} ʑɯ^{13} su^{13}
敬 天 地 的 人，

tʂ‘ʅ^{21} a^{33} ndʑo^{21} ŋɯ^{33} mo^{21}
都 要 学 他 俩。

a^{33} dy^{33} ʔu^{33} mu^{33}
阿迭和乌蒙两家，

ʑi^{21} ʂɛ^{13} dzu^{21} mu^{33}
在益舍阻姆地方[50]，

ʑy^{21}ndʐʅ^{21}su^{55}ndʐʅ^{21}k‘a^{33}lɯ^{55}tɕɪ^{13}
亲戚共同举行祭祀，

mu^{21} ɳɪ^{33} no^{55} dʐa^{33} vi^{21}
曾 经 这 样 做。

a^{21} ndɛ^{21} a^{21} dʐo^{13} ɳɪ^{33}
阿 歹 阿 卓[51]，

pu^{13} k‘ɛ^{33} a^{33} da^{33}
同 布 介 阿 达[52]，

le^{33} ŋɯ^{55} ɳy^{33} a^{33} ndɛ^{21}
在耐恩地杀牛，

pu^{13}sɯ^{33}ndzʅ^{21}vu^{33}k‘ɯ^{33}lɯ^{55}tɕɪ^{13}dɪ^{13}vi^{21}
依布摩结盟祭祀。

mi^{33}ɣo^{13}pu^{13}tɕ‘y^{55}pu^{13}ndzʅɯ^{55}ts‘o^{13}
在南边请庸贤布摩，

ly^{21} ho^{21} k‘u^{33} ʑɯ^{33} ndzʅ^{33}
为 祈 雨 祭 祀，

bu^{33}ʈ‘u^{13}ȵɹ^{55}na^{33}t‘a^{21}dzɯ^{21}tu^{33}
用白羊黑猪各一，

ts‘o^{13} lo^{33} dɪ^{33} no^{33} ts‘o^{13}
该 天 晴 时 晴，

ho^{13} lo^{33} dɪ^{33} no^{33} ho^{21}
该 下 雨 时 下，

t‘y^{21}ȵɹ^{33}k‘ɯ^{33}p‘i^{33}vu^{55}ndʑɛ^{21}
如 此 祈 求 道，

sɯ^{21} ʑɯ^{33} dʑa^{33} ŋɯ^{33} vi^{21}
像 这 样 做 了，

k‘ɯ^{21} ts‘ʅ^{33} ŋɛ^{33} du^{33}
祈 求 过 后，

a^{33} da^{33} dɯ^{21} ts‘u^{33}
阿 达 德 初，

t‘a^{21} ʑi^{55} ȵɹ^{13} tɕɪ^{13} ndʑɯ^{55}
清 理 一 遍 宗 谱，

t‘a^{21} a^{33} ʈ‘u^{13} go^{33} ʑɯ^{33} vi^{21}
又用白鸡花羊各一，

ɕi^{55} ts‘ɯ^{21} ŋga^{13} ȵɹ^{13} t‘ɯ^{55}
诵 所 有 宗 谱，

bu^{33} la^{13} t‘a^{21} p‘a^{33} vi^{21}
用 一 只 羊 腿，

ɕi^{55}ts‘ɯ^{21}vu^{33}t‘u^{55}t‘a^{21}du^{21}a^{33}
所有神位设成一排，

tsy^{13} ȵɹ^{13} ʑɯ^{33} t‘a^{21} da^{33} ɬo^{33}
列祖列宗一并祭祀。

ʂɛ^{13} lu^{33} tʂɛ^{55} ndzʅ^{21} ndzʅ^{21}
肥 壮 的 大 牛，

bu^{55} ga^{13} dzu^{33} sɯ^{55} k‘ɛ^{55}
像山羊一样拴着，

ɕi^{55} ts‘ɯ^{21} ndzu^{33} ʑɯ^{33} mu^{55}
众 多 的 君 臣，

ndu^{21} t‘a^{21} gu^{21} ʑɯ^{33} dzy^{21}
集 中 在 一 宫，

su^{21} ȵɹ^{33} ȵy^{33} p‘ɛ^{33}
用 牛 作 占 卜，

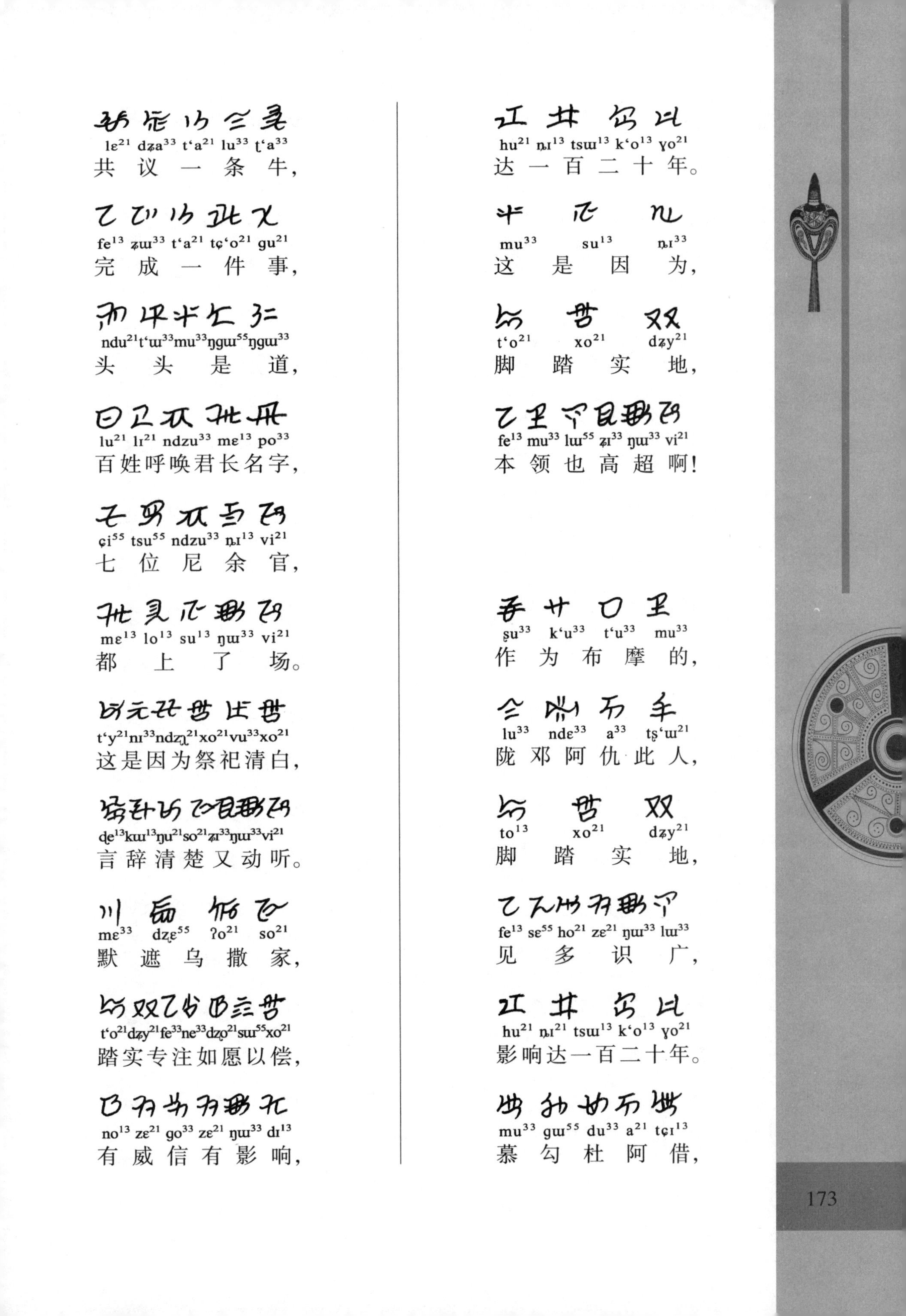

lε^{21} dʑa^{33} t'a^{21} lu^{33} ȶ'a^{33}
共议一条牛，

fe^{13} ʑɯ^{33} t'a^{21} tɕ'o^{21} gu^{21}
完成一件事，

ndu^{21}t'ɯ^{33}mu^{33}ŋgɯ^{55}ŋgɯ^{33}
头头是道，

lu^{21} lɪ^{21} ndzu^{33} mε^{13} po^{33}
百姓呼唤君长名字，

ɕi^{55} tsu^{55} ndzu^{33} ȵɪ^{13} vi^{21}
七位尼余官，

mε^{13} lo^{13} su^{13} ŋɯ^{33} vi^{21}
都上了场。

t'y^{21}nɪ^{33}ndʐʅ^{21}xo^{21}vu^{33}xo^{21}
这是因为祭祀清白，

ɖe^{13}kɯ^{13}ŋu^{21}so^{21}ʑɪ^{33}ŋɯ^{33}vi^{21}
言辞清楚又动听。

mε^{33} dʐε^{55} ʔo^{21} so^{21}
默遮乌撒家，

t'o^{21}dʑy^{21}fe^{33}ne^{33}dʐo^{21}sɯ^{55}xo^{21}
踏实专注如愿以偿，

no^{13} zε^{21} go^{33} zε^{21} ŋɯ^{33} dɪ^{13}
有威信有影响，

hu^{21} ȵɪ^{13} tsɯ^{13} k'o^{13} ɣo^{21}
达一百二十年。

mu^{33} su^{13} ȵɪ^{33}
这是因为，

t'o^{21} xo^{21} dʑy^{21}
脚踏实地，

fe^{13} mu^{33} lɯ^{55} ʑɪ^{33} ŋɯ^{33} vi^{21}
本领也高超啊！

ʂu^{33} k'u^{33} t'u^{33} mu^{33}
作为布摩的，

lu^{33} ndε^{33} a^{33} tʂ'ɯ^{21}
陇邓阿仇此人，

to^{13} xo^{21} dʑy^{21}
脚踏实地，

fe^{13} sε^{55} ho^{21} zε^{21} ŋɯ^{33} lɯ^{33}
见多识广，

hu^{21} ȵɪ^{21} tsɯ^{13} k'o^{13} ɣo^{21}
影响达一百二十年。

mu^{33} gɯ^{55} du^{33} a^{21} tɕɪ^{13}
慕勾杜阿借，

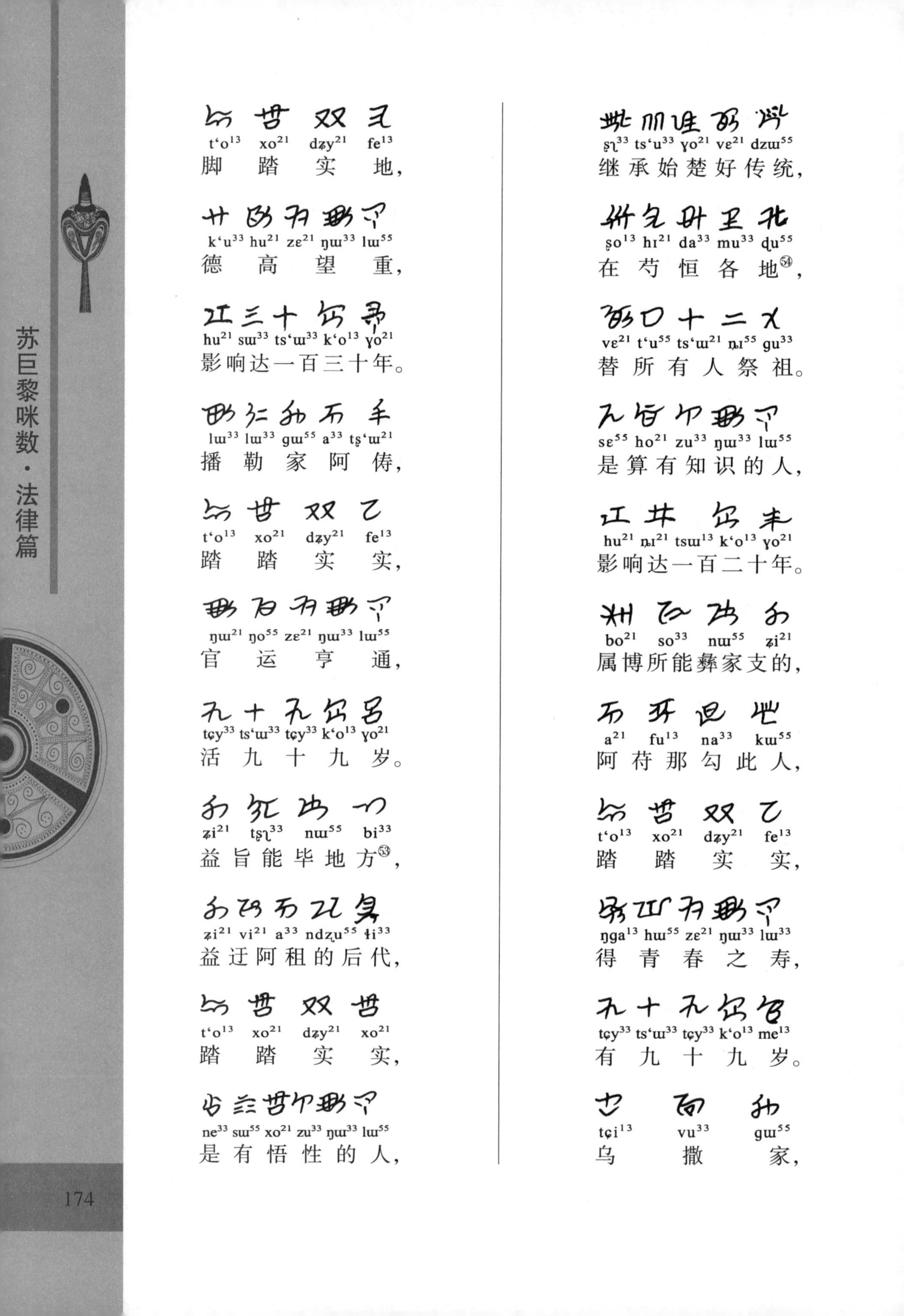

t‘o^{13} xo^{21} dʑy^{21} fe^{13}
脚踏实地，

k‘u^{33} hu^{21} zɛ^{21} ŋɯ^{33} lɯ^{55}
德高望重，

hu^{21} sɯ^{33} ts‘ɯ^{33} k‘o^{13} ɣo^{21}
影响达一百三十年。

lɯ^{33} lɯ^{33} gɯ^{55} a^{33} tʂ‘ɯ^{21}
播勒家阿俦，

t‘o^{13} xo^{21} dʑy^{21} fe^{13}
踏踏实实，

ŋɯ^{21} ŋo^{55} zɛ^{21} ŋɯ^{33} lɯ^{55}
官运亨通，

tɕy^{33} ts‘ɯ^{33} tɕy^{33} k‘o^{13} ɣo^{21}
活九十九岁。

ʑi^{21} tʂʅ^{33} nɯ^{55} bi^{33}
益旨能毕地方[53]，

ʑi^{21} vi^{21} a^{33} ndʐu^{55} ɬi^{33}
益迂阿租的后代，

t‘o^{13} xo^{21} dʑy^{21} xo^{21}
踏踏实实，

ne^{33} sɯ^{55} xo^{21} zu^{33} ŋɯ^{33} lɯ^{55}
是有悟性的人，

ʂʅ^{33} ts‘u^{33} ɣo^{21} vɛ^{21} dzɯ^{55}
继承始楚好传统，

ʂo^{13} hɪ^{21} da^{33} mu^{33} ɖu^{55}
在芍恒各地[54]，

vɛ^{21} t‘u^{55} ts‘ɯ^{21} ȵɪ^{55} gu^{33}
替所有人祭祖。

sɛ^{55} ho^{21} zu^{33} ŋɯ^{33} lɯ^{55}
是算有知识的人，

hu^{21} ȵɪ^{21} tsɯ^{13} k‘o^{13} ɣo^{21}
影响达一百二十年。

bo^{21} so^{33} nɯ^{55} ʑi^{21}
属博所能彝家支的，

a^{21} fu^{13} na^{33} kɯ^{55}
阿苻那勾此人，

t‘o^{13} xo^{21} dʑy^{21} fe^{13}
踏踏实实，

ŋga^{13} hɯ^{55} zɛ^{21} ŋɯ^{33} lɯ^{33}
得青春之寿，

tɕy^{33} ts‘ɯ^{33} tɕy^{33} k‘o^{13} me^{13}
有九十九岁。

tɕi^{13} vu^{33} gɯ^{55}
乌撒家，

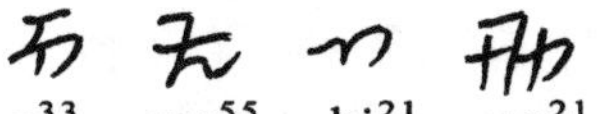

a^{33} ʂɯ^{55} bi^{21} ʐo^{21}

阿 收 毕 育 此 人，

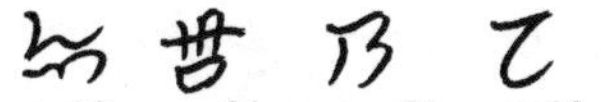

t'o^{13} xo^{21} dʑy^{21} fe^{13}

踏 踏 实 实，

ŋɯ^{21} ŋo^{55} zɛ^{21} lɯ^{33} lɯ^{55}

官 运 亨 通，

tɕy^{33} ts'ɯ^{33} tɕy^{33} k'o^{13} ɣo^{21}

得 九 十 九 岁。

t'u^{33} lu^{33} da^{33} ɬo^{33}

堂 琅 打 弄 地 方，

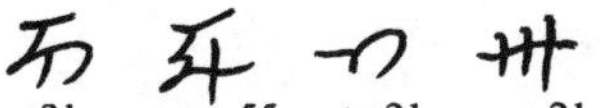

a^{21} ŋgɯ^{55} bi^{21} ȵy^{21}

阿 格 毕 尼，

t'o^{13} xo^{21} dʑy^{21} fe^{13}

脚 踏 实 地，

fe^{13} ne^{33} dʐo^{21} sɯ^{55} xo^{21}

如 愿 以 偿，

ȵɪ^{13} mu^{21} ku^{33} ʑɯ^{33} to^{33}

祭 祖 有 高 招，

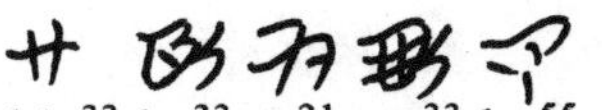

k'u^{33} hu^{33} zɛ^{21} ŋɯ^{33} lɯ^{55}

德 高 望 重，

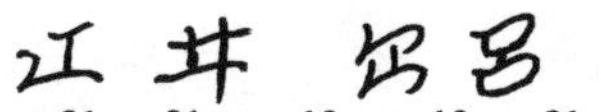

hu^{21} ȵɪ^{21} tsɯ^{13} k'o^{13} ɣo^{21}

影响达一百二十年。

ʔu^{33} mo^{21} ʐo^{33} t'u^{33}

高 人 一 等，

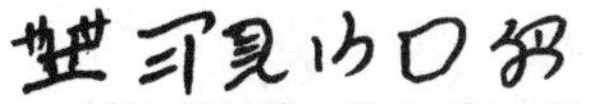

tʂ'ɯ^{55}fa^{13}lo^{33}t'a^{21}t'u^{55}dʐa^{33}

在于一时的机遇，

sɛ^{55} ho^{21} lɪ^{33}

有 知 识 者，

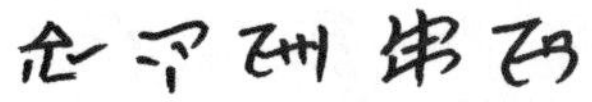

ndy^{55} lɯ^{33} mba^{33} ȵo^{33} vi^{21}

思 考 后 说 话 妙。

ȵɪ^{13} du^{55} zu^{33}

有 教 养 的 人，

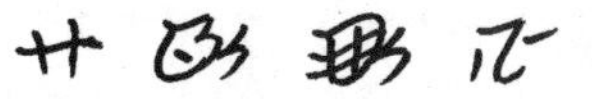

k'u^{33} hu^{33} ŋɯ^{33} su^{13}

是 有 威 望 的。

dɯ^{13} t'u^{55} ʐo^{33} t'u^{55} ȵɪ^{33}

生 的 时 辰 好，

k'o^{13} hu^{21} hɛ^{33} lɪ^{21} to^{33}

逢 好 年 好 月，

ku^{33} hu^{33} hɛ^{33}

机 遇 好，

dʑi^{21} lu^{21} ȵo^{33} vi^{21} dɪ^{13}

命 运 是 上 等。

kɛ^{55} fu^{33} ne^{33} ɣɯ^{21} ŋɯ^{33} su^{13}

富 贵 如 愿 的 人，

ʑo^{33} kʻo^{13} ʑo^{13} hu^{21}
出　生　年　月　好，

ʑo^{21} ȵɪ^{21} ʑo^{33} ha^{33}
逢　着　好　日　子，

ʑo^{33} tʻu^{55} ȵɪ^{21} lɯ^{33}
逢　着　好　时　辰，

ŋgu^{33} ŋu^{33} vi^{21}
样　样　占　全。

zɛ^{21} dʑo^{21} ȵɪ^{33} ʂɛ^{13}
寿　命　长　短，

ȵɪ^{13} lɯ^{55} ŋgu^{21} ŋu^{33} vi^{21}
样　样　都　要　看。

ndzu^{33} zu^{33} mu^{55} zu^{33}
为　君　为　臣，

ndzɯ^{21} dɪ^{13} ʑi^{21}
先　议　后　行，

dɪ^{13} su^{13} ŋgɯ^{55} vi^{21} dɪ^{13}
方　为　上　等　人。

ɣɯ^{21} kʻu^{33} pʻɛ^{21} mɛ^{33} lɪ^{33}
额　苦　迫　默，

a^{21} he^{55} ndʑo^{55} do^{33} lɪ^{33} ɕɛ^{55}
领　着　阿　恒　纠　朵，

mu^{55}kʻɯ^{33}ma^{21}tʂʻo^{21}du^{33}lo^{33}ʂu^{13}
避　开　慕　魁　臣　子，

bu^{55}hu^{21}mu^{33}dzu^{33}do^{33}dʐo^{21}lu^{33}
住　到　布　洪　阻　姆[55]。

a^{21} kʻu^{33} lu^{33} zu^{33} ȵɪ^{33}
阿　苦　鲁　汝，

ɕy^{33}tʻe^{33}kʻɯ^{33}ʑɯ^{33}kʻɯ^{21}lɪ^{21}lu^{33}
进　毡　帐　中　来，

a^{21} he^{33} ȵdʑo^{55} do^{33} ȵɪ^{33}
看　阿　恒　纠　朵。

ndzu^{33} mu^{55} pʻɛ^{21} mɛ^{33}
君　长　迫　默　说：

ʑi^{13} ma^{21} ŋɯ^{21} ʑɯ^{33} sɿ^{33}
“睡　得　安　稳　吧？”

a^{21} kʻu^{33} lu^{33} zu^{33} ȵɪ^{33}
阿　苦　鲁　汝，

tʻy^{21} a^{33} ʑo^{21} mba^{33} lɯ^{33}
开　口　就　说　道：

kʻe^{33} mu^{33} se^{21} mu^{33} tso^{33}
“昼　与　夜　相　连，

tʻa^{21} tɕʻy^{55} tɕʻy^{33}
一　团　漆　黑　出　现，

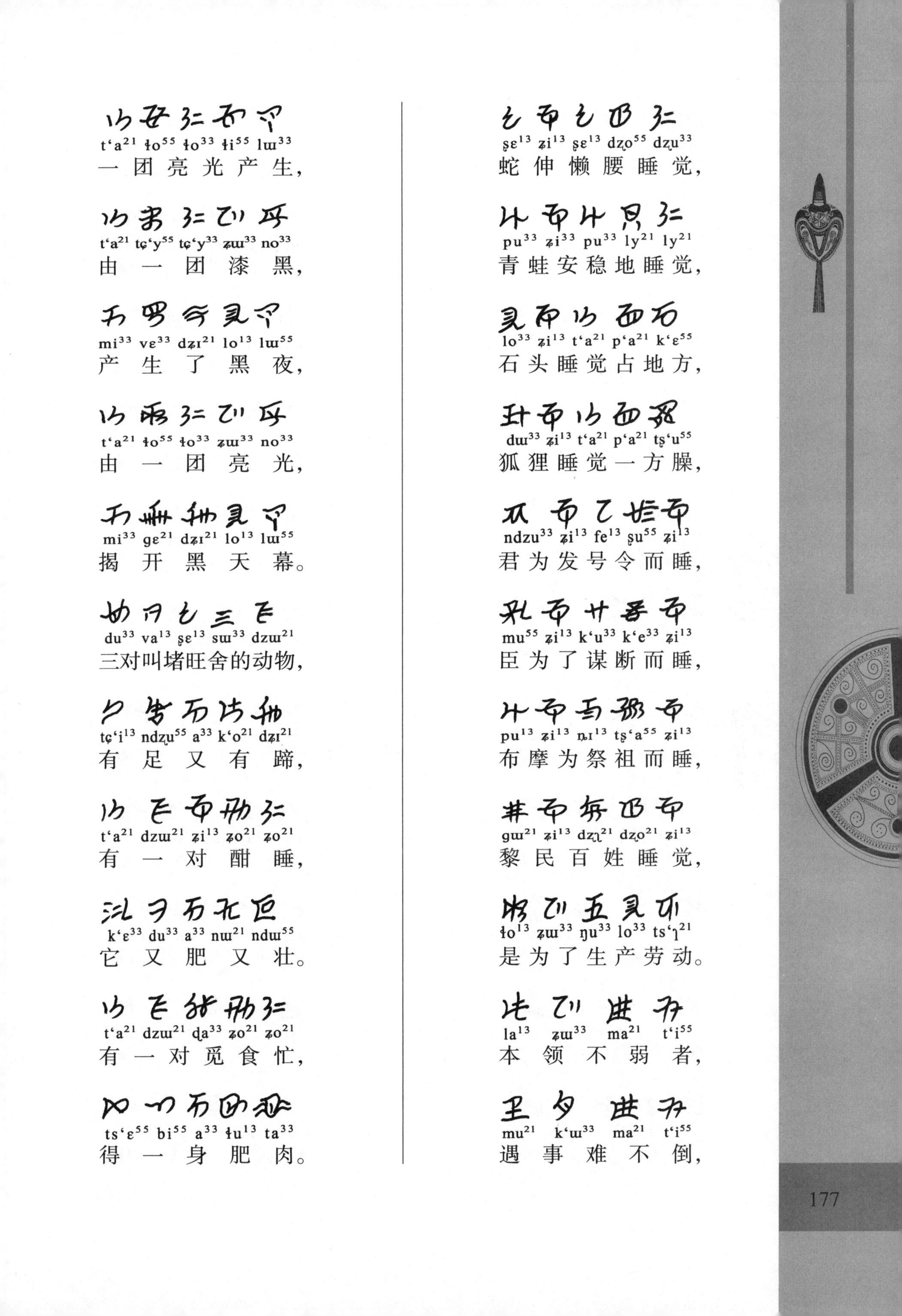

t‘a^{21} ɬo^{55} ɬo^{33} ɬi^{55} lɯ^{33}
一团亮光产生，

t‘a^{21} tɕ‘y^{55} tɕ‘y^{33} ʑɯ^{33} no^{33}
由一团漆黑，

mi^{33} vɛ^{33} dʑɪ^{21} lo^{13} lɯ^{55}
产生了黑夜，

t‘a^{21} ɬo^{55} ɬo^{33} ʑɯ^{33} no^{33}
由一团亮光，

mi^{33} gɛ^{21} dʑɪ^{21} lo^{13} lɯ^{55}
揭开黑天幕。

du^{33} va^{13} ʂɛ^{13} sɯ^{33} dzɯ^{21}
三对叫堵旺舍的动物，

tɕ‘i^{13} ndʐu^{55} a^{33} k‘o^{21} dʑɪ^{21}
有足又有蹄，

t‘a^{21} dzɯ^{21} ʑi^{13} ʑo^{21} ʑo^{21}
有一对酣睡，

k‘ɛ^{33} du^{33} a^{33} nɯ^{21} ndɯ^{55}
它又肥又壮。

t‘a^{21} dzɯ^{21} ɖa^{33} ʑo^{21} ʑo^{21}
有一对觅食忙，

ts‘ɛ^{55} bi^{55} a^{33} ɬu^{13} ta^{33}
得一身肥肉。

ʂɛ^{13} ʑi^{13} ʂɛ^{13} dʐo^{55} dʐu^{33}
蛇伸懒腰睡觉，

pu^{33} ʑi^{33} pu^{33} ly^{21} ly^{21}
青蛙安稳地睡觉，

lo^{33} ʑi^{13} t‘a^{21} p‘a^{21} k‘ɛ^{55}
石头睡觉占地方，

dɯ^{33} ʑi^{13} t‘a^{21} p‘a^{21} tʂ‘u^{55}
狐狸睡觉一方臊，

ndzu^{33} ʑi^{13} fe^{13} ʂu^{55} ʑi^{13}
君为发号令而睡，

mu^{55} ʑi^{13} k‘u^{33} k‘e^{33} ʑi^{13}
臣为了谋断而睡，

pu^{13} ʑi^{13} ȵɪ^{13} tʂ‘a^{55} ʑi^{13}
布摩为祭祖而睡，

gɯ^{21} ʑi^{13} dʐʅ^{21} dʐo^{21} ʑi^{13}
黎民百姓睡觉，

ɬo^{13} ʑɯ^{33} ŋu^{33} lo^{33} ts‘ʅ^{21}
是为了生产劳动。

la^{13} ʑɯ^{33} ma^{21} t‘i^{55}
本领不弱者，

mu^{21} k‘ɯ^{33} ma^{21} t‘i^{55}
遇事难不倒，

dzu^{33} ʑi^{13} tɕ'y^{33} ŋɯ^{33} vi^{21}
吃睡各有作用啊!”

sɯ^{21} ʑɯ^{33} ʂɛ^{13} ȵo^{21} vi^{21}
“有三类事以早为妙，

nɯ^{13}tʂɛ^{55}ʂu^{55}ʈ'o^{21}ʂɛ^{13}ȵo^{21}vi^{21}
嫁女与播种以早为好。

sɯ^{21} ʑɯ^{33} ʂɛ^{13} ȵo^{33} vi^{21}
三件事以早为妙，

ȵɪ^{13} mu^{21} ʂɛ^{13}
早祭祖，

tɕ'i^{55} k'ɯ^{21} ʂɛ^{13}
早结婚，

zu^{33} ʑo^{33} ʂɛ^{13} ȵo^{33} vi^{21}
早生子。

dɯ^{21} dɛ^{33} p'u^{21} ɣo^{13}
在德歹濮卧地方，

mu^{55} kɯ^{33} lɪ^{33}
有慕魁臣子，

tʂ'ɯ^{55} ʑɯ^{33} a^{21} t'a^{33} ŋɯ^{33}
叫支友阿踏，

ʈ'u^{55} ʑɯ^{33} pu^{33} su^{13} ȵɪ^{33}
虽常带和蔼面容，

nu^{33} ʑɯ^{33} ndɯ^{33} su^{13} nu^{33}
办的事情多，

zɯ^{33} ȵɪ^{13} tse^{13} ma^{13} ka^{13}
却不理宗谱。

ny^{33} a^{33} ho^{21} tɕo^{55} no^{21}
有成群牛羊，

bu^{33} ɣɯ^{21} fu^{33} ma^{21} no^{33}
却舍不得杀。

de^{13} ʑɯ^{33} va^{13} tɕo^{55} no^{21}
有成群猪羊，

ȵɪ^{13} a^{33} fe^{33} k'ɯ^{33} ndʑɯ^{55}
祭祖时却吝啬。

ndzu^{33}lu^{21}ndzɯ^{21}ma^{21}dzu^{21}
君长与百姓分心，

ʑɛ^{33} ȵɪ^{13} k'u^{33} ma^{21} tʂ'o^{21}
长幼无秩序。

mu^{21} su^{13} ȵɪ^{33}
有道是：

mɛ^{33} p'a^{33} dʐu^{21} t'a^{21} ȵɪ^{21}
不亲近奴仆，

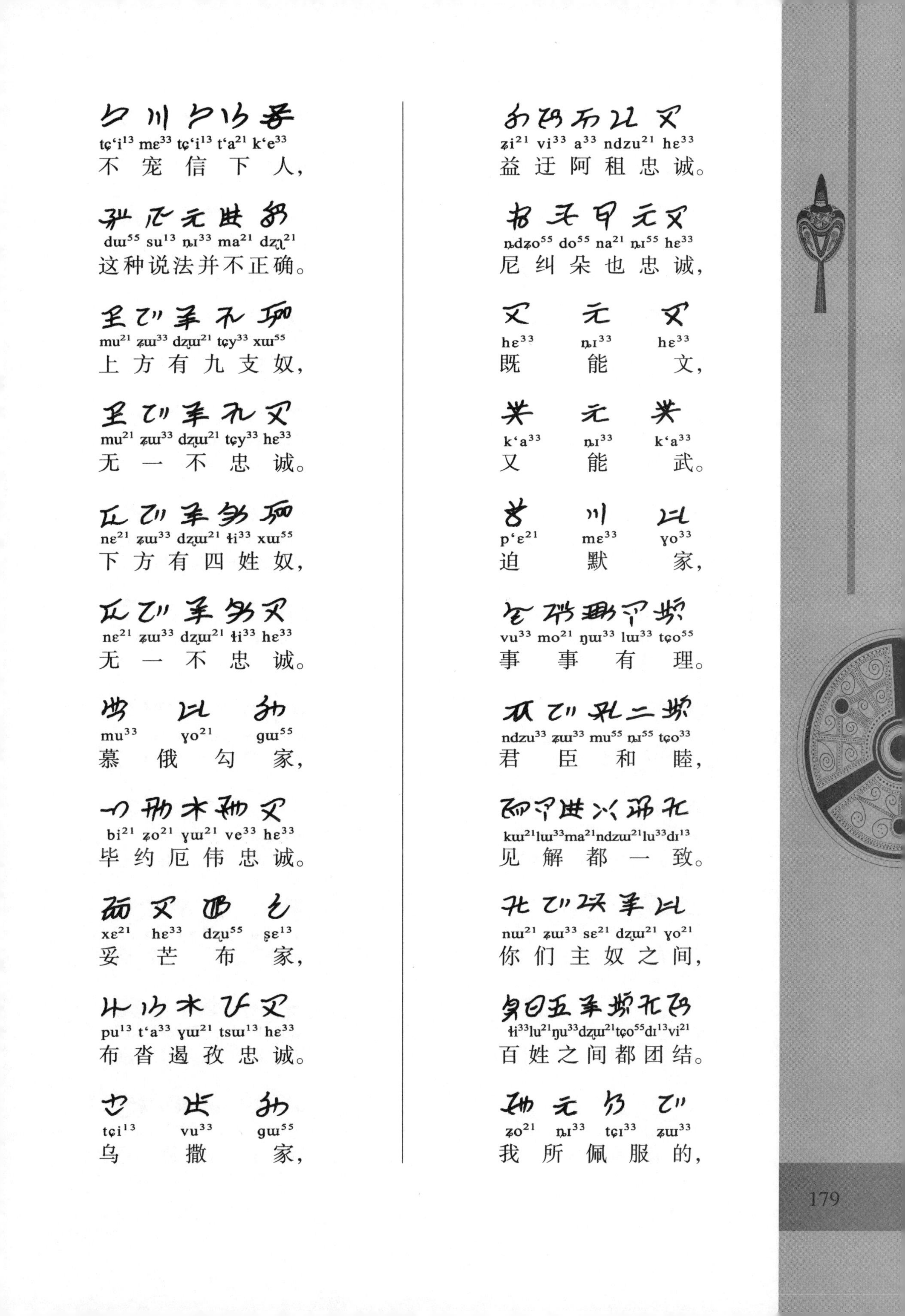

tɕʻi^{13} mɛ^{33} tɕʻi^{13} tʻa^{21} kʻe^{33}
不 宠 信 下 人，

dɯ^{55} su^{13} ȵɪ^{33} ma^{21} dʐʅ^{21}
这种说法并不正确。

mu^{21} ʑɯ^{33} dʐɯ^{21} tɕy^{33} xɯ^{55}
上 方 有 九 支 奴，

mu^{21} ʑɯ^{33} dʐɯ^{21} tɕy^{33} hɛ^{33}
无 一 不 忠 诚。

nɛ^{21} ʑɯ^{33} dʐɯ^{21} ɬi^{33} xɯ^{55}
下 方 有 四 姓 奴，

nɛ^{21} ʑɯ^{33} dʐɯ^{21} ɬi^{33} hɛ^{33}
无 一 不 忠 诚。

mu^{33} ɣo^{21} gɯ^{55}
慕 俄 勾 家，

bi^{21} ʑo^{21} ɣɯ^{21} ve^{33} hɛ^{33}
毕 约 厄 伟 忠 诚。

xɛ^{21} hɛ^{33} dʐu^{55} ʂɛ^{13}
妥 芒 布 家，

pu^{13} tʻa^{33} ɣɯ^{21} tsɯ^{13} hɛ^{33}
布 沓 遏 孜 忠 诚。

tɕi^{13} vu^{33} gɯ^{55}
乌 撒 家，

ʑi^{21} vi^{33} a^{33} ndzu^{21} hɛ^{33}
益 迂 阿 租 忠 诚。

ȵdʑo^{55} do^{55} na^{21} ȵɪ^{55} hɛ^{33}
尼 纠 朵 也 忠 诚，

hɛ^{33} ȵɪ^{33} hɛ^{33}
既 能 文，

kʻa^{33} ȵɪ^{33} kʻa^{33}
又 能 武。

pʻɛ^{21} mɛ^{33} ɣo^{33}
迫 默 家，

vu^{33} mo^{21} ŋɯ^{33} lɯ^{33} tɕo^{55}
事 事 有 理。

ndzu^{33} ʑɯ^{33} mu^{55} ȵɪ^{55} tɕo^{33}
君 臣 和 睦，

kɯ^{21}lɯ^{33}ma^{21}ndzɯ^{21}lu^{33}dɪ^{13}
见 解 都 一 致。

nɯ^{21} ʑɯ^{33} sɛ^{21} dʐɯ^{21} ɣo^{21}
你 们 主 奴 之 间，

ɬi^{33}lu^{21}ŋu^{33}dʐɯ^{21}tɕo^{55}dɪ^{13}vi^{21}
百 姓 之 间 都 团 结。

ʑo^{21} ȵɪ^{33} tɕɪ^{33} ʑɯ^{33}
我 所 佩 服 的，

mo13 bu33 a21 xɯ55 dʐɯ21
还有芒布的臣仆阿侯。

t'a21 ʑɯ33 bi21 bɛ55 lɛ33 ɣo55
还有毕播勒家，

fu13 a33 vi21 ʑɯ33 tɕo55
也上下齐心，

tsʅ13 dʐo33 a33 sʅ33 ŋɯ33 lu33
手下人可靠。

ɛ21 hɛ21 ʔe21 ȵɪ21 no33
当今之际，

p'ɛ21 mɛ33 ȵɪ21 ɣo33
迫默您啊，

fu13 a33 vi21 ȵɪ55 tɕo55
上下都齐心，

su21dzɛ33na33gɯ21gɯ21ŋɯ33vi21
人马黑压压一片，

mo21 ŋɯ33 lɯ55 ma21 ndzɯ21
为啥不商议，

ma21 ʑi13 lu21
有啥不公平？

ku33 ʑɯ33 ŋɯ33 lu33 lɪ33
若有孤独感，

ŋu21a33so21p'u21pu13a33vu55
请能言的朴布阿乌，

p'u21tʂ'o55ʈu55ho21ʑɯ33lu33xu33
开诚布公把牛杀，

ɬi33 lu21 ʑɯ33 su33 vɛ55
待民如待客，

mo21 ɣo13 ʑɯ33 zu33 ʂʅ33
犹如母待子，

pu13 vu33 mɛ13 ndʐu55
使之招之即来，

dzu33 ȵdʑi33 ko33 ʑɯ33 sɯ33
唯命是从。

p'ɛ21mɛ33na33k'ɯ33lɪ33su13ŋɯ33vi21
这是你迫默的优势，

mu21ŋɯ33ʑi13to55ɖɛ21lu33dɪ13
为啥醒得迟？”

a33 k'u33 lu33 zu33 mba33
阿苦鲁汝一席话，

ɣɯ21 k'u33 p'ɛ21 mɛ33 lo13
让额苦迫默，

ɖu21 lɯ55 ȵɪ33 ŋɯ33 mo21
听了很满意。

çy^{33} ṭ'u^{13} lɯ^{55} ʑɯ^{33} ʑo^{21}
取出披毡，

mɛ^{33} ʔu^{33} dʐo^{13} ʑɯ^{33} n̥ɹ^{33}
再加上丝绸，

dzɛ^{33} mu^{33} dɪ^{13} ʂɛ^{13}
还有快马，

n̥ɹ^{55} ma^{21} sɛ^{55}
叫不出名字的，

t'y^{21} ʑɯ^{33} nu^{13} ma^{13} ŋu^{33}
都馈赠给他，

t'y^{21} lo^{33} ndzɯ^{21}
他们的谈话，

mu^{21} dʐo^{33} su^{13} ŋɯ^{33} vi^{21}
是这样的啊！

ndzu^{33} zu^{33} mu^{55} zu^{33}
“为君为臣的人，

go^{13}su^{13}ma^{21}ŋgɯ^{55}sɿ^{33}ŋɯ^{33}vi^{21}
屈服最不好。

t'u^{33} dɯ^{33} ts'ɯ^{21} a^{33} ly^{21}
如松不离叶，

ʑo^{21} go^{13} su^{13} ʑɯ^{33} tʂ'o^{55}
自己听从别人，

t'a^{21} ʑɯ^{33} ly^{21} dɯ^{55} dzɿ^{21}
只剩下乞求，

fi^{13} ɖu^{33} ʑo^{33} lɯ^{21} lɯ^{21}
犹污垢积累。

tɕ'o^{13} na^{55} p'i^{55} ʑɯ^{33} ɬi^{33}
能人的后代，

zɛ^{21} k'ɯ^{21} ŋu^{33} ʑɯ^{33} ŋgɯ^{21}
丢了所有威风，

ʑo^{21} go^{13} su^{21} lo^{33} tʂ'o^{55}
屈从于别人，

ʑo^{21} no^{13} su^{21} a^{33} mu^{33}
志气让人夺取，

t'a^{21} a^{33} ŋgɯ^{55} tɯ^{33} dzɿ^{21}
仅剩一口气，

a^{33} ndzɿ^{55} n̥ɹ^{55} a^{33} dɛ^{21}
低贱的人，

fe^{13} a^{33} k'u^{33} tsu^{55} ts'o^{13}
把权威树立，

ʑo^{21} no^{13} ʑo^{21} a^{33} mu^{33}
长自己志气，

ɬi^{33} a^{33} dɛ^{21} lo^{13} lɯ^{55}
会成为奇人。

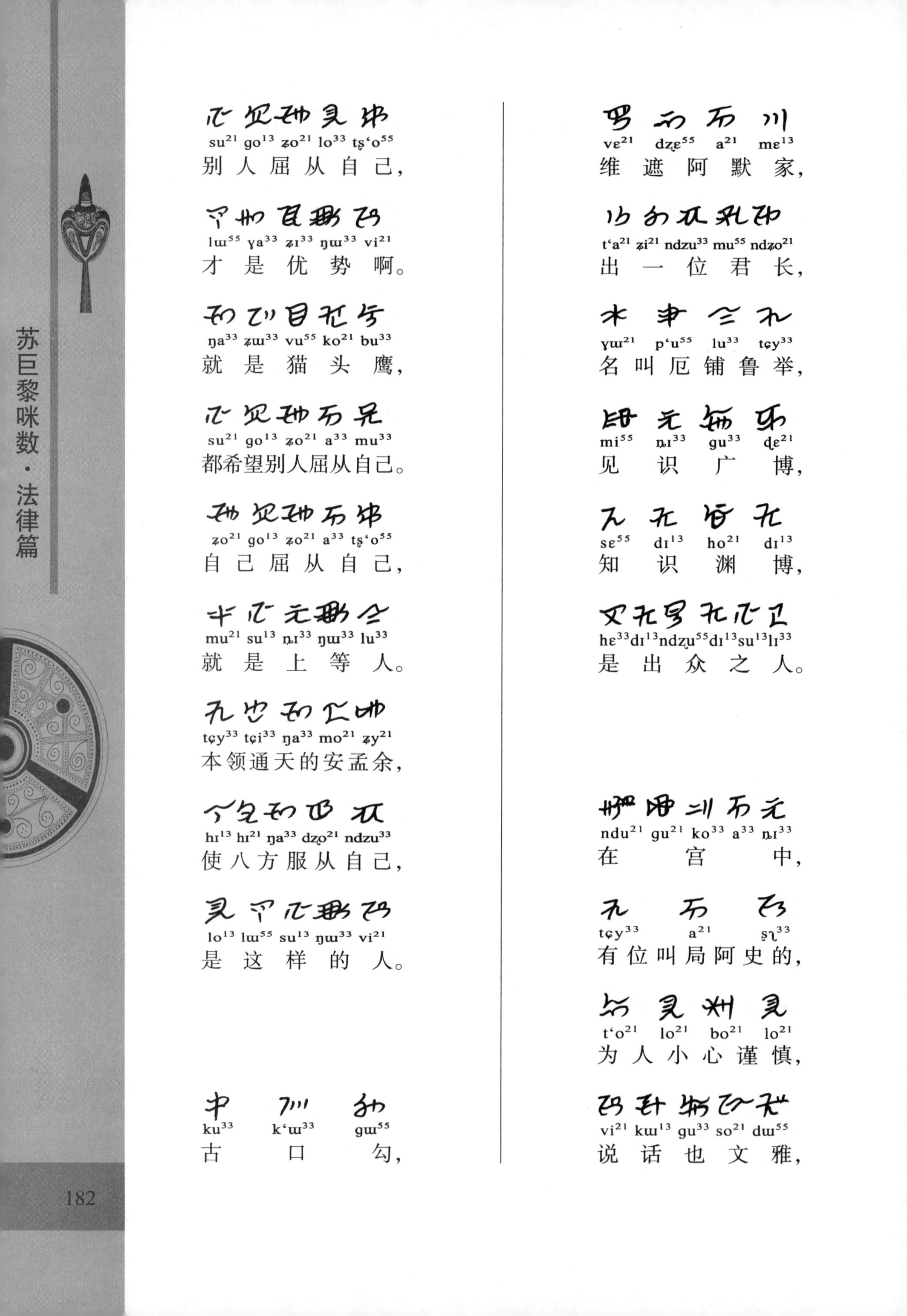

su^{21} go^{13} ʑo^{21} lo^{33} tʂʻo^{55}
别人屈从自己，

lɯ^{55} ɣa^{33} ʑɪ^{33} ŋɯ^{33} vi^{21}
才是优势啊。

ŋa^{33} ʑɯ^{33} vu^{55} ko^{21} bu^{33}
就是猫头鹰，

su^{21} go^{13} ʑo^{21} a^{33} mu^{33}
都希望别人屈从自己。

ʑo^{21} go^{13} ʑo^{21} a^{33} tʂʻo^{55}
自己屈从自己，

mu^{21} su^{13} ȵɪ^{33} ŋɯ^{33} lu^{33}
就是上等人。

tɕy^{33} tɕi^{33} ŋa^{33} mo^{21} ʑy^{21}
本领通天的安孟余，

hɪ^{13} hɪ^{21} ŋa^{33} dʐo^{21} ndzu^{33}
使八方服从自己，

lo^{13} lɯ^{55} su^{13} ŋɯ^{33} vi^{21}
是这样的人。

ku^{33} kʻɯ^{33} gɯ^{55}
古口勾，

vɛ^{21} dʐɛ^{55} a^{21} mɛ^{13}
维遮阿默家，

tʻa^{21} ʑi^{21} ndzu^{33} mu^{55} ndʑo^{21}
出一位君长，

ɣɯ^{21} pʻu^{55} lu^{33} tɕy^{33}
名叫厄铺鲁举，

mi^{55} ȵɪ^{33} gu^{33} ɖɛ^{21}
见识广博，

sɛ^{55} dɪ^{13} ho^{21} dɪ^{13}
知识渊博，

hɛ^{33}dɪ^{13}ndʐu^{55}dɪ^{13}su^{13}lɪ^{33}
是出众之人。

ndu^{21} gu^{21} ko^{33} a^{33} ȵɪ^{33}
在宫中，

tɕy^{33} a^{21} ʂʅ^{33}
有位叫局阿史的，

tʻo^{21} lo^{21} bo^{21} lo^{21}
为人小心谨慎，

vi^{21} kɯ^{13} gu^{33} so^{21} dɯ^{55}
说话也文雅，

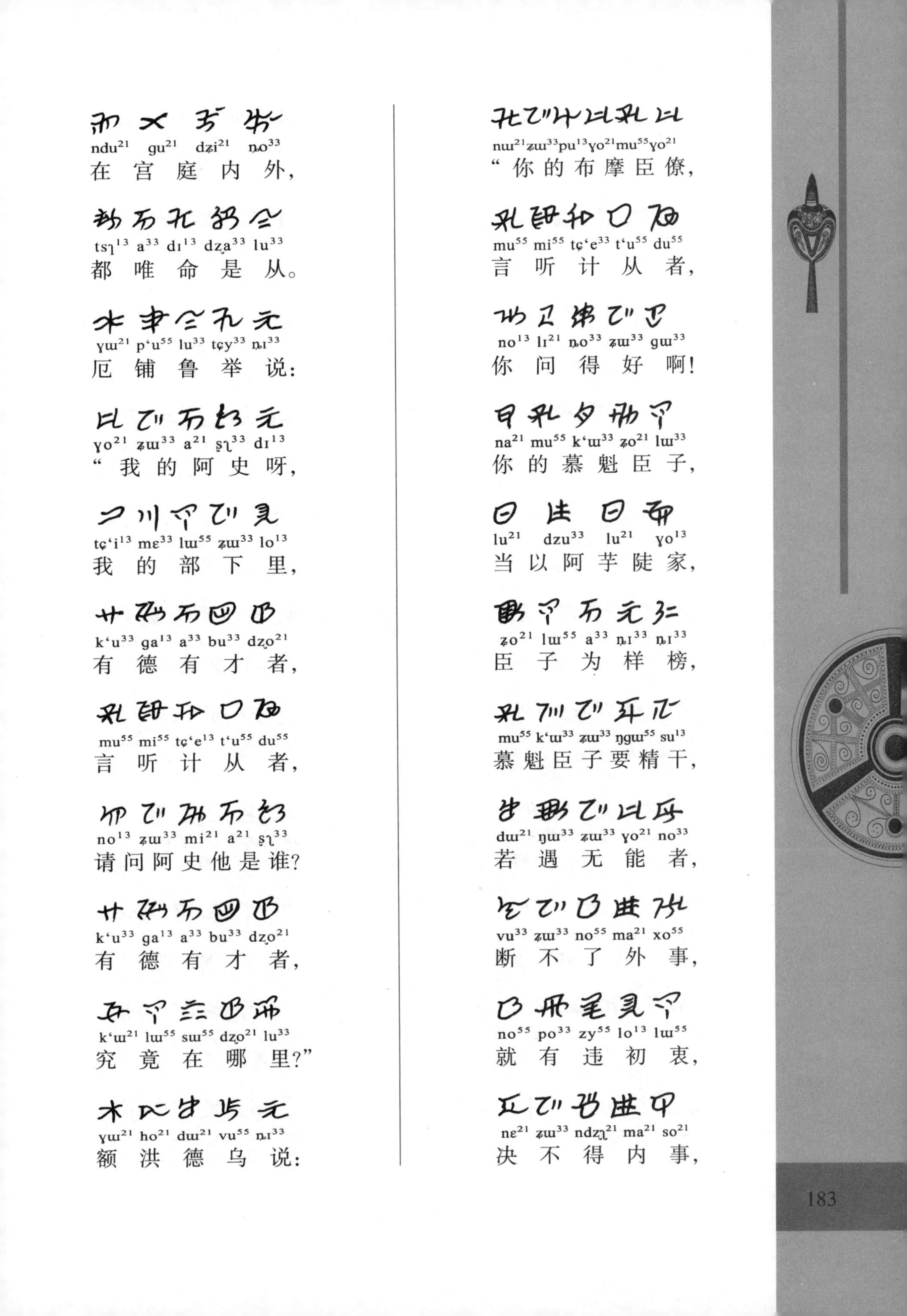

ndu^{21} gu^{21} dʑi^{21} ȵo^{33}
在 宫 庭 内 外，

tsɿ^{13} a^{33} dɪ^{13} dʐa^{33} lu^{33}
都 唯 命 是 从。

ɣɯ^{21} p‘u^{55} lu^{33} tɕy^{33} ȵɪ^{33}
厄 铺 鲁 举 说：

ɣo^{21} ʑɯ^{33} a^{21} ʂɿ^{33} dɪ^{13}
“我 的 阿 史 呀，

tɕ‘i^{13} mɛ^{33} lɯ^{55} ʑɯ^{33} lo^{13}
我 的 部 下 里，

k‘u^{33} ga^{13} a^{33} bu^{33} dʐo^{21}
有 德 有 才 者，

mu^{55} mi^{55} tɕ‘e^{13} t‘u^{55} du^{55}
言 听 计 从 者，

no^{13} ʑɯ^{33} mi^{21} a^{21} ʂɿ^{33}
请问阿史他是谁？

k‘u^{33} ga^{13} a^{33} bu^{33} dʐo^{21}
有 德 有 才 者，

k‘ɯ^{21} lɯ^{55} sɯ^{55} dʐo^{21} lu^{33}
究 竟 在 哪 里？”

ɣɯ^{21} ho^{21} dɯ^{21} vu^{55} ȵɪ^{33}
额 洪 德 乌 说：

nɯ^{21}ʑɯ^{33}pu^{13}ɣo^{21}mu^{55}ɣo^{21}
“你 的 布 摩 臣 僚，

mu^{55} mi^{55} tɕ‘e^{33} t‘u^{55} du^{55}
言 听 计 从 者，

no^{13} lɪ^{21} ȵo^{33} ʑɯ^{33} gɯ^{33}
你 问 得 好 啊！

na^{21} mu^{55} k‘ɯ^{33} ʑo^{21} lɯ^{33}
你 的 慕 魁 臣 子，

lu^{21} dzu^{33} lu^{21} ɣo^{13}
当 以 阿 芋 陡 家，

ʑo^{21} lɯ^{55} a^{33} ȵɪ^{33} ȵɪ^{33}
臣 子 为 样 榜，

mu^{55} k‘ɯ^{33} ʑɯ^{33} ŋgɯ^{55} su^{13}
慕魁臣子要精干，

dɯ^{21} ŋɯ^{33} ʑɯ^{33} ɣo^{21} no^{33}
若 遇 无 能 者，

vu^{33} ʑɯ^{33} no^{55} ma^{21} xo^{55}
断 不 了 外 事，

no^{55} po^{33} zy^{55} lo^{13} lɯ^{55}
就 有 违 初 衷，

nɛ^{21} ʑɯ^{33} ndʐɿ^{21} ma^{21} so^{21}
决 不 得 内 事，

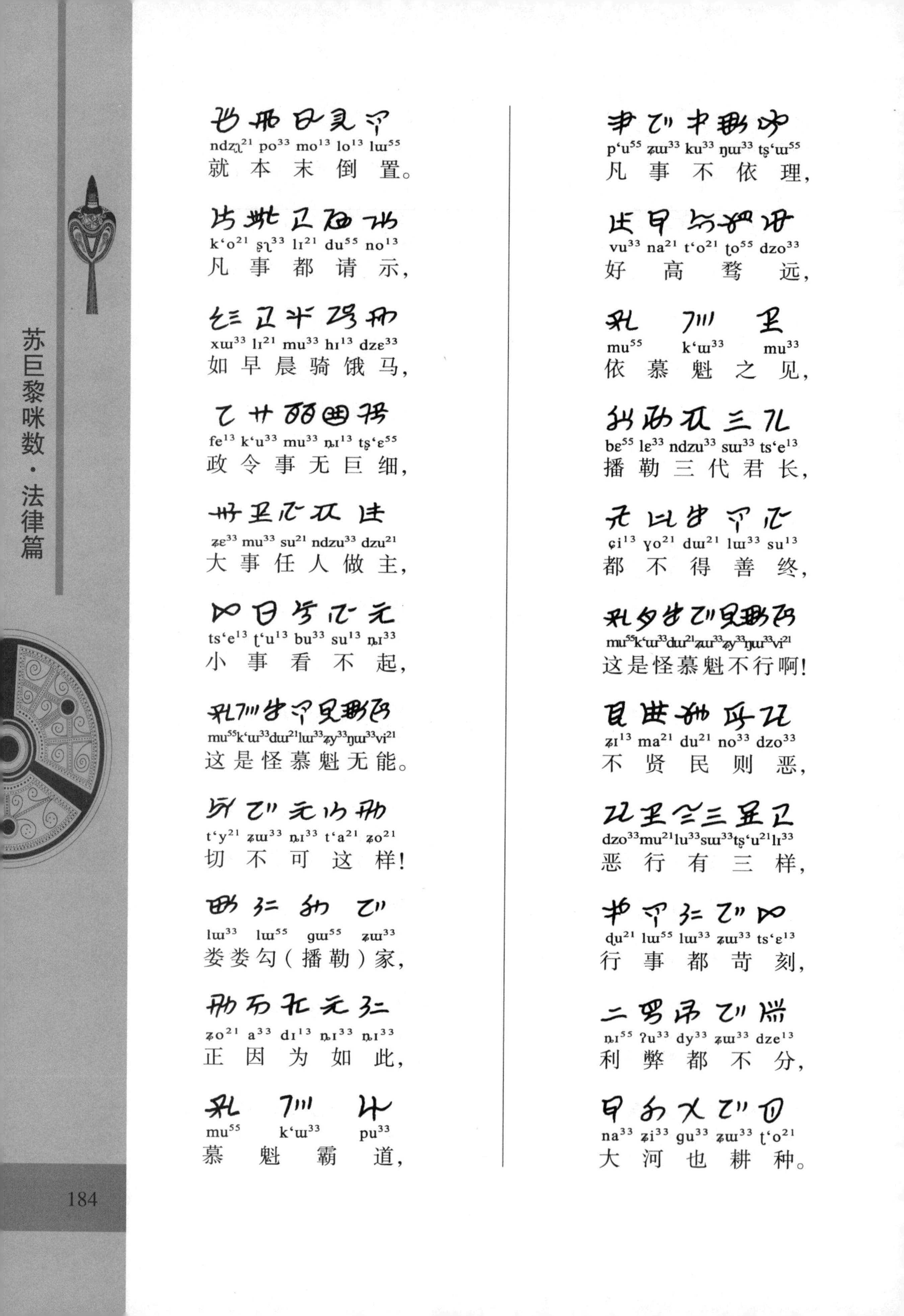

ndzʅ^{21} po^{33} mo^{13} lo^{13} lɯ^{55}
就 本 末 倒 置。

k‘o^{21} ʂʅ^{33} lɪ^{21} du^{55} no^{13}
凡 事 都 请 示，

xɯ^{33} lɪ^{21} mu^{33} hɪ^{13} dzɛ^{33}
如 早 晨 骑 饿 马，

fe^{13} k‘u^{33} mu^{33} ȵɪ^{13} tʂ‘ɛ^{55}
政 令 事 无 巨 细，

ʑɛ^{33} mu^{33} su^{21} ndzu^{33} dzu^{21}
大 事 任 人 做 主，

ts‘e^{13} ʈ‘u^{13} bu^{33} su^{13} ȵɪ^{33}
小 事 看 不 起，

mu^{55}k‘ɯ^{33}dɯ^{21}lɯ^{33}ʑy^{33}ŋɯ^{33}vi^{21}
这是怪慕魁无能。

t‘y^{21} ʑɯ^{33} ȵɪ^{33} t‘a^{21} ʑo^{21}
切 不 可 这 样！

lɯ^{33} lɯ^{55} gɯ^{55} ʑɯ^{33}
娄娄勾（播勒）家，

ʑo^{21} a^{33} dɪ^{13} ȵɪ^{33} ȵɪ^{33}
正 因 为 如 此，

mu^{55} k‘ɯ^{33} pu^{33}
慕 魁 霸 道，

p‘u^{55} ʑɯ^{33} ku^{33} ŋɯ^{33} tʂ‘ɯ^{55}
凡 事 不 依 理，

vu^{33} na^{21} t‘o^{21} ʈo^{55} dzo^{33}
好 高 骛 远，

mu^{55} k‘ɯ^{33} mu^{33}
依 慕 魁 之 见，

bɛ^{55} lɛ^{33} ndzu^{33} sɯ^{33} ts‘e^{13}
播 勒 三 代 君 长，

ɕi^{13} ɣo^{21} dɯ^{21} lɯ^{33} su^{13}
都 不 得 善 终，

mu^{55}k‘ɯ^{33}dɯ^{21}ʑɯ^{33}ʑy^{33}ŋɯ^{33}vi^{21}
这是怪慕魁不行啊！

ʑɪ^{13} ma^{21} du^{21} no^{33} dzo^{33}
不 贤 民 则 恶，

dzo^{33}mu^{21}lu^{33}sɯ^{33}tʂ‘u^{21}lɪ^{33}
恶 行 有 三 样，

ɖu^{21} lɯ^{55} lɯ^{33} ʑɯ^{33} ts‘ɛ^{13}
行 事 都 苛 刻，

ȵɪ^{55} ʔu^{33} dy^{33} ʑɯ^{33} dze^{13}
利 弊 都 不 分，

na^{33} ʑi^{33} gu^{33} ʑɯ^{33} ʈ‘o^{21}
大 河 也 耕 种。

ndzo^{33} hu^{21} dzɛ^{33} ga^{13} ʈ'ɯ^{33}
骑恶马要跌在山上，

ndzo^{33} lu^{33} ŋu^{33} dɛ^{21} ɖɯ^{21}
犁恶牛要跌在坎下。

ndzo^{33} mi^{55} mu^{55}
听从恶人语，

tʂo^{21} ʑɯ^{33} ȵdzɪ^{33}
并与之为伍，

dzɪ^{21} ma^{13} kɯ^{13} ʑɯ^{33} no^{55}
就不行好事。

tɕ'i^{33} ɣa^{33} tɕ'i^{13} ʑɯ^{33} xɯ^{55}
如跟着鸡狗，

tɕ'o^{13} ma^{21} go^{21} ʑɯ^{33} no^{55}
事不成体统。

ndzu^{33} mu^{55} k'ɯ^{33} ʑɯ^{33} lɯ^{33}
君长说的话，

ndzu^{33} mi^{55} xɯ^{21} ʑi^{21} pu^{33}
多得像海水，

ʔo^{21} a^{33} tɪ^{13} ma^{21} mɛ^{13}
说了不作数。

pu^{33} ma^{21} ve^{33} no^{33} ŋɛ^{55}
不开化就拙，

ŋɛ^{55} mu^{21} lu^{33} sɯ^{33} tʂu^{21}
拙的行为是，

lu^{21} ʔu^{33} ʑy^{21}
涂炭舅舅，

t'u^{33} dɯ^{33} su^{55} su^{13} se^{33}
涂炭外甥，

mu^{55} ma^{21} ʑɛ^{21}
不可教化。

nɛ^{21} mi^{33} ndzu^{33}
即使是君长，

xo^{21} ʑo^{21} pu^{13}
抑或是布摩，

ma^{21} ʑɛ^{33} ts'e^{13} ma^{21} vi^{21}
算不得一代，

ma^{21}ʑɛ^{33}k'u^{33}ʑɯ^{33}hu^{33}ma^{21}ʑɛ^{33}
威势也不大，

tʂu^{13} ʑɯ^{33} mo^{21} ma^{21} ʑɛ^{33}
衣食不富足，

ɬa^{33} va^{13} ȵɪ^{33} ma^{21} dɪ^{13}
得不到名望，

tɕ'i^{55} k'ɯ^{33} xo^{21} mo^{33} dzy^{21}
像马套龙头，

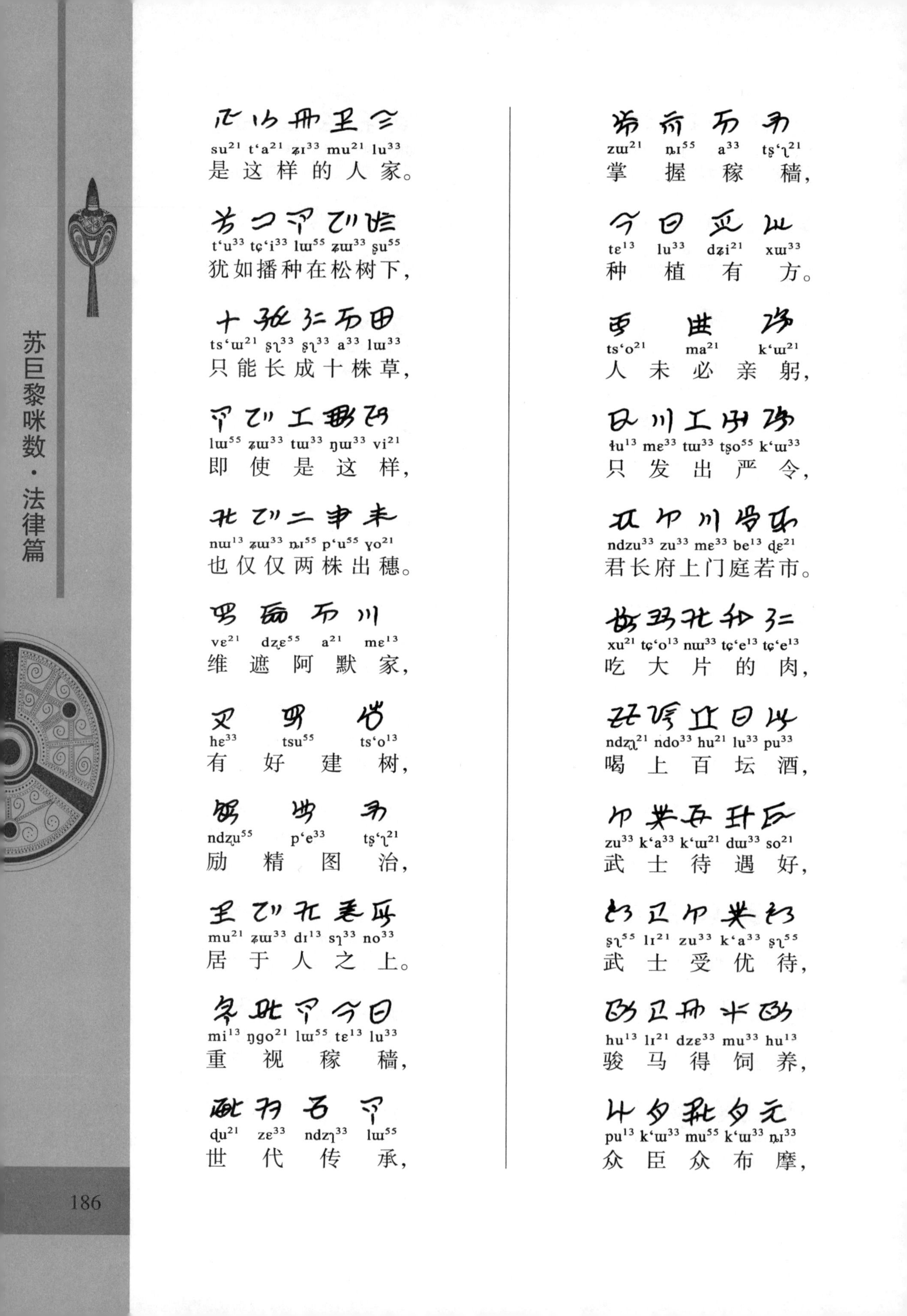

su^{21} t‘a^{21} ʑɪ^{33} mu^{21} lu^{33}
是这样的人家。

t‘u^{33} tɕ‘i^{33} lɯ^{55} ʑɯ^{33} ʂu^{55}
犹如播种在松树下，

ts‘ɯ^{21} ʂʅ^{33} ʂʅ^{33} a^{33} lɯ^{33}
只能长成十株草，

lɯ^{55} ʑɯ^{33} tɯ^{33} ŋɯ^{33} vi^{21}
即使是这样，

nɯ^{13} ʑɯ^{33} ȵɪ^{55} p‘u^{55} ɣo^{21}
也仅仅两株出穗。

vɛ^{21} dʐɛ^{55} a^{21} mɛ^{13}
维遮阿默家，

hɛ^{33} tsu^{55} ts‘o^{13}
有好建树，

ndʐu^{55} p‘e^{33} tʂ‘ʅ^{21}
励精图治，

mu^{21} ʑɯ^{33} dɪ^{13} sʅ^{33} no^{33}
居于人之上。

mi^{13} ŋgo^{21} lɯ^{55} tɛ^{13} lu^{33}
重视稼穑，

ɖu^{21} zɛ^{33} ndzʅ^{33} lɯ^{55}
世代传承，

zɯ^{21} ȵɪ^{55} a^{33} tʂ‘ʅ^{21}
掌握稼穑，

tɛ^{13} lu^{33} dʑi^{21} xɯ^{33}
种植有方。

ts‘o^{21} ma^{21} k‘ɯ^{21}
人未必亲躬，

ɬu^{13} mɛ^{33} tɯ^{33} tʂo^{55} k‘ɯ^{33}
只发出严令，

ndzu^{33} zu^{33} mɛ^{33} be^{13} ɖɛ^{21}
君长府上门庭若市。

xu^{21} tɕ‘o^{13} nɯ^{33} tɕ‘e^{13} tɕ‘e^{13}
吃大片的肉，

ndʐʅ^{21} ndo^{33} hu^{21} lu^{33} pu^{33}
喝上百坛酒，

zu^{33} k‘a^{33} k‘ɯ^{21} dɯ^{33} so^{21}
武士待遇好，

ʂʅ^{55} lɪ^{21} zu^{33} k‘a^{33} ʂʅ^{55}
武士受优待，

hu^{13} lɪ^{21} dzɛ^{33} mu^{33} hu^{13}
骏马得饲养，

pu^{13} k‘ɯ^{33} mu^{55} k‘ɯ^{33} ȵɪ^{33}
众臣众布摩，

tʂu^{21} tʂ'ɛ^{55} du^{55} n̥o^{33} vi^{21}
讲话都文雅。

sɯ^{33} ndzo^{33} ly^{21} t'a^{21} tsy^{13}
不求作恶之人，

sɯ^{21} ndzo^{33} mu^{55} a^{33} tɕɪ^{13}
忌讳求助恶人，

sɯ^{21} ʑɪ^{33} k'u^{33} t'a^{21} fi^{13}
不苛刻聪明人，

tsɿ^{13}dʐɯ^{21}sɯ^{33}nɯ^{13}k'u^{33}t'a^{21}fi^{13}
不苛刻用人和妇女。

sɯ^{33} ʑɯ^{33} tɕ'e^{33} a^{33} ŋgɯ^{55}
如此引导有方。

ndɪ^{21} ʈ'u^{13} ndzu^{33} mu^{55} hɛ^{33}
大度贤明的君长，

ndzʅ^{33} ʑɯ^{33} vu^{33} lo^{33} hɛ^{33}
举行完美的祭祀，

dzɛ^{33} mu^{33} dɪ^{13} ʂɛ^{13} tʂʅ^{13}
畜养着快马，

dzɛ^{21} ʑɯ^{33} n̥ɪ^{33} lɯ^{33} sɯ^{33}
有好的传统。

ndzu^{33} hɛ^{33} mu^{55} hɛ^{33}
君长贤明，

mi^{55} ʑɯ^{55} gu^{33} lo^{33} hɛ^{33}
言辞也优美，

tɕi^{33} ʑɯ^{33} tɕ'o^{33} lo^{33} hɛ^{33}
行为也高尚，

dzɛ^{21} ʈu^{13} tɕ'o^{33} so^{21} sɯ^{55}
好比悦耳的鼓声，

va^{13} gu^{21} gu^{21} ʑɯ^{33} mu^{33}
在周围传扬，

bi^{55} gɯ^{55} ndzʅ^{33} vu^{33}
祭奠还愿，

ʑi^{21} ʑɛ^{33} ʑy^{21}
好比大河流水，

xɯ^{21} ʑɛ^{33} mbo^{55} lɯ^{33} sɯ^{55}
汇成大海一样。

bi^{55} gɯ^{55} su^{13} ʑɯ^{33} dʑy^{21}
奖励得当，

fe^{13} k'u^{33} mu^{33} lu^{13} dʑy^{21}
政令很规范，

bi^{21} su^{13} mɛ^{33} su^{13} dzy^{21}
亲戚友邻团结，

tʂ'ʅ^{13} lu^{33} hɛ^{21} ʈ'ɯ^{13} sɯ^{55}
犹如麂子的叫声远扬。

dʐa^{33} lɪ^{33} ɣo^{21} tʻa^{33} ɳɪ^{21}
当　此　之　际，

tʻa^{21} tɕʻi^{33} lu^{33} bu^{33} no^{13}
一　声　号　令，

ɳɪ^{55} sɿ^{55} gu^{33}
众　人　都　服　从。

tʻa^{21} ʑo^{21} mba^{33}
一　人　讲　话，

tu^{13} ʑo^{55} kʻɯ^{33} lu^{33} dʐa^{33}
千　人　都　响　应。

dʐa^{33} tɯ^{33} ŋɯ^{33} dɪ^{13} vi^{21}
就　是　这　样　的。

yo^{21}xɯ^{33}pu^{13}ʑo^{33}na^{33}ʈʻu^{13}ɳɪ^{33}
有学问的布约那吐，

tʻy^{21} dɯ^{55} lɯ^{55} dɪ^{13} vi^{21}
他　说　的　是：

kʻo^{13} mu^{33} ɳɪ^{33} ʑɯ^{33} ʑy^{21}
岁月以天来计算，

ɖu^{21} zɛ^{33} tɕɪ^{13} ʑɯ^{33} ndy^{55}
人生追求高境界。

tʂɯ^{55} ŋu^{33} lɪ^{33} sɯ^{33} bo^{21}
本　事　有　三　般，

ndzɛ^{13} su^{13} ʑo^{21} dɯ^{13} dɪ^{13}
恶　人　与　我　为　敌。

sɛ^{55} ho^{21} lɪ^{21} sɯ^{33} mo^{21}
知　识　有　三　类，

hɛ^{33} su^{13} ʑo^{21} mu^{55} tʂʻɛ^{55}
能　人　将　我　开　导。

hɪ^{21} dʑi^{33} tʻɯ^{21} ɳo^{33} tɕo^{55}
在　世　界　上，

ʑy^{21} kɯ^{13} tʻa^{21} xɯ^{33} dʐo^{21}
属　于　液　体　类，

ʑy^{21} kɯ^{13} dʐa^{33} ʑɯ^{33} tʻi^{55}
仅得地利流淌为下，

dʐa^{33} kɯ^{13} nɯ^{55} ʑɯ^{33} ndzu^{21}
得地利而发展为上。

hɯ^{55} kɯ^{13} tʻa^{21} xɯ^{33} dʐo^{21}
属　于　发　芽　类，

hɯ^{55} kɯ^{13} ve^{33} lɪ^{21} ndzu^{21}
萌芽开花虽得势，

ve^{33} kɯ^{13} dʑo^{13} a^{33} gɯ^{21}
花会凋谢却无奈。

lɯ^{33} kɯ^{13} tʻa^{21} xɯ^{33} dʐo^{21}
属 于 会 动 类，

lɯ^{33} kɯ^{13} su^{33} ko^{13} dɪ^{13}
会动就有生命，

hu^{13} a^{33} hu^{13}
饲 养 到 期 限，

xɯ^{21} ʈʻu^{13} ndo^{33} ʑɯ^{33} gɯ^{21}
就 用 刀 杀 了。

ʑo^{21}lɪ^{21}tʻy^{21}sɯ^{33}tʂu^{21}lɪ^{33}sɛ^{55}
我懂这三样道理。

ʔu^{33} tsʻo^{33} ȵɪ^{33}
作 为 人，

hɛ^{33} su^{13} dʐo^{21} ʑɯ^{33} sʅ^{33}
能 人 有 作 为。

su^{21} hɛ^{33} su^{21} ndʐu^{55} lɪ^{33}
有 能 力 的 人，

ne^{33} ʑɯ^{33} tɕɪ^{13} nu^{33} dzɛ^{21}
智 慧 多 如 星，

ʑɪ^{33} bu^{33} tɕʻe^{33} ʂɛ^{13} ɣo^{13} ʑɯ^{33}
胸中装哎哺采舍知识，

tʂɛ^{13} tʻu^{13} kɯ^{55} ɖɛ^{21} sɯ^{55}
好比粮仓装得满，

tsʻɯ^{21} ʈʻu^{33} dzɯ^{55} mo^{21} mo^{21}
像梳理整齐的毛发。

ne^{33} ʑɯ^{33} mo^{21} nu^{33} zu^{33}
心 计 多 的 人，

tʻa^{21} gɯ^{55} hu^{21} tʂʻu^{21} ndy^{55}
一时思考百样事。

kʻɯ^{33} ʑɯ^{33} mo^{21} nu^{33} zu^{33}
口 才 好 的 人，

tʻa^{21} bu^{33} ʑɯ^{33} tsʻɯ^{21} bu^{21}
一件说出十件来。

dʑy^{21} ʑɯ^{33} tsʻɯ^{21} hɛ^{33} ve^{13}
穿华丽的衣服，

kʻɯ^{33} ʑɯ^{33} tsʻɯ^{21} nɛ^{13} dzu^{33}
吃 的 是 美 味，

ɖu^{21} zɛ^{21} tɕy^{33} tsʻɯ^{33} tɕy^{33}
活 至 九 十 九。

pu^{13} kʻɯ^{33} bu^{33} hɪ^{13} tʂɛ^{55}
有布摩主持丧礼，

tsɛ^{55} dzɛ^{33} ȵɪ^{33} no^{21}
骑 魂 马 得 祭 牲。

ɕi^{13} ȵɪ^{33} gu^{21} mi^{33} tʻu^{13}
兽 医 穿 得 厚，

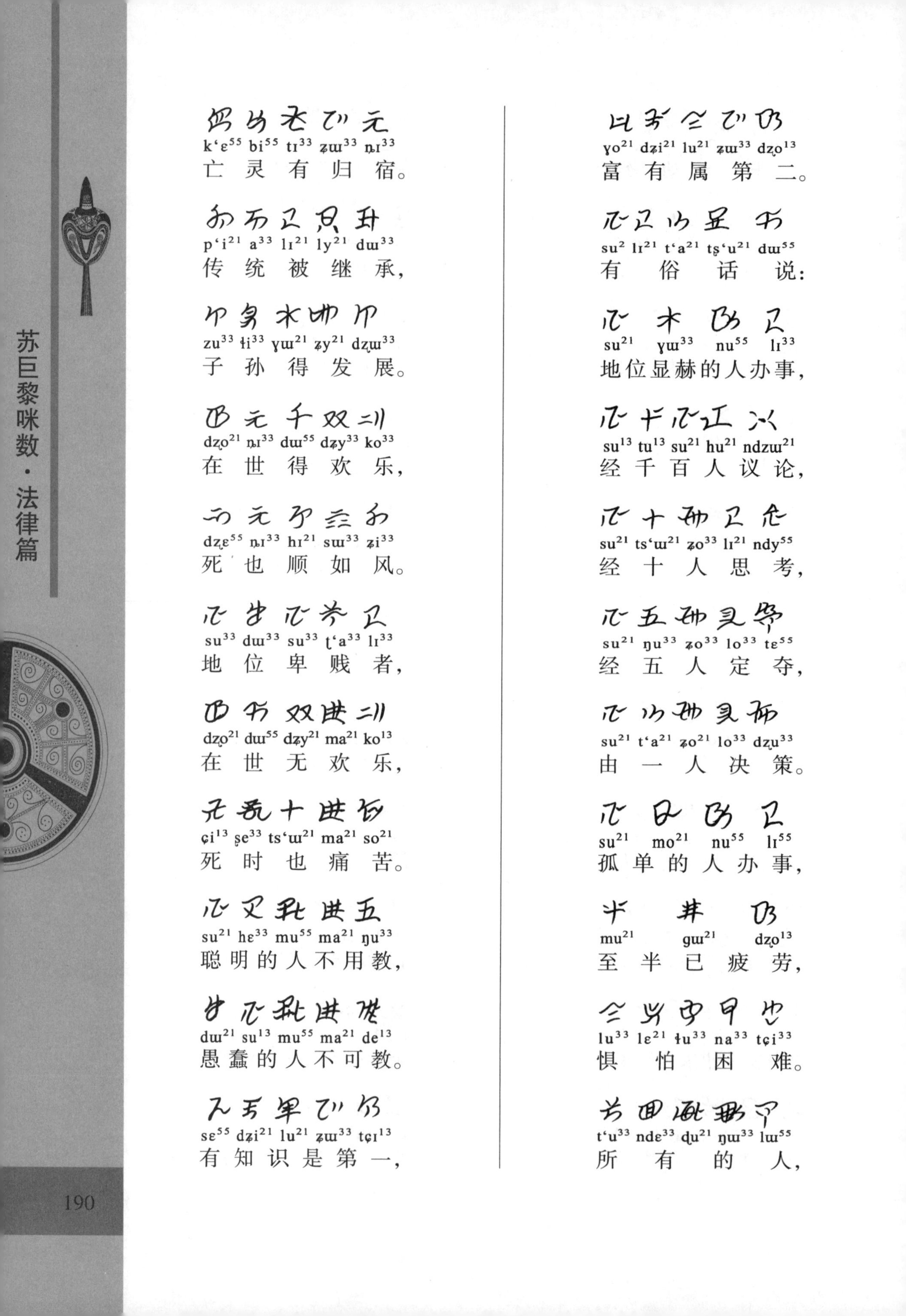

k‘ε^{55} bi^{55} tɪ^{33} ʑɯ^{33} n̥ɪ^{33}
亡灵有归宿。

p‘i^{21} a^{33} lɪ^{21} ly^{21} dɯ^{33}
传统被继承，

zu^{33} ɬi^{33} ɣɯ^{21} ʑy^{21} dʐɯ^{33}
子孙得发展。

dʐo^{21} n̥ɪ^{33} dɯ^{55} dʑy^{33} ko^{33}
在世得欢乐，

dʑε^{55} n̥ɪ^{33} hɪ^{21} sɯ^{33} ʑi^{33}
死也顺如风。

su^{33} dɯ^{33} su^{33} ʈ‘a^{33} lɪ^{33}
地位卑贱者，

dʐo^{21} dɯ^{55} dʑy^{21} ma^{21} ko^{13}
在世无欢乐，

ɕi^{13} ʂe^{33} ts‘ɯ^{21} ma^{21} so^{21}
死时也痛苦。

su^{21} hε^{33} mu^{55} ma^{21} ŋu^{33}
聪明的人不用教，

dɯ^{21} su^{13} mu^{55} ma^{21} de^{13}
愚蠢的人不可教。

sε^{55} dʑi^{21} lu^{21} ʑɯ^{33} tɕɪ^{13}
有知识是第一，

ɣo^{21} dʑi^{21} lu^{21} ʑɯ^{33} dʐo^{13}
富有属第二。

su^{2} lɪ^{21} t‘a^{21} tʂ‘u^{21} dɯ^{55}
有俗话说：

su^{21} ɣɯ^{33} nu^{55} lɪ^{33}
地位显赫的人办事，

su^{13} tu^{13} su^{21} hu^{21} ndzɯ^{21}
经千百人议论，

su^{21} ts‘ɯ^{21} ʑo^{33} lɪ^{21} ndy^{55}
经十人思考，

su^{21} ŋu^{33} ʑo^{33} lo^{33} tε^{55}
经五人定夺，

su^{21} t‘a^{21} ʑo^{21} lo^{33} dʐu^{33}
由一人决策。

su^{21} mo^{21} nu^{55} lɪ^{55}
孤单的人办事，

mu^{21} gɯ^{21} dʐo^{13}
至半已疲劳，

lu^{33} lε^{21} ɬu^{33} na^{33} tɕi^{33}
惧怕困难。

t‘u^{33} ndε^{33} ɖu^{21} ŋɯ^{33} lɯ^{55}
所有的人，

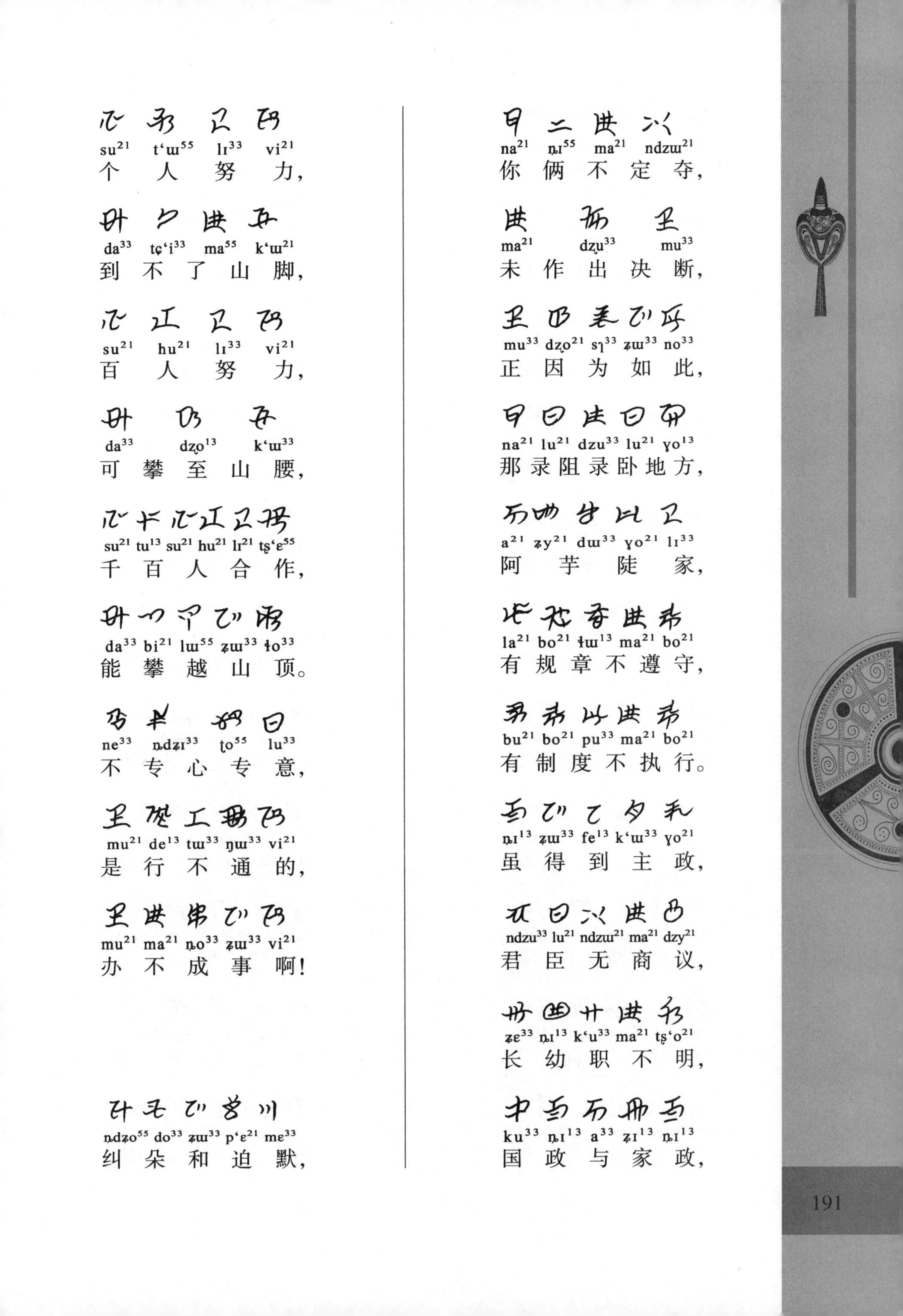

su^{21} t'ɯ^{55} lɪ^{33} vi^{21}
个 人 努 力，

da^{33} tɕ'i^{33} ma^{55} k'ɯ^{21}
到 不 了 山 脚，

su^{21} hu^{21} lɪ^{33} vi^{21}
百 人 努 力，

da^{33} dʐo^{13} k'ɯ^{33}
可 攀 至 山 腰，

su^{21} tu^{13} su^{21} hu^{21} lɪ^{21} tʂ'ɛ^{55}
千 百 人 合 作，

da^{33} bi^{21} lɯ^{55} ʑɯ^{33} ɬo^{33}
能 攀 越 山 顶。

ne^{33} ȵdʑɪ^{33} to^{55} lu^{33}
不 专 心 专 意，

mu^{21} de^{13} tɯ^{33} ŋɯ^{33} vi^{21}
是 行 不 通 的，

mu^{21} ma^{21} ȵo^{33} ʑɯ^{33} vi^{21}
办 不 成 事 啊！

ȵdʑo^{55} do^{33} ʑɯ^{33} p'ɛ^{21} mɛ^{33}
纠 朵 和 迫 默，

na^{21} ȵɪ^{55} ma^{21} ndzɯ^{21}
你 俩 不 定 夺，

ma^{21} dʐu^{33} mu^{33}
未 作 出 决 断，

mu^{33} dʐo^{21} sɿ^{33} ʑɯ^{33} no^{33}
正 因 为 如 此，

na^{21} lu^{21} dzu^{33} lu^{21} ɣo^{13}
那 录 阻 录 卧 地 方，

a^{21} ʑy^{21} dɯ^{33} ɣo^{21} lɪ^{33}
阿 芋 陡 家，

la^{21} bo^{21} ɬɯ^{13} ma^{21} bo^{21}
有 规 章 不 遵 守，

bu^{21} bo^{21} pu^{33} ma^{21} bo^{21}
有 制 度 不 执 行。

ȵɪ^{13} ʑɯ^{33} fe^{13} k'ɯ^{33} ɣo^{21}
虽 得 到 主 政，

ndzu^{33} lu^{21} ndzɯ^{21} ma^{21} dzy^{21}
君 臣 无 商 议，

ʑɛ^{33} ȵɪ^{13} k'u^{33} ma^{21} tʂ'o^{21}
长 幼 职 不 明，

ku^{33} ȵɪ^{13} a^{33} ʑɪ^{13} ȵɪ^{13}
国 政 与 家 政，

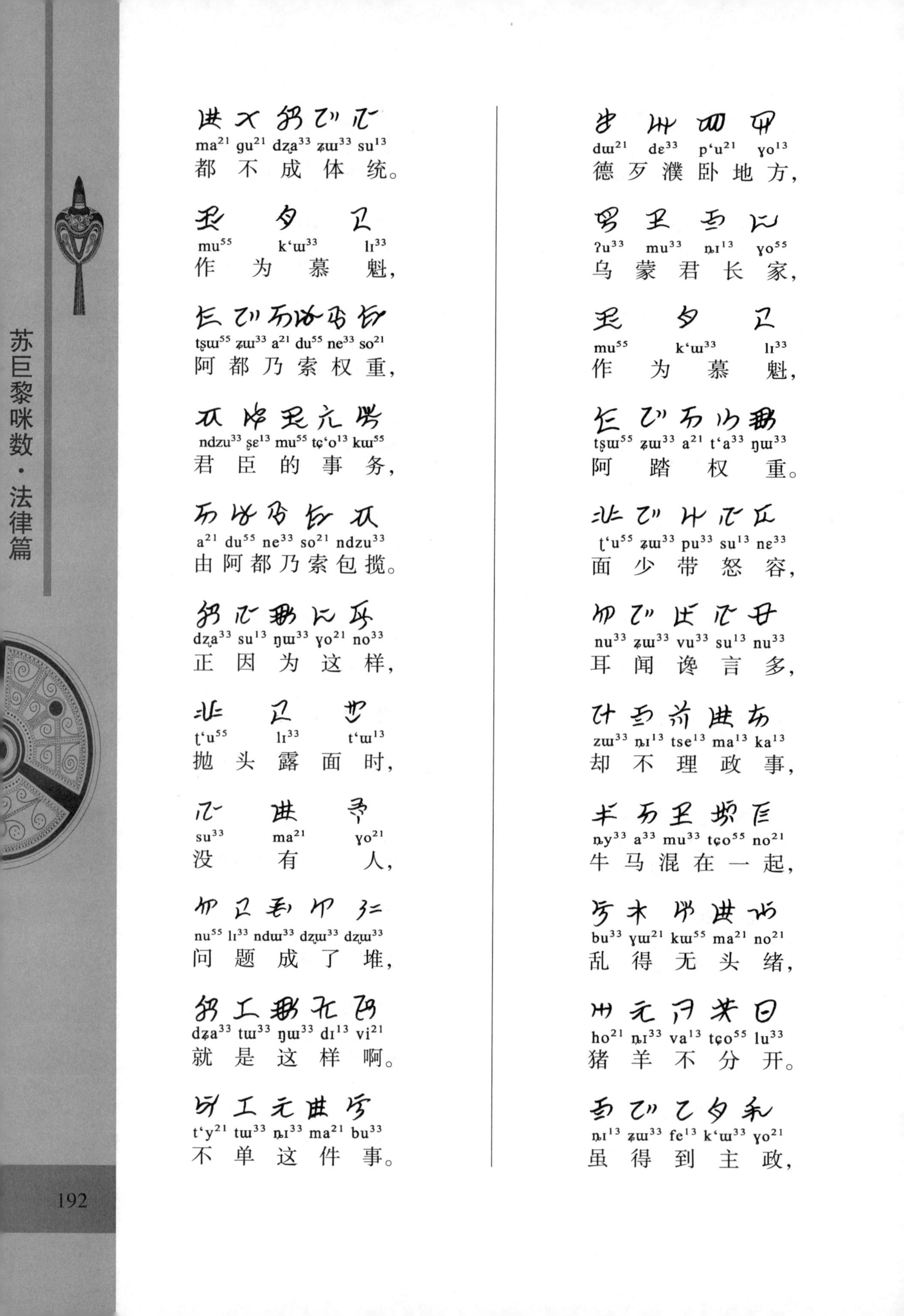

ma^{21} gu^{21} dʐa^{33} ʑɯ^{33} su^{13}
都不成体统。

mu^{55} k‘ɯ^{33} lɪ^{33}
作为慕魁，

tʂɯ^{55} ʑɯ^{33} a^{21} du^{55} ne^{33} so^{21}
阿都乃索权重，

ndzu^{33} ʂɛ^{13} mu^{55} tɕ‘o^{13} kɯ^{55}
君臣的事务，

a^{21} du^{55} ne^{33} so^{21} ndzu^{33}
由阿都乃索包揽。

dʐa^{33} su^{13} ŋɯ^{33} ɣo^{21} no^{33}
正因为这样，

ʈ‘u^{55} lɪ^{33} t‘ɯ^{13}
抛头露面时，

su^{33} ma^{21} ɣo^{21}
没有人，

nu^{55} lɪ^{33} ndɯ^{33} dʐɯ^{33} dʐɯ^{33}
问题成了堆，

dʐa^{33} tɯ^{33} ŋɯ^{33} dɪ^{13} vi^{21}
就是这样啊。

t‘y^{21} tɯ^{33} ȵɪ^{33} ma^{21} bu^{33}
不单这件事。

dɯ^{21} dɛ^{33} p‘u^{21} ɣo^{13}
德歹濮卧地方，

ʔu^{33} mu^{33} ȵɪ^{13} ɣo^{55}
乌蒙君长家，

mu^{55} k‘ɯ^{33} lɪ^{33}
作为慕魁，

tʂɯ^{55} ʑɯ^{33} a^{21} t‘a^{33} ŋɯ^{33}
阿踏权重。

ʈ‘u^{55} ʑɯ^{33} pu^{33} su^{13} nɛ^{33}
面少带怒容，

nu^{33} ʑɯ^{33} vu^{33} su^{13} nu^{33}
耳闻谗言多，

zɯ^{33} ȵɪ^{13} tse^{13} ma^{13} ka^{13}
却不理政事，

ȵy^{33} a^{33} mu^{33} tɕo^{55} no^{21}
牛马混在一起，

bu^{33} ɣɯ^{21} kɯ^{55} ma^{21} no^{21}
乱得无头绪，

ho^{21} ȵɪ^{33} va^{13} tɕo^{55} lu^{33}
猪羊不分开。

ȵɪ^{13} ʑɯ^{33} fe^{13} k‘ɯ^{33} ɣo^{21}
虽得到主政，

ndzu^{33} lu^{21} ndzɯ^{21} ma^{21} dzy^{21}
君臣不商议，

ʑɛ^{33} ȵɪ^{13} k‘u^{33} ma^{21} tʂ‘o^{21}
长幼职不明，

ku^{33} ȵɪ^{13} ȵɪ^{33} ma^{21} gu^{21}
国政理不顺，

ȵɪ^{13} ȵɪ^{33} ȵɪ^{21} ma^{21} gu^{21}
家政理不顺。

k‘e^{13} ʑɯ^{33} ts‘ɯ^{21} tʂu^{21} mba^{33}
晚上讲的十件事，

so^{21} ʑɯ^{33} ŋu^{33} ma^{21} tʂ‘o^{21}
天明有五件难成。

t‘a^{21} xɯ^{33} tɯ^{33} ŋɯ^{33} vi^{21}
是这样的啊！

ku^{33} ʑɯ^{33} ŋɯ^{33} lu^{33} lɪ^{33}
作为国事，

mɛ^{33} p‘a^{33} tʂɯ^{55} t‘a^{21} ȵɪ^{21}
勿让谋臣专横，

tɕ‘i^{13} mɛ^{33} tɕ‘i^{33} t‘a^{21} k‘e^{33}
别由近臣左右。

tɕ‘o^{13} p‘i^{33} su^{13} du^{55} ɣo^{21}
六祖有遗训，

dɯ^{55} dʐo^{21} tɯ^{33} ŋɯ^{33} vi^{21}
是这样说的。

tʂ‘ʅ^{21} dʐɯ^{33} k‘ɯ^{33} ʑɯ^{33} hɛ^{33}
臣仆贤良，

mi^{33} mi^{13} k‘ɯ^{33} hɛ^{33} ȵɪ^{21}
就有天时地利。

dʐo^{21} a^{33} sʅ^{33} ŋɯ^{33} vi^{21}
事例很多，

mo^{21} ʑɯ^{33} tɕy^{33} dʐɯ^{21} hɛ^{33}
远处有九贤良臣仆，

nɛ^{21} ʑɯ^{33} dʐɯ^{21} ɬi^{33} hɛ^{33}
近处有四贤良臣仆。

mu^{33} ɣo^{21} gɯ^{55}
慕俄勾家，

bi^{21} ʑo^{21} ɣɯ^{21} ve^{33} hɛ^{33}
毕育厄伟贤良。

xɛ^{21} hɛ^{33} dʐu^{55} ʂɛ^{13}
赫海珠舍家，

pu^{13} t‘a^{33} ɣɯ^{21} tsɯ^{13} hɛ^{33}
布踏额孜贤良。

tɕi^{33} vu^{33} gɯ^{55}
纪俄勾家，

ʑi^{21} vi^{21} a^{33} ndʐu^{55} hɛ^{33}
益迁阿租贤良。

pu^{13} t‘u^{33} dʐu^{55} ʑi^{21}
濮妥珠益家，

a^{21} he^{55} ndʑo^{55} do^{33} hɛ^{33}
阿恒纠朵贤良。

hɛ^{33} su^{13} na^{55} ŋɯ^{33} vi^{21}
都是大贤人。

ndzu^{33} ma^{21} sɯ^{33} lɯ^{33} ʂu^{55}
君长无须亲躬，

fe^{13} mi^{55} tʂ‘u^{33} vu^{33} tʂo^{13}
令如车轮转，

fu^{33} ma^{21} ndʑo^{21} ʑɯ^{33} kɯ^{55}
君王无须监督，

k‘u^{3} k‘e^{33} t‘ɯ^{55} ʑɛ^{21} bu^{33}
谋断犹如滚线团。

hɛ^{33} ȵɹ^{33} hɛ^{33}
既能文，

k‘a^{33} ȵɹ^{33} k‘a^{33}
又能武，

kɯ^{13} ȵɹ^{33} kɯ^{13}
既精明，

pu^{13} ȵɹ^{33} pu^{33}
又能干。

p‘ɛ^{21} mɛ^{33} ȵɹ^{33} ɣo^{21} vu^{33}
你迫默大驾，

pu^{13} ʑɛ^{33} mu^{55} ʑɛ^{33}
大布摩谋臣，

kɯ^{21} lɯ^{33} ma^{21} ndzɯ^{21} du^{55}
何不招来商议？

su^{21}lɪ^{21}nɯ^{21}ɣo^{33}sɛ^{21}dʐɯ^{21}lo^{13}
他人为你管奴仆，

ndɯ^{33} nu^{33} mu^{33} su^{13}
排忧解难，

nu^{33} a^{33} mu^{33} dʐa^{33} vi^{21}
已经够多了，

ʑo^{21} ȵɪ^{33} ʂʅ^{33} tɕɪ^{13} lɪ^{33}
我最佩服的，

mo^{13}bu^{33}a^{21}xɯ^{55}dʐɯ^{21}ʑɯ^{33}ŋɯ^{33}
是芒布的臣仆阿侯，

ɛ^{21} hɛ^{21} no^{33} ʑɯ^{33} bi^{55}
至今不遗忘。

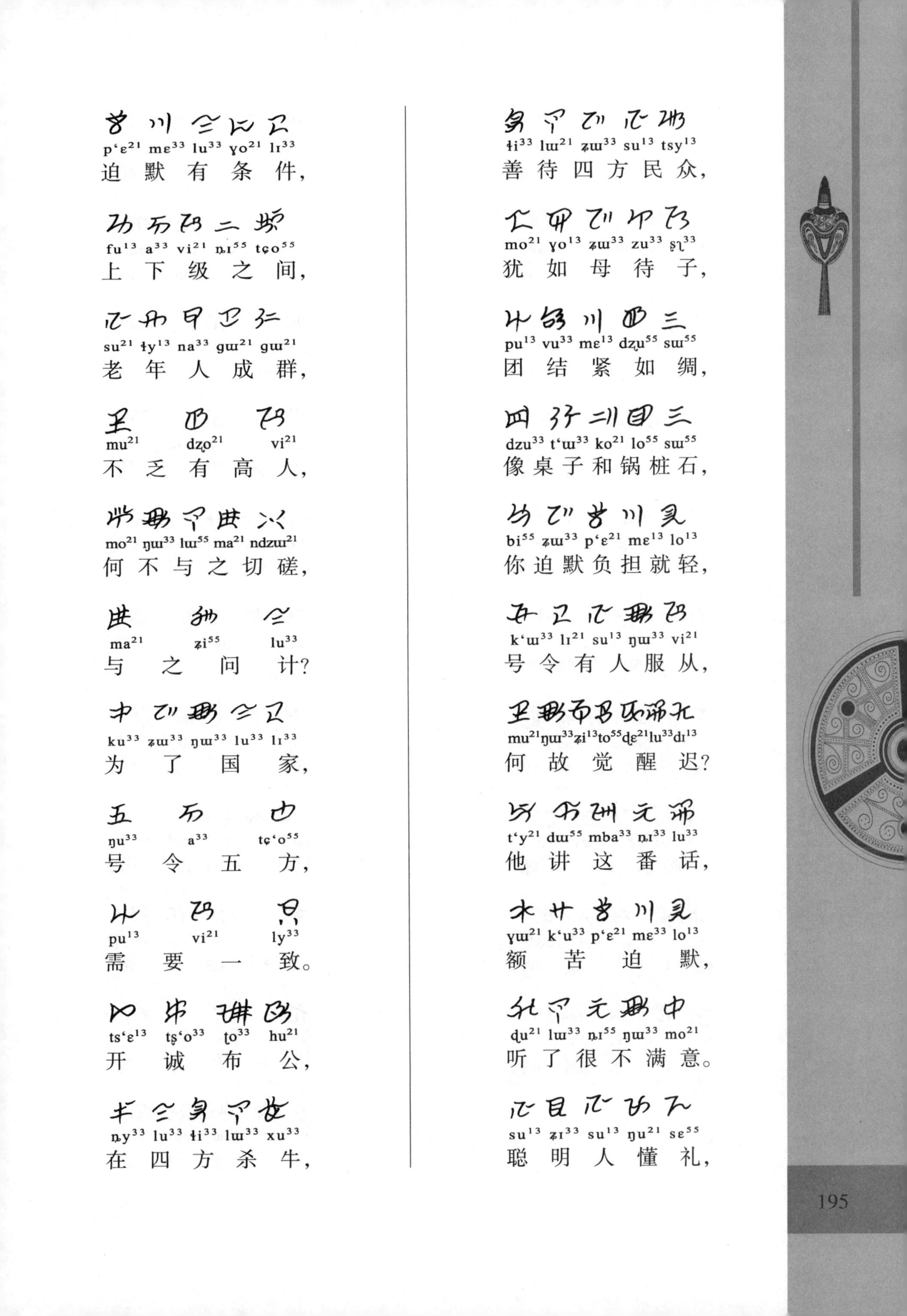

p‘ε^{21} mε^{33} lu^{33} ɣo^{21} lɪ^{33}
迫默有条件，

fu^{13} a^{33} vi^{21} ȵɪ^{55} tɕo^{55}
上下级之间，

su^{21} ɬy^{13} na^{33} gɯ^{21} gɯ^{21}
老年人成群，

mu^{21} dʐo^{21} vi^{21}
不乏有高人，

mo^{21} ŋɯ^{33} lɯ^{55} ma^{21} ndzɯ^{21}
何不与之切磋，

ma^{21} ʑi^{55} lu^{33}
与之问计？

ku^{33} ʑɯ^{33} ŋɯ^{33} lu^{33} lɪ^{33}
为了国家，

ŋu^{33} a^{33} tɕ‘o^{55}
号令五方，

pu^{13} vi^{21} ly^{33}
需要一致。

ts‘ε^{13} tʂ‘o^{33} ʈo^{33} hu^{21}
开诚布公，

ȵy^{33} lu^{33} ɬi^{33} lɯ^{33} xu^{33}
在四方杀牛，

ɬi^{33} lɯ^{21} ʑɯ^{33} su^{13} tsy^{13}
善待四方民众，

mo^{21} ɣo^{13} ʑɯ^{33} zu^{33} ʂɿ^{33}
犹如母待子，

pu^{13} vu^{33} mε^{13} dʐu^{55} sɯ^{55}
团结紧如绸，

dzu^{33} t‘ɯ^{33} ko^{21} lo^{55} sɯ^{55}
像桌子和锅桩石，

bi^{55} ʑɯ^{33} p‘ε^{21} mε^{13} lo^{13}
你迫默负担就轻，

k‘ɯ^{33} lɪ^{21} su^{13} ŋɯ^{33} vi^{21}
号令有人服从，

mu^{21}ŋɯ^{33}ʑi^{13}to^{55}ɖε^{21}lu^{33}dɪ^{13}
何故觉醒迟？

t‘y^{21} dɯ^{55} mba^{33} ȵɪ^{33} lu^{33}
他讲这番话，

ɣɯ^{21} k‘u^{33} p‘ε^{21} mε^{33} lo^{13}
额苦迫默，

ɖu^{21} lɯ^{33} ȵɪ^{55} ŋɯ^{33} mo^{21}
听了很不满意。

su^{13} ʑɪ^{33} su^{13} ŋu^{21} sε^{55}
聪明人懂礼，

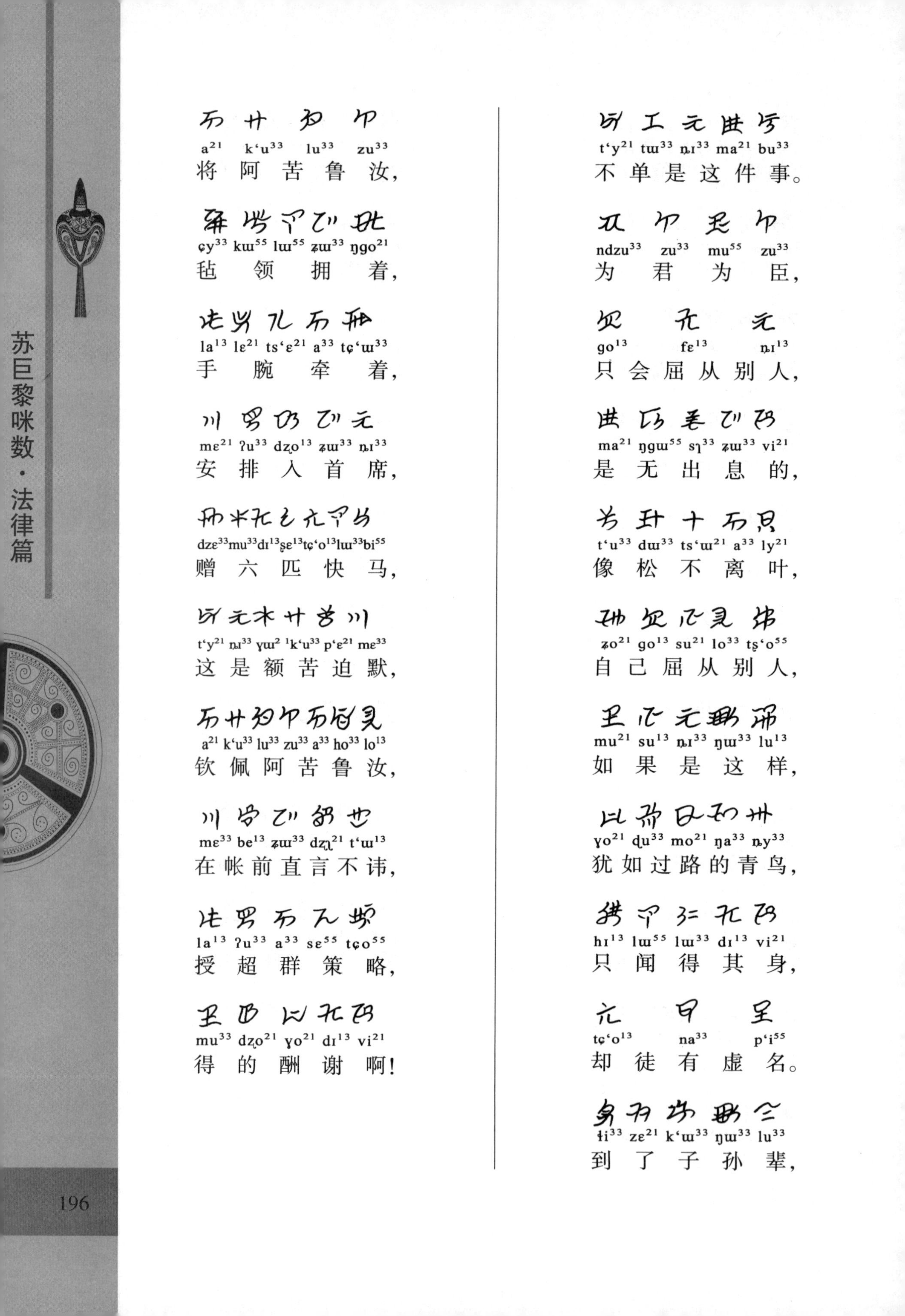

a^{21} k‘u^{33} lu^{33} zu^{33}
将阿苦鲁汝，

ɕy^{33} kɯ^{55} lɯ^{55} ʑɯ^{33} ŋgo^{21}
毡领拥着，

la^{13} lɛ^{21} ts‘ɛ^{21} a^{33} tɕ‘ɯ^{33}
手腕牵着，

mɛ^{21} ʔu^{33} dʐo^{13} ʑɯ^{33} ɳɪ^{33}
安排入首席，

dzɛ^{33}mu^{33}dɪ^{13}ʂɛ^{13}tɕ‘o^{13}lɯ^{33}bi^{55}
赠六匹快马，

t‘y^{21} ɳɪ^{33} ɣɯ^{21} k‘u^{33} p‘ɛ^{21} mɛ^{33}
这是额苦迫默，

a^{21} k‘u^{33} lu^{33} zu^{33} a^{33} ho^{33} lo^{13}
钦佩阿苦鲁汝，

mɛ^{33} be^{13} ʑɯ^{33} dʐʅ^{21} t‘ɯ^{13}
在帐前直言不讳，

la^{13} ʔu^{33} a^{33} sɛ^{55} tɕo^{55}
授超群策略，

mu^{33} dʐo^{21} ɣo^{21} dɪ^{13} vi^{21}
得的酬谢啊！

t‘y^{21} tɯ^{33} ɳɪ^{33} ma^{21} bu^{33}
不单是这件事。

ndzu^{33} zu^{33} mu^{55} zu^{33}
为君为臣，

go^{13} fɛ^{13} ɳɪ^{13}
只会屈从别人，

ma^{21} ŋgɯ^{55} sʅ^{33} ʑɯ^{33} vi^{21}
是无出息的，

t‘u^{33} dɯ^{33} ts‘ɯ^{21} a^{33} ly^{21}
像松不离叶，

ʑo^{21} go^{13} su^{21} lo^{33} tʂ‘o^{55}
自己屈从别人，

mu^{21} su^{13} ɳɪ^{33} ŋɯ^{33} lu^{13}
如果是这样，

ɣo^{21} ɖu^{33} mo^{21} ŋa^{33} ɳy^{33}
犹如过路的青鸟，

hɪ^{13} lɯ^{55} lɯ^{33} dɪ^{13} vi^{21}
只闻得其身，

tɕ‘o^{13} na^{33} p‘i^{55}
却徒有虚名。

ɬi^{33} zɛ^{21} k‘ɯ^{33} ŋɯ^{33} lu^{33}
到了子孙辈，

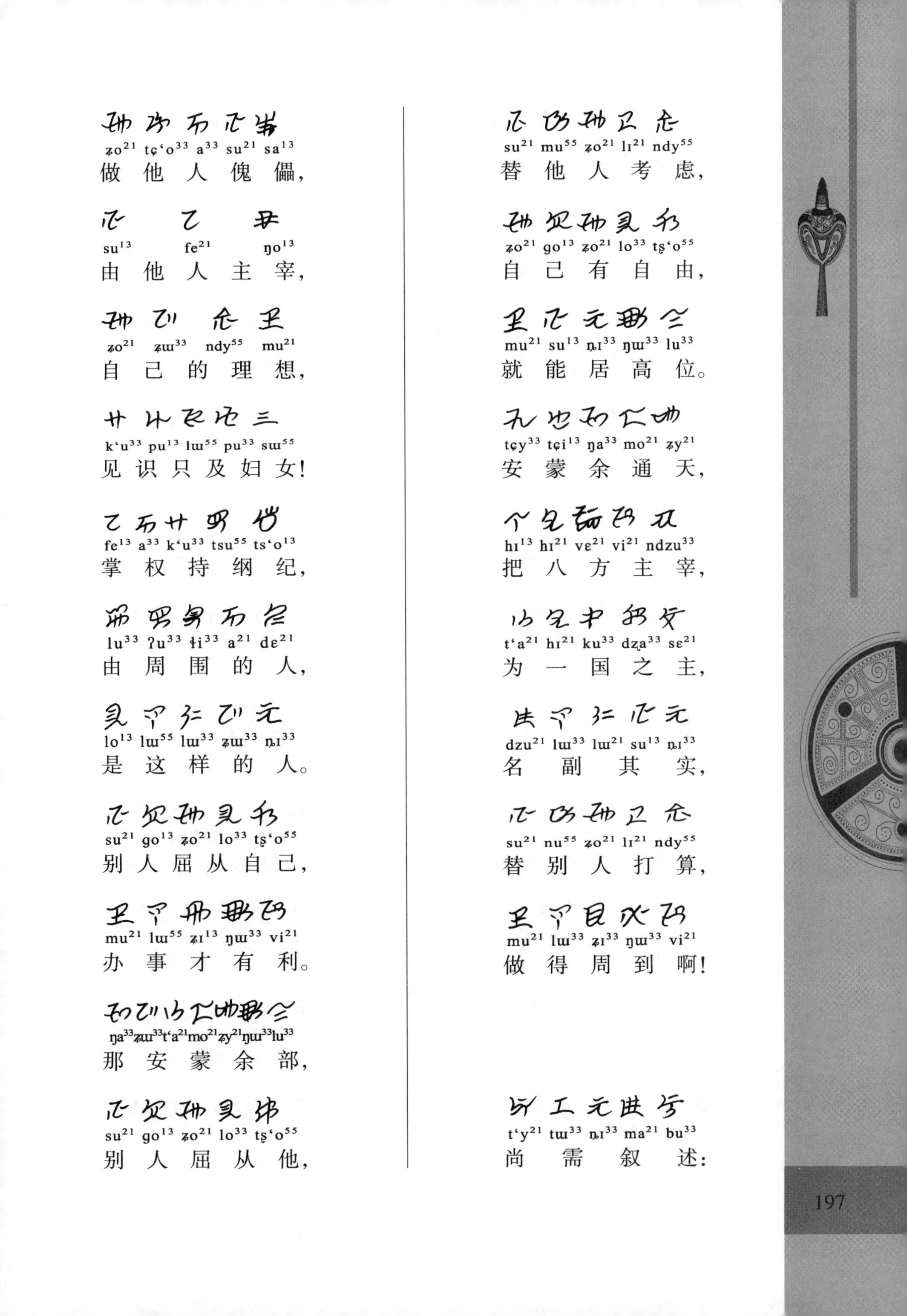

ʑo^{21} tɕ‘o^{33} a^{33} su^{21} sa^{13}
做他人傀儡，

su^{13} fe^{21} ŋo^{13}
由他人主宰，

ʑo^{21} ʑɯ^{33} ndy^{55} mu^{21}
自己的理想，

k‘u^{33} pu^{13} lɯ^{55} pu^{33} sɯ^{55}
见识只及妇女！

fe^{13} a^{33} k‘u^{33} tsu^{55} ts‘o^{13}
掌权持纲纪，

lu^{33} ʔu^{33} ɬi^{33} a^{21} dɛ^{21}
由周围的人，

lo^{13} lɯ^{55} lɯ^{33} ʑɯ^{33} ɲɪ^{33}
是这样的人。

su^{21} go^{13} ʑo^{21} lo^{33} tʂ‘o^{55}
别人屈从自己，

mu^{21} lɯ^{55} ʑɪ^{13} ŋɯ^{33} vi^{21}
办事才有利。

ŋa^{33}ʑɯ^{33}t‘a^{21}mo^{21}ʑy^{21}ŋɯ^{33}lu^{33}
那安蒙余部，

su^{21} go^{13} ʑo^{21} lo^{33} tʂ‘o^{55}
别人屈从他，

su^{21} mu^{55} ʑo^{21} lɪ^{21} ndy^{55}
替他人考虑，

ʑo^{21} go^{13} ʑo^{21} lo^{33} tʂ‘o^{55}
自己有自由，

mu^{21} su^{13} ɲɪ^{33} ŋɯ^{33} lu^{33}
就能居高位。

tɕy^{33} tɕi^{13} ŋa^{33} mo^{21} ʑy^{21}
安蒙余通天，

hɪ^{13} hɪ^{21} vɛ^{21} vi^{21} ndzu^{33}
把八方主宰，

t‘a^{21} hɪ^{21} ku^{33} dʐa^{33} sɛ^{21}
为一国之主，

dzu^{21} lɯ^{33} lɯ^{21} su^{13} ɲɪ^{33}
名副其实，

su^{21} nu^{55} ʑo^{21} lɪ^{21} ndy^{55}
替别人打算，

mu^{21} lɯ^{33} ʑɪ^{33} ŋɯ^{33} vi^{21}
做得周到啊！

t‘y^{21} tɯ^{33} ɲɪ^{33} ma^{21} bu^{33}
尚需叙述：

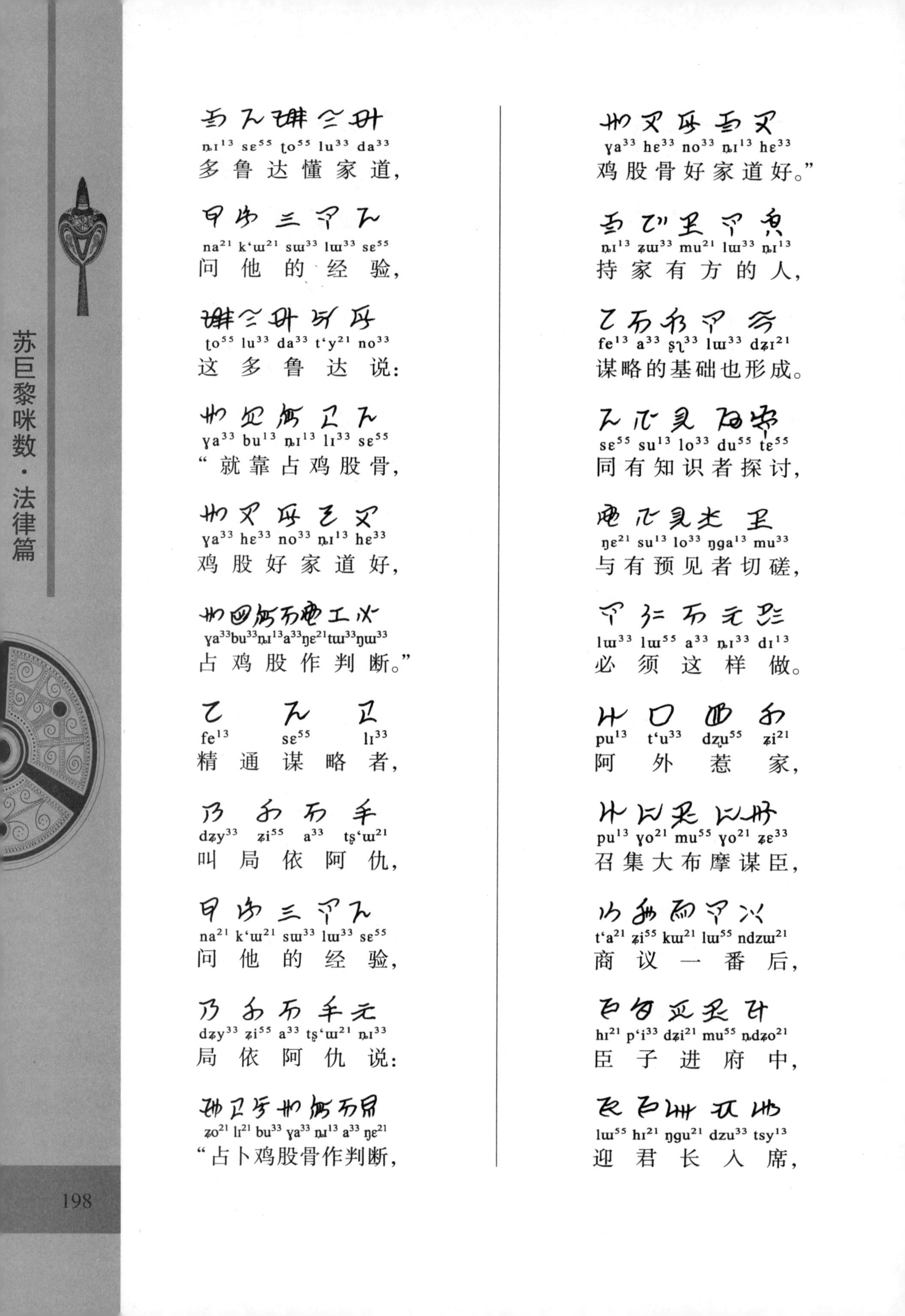

ȵɪ^{13} sɛ^{55} ʈo^{55} lu^{33} da^{33}

多鲁达懂家道，

na^{21} k'ɯ^{21} sɯ^{33} lɯ^{33} sɛ^{55}

问他的经验，

ʈo^{55} lu^{33} da^{33} t'y^{21} no^{33}

这多鲁达说：

ɣa^{33} bu^{13} ȵɪ^{13} lɪ^{33} sɛ^{55}

“就靠占鸡股骨，

ɣa^{33} hɛ^{33} no^{33} ȵɪ^{13} hɛ^{33}

鸡股好家道好，

ɣa^{33}bu^{33}ȵɪ^{13}a^{33}ŋɛ^{21}tɯ^{33}ŋɯ^{33}

占鸡股作判断。”

fe^{13} sɛ^{55} lɪ^{33}

精通谋略者，

dʑy^{33} ʑi^{55} a^{33} tʂ'ɯ^{21}

叫局依阿仇，

na^{21} k'ɯ^{21} sɯ^{33} lɯ^{33} sɛ^{55}

问他的经验，

dʑy^{33} ʑi^{55} a^{33} tʂ'ɯ^{21} ȵɪ^{33}

局依阿仇说：

ʑo^{21} lɪ^{21} bu^{33} ɣa^{33} ȵɪ^{13} a^{33} ŋe^{21}

“占卜鸡股骨作判断，

ɣa^{33} hɛ^{33} no^{33} ȵɪ^{13} hɛ^{33}

鸡股骨好家道好。”

ȵɪ^{13} ʑɯ^{33} mu^{21} lɯ^{33} ȵɪ^{13}

持家有方的人，

fe^{13} a^{33} ʂʅ^{33} lɯ^{33} dʑɪ^{21}

谋略的基础也形成。

sɛ^{55} su^{13} lo^{33} du^{55} tɛ^{55}

同有知识者探讨，

ŋɛ^{21} su^{13} lo^{33} ŋga^{13} mu^{33}

与有预见者切磋，

lɯ^{33} lɯ^{55} a^{33} ȵɪ^{33} dɪ^{13}

必须这样做。

pu^{13} t'u^{33} dʐu^{55} ʑi^{21}

阿外惹家，

pu^{13} ɣo^{21} mu^{55} ɣo^{21} ʑɛ^{33}

召集大布摩谋臣，

t'a^{21} ʑi^{55} kɯ^{21} lɯ^{55} ndzɯ^{21}

商议一番后，

hɪ^{21} p'i^{33} dʑi^{21} mu^{55} ȵdʑo^{21}

臣子进府中，

lɯ^{55} hɪ^{21} ŋgu^{21} dzu^{33} tsy^{13}

迎君长入席，

mɛ^{21} bu^{33} ndo^{21} mu^{55} n̥ɪ^{21}
臣按位置坐，

ɣɯ^{21} tʂ‘ɯ^{21} k‘ɯ^{33} pu^{13} nu^{33}
以礼待布摩，

n̥ɪ^{13} tɛ^{55} ɕɛ^{55}
领尼德夫人，

lɯ^{55} hɪ^{21} ʂɛ^{13} ʑɯ^{33} n̥ɪ^{33}
住进华丽宫，

nu^{33} ʑɯ^{33} tʂ‘ʅ^{21} dʐɯ^{21} ɕɛ^{55}
贴身的用人，

ɣo^{21} tʂ‘ɯ^{21} ŋgo^{21} ʑɯ^{33} ɖu^{55}
也进入家中，

mu^{33} vi^{13} kɯ^{33}
驯服烈马，

ɬo^{21} dʐʅ^{21} ʂɛ^{13} ʑɯ^{33} k‘ɛ^{55}
拴在成排的马厩里。

k‘a^{33} ts‘e^{13} lu^{33} ʑy^{21} tʂ‘u^{33}
武将执兵器，

mu^{55} ts‘e^{13} bi^{21} tʂ‘ɛ^{21} tɯ^{33}
臣子执权杖，

mɛ^{55} fu^{33} kɯ^{21} dzu^{21} tʂu^{33}
供贤妻吃粮，

zu^{33} fu^{33} hu^{13} hu^{21} dzɛ^{33}
供贵子骑马，

ɣɯ^{21}k‘u^{33}p‘ɛ^{21}mɛ^{33}t‘a^{21}ʑi^{55}ʂo^{21}
额苦迫默一时称雄，

su^{21} ɬi^{33} xɯ^{55} ŋgu^{21} tsy^{13}
有四部人纳贡，

ʑɛ^{33} n̥ɪ^{13} ʑɛ^{33} n̥o^{21} to^{33}
制定长幼秩序，

nɯ^{55} ʑɯ^{33} zu^{33} ɖe^{13} kɯ^{13}
彝人能言善辩，

fe^{13} a^{33} k‘u^{33} tsu^{55} ts‘o^{13}
执纲纪发号令。

mu^{33} ʑɯ^{33} dɪ^{13} su^{13} no^{33}
个中的原因，

ndzo^{33} mu^{55} ʑɪ^{21} sʅ^{33}
引导愚顽者开化，

a^{21} he^{55} n̥dʑo^{55} do^{33} lɪ^{21} mu^{21}
为阿恒纠朵所为，

dʑy^{33} li^{33} vu^{33} du^{55}
进谏得法者，

a^{21} k‘u^{33} lu^{33} zu^{33} lɪ^{21} mu^{21}
是阿苦鲁汝。

t‘y^{21} ȵɪ^{33} mu^{55} k‘ɯ^{33} hɛ^{33}
这是慕魁臣子贤，

ʑɪ^{13} lɯ^{55} ŋɯ^{55} ɣa^{33} vi^{21}
懂道理的例子啊！

ku^{33} k‘ɯ^{33} gɯ^{55} ʑɯ^{33}
且说古口勾，

vɛ^{21} dʐɛ^{55} a^{21} mɛ^{13} ɣo^{55}
维遮阿默家，

t‘a^{21} ʑi^{55} ndzu^{33} mu^{55} ȵdʑo^{21}
有次君臣相聚，

ɣɯ^{21} p‘u^{21} lu^{33} tɕy^{33} ȵɪ^{33}
厄铺鲁举，

mi^{55} t‘u^{55} gu^{33} ŋgɯ^{55} mu^{33}
作高雅辞令，

ndo^{21} gu^{21} ko^{13} ʑɯ^{33} ȵɪ^{33}
坐在大堂上，

lu^{33} a^{33} ho^{21} dɯ^{21} vu^{55}
臣民阿洪德乌，

gu^{55} t‘u^{55} so^{21}
示文雅篇章，

ndu^{21} gu^{21} dʑi^{21} ȵo^{33} tɕo^{55}
上下级之间，

tsɿ^{13} dʐa^{33} lu^{33}
应付差事。

ɣɯ^{21} p‘u^{21} lu^{33} tɕy^{33} ȵɪ^{33}
厄铺鲁举，

lu^{33} tɕy^{33} a^{21} ʂɿ^{33} ɕɛ^{55}
令鲁举阿史，

k‘u^{33} ŋga^{13} bu^{33} dʐu^{55}
问有德行者在何处，

mu^{55} mi^{13} tɕ‘e^{13} t‘u^{55} du^{55}
教诲人的良言，

no^{13} ʑɯ^{33} ȵɪ^{33} ŋɯ^{33} lɯ^{33}
他要去听取。

ɣɯ^{21} ho^{21} dɯ^{21} vu^{55}
到额洪德乌，

be^{13} ʑɯ^{33} k‘ɯ^{33} lɪ^{21} lu^{33}
居住的大帐，

ɣɯ^{21} ho^{21} dɯ^{21} vu^{55} ȵɪ^{33}
额洪德乌，

t‘y^{21} a^{33} ʑo^{21} mba^{33} lɯ^{21}
开口就说道：

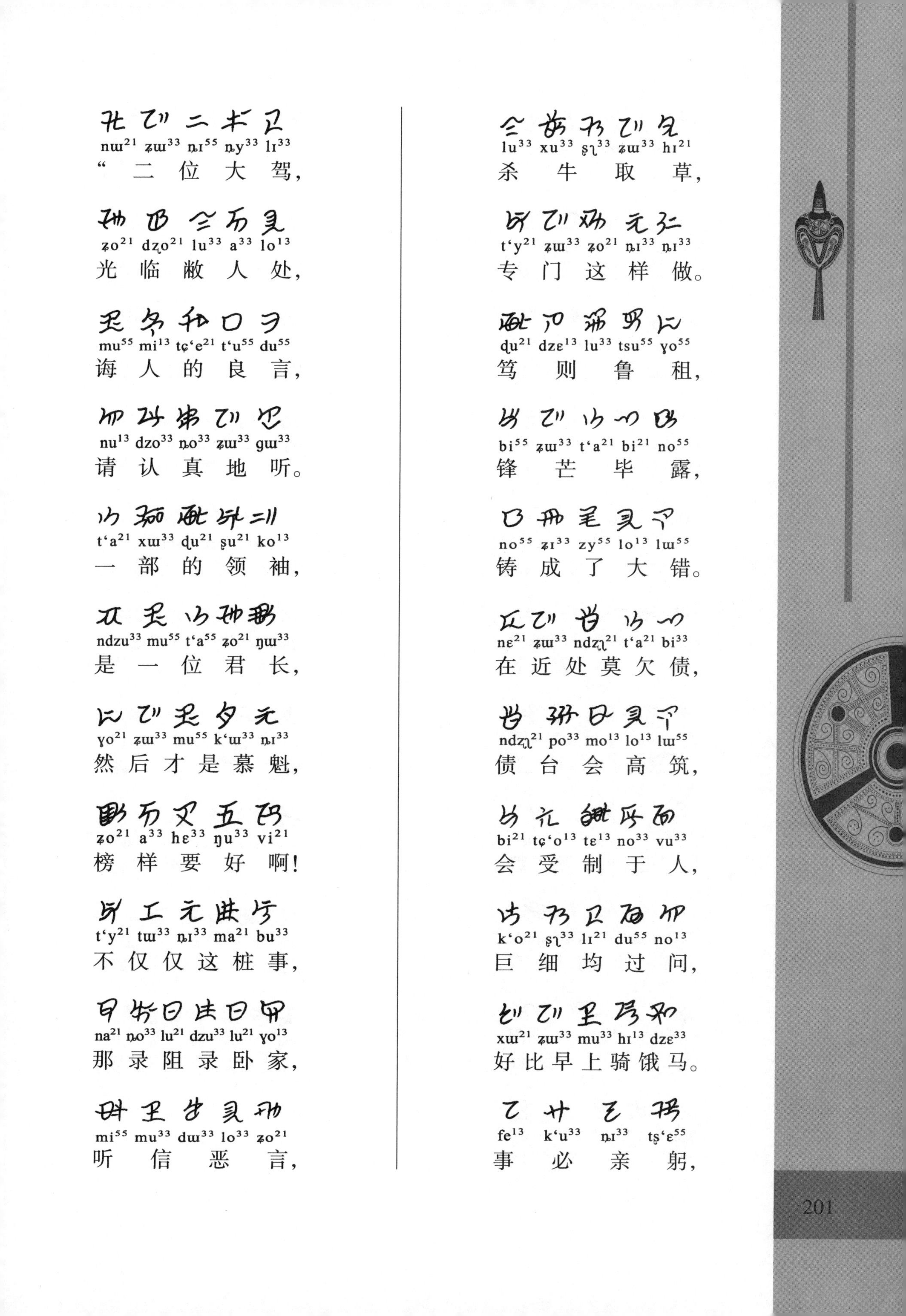

nɯ^{21} ʑɯ^{33} ȵɪ^{55} ȵy^{33} lɪ^{33}
“二位大驾，

ʑo^{21} dʐo^{21} lu^{33} a^{33} lo^{13}
光临敝人处，

mu^{55} mi^{13} tɕ‘e^{21} t‘u^{55} du^{55}
诲人的良言，

nu^{13} dzo^{33} ȵo^{33} ʑɯ^{33} gɯ^{33}
请认真地听。

t‘a^{21} xɯ^{33} ɖu^{21} ʂu^{21} ko^{13}
一部的领袖，

ndzu^{33} mu^{55} t‘a^{55} ʑo^{21} ŋɯ^{33}
是一位君长，

ɣo^{21} ʑɯ^{33} mu^{55} k‘ɯ^{33} ȵɪ^{33}
然后才是慕魁，

ʑo^{21} a^{33} hɛ^{33} ŋu^{33} vi^{21}
榜样要好啊！

t‘y^{21} tɯ^{33} ȵɪ^{33} ma^{21} bu^{33}
不仅仅这桩事，

na^{21} ȵo^{33} lu^{21} dzu^{33} lu^{21} ɣo^{13}
那录阻录卧家，

mi^{55} mu^{33} dɯ^{33} lo^{33} ʑo^{21}
听信恶言，

lu^{33} xu^{33} ʂʅ^{33} ʑɯ^{33} hɪ^{21}
杀牛取草，

t‘y^{21} ʑɯ^{33} ʑo^{21} ȵɪ^{33} ȵɪ^{33}
专门这样做。

ɖu^{21} dzɛ^{13} lu^{33} tsu^{55} ɣo^{55}
笃则鲁租，

bi^{55} ʑɯ^{33} t‘a^{21} bi^{21} no^{55}
锋芒毕露，

no^{55} ʑɪ^{33} zy^{55} lo^{13} lɯ^{55}
铸成了大错。

nɛ^{21} ʑɯ^{33} ndʐʅ^{21} t‘a^{21} bi^{33}
在近处莫欠债，

ndʐʅ^{21} po^{33} mo^{13} lo^{13} lɯ^{55}
债台会高筑，

bi^{21} tɕ‘o^{13} tɛ^{13} no^{33} vu^{33}
会受制于人，

k‘o^{21} ʂʅ^{33} lɪ^{21} du^{55} no^{13}
巨细均过问，

xɯ^{21} ʑɯ^{33} mu^{33} hɪ^{13} dzɛ^{33}
好比早上骑饿马。

fe^{13} k‘u^{33} ȵɪ^{33} tʂ‘ɛ^{55}
事必亲躬，

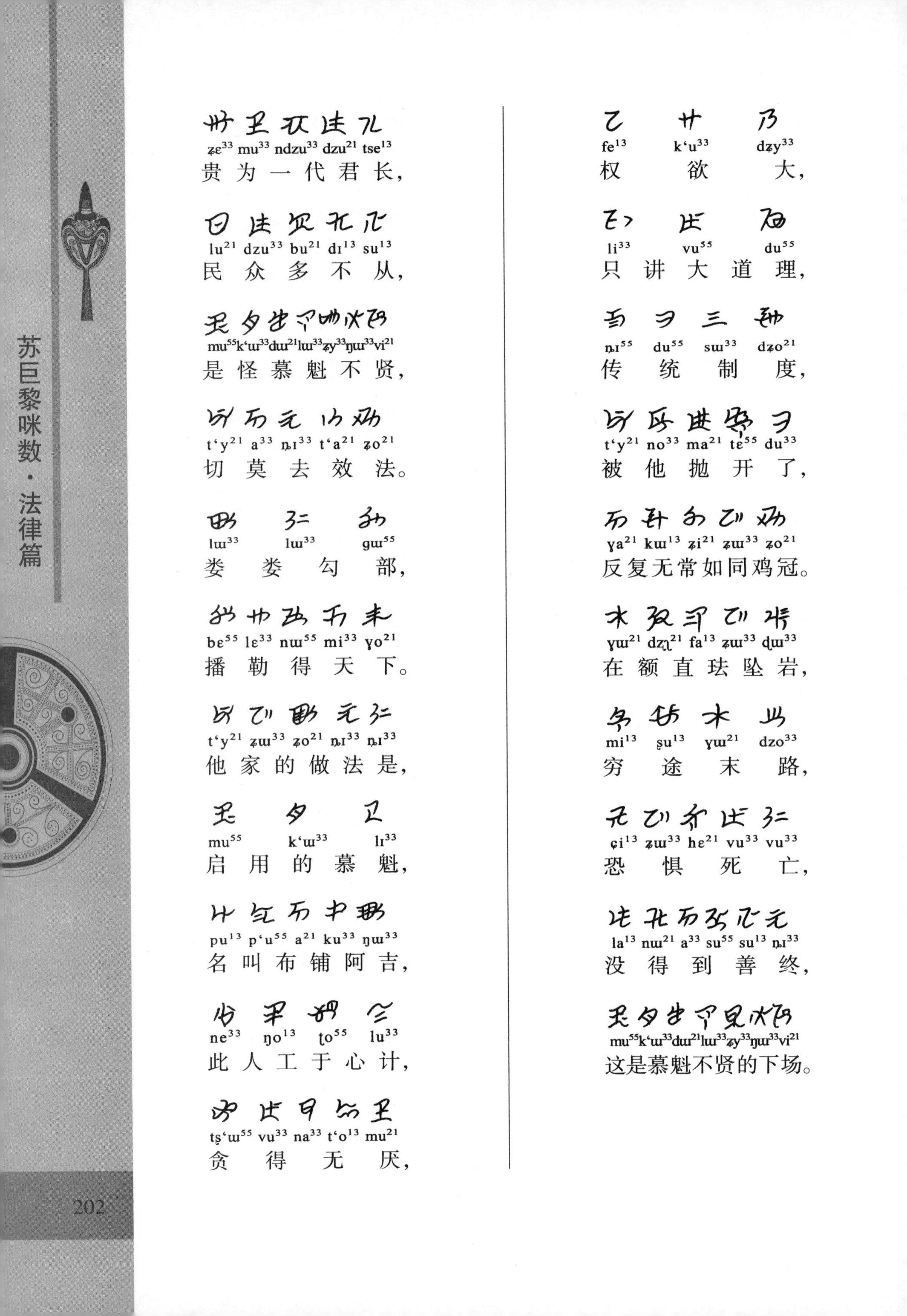

zɛ^{33} mu^{33} ndzu^{33} dzu^{21} tse^{13}
贵为一代君长，

lu^{21} dzu^{33} bu^{21} dɪ^{13} su^{13}
民众多不从，

mu^{55}k‘ɯ^{33}dɯ^{21}lɯ^{33}ʑy^{33}ŋɯ^{33}vi^{21}
是怪慕魁不贤，

t‘y^{21} a^{33} ȵɪ^{33} t‘a^{21} ʑo^{21}
切莫去效法。

lɯ^{33} lɯ^{33} gɯ^{55}
娄娄勾部，

bɛ^{55} lɛ^{33} nɯ^{55} mi^{33} ɣo^{21}
播勒得天下。

t‘y^{21} ʑɯ^{33} ʑo^{21} ȵɪ^{33} ȵɪ^{33}
他家的做法是，

mu^{55} k‘ɯ^{33} lɪ^{33}
启用的慕魁，

pu^{13} p‘u^{55} a^{21} ku^{33} ŋɯ^{33}
名叫布铺阿吉，

ne^{33} ŋo^{13} ʈo^{55} lu^{33}
此人工于心计，

tʂ‘ɯ^{55} vu^{33} na^{33} t‘o^{13} mu^{21}
贪得无厌，

fe^{13} k‘u^{33} dʑy^{33}
权欲大，

li^{33} vu^{55} du^{55}
只讲大道理，

ȵɪ^{55} du^{55} sɯ^{33} dʑo^{21}
传统制度，

t‘y^{21} no^{33} ma^{21} tɛ^{55} du^{33}
被他抛开了，

ɣa^{21} kɯ^{13} ʑi^{21} ʑɯ^{33} ʑo^{21}
反复无常如同鸡冠。

ɣɯ^{21} dʐʅ^{21} fa^{13} ʑɯ^{33} ɖɯ^{33}
在额直珐坠岩，

mi^{13} ʂu^{13} ɣɯ^{21} dzo^{33}
穷途末路，

ɕi^{13} ʑɯ^{33} hɛ^{21} vu^{33} vu^{33}
恐惧死亡，

la^{13} nɯ^{21} a^{33} su^{55} su^{13} ȵɪ^{33}
没得到善终，

mu^{55}k‘ɯ^{33}dɯ^{21}lɯ^{33}ʑy^{33}ŋɯ^{33}vi^{21}
这是慕魁不贤的下场。

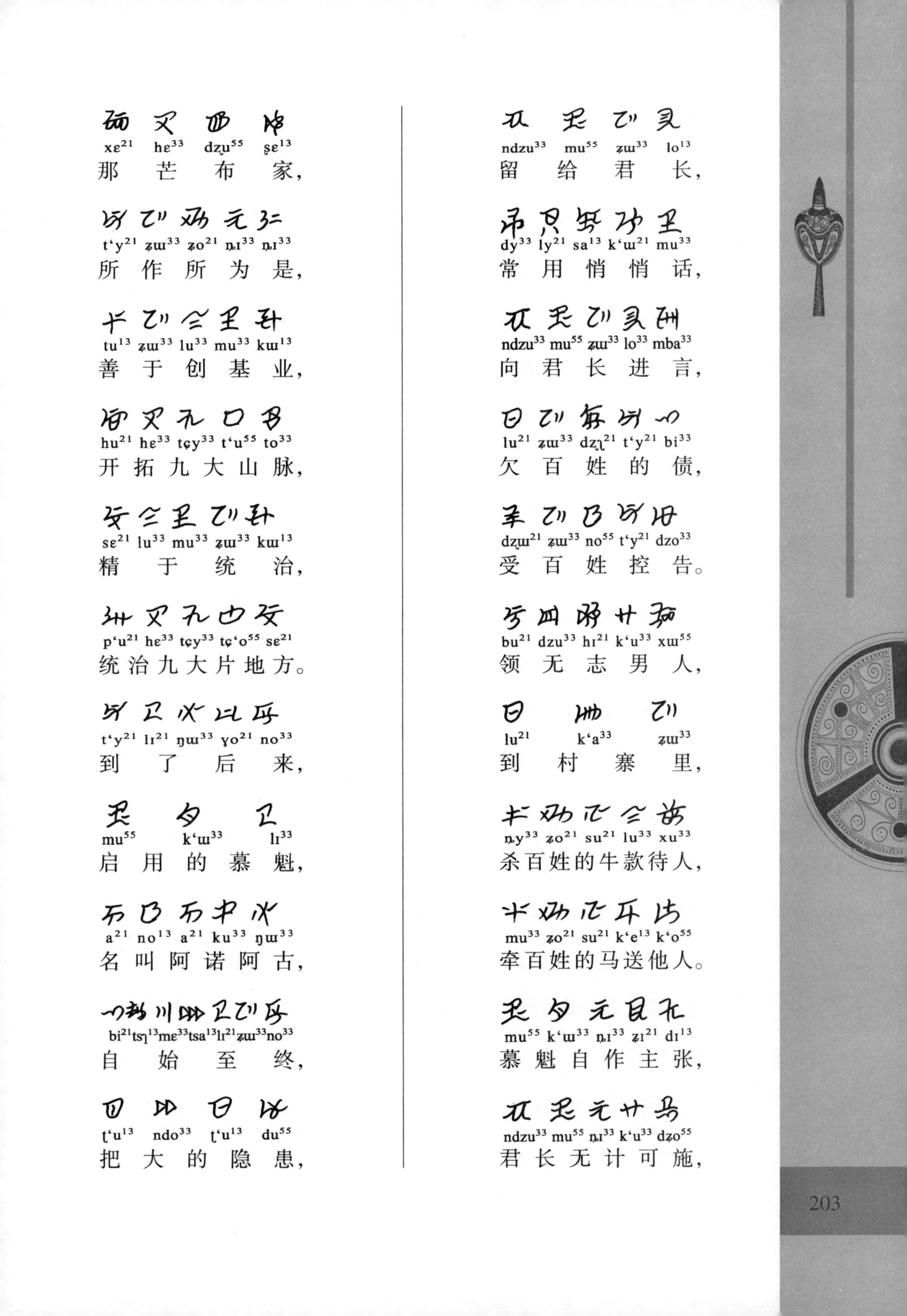

xɛ^{21} hɛ^{33} dʐu^{55} ʂɛ^{13}
那 芒 布 家，

t‘y^{21} ʑɯ^{33} ʑo^{21} ȵɪ^{33} ȵɪ^{33}
所 作 所 为 是，

tu^{13} ʑɯ^{33} lu^{33} mu^{33} kɯ^{13}
善 于 创 基 业，

hu^{21} hɛ^{33} tɕy^{33} t‘u^{55} to^{33}
开 拓 九 大 山 脉，

sɛ^{21} lu^{33} mu^{33} ʑɯ^{33} kɯ^{13}
精 于 统 治，

p‘u^{21} hɛ^{33} tɕy^{33} tɕ‘o^{55} sɛ^{21}
统 治 九 大 片 地 方。

t‘y^{21} lɪ^{21} ŋɯ^{33} ɣo^{21} no^{33}
到 了 后 来，

mu^{55} k‘ɯ^{33} lɪ^{33}
启 用 的 慕 魁，

a^{21} no^{13} a^{21} ku^{33} ŋɯ^{33}
名 叫 阿 诺 阿 古，

bi^{21}tsɿ^{13}mɛ^{33}tsa^{13}lɪ^{21}ʑɯ^{33}no^{33}
自 始 至 终，

ʈ‘u^{13} ndo^{33} ʈ‘u^{13} du^{55}
把 大 的 隐 患，

ndzu^{33} mu^{55} ʑɯ^{33} lo^{13}
留 给 君 长，

dy^{33} ly^{21} sa^{13} k‘ɯ^{21} mu^{33}
常 用 悄 悄 话，

ndzu^{33} mu^{55} ʑɯ^{33} lo^{33} mba^{33}
向 君 长 进 言，

lu^{21} ʑɯ^{33} dʐɿ^{21} t‘y^{21} bi^{33}
欠 百 姓 的 债，

dʐɯ^{21} ʑɯ^{33} no^{55} t‘y^{21} dzo^{33}
受 百 姓 控 告。

bu^{21} dzu^{33} hɪ^{21} k‘u^{33} xɯ^{55}
领 无 志 男 人，

lu^{21} k‘a^{33} ʑɯ^{33}
到 村 寨 里，

ȵy^{33} ʑo^{21} su^{21} lu^{33} xu^{33}
杀百姓的牛款待人，

mu^{33} ʑo^{21} su^{21} k‘e^{13} k‘o^{55}
牵百姓的马送他人。

mu^{55} k‘ɯ^{33} ȵɪ^{33} ʑɪ^{21} dɪ^{13}
慕 魁 自 作 主 张，

ndzu^{33} mu^{55} ȵɪ^{33} k‘u^{33} dʑo^{55}
君 长 无 计 可 施，

zu^{33} ʑɯ^{33} vɛ^{13} dʐɯ^{33} ɣo^{21}
取不义之财。

t'y^{21} lɪ^{21} ŋɯ^{33} ɣo^{21} no^{33}
正因为这样，

vɛ^{13} dʐɛ^{55} lɯ^{21} ʑɯ^{33} du^{55}
等他离开后，

lu^{21} ʑɯ^{33} mɛ^{55} n̥y^{13} dʐɯ^{33}
黎民妻儿哭，

dʐɯ^{21} ʑɯ^{33} zu^{33} n̥y^{13} tɕ'o^{55}
百姓妻儿诉，

lɯ^{55} ʑɯ^{33} n̥ɪ^{33} lu^{33} lɪ^{33}
这样一来，

p'u^{21} hɪ^{13} k'o^{13} p'u^{21} lɪ^{33}
任其掠土地，

tɕi^{13} hɪ^{13} k'o^{13} tɕi^{13} lɪ^{33}
任其夺财物，

ndzu^{33} k'u^{33} vu^{33}
君长也无奈，

mu^{55} ndʐu^{13} tse^{13} ma^{21} nɛ^{13}
好比马关节有病，

tɕ'i^{55} ndʐu^{13} k'o^{21} ma^{21} gu^{21}
就像马蹄有缺陷，

ɖu^{21}ts'u^{13}ʔu^{33}ma^{21}tɯ^{33}lɯ^{33}sɯ^{55}
像不蒙头收蜂，

lɯ^{55} ʑɯ^{33} mu^{33} lu^{21} no^{33}
究其原因，

a^{21} no^{13} a^{21} ku^{33}
只怪阿诺阿古，

mu^{55}k'ɯ^{33}dɯ^{21}lɯ^{33}ʑy^{33}ŋɯ^{33}vi^{21}
并非忠诚的慕魁。

na^{55} dʑi^{55} mu^{55} ɣo^{21} gɯ^{55}
那慕俄勾家，

a^{21} nu^{33} ɣɯ^{21} vi^{33}
阿诺额禹，

lo^{21} ʑo^{21} tɯ^{33} ŋɯ^{33} vi^{21}
才是好榜样。

ɬu^{13} a^{33} zu^{33} ndʐu^{55} ndʐu^{33}
能说会道，

p'u^{21} gu^{33} a^{33} k'ɯ^{33} hɛ^{13}
主持正义，

t'a^{21} ʑo^{21} lɪ^{21} ŋɯ^{33} dʐa^{33}
是这样的人。

hɛ^{33} gɯ^{21} ho^{21} zu^{33} lo^{33} mba^{33}
同志士仁人交谈，

ndɪ^{21} gu^{21} no^{21} no^{21}
像坝子一样坦荡，

ʑi^{21} p'i^{33} ʂu^{33} tɕ'ɯ^{33}
像园中浇水，

tʂu^{13} ma^{55} fɛ^{21} lɯ^{33} sɯ^{55}
常滋润一般，

mba^{33} lɯ^{55} tɯ^{33} ŋɯ^{33} vi^{21}
是这样交谈的。

nɯ^{55} ʑɯ^{33} ʂa^{33} lo^{33} mba^{33}
同外族交谈，

bu^{55} ʑi^{21} ȵy^{21} a^{33} do^{33}
如江水滔滔，

xɯ^{21}ʑɛ^{33}a^{33}lo^{33}tɕ'o^{13}lɯ^{33}sɯ^{55}
汇入大海一般，

mba^{33} lɯ^{55} tɯ^{33} ŋɯ^{33} vi^{21}
是这样交谈的。

gɯ^{21}ʑɪ^{33}dʐʅ^{21}dʐo^{21}lo^{33}mba^{33}
与百姓交谈，

nɛ^{13} dʑi^{21} do^{33}
像春天的太阳，

p'u^{21}ɬi^{33}lɯ^{21}a^{33}ʈ'u^{55}lɯ^{33}sɯ^{55}
照遍了四方，

hu^{21} ʑɯ^{33} do^{33} ɖe^{13} sɯ^{55}
像皓月高悬，

mba^{33} lɯ^{33} tɯ^{33} ŋɯ^{33} vi^{21}
是这样交谈的。

ʑy^{21} ʑɯ^{33} su^{55} lo^{33} mba^{33}
同亲戚交谈，

ʂu^{55} mi^{33} vi^{21} gu^{33}
像彩霞满天，

mo^{13}t'u^{55}pa^{33}a^{33}vu^{33}lɯ^{33}sɯ^{55}
像吹芦笙遇知音，

mba^{33} lo^{13} tɯ^{33} ŋɯ^{33} vi^{21}
如此交谈的。

ʑo^{21}ȵo^{21}ndzu^{33}ʑɯ^{33}mu^{55}lo^{33}mba^{33}
同自己的君长进言，

dɯ^{21} tɕi^{13} vu^{55} mɛ^{33} ʈ'u^{13}
像白尾鸽子，

ʂa^{13} ʑɯ^{33} vu^{33} lɯ^{33} sɯ^{55}
歇进了窝巢，

dʐʅ^{21} lɯ^{33} tɯ^{33} ŋɯ^{33} vi^{21}
就是生动啊。

nɛ^{13} ʑɯ^{33} ʑi^{55} lo^{33} mba^{33}
同朋友交谈，

bi^{21}ɬo^{55}ʑɛ^{21}a^{33}ȵdʑo^{33}lɯ^{33}sɯ^{55}
像超越顶峰一样，

mba^{33} lɯ^{33} tɯ^{33} ŋɯ^{33} vi^{21}
如此交谈的。

tsʻe^{13} ʑɯ^{33} vi^{21} lo^{33} mba^{33}
同家族交谈，

ŋgɯ^{21} mɛ^{33} tʂʻa^{33} tʻɯ^{13} sɯ^{55}
像绸子全部展开。

tɕʻi^{55} ʑɯ^{33} zu^{33} lo^{33} mba^{33}
同子、媳交谈，

bo^{21} ŋu^{21} nu^{33} tʻu^{55} sɯ^{55}
像照谱按笙眼一般。

lu^{21} a^{33} dʐɯ^{21} lo^{33} mba^{33}
同百姓交谈，

tʻɯ^{33} kʻu^{33} se^{33} a^{33} ȵy^{21}
如浇灌树木，

tɕʻy^{55} lɪ^{33} hɛ^{33} ʑɯ^{33} kʻɛ^{21}
使恶者向善，

hɛ^{33} ʑɯ^{33} ʑo^{33} lo^{33} kʻɛ^{21}
记自己的情。

sɛ^{21} dʑi^{21} dʐɯ^{21} lo^{33} mba^{33}
同奴仆交谈，

lu^{33} ʑɯ^{33} lɛ^{21} kʻɯ^{21} sɯ^{55}
如同把牛牵，

bu^{55} hu^{33} lɯ^{55} tʻa^{21} du^{21}
不误入竹林，

xɛ^{33} kɛ^{55} lɯ^{55} tʻa^{21} ʑo^{21}
不误入壑谷。

na^{21} dzu^{21} lɪ^{21} ɣo^{21} ȵo^{33}
高高在上，

fe^{13} zɯ^{33} lɪ^{21} ɣo^{21} dʑi^{33}
把属下号令，

dzu^{21} lɯ^{33} gɯ^{33} a^{33} vi^{21}
实在是这样。

mi^{55} vu^{33} gu^{33} ȵɪ^{33}
出口成章，

hɛ^{33} ȵɪ^{33} ndʐu^{55} dʑɪ^{21} no^{33}
礼仪完美，

a^{21} nu^{33} ɣɯ^{21} vi^{21} lo^{33}
当属阿诺额禹，

ʑo^{21} lɯ^{33} tɯ^{33} ho^{13} vi^{21}
要向他学习。

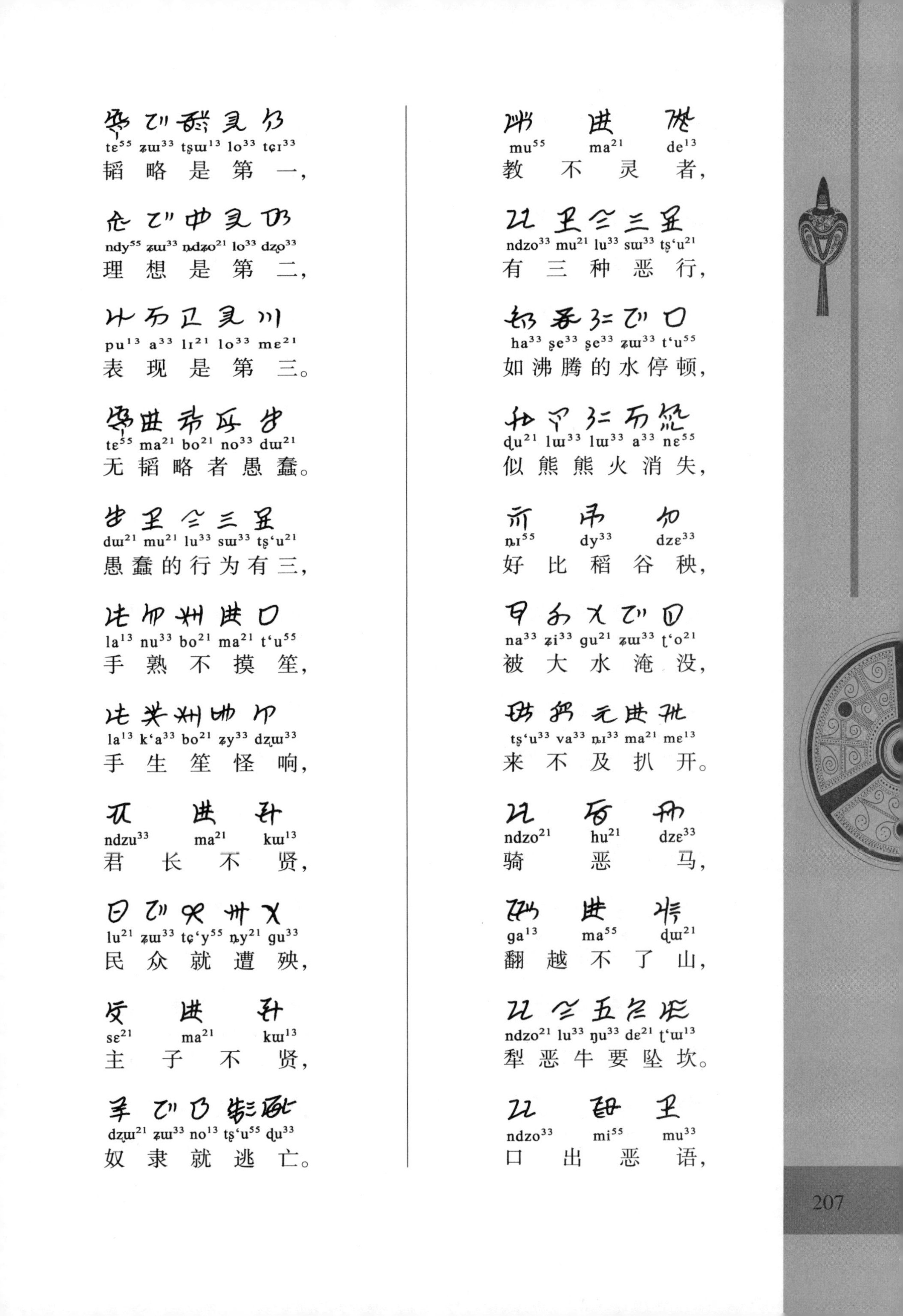

tɛ^{55} ʑɯ^{33} tʂɯ^{13} lo^{33} tɕɪ^{33}
韬略是第一，

ndy^{55} ʑɯ^{33} ɳdʐo^{21} lo^{33} dʐo^{33}
理想是第二，

pu^{13} a^{33} lɪ^{21} lo^{33} mɛ^{21}
表现是第三。

tɛ^{55} ma^{21} bo^{21} no^{33} dɯ^{21}
无韬略者愚蠢。

dɯ^{21} mu^{21} lu^{33} sɯ^{33} tʂʻu^{21}
愚蠢的行为有三，

la^{13} nu^{33} bo^{21} ma^{21} tʻu^{55}
手熟不摸笙，

la^{13} kʻa^{33} bo^{21} ʑy^{33} dʐɯ^{33}
手生笙怪响，

ndzu^{33} ma^{21} kɯ^{13}
君长不贤，

lu^{21} ʑɯ^{33} tɕʻy^{55} ɳy^{21} gu^{33}
民众就遭殃，

sɛ^{21} ma^{21} kɯ^{13}
主子不贤，

dʐɯ^{21} ʑɯ^{33} no^{13} tʂʻu^{55} ɖu^{33}
奴隶就逃亡。

mu^{55} ma^{21} de^{13}
教不灵者，

ndzo^{33} mu^{21} lu^{33} sɯ^{33} tʂʻu^{21}
有三种恶行，

ha^{33} ʂe^{33} ʂe^{33} ʑɯ^{33} tʻu^{55}
如沸腾的水停顿，

ɖu^{21} lɯ^{33} lɯ^{33} a^{33} nɛ^{55}
似熊熊火消失，

ɳɪ^{55} dy^{33} dzɛ^{33}
好比稻谷秧，

na^{33} ʑi^{33} gu^{21} ʑɯ^{33} tʻo^{21}
被大水淹没，

tʂʻu^{33} va^{33} ɳɪ^{33} ma^{21} mɛ^{13}
来不及扒开。

ndzo^{21} hu^{21} dzɛ^{33}
骑恶马，

ga^{13} ma^{55} ɖɯ^{21}
翻越不了山，

ndzo^{21} lu^{33} ŋu^{33} dɛ^{21} tʻɯ^{13}
犁恶牛要坠坎。

ndzo^{33} mi^{55} mu^{33}
口出恶语，

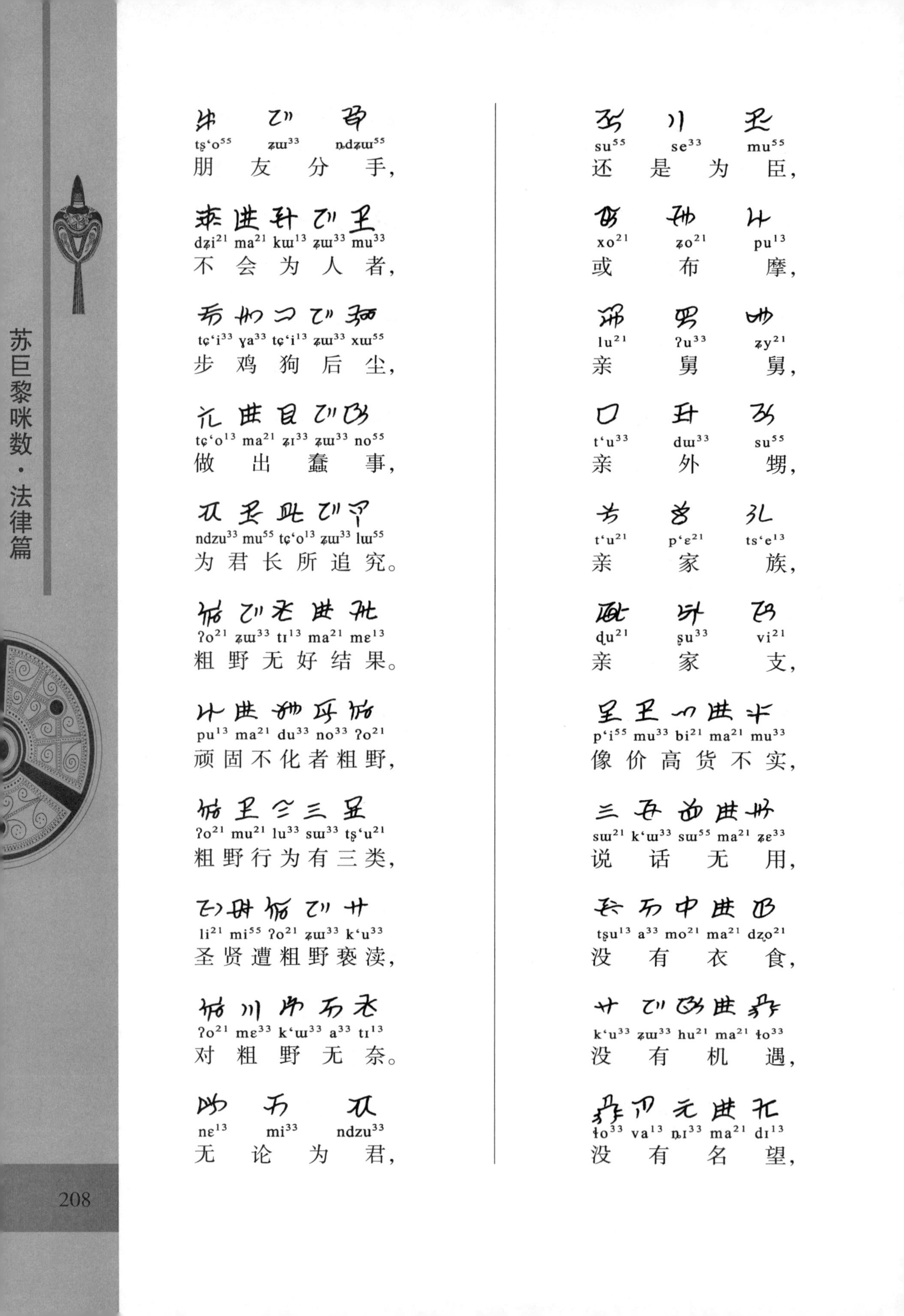

tṣʻo^{55} ʑɯ^{33} ȵdʑɯ^{55}
朋友分手，

dʑi^{21} ma^{21} kɯ^{13} ʑɯ^{33} mu^{33}
不会为人者，

tɕʻi^{33} ɣa^{33} tɕʻi^{13} ʑɯ^{33} xɯ^{55}
步鸡狗后尘，

tɕʻo^{13} ma^{21} ʑɪ^{33} ʑɯ^{33} no^{55}
做出蠢事，

ndzu^{33} mu^{55} tɕʻo^{13} ʑɯ^{33} lɯ^{55}
为君长所追究。

ʔo^{21} ʑɯ^{33} tɪ^{13} ma^{21} mɛ^{13}
粗野无好结果。

pu^{13} ma^{21} du^{33} no^{33} ʔo^{21}
顽固不化者粗野，

ʔo^{21} mu^{21} lu^{33} sɯ^{33} tṣʻu^{21}
粗野行为有三类，

li^{21} mi^{55} ʔo^{21} ʑɯ^{33} kʻu^{33}
圣贤遭粗野亵渎，

ʔo^{21} mɛ^{33} kʻɯ^{33} a^{33} tɪ^{13}
对粗野无奈。

nɛ^{13} mi^{33} ndzu^{33}
无论为君，

su^{55} se^{33} mu^{55}
还是为臣，

xo^{21} ʑo^{21} pu^{13}
或布摩，

lu^{21} ʔu^{33} ʑy^{21}
亲舅舅，

tʻu^{33} dɯ^{33} su^{55}
亲外甥，

tʻu^{21} pʻɛ^{21} tsʻe^{13}
亲家族，

ḍu^{21} ṣu^{33} vi^{21}
亲家支，

pʻi^{55} mu^{33} bi^{21} ma^{21} mu^{33}
像价高货不实，

sɯ^{21} kʻɯ^{33} sɯ^{55} ma^{21} ʑɛ^{33}
说话无用，

tṣu^{13} a^{33} mo^{21} ma^{21} dẓo^{21}
没有衣食，

kʻu^{33} ʑɯ^{33} hu^{21} ma^{21} ɬo^{33}
没有机遇，

ɬo^{33} va^{13} ȵɪ^{33} ma^{21} dɪ^{13}
没有名望，

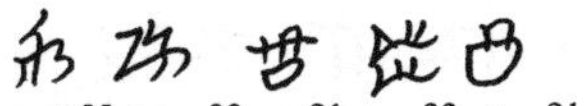
tɕʻi^{55} kʻɯ^{33} xo^{21} mo^{33} dzy^{21}
如马嘴被套住。

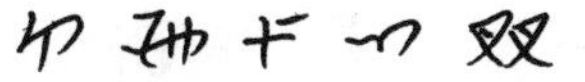
zu^{33} ʑo^{21} tu^{13} bi^{21} kʻu^{55}
即使有上千个人，

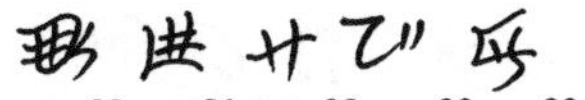
ŋɯ^{33} ma^{21} kʻu^{33} ʑɯ^{33} no^{33}
没有约束，

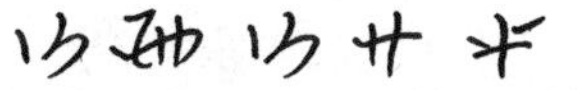
tʻa^{21} ʑo^{21} tʻa^{21} kʻu^{33} mu^{21}
各行其是，

tʻu^{33} tɕʻi^{33} lɯ^{55} ʑɯ^{33} ʂʅ^{33}
就好比松下草，

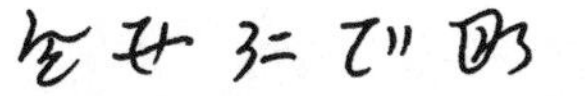
vu^{33} ɬo^{33} ɬo^{33} ʑɯ^{33} kʻɯ^{33}
被阵阵冰雪冻，

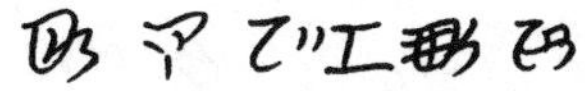
kʻɯ^{33}lɯ^{55}ʑɯ^{33}tɯ^{33}ŋɯ^{33}vi^{21}
看不见了一般。

nɯ^{21} ʑɯ^{33} ȵɪ^{55} ny^{33} lɪ^{33}
两位大驾啊，

vɛ^{21} dʑɛ^{55} a^{21} mɛ^{13} ɣo^{55}
维遮阿默家，

hɛ^{33} tsu^{55} tsʻo^{13}
建树好，

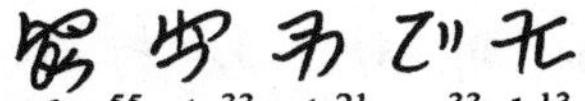
ndʐu^{55} pʻe^{33} tʂʻʅ^{21} ʑɯ^{33} dɪ^{13}
展宏图，

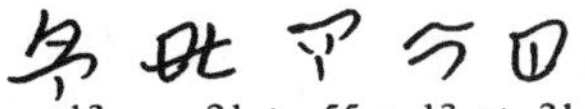
mi^{13} ŋgo^{21} lɯ^{55} tɛ^{13} ʈʻo^{21}
耕种田地，

ȵɪ^{55} ʑɯ^{33} tʂʻʅ^{21} tɛ^{13} ʈʻo^{21}
播种稻谷，

ɖu^{21} ʂu^{21} lɯ^{55} fe^{13} zɯ^{33}
掌权统治民众。

vu^{33} zu^{33} ɬi^{33} tɕʻi^{33} tʻa^{21}
所重用的人，

tʻa^{21} tɕʻi^{13} no^{21} ma^{21} ȵɪ^{21}
无一是庸者。

gu^{21} dʑi^{13} ɬi^{33} lɯ^{21} lɯ^{21}
国土的四方，

tʻa^{21} lɯ^{33} tʻo^{21} ma^{21} dzo^{33}
没受到侵犯。

dzu^{33} ndʑi^{21} ɬi^{33} ʈʻu^{55}
用阻吉号令四方，

tʻa^{21} ʈʻu^{55} ma^{21} tɕʻi^{21}
无处有障碍。

kʻɯ^{33} dzu^{21} tɯ^{33} ne^{33} nɛ^{13}
净得香的吃，

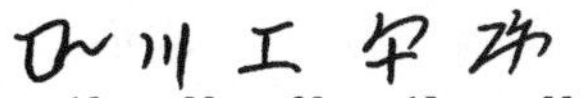
ʑo^{13} mɛ^{33} tɯ^{33} tʂu^{13} kʻɯ^{55}
只管动勺舀。

ndzu^{33} zu^{33} mɛ^{33} be^{13} ɖɛ^{21}
君长府上门庭若市，

xu^{33} tɕ‘o^{13} se^{33} ʂu^{33} po^{33}
吃柴块一样的肉，

ndʐʅ^{21} ndo^{33} hu^{21} lu^{33} tʂ‘ʅ^{21}
喝上百坛的酒。

mi^{13} so^{21} ʈ‘u^{13} ʑɛ^{55} ʑɛ^{21}
剑光亮闪闪，

zu^{33} k‘a^{33} k‘ɯ^{21} dɯ^{33} so^{21}
武士受优待，

ʂʅ^{33} lɪ^{33} zu^{33} k‘a^{33} ʂʅ^{33}
武士被敬重，

hu^{13} lɪ^{21} dzɛ^{33} mu^{33} ʂʅ^{33}
骏马被畜养，

tʂu^{33} tʂ‘ɛ^{55} ʂu^{33} a^{33} vi^{21}
待遇很优厚。

su^{21} ndzu^{33} su^{21} mu^{55} lɪ^{33}
君臣站出来，

mɛ^{21} ʔu^{33} ndʐɯ^{21}
左右默契传君令，

tɕ‘i^{13} mɛ^{13} hɛ^{13}
下属招之即来，

su^{33} mo^{33} ndzu^{33} mu^{55} lɪ^{33}
从君长之命。

tɕ‘i^{13} mɛ^{33} ndʐɯ^{33}
下属默契传下令，

ŋgɯ^{55} mu^{33} tɕɪ^{13} ʑɯ^{33} hɛ^{13}
英雄能人招之即来，

lɯ^{55} ʑɯ^{33} tɯ^{33} ŋɯ^{33} vi^{21}
是这样的啊！

sɯ^{21} ndzo^{33} ly^{21} t‘a^{21} tsy^{13}
不能求助恶人，

zu^{33} ndzo^{33} tɕ‘i^{55} ndzo^{33}
人恶马必恶。

hu^{21} ndzo^{33} ly^{21} t‘a^{21} tsy^{13}
不能借助恶马，

sɯ^{21} ndzo^{33} mu^{55} ʑɯ^{33} tɕɪ^{13}
恶人难教育。

sɯ^{33} ʑɪ^{33} k‘u^{33} t‘a^{21} dzo^{33}
不能苛求聪明人，

zu^{33} ʑɪ^{33} tɕ‘i^{55} ʑɪ^{33}
人善马必善，

hu^{21} ʑɪ^{33} k‘u^{33} t‘a^{21} dzo^{33}
不能苛求良马，

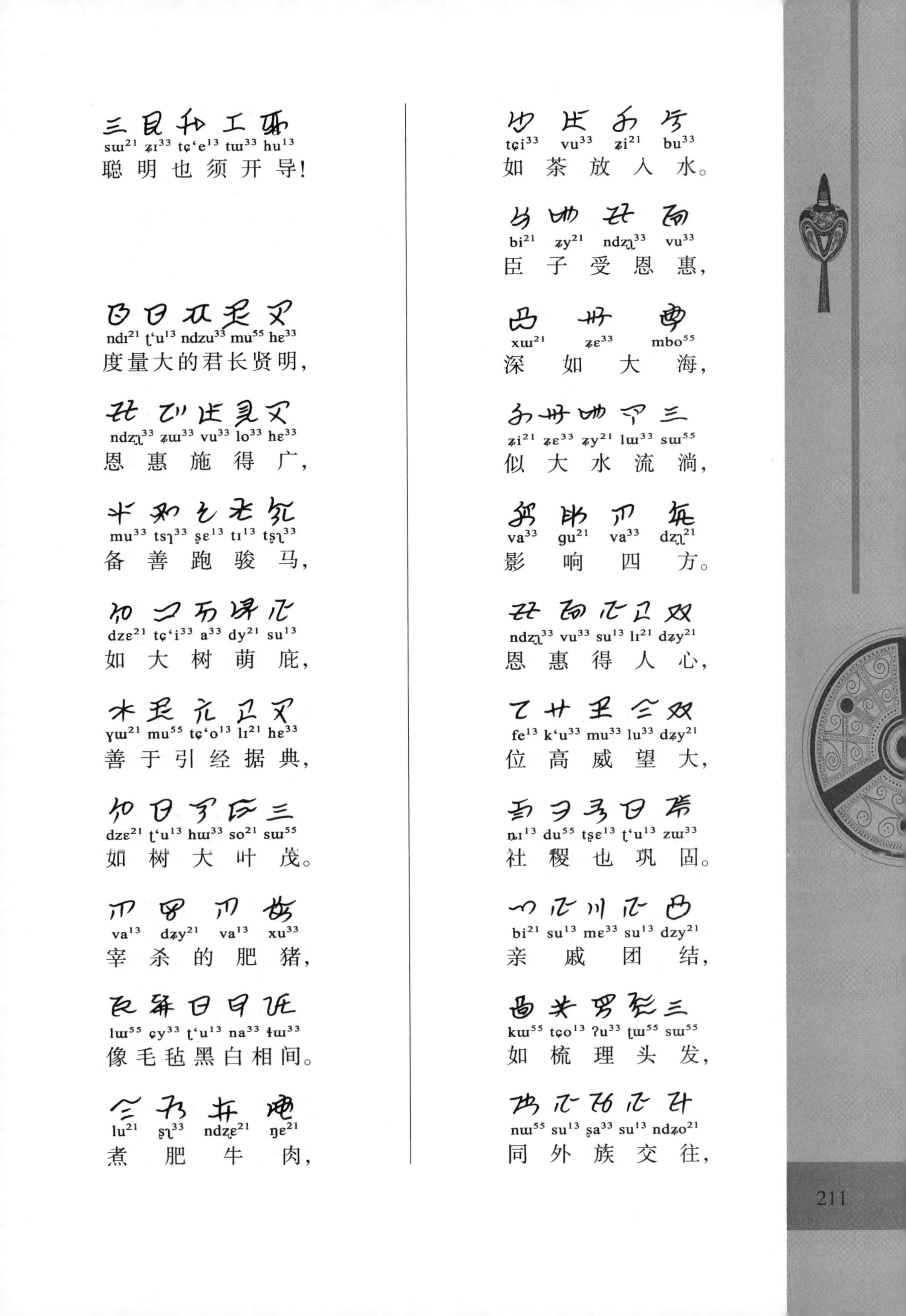

sɯ^{21} ʑɪ^{33} tɕʻe^{13} tɯ^{33} hu^{13}
聪明也须开导！

ndɪ^{21} ʈʻu^{13} ndzu^{33} mu^{55} hɛ^{33}
度量大的君长贤明，

ndʐʅ^{33} ʑɯ^{33} vu^{33} lo^{33} hɛ^{33}
恩惠施得广，

mu^{33} tsʅ^{33} ʂɛ^{13} tɪ^{13} tʂʅ^{33}
备善跑骏马，

dzɛ^{21} tɕʻi^{33} a^{33} dy^{21} su^{13}
如大树荫庇，

ɣɯ^{21} mu^{55} tɕʻo^{13} lɪ^{21} hɛ^{33}
善于引经据典，

dzɛ^{21} ʈʻu^{13} hɯ^{33} so^{21} sɯ^{55}
如树大叶茂。

va^{13} dʑy^{21} va^{13} xu^{33}
宰杀的肥猪，

lɯ^{55} ɕy^{33} ʈʻu^{13} na^{33} ɬɯ^{33}
像毛毡黑白相间。

lu^{21} ʂʅ^{33} ndʐɛ^{21} ŋɛ^{21}
煮肥牛肉，

tɕi^{33} vu^{33} ʑi^{21} bu^{33}
如茶放入水。

bi^{21} ʑy^{21} ndʐʅ^{33} vu^{33}
臣子受恩惠，

xɯ^{21} ʑɛ^{33} mbo^{55}
深如大海，

ʑi^{21} ʑɛ^{33} ʑy^{21} lɯ^{33} sɯ^{55}
似大水流淌，

va^{33} gu^{21} va^{33} dʐʅ^{21}
影响四方。

ndʐʅ^{33} vu^{33} su^{13} lɪ^{21} dʑy^{21}
恩惠得人心，

fe^{13} kʻu^{33} mu^{33} lu^{33} dʑy^{21}
位高威望大，

ȵɪ^{13} du^{55} tʂɛ^{13} ʈʻu^{13} zɯ^{33}
社稷也巩固。

bi^{21} su^{13} mɛ^{33} su^{13} dzy^{21}
亲戚团结，

kɯ^{55} tɕo^{13} ʔu^{33} ʈɯ^{55} sɯ^{55}
如梳理头发，

nɯ^{55} su^{13} ʂa^{33} su^{13} ndʐo^{21}
同外族交往，

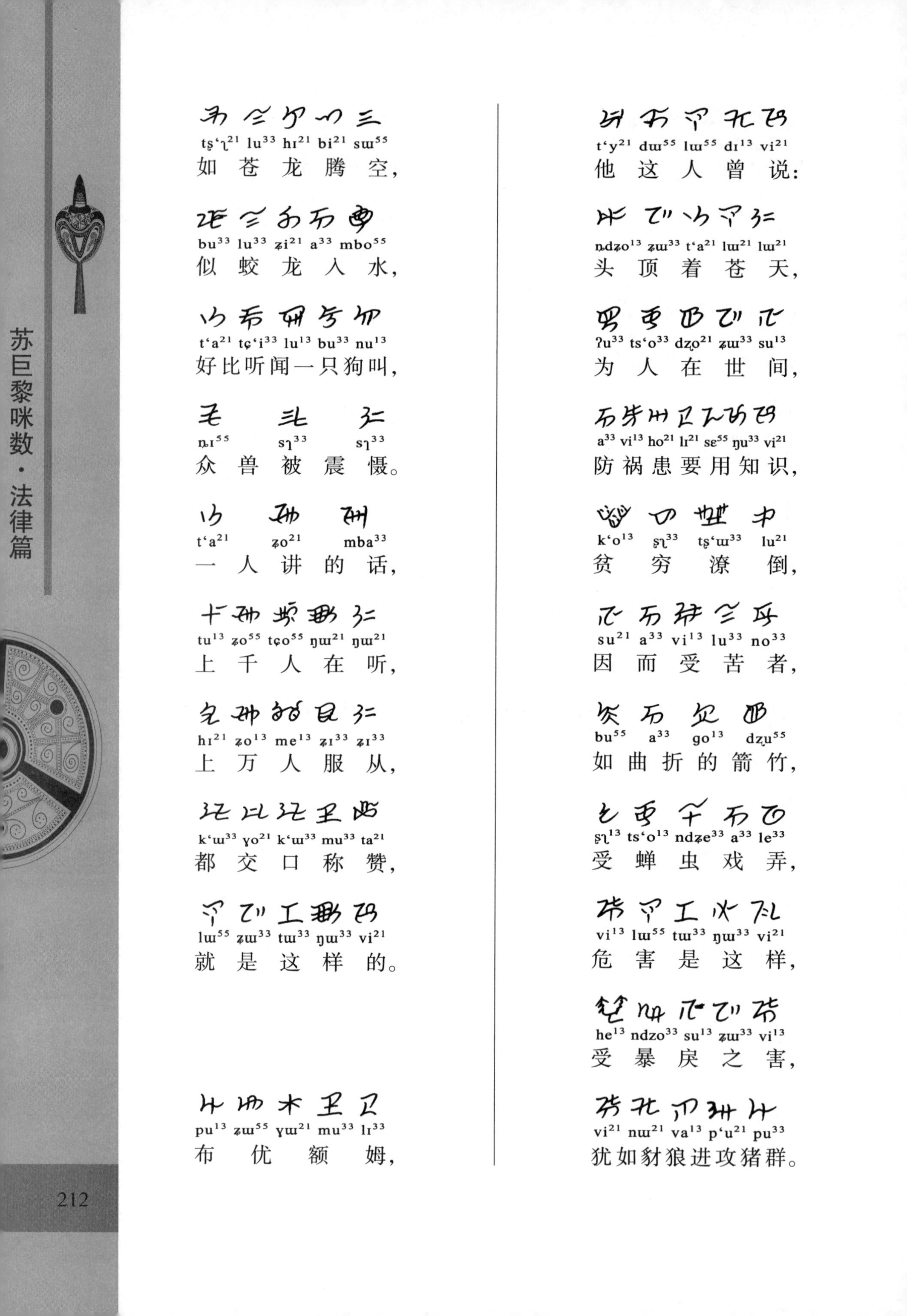

tʂʻʅ^{21} lu^{33} hɪ^{21} bi^{21} sɯ^{55}
如苍龙腾空，

bu^{33} lu^{33} ʑi^{21} a^{33} mbo^{55}
似蛟龙入水，

tʻa^{21} tɕʻi^{33} lu^{13} bu^{33} nu^{13}
好比听闻一只狗叫，

n̥ɪ^{55} sʅ^{33} sʅ^{33}
众兽被震慑。

tʻa^{21} ʑo^{21} mba^{33}
一人讲的话，

tu^{13} ʑo^{55} tɕo^{55} ŋɯ^{21} ŋɯ^{21}
上千人在听，

hɪ^{21} ʑo^{13} me^{13} ʑɪ^{33} ʑɪ^{33}
上万人服从，

kʻɯ^{33} ɣo^{21} kʻɯ^{33} mu^{33} ta^{21}
都交口称赞，

lɯ^{55} ʑɯ^{33} tɯ^{33} ŋɯ^{33} vi^{21}
就是这样的。

pu^{13} ʑɯ^{55} ɣɯ^{21} mu^{33} lɪ^{33}
布优额姆，

tʻy^{21} dɯ^{55} lɯ^{55} dɪ^{13} vi^{21}
他这人曾说：

n̥dʑo^{13} ʑɯ^{33} tʻa^{21} lɯ^{21} lɯ^{21}
头顶着苍天，

ʔu^{33} tsʻo^{33} dʐo^{21} ʑɯ^{33} su^{13}
为人在世间，

a^{33} vi^{13} ho^{21} lɪ^{21} sɛ^{55} ŋu^{33} vi^{21}
防祸患要用知识，

kʻo^{13} ʂʅ^{33} tʂʻɯ^{33} lu^{21}
贫穷潦倒，

su^{21} a^{33} vi^{13} lu^{33} no^{33}
因而受苦者，

bu^{55} a^{33} go^{13} dʐu^{55}
如曲折的箭竹，

ʂʅ^{13} tsʻo^{13} ndʑe^{33} a^{33} le^{33}
受蝉虫戏弄，

vi^{13} lɯ^{55} tɯ^{33} ŋɯ^{33} vi^{21}
危害是这样，

he^{13} ndzo^{33} su^{13} ʑɯ^{33} vi^{13}
受暴戾之害，

vi^{21} nɯ^{21} va^{13} pʻu^{21} pu^{33}
犹如豺狼进攻猪群。

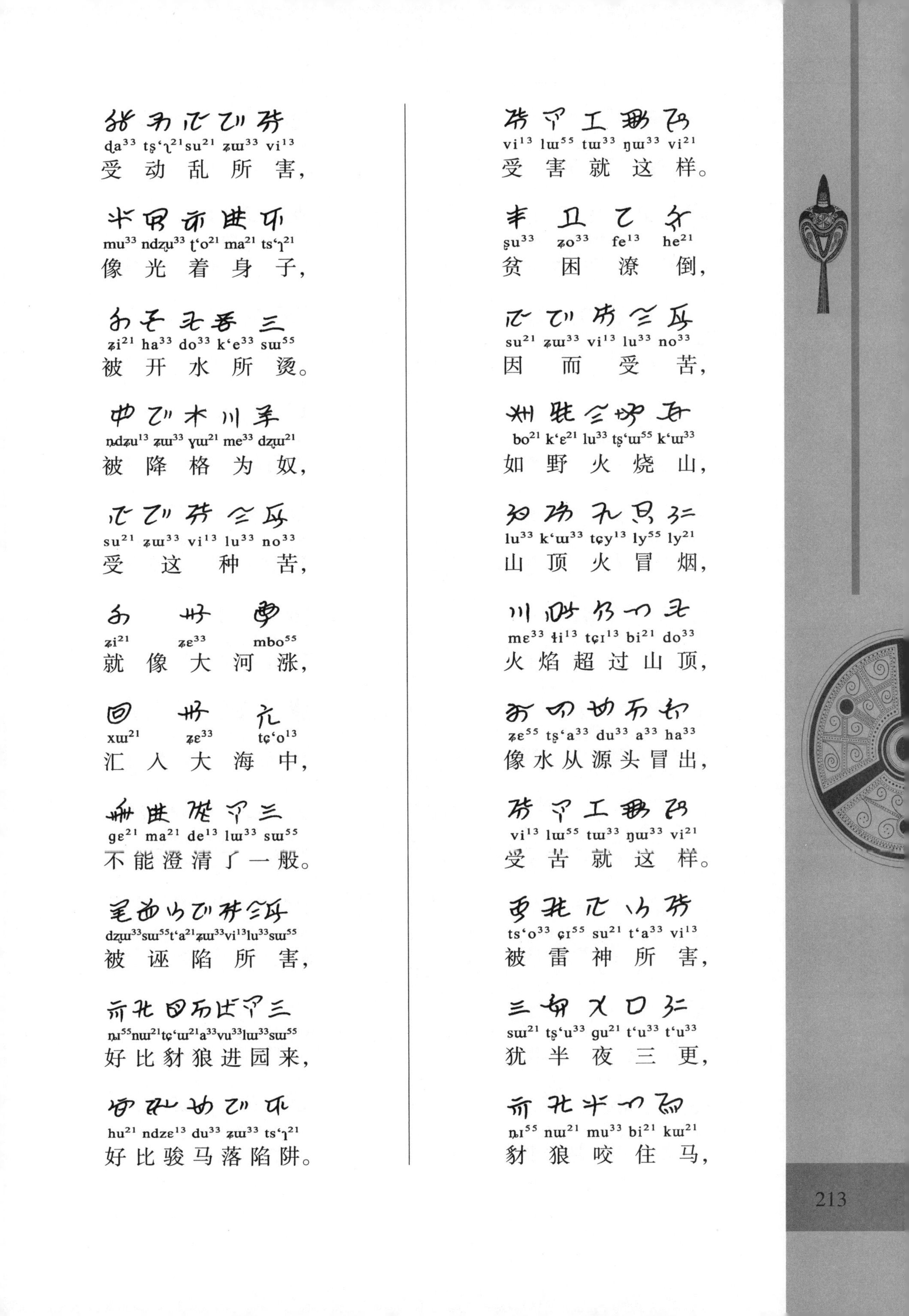

ɖa^{33} tʂʻʅ^{21} su^{21} ʑɯ^{33} vi^{13}
受动乱所害，

mu^{33} ndʐu^{33} ʈʻo^{21} ma^{21} tsʻʅ^{21}
像光着身子，

ʑi^{21} ha^{33} do^{33} kʻe^{33} sɯ^{55}
被开水所烫。

ɳdʐu^{13} ʑɯ^{33} ɣɯ^{21} me^{33} dʐɯ^{21}
被降格为奴，

su^{21} ʑɯ^{33} vi^{13} lu^{33} no^{33}
受这种苦，

ʑi^{21} ʑɛ^{33} mbo^{55}
就像大河涨，

xɯ^{21} ʑɛ^{33} tɕʻo^{13}
汇入大海中，

gɛ^{21} ma^{21} de^{13} lɯ^{33} sɯ^{55}
不能澄清了一般。

dʐɯ^{33}sɯ^{55}tʻa^{21}ʑɯ^{33}vi^{13}lu^{33}sɯ^{55}
被诬陷所害，

ɳɹ^{55}nɯ^{21}tɕʻɯ^{21}a^{33}vu^{33}lɯ^{33}sɯ^{55}
好比豺狼进园来，

hu^{21} ndzɛ^{13} du^{33} ʑɯ^{33} tsʻʅ^{21}
好比骏马落陷阱。

vi^{13} lɯ^{55} tɯ^{33} ŋɯ^{33} vi^{21}
受害就这样。

ʂu^{33} ʑo^{33} fe^{13} he^{21}
贫困潦倒，

su^{21} ʑɯ^{33} vi^{13} lu^{33} no^{33}
因而受苦，

bo^{21} kʻɛ^{21} lu^{33} tʂʻɯ^{55} kʻɯ^{33}
如野火烧山，

lu^{33} kʻɯ^{33} tɕy^{13} ly^{55} ly^{21}
山顶火冒烟，

mɛ^{33} ɬi^{13} tɕɪ^{13} bi^{21} do^{33}
火焰超过山顶，

ʑɛ^{55} tʂʻa^{33} du^{33} a^{33} ha^{33}
像水从源头冒出，

vi^{13} lɯ^{55} tɯ^{33} ŋɯ^{33} vi^{21}
受苦就这样。

tsʻo^{33} ɕɪ^{55} su^{21} tʻa^{33} vi^{13}
被雷神所害，

sɯ^{21} tʂʻu^{33} gu^{21} tʻu^{33} tʻu^{33}
犹半夜三更，

ɳɹ^{55} nɯ^{21} mu^{33} bi^{21} kɯ^{21}
豺狼咬住马，

he^{21} ɬo^{55} gu^{21} du^{55} du^{33}
或像正午时，

vi^{21}nɯ^{13}va^{13}p‘u^{21}pu^{13}lɯ^{33}sɯ^{55}
豺狼进攻猪群。

le^{13}t‘ɯ^{55}su^{21}ʑɯ^{33}vi^{13}lu^{33}no^{33}
受鬼怪侵害，

ʈa^{13} na^{55} ʑɯ^{33} ŋgo^{21}
像惹着大雕，

dzu^{33} ȵɪ^{55} hɛ^{21} ts‘ɿ^{21} sɛ^{21}
像摸着虎须，

zu^{33} gu^{21} vu^{55} a^{33} t‘u^{55}
像爱子失散。

vi^{13} lɯ^{55} tɯ^{33} ŋɯ^{33} vi^{21}
受害就这样。

pu^{13} hɛ^{33} k‘ɯ^{33} t‘a^{21} ma^{13}
莫同好布摩顶嘴，

pu^{13} dɯ^{33} k‘ɯ^{21} t‘a^{21} ma^{13}
莫同坏布摩顶嘴，

k‘o^{33} ts‘ɿ^{33} ʂɿ^{33} ʑa^{33}
解脱贫困潦倒，

ȵɪ^{33} t‘a^{21} dɯ^{21}
切莫做坏事。

k‘o^{33} lɪ^{33} tʂ‘ɯ^{55} dzu^{21} ʂu^{33}
贫与灾为伍，

tʂ‘ɯ^{55} ndɯ^{33} pu^{13} t‘a^{21} dɯ^{21}
莫用坏布摩除灾，

tʂ‘ɯ^{55} lɪ^{33} he^{13} ŋgu^{33} ʂu^{33}
灾与荒为伍，

he^{13} mu^{33} pu^{13} t‘a^{21} dɯ^{21}
莫用坏布摩解灾荒。

he^{13} lɪ^{13} sɛ^{13} ngu^{21} ʂu^{33}
饥饿与淫秽为伍，

sɛ^{13} mu^{33} pu^{13} t‘a^{21} dɯ^{21}
莫用坏布摩除淫秽。

sɛ^{13} lɪ^{21} ndʑy^{21} ŋgu^{21} ʂu^{33}
淫秽与懒惰为伍，

ȵdʑy^{21} t‘u^{55} pu^{13} t‘a^{21} dɯ^{21}
莫用坏布摩破懒惰。

ȵdʑy^{21} lɪ^{33} ndʑo^{33} ŋgu^{21} ʂu^{33}
懒惰与贪婪为伍，

ȵdʑo^{33} xo^{13} pu^{13} t‘a^{21} dɯ^{21}
不用坏布摩破贪婪。

ȵdʑo^{33} lɪ^{33} mɛ^{33} ŋgu^{21} ʂu^{33}
贪婪与下贱为伍，

mɛ33 xo21 pu13 t'a21 dɯ21
不用坏布摩驱下贱。

mɛ33 lɪ21 zy55 ŋgu21 ʂu33
下贱与野心为伍，

zy55 tʂ'ɛ55 pu13 t'a21 dɯ21
不让坏布摩破野心。

zy55 lɪ21 ȵdʑɯ55 ŋgu21 ʂu33
野心与分离为伍，

ȵdʑɯ55 dze13 pu13 t'a21 dɯ21
不让坏布摩破分离。

xo21 vi21 t'y21 ʑɯ33 xo33
要 消 除 灾 患，

sɯ21 lɯ21 ʑo21 ma21 k'ɯ21
不 叫 自 己 受 害，

ȵdʑɯ55 lɪ21 he21 ŋgu21 ʂu33
分离与纠纷为伍，

he21 tʂ'ɛ55 pu13 t'a21 dɯ21
不让坏布摩解纠纷。

he21 lɪ21 le13 ŋgu21 ʂu33
纠 纷 与 鬼 为 伍，

le13 ŋga13 pu13 t'a21 dɯ21
不 让 坏 布 摩 驱 鬼。

le13 lɪ21 zy5 ngu21 ʂu33
鬼 与 偶 像 为 伍，

zy55 lɪ21 ts'o21 ʑi33 tu13
偶 像 讨 好 雷 神，

ts'o21 tʂ'ɛ55 pu13 t'a21 dɯ21
不用坏布摩送雷神。

ts'o21 lɪ21 ne33 va33 tse13
雷 神 经 营 欲 望，

ɕɪ55 lɪ21 ɣɯ21 tɕ'o55 ha13
雷 神 护 着 意 气，

lɯ55 ʑɯ33 ȵɪ33 ma21 dʑo13
都 不 用 图 它。

mi13 ndu33 ʑɯ33 tʂ'ɯ55 t'ɯ13
挖 地 一 样 除 害，

tɕo13 ʑɯ33 tɕy33 ga13 ʈɯ21
把灾害送到九山外，

mi33 ŋgu21 tɛ13 ma21 dɪ13
像 天 空 无 云，

mu21 ȵɪ33 ŋu33 a33 ɣɯ33
必 须 这 样 做。

pu13 dɯ21 lɪ21 su33 pu13
让 坏 布 摩 做 事，

bu^{33} ɬo^{13} t'u^{13} ʑɯ^{33} xo^{55}
就倒行逆施，

ʂa^{13} ʑɯ^{33} vu^{33} lɯ^{33} sɯ^{55}
没前途可言，

dʐa^{33} tɯ^{33} ŋɯ^{33} dɪ^{13} vi^{21}
是这样的啊！

k'ɯ^{33} k'ɯ^{33} t'u^{55} ma^{21} k'ɯ^{21}
说话多无利，

ʈ'u^{13} k'ɯ^{33} ʑɯ^{55} ma^{21} dʐa^{33}
空口无凭，

ʐɪ^{21} t'ɯ^{55} t'u^{55} ma^{21} t'ɯ^{55}
聪明无建树，

ʂu^{55} mi^{33} zɯ^{33} lɪ^{21} dzu^{33}
犹宝剑生锈，

no^{33} ʑi^{33} ma^{21} ho^{21} sɯ^{55}
像豆浆黏稠，

dʐa^{33} tɯ^{33} ŋɯ^{33} dɪ^{13} vi^{21}
就是这样的。

ʐɪ^{21} t'ɯ^{55} t'u^{55} a^{33} t'ɯ^{55}
聪明有建树，

ɲɛ^{21} nɯ^{13} tsɿ^{13}
就像冶炼铜，

tɯ^{13}dʑy^{33}ndzo^{33}a^{33}tɯ^{33}lɯ^{33}sɯ^{55}
就像锁好的箱子，

va^{13} p'e^{33} t'u^{55} ma^{21} p'ɛ^{33}
有猪蹄也不用占卜。

tʂ'ɯ^{21} ɬi^{33} lɯ^{21}
客房四面，

vɛ^{55} ɬi^{33} k'ɯ^{21}
迎四方客人。

vɛ^{55} ɬi^{33} ɬo^{13} de^{13} ȵɪ^{33}
应款待四方客。

mi^{13} ɬi^{33} dɯ^{33}
在东西南北，

gɯ^{21} ɬi^{33} ndzɯ^{55}
四面树敌，

gɯ^{21} ɬi^{33} ʐɪ^{33} ma^{21} de^{13}
四面出击就不利，

lɯ^{55} ʑɯ^{33} tɯ^{33} ŋɯ^{33} vi^{21}
是这样的呀。

va^{13} pɛ^{33} t'u^{55} ʑɯ^{33} p'ɛ^{33}
有猪蹄占卜，

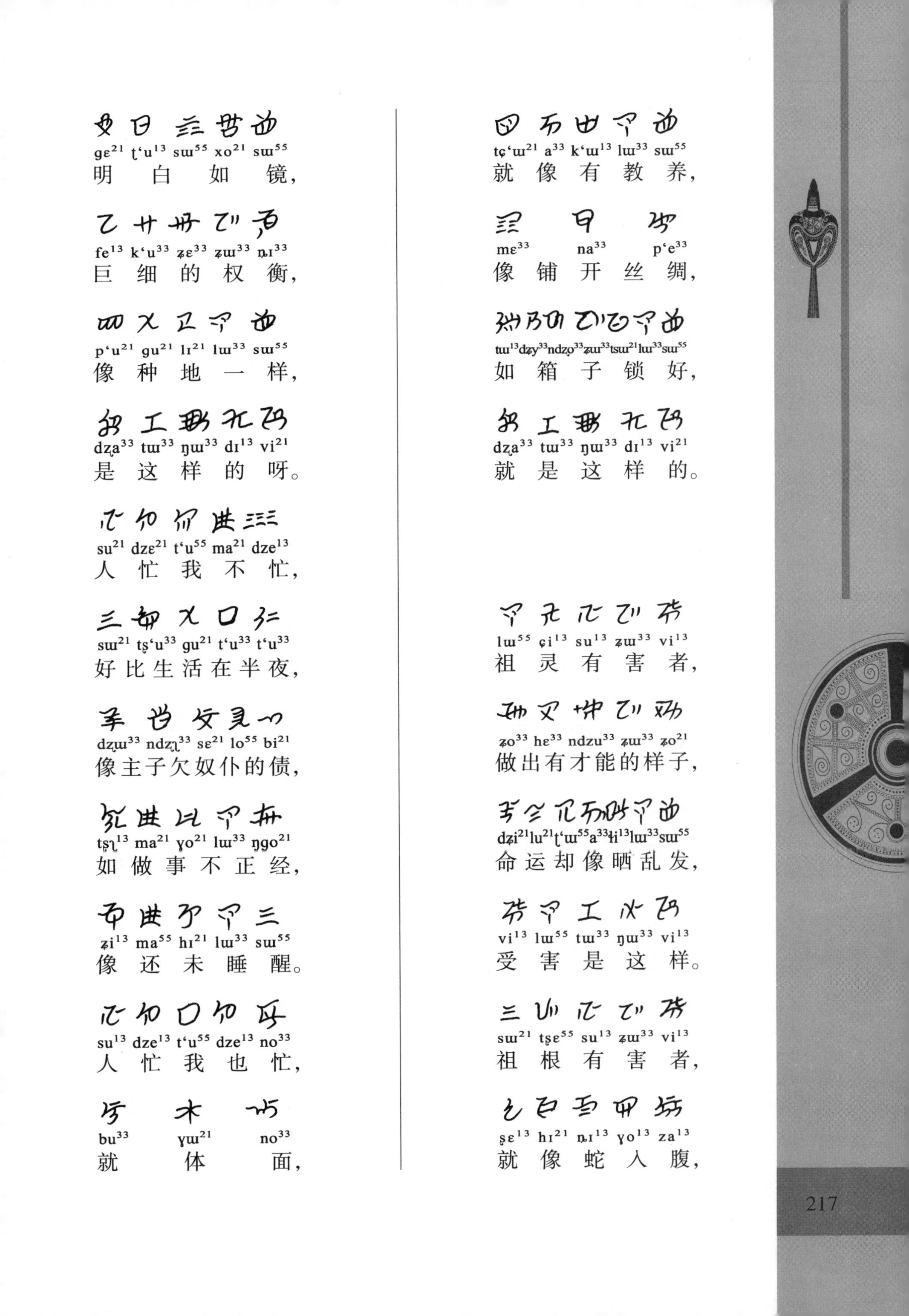

gɛ^{21} t‘u^{13} sɯ^{55} xo^{21} sɯ^{55}
明白如镜，

fe^{13} k‘u^{33} ʑɛ^{33} ʑɯ^{33} ȵɪ^{33}
巨细的权衡，

p‘u^{21} gu^{21} lɪ^{21} lɯ^{33} sɯ^{55}
像种地一样，

dʐa^{33} tɯ^{33} ŋɯ^{33} dɪ^{13} vi^{21}
是这样的呀。

su^{21} dzɛ^{21} t‘u^{55} ma^{21} dze^{13}
人忙我不忙，

sɯ^{21} tʂ‘u^{33} gu^{21} t‘u^{33} t‘u^{33}
好比生活在半夜，

dʐɯ^{33} ndʐʅ^{33} sɛ^{21} lo^{55} bi^{21}
像主子欠奴仆的债，

tʂʅ^{13} ma^{21} ɣo^{21} lɯ^{33} ŋgo^{21}
如做事不正经，

ʑi^{13} ma^{55} hɪ^{21} lɯ^{33} sɯ^{55}
像还未睡醒。

su^{13} dze^{13} t‘u^{55} dze^{13} no^{33}
人忙我也忙，

bu^{33} ɣɯ^{21} no^{33}
就体面，

tɕ‘ɯ^{21} a^{33} k‘ɯ^{13} lɯ^{33} sɯ^{55}
就像有教养，

mɛ^{33} na^{33} p‘e^{33}
像铺开丝绸，

tɯ^{13}dʑy^{33}ndʐo^{33}ʑɯ^{33}tsɯ^{21}lɯ^{33}sɯ^{55}
如箱子锁好，

dʐa^{33} tɯ^{33} ŋɯ^{33} dɪ^{13} vi^{21}
就是这样的。

lɯ^{55} ɕi^{13} su^{13} ʑɯ^{33} vi^{13}
祖灵有害者，

ʑo^{33} hɛ^{33} ndzu^{33} ʑɯ^{33} ʑo^{21}
做出有才能的样子，

dʑi^{21}lu^{21}ʈ‘ɯ^{55}a^{33}ɬi^{13}lɯ^{33}sɯ^{55}
命运却像晒乱发，

vi^{13} lɯ^{55} tɯ^{33} ŋɯ^{33} vi^{13}
受害是这样。

sɯ^{21} tʂɛ^{55} su^{13} ʑɯ^{33} vi^{13}
祖根有害者，

ʂɛ^{13} hɪ^{21} ȵɪ^{13} ɣo^{13} za^{13}
就像蛇入腹，

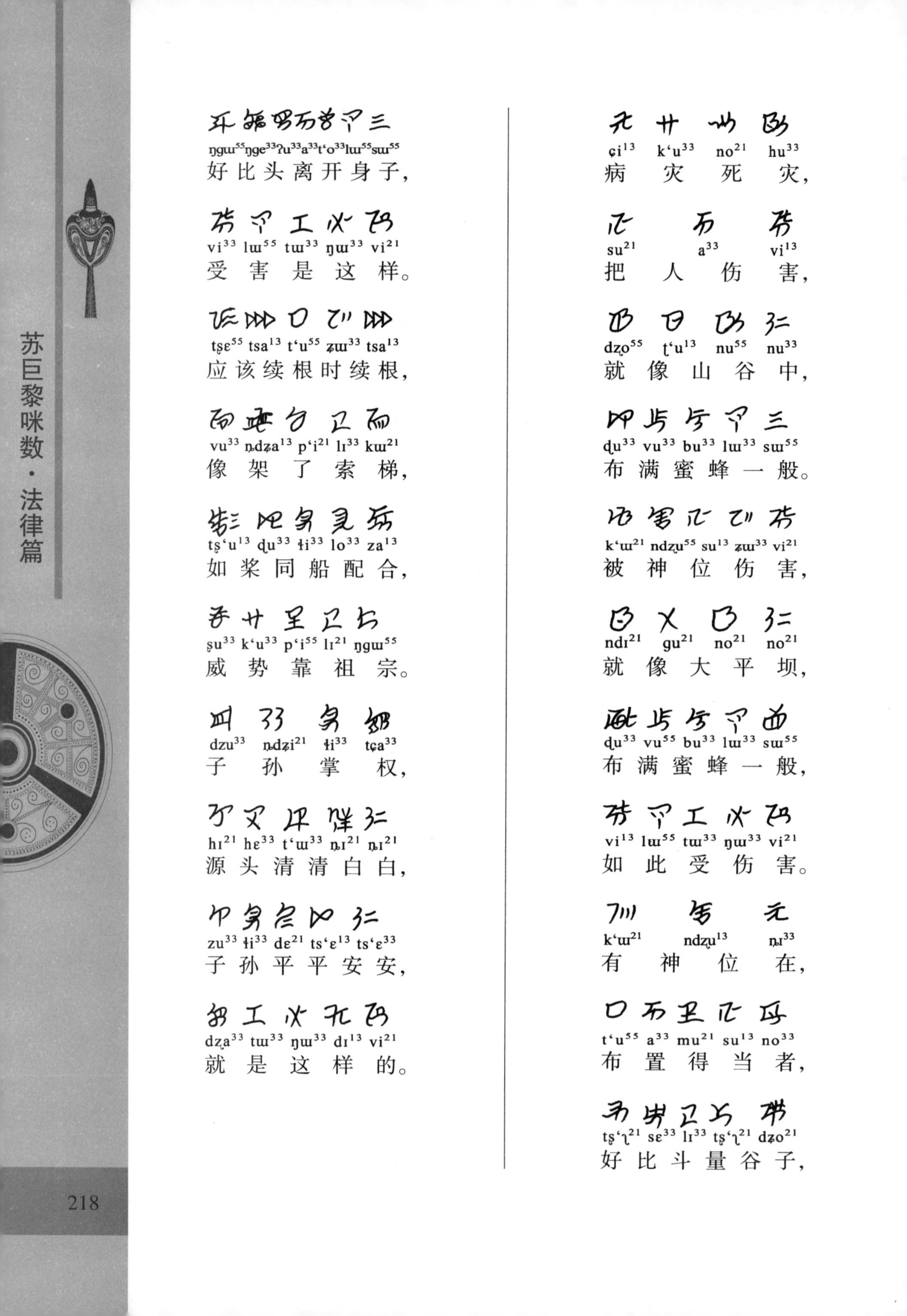

ŋgɯ^{55}ŋge^{33}ʔu^{33}a^{33}t'o^{33}lɯ^{55}sɯ^{55}
好比头离开身子，

vi^{33} lɯ^{55} tɯ^{33} ŋɯ^{33} vi^{21}
受害是这样。

tʂɛ^{55} tsa^{13} t'u^{55} ʑɯ^{33} tsa^{13}
应该续根时续根，

vu^{33} ȵdʑa^{13} p'i^{21} lɪ^{33} kɯ^{21}
像架了索梯，

tʂ'u^{13} ɖu^{33} ɬi^{33} lo^{33} za^{13}
如桨同船配合，

ʂu^{33} k'u^{33} p'i^{55} lɪ^{21} ŋgɯ^{55}
威势靠祖宗。

dzu^{33} ȵdʑi^{21} ɬi^{33} tɕa^{33}
子孙掌权，

hɪ^{21} hɛ^{33} t'ɯ^{33} ȵɪ^{21} ȵɪ^{21}
源头清清白白，

zu^{33} ɬi^{33} dɛ^{21} ts'ɛ^{13} ts'ɛ^{33}
子孙平平安安，

dʐa^{33} tɯ^{33} ŋɯ^{33} dɪ^{13} vi^{21}
就是这样的。

ɕi^{13} k'u^{33} no^{21} hu^{33}
病灾死灾，

su^{21} a^{33} vi^{13}
把人伤害，

dʐo^{55} ʈ'u^{13} nu^{55} nu^{33}
就像山谷中，

ɖu^{33} vu^{33} bu^{33} lɯ^{33} sɯ^{55}
布满蜜蜂一般。

k'ɯ^{21} ndʐu^{55} su^{13} ʑɯ^{33} vi^{21}
被神位伤害，

ndɪ^{21} gu^{21} no^{21} no^{21}
就像大平坝，

ɖu^{33} vu^{55} bu^{33} lɯ^{33} sɯ^{55}
布满蜜蜂一般，

vi^{13} lɯ^{55} tɯ^{33} ŋɯ^{33} vi^{21}
如此受伤害。

k'ɯ^{21} ndʐu^{13} ȵɪ^{33}
有神位在，

t'u^{55} a^{33} mu^{21} su^{13} no^{33}
布置得当者，

tʂ'ʅ^{21} sɛ^{33} lɪ^{33} tʂ'ʅ^{21} dʐo^{21}
好比斗量谷子，

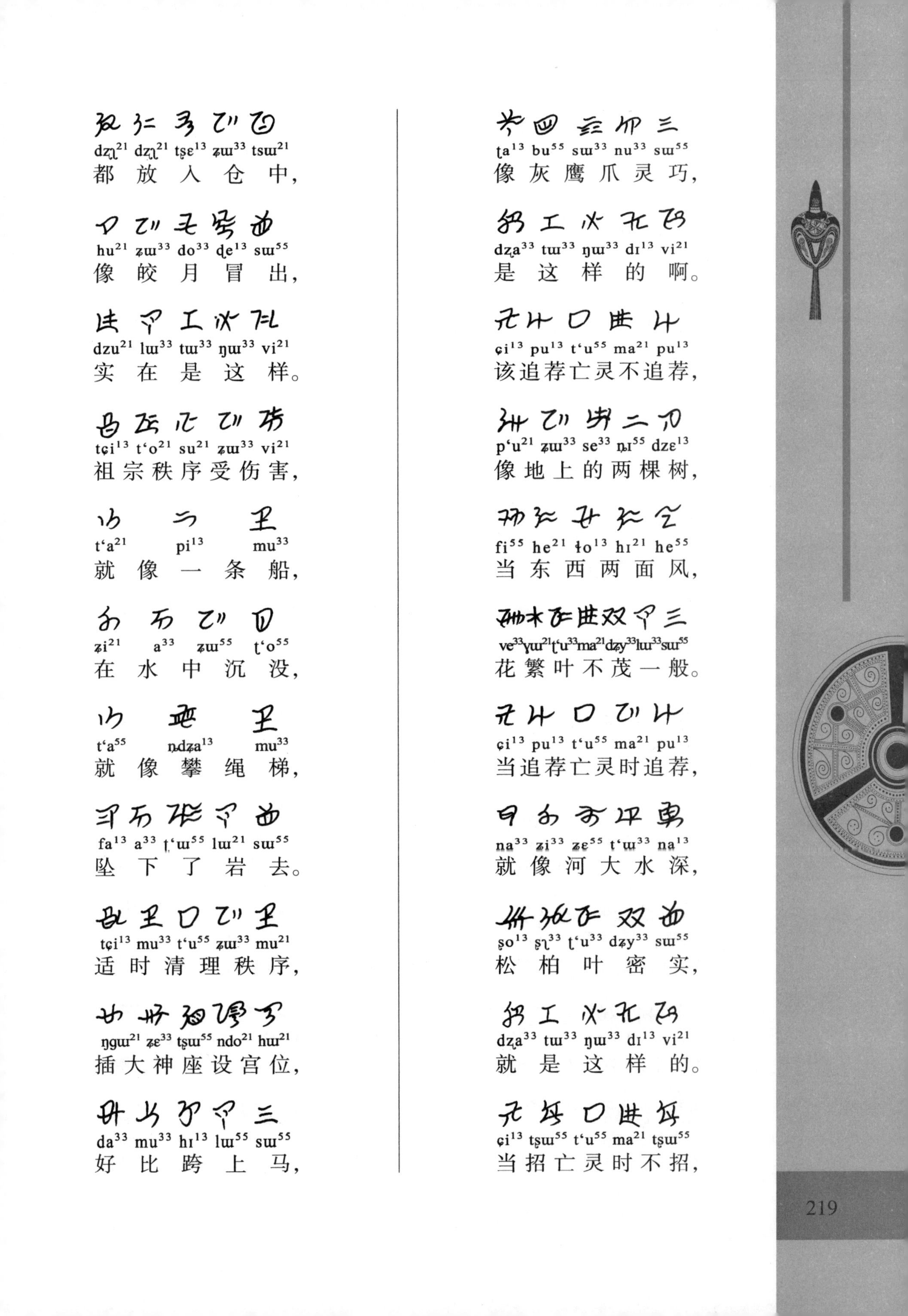

dʐʅ^{21} dʐʅ^{21} tʂɛ^{13} ʑɯ^{33} tsɯ^{21}
都放入仓中，

hu^{21} ʑɯ^{33} do^{33} ɖe^{13} sɯ^{55}
像皎月冒出，

dzu^{21} lɯ^{33} tɯ^{33} ŋɯ^{33} vi^{21}
实在是这样。

tɕi^{13} tʻo^{21} su^{21} ʑɯ^{33} vi^{21}
祖宗秩序受伤害，

tʻa^{21} pi^{13} mu^{33}
就像一条船，

ʑi^{21} a^{33} ʑɯ^{55} tʻo^{55}
在水中沉没，

tʻa^{55} ɳdʑa^{13} mu^{33}
就像攀绳梯，

fa^{13} a^{33} ʈʻɯ^{55} lɯ^{21} sɯ^{55}
坠下了岩去。

tɕi^{13} mu^{33} tʻu^{55} ʑɯ^{33} mu^{21}
适时清理秩序，

ŋgɯ^{21} ʑɛ^{33} tʂɯ^{55} ndo^{21} hɯ^{21}
插大神座设宫位，

da^{33} mu^{33} hɪ^{13} lɯ^{55} sɯ^{55}
好比跨上马，

ʈa^{13} bu^{55} sɯ^{33} nu^{33} sɯ^{55}
像灰鹰爪灵巧，

dʐa^{33} tɯ^{33} ŋɯ^{33} dɪ^{13} vi^{21}
是这样的啊。

ɕi^{13} pu^{13} tʻu^{55} ma^{21} pu^{13}
该追荐亡灵不追荐，

pʻu^{21} ʑɯ^{33} se^{33} ɳɪ^{55} dzɛ^{13}
像地上的两棵树，

fi^{55} he^{21} ɬo^{13} hɪ^{21} he^{55}
当东西两面风，

ve^{33} ɣɯ^{21} ʈʻu^{33} ma^{21} dʑy^{33} lɯ^{33} sɯ^{55}
花繁叶不茂一般。

ɕi^{13} pu^{13} tʻu^{55} ma^{21} pu^{13}
当追荐亡灵时追荐，

na^{33} ʑi^{33} ʑɛ^{55} tʻɯ^{33} na^{13}
就像河大水深，

ʂo^{13} ʂʅ^{33} ʈʻu^{33} dʑy^{33} sɯ^{55}
松柏叶密实，

dʐa^{33} tɯ^{33} ŋɯ^{33} dɪ^{13} vi^{21}
就是这样的。

ɕi^{13} tʂɯ^{55} tʻu^{55} ma^{21} tʂɯ^{55}
当招亡灵时不招，

ło^{13} lɪ^{21} no^{13} ma^{21} tɯ^{33}
畜 牧 不 兴 旺，

ŋu^{33} lɪ^{21} xo^{21} ma^{21} gu^{21}
庄 稼 不 丰 收，

dʐa^{33} tɯ^{33} ŋɯ^{33} dɪ^{13} vi^{21}
就 是 这 样 的。

ɕi^{13}mi^{33}tʻu^{55}ma^{21}mi^{33}su^{13}no^{33}
误了给亡灵指归宿，

gɯ^{55}ɖɯ^{21}tɛ^{13}a^{33}vɛ^{33}lɯ^{33}sɯ^{55}
就像鹤在空中盘旋，

ɕi^{13}mi^{33}tʻu^{55}ʑɯ^{33}mu^{21}su^{13}no^{33}
及时给亡灵指归宿，

ʑɛ^{55} ɖu^{33} hɪ^{21} a^{33} vi^{13}
如 河 水 源 头 清，

tɛ^{13} dʐɯ^{33} mi^{33} so^{21} sɯ^{55}
如 云 开 日 出，

gɯ^{55} ʈʻu^{13} ʂo^{13} la^{33} so^{21}
像 白 鹤 依 松 树，

ɣo^{13} ȵy^{21} ʂʅ^{33} la^{13} lɯ^{55}
杜 鹃 栖 柏 树，

go^{13} ɣo^{21} ndʐu^{55} dzɛ^{21} mu^{21}
有 安 乐 归 宿，

dʐa^{33} tɯ^{33} ŋɯ^{33} dɪ^{13} vi^{21}
是 这 样 的 啊。

ɬi^{13} ʂu^{21} tʻu^{55} ma^{21} ʂu^{21}
误了安顿六代祖灵，

su^{21} ndʐu^{55} dʑɪ^{21}
如与人办了好事，

ʑɛ^{21} ma^{21} vu^{33} lɯ^{33} sɯ^{55}
得不到理解一般，

dʐa^{33} tɯ^{33} ŋɯ^{33} dɪ^{13} vi^{21}
是 这 样 的 啊！

ɬi^{13} ʂu^{21} tʻu^{55} a^{33} ʂu^{21} su^{13} no^{33}
如期安顿六代祖灵，

va^{33} vɯ^{21} zu^{33} mɛ^{55}
好 比 把 恐 慌，

bo^{21} ʑɯ^{33} vu^{33} lɯ^{33} sɯ^{55}
送到山中去一般，

dʐa^{33} tɯ^{33} ŋɯ^{33} dɪ^{13} vi^{21}
是 这 样 的 啊。

tsʅ^{55}mu^{21}tʻu^{55}ma^{21}mu^{13}su^{13}ɣo^{21}
误了清洁的时间，

bu^{21} k'ε^{33} k'ε^{33}
就 昏 昏 沉 沉，

se^{33} ʔu^{33} lɯ^{55} ʑɯ^{33} n̥o^{21}
就 好 比 树 梢，

hɪ^{55} ŋɯ^{33} ŋɯ^{33} lɯ^{33} sɯ^{55}
被 四 面 风 吹。

tsɿ^{55}mu^{33}t'u^{55}ʑɯ^{33}mu^{21}su^{13}no^{33}
不误清洁的时间，

ɣo^{13} hɯ^{21} lɯ^{21} dɯ^{33} dɯ^{33}
就像欢乐的杜鹃，

nε^{13} mi^{33} hu^{21} lɪ^{21} no^{33}
盼 到 了 春 天，

tε^{13} mε^{33} a^{33} ndʐa^{33} t'ɯ^{55}
自 由 地 飞 翔，

dʐa^{33} tɯ^{33} ŋɯ^{33} dɪ^{13} vi^{21}
是 这 样 的 啊。

nu^{55}mu^{33}t'u^{55}ma^{21}mu^{21}su^{13}no^{33}
该 听 话 不 听 话，

gɯ^{55} ɣo^{13} zu^{33} ɖe^{13} t'u^{55}
就像鹤鹃鸣叫时，

so^{21} hɪ^{21} tɕ'o^{13} a^{33} vu^{33}
声音被大风打断，

dʐa^{33} tɯ^{33} ŋɯ^{33} dɪ^{13} vi^{21}
就 是 这 样 的。

nu^{55}mu^{33}t'u^{55}ʑɯ^{33}mu^{13}su^{13}no^{33}
该 听 话 时 听 话，

ʂo^{13} ʂɿ^{33} dzε^{21} ʑɯ^{33} mo^{21}
好比在高大的松柏上，

gɯ^{55} ɣo^{13} t'ɯ^{33} so^{21} sɯ^{55}
鹤鹃得到好归宿。

no^{55}mu^{21}t'u^{55}ma^{21}mu^{21}su^{13}no^{33}
耽 误 了 农 活，

ŋu^{33} lɪ^{21} tɕ'o^{55} ma^{21} bo^{21}
种 地 乱 了 套，

dʐa^{33} tɯ^{33} ŋɯ^{33} dɪ^{13} vi^{21}
是 这 样 的 啊。

no^{55}mu^{33}t'u^{55}ʑɯ^{33}mu^{21}su^{13}no^{33}
不 耽 误 农 活，

tʂ'ɿ^{21} sε^{33} lɪ^{33} tʂ'ɿ^{21} dʐo^{21}
就 五 谷 丰 登，

ɣɯ^{21} tʂɿ^{13} mu^{21} ʑɯ^{33} tsɯ^{21}
仓 廪 盛 满 粮，

dʐa^{33} tɯ^{33} ŋɯ^{33} dɪ^{13} vi^{21}
是 这 样 的 啊。

ɬo13 mu21 t'u55 ma21 mu21 su13
耽 误 了 放 牧，

bɛ55 ɳy21 ʑɛ55 hɛ55 ɖɯ21 lɯ55 sɯ55
好比鸭被水淹没。

ɬo13 mu21 t'u55 mu21 su13 no33
不 误 放 牧 时 节，

xɛ21 hɛ33 ndzɯ13 ʂa13 sɯ55
如有清秀的眉目，

dʐɛ55 ɣo21 ne33 bo21 ʂu13
前 程 有 希 望，

dʐa33 tɯ33 ŋɯ33 dɪ13 vi21
是 这 样 的 啊。

tɕo55 mu21 t'u55 ma21 mu21 su13 no33
耽误了下种时间，

ʂo13 ʂʅ33 ve33 ma21 ɣɯ21
麦 稷 花 不 繁，

dzɛ21 mu21 tɯ33 ʑi21 vu33
禾壮却不敌寒风，

dʐa33 tɯ33 ŋɯ33 dɪ13 vi21
是 这 样 的 啊。

tɕo55 mu21 t'u55 ʑɯ33 mu21 su13 no33
不耽误下种时间，

nɛ13 sɯ33 hu21 ʑɯ33 lo13
在 春 季 三 月，

ʂo13 ʂʅ33 ve33 ɣɯ21
麦 稷 挂 繁 花，

gɯ55 ɣo13 ŋu33 so21 sɯ55
好比鹤鹃有归宿。

fu13 mu21 t'u55 ma21 mu21 su13 no13
耽误了婚嫁时间，

ɕi55 mi33 nɯ13 ɳy21 ʑɯ33
好比普天布满雾，

hɪ21 gu21 ʑɯ33 na33 dɯ33
天 空 黑 漆 漆，

dʐa33 tɯ33 ŋɯ33 dɪ13 vi21
是 这 样 的 啊。

fu13 mu33 t'u55 ʑɯ33 mu21 su13 no33
不耽误婚嫁时间，

so33 he33 p'o21 p'o21 bu33
好比阵阵风吹开，

nɛ13 mi33 ʈu21 zɯ33 zɯ33
春 光 明 媚，

hɪ55 hu21 p'o21 p'o21 bu33
高山平地生机盎然，

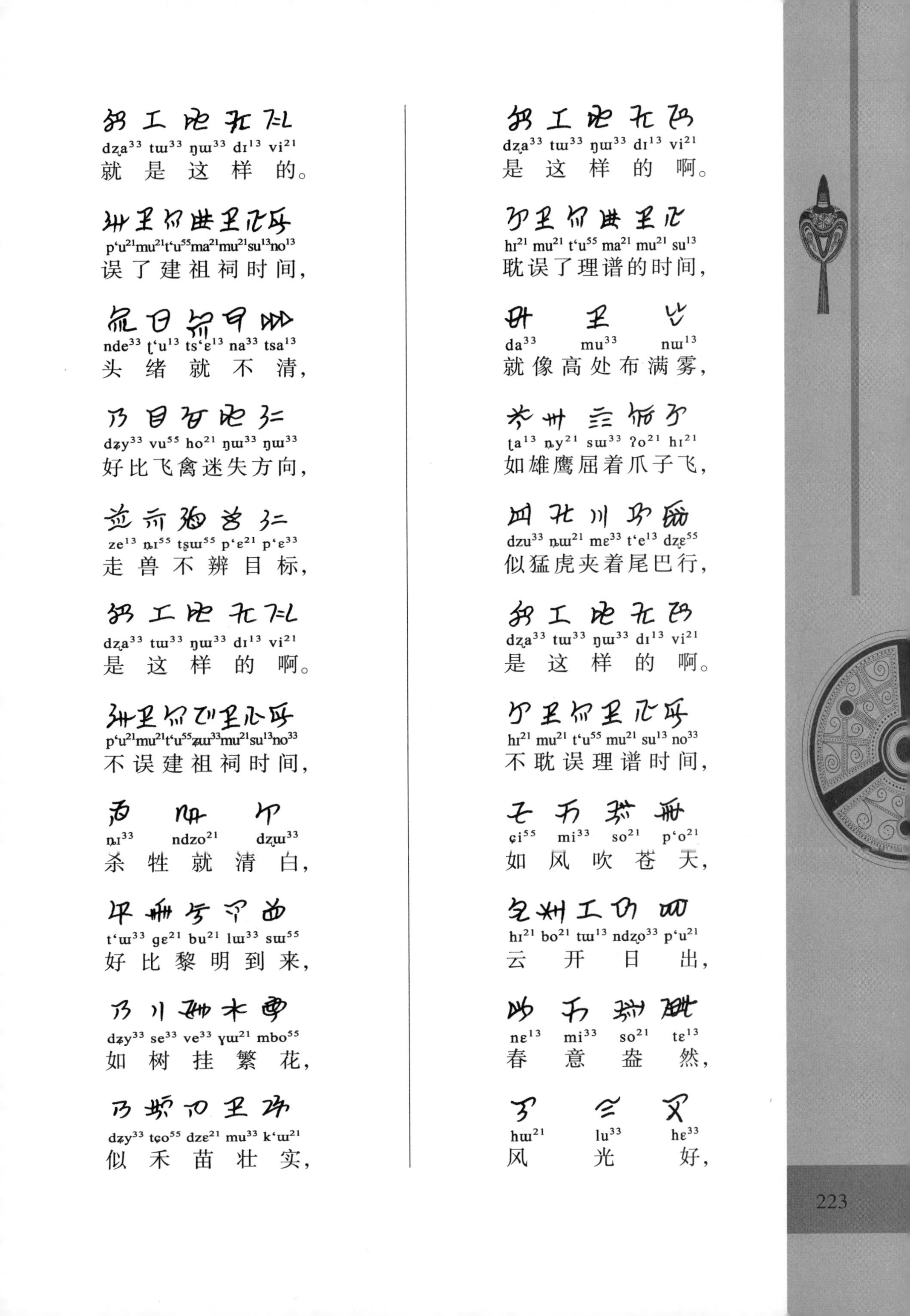

dʐa^{33} tɯ^{33} ŋɯ^{33} dɪ^{13} vi^{21}
就是这样的。

p‘u^{21}mu^{21}t‘u^{55}ma^{21}mu^{21}su^{13}no^{13}
误了建祖祠时间，

nde^{33} ʈ‘u^{13} ts‘ɛ^{13} na^{33} tsa^{13}
头绪就不清，

dʑy^{33} vu^{55} ho^{21} ŋɯ^{33} ŋɯ^{33}
好比飞禽迷失方向，

ze^{13} ȵɪ^{55} tʂɯ^{55} p‘ɛ^{21} p‘ɛ^{33}
走兽不辨目标，

dʐa^{33} tɯ^{33} ŋɯ^{33} dɪ^{13} vi^{21}
是这样的啊。

p‘u^{21}mu^{21}t‘u^{55}ʐɯ^{33}mu^{21}su^{13}no^{33}
不误建祖祠时间，

ȵɪ^{33} ndzo^{21} dʐɯ^{33}
杀牲就清白，

t‘ɯ^{33} gɛ^{21} bu^{21} lɯ^{33} sɯ^{55}
好比黎明到来，

dʑy^{33} se^{33} ve^{33} ɣɯ^{21} mbo^{55}
如树挂繁花，

dʑy^{33} tɕo^{55} dzɛ^{21} mu^{33} k‘ɯ^{21}
似禾苗壮实，

dʐa^{33} tɯ^{33} ŋɯ^{33} dɪ^{13} vi^{21}
是这样的啊。

hɪ^{21} mu^{21} t‘u^{55} ma^{21} mu^{21} su^{13}
耽误了理谱的时间，

da^{33} mu^{33} nɯ^{13}
就像高处布满雾，

ʈa^{13} ȵy^{21} sɯ^{33} ʔo^{21} hɪ^{21}
如雄鹰屈着爪子飞，

dzu^{33} ȵɯ^{21} mɛ^{33} t‘e^{13} dʐɛ^{55}
似猛虎夹着尾巴行，

dʐa^{33} tɯ^{33} ŋɯ^{33} dɪ^{13} vi^{21}
是这样的啊。

hɪ^{21} mu^{21} t‘u^{55} mu^{21} su^{13} no^{33}
不耽误理谱时间，

ɕi^{55} mi^{33} so^{21} p‘o^{21}
如风吹苍天，

hɪ^{21} bo^{21} tɯ^{13} ndʐo^{33} p‘u^{21}
云开日出，

nɛ^{13} mi^{33} so^{21} tɛ^{13}
春意盎然，

hɯ^{21} lu^{33} hɛ^{33}
风光好，

t‘ɯ^{21} dzɯ^{55} ʑɛ^{33} ʑɯ^{33} lo^{13}
大地也壮丽，

ʂʅ^{33} ʈa^{13} ȵy^{21} dzu^{33} mbo^{55}
如雄鹰猛虎称雄，

tɛ^{13} mɛ^{33} vu^{55} vɛ^{33} ɖɯ^{33}
如鸟盘旋在空中，

mi^{33} nɖɛ^{21} tɕɪ^{13} dzɛ^{21}
如满天布满星斗，

dʐa^{33} tɯ^{33} ŋɯ^{33} dɪ^{13} vi^{21}
是这样的啊。

p‘u^{21}no^{13}su^{21}a^{33}vi^{21}lu^{33}no^{33}
受土地的害，

ze^{13} a^{33} ȵɪ^{55} lu^{33} dʑɪ^{21}
就像牛见到虎豹，

va^{33} ʑɯ^{33} zy^{55} lɯ^{33} sɯ^{55}
怕得要命一样。

hɪ^{21}t‘ɯ^{21}su^{13}ʑɯ^{33}vi^{13}lu^{33}no^{33}
受天地之害，

bo^{21} ʔu^{33} ʑɯ^{33} ʂo^{13} dʐu^{33}
好比山顶的松树折断，

lo^{21} na^{21} ʑɯ^{33} t‘ɯ^{13} ʈ‘ɯ^{33}
像跌入悬崖，

dʐu^{55} ʑɯ^{33} ɖu^{55} lɯ^{33} sɯ^{55}
落在山谷中。

mu^{55} he^{13} nga^{13}
引经据典，

t‘u^{55} ma^{21} su^{13}
时机不当，

ʈ‘u^{13} ɕy^{33} ma^{21} dɪ^{13} gu^{55}
像披的银毡染锅烟，

ʑɛ^{21} mu^{33} ʂʅ^{33} tʂ‘ɛ^{55} ve^{13}
弄巧成拙，

vi^{13} lɯ^{55} tɯ^{33} ŋɯ^{33} vi^{21}
害处是这样。

mu^{55} he^{13} ŋga^{13} su^{13} no^{33}
引经据典恰当，

tɛ^{13} ndʐɯ^{33} mi^{33} so^{21} sɯ^{55}
好比云开日出，

ts‘ɯ^{21} ts‘ʅ^{33} ʂʅ^{33} ʑɯ^{21} sɯ^{55}
像洗发除污垢，

dʐa^{33} tɯ^{33} ŋɯ^{33} dɪ^{13} vi^{21}
是这样的啊。

ɣo^{21}ts‘ɛ^{21}t‘ɯ^{55}t‘u^{55}ma^{21}t‘ɯ^{55}su^{13}
当制鞍鞯时不制鞍鞯，

ʂu^{55} mɛ^{33} tɕ‘o^{13} ʑi^{55} vu^{33}
好比绸缎乱放着，

dʐa^{33} tɯ^{33} ŋɯ^{33} dɪ^{13} vi^{21}
是这样的啊。

ɣo^{21}ts‘ɛ^{13}t‘ɯ^{55}t‘u^{55}t‘ɯ^{55}su^{13}no^{33}
当制鞍鞯时制鞍鞯，

xo^{21} tɕ‘y^{13} ɣo^{21} ŋgu^{33}
辔头和鞍具成套，

ʑa^{13} lo^{33} ɣɯ^{33} a^{33} tʂ‘ɛ^{55}
要用时方便，

ʂu^{55} p‘e^{33} mɛ^{33} p‘e^{33}
恰似绸与缎，

mo^{13} tɯ^{33} a^{33} lo^{33} tsɯ^{55}
放在竹箱中，

dʐa^{33} tɯ^{33} ŋɯ^{33} dɪ^{13} vi^{21}
是这样的啊。

k‘ɛ^{21} ʂɛ^{13} t‘u^{55} ma^{21} ʂɛ^{13}
当布线时不布线，

hɪ^{21} mu^{21} bi^{21} ma^{21} p‘u^{55}
好比盖房不盖顶，

tʂʅ^{13}mu^{21}t‘o^{21}ma^{21}tɪ^{13}lɯ^{33}sɯ^{55}
造仓不安底一般。

k‘ɛ^{21} ʂɛ^{13} t‘u^{55} ʂɛ^{13} su^{13} no^{33}
当布线时布线，

dʑi^{21} hu^{21} ȵdʑo^{21} dʑo^{21} xɛ^{33}
好比日月按轨道运行，

nɛ^{13} mi^{33} p‘o^{21} p‘o^{21} bu^{55}
像春风吹开，

dʑy^{33} vu^{55} ɖe^{13} ŋo^{21} hɛ^{33}
像鸟声悦耳，

ze^{13} ȵɪ^{55} t‘ɯ^{33} so^{21} dʑo^{21}
像虎豹有路行，

dʑy^{33} se^{33} ʈu^{21} zɯ^{33} zɯ^{33}
树木有光彩，

lɯ^{33} kɯ^{13} ko^{13} dɪ^{13} dʑy^{21}
动物都喜欢，

dʐa^{33} tɯ^{33} ŋɯ^{33} dɪ^{13} vi^{21}
是这样的啊。

pu^{13} lɪ^{21} hɛ^{33} ŋga^{13} ȵo^{33}
必须用有本领的布摩，

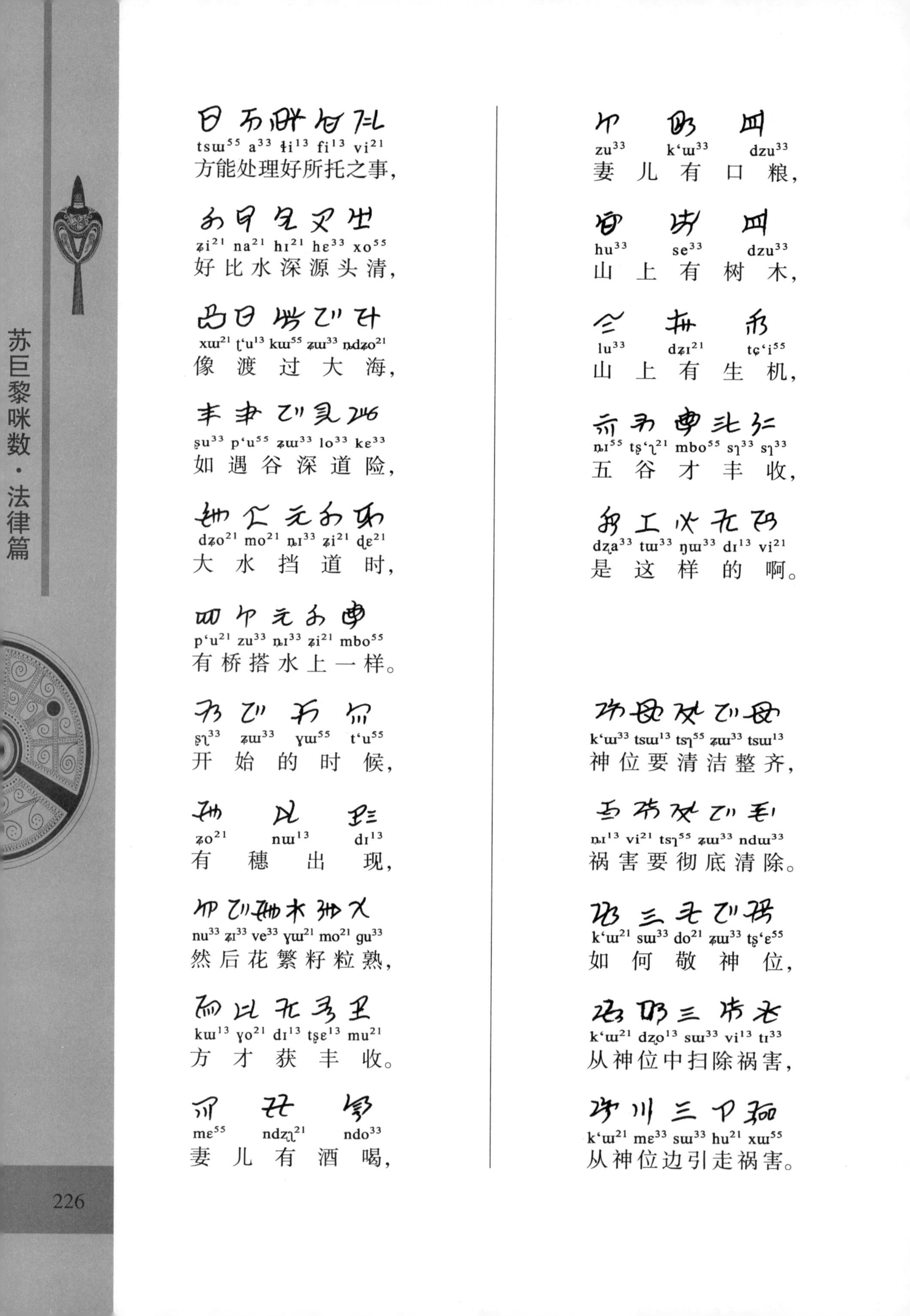

tsɯ55 a33 ɬi13 fi13 vi21
方能处理好所托之事，

ʑi21 na21 hɪ21 hɛ33 xo55
好比水深源头清，

xɯ21 ʈ‘u13 kɯ55 ʑɯ33 ndʑo21
像渡过大海，

ʂu33 p‘u55 ʑɯ33 lo33 kɛ33
如遇谷深道险，

dʑo21 mo21 ȵɪ33 ʑi21 ɖɛ21
大水挡道时，

p‘u21 zu33 ȵɪ33 ʑi21 mbo55
有桥搭水上一样。

ʂʅ33 ʑɯ33 ɣɯ55 t‘u55
开始的时候，

ʑo21 nɯ13 dɪ13
有穗出现，

nu33 ʑɪ33 ve33 ɣɯ21 mo21 gu33
然后花繁籽粒熟，

kɯ13 ɣo21 dɪ13 tʂɛ13 mu21
方才获丰收。

mɛ55 ndʐʅ21 ndo33
妻儿有酒喝，

zu33 k‘ɯ33 dzu33
妻儿有口粮，

hu33 se33 dzu33
山上有树木，

lu33 dʑɪ21 tɕ‘i55
山上有生机，

ȵɪ55 tʂ‘ʅ21 mbo55 sʅ33 sʅ33
五谷才丰收，

dʐa33 tɯ33 ŋɯ33 dɪ13 vi21
是这样的啊。

k‘ɯ33 tsɯ13 tsʅ55 ʑɯ33 tsɯ13
神位要清洁整齐，

ȵɪ13 vi21 tsʅ55 ʑɯ33 ndɯ33
祸害要彻底清除。

k‘ɯ21 sɯ33 do21 ʑɯ33 tʂ‘ɛ55
如何敬神位，

k‘ɯ21 dʐo13 sɯ33 vi13 tɪ33
从神位中扫除祸害，

k‘ɯ21 mɛ33 sɯ33 hu21 xɯ55
从神位边引走祸害。

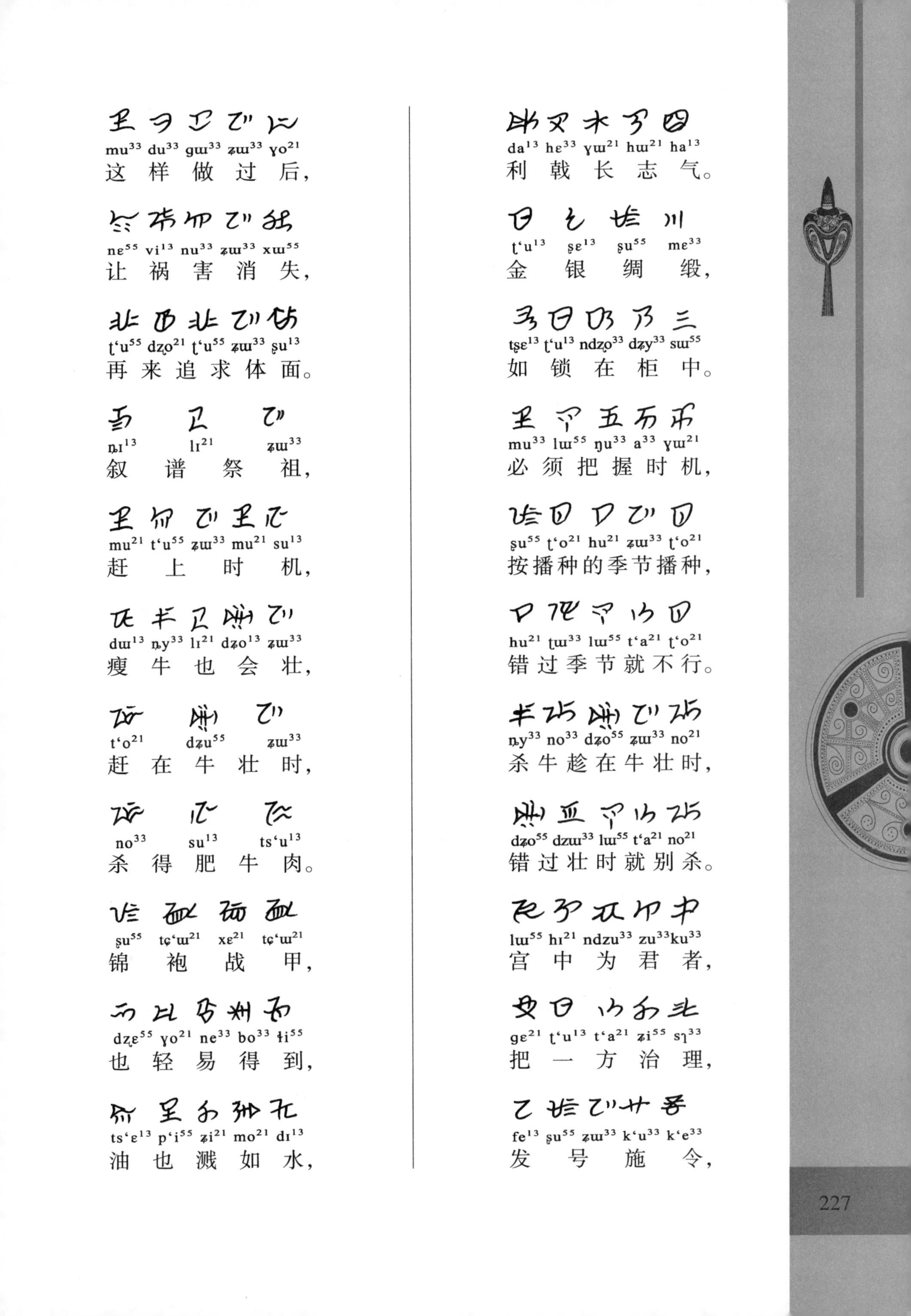

mu^{33} du^{33} gɯ^{33} ʑɯ^{33} ɣo^{21}
这 样 做 过 后，

nɛ^{55} vi^{13} nu^{33} ʑɯ^{33} xɯ^{55}
让 祸 害 消 失，

ʈʻu^{55} dʐo^{21} ʈʻu^{55} ʑɯ^{33} ʂu^{13}
再 来 追 求 体 面。

ɳɪ^{13} lɪ^{21} ʑɯ^{33}
叙 谱 祭 祖，

mu^{21} ʈʻu^{55} ʑɯ^{33} mu^{21} su^{13}
赶 上 时 机，

dɯ^{13} ɳy^{33} lɪ^{21} dʑo^{13} ʑɯ^{33}
瘦 牛 也 会 壮，

tʻo^{21} dʑu^{55} ʑɯ^{33}
赶 在 牛 壮 时，

no^{33} su^{13} tsʻu^{13}
杀 得 肥 牛 肉。

ʂu^{55} tɕʻɯ^{21} xɛ^{21} tɕʻɯ^{21}
锦 袍 战 甲，

dʐɛ^{55} ɣo^{21} ne^{33} bo^{33} ɬi^{55}
也 轻 易 得 到，

tsʻɛ^{13} pʻi^{55} ʑi^{21} mo^{21} dɪ^{13}
油 也 溅 如 水，

da^{13} hɛ^{33} ɣɯ^{21} hɯ^{21} ha^{13}
利 戟 长 志 气。

ʈʻu^{13} ʂɛ^{13} ʂu^{55} mɛ^{33}
金 银 绸 缎，

tʂɛ^{13} ʈʻu^{13} ndʐo^{33} dʑy^{33} sɯ^{55}
如 锁 在 柜 中。

mu^{33} lɯ^{55} ŋu^{33} a^{33} ɣɯ^{21}
必 须 把 握 时 机，

ʂu^{55} ʈʻo^{21} hu^{21} ʑɯ^{33} ʈʻo^{21}
按播种的季节播种，

hu^{21} ʈɯ^{33} lɯ^{55} tʻa^{21} ʈʻo^{21}
错过季节就不行。

ɳy^{33} no^{33} dʑo^{55} ʑɯ^{33} no^{21}
杀牛趁在牛壮时，

dʑo^{55} dzɯ^{33} lɯ^{55} tʻa^{21} no^{21}
错过壮时就别杀。

lɯ^{55} hɪ^{21} ndzu^{33} zu^{33}ku^{33}
宫 中 为 君 者，

gɛ^{21} ʈʻu^{13} tʻa^{21} ʑi^{55} sɿ^{33}
把 一 方 治 理，

fe^{13} ʂu^{55} ʑɯ^{33} kʻu^{33} kʻe^{33}
发 号 施 令，

ȵɪ^{13} tɛ^{13} ʑɯ^{33} k'u^{33} fi^{13}
尼德需多谋，

nu^{33} va^{13} ʑo^{33} ɣo^{21} to^{33}
依靠有名望的人。

ndzu^{33} mi^{55} mu^{55} lɪ^{21} mu^{21}
君令由臣子执行，

tʂ'u^{33} dʑo^{21} lu^{33} lɪ^{33} ndɛ^{21}
道路按选择开通。

ȵdʑo^{13} lɯ^{55} dʑo^{21} sɯ^{33} kɛ^{13}
世间有三条道路，

hu^{21} tʂ'o^{55} tɕɪ^{13} ma^{21} nɛ^{55}
伴随月亮的星星常在，

ndzu^{33} tʂ'o^{55} lu^{21} ma^{21} ʂu^{33}
伴随君长的百姓不穷。

da^{33} mu^{33} so^{21} ma^{21} dɪ^{13}
登高并不轻松，

ɣo^{21} ʈ'u^{13} ʑɯ^{33} ndʑa^{13} tʂ'ɛ^{55}
要修路和挂缆绳。

hɛ^{33} k'u^{33} k'ɯ^{33} lɪ^{21} mba^{33}
有好主见要开口，

dɯ^{21} k'u^{33} na^{33} to^{13} ȵɪ^{33}
识别恶意靠明察。

ȵdʑo^{13} lɯ^{55} t'a^{55} lɯ^{21} lɯ^{21}
头顶着苍天，

ʔu^{33} ts'o^{33} dʐo^{21} ʑɯ^{33} su^{13}
为人在世上，

k'u^{33} tʂ'o^{55} ɣo^{21} zɯ^{33} ndy^{55}
思考要合理，

ȵdʑu^{33} tɛ^{55} tʂɯ^{13}
韬光养晦，

ga^{33} ga^{33} mu^{33} ŋu^{33} vi^{21}
行事须谨慎。

ʑo^{21} a^{33} ndzu^{33} lɪ^{21} ʂu^{33}
自己做主困难，

su^{21} ʑɯ^{33} ndzu^{33} lɪ^{21} lɛ^{33}
别人做主容易。

su^{21} mu^{33} tɕi^{33} tɕ'o^{33}
别人的行为，

mo^{21} ʂɯ^{55} ŋɛ^{21} ho^{13} vi^{21}
要善于判断。

tɕ'o^{13} sɯ^{33} hɪ^{13} ku^{33}
各种本事，

mɛ^{33} lɯ^{55} dʐo^{21} dɪ^{13} vi^{21}
在于安排时间学习，

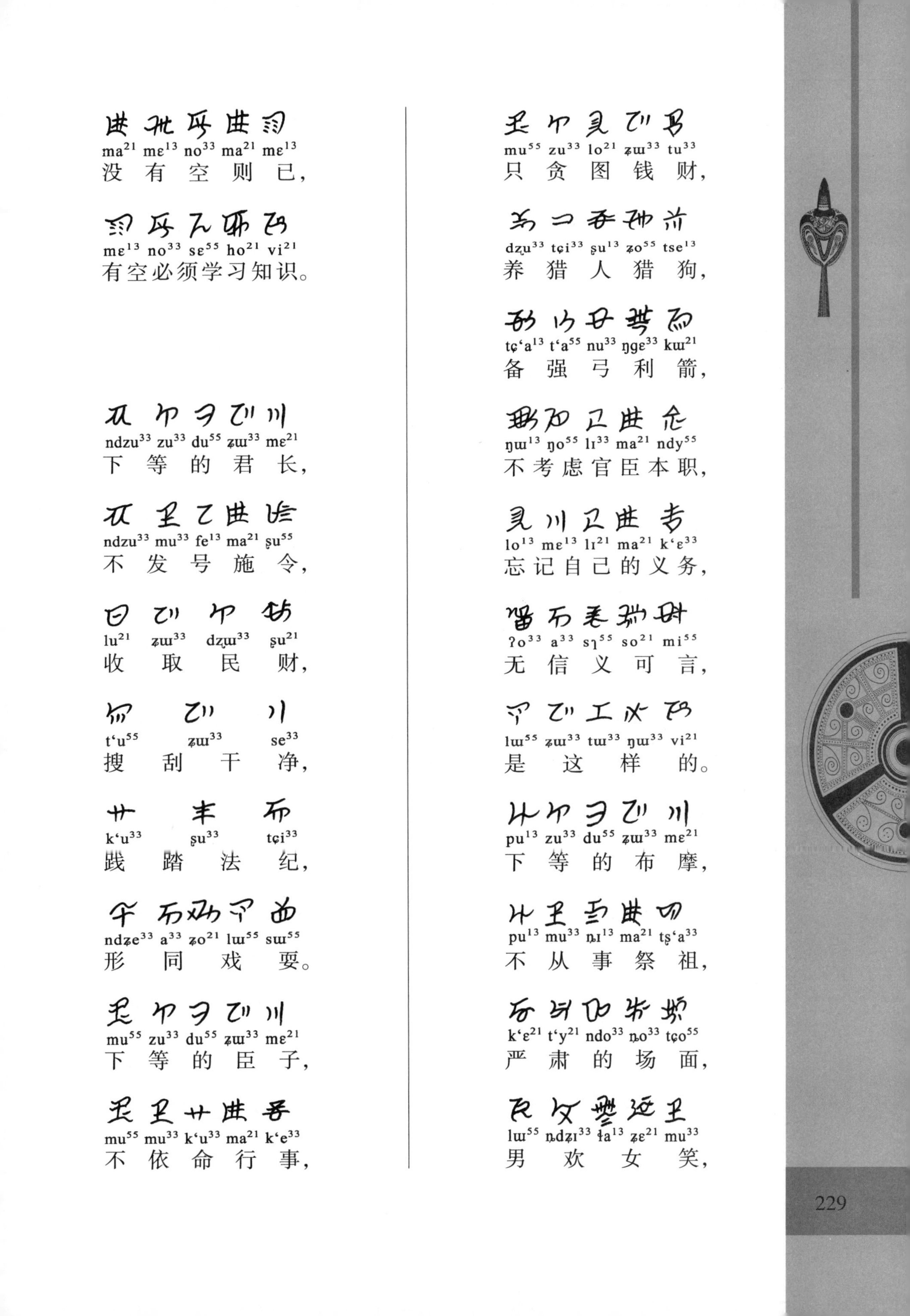

ma^{21} mɛ^{13} no^{33} ma^{21} mɛ^{13}
没有空则已，

mɛ^{13} no^{33} sɛ^{55} ho^{21} vi^{21}
有空必须学习知识。

ndzu^{33} zu^{33} du^{55} ʑɯ^{33} mɛ^{21}
下等的君长，

ndzu^{33} mu^{33} fe^{13} ma^{21} ʂu^{55}
不发号施令，

lu^{21} ʑɯ^{33} dʑɯ^{33} ʂu^{21}
收取民财，

t'u^{55} ʑɯ^{33} se^{33}
搜刮干净，

k'u^{33} ʂu^{33} tɕi^{33}
践踏法纪，

ndʑe^{33} a^{33} ʑo^{21} lɯ^{55} sɯ^{55}
形同戏耍。

mu^{55} zu^{33} du^{55} ʑɯ^{33} mɛ^{21}
下等的臣子，

mu^{55} mu^{33} k'u^{33} ma^{21} k'e^{33}
不依命行事，

mu^{55} zu^{33} lo^{21} ʑɯ^{33} tu^{33}
只贪图钱财，

dʑu^{33} tɕi^{33} ʂu^{13} ʑo^{55} tse^{13}
养猎人猎狗，

tɕ'a^{13} t'a^{55} nu^{33} ŋgɛ^{33} kɯ^{21}
备强弓利箭，

ŋɯ^{13} ŋo^{55} lɪ^{33} ma^{21} ndy^{55}
不考虑官臣本职，

lo^{13} mɛ^{13} lɪ^{21} ma^{21} k'ɛ^{33}
忘记自己的义务，

ʔo^{33} a^{33} sɿ^{55} so^{21} mi^{55}
无信义可言，

lɯ^{55} ʑɯ^{33} tɯ^{33} ŋɯ^{33} vi^{21}
是这样的。

pu^{13} zu^{33} du^{55} ʑɯ^{33} mɛ^{21}
下等的布摩，

pu^{13} mu^{33} ɳɪ^{13} ma^{21} tʂ'a^{33}
不从事祭祖，

k'ɛ^{21} t'y^{21} ndo^{33} ɳo^{33} tɕo^{55}
严肃的场面，

lɯ^{55} ɳdʑɪ^{33} ɬa^{13} ʑɛ^{21} mu^{33}
男欢女笑，

sɛ^{55} mi^{55} ho^{21} gu^{33}
把典籍文献，

nu^{33} ʐɯ^{33} tʂo^{13} lɯ^{33} ȵɿ^{33}
意思理解错，

mɛ^{13} lɯ^{55} tɯ^{33} ŋɯ^{33} vi^{21}
是这样的啊。

a^{21} mɛ^{13} tɕʻi^{55} ɬa^{13}
姑娘少妇，

du^{55} ʑɯ^{33} mɛ^{13}
属于下等者，

kʻɯ^{33} ɬy^{13} kʻɯ^{33} ɬu^{13} mu^{33}
若是非口舌，

kʻu^{33}hu^{33}ɬo^{13}va^{13}no^{33}ma^{21}dɿ^{13}
没有涵养和气节。

zɛ^{55} ŋga^{33} su^{13} ma^{33} se^{13}
利矛不杀人，

kʻɯ^{33} ɬu^{13} tɯ^{33} su^{21} se^{13}
口舌把人杀。

gɯ^{21} ʑɿ^{33} dʐʅ^{21} dʐo^{21}
黎民百姓，

du^{55} ʑɯ^{33} mɛ^{21}
属于下等者，

ɬo^{13} ʑo^{21} ʑo^{21}
做出放牧的样子，

tʻe^{33} ba^{13} ȵɿ^{33} ma^{21} va^{13}
却不扛牧羊鞭，

ŋu^{33} ʑo^{21} ʑo^{21}
做出犁地的样子，

tsɯ^{55} ʑy^{33} ȵɿ^{33} ma^{21} tʂʻu^{33}
却不理锄头。

tʻy^{21} lɿ^{33} ma^{21} mu^{21} lo^{13}
什么也不做，

lu^{13} ʑo^{21} ʑo^{21}
学狗叫，

lu^{21} bu^{33} la^{13} ʑɯ^{33} tɯ^{33}
游手好闲，

tɕʻy^{13} ʑo^{21} ʑo^{21}
态度傲慢，

he^{33} kʻu^{33} kʻɛ^{33} ʑɯ^{33} ɣɯ^{55}
妄自尊大，

mɛ^{21} lɯ^{55} tɯ^{33} ŋɯ^{33} vi^{21}
有空就这样。

bi^{21} nɯ^{13} sɯ^{33} mɛ^{13} ɣo^{21}
臭名远扬，

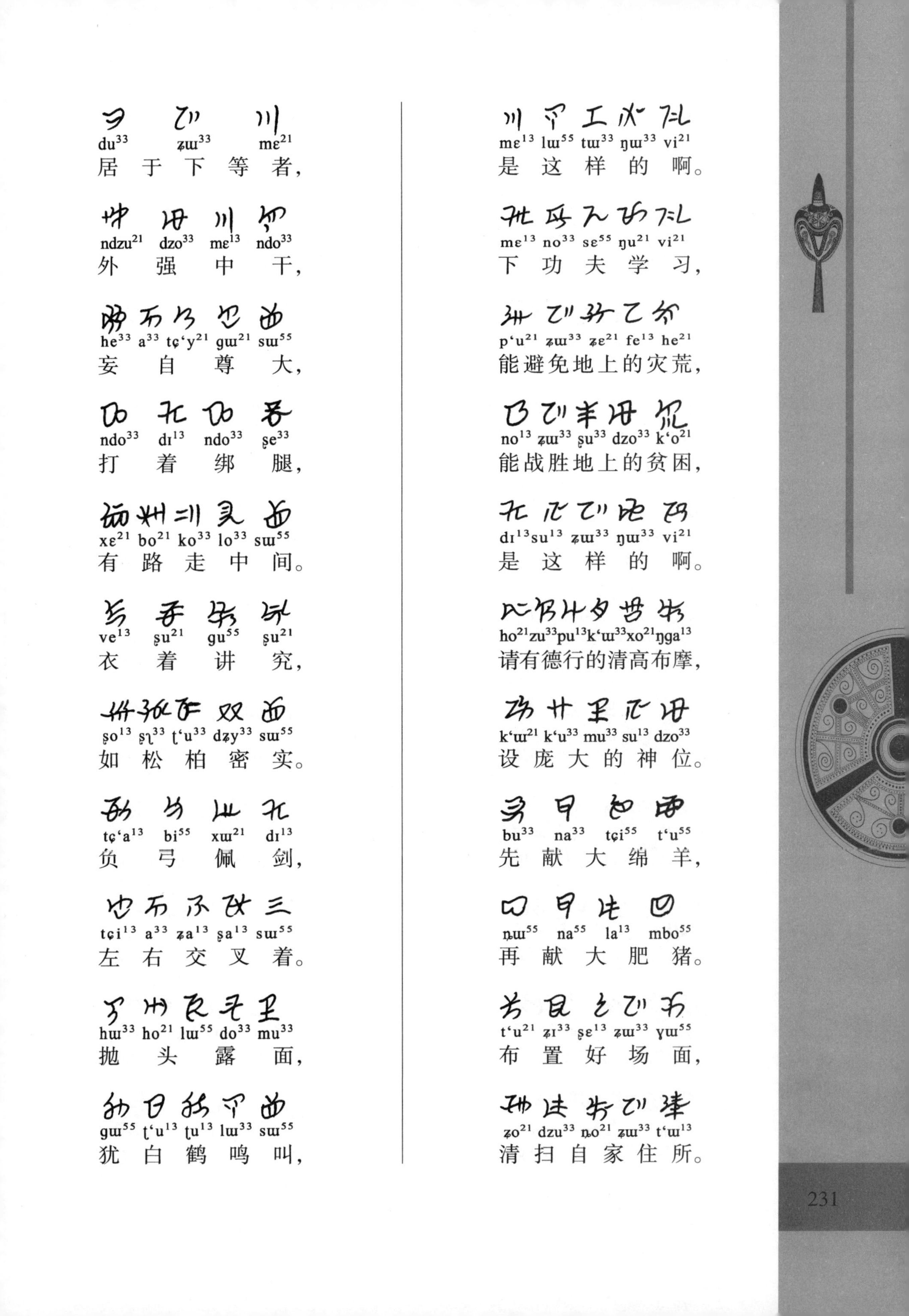

du^{33} ʑɯ^{33} mɛ^{21}
居于下等者，

ndzu^{21} dzo^{33} mɛ^{13} ndo^{33}
外强中干，

he^{33} a^{33} tɕʻy^{21} gɯ^{21} sɯ^{55}
妄自尊大，

ndo^{33} dɪ^{13} ndo^{33} ʂe^{33}
打着绑腿，

xɛ^{21} bo^{21} ko^{33} lo^{33} sɯ^{55}
有路走中间。

ve^{13} ʂu^{21} gu^{55} ʂu^{21}
衣着讲究，

ʂo^{13} ʂʅ^{33} ʈʻu^{33} dʑy^{33} sɯ^{55}
如松柏密实。

tɕʻa^{13} bi^{55} xɯ^{21} dɪ^{13}
负弓佩剑，

tɕi^{13} a^{33} ʑa^{13} ʂa^{13} sɯ^{55}
左右交叉着。

hɯ^{33} ho^{21} lɯ^{55} do^{33} mu^{33}
抛头露面，

gɯ^{55} ʈʻu^{13} ʈu^{13} lɯ^{33} sɯ^{55}
犹白鹤鸣叫，

mɛ^{13} lɯ^{55} tɯ^{33} ŋɯ^{33} vi^{21}
是这样的啊。

mɛ^{13} no^{33} sɛ^{55} ŋu^{21} vi^{21}
下功夫学习，

pʻu^{21} ʑɯ^{33} ʑɛ^{21} fe^{13} he^{21}
能避免地上的灾荒，

no^{13} ʑɯ^{33} ʂu^{33} dzo^{33} kʻo^{21}
能战胜地上的贫困，

dɪ^{13}su^{13} ʑɯ^{33} ŋɯ^{33} vi^{21}
是这样的啊。

ho^{21}zu^{33}pu^{13}kʻɯ^{33}xo^{21}ŋga^{13}
请有德行的清高布摩，

kʻɯ^{21} kʻu^{33} mu^{33} su^{13} dzo^{33}
设庞大的神位。

bu^{33} na^{33} tɕi^{55} tʻu^{55}
先献大绵羊，

ŋ̊ɯ^{55} na^{55} la^{13} mbo^{55}
再献大肥猪。

tʻu^{21} ʑɪ^{33} ʂɛ^{13} ʑɯ^{33} ɣɯ^{55}
布置好场面，

ʑo^{21} dzu^{33} n̥o^{21} ʑɯ^{33} tʻɯ^{13}
清扫自家住所。

dʑi^{21} dzu^{21} dɯ^{33}
送污秽到荒山，

n̥ɪ^{55} dzu^{21} dɯ^{33} ʑɯ^{33} xo^{55}
送污秽到野外，

mu^{21} n̥ɪ^{33} ŋu^{13} ʑɯ^{33} ɣɯ^{33}
必须这样做。

ndy^{55} lɯ^{33} mba^{33}
思考后发言，

n̥dʑo^{21} lɯ^{33} vu^{33} ŋu^{21} n̥o^{33} vi^{21}
所讲符合情理为妙。

ndy^{55} lɯ^{21} ma^{21} mba^{33}
未思考而发言，

n̥dʑo^{21} lɯ^{33} ma^{21} vu^{33} su^{13}
不合情理者，

ndzu^{33} mi^{55} dẓu^{33} ɣo^{21} mu^{33}
君令行不通，

p'u^{21} lɛ^{21} ge^{21} ɣo^{21} na^{13}
好比沟壑深。

tsɿ^{13} su^{13} du^{55} ɖɯ^{33} vi^{21}
下属传达的命令走样，

nu^{33} go^{13} ma^{21} ngɛ^{21} mbe^{33}
好比箭曲射不成，

n̥ɪ^{55} ʑɯ^{33} su^{55} ma^{21} dzo^{33}
奈何不了野兽，

n̥ɪ^{55} tɕ'i^{33} ʑɛ^{55} dẓu^{55} nɛ^{55}
如猎狗被水淹，

ʂu^{33} ʑo^{33} ʑɛ^{55} ɬo^{13} ɖɯ^{55}
猎人失去目标，

ɣɯ^{21} tɕ'a^{13} tɯ^{33} ʑɯ^{33} dzo^{33}
手中只有弓。

nɛ^{21} ʑɯ^{33} ge^{33} lu^{21} n̥ɪ^{33}
下情不通畅，

pi^{13} ɬi^{13} hɪ^{21} mɛ^{33} lɯ^{55}
像船在天际，

ku^{33} ku^{33} vu^{55} ʑɯ^{33} zu^{33}
如愚顽的鸟，

tʂ'u^{33} va^{33} dɪ^{13} ma^{21} bo^{21}
叫得起劲却无用，

nu^{33} ʑɯ^{33} ɖu^{33} mu^{33} mu^{33}
听了就像耳边风，

lɯ^{55} ʑɯ^{33} tɯ^{33} ŋɯ^{33} vi^{21}
是这样的啊。

ndy^{55} n̥ɪ^{33} ndy^{55}
反复思考，

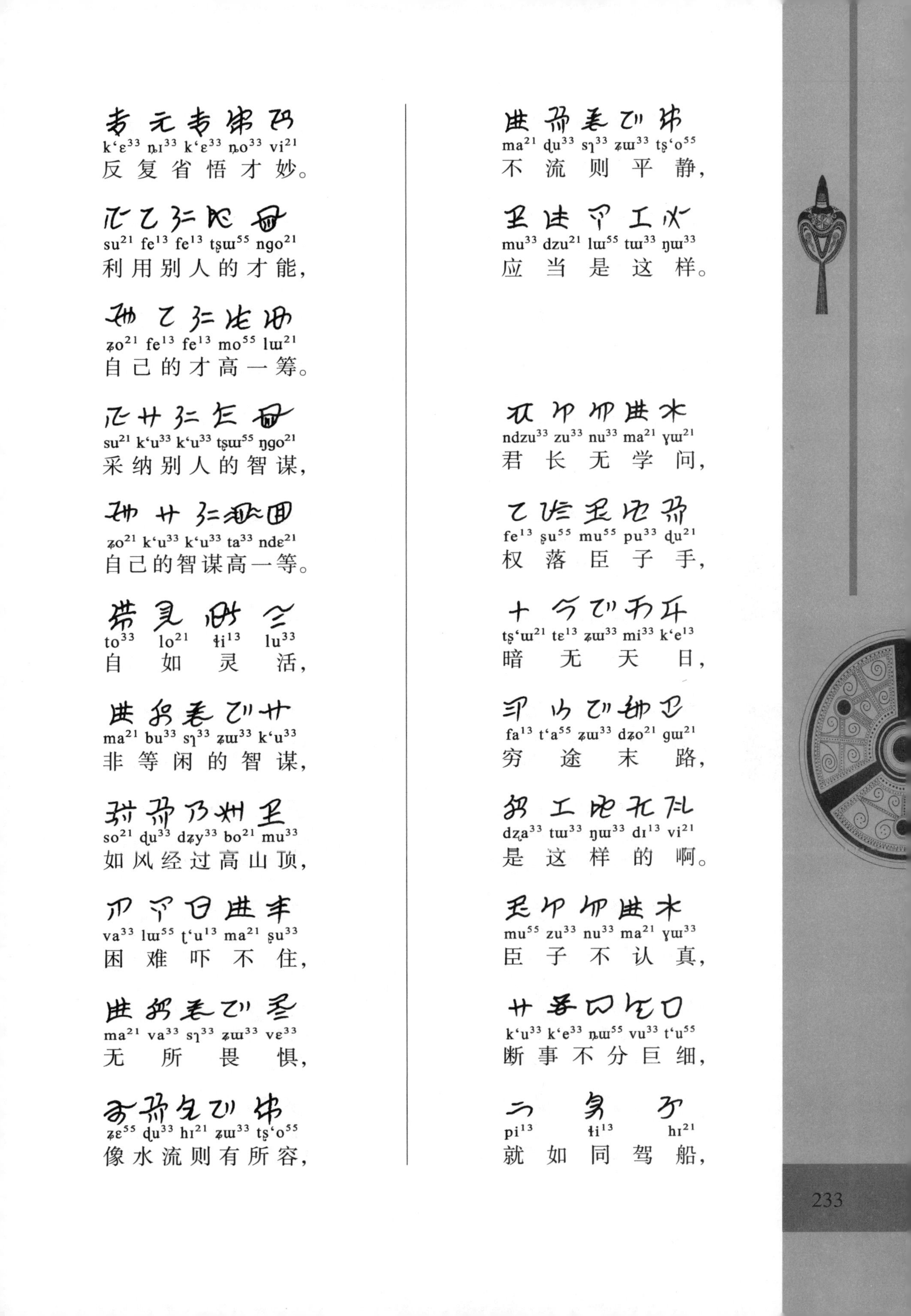

k‘ε^{33} ȵɪ^{33} k‘ε^{33} ȵo^{33} vi^{21}
反复省悟才妙。

su^{21} fe^{13} fe^{13} tʂɯ^{55} ngo^{21}
利用别人的才能，

ʑo^{21} fe^{13} fe^{13} mo^{55} lɯ^{21}
自己的才高一筹。

su^{21} k‘u^{33} k‘u^{33} tʂɯ^{55} ŋgo^{21}
采纳别人的智谋，

ʑo^{21} k‘u^{33} k‘u^{33} ta^{33} ndε^{21}
自己的智谋高一等。

to^{33} lo^{21} ɬi^{13} lu^{33}
自如灵活，

ma^{21} bu^{33} sɿ^{33} ʑɯ^{33} k‘u^{33}
非等闲的智谋，

so^{21} ɖu^{33} dʐy^{33} bo^{21} mu^{33}
如风经过高山顶，

va^{33} lɯ^{55} t‘u^{13} ma^{21} ʂu^{33}
困难吓不住，

ma^{21} va^{33} sɿ^{33} ʑɯ^{33} vε^{33}
无所畏惧，

ʑε^{55} ɖu^{33} hɪ^{21} ʑɯ^{33} tʂ‘o^{55}
像水流则有所容，

ma^{21} ɖu^{33} sɿ^{33} ʑɯ^{33} tʂ‘o^{55}
不流则平静，

mu^{33} dzu^{21} lɯ^{55} tɯ^{33} ŋɯ^{33}
应当是这样。

ndzu^{33} zu^{33} nu^{33} ma^{21} ɣɯ^{21}
君长无学问，

fe^{13} ʂu^{55} mu^{55} pu^{33} ɖu^{21}
权落臣子手，

tʂ‘ɯ^{21} tε^{13} ʑɯ^{33} mi^{33} k‘e^{13}
暗无天日，

fa^{13} t‘a^{55} ʑɯ^{33} dʐo^{21} gɯ^{21}
穷途末路，

dʐa^{33} tɯ^{33} ŋɯ^{33} dɪ^{13} vi^{21}
是这样的啊。

mu^{55} zu^{33} nu^{33} ma^{21} ɣɯ^{33}
臣子不认真，

k‘u^{33} k‘e^{33} ȵɯ^{55} vu^{33} t‘u^{55}
断事不分巨细，

pi^{13} ɬi^{13} hɪ^{21}
就如同驾船，

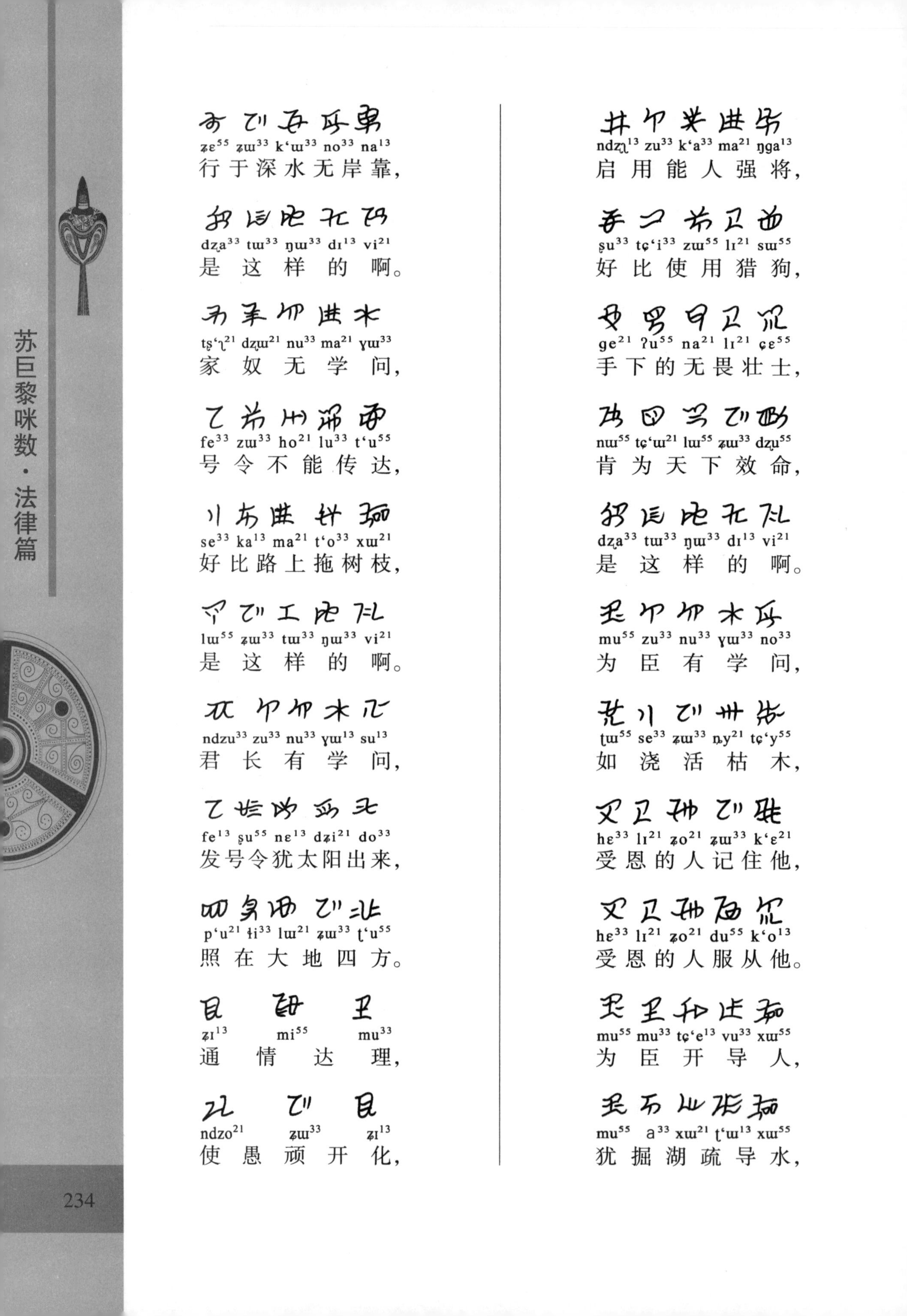

ʑɛ55 ʐɯ33 kʻɯ33 no33 na13
行于深水无岸靠，

dʐa33 tɯ33 ŋɯ33 dɪ13 vi21
是这样的啊。

tʂʻʅ21 dʐɯ21 nu33 ma21 ɣɯ33
家奴无学问，

fe33 zɯ33 ho21 lu33 tʻu55
号令不能传达，

se33 ka13 ma21 tʻo33 xɯ21
好比路上拖树枝，

lɯ55 ʐɯ33 tɯ33 ŋɯ33 vi21
是这样的啊。

ndzu33 zu33 nu33 ɣɯ13 su13
君长有学问，

fe13 ʂu55 nɛ13 dʑi21 do33
发号令犹太阳出来，

pʻu21 ɬi33 lɯ21 ʐɯ33 ʈʻu55
照在大地四方。

ʑɪ13 mi55 mu33
通情达理，

ndzo21 ʐɯ33 ʑɪ13
使愚顽开化，

ndʐʅ13 zu33 kʻa33 ma21 ŋga13
启用能人强将，

ʂu33 tɕʻi33 zɯ55 lɪ21 sɯ55
好比使用猎狗，

ge21 ʔu55 na21 lɪ21 ɕɛ55
手下的无畏壮士，

nɯ55 tɕʻɯ21 lɯ55 ʐɯ33 dʐu55
肯为天下效命，

dʐa33 tɯ33 ŋɯ33 dɪ13 vi21
是这样的啊。

mu55 zu33 nu33 ɣɯ33 no33
为臣有学问，

ʈɯ55 se33 ʐɯ33 ȵy21 tɕʻy55
如浇活枯木，

hɛ33 lɪ21 ʐo21 ʐɯ33 kʻɛ21
受恩的人记住他，

hɛ33 lɪ21 ʐo21 du55 kʻo13
受恩的人服从他。

mu55 mu33 tɕʻe13 vu33 xɯ55
为臣开导人，

mu55 a33 xɯ21 ʈʻɯ13 xɯ55
犹掘湖疏导水，

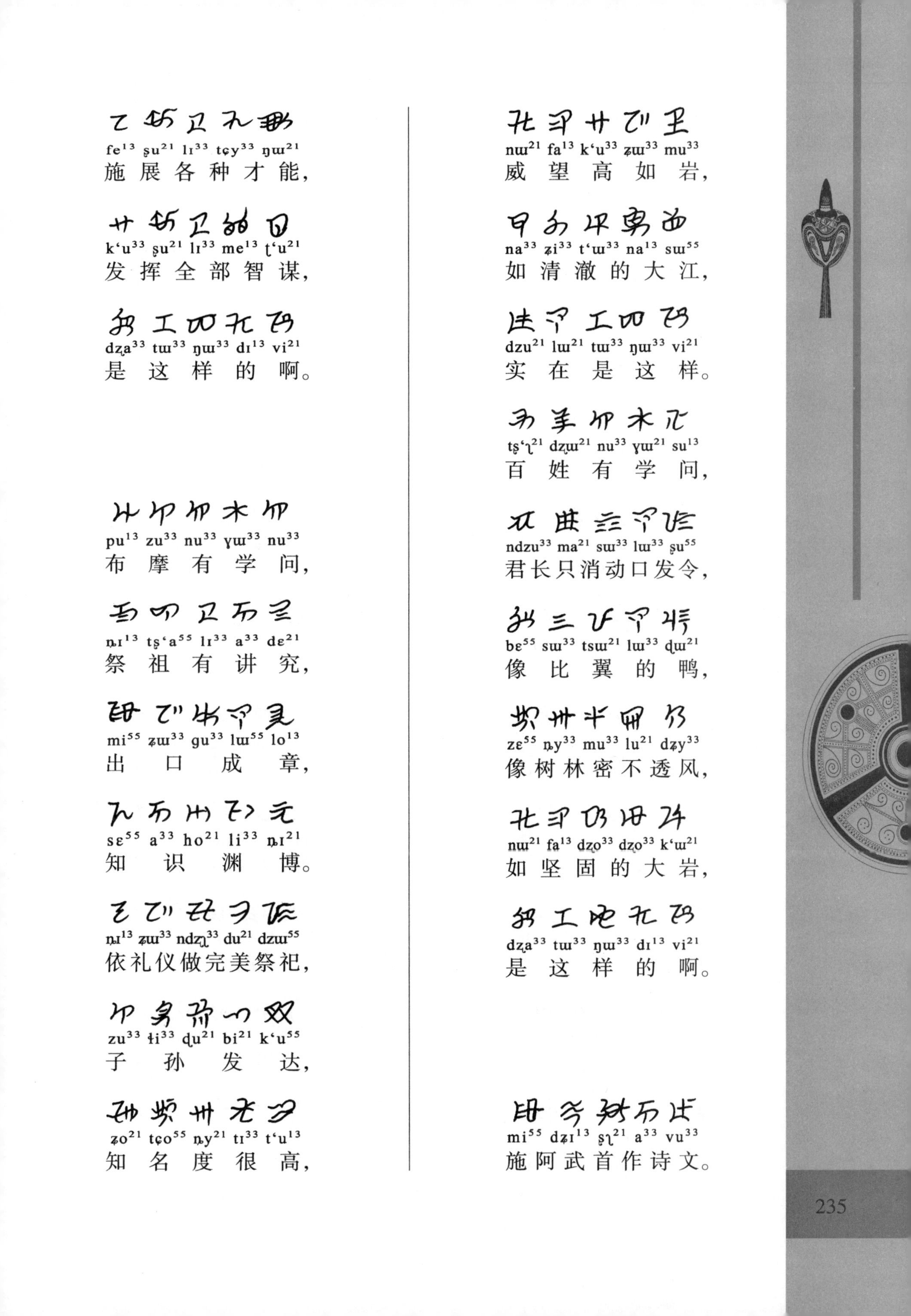

fe^{13} ʂu^{21} lɪ^{33} tɕy^{33} ŋɯ^{21}
施展各种才能，

k‘u^{33} ʂu^{21} lɪ^{33} me^{13} ʈ‘u^{21}
发挥全部智谋，

dʐa^{33} tɯ^{33} ŋɯ^{33} dɪ^{13} vi^{21}
是这样的啊。

pu^{13} zu^{33} nu^{33} ɣɯ^{33} nu^{33}
布摩有学问，

ȵɪ^{13} tʂ‘a^{55} lɪ^{33} a^{33} dɛ^{21}
祭祖有讲究，

mi^{55} ʑɯ^{33} gu^{33} lɯ^{55} lo^{13}
出口成章，

sɛ^{55} a^{33} ho^{21} li^{33} ȵɪ^{21}
知识渊博。

ȵɪ^{13} ʑɯ^{33} ndʐʅ^{33} du^{21} dzɯ^{55}
依礼仪做完美祭祀，

zu^{33} ɬi^{33} ɖu^{21} bi^{21} k‘u^{55}
子孙发达，

ʑo^{21} tɕo^{55} ȵy^{21} tɪ^{33} t‘u^{13}
知名度很高，

nɯ^{21} fa^{13} k‘u^{33} ʑɯ^{33} mu^{33}
威望高如岩，

na^{33} ʑi^{33} t‘ɯ^{33} na^{13} sɯ^{55}
如清澈的大江，

dzu^{21} lɯ^{21} tɯ^{33} ŋɯ^{33} vi^{21}
实在是这样。

tʂ‘ʅ^{21} dʐɯ^{21} nu^{33} ɣɯ^{21} su^{13}
百姓有学问，

ndzu^{33} ma^{21} sɯ^{33} lɯ^{33} ʂu^{55}
君长只消动口发令，

bɛ^{55} sɯ^{33} tsɯ^{21} lɯ^{33} ɖɯ^{21}
像比翼的鸭，

zɛ^{55} ȵy^{33} mu^{33} lu^{21} dʑy^{33}
像树林密不透风，

nɯ^{21} fa^{13} dʐo^{33} dʐo^{33} k‘ɯ^{21}
如坚固的大岩，

dʐa^{33} tɯ^{33} ŋɯ^{33} dɪ^{13} vi^{21}
是这样的啊。

mi^{55} dʑɪ^{13} ʂʅ^{21} a^{33} vu^{33}
施阿武首作诗文。

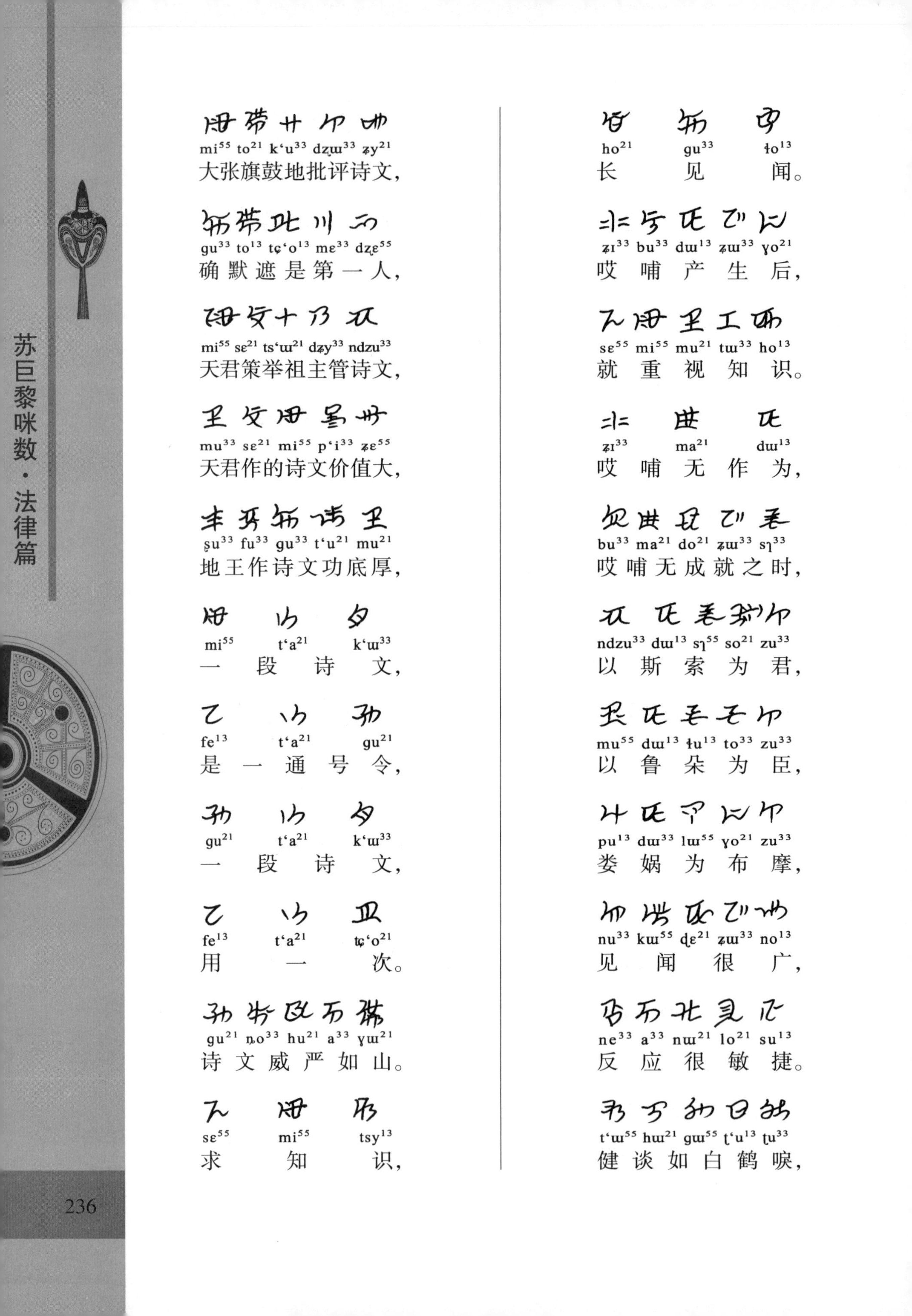

mi^{55} to^{21} k'u^{33} dzɯ^{33} ʑy^{21}
大张旗鼓地批评诗文，

gu^{33} to^{13} tɕ'o^{13} mɛ^{33} dzɛ^{55}
确默遮是第一人，

mi^{55} sɛ^{21} ts'ɯ^{21} dʑy^{33} ndzu^{33}
天君策举祖主管诗文，

mu^{33} sɛ^{21} mi^{55} p'i^{33} ʑɛ^{55}
天君作的诗文价值大，

ʂu^{33} fu^{33} gu^{33} t'u^{21} mu^{21}
地王作诗文功底厚，

mi^{55} t'a^{21} k'ɯ^{33}
一段诗文，

fe^{13} t'a^{21} gu^{21}
是一通号令，

gu^{21} t'a^{21} k'ɯ^{33}
一段诗文，

fe^{13} t'a^{21} tɕ'o^{21}
用一次。

gu^{21} ȵo^{33} hu^{21} a^{33} ɣɯ^{21}
诗文威严如山。

sɛ^{55} mi^{55} tsy^{13}
求知识，

ho^{21} gu^{33} ɬo^{13}
长见闻。

ʑɪ^{33} bu^{33} dɯ^{13} ʑɯ^{33} ɣo^{21}
哎哺产生后，

sɛ^{55} mi^{55} mu^{21} tɯ^{33} ho^{13}
就重视知识。

ʑɪ^{33} ma^{21} dɯ^{13}
哎哺无作为，

bu^{33} ma^{21} do^{21} ʑɯ^{33} sɿ^{33}
哎哺无成就之时，

ndzu^{33} dɯ^{13} sɿ^{55} so^{21} zu^{33}
以斯索为君，

mu^{55} dɯ^{13} ɬu^{13} to^{33} zu^{33}
以鲁朵为臣，

pu^{13} dɯ^{33} lɯ^{55} ɣo^{21} zu^{33}
娄娲为布摩，

nu^{33} kɯ^{55} ɖɛ^{21} ʑɯ^{33} no^{13}
见闻很广，

ne^{33} a^{33} nɯ^{21} lo^{21} su^{13}
反应很敏捷。

t'ɯ^{55} hɯ^{21} gɯ^{55} ʈ'u^{13} ʈu^{33}
健谈如白鹤唳，

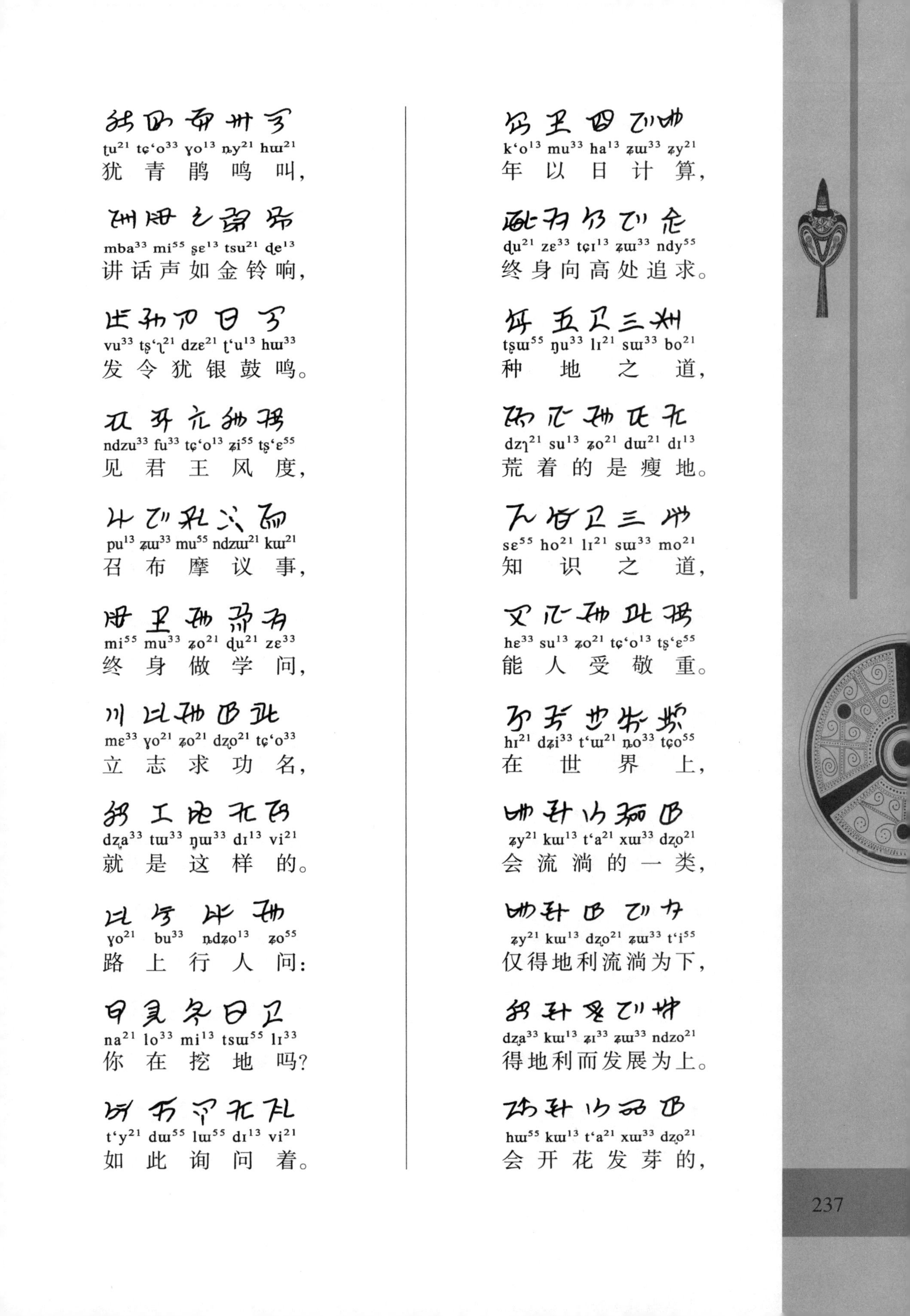

ʈu^{21} tɕ'o^{33} ɣo^{13} ȵy^{21} hɯ^{21}

犹 青 鹃 鸣 叫，

mba^{33} mi^{55} ʂɛ^{13} tsu^{21} ɖe^{13}

讲话声如金铃响，

vu^{33} tʂ'ʅ^{21} dzɛ^{21} ʈ'u^{13} hɯ^{33}

发 令 犹 银 鼓 鸣。

ndzu^{33} fu^{33} tɕ'o^{13} ʑi^{55} tʂ'ɛ^{55}

见 君 王 风 度，

pu^{13} ʑɯ^{33} mu^{55} ndzɯ^{21} kɯ^{21}

召 布 摩 议 事，

mi^{55} mu^{33} ʑo^{21} ɖu^{21} zɛ^{33}

终 身 做 学 问，

mɛ^{33} ɣo^{21} ʑo^{21} dʐo^{21} tɕ'o^{33}

立 志 求 功 名，

dʐa^{33} tɯ^{33} ŋɯ^{33} dɪ^{13} vi^{21}

就 是 这 样 的。

ɣo^{21} bu^{33} ȵdʑo^{13} ʑo^{55}

路 上 行 人 问：

na^{21} lo^{33} mi^{13} tsɯ^{55} lɪ^{33}

你 在 挖 地 吗？

t'y^{21} dɯ^{55} lɯ^{55} dɪ^{13} vi^{21}

如 此 询 问 着。

k'o^{13} mu^{33} ha^{13} ʑɯ^{33} ʑy^{21}

年 以 日 计 算，

ɖu^{21} zɛ^{33} tɕɪ^{13} ʑɯ^{33} ndy^{55}

终身向高处追求。

tʂɯ^{55} ŋu^{33} lɪ^{21} sɯ^{33} bo^{21}

种 地 之 道，

dzʅ^{21} su^{13} ʑo^{21} dɯ^{21} dɪ^{13}

荒 着 的 是 瘦 地。

sɛ^{55} ho^{21} lɪ^{21} sɯ^{33} mo^{21}

知 识 之 道，

hɛ^{33} su^{13} ʑo^{21} tɕ'o^{13} tʂ'ɛ^{55}

能 人 受 敬 重。

hɪ^{21} dʑi^{33} t'ɯ^{21} ȵo^{33} tɕo^{55}

在 世 界 上，

ʑy^{21} kɯ^{13} t'a^{21} xɯ^{33} dʐo^{21}

会 流 淌 的 一 类，

ʑy^{21} kɯ^{13} dʐo^{21} ʑɯ^{33} t'i^{55}

仅得地利流淌为下，

dʐa^{33} kɯ^{13} ʑɪ^{33} ʑɯ^{33} ndzo^{21}

得地利而发展为上。

hɯ^{55} kɯ^{13} t'a^{21} xɯ^{33} dʐo^{21}

会 开 花 发 芽 的，

hɯ^{55} kɯ^{13} ve^{33} ɣɯ^{21} ndzo^{21}
萌芽花开虽得势，

ve^{33} kɯ^{13} dʑo^{13} lo^{13} gɯ^{33}
花会凋谢却无奈。

lɯ^{33} kɯ^{13} t‘a^{21} xɯ^{33} dʐo^{21}
会 动 的 一 类，

lɯ^{33} kɯ^{13} no^{33} ko^{33} dɪ^{13}
会动就有生命，

ko^{13} dɪ^{13} ʑo^{21} ʑo^{21} hu^{13}
饲养到一定时间，

hu^{13} no^{33} xɯ^{21} ʑɯ^{33} gɯ^{33}
就 用 刀 杀 了。

t‘y^{21}sɯ^{33}tʂu^{21}lɪ^{33}ŋgɯ^{55}ma^{21}bo^{21}
这三类都无自我意识。

nɯ^{33} kɯ^{13} ve^{33} ɣɯ^{21}
在 植 物 中，

hɛ^{33} ʑɯ^{33} su^{13} ȵɪ^{33} dʐo^{21}
也 有 佼 佼 者，

t‘u^{21} p‘ɛ^{21} sɯ^{33} hu^{33} k‘o^{13}
青 松 三 百 岁，

mu^{55} ʑɯ^{33} dɪ^{13} dʐa^{33} lu^{33}
方 才 衰 老，

t‘u^{33} ge^{33} la^{13} ɣo^{21} sɯ^{33}
枯 死 了 之 后，

nɯ^{33} sɿ^{33} kɯ^{13} ʑɯ^{33} vi^{21}
新 树 会 长 出。

dɯ^{21} ʑɯ^{33} mu^{33} su^{13} ȵɪ^{21}
也 有 弱 者，

dʐo^{21} a^{33} sɿ^{33} ŋɯ^{33} vi^{21}
典 型 的 是，

ɣo^{21} bu^{33} ku^{21} a^{33} p‘u^{21}
路 旁 的 马 桑，

k‘o^{13} tɕɪ^{13} ȵy^{21} dy^{33} dy^{33}
岁首青枝绿叶，

k‘o^{13} t‘a^{55} dʑo^{13} xɯ^{33} xɯ^{33}
岁尾枯枝败叶。

dʑy^{33} vu^{55} dʑy^{33} ŋa^{33} ȵɪ^{33}
在 飞 禽 中，

hɛ^{33} ʑɯ^{33} su^{13} ȵɪ^{33} dʐo^{21}
不 乏 佼 佼 者，

gɯ^{55} t‘u^{13} dʐʅ^{21} sɯ^{33} ʑɛ^{21}
白 鹤 就 长 寿，

t‘a^{21} tu^{13} k‘o^{13} ʑɯ^{33} ɣo^{21}
一 千 岁 之 后，

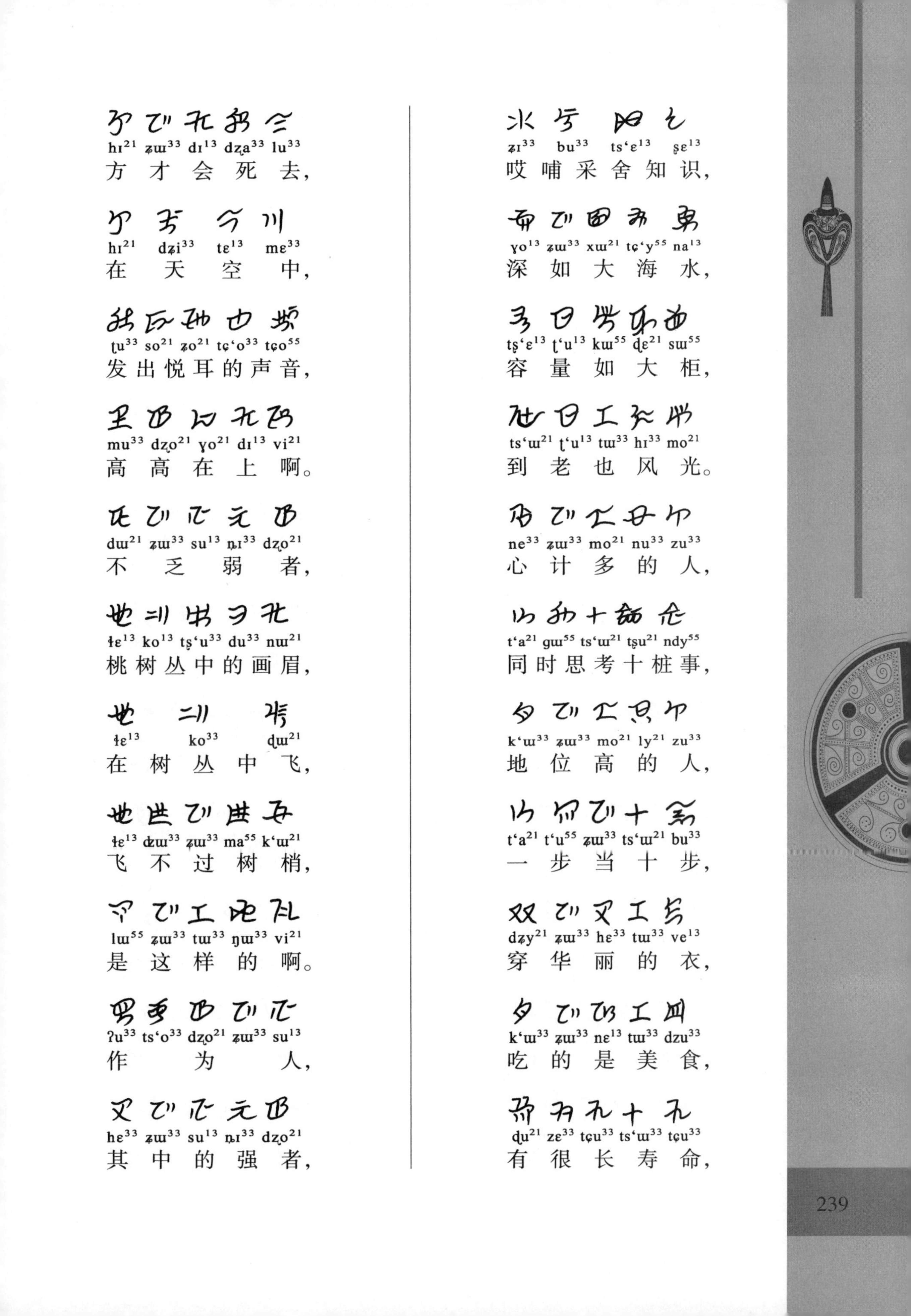

hɪ^{21} ʑɯ^{33} dɪ^{13} dʐa^{33} lu^{33}
方才会死去，

hɪ^{21} dʑi^{33} tɛ^{13} mɛ^{33}
在天空中，

ʈu^{33} so^{21} ʑo^{21} tɕʻo^{33} tɕo^{55}
发出悦耳的声音，

mu^{33} dʐo^{21} ɣo^{21} dɪ^{13} vi^{21}
高高在上啊。

dɯ^{21} ʑɯ^{33} su^{13} ȵɪ^{33} dʐo^{21}
不乏弱者，

ɬɛ^{13} ko^{13} tʂʻu^{33} du^{33} nɯ^{21}
桃树丛中的画眉，

ɬɛ^{13} ko^{33} ɖɯ^{21}
在树丛中飞，

ɬɛ^{13} ʥɯ^{33} ʑɯ^{33} ma^{55} kʻɯ^{21}
飞不过树梢，

lɯ^{55} ʑɯ^{33} tɯ^{33} ŋɯ^{33} vi^{21}
是这样的啊。

ʔu^{33} tsʻo^{33} dʐo^{21} ʑɯ^{33} su^{13}
作为人，

hɛ^{33} ʑɯ^{33} su^{13} ȵɪ^{33} dʐo^{21}
其中的强者，

ʑɪ^{33} bu^{33} tsʻɛ^{13} ʂɛ^{13}
哎哺采舍知识，

ɣo^{13} ʑɯ^{33} xɯ^{21} tɕʻy^{55} na^{13}
深如大海水，

tʂʻɛ^{13} ʈʻu^{13} kɯ^{55} ɖɛ^{21} sɯ^{55}
容量如大柜，

tsʻɯ^{21} ʈʻu^{13} tɯ^{33} hɪ^{33} mo^{21}
到老也风光。

ne^{33} ʑɯ^{33} mo^{21} nu^{33} zu^{33}
心计多的人，

tʻa^{21} gɯ^{55} tsʻɯ^{21} tʂu^{21} ndy^{55}
同时思考十桩事，

kʻɯ^{33} ʑɯ^{33} mo^{21} ly^{21} zu^{33}
地位高的人，

tʻa^{21} tʻu^{55} ʑɯ^{33} tsʻɯ^{21} bu^{33}
一步当十步，

dʑy^{21} ʑɯ^{33} hɛ^{33} tɯ^{33} ve^{13}
穿华丽的衣，

kʻɯ^{33} ʑɯ^{33} nɛ^{13} tɯ^{33} dzu^{33}
吃的是美食，

ɖu^{21} zɛ^{33} tɕu^{33} tsʻɯ^{33} tɕu^{33}
有很长寿命，

tɕʻy^{13} tɕʻo^{21} bu^{33} he^{33} dzɯ^{55}
且出人头地。

dʐɛ^{55} lu^{33} bu^{33} dʑo^{33} ɣo^{21}
死了也得道，

ɕi^{13} n̥ɪ^{33} gu^{21} mi^{33} tʻu^{13}
寿衣穿得厚，

dzɛ^{13} n̥ɪ^{33} na^{33} ʂʅ^{33} ndʐu^{55}
办丧事“那史”画卷美，

mu^{33} tsɛ^{55} fa^{13} da^{33} kʻɯ^{33}
魂马摆得岩样高，

n̥ɯ^{55} a^{33} ʑi^{21} ʈʻu^{13} du^{33}
礼仪也清楚，

ndu^{33}ʔu^{33}dzɛ^{33}mu^{33}kʻɛ^{55}ʂɛ^{13}
魂马成排拴，

zɛ^{55} da^{33} n̥ɯ^{55} po^{33} tʻu^{33}
葬礼也隆重，

kʻɛ^{55} a^{33} n̥ɪ^{33} lɯ^{33} lɯ^{33}
端坐有位置，

tɪ^{33} ʑɯ^{33} hɪ^{21} lɯ^{55} sʅ^{33}
排列到天上，

pʻi^{21} ʑɯ^{33} lɪ^{21} ly^{21} dɯ^{33}
如愿以偿，

zu^{33} ɬi^{33} ɣɯ^{21} ʑy^{21} dʐɯ^{33}
子孙也发达，

dʐa^{33} tɯ^{33} ŋɯ^{33} dɪ^{13} vi^{21}
是这样的啊。

su^{33} dɯ^{33} su^{33} ʈa^{33} dʐo^{21}
其中卑贱者，

dʐo^{21} dɯ^{55} dʑy^{21} ma^{21} ko^{13}
生时顾不上温饱，

ɕi^{13} ʂʅ^{33} tsʻɯ^{21} ma^{33} so^{21}
死后不得安乐，

n̥y^{21}ʂʅ^{33}vu^{33}n̥ɪ^{13}ŋgo^{13}lɯ^{55}sɯ^{55}
犹青草上霜雪融化，

nɛ^{55} lɯ^{33} tʻu^{55} ma^{21} ho^{21}
无声无息地消失。

tʻy^{21} sɯ^{33} tʂu^{21} su^{13} lɪ^{33}
有这种观点：

hɛ^{33} su^{13} mu^{55} ma^{21} ŋu^{33}
聪明人不用指教，

dɯ^{21} su^{13} mu^{55} ma^{21} pi^{13}
愚蠢人不用教育。

t'y^{21} sɯ^{33} tʂu^{21} lɪ^{33} so^{21}
有这三样好，

dʑi^{21} lu^{21} ɣo^{21} ʑɯ^{33} tɕɪ^{13}
原本有机遇第一，

ɣo^{21} dʑi^{33} lu^{21} ʑɯ^{33} dʐo^{13}
得机遇第二，

mu^{55} dʑi^{21} lu^{21} ʑɯ^{33} mɛ^{21}
有善终机遇第三。

dʐo^{21} nu^{33} mu^{55} ma^{21} kɯ^{13}
年纪大而不显老的人，

nɯ^{21} fa^{13} ʑɯ^{33} tɯ^{33} dʐo^{21}
寿可比大岩。

sɯ^{33} nu^{33} tɕ'i^{13} ma^{21} t'y^{55}
走得勤的人，

na^{21} ʑi^{33} mo^{21} tɯ^{33} dʐo^{21}
像大江不停地流淌。

hɛ^{13} nu^{33} tse^{13} ma^{21} ɳdʑo^{13}
长站的人脚不麻，

dʑy^{33}se^{33}ʂo^{13}ʂʅ^{33}se^{33}tɯ^{55}dʐo^{21}
就像挺拔的松柏。

tʂ'o^{55} nu^{33} ne^{33} ma^{21} nɖo^{21}
众朋友互相尊重，

mɛ^{55} a^{33} ʑo^{33} tɯ^{33} dʐo^{21}
就像夫妻一个样。

ŋu^{21} bu^{33} lɛ^{21} ɣo^{21}
诚实讲信义，

bi^{21} mɛ^{33} ʑɯ^{33} tɯ^{33} dʐo^{21}
像毕同默一样和睦。

ʑo^{21} ŋɯ^{33} lu^{33}
楷模是，

tɕ'i^{55}ndzo^{33}zu^{33}ndzo^{33}sʅ^{33}ʑɯ^{33}ŋgɯ^{55}
使愚顽得子媳开化。

ndzu^{33}zu^{33}mu^{55}zu^{33}sʅ^{33}dɪ^{13}vi^{21}
君臣之间的责任，

gɯ^{21} ʑɯ^{33} dzʅ^{21} dʐo^{21} su^{13}
使黎民百姓，

a^{21} mɛ^{13} tɕ'i^{55} ɬa^{13} sʅ^{33} dɪ^{13} vi^{21}
像闺女少妇般谦让。

sɯ^{33} ʔu^{33} lɯ^{55} ʑɯ^{33} tʂ'u^{33}
各种门类，

p'i^{33} ʑɯ^{33} dɪ^{13} no^{33} ŋgɯ^{55}
有价值为佳。

tɕ'i^{55} lɪ^{21} mu^{21} a^{21} ʑo^{21}
娶媳妇的标准要高，

nɯ^{13} lɪ^{33} nɛ^{21} ʑɯ^{33} tʂɛ^{55}
择女婿的标准要低，

dɯ^{55} ɣo^{21} su^{13} ŋɯ^{33} lu^{33}
有 这 种 说 法。

xɛ^{21} da^{13} mo^{21} p‘i^{33} dʑo^{21}
高价的甲胄买得起，

zu^{21} ʑo^{21} ɖu^{21} tɪ^{13} t‘u^{13}
男 儿 威 信 大。

pu^{13} vu^{33} mo^{21} p‘i^{33} dʑo^{21}
高价的学费付得起，

zu^{21} ʑo^{21} ɖu^{21} k‘ɛ^{55} ɬo^{33}
男 儿 就 出 众。

ʈ‘u^{13} ʂɛ^{13} mo^{21} p‘i^{33} dʑo^{21}
拥有足够的金银，

zu^{21} ʑo^{21} ɖu^{21} sɯ^{33} xo^{21}
男 儿 路 子 广。

kɯ^{21} ʈɯ^{55} mo^{21} p‘i^{33} dʑo^{21}
高价的丝绸买得起，

zu^{21} ʑo^{21} ɖu^{21} sɛ^{55} dze^{13}
男 儿 算 精 明。

zɛ^{55} ŋgɛ^{33} mo^{21} p‘i^{33} dʑo^{21}
高价的利矛买得起，

zu^{21} ʑo^{21} ɖu^{21} tʂ‘a^{33} ʂɛ^{13}
男 儿 可 保 长 久。

ȵy^{33} ho^{21} mo^{21} p‘i^{33} dʑo^{21}
高价的牛羊养得起，

zu^{21} ʑo^{21} ɖu^{21} ɣɯ^{21} ʑɛ^{33}
男 儿 的 地 位 显 赫。

p‘i^{33} bo^{21} no^{33} k‘u^{33} mu^{33}
有 钱 威 望 高，

p‘i^{33} bo^{21} no^{33} hu^{21} ʑɛ^{33}
有 钱 势 力 大，

dʐa^{33} tɯ^{33} ŋɯ^{33} dɪ^{13} vi^{21}
是 这 样 的 啊。

mu^{33} ɣo^{21} gɯ^{55}
慕 俄 勾 家，

dɯ^{21} tɕ‘ɯ^{33} a^{33} p‘u^{21}
德 启 阿 朴，

tɕi^{33} vu^{33} gɯ^{55}
接 待 纪 俄 勾 家，

a^{33} lɯ^{55} a^{33} lɪ^{21} lo^{33} bu^{33}
阿 类 阿 列。

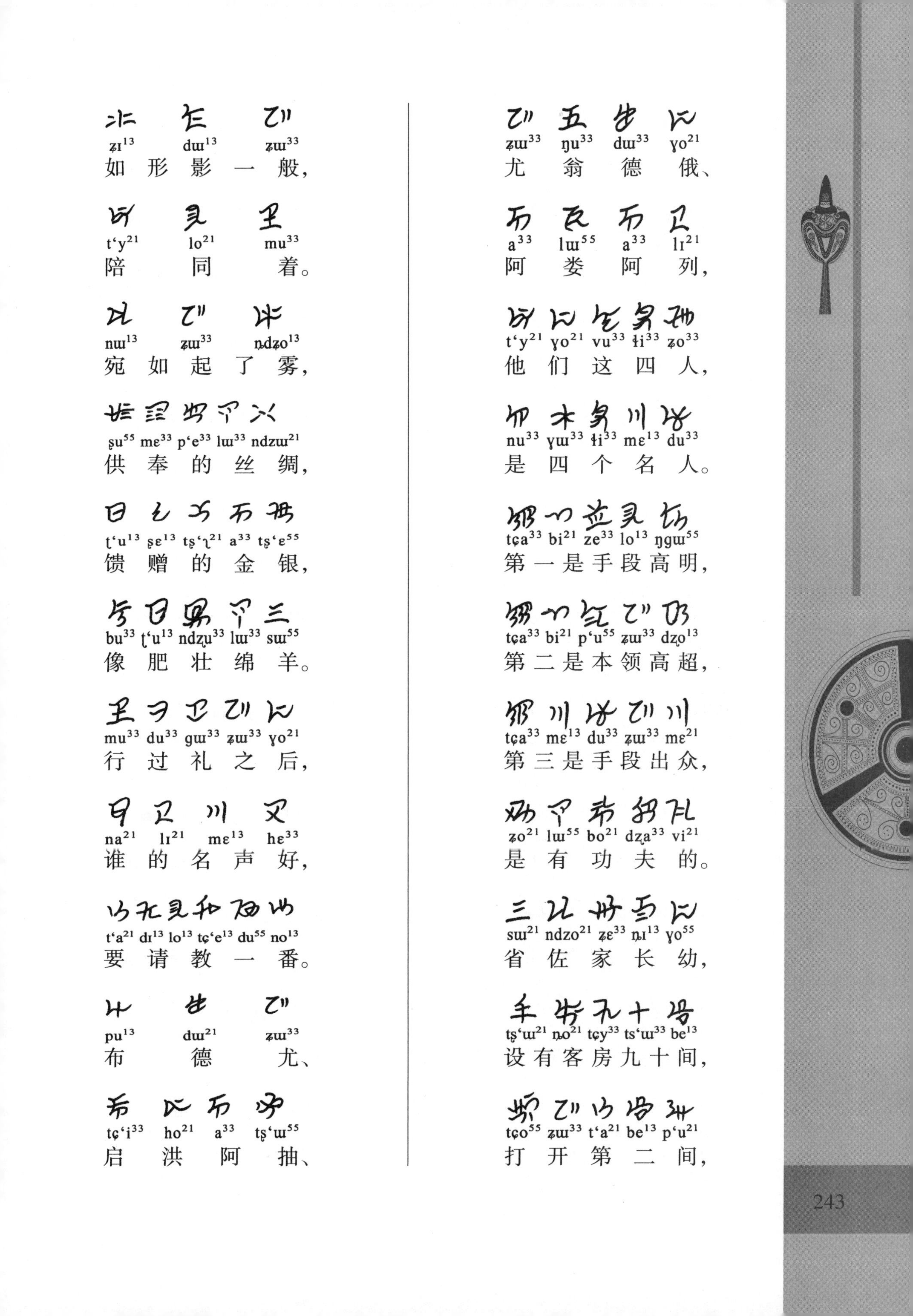

ʐɪ^{13} dɯ^{13} ʐɯ^{33}
如形影一般，

tʻy^{21} lo^{21} mu^{33}
陪同着。

nɯ^{13} ʐɯ^{33} ɳdʐo^{13}
宛如起了雾，

ʂu^{55} mɛ^{33} pʻe^{33} lɯ^{33} ndzɯ^{21}
供奉的丝绸，

tʻu^{13} ʂɛ^{13} tʂʻʅ^{21} a^{33} tʂʻɛ^{55}
馈赠的金银，

bu^{33} ʈʻu^{13} ndʐu^{33} lɯ^{33} sɯ^{55}
像肥壮绵羊。

mu^{33} du^{33} gɯ^{33} ʐɯ^{33} ɣo^{21}
行过礼之后，

na^{21} lɪ^{21} mɛ^{13} hɛ^{33}
谁的名声好，

tʻa^{21} dɪ^{13} lo^{13} tɕʻe^{13} du^{55} no^{13}
要请教一番。

pu^{13} dɯ^{21} ʐɯ^{33}
布德尤、

tɕʻi^{33} ho^{21} a^{33} tʂʻɯ^{55}
启洪阿抽、

ʐɯ^{33} ŋu^{33} dɯ^{33} ɣo^{21}
尤翁德俄、

a^{33} lɯ^{55} a^{33} lɪ^{21}
阿娄阿列，

tʻy^{21} ɣo^{21} vu^{33} ɬi^{33} ʐo^{33}
他们这四人，

nu^{33} ɣɯ^{33} ɬi^{33} mɛ^{13} du^{33}
是四个名人。

tɕa^{33} bi^{21} ze^{33} lo^{13} ŋgɯ^{55}
第一是手段高明，

tɕa^{33} bi^{21} pʻu^{55} ʐɯ^{33} dʐo^{13}
第二是本领高超，

tɕa^{33} mɛ^{13} du^{33} ʐɯ^{33} mɛ^{21}
第三是手段出众，

ʐo^{21} lɯ^{55} bo^{21} dʐa^{33} vi^{21}
是有功夫的。

sɯ^{21} ndzo^{21} ʑɛ^{33} ɳɪ^{13} ɣo^{55}
省佐家长幼，

tʂʻɯ^{21} ɳo^{21} tɕy^{33} tsʻɯ^{33} be^{13}
设有客房九十间，

tɕo^{55} ʐɯ^{33} tʻa^{21} be^{13} pʻu^{21}
打开第二间，

t‘y^{21} ɣo^{21} ɬi^{33} ʑo^{33} n̡ɪ^{33}
把四位安顿。

dzɛ^{21} ɬu^{13} n̡dʑo^{55} ɬu^{13} k‘o^{33}
客房富丽堂皇，

dʑy^{33} n̡ɪ^{55} xo^{21} mo^{21} n̡dʑi^{21}
豺狼虎豹皮，

p‘a^{13} ts‘ɿ^{21} lɪ^{21} lɯ^{33} sɯ^{55}
木叶一样铺着，

ʂu^{55} p‘e^{33} mɛ^{33} p‘e^{33}
锦帛做帷幔，

kɯ^{21} ʑɯ^{33} ʈɯ^{55} ɬu^{33} tɪ^{13}
丝绸做帐幕。

ɬu^{33} bi^{55} ŋgɯ^{21} tʂ‘ɛ^{55}
布置悬挂，

ʂɛ^{13} ɣo^{13} lɪ^{21} lɯ^{33} sɯ^{55}
犹彩虹出现。

t‘a^{21} gɯ^{55} lo^{13} lu^{21} no^{33}
不到一会儿，

ʂɛ^{13}p‘ɛ^{33}ʂɛ^{13}na^{55}ts‘ɯ^{21}ŋu^{33}du^{21}
花蛇黑蛇十五条，

lɪ^{21} mɛ^{33} ʂɯ^{55} t‘a^{21} kɛ^{13}
盘在坐席上，

t‘y^{21}n̡ɪ^{33}ʂɯ^{55}ha^{13}su^{13}ŋɯ^{33}dɪ^{13}
守护着坐席。

ze^{13}hɪ^{21}n̡ɪ^{55}hɪ^{21}ts‘ɯ^{21}ŋu^{33}lɯ^{33}
凶猛虎豹十五只，

lɪ^{21} ŋgo^{21} k‘ɯ^{33} ʑɯ^{33} hɛ^{13}
就站在门口，

t‘y^{21}n̡ɪ^{33}ŋgo^{21}ha^{13}su^{13}ŋɯ^{33}dɪ^{13}
把大门看守。

ts‘o^{21} ʈ‘e^{13} ndzu^{13} vɛ^{13} dzo^{33}
歪髻的野人，

tʂ‘ɿ^{21} dɪ^{13} tʂ‘ɿ^{21} dɪ^{13} no^{33}
不停地跳舞，

tʂ‘ɿ^{21} ŋgɯ^{21} ta^{33} na^{55} dzɛ^{33}
骑肥壮麂子。

tɕ‘y^{13} mo^{21} ɣɯ^{21} mo^{21}
巨猩巨熊，

dɯ^{55} po^{13} lɪ^{21} lɯ^{33} sɯ^{55}
如堆放木头，

lu^{33} xu^{33} su^{13} ŋɯ^{33} dɪ^{13}
专门管杀牛。

ɣo^{21} dɯ^{33} ʂu^{33} mo^{21} xɯ^{21}
大尾巴狐狸，

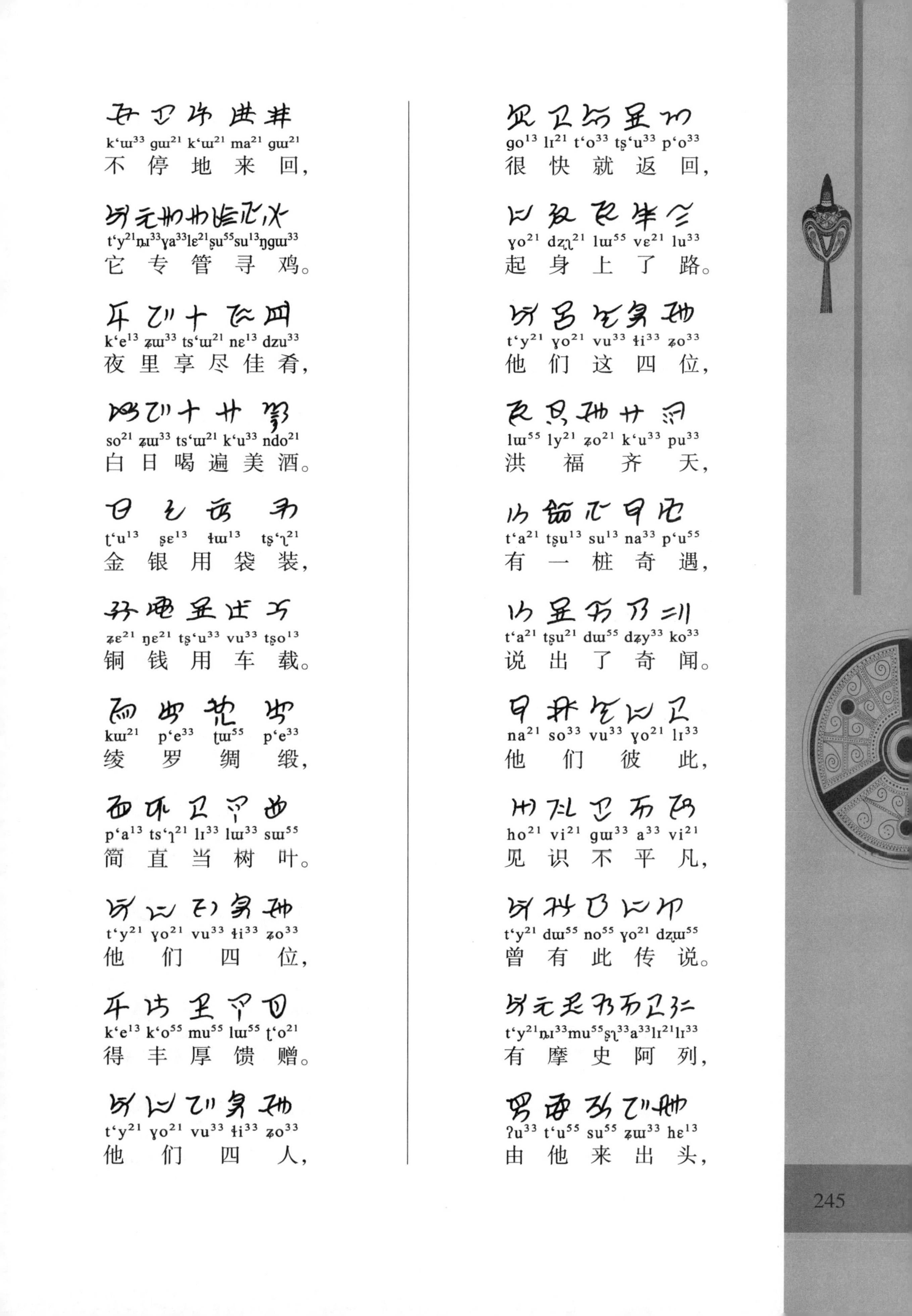

k‘ɯ^{33} gɯ^{21} k‘ɯ^{21} ma^{21} gɯ^{21}
不停地来回，

t‘y^{21}ȵɪ^{33}ɣa^{33}lɛ^{21}ʂu^{55}su^{13}ŋgɯ^{33}
它专管寻鸡。

k‘e^{13} ʑɯ^{33} ts‘ɯ^{21} nɛ^{13} dzu^{33}
夜里享尽佳肴，

so^{21} ʑɯ^{33} ts‘ɯ^{21} k‘u^{33} ndo^{21}
白日喝遍美酒。

ʈ‘u^{13} ʂɛ^{13} ɬɯ^{13} tʂ‘ʅ^{21}
金银用袋装，

ʑɛ^{21} ŋɛ^{21} tʂ‘u^{33} vu^{33} tʂo^{13}
铜钱用车载。

kɯ^{21} p‘e^{33} ʈɯ^{55} p‘e^{33}
绫罗绸缎，

p‘a^{13} ts‘ʅ^{21} lɪ^{33} lɯ^{33} sɯ^{55}
简直当树叶。

t‘y^{21} ɣo^{21} vu^{33} ɬi^{33} ʑo^{33}
他们四位，

k‘e^{13} k‘o^{55} mu^{55} lɯ^{55} ʈ‘o^{21}
得丰厚馈赠。

t‘y^{21} ɣo^{21} vu^{33} ɬi^{33} ʑo^{33}
他们四人，

go^{13} lɪ^{21} t‘o^{33} tʂ‘u^{33} p‘o^{33}
很快就返回，

ɣo^{21} dʐʅ^{21} lɯ^{55} vɛ^{21} lu^{33}
起身上了路。

t‘y^{21} ɣo^{21} vu^{33} ɬi^{33} ʑo^{33}
他们这四位，

lɯ^{55} ly^{21} ʑo^{21} k‘u^{33} pu^{33}
洪福齐天，

t‘a^{21} tʂu^{13} su^{13} na^{33} p‘u^{55}
有一桩奇遇，

t‘a^{21} tʂu^{21} dɯ^{55} dʑy^{33} ko^{33}
说出了奇闻。

na^{21} so^{33} vu^{33} ɣo^{21} lɪ^{33}
他们彼此，

ho^{21} vi^{21} gɯ^{33} a^{33} vi^{21}
见识不平凡，

t‘y^{21} dɯ^{55} no^{55} ɣo^{21} dʐɯ^{55}
曾有此传说。

t‘y^{21}ȵɪ^{33}mu^{55}ʂʅ^{33}a^{33}lɪ^{21}lɪ^{33}
有摩史阿列，

ʔu^{33} t‘u^{55} su^{55} ʑɯ^{33} hɛ^{13}
由他来出头，

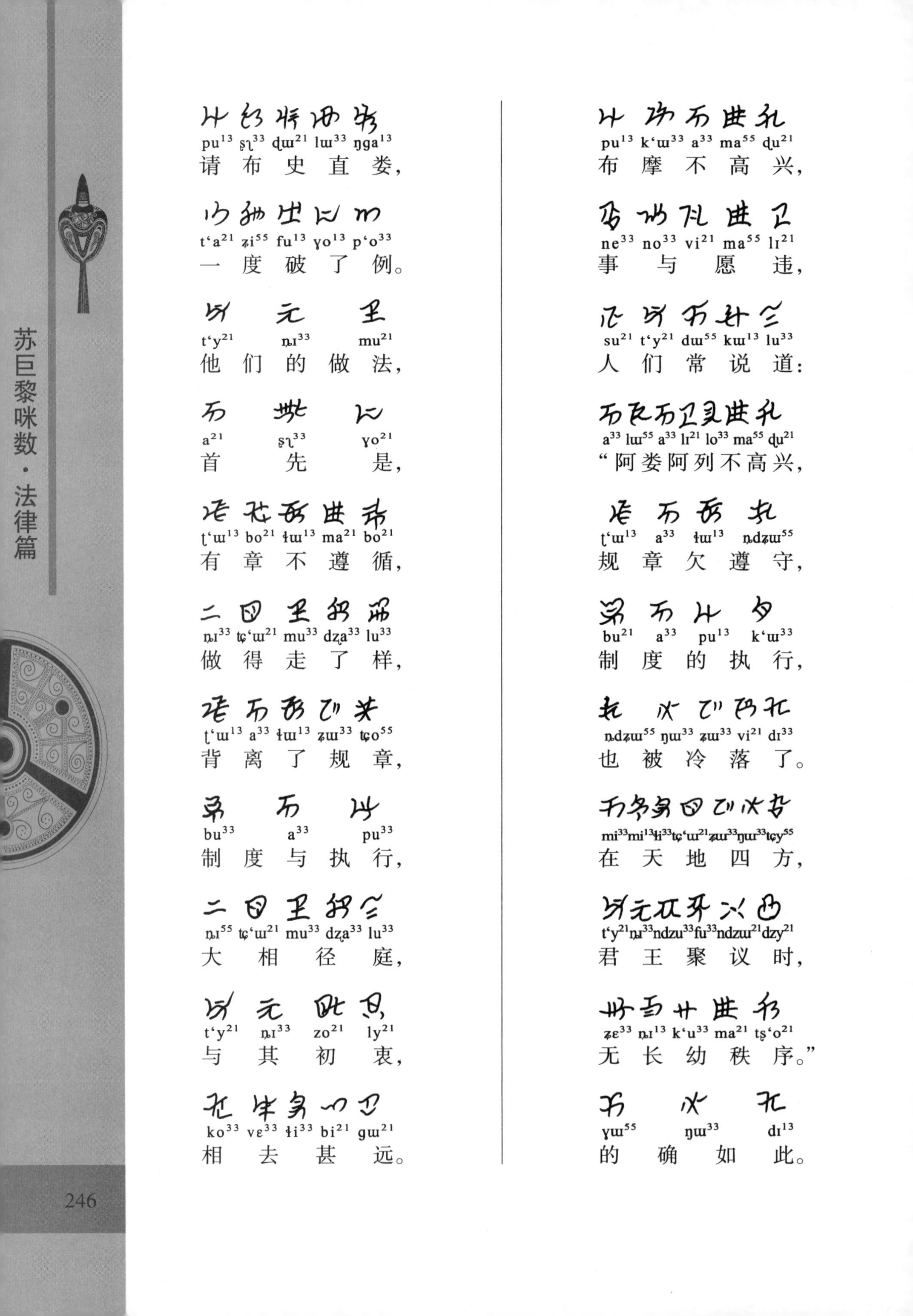

pu^{13} ʂʅ^{33} ɖɯ^{21} lɯ^{33} ŋga^{13}
请布史直娄，

tʻa^{21} ʑi^{55} fu^{13} ɣo^{13} pʻo^{33}
一度破了例。

tʻy^{21} n̥ɪ^{33} mu^{21}
他们的做法，

a^{21} ʂʅ^{33} ɣo^{21}
首先是，

ʈʻɯ^{13} bo^{21} ɬɯ^{13} ma^{21} bo^{21}
有章不遵循，

n̥ɪ^{33} tɕʻɯ^{21} mu^{33} dʐa^{33} lu^{33}
做得走了样，

ʈʻɯ^{13} a^{33} ɬɯ^{13} ʑɯ^{33} tɕo^{55}
背离了规章，

bu^{33} a^{33} pu^{33}
制度与执行，

n̥ɪ^{55} tɕʻɯ^{21} mu^{33} dʐa^{33} lu^{33}
大相径庭，

tʻy^{21} n̥ɪ^{33} zo^{21} ly^{21}
与其初衷，

ko^{33} vɛ^{33} ɬi^{33} bi^{21} gɯ^{21}
相去甚远。

pu^{13} kʻɯ^{33} a^{33} ma^{55} ɖu^{21}
布摩不高兴，

ne^{33} no^{33} vi^{21} ma^{55} lɪ^{21}
事与愿违，

su^{21} tʻy^{21} dɯ^{55} kɯ^{13} lu^{33}
人们常说道：

a^{33} lɯ^{55} a^{33} lɪ^{21} lo^{33} ma^{55} ɖu^{21}
“阿娄阿列不高兴，

ʈʻɯ^{13} a^{33} ɬɯ^{13} n̥dʑɯ^{55}
规章欠遵守，

bu^{21} a^{33} pu^{13} kʻɯ^{33}
制度的执行，

n̥dʑɯ^{55} ŋɯ^{33} ʑɯ^{33} vi^{21} dɪ^{33}
也被冷落了。

mi^{33} mi^{13} ɬi^{33} tɕʻɯ^{21} ʑɯ^{33} ŋɯ^{33} tɕy^{55}
在天地四方，

tʻy^{21} n̥ɪ^{33} ndzu^{33} fu^{33} ndzɯ^{21} dzy^{21}
君王聚议时，

ʑɛ^{33} n̥ɪ^{13} kʻu^{33} ma^{21} tʂʻo^{21}
无长幼秩序。”

ɣɯ^{55} ŋɯ^{33} dɪ^{13}
的确如此。

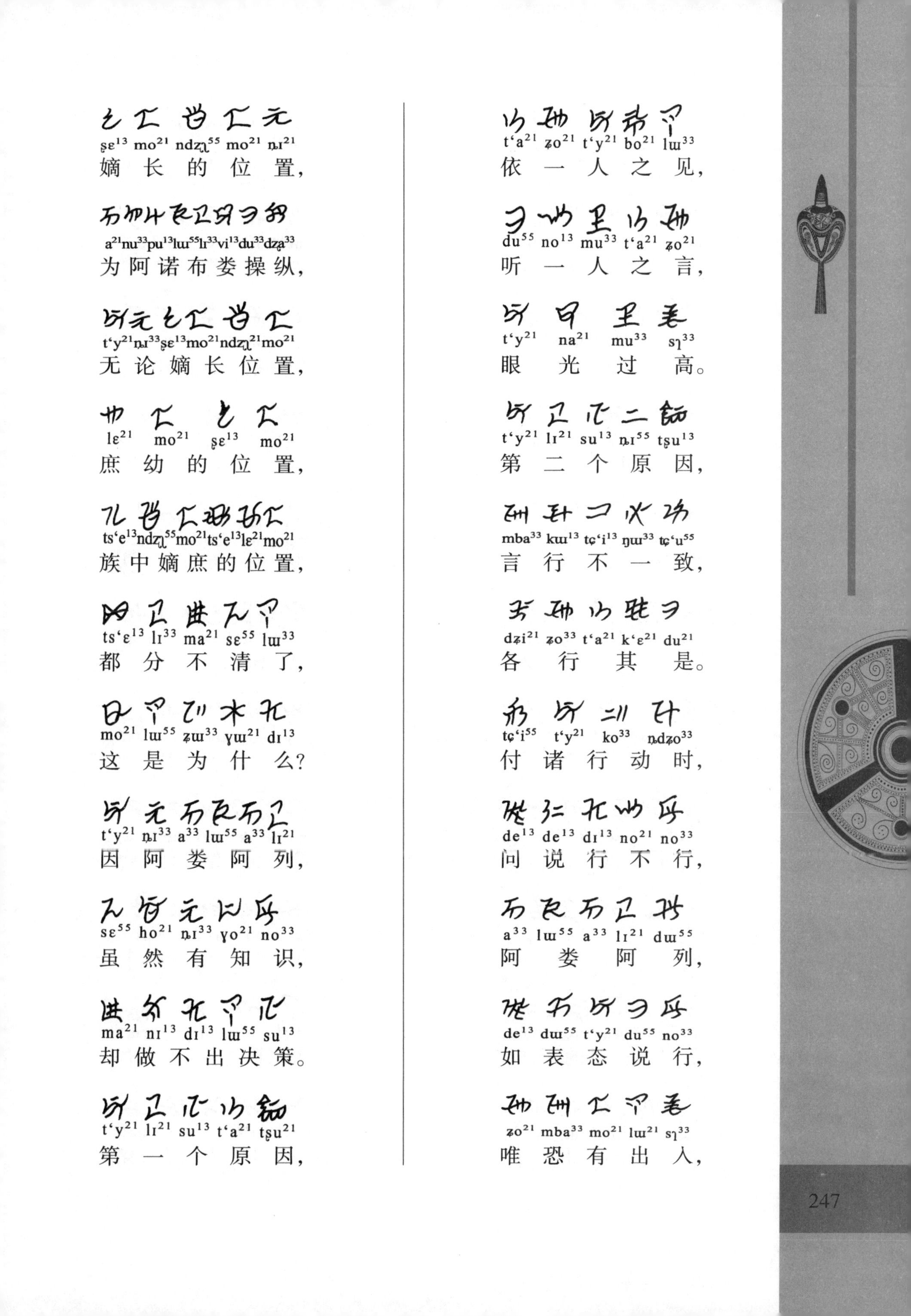

ʂɛ^{13} mo^{21} ndʐʅ^{55} mo^{21} ȵɪ^{21}
嫡长的位置，

a^{21}nu^{33}pu^{13}lɯ^{55}lɪ^{33}vi^{13}du^{33}dʐa^{33}
为阿诺布娄操纵，

t‘y^{21}ȵɪ^{33}ʂɛ^{13}mo^{21}ndʐʅ^{21}mo^{21}
无论嫡长位置，

lɛ^{21} mo^{21} ʂɛ^{13} mo^{21}
庶幼的位置，

ts‘e^{13}ndʐʅ^{55}mo^{21}ts‘e^{13}lɛ^{21}mo^{21}
族中嫡庶的位置，

ts‘ɛ^{13} lɪ^{33} ma^{21} sɛ^{55} lɯ^{33}
都分不清了，

mo^{21} lɯ^{55} ʑɯ^{33} ɣɯ^{21} dɪ^{13}
这是为什么？

t‘y^{21} ȵɪ^{33} a^{33} lɯ^{55} a^{33} lɪ^{21}
因阿娄阿列，

sɛ^{55} ho^{21} ȵɪ^{33} ɣo^{21} no^{33}
虽然有知识，

ma^{21} nɪ^{13} dɪ^{13} lɯ^{55} su^{13}
却做不出决策。

t‘y^{21} lɪ^{21} su^{13} t‘a^{21} tʂu^{21}
第一个原因，

t‘a^{21} ʑo^{21} t‘y^{21} bo^{21} lɯ^{33}
依一人之见，

du^{55} no^{13} mu^{33} t‘a^{21} ʑo^{21}
听一人之言，

t‘y^{21} na^{21} mu^{33} sʅ^{33}
眼光过高。

t‘y^{21} lɪ^{21} su^{13} ȵɪ^{55} tʂu^{13}
第二个原因，

mba^{33} kɯ^{13} tɕ‘i^{13} ŋɯ^{33} tɕ‘u^{55}
言行不一致，

dʑi^{21} ʑo^{33} t‘a^{21} k‘ɛ^{21} du^{21}
各行其是。

tɕ‘i^{55} t‘y^{21} ko^{33} ȵdʑo^{33}
付诸行动时，

de^{13} de^{13} dɪ^{13} no^{21} no^{33}
问说行不行，

a^{33} lɯ^{55} a^{33} lɪ^{21} dɯ^{55}
阿娄阿列，

de^{13} dɯ^{55} t‘y^{21} du^{55} no^{33}
如表态说行，

ʑo^{21} mba^{33} mo^{21} lɯ^{21} sʅ^{33}
唯恐有出入，

t‘y21 ko33 ʑɯ33 ȵdʑo33
一旦言中，

su13 ʑo21 ʑɯ33 tɕ‘y33 dɪ13
恐害了自家。

t‘y21du55ta21dʐo21no13lɪ21sɿ33
再一次请示，

ʑo21ʑɯ33tʂo13de13de13dɯ55nu13
请示可否行动，

de13 dɪ13 dɯ55 ʑɯ33 du33
如表态说行，

ʑo21 mba33 mu21 lɪ21 sɿ33
唯恐有出入。

ʑo21 ɣo21 ʑo21 su13 lɪ33
他自己为人，

tɕ‘i55 ɬa13 lo55 tɕ‘y33 dɪ13
形同做媳妇。

t‘a21 dʐo21 no13 lɪ21 sɿ33
又一次请示，

tɕ‘o33dʑi33ko33ȵdʑo21ŋgo21tɯ13ko13
像进入有门的园子，

ȵdʑo21 de13 de13 dɪ13 nu13
请示行不行，

sɯ21 mɛ13 ɣo21 lɪ21 xɯ55
由名人引导，

de13 dɪ13 t‘y21 no13 du55
说行方可为，

ʑo21 mba33 mu21 lɪ33 sɿ33
他怕有出入。

zu33 nɯ13 ʑo33
像小孩，

mu13 ma33 de13 t‘a55 ʑo21
没有用的人，

ʔu33ko13ma21ʂɛ13ɣɯ21ŋɯ33dɪ13
是不会长命的。

t‘y21 lo33 ʑɯ33 ma55 ɖu21
为这不高兴，

nu55 a33 lɪ33 t‘y21 dɯ55 mu21
事交给他办，

ʂe33 ɣo21 ȵɪ13 lɪ33 dɯ21
把门风败坏，

dɛ21 bi33 dʑy33 xɯ33
德毕和举侯，

li21 t‘ɪ13 ʔu33 tɕo55 ŋo21
理不出头绪，

ȵɪ^{13} hɯ^{55} tu^{33} tɯ^{33} ŋɯ^{33}
就因此离谱。

tʂʻʅ^{33} mɛ^{33} ɣo^{21} ʑɯ^{33} ʑi^{21}
从此以后，

dzu^{13} tsʻe^{13} lu^{21} dzu^{21}
降为庶民，

bu^{21} lɯ^{33} ʑɯ^{33} ɣɯ^{21} dɪ^{13}
是有由来的。

ʔo^{21} so^{21} ȵɪ^{13} ɣo^{55} lɪ^{33}
乌撒君长家，

ga^{13} na^{55} tʻu^{33} mu^{33} dʐo^{33}
住在嘎那妥姆时[56]，

ɣɯ^{21}lɪ^{33}ʈʻɯ^{13}bo^{21}ɬɯ^{13}ma^{21}bo^{21}
先是有章不遵守，

tʻy^{21} ȵɪ^{33} ɣo^{21} ʑɯ^{33}
到了后来，

sɛ^{21} pʻu^{21} kɯ^{21} lu^{33} dze^{13}
君长濮格鲁载，

pu^{13}lɪ^{21}pu^{13}tɛ^{13}dɯ^{33}ɣo^{21}ŋga^{13}
请布待德俄，

sɛ^{21} a^{33} ɖe^{13} lɪ^{21} mu^{55}
把主人指点。

mu^{55} ʂʅ^{33} a^{33} lɪ^{21} lɪ^{33}
摩史阿列，

ʂu^{55} ɣo^{21} tʂʻo^{21} lɯ^{55} kʻɛ^{33}
把才能施展，

tʻɪ^{13} ɣo^{21} tʂʻo^{33} lɯ^{55} tʻɯ^{13}
把本领显示。

ʈʻɯ^{13} a^{33} ɬɯ^{13} ʑɯ^{33} tɕo^{55}
背离了规章，

bu^{33} a^{33} pu^{13} ɣɯ^{21} sɯ^{33}
沿袭旧一套，

vɛ^{21} a^{33} ʑɯ^{33} lo^{33} tɕo^{55}
偏离了宗旨。

ndʐʅ^{21} pu^{13} ȵɪ^{55} xɯ^{13}
奠酒献茶，

mu^{33} dʐɛ^{33} a^{33} ʑɯ^{33} tɕo^{55}
也别出心裁。

ndzu^{33} dzu^{21} tɕʻy^{13}
希望君长显赫，

lu^{21} dzu^{21} fi^{13} ɣɯ^{21} a^{33} dɪ^{13}
希望百姓昌盛。

lu^{33} ʑy^{21} lu^{33} nde^{33}
由鲁余鲁觉，

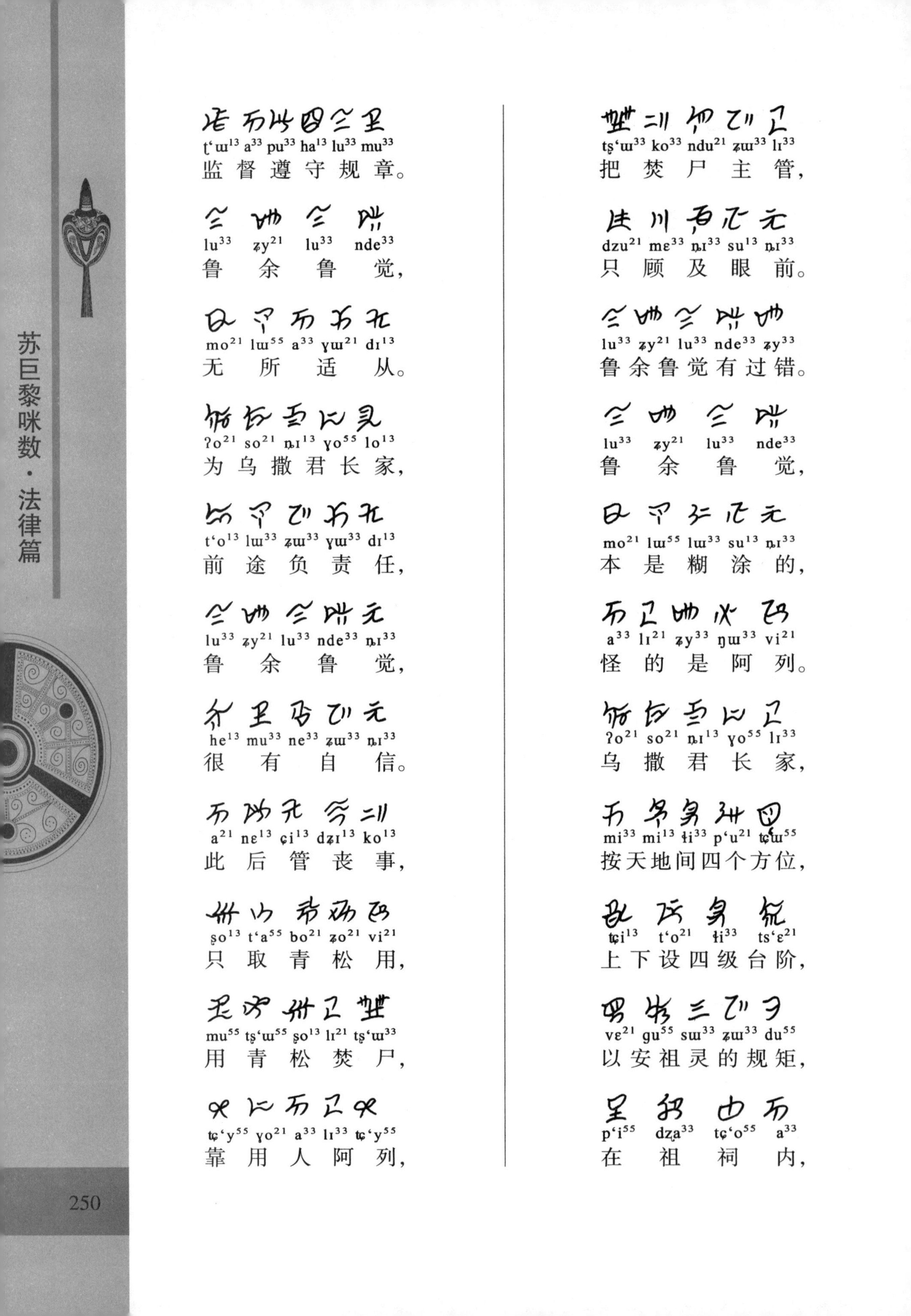

ʈ‘ɯ^{13} a^{33} pu^{33} ha^{13} lu^{33} mu^{33}
监督遵守规章。

lu^{33} ʑy^{21} lu^{33} nde^{33}
鲁余鲁觉，

mo^{21} lɯ^{55} a^{33} ɣɯ^{21} dɪ^{13}
无所适从。

ʔo^{21} so^{21} ȵɪ^{13} ɣo^{55} lo^{13}
为乌撒君长家，

t‘o^{13} lɯ^{33} ʑɯ^{33} ɣɯ^{33} dɪ^{13}
前途负责任，

lu^{33} ʑy^{21} lu^{33} nde^{33} ȵɪ^{33}
鲁余鲁觉，

he^{13} mu^{33} ne^{33} ʑɯ^{33} ȵɪ^{33}
很有自信。

a^{21} nɛ^{13} ɕi^{13} dʑɪ^{13} ko^{13}
此后管丧事，

ʂo^{13} t‘a^{55} bo^{21} ʑo^{21} vi^{21}
只取青松用，

mu^{55} tʂ‘ɯ^{55} ʂo^{13} lɪ^{21} tʂ‘ɯ^{33}
用青松焚尸，

tɕ‘y^{55} ɣo^{21} a^{33} lɪ^{33} tɕ‘y^{55}
靠用人阿列，

tʂ‘ɯ^{33} ko^{33} ndu^{21} ʑɯ^{33} lɪ^{33}
把焚尸主管，

dzu^{21} mɛ^{33} ȵɪ^{33} su^{13} ȵɪ^{33}
只顾及眼前。

lu^{33} ʑy^{21} lu^{33} nde^{33} ʑy^{33}
鲁余鲁觉有过错。

lu^{33} ʑy^{21} lu^{33} nde^{33}
鲁余鲁觉，

mo^{21} lɯ^{55} lɯ^{33} su^{13} ȵɪ^{33}
本是糊涂的，

a^{33} lɪ^{21} ʑy^{33} ŋɯ^{33} vi^{21}
怪的是阿列。

ʔo^{21} so^{21} ȵɪ^{13} ɣo^{55} lɪ^{33}
乌撒君长家，

mi^{33} mi^{13} ɬi^{33} p‘u^{21} tɕɯ^{55}
按天地间四个方位，

tɕi^{13} t‘o^{21} ɬi^{33} ts‘ɛ^{21}
上下设四级台阶，

vɛ^{21} gu^{55} sɯ^{33} ʑɯ^{33} du^{55}
以安祖灵的规矩，

p‘i^{55} dʐa^{33} tɕ‘o^{55} a^{33}
在祖祠内，

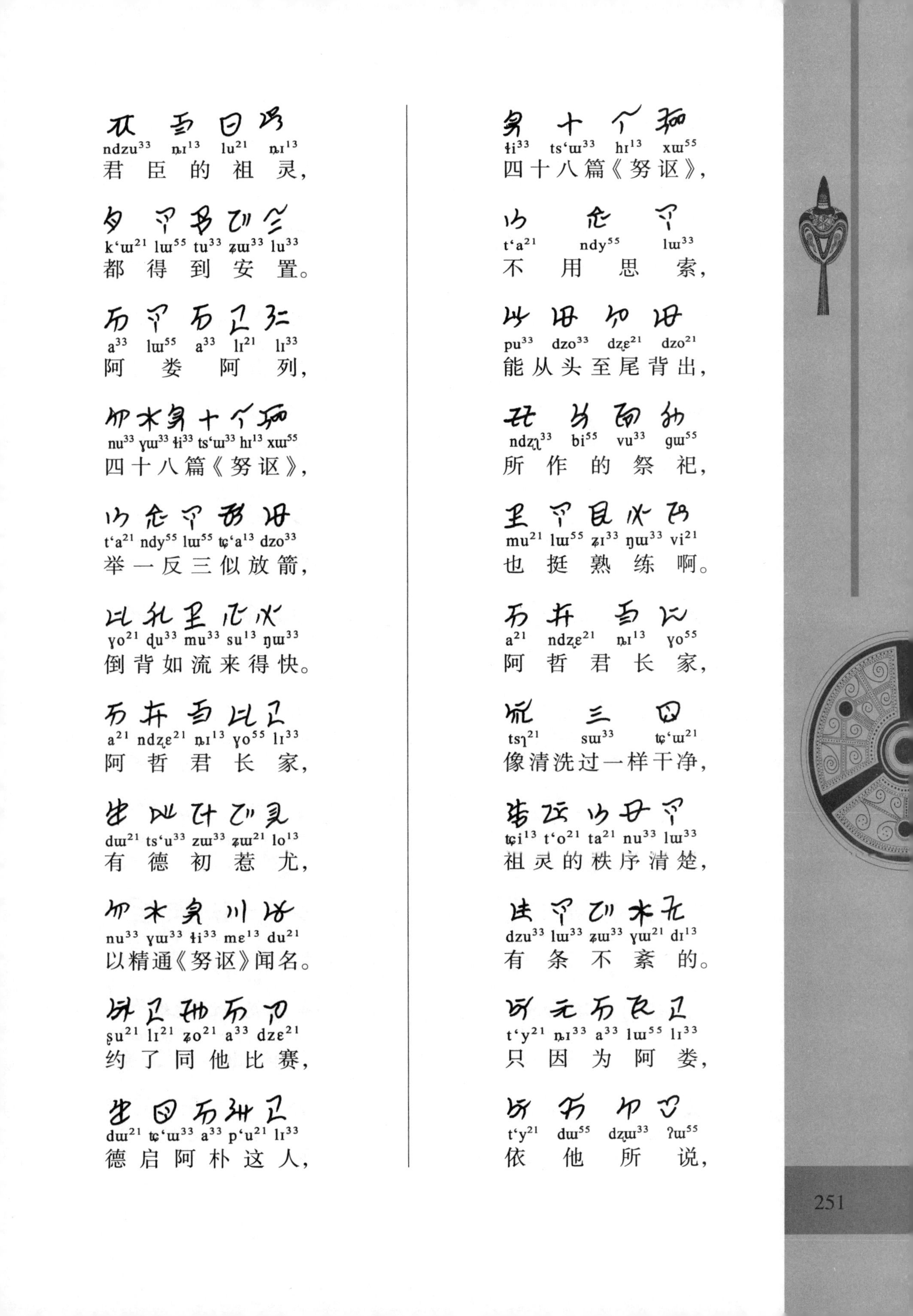

ndzu^{33} ȵɪ^{13} lu^{21} ȵɪ^{13}
君臣的祖灵，

k'ɯ^{21} lɯ^{55} tu^{33} ʑɯ^{33} lu^{33}
都得到安置。

a^{33} lɯ^{55} a^{33} lɪ^{21} lɪ^{33}
阿娄阿列，

nu^{33} ɣɯ^{33} ɬi^{33} ts'ɯ^{33} hɪ^{13} xɯ^{55}
四十八篇《努讴》，

t'a^{21} ndy^{55} lɯ^{55} tɕ'a^{13} dzo^{33}
举一反三似放箭，

ɣo^{21} ɖu^{33} mu^{33} su^{13} ŋɯ^{33}
倒背如流来得快。

a^{21} ndʐɛ^{21} ȵɪ^{13} ɣo^{55} lɪ^{33}
阿哲君长家，

dɯ^{21} ts'u^{33} zɯ^{33} ʑɯ^{21} lo^{13}
有德初惹尤，

nu^{33} ɣɯ^{33} ɬi^{33} mɛ^{13} du^{21}
以精通《努讴》闻名。

ʂu^{21} lɪ^{21} ʑo^{21} a^{33} dzɛ^{21}
约了同他比赛，

dɯ^{21} tɕ'ɯ^{33} a^{33} p'u^{21} lɪ^{33}
德启阿朴这人，

ɬi^{33} ts'ɯ^{33} hɪ^{13} xɯ^{55}
四十八篇《努讴》，

t'a^{21} ndy^{55} lɯ^{33}
不用思索，

pu^{33} dzo^{33} dʐɛ^{21} dzo^{21}
能从头至尾背出，

ndʐʅ^{33} bi^{55} vu^{33} gɯ^{55}
所作的祭祀，

mu^{21} lɯ^{55} ʑɪ^{33} ŋɯ^{33} vi^{21}
也挺熟练啊。

a^{21} ndʐɛ^{21} ȵɪ^{13} ɣo^{55}
阿哲君长家，

tsʅ^{21} sɯ^{33} tɕ'ɯ^{21}
像清洗过一样干净，

tɕi^{13} t'o^{21} ta^{21} nu^{33} lɯ^{33}
祖灵的秩序清楚，

dzu^{33} lɯ^{33} ʑɯ^{33} ɣɯ^{21} dɪ^{13}
有条不紊的。

t'y^{21} ȵɪ^{33} a^{33} lɯ^{55} lɪ^{33}
只因为阿娄，

t'y^{21} dɯ^{55} dʐɯ^{33} ʔɯ^{55}
依他所说，

mu^{21} ȵɪ^{13} ɣo^{21} lɪ^{33}
祭了祖过后，

p‘u^{21} no^{13} lɪ^{33} mu^{33} tsu^{55}
祖祠也建好，

p‘i^{55}p‘i^{33}ŋu^{33}tɕ‘ɯ^{21}lo^{13}ʑɯ^{33}gɯ^{33}
安顿祖宗后，

ȵɪ^{13} du^{55} k‘ɯ^{33} ma^{21} tʂ‘o^{21}
没理顺纲纪，

ʑɛ^{33} ȵɪ^{13} ne^{33} ma^{21} tɛ^{21}
长幼不齐心，

ndzu^{33}lu^{21}ndzɯ^{21}ma^{21}dzy^{21}
君臣互不通，

su^{13}no^{33}ȵɪ^{13}lo^{13}dɪ^{13}tɯ^{33}ŋɯ^{33}
这是与纲纪有关。

a^{21} ʑy^{21} dɯ^{33} ɣo^{55}
阿芋陡家，

t‘ɯ^{13} bo^{21} ɬɯ^{13} ma^{21} bo^{21}
有章不遵守，

bu^{33} bo^{21} pu^{13} ma^{21} bo^{21}
有制不执行。

ndzu^{33} fu^{33} k‘u^{33} ma^{21} tʂ‘o^{21}
君王无威望，

ʑɛ^{33} ȵɪ^{13} ndzɯ^{21} ma^{21} dzy^{21}
长幼闭塞。

mu^{21} lɯ^{33} ʑɯ^{33} ŋɯ^{33} dɪ^{13}
这是因为，

tɕ‘o^{13} p‘i^{55} nɯ^{13} ɣo^{21} ȵɪ^{33}
六祖的后裔，

dɛ^{21} ʂʅ^{33} a^{33} dɛ^{21} bi^{33}
德毕与德施，

dʑy^{33} xɯ^{33} su^{13} sɯ^{33} xɯ^{55}
举侯三支人，

ȵɪ^{13}tɕo^{55}hɯ^{33}mu^{21}tu^{33}dʑa^{33}dɪ^{13}
纲纪不统一，

pu^{13} lɪ^{21} dzɯ^{55}
就像谷穗，

mu^{55} t‘ɪ^{13} xɯ^{55} ŋɯ^{33} lɯ^{55}
缀满籽粒一般，

fe^{13} k‘u^{33} ʑɛ^{21} ma^{21} dɛ^{33}
政权不巩固，

ȵɪ^{13}tu^{13}ts‘e^{13}ma^{21}zo^{21}ŋɯ^{33}dɪ^{33}
不能继承传统，

a^{33} lɯ^{55} a^{33} lɪ^{21}
阿娄阿列，

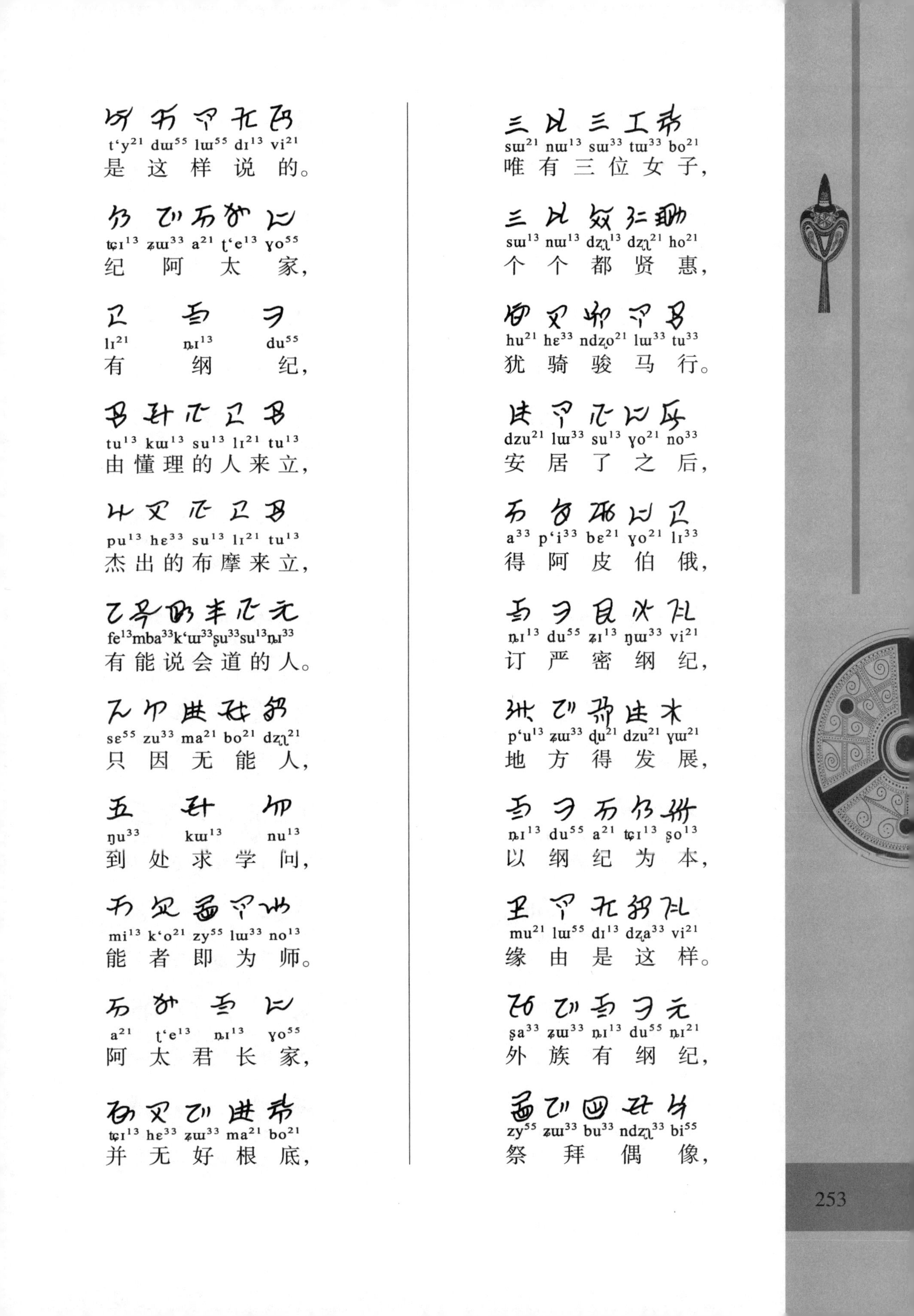

t‘y^{21} dɯ^{55} lɯ^{55} dɪ^{13} vi^{21}
是这样说的。

tɕɪ^{13} ʑɯ^{33} a^{21} ʈ‘e^{13} ɣo^{55}
纪阿太家，

lɪ^{21} ȵɪ^{13} du^{55}
有纲纪，

tu^{13} kɯ^{13} su^{13} lɪ^{21} tu^{13}
由懂理的人来立，

pu^{13} hɛ^{33} su^{13} lɪ^{21} tu^{13}
杰出的布摩来立，

fe^{13}mba^{33}k‘ɯ^{33}ʂu^{33}su^{13}ȵɪ^{33}
有能说会道的人。

sɛ^{55} zu^{33} ma^{21} bo^{21} dʐʅ^{21}
只因无能人，

ŋu^{33} kɯ^{13} nu^{13}
到处求学问，

mi^{13} k‘o^{21} zy^{55} lɯ^{33} no^{13}
能者即为师。

a^{21} ʈ‘e^{13} ȵɪ^{13} ɣo^{55}
阿太君长家，

tɕɪ^{13} hɛ^{33} ʑɯ^{33} ma^{21} bo^{21}
并无好根底，

sɯ^{21} nɯ^{13} sɯ^{33} tɯ^{33} bo^{21}
唯有三位女子，

sɯ^{13} nɯ^{13} dʐʅ^{13} dʐʅ^{21} ho^{21}
个个都贤惠，

hu^{21} hɛ^{33} ndʐo^{21} lɯ^{33} tu^{33}
犹骑骏马行。

dzu^{21} lɯ^{33} su^{13} ɣo^{21} no^{33}
安居了之后，

a^{33} p‘i^{33} bɛ^{21} ɣo^{21} lɪ^{33}
得阿皮伯俄，

ȵɪ^{13} du^{55} ʑɪ^{13} ŋɯ^{33} vi^{21}
订严密纲纪，

p‘u^{13} ʑɯ^{33} ɖu^{21} dzu^{21} ɣɯ^{21}
地方得发展，

ȵɪ^{13} du^{55} a^{21} tɕɪ^{13} ʂo^{13}
以纲纪为本，

mu^{21} lɯ^{55} dɪ^{13} dʐa^{33} vi^{21}
缘由是这样。

ʂa^{33} ʑɯ^{33} ȵɪ^{13} du^{55} ȵɪ^{21}
外族有纲纪，

zy^{55} ʑɯ^{33} bu^{33} ndʐʅ^{33} bi^{55}
祭拜偶像，

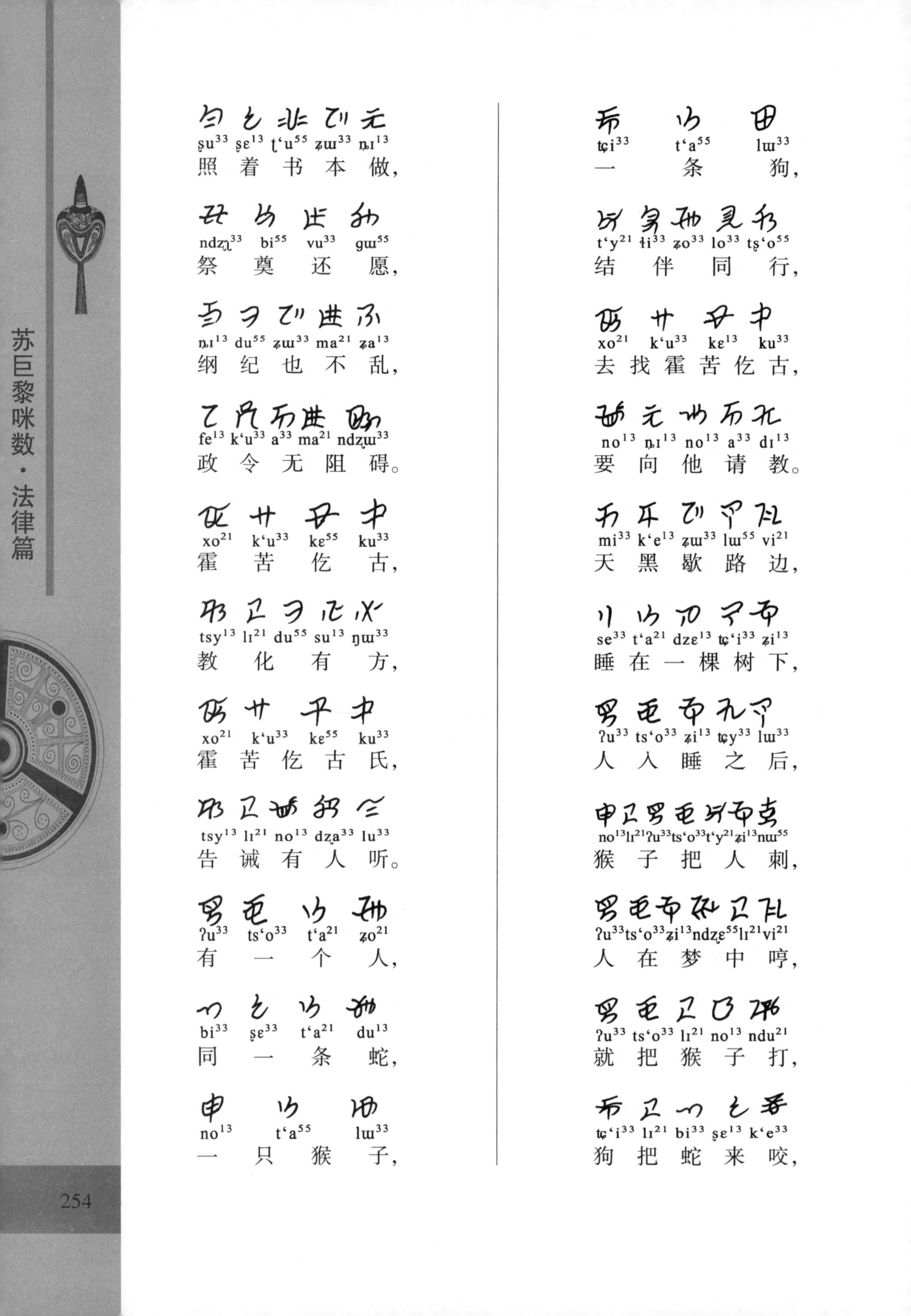

ʂu^{33} ʂɛ^{13} ʈ'u^{55} ʑɯ^{33} ȵɪ^{13}
照着书本做，

ndʐʅ^{33} bi^{55} vu^{33} gɯ^{55}
祭奠还愿，

ȵɪ^{13} du^{55} ʑɯ^{33} ma^{21} ʑa^{13}
纲纪也不乱，

fe^{13} k'u^{33} a^{33} ma^{21} ndʐɯ^{33}
政令无阻碍。

xo^{21} k'u^{33} kɛ^{55} ku^{33}
霍苦仡古，

tsy^{13} lɪ^{21} du^{55} su^{13} ŋɯ^{33}
教化有方，

xo^{21} k'u^{33} kɛ^{55} ku^{33}
霍苦仡古氏，

tsy^{13} lɪ^{21} no^{13} dʐa^{33} lu^{33}
告诫有人听。

ʔu^{33} ts'o^{33} t'a^{21} ʑo^{21}
有一个人，

bi^{33} ʂɛ^{33} t'a^{21} du^{13}
同一条蛇，

no^{13} t'a^{55} lɯ^{33}
一只猴子，

tɕi^{33} t'a^{55} lɯ^{33}
一条狗，

t'y^{21} ɬi^{33} ʑo^{33} lo^{33} tʂ'o^{55}
结伴同行，

xo^{21} k'u^{33} kɛ^{13} ku^{33}
去找霍苦仡古，

no^{13} ȵɪ^{13} no^{13} a^{33} dɪ^{13}
要向他请教。

mi^{33} k'e^{13} ʑɯ^{33} lɯ^{55} vi^{21}
天黑歇路边，

se^{33} t'a^{21} dzɛ^{13} tɕ'i^{33} ʑi^{13}
睡在一棵树下，

ʔu^{33} ts'o^{33} ʑi^{13} tɕy^{33} lɯ^{33}
人入睡之后，

no^{13} lɪ^{21} ʔu^{33} ts'o^{33} t'y^{21} ʑi^{13} nɯ^{55}
猴子把人刺，

ʔu^{33} ts'o^{33} ʑi^{13} ndʐɛ^{55} lɪ^{21} vi^{21}
人在梦中哼，

ʔu^{33} ts'o^{33} lɪ^{21} no^{13} ndu^{21}
就把猴子打，

tɕ'i^{33} lɪ^{21} bi^{33} ʂɛ^{13} k'e^{33}
狗把蛇来咬，

tʻa^{21} bo^{21} bo^{21}
谁 也 不 例 外，

ɕi^{13} lɯ^{55} su^{13} ŋɯ^{33} ȵɪ^{33}
全 都 丧 了 命。

xo^{21} kʻu^{33} kɛ^{55} ku^{33}
霍 苦 仡 古，

tsy^{13} nu^{33} no^{13} ȵɪ^{33} mɛ^{13}
也 就 到 了 场，

ɖu^{55}no^{33}su^{33}ne^{33}nɛ^{33}vi^{21}dɪ^{13}
带 着 满 腹 的 遗 憾，

tʻy^{21} ɬi^{33} ʑo^{33} ʑo^{21} ȵɪ^{55}
就 将 其 四 者，

tɯ^{55} bo^{33} fi^{13}
入 殓 厚 葬。

tʻy^{21} ȵɪ^{33} ɣo^{21} ʑɯ^{33} lo^{13}
这 以 后，

tʻy^{21} ɬi^{33} ʑo^{33} ʑɯ^{33} kʻɛ^{55}
那 四 座 坟 上，

ndɯ^{33} tsʻʅ^{33} ɬi^{33} dzɛ^{13} nɯ^{33}
长 出 四 味 酒 药。

ku^{33} ly^{21} lɪ^{33} ndzʅ^{21} tʻo^{21}
被 采 集 来 酿 酒，

ndzʅ^{21} ndo^{33} kʻu^{33} su^{13} no^{33}
喝 酒 不 乱 者，

ʔu^{33} tsʻo^{33} ŋɯ^{33} dɪ^{13} vi^{21}
那 是 人 转 世 啊。

ndzʅ^{21} ndo^{33} la^{33} dʑɛ^{55}
喝 酒 成 瘾，

la^{13} mɛ^{33} su^{13} ʑɯ^{33} no^{33}
为 喝 酒 送 命 者，

no^{13} zu^{33} ŋɯ^{33} dɪ^{13} vi^{21}
那 是 猴 转 世。

ndzʅ^{21}dɪ^{13}ta^{21}lɯ^{33}gɛ^{33}su^{13}no^{33}
羡 慕 醉 酒 者，

bi^{21} ʂɛ^{13} ŋɯ^{33} dɪ^{13} vi^{21}
那 是 蛇 转 世。

ndzʅ^{21}ndo^{33}kʻɯ^{33}tsʻu^{33}dʐɛ^{21}ʑɪ^{33}mu^{33}su^{13}no^{33}
喝 酒 面 露 狰 狞 者，

tɕʻi^{33} na^{55} ŋɯ^{33} vi^{21}
那 是 狗 转 世。

xo^{21} kʻu^{33} kɛ^{55} ku^{33}
霍 苦 仡 古，

tsy^{13} lɪ^{21} dɯ^{55}
告 诫 说：

ndzʅ^{21} ma^{21} ŋɯ^{21} ku^{33} ŋɯ^{33}
酒是毒药啊，

ndo^{21} nu^{33} lo^{33} ma^{21} ŋgɯ^{55}
喝多了不好，

ndʑa^{33} do^{21} ndo^{21} ȵo^{33} vi^{21}
喝得有把握才好。

nɯ^{55} su^{13} ʂa^{33} su^{13} ȵɪ^{33}
彝人或外族人，

xo^{21} k'u^{33} kɛ^{55} ku^{33}
霍苦仡古的告诫，

tsy^{13} lɪ^{13} mu^{13} tɯ^{33} ŋɯ^{33}
都要听取啊。

t'y^{21} lɪ^{21} mu^{55} ʑɯ^{33} su^{13}
他的学生，

ɕi^{55} ts'ɯ^{21} ȵɪ^{55} ʑo^{21} ŋɯ^{33}
有七十二人，

su^{33} ts'ɯ^{21} ȵɪ^{55} ʑo^{21} ȵɪ^{33}
强者十二人。

tʂo^{13} t'e^{33} fu^{33} ʑɯ^{33} tɕɪ^{33}
第一是卓铁夫友，

ndʐa^{13} tʂu^{13} t'e^{33} he^{13}
和乍祝铁黑，

tʂu^{21} mi^{33} dʐɯ^{33} lɯ^{21} sɯ^{55}
名声如雷贯耳，

su^{21} dzɯ^{55} lɪ^{21} t'y^{21} ȵɪ^{55} ʑo^{21}
是两位贤人。

ʑo^{21} ȵɪ^{55} ʑo^{21} lɪ^{33}
他们两位，

ko^{33} dɪ^{13} su^{13} ts'e^{13} dzɯ^{55}
是当世人杰，

sɛ^{55} ŋɯ^{33} dʑi^{21} lu^{21}
知识丰富，

t'e^{13} bu^{33} ɖɯ^{13} de^{13} gɯ^{33}
幸运而受益。

nɯ^{55} su^{13} ʂa^{33} su^{13} ȵɪ^{33}
彝人和外族人，

ndu^{21} ts'u^{33} ʔu^{33} lɯ^{55}
有杜楚翁娄，

ɣa^{21} pi^{13} bi^{55} ʂu^{21}
雅备宾叔，

lɪ^{21} mu^{33} tɕ'i^{13} ŋɯ^{33}
两人继承他们，

ke^{13} su^{13} ndzo^{13} su^{13}
继承和效法者，

tɕʻo^{13} pʻi^{33} ndʐa^{13} ɣo^{21} vɛ^{33}
还有“六祖”中的乍，

pu^{13} ko^{13} ȵɪ^{21} tɯ^{33} ŋɯ^{33}
是布摩主流。

tʻy^{21} ȵɪ^{33} bo^{21} so^{21} ʑi^{21}
那博所益地方，

bi^{21} tʂʻɯ^{21} a^{33} dɯ^{55} lɪ^{21}
毕愁阿兜氏，

nu^{33} ɣɯ^{33} kʻɛ^{33} lɪ^{21} ndy^{55}
把《努讴》探索，

pu^{13} ʂʅ^{33} bu^{21} dʐɛ^{55} lɪ^{21} ndy^{55}
请教布史僰遮，

pu^{13} ʂʅ^{33} bu^{21} dʐɛ^{55} lɪ^{21} li^{33}
布史僰遮传授，

tɕʻo^{13} pʻi^{33} ndʐa^{13} vɛ^{33}
六祖乍的学说，

pu^{33} ko^{33} a^{33} ȵɪ^{33} ʑo^{21}
布摩的道理，

bi^{21} tsʻɯ^{21} a^{33} dɯ^{55} bi^{55}
与毕愁阿兜。

bi^{21} tsʻɯ^{21} a^{33} dɯ^{55} lɪ^{33}
毕愁阿兜，

se^{33} tɕʻa^{13} ʈʻu^{13} tʻa^{21} tu^{13}
一千个木神座，

ɕi^{55}hu^{21}ɕi^{55}ȵɪ^{21}pʻu^{21}lɯ^{55}dy^{21}
削了七百零七块，

mi^{13} ʂɛ^{13} ʑi^{21} vi^{33} ɣɯ^{55}
就放在地上，

tʻa^{21} ndzɯ^{21} bi^{21} tsʻɯ^{55} tɕʻo^{33}
毕愁自成一家。

ɬo^{13} ke^{33} su^{33} mu^{13} su^{13}
《倮介数》这部书的作者，

bi^{21} tsʻɯ^{21} a^{33} dɯ^{55} lɪ^{33}
是毕愁阿兜，

ndy^{55} lɪ^{21} ɣɯ^{55} tɯ^{33} ŋɯ^{33}
就是集中他的观点，

nɯ^{55} ʑɯ^{33} mi^{55} tsu^{55} gu^{33} tsu^{55}
彝家的好文章，

bi^{21} tsʻɯ^{21} a^{33} dɯ^{55} lɪ^{21} tsʻo^{13}
是毕愁阿兜所作。

xɯ^{55} fe^{13} sɛ^{55} lɪ^{21} tcɪ^{13}
精于治学的高人，

bi^{21} tsʻɯ^{21} a^{33} dɯ^{55} ŋɯ^{33}
是毕愁阿兜。

ku^{33} fɛ^{13} sɛ^{55} lɪ^{21} tɕɪ^{13}

懂得安邦的高人，

ŋɯ^{33} xo^{21} bo^{21} mu^{33}

是恩合博姆地方的，

p'u^{21} lɯ^{21} a^{33} dʐɯ^{21} ŋɯ^{33}

皤娄阿纣这人。

k'a^{33} fɛ^{13} sɛ^{55} lɪ^{33} mɛ^{21}

懂得用兵的人，

dɯ^{21} p'o^{21} ɣɯ^{21} tʂ'o^{55} ŋɯ^{33}

是得皤额濯。

bi^{21} ts'ɯ^{21} a^{33} dɯ^{55} lɪ^{21} ndy^{55}

毕愁阿兜善思索，

p'o^{21} lɯ^{21} a^{33} dʐɯ^{21} lɪ^{21} ȵɛ^{21}

皤愁阿纣善判断。

t'y^{21} sɯ^{33} ʐo^{33} lɪ^{21} dɯ^{55}

他们三位说：

ʔu^{33} ts'o^{33} dʐo^{21} ʐɯ^{33} su^{13}

为人在世，

sɯ^{33} tʂ'u^{13} dɯ^{13} ŋu^{33} vi^{21}

要注意三件事。

dzu^{33} lu^{33} dzɯ^{21} ʐɯ^{33} tɕɪ^{13}

第一防饥馑，

k'ɯ^{13} ɬu^{13} dzɯ^{21} ʐɯ^{33} dʐo^{13}

第二防诉讼，

k'ɯ^{33} do^{13} dzɯ^{21} a^{33} mɛ^{21}

第三防谣言。

sɯ^{33} tʂu^{21} ndzu^{33} a^{33} tɕɪ^{13}

占主动者有三，

k'o^{33} ʂʅ^{33} tʂ'ɯ^{55} ku^{33} dzɯ^{21} ʐɯ^{33} tɕɪ^{13}

第一防贫穷潦倒，

dzu^{33} lu^{33} k'ɯ^{33} dzu^{33} ndzu^{33} ʐɯ^{33} dʐo^{13}

第二把握衣食，

k'ɯ^{21} hɯ^{21} ndzu^{33} a^{33} mɛ^{21}

第三打仗占主动。

ne^{33} —— nu^{33} lɪ^{33}

气 愤 时，

k'a^{33} pu^{33} lo^{13} ma^{21} dʐɯ^{33}

不可露怒容。

sɯ^{33} tʂ'u^{21} ne^{33} ȵo^{33} vi^{21}

用心者有三，

ndzu^{33} mu^{55} fe^{13} k'u^{33} ndy^{55}

君长考虑国策，

kɯ^{13} pu^{13} ȵɪ^{13} du^{55} ndy^{55}

布摩考虑传统，

vi^{13} ho^{55} ndy^{55} ȵo^{33} vi^{21}
想好防患之策。

gɯ^{21} ʑɪ^{33} dʐʅ^{21} dʐo^{21} ȵɪ^{33}
作为黎民百姓，

ɬo^{13}ȵɪ^{33}gu^{21}dʑi^{21}ndy^{55}ȵo^{33}vi^{21}
要考虑好农牧。

ndy^{55} kɯ^{13} no^{33} ndy^{55} gu^{21}
善于思考的考虑周到，

ndy^{55} kɯ^{13} tɯ^{33} ʑɯ^{33} tɕɪ^{13}
善于思考很重要，

ne^{33} ma^{21} gu^{21} lu^{21} no^{33}
若考虑不周，

bi^{55} ma^{21} de^{13} ʑɯ^{33} vi^{21}
就像重物背不动，

da^{13} tʂʻʅ^{21} ʑɯ^{33} ʔu^{33} ŋgɯ^{55}
如利矛对着头颅，

va^{33} ma^{21} de^{13} ʑɯ^{33} ɖu^{55}
躲避不开了，

ȵɪ^{55} ʔu^{33} mɛ^{33} mi^{13} dzo^{33}
首尾都落地，

dʐa^{33} tɯ^{33} ŋɯ^{33} dɪ^{13} vi^{21}
就是这样的。

li^{21}lɪ^{33}fe^{13}kʻu^{33}li^{21}ʑɯ^{33}tɕɪ^{13}
第一要重视谋略，

fe^{13} kʻu^{33} lɪ^{33}
对于谋略，

fi^{55} hɪ^{21} ɬo^{13} hɪ^{21} he^{55}
好比东西风聚起，

tsʻɯ^{21} ti^{33} ʑi^{21} tsɯ^{13}
就像多条江河，

ʑɛ^{55} dzy^{21} lɪ^{21} lɯ^{33} sɯ^{55}
汇合了一般。

ma^{21} kɯ^{13} su^{13} lɪ^{21} ndy^{55}
无能者来考虑，

pi^{13} mɛ^{33} dy^{33} dze^{13}
行船只顾尾，

ʑɛ^{55} lɯ^{55} mɛ^{21} ʑɯ^{33} tʻo^{21}
驶向江下游，

ʑɛ^{55} lɯ^{55} tʻo^{21} a^{33} nde^{33}
把船底撞破，

lɯ^{55} ʑɯ^{33} tɯ^{33} ŋɯ^{33} vi^{21}
是这样的啊。

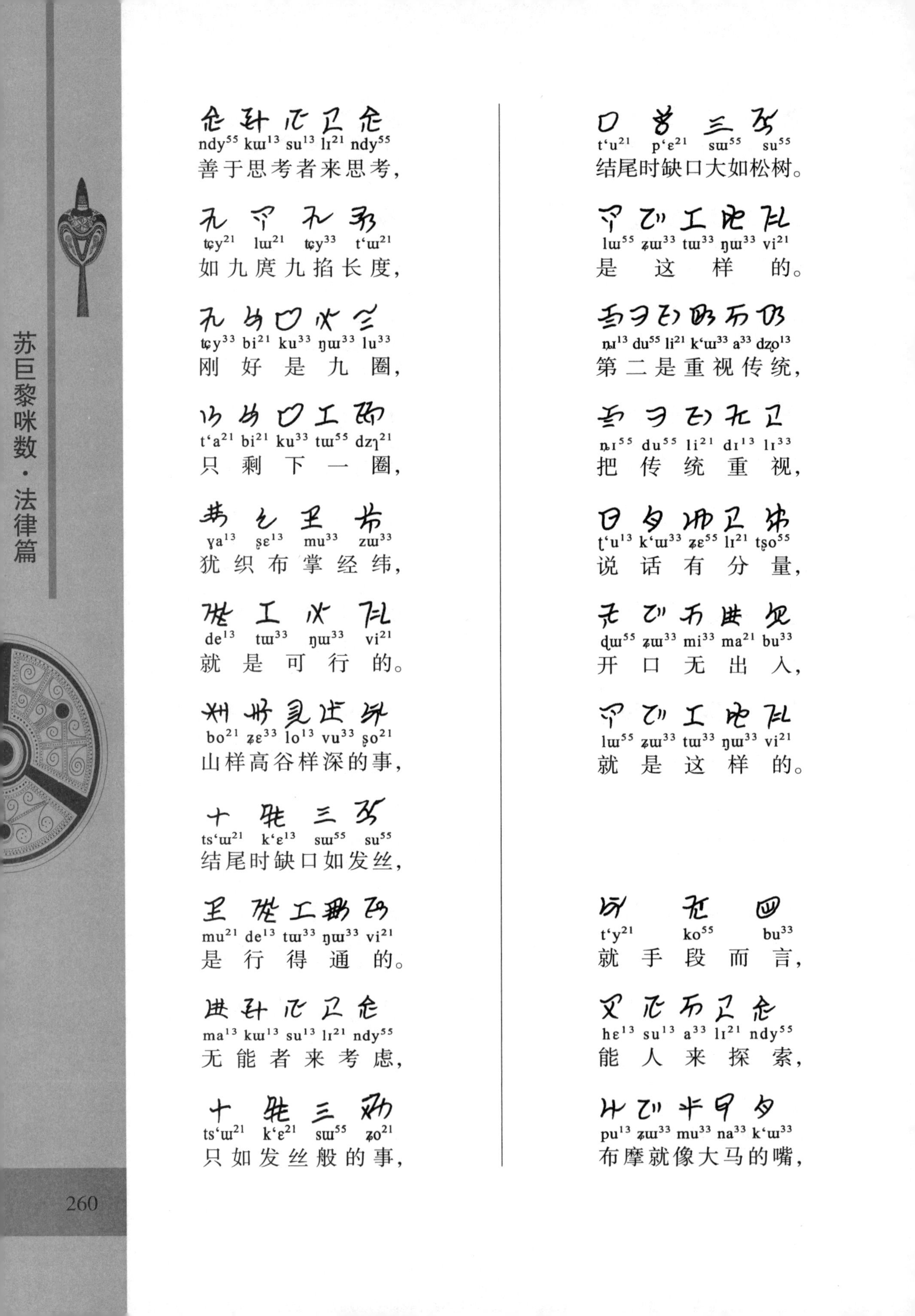

ndy^{55} kɯ^{13} su^{13} lɪ^{21} ndy^{55}
善于思考者来思考，

tɕy^{21} lɯ^{21} tɕy^{33} t'ɯ^{21}
如九庹九掐长度，

tɕy^{33} bi^{21} ku^{33} ŋɯ^{33} lu^{33}
刚好是九圈，

t'a^{21} bi^{21} ku^{33} tɯ^{55} dzɿ^{21}
只剩下一圈，

ɣa^{13} ʂɛ^{13} mu^{33} zɯ^{33}
犹织布掌经纬，

de^{13} tɯ^{33} ŋɯ^{33} vi^{21}
就是可行的。

bo^{21} ʑɛ^{33} lo^{13} vu^{33} ʂo^{21}
山样高谷样深的事，

ts'ɯ^{21} k'ɛ^{13} sɯ^{55} su^{55}
结尾时缺口如发丝，

mu^{21} de^{13} tɯ^{33} ŋɯ^{33} vi^{21}
是行得通的。

ma^{13} kɯ^{13} su^{13} lɪ^{21} ndy^{55}
无能者来考虑，

ts'ɯ^{21} k'ɛ^{21} sɯ^{55} ʐo^{21}
只如发丝般的事，

t'u^{21} p'ɛ^{21} sɯ^{55} su^{55}
结尾时缺口大如松树。

lɯ^{55} ʑɯ^{33} tɯ^{33} ŋɯ^{33} vi^{21}
是这样的。

ɳɪ^{13} du^{55} li^{21} k'ɯ^{33} a^{33} dʐo^{13}
第二是重视传统，

ɳɪ^{55} du^{55} li^{21} dɪ^{13} lɪ^{33}
把传统重视，

t'u^{13} k'ɯ^{33} ʑɛ^{55} lɪ^{21} tʂo^{55}
说话有分量，

dɯ^{55} ʑɯ^{33} mi^{33} ma^{21} bu^{33}
开口无出入，

lɯ^{55} ʑɯ^{33} tɯ^{33} ŋɯ^{33} vi^{21}
就是这样的。

t'y^{21} ko^{55} bu^{33}
就手段而言，

hɛ^{13} su^{13} a^{33} lɪ^{21} ndy^{55}
能人来探索，

pu^{13} ʑɯ^{33} mu^{33} na^{33} k'ɯ^{33}
布摩就像大马的嘴，

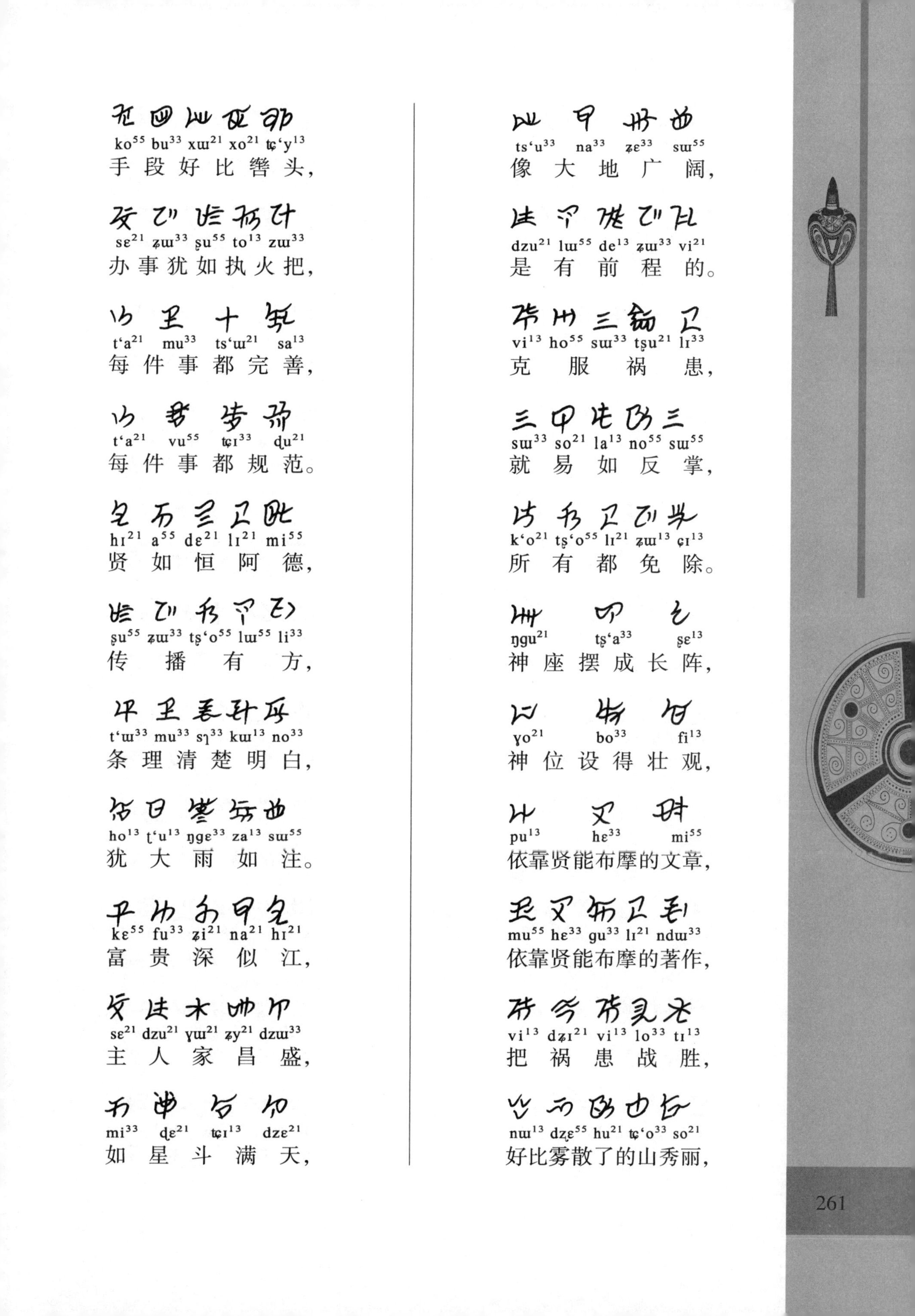

ko^{55} bu^{33} xɯ^{21} xo^{21} tɕʻy^{13}
手段好比簪头，

sɛ^{21} ʐɯ^{33} ʂu^{55} to^{13} zɯ^{33}
办事犹如执火把，

tʻa^{21} mu^{33} tsʻɯ^{21} sa^{13}
每件事都完善，

tʻa^{21} vu^{55} tɕɪ^{33} ɖu^{21}
每件事都规范。

hɪ^{21} a^{55} dɛ^{21} lɪ^{21} mi^{55}
贤如恒阿德，

ʂu^{55} ʐɯ^{33} tʂʻo^{55} lɯ^{55} li^{33}
传播有方，

tʻɯ^{33} mu^{33} sɿ^{33} kɯ^{13} no^{33}
条理清楚明白，

ho^{13} tʻu^{13} ŋgɛ^{33} za^{13} sɯ^{55}
犹大雨如注。

kɛ^{55} fu^{33} ʑi^{21} na^{21} hɪ^{21}
富贵深似江，

sɛ^{21} dzu^{21} ɣɯ^{21} ʑy^{21} dzɯ^{33}
主人家昌盛，

mi^{33} ɖɛ^{21} tɕɪ^{13} dzɛ^{21}
如星斗满天，

tsʻu^{33} na^{33} ʑɛ^{33} sɯ^{55}
像大地广阔，

dzu^{21} lɯ^{55} de^{13} ʐɯ^{33} vi^{21}
是有前程的。

vi^{13} ho^{55} sɯ^{33} tʂu^{21} lɪ^{33}
克服祸患，

sɯ^{33} so^{21} la^{13} no^{55} sɯ^{55}
就易如反掌，

kʻo^{21} tʂʻo^{55} lɪ^{21} ʐɯ^{13} ɕɪ^{13}
所有都免除。

ŋgu^{21} tʂʻa^{33} ʂɛ^{13}
神座摆成长阵，

ɣo^{21} bo^{33} fi^{13}
神位设得壮观，

pu^{13} hɛ^{33} mi^{55}
依靠贤能布摩的文章，

mu^{55} hɛ^{33} gu^{33} lɪ^{21} ndɯ^{33}
依靠贤能布摩的著作，

vi^{13} dʑɪ^{21} vi^{13} lo^{33} tɪ^{13}
把祸患战胜，

nɯ^{13} dʐɛ^{55} hu^{21} tɕʻo^{33} so^{21}
好比雾散了的山秀丽，

gɯ^{55} za^{13} ʑi^{21} gɛ^{21} sɯ^{55}
像流出山谷的水清澈，

dʐa^{33} tɯ^{33} ŋɯ^{33} dɪ^{13} vi^{21}
是这样的啊。

ku^{33} ʑɯ^{33} ŋɯ^{33} lu^{33} lɪ^{33}
有机遇的人，

ʑo^{21} ʑɯ^{33} k'u^{33} hu^{33} ndzu^{33}
虽由命运主宰，

k'u^{33} hu^{33} ȵɪ^{13} du^{55} ndzu^{33}
命运由祖制主宰，

ȵɪ^{13} du^{55} mi^{33} mi^{13} ndzu^{33}
祖制由天地主宰，

mi^{33}mi^{13}tʂ'o^{33}ʑo^{21}lo^{33}ma^{21}ndzu^{33}
但天地不主宰人的行为。

k'o^{21} tʂ'o^{55} su^{13} lo^{33} ʑo^{21}
别人有长处就学习，

do^{21} lɯ^{55} tɯ^{33} ŋɯ^{33} vi^{21}
也就是能人，

so^{21} mi^{55} so^{21} gu^{33} ʑo^{21}
总结好的经验，

mu^{21} lɯ^{55} tɯ^{33} ŋɯ^{33} vi^{21}
应当是这样。

ȵɪ^{13} he^{13} zu^{33} li^{33} ku^{33}
传统好的人有作为，

ȵɪ^{13} hɛ^{33} zu^{33} sɛ^{55} dzɛ^{21}
传统好的人知识足。

dʐa^{33} tɯ^{33} ŋɯ^{33} dɪ^{13} vi^{21}
是这样的啊。

ku^{33} lɯ^{55} lɯ^{33} ʑɯ^{33} tʂ'o^{55}
跟着有作为的人，

dzu^{33} lu^{33} nu^{33} bi^{21} nɯ^{13}
衣食有剩余。

sɯ^{21} ʑɯ^{33} mɛ^{21} a^{33} tʂ'o^{55}
跟着平庸的人，

ʑi^{13} ʂu^{33} he^{13}
就受苦受穷。

dɯ^{13} su^{13} ʑɯ^{33} lo^{33} tʂ'o^{55}
跟着无能的人，

k'e^{21} ʑɯ^{33} tʂ'ɯ^{21} ma^{21} dzu^{21}
线一样漂流不定，

sɯ^{21} tʂ'u^{33} ne^{33} ŋɯ^{33} ŋɯ^{33}
半夜心欠欠，

dʐa^{33} tɯ^{33} ŋɯ^{33} dɪ^{13} vi^{21}
是这样的啊。

su^{21}hɛ^{33}su^{21}ndʐʅ^{55}ʑɯ^{33}lo^{33}tʂʻo^{55}
跟 着 英 雄 豪 杰，

hɛ^{33} ʑo^{21} ʑo^{21} no^{33} hɛ^{33}
耳濡目染就学好，

he^{33}lo^{33}tʻa^{21}tʻu^{55}dɪ^{13}ʑɯ^{33}vi^{21}
聪 明 有 时 日。

kʻu^{33} hu^{33} zu^{33} sɛ^{55} dzɛ^{21}
有威荣的人知识渊博，

dʑi^{21} lu^{21} zu^{33} ʑɯ^{55} ʑɛ^{33}
有机遇的人势力强大，

tʂʻɯ^{55} fa^{13} zu^{33} kʻɛ^{55} ɬo^{33}
有 志 向 的 人 超 凡，

lu^{33} ŋu^{33} zu^{33} ndze^{33} dzɯ^{55}
有 教 养 的 人 优 秀，

ȵɪ^{13} du^{55} zu^{33} ŋu^{21} nu^{33}
有 家 规 的 人 听 话，

fe^{13} kʻu^{33} zu^{33} dʐʅ^{21} ʂʅ^{33}
有 谋 略 的 人 实 在。

pʻu^{55} lɪ^{21} fu^{33} zu^{33} ŋɯ^{33} su^{13}
顺 从 其 父 之 人，

pʻu^{21} mo^{21} tʂʻu^{21} ma^{21} ndʐɯ^{33}
其 父 母 必 有 德，

pʻu^{21} te^{33} ma^{21} hu^{13} sɯ^{55}
好比土地不用浇灌，

dʐa^{33} tɯ^{33} ŋɯ^{33} dɪ^{13} vi^{21}
是 这 样 的 啊。

tɕʻi^{13} tʻo^{21} zu^{33} ŋɯ^{33} su^{13}
有 根 底 的 人，

ŋgɛ^{33} ȵy^{21} fe^{33} he^{13}
像 锋 利 的 矛，

nu^{33} do^{21} mo^{21} tsʻe^{13} sɯ^{55}
小 巧 而 秀 丽。

sʅ^{33} ndʐɯ^{33} lu^{33} he^{13} zu^{33}
灵 活 机 动 的 人，

zɛ^{55} mu^{33} lu^{33} tɕɪ^{13} dzo^{33}
如 野 马 生 犄 角，

he^{13} ne^{33} ɣo^{13} ʑɯ^{33} ȵɪ^{33}
巧 计 在 腹 中，

du^{33} lu^{33} he^{55} tso^{33}
如 入 地 之 龙，

ndze^{33} tɕʻy^{13} ʔu^{33} ʑɯ^{33} dɪ^{13}
头 戴 着 顶 冠。

dʑi^{21} hu^{21} zu^{33} ŋɯ^{33} su^{13}
像日月一样光明，

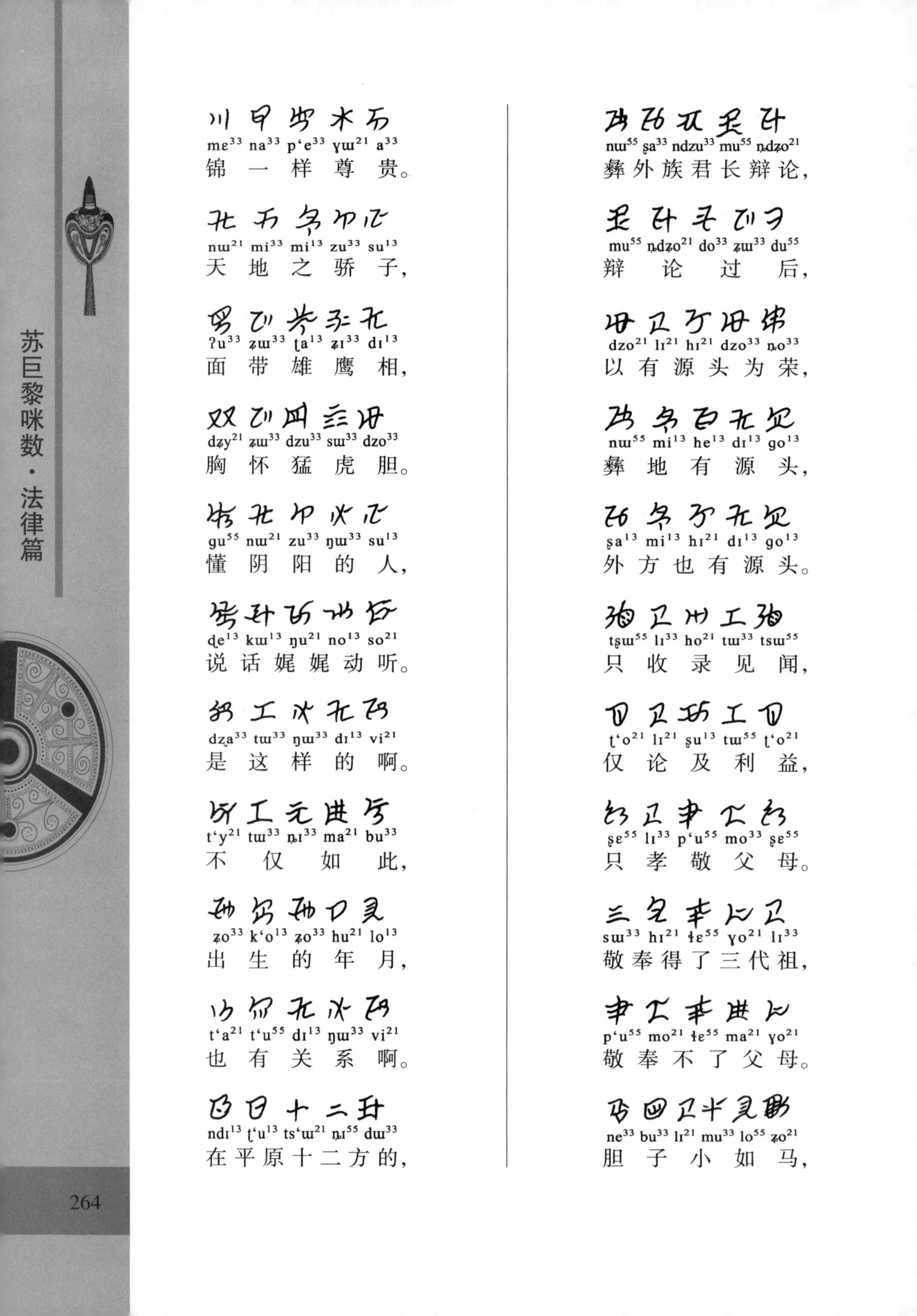

mɛ^{33} na^{33} p'e^{33} ɣɯ^{21} a^{33}
锦一样尊贵。

nɯ^{21} mi^{33} mi^{13} zu^{33} su^{13}
天地之骄子，

ʔu^{33} ʑɯ^{33} ʈa^{13} ʑɪ^{33} dɪ^{13}
面带雄鹰相，

dʑy^{21} ʑɯ^{33} dzu^{33} sɯ^{33} dzo^{33}
胸怀猛虎胆。

gu^{55} nɯ^{21} zu^{33} ŋɯ^{33} su^{13}
懂阴阳的人，

ɖe^{13} kɯ^{13} ŋu^{21} no^{13} so^{21}
说话娓娓动听。

dʐa^{33} tɯ^{33} ŋɯ^{33} dɪ^{13} vi^{21}
是这样的啊。

t'y^{21} tɯ^{33} ȵɪ^{33} ma^{21} bu^{33}
不仅如此，

ʑo^{33} k'o^{13} ʑo^{33} hu^{21} lo^{13}
出生的年月，

t'a^{21} t'u^{55} dɪ^{13} ŋɯ^{33} vi^{21}
也有关系啊。

ndɪ^{13} ʈ'u^{13} ts'ɯ^{21} ȵɪ^{55} dɯ^{33}
在平原十二方的，

nɯ^{55} ʂa^{33} ndzu^{33} mu^{55} ȵdʑo^{21}
彝外族君长辩论，

mu^{55} ȵdʑo^{21} do^{33} ʑɯ^{33} du^{55}
辩论过后，

dzo^{21} lɪ^{21} hɪ^{21} dzo^{33} ȵo^{33}
以有源头为荣，

nɯ^{55} mi^{13} he^{13} dɪ^{13} go^{13}
彝地有源头，

ʂa^{13} mi^{13} hɪ^{21} dɪ^{13} go^{13}
外方也有源头。

tʂɯ^{55} lɪ^{33} ho^{21} tɯ^{33} tsɯ^{55}
只收录见闻，

ʈ'o^{21} lɪ^{21} ʂu^{13} tɯ^{55} ʈ'o^{21}
仅论及利益，

ʂɛ^{55} lɪ^{33} p'u^{55} mo^{33} ʂɛ^{55}
只孝敬父母。

sɯ^{33} hɪ^{21} ɬɛ^{55} ɣo^{21} lɪ^{33}
敬奉得了三代祖，

p'u^{55} mo^{21} ɬɛ^{55} ma^{21} ɣo^{21}
敬奉不了父母。

ne^{33} bu^{33} lɪ^{21} mu^{33} lo^{55} ʑo^{21}
胆子小如马，

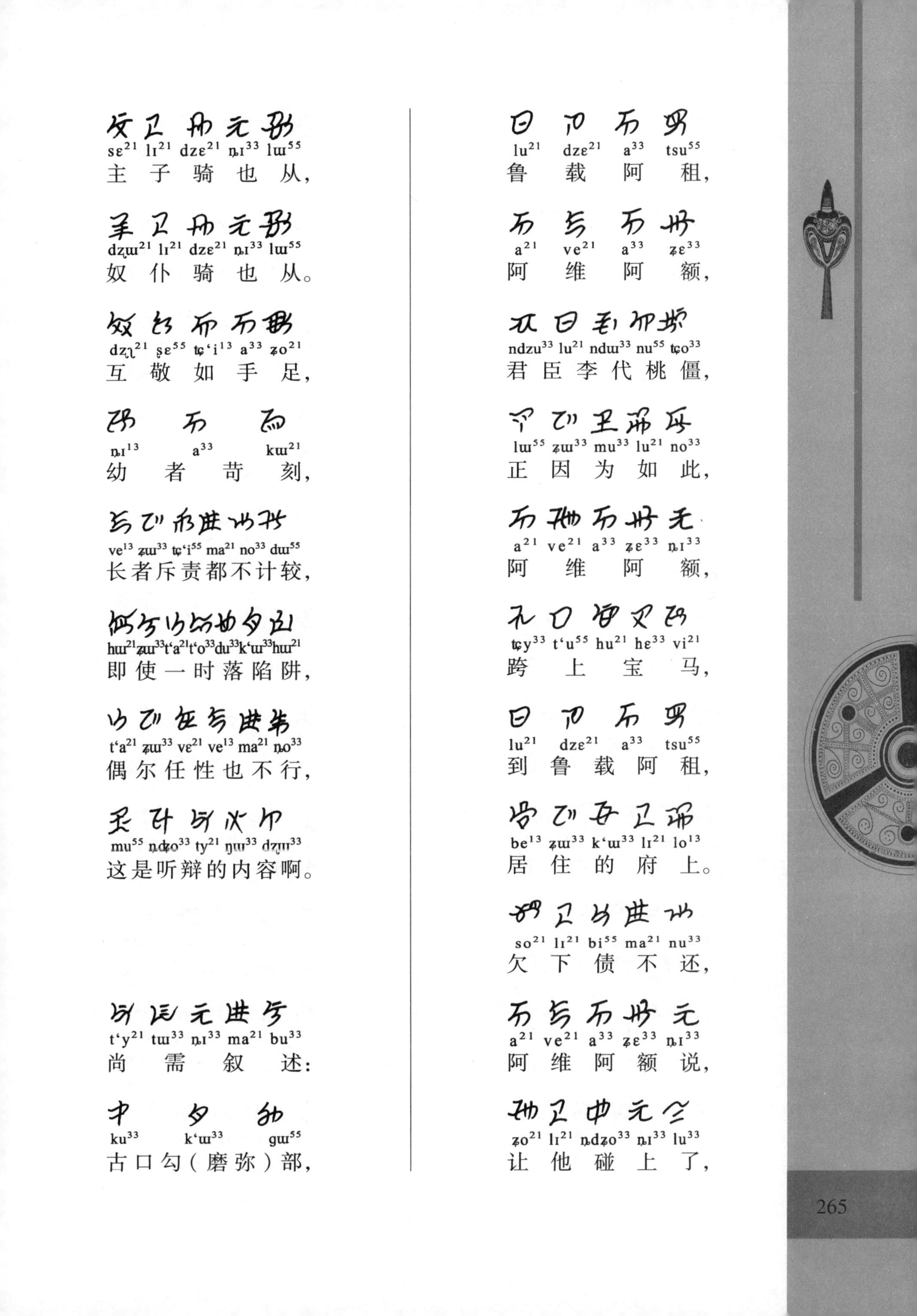

sε^{21} lɪ^{21} dzε^{21} ȵɪ^{33} lɯ^{55}
主子骑也从，

dʐɯ^{21} lɪ^{21} dzε^{21} ȵɪ^{33} lɯ^{55}
奴仆骑也从。

dʐʅ^{21} ʂε^{55} tɕʻi^{13} a^{33} ʑo^{21}
互敬如手足，

ȵɪ^{13} a^{33} kɯ^{21}
幼者苛刻，

ve^{13} ʑɯ^{33} tɕʻi^{55} ma^{21} no^{33} dɯ^{55}
长者斥责都不计较，

hɯ^{21}ʑɯ^{33}tʻa^{21}tʻo^{33}du^{33}kʻɯ^{33}hɯ^{21}
即使一时落陷阱，

tʻa^{21} ʑɯ^{33} vε^{21} ve^{13} ma^{21} ȵo^{33}
偶尔任性也不行，

mu^{55} ȵdʑo^{33} ty^{21} ŋɯ^{33} dʐɯ^{33}
这是听辩的内容啊。

tʻy^{21} tɯ^{33} ȵɪ^{33} ma^{21} bu^{33}
尚需叙述：

ku^{33} kʻɯ^{33} gɯ^{55}
古口勾（磨弥）部，

lu^{21} dzε^{21} a^{33} tsu^{55}
鲁载阿租，

a^{21} ve^{21} a^{33} ʑε^{33}
阿维阿额，

ndzu^{33} lu^{21} ndɯ^{33} nu^{55} tɕo^{33}
君臣李代桃僵，

lɯ^{55} ʑɯ^{33} mu^{33} lu^{21} no^{33}
正因为如此，

a^{21} ve^{21} a^{33} ʑε^{33} ȵɪ^{33}
阿维阿额，

tɕy^{33} tʻu^{55} hu^{21} hε^{33} vi^{21}
跨上宝马，

lu^{21} dzε^{21} a^{33} tsu^{55}
到鲁载阿租，

be^{13} ʑɯ^{33} kʻɯ^{33} lɪ^{21} lo^{13}
居住的府上。

so^{21} lɪ^{21} bi^{55} ma^{21} nu^{33}
欠下债不还，

a^{21} ve^{21} a^{33} ʑε^{33} ȵɪ^{33}
阿维阿额说，

ʑo^{21} lɪ^{21} ȵdʑo^{33} ȵɪ^{33} lu^{33}
让他碰上了，

tɕʻo^{33} dzo^{33} va^{33} ʑɯ^{33} ɣɯ^{55}
大声地嚷道。

ȵɪ^{13} tɛ^{13} a^{33} lɪ^{33}
遇事由尼德应付，

su^{21} tʻy^{21} dɯ^{53} kɯ^{13} vi^{21}
常言这样讲。

ɣɯ^{21} tsɯ^{21} tɕʻɯ^{21} zu^{33}
额孜启汝，

be^{13} ʑɯ^{33} kʻɯ^{33} lɪ^{21} lu^{33}
也到了府上，

dʐɯ^{21} a^{33} tsʻu^{33} ȵɪ^{33}
纣阿楚说：

ndzu^{33} mu^{55} a^{33} vu^{33} bo^{21}
“君长的阿武博山上，

kʻe^{33} su^{13} ȵdʑo^{21} vi^{21} dɪ^{13}
有强盗路过，

tsʻɯ^{21} la^{13} ku^{33} ʈʻu^{13} hɯ^{21}
就大打出手，

a^{21} ve^{21} a^{33} ʑɛ^{33}
阿维阿额，

ɕy^{33} kɯ^{55} po^{13} a^{33} zo^{55}
被打中颈子。”

lɯ^{33} lɯ^{33} mu^{33} lɯ^{33} dɯ^{55}
过了一阵子，

a^{21} ve^{21} a^{33} ʑɛ^{33} ȵɪ^{33}
阿维阿额说：

dɯ^{55} sɿ^{33} ɣo^{21} dɯ^{55} sɿ^{33}
“让他往下讲，

bi^{55} lɪ^{21} kʻo^{21} ʑɯ^{33} su^{13}
所欠的债，

tʻo^{33} la^{13} dɪ^{13} ŋɯ^{33} vi^{21}
都有记录的。

tʂʻo^{33} hu^{21} dɯ^{55} ga^{13}
濯洪兜嘎地方[57]，

bi^{21} ɣo^{21} kʻo^{13} mu^{33} lu^{33}
用来抵欠债。”

hɛ^{33} nde^{33} a^{21} zɯ^{33}
先前赫邓阿仁，

sɯ^{21} pʻu^{55} mu^{33} ma^{21} ɣo^{21}
未遇见高人，

a^{21} ʂʅ^{33} do^{33} pu^{13} ma^{21} kɯ^{13}
阿史朵布无能，

pʻɛ^{21} vɛ^{33} pu^{13} na^{33} ȵy^{21}
受迫维布关照。

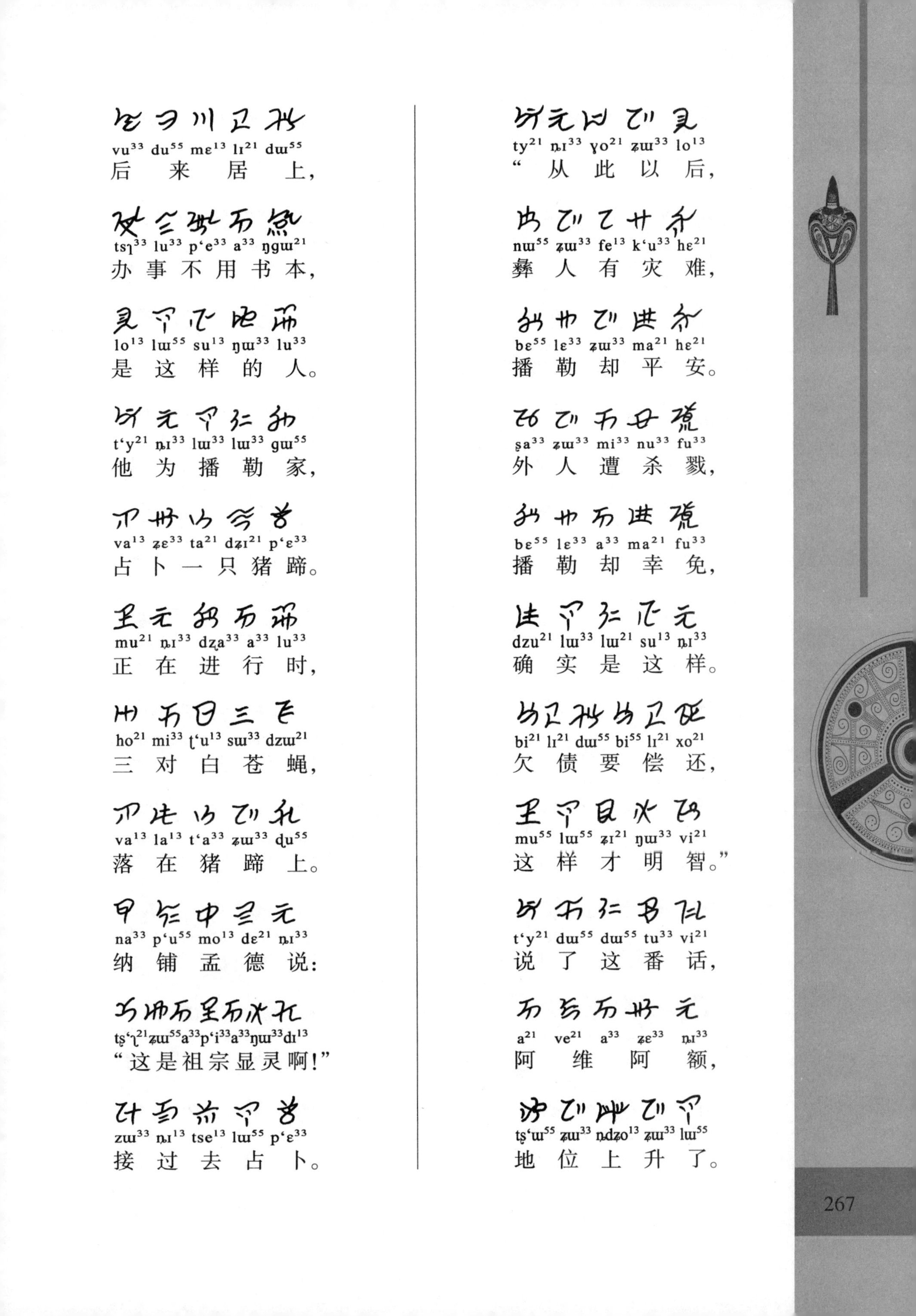

vu^{33} du^{55} mɛ^{13} lɪ^{21} dɯ^{55}
后来居上，

tsɿ^{33} lu^{33} p‘e^{33} a^{33} ŋgɯ^{21}
办事不用书本，

lo^{13} lɯ^{55} su^{13} ŋɯ^{33} lu^{33}
是这样的人。

t‘y^{21} ȵɪ^{33} lɯ^{33} lɯ^{33} gɯ^{55}
他为播勒家，

va^{13} ʑɛ^{33} ta^{21} dʑɪ^{21} p‘ɛ^{33}
占卜一只猪蹄。

mu^{21} ȵɪ^{33} dʐa^{33} a^{33} lu^{33}
正在进行时，

ho^{21} mi^{33} ʈ‘u^{13} sɯ^{33} dzɯ^{21}
三对白苍蝇，

va^{13} la^{13} t‘a^{33} ʑɯ^{33} ɖu^{55}
落在猪蹄上。

na^{33} p‘u^{55} mo^{13} dɛ^{21} ȵɪ^{33}
纳铺孟德说：

ʈʂ‘ʅ^{21}ʑɯ^{55}a^{33}p‘i^{33}a^{33}ŋɯ^{33}dɪ^{13}
“这是祖宗显灵啊！”

zɯ^{33} ȵɪ^{13} tse^{13} lɯ^{55} p‘ɛ^{33}
接过去占卜。

ty^{21} ȵɪ^{33} ɣo^{21} ʑɯ^{33} lo^{13}
“从此以后，

nɯ^{55} ʑɯ^{33} fe^{13} k‘u^{33} hɛ^{21}
彝人有灾难，

bɛ^{55} lɛ^{33} ʑɯ^{33} ma^{21} hɛ^{21}
播勒却平安。

ʂa^{33} ʑɯ^{33} mi^{33} nu^{33} fu^{33}
外人遭杀戮，

bɛ^{55} lɛ^{33} a^{33} ma^{21} fu^{33}
播勒却幸免，

dzu^{21} lɯ^{33} lɯ^{21} su^{13} ȵɪ^{33}
确实是这样。

bi^{21} lɪ^{21} dɯ^{55} bi^{55} lɪ^{21} xo^{21}
欠债要偿还，

mu^{55} lɯ^{55} ʑɪ^{21} ŋɯ^{33} vi^{21}
这样才明智。”

t‘y^{21} dɯ^{55} dɯ^{55} tu^{33} vi^{21}
说了这番话，

a^{21} ve^{21} a^{33} ʑɛ^{33} ȵɪ^{33}
阿维阿额，

ʈʂ‘ɯ^{55} ʑɯ^{33} ɳdʑo^{13} ʑɯ^{33} lɯ^{55}
地位上升了。

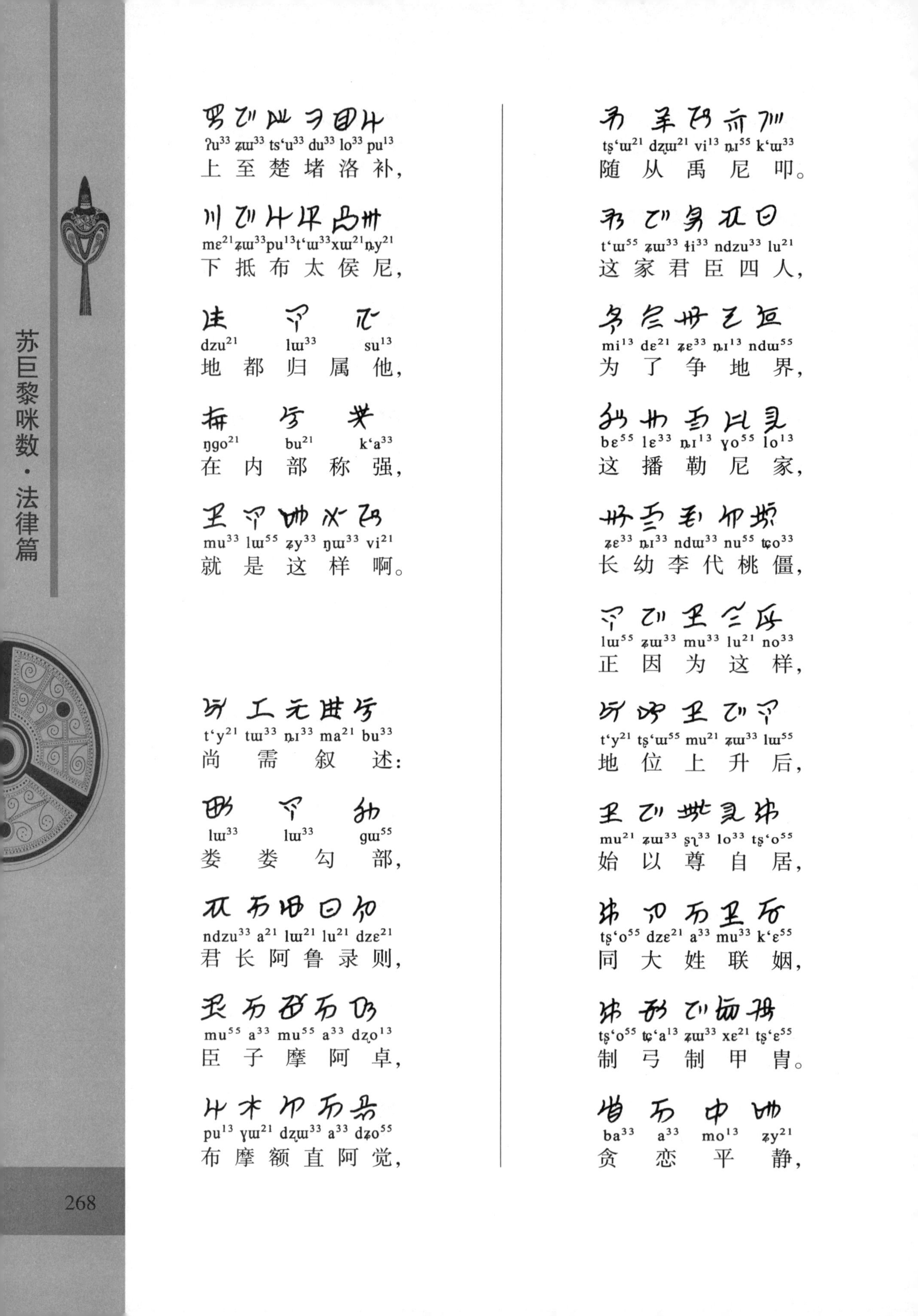

ʔu^{33} ʐɯ^{33} ts'u^{33} du^{33} lo^{33} pu^{13}
上至楚堵洛补，

mɛ^{21} ʐɯ^{33} pu^{13} t'ɯ^{33} xɯ^{21} ȵy^{21}
下抵布太侯尼，

dzu^{21} lɯ^{33} su^{13}
地都归属他，

ŋgo^{21} bu^{21} k'a^{33}
在内部称强，

mu^{33} lɯ^{55} ʑy^{33} ŋɯ^{33} vi^{21}
就是这样啊。

t'y^{21} tɯ^{33} ȵɪ^{33} ma^{21} bu^{33}
尚需叙述：

lɯ^{33} lɯ^{33} gɯ^{55}
娄娄勾部，

ndzu^{33} a^{21} lɯ^{21} lu^{21} dzɛ^{21}
君长阿鲁录则，

mu^{55} a^{33} mu^{55} a^{33} dʐo^{13}
臣子摩阿卓，

pu^{13} ɣɯ^{21} dʐɯ^{33} a^{33} dʑo^{55}
布摩额直阿觉，

tʂ'ɯ^{21} dʐɯ^{21} vi^{13} ȵɪ^{55} k'ɯ^{33}
随从禹尼叩。

t'ɯ^{55} ʐɯ^{33} ɬi^{33} ndzu^{33} lu^{21}
这家君臣四人，

mi^{13} dɛ^{21} ʑɛ^{33} ȵɪ^{13} ndɯ^{55}
为了争地界，

bɛ^{55} lɛ^{33} ȵɪ^{13} ɣo^{55} lo^{13}
这播勒尼家，

ʑɛ^{33} ȵɪ^{33} ndɯ^{33} nu^{55} tɕo^{33}
长幼李代桃僵，

lɯ^{55} ʐɯ^{33} mu^{33} lu^{21} no^{33}
正因为这样，

t'y^{21} tʂ'ɯ^{55} mu^{21} ʐɯ^{33} lɯ^{55}
地位上升后，

mu^{21} ʐɯ^{33} ʂʅ^{33} lo^{33} tʂ'o^{55}
始以尊自居，

tʂ'o^{55} dzɛ^{21} a^{33} mu^{33} k'ɛ^{55}
同大姓联姻，

tʂ'o^{55} tɕ'a^{13} ʐɯ^{33} xɛ^{21} tʂ'ɛ^{55}
制弓制甲胄。

ba^{33} a^{33} mo^{13} ʑy^{21}
贪恋平静，

sɯ^{21} k‘o^{13} a^{33} mo^{13} ʑy^{21}
图平静三年，

sɯ^{21} hu^{21} mo^{13} a^{33} su^{55}
只平静三月，

tʂʅ^{21} t‘u^{13} dzu^{21} t‘a^{33} p‘u^{21}
仅一锅米饭，

ʑo^{21} lɪ^{33} ȵɯ^{33}
也求之不得，

ʑo^{21} lɪ^{21} ʂu^{33} vi^{21} dɪ^{13}
也为之发愁，

ʑo^{21} lɪ^{21} dʑu^{13} lu^{33} lɪ^{33}
也要去计较。

p‘u^{21} lɯ^{21} ȵɯ^{55} ndɛ^{21}
皤娄尼歹，

ȵɯ^{55} a^{33} mo^{21} nu^{33} zu^{33}
是弱女子一样的人，

sɯ^{21} a^{33} ma^{13} hu^{21}
没有志气。

ma^{33} hu^{33} ve^{33} ndɪ^{21}
在马洪尾甸[58]，

tɕ‘y^{55} a^{33} mo^{21} nu^{33} zu^{33}
这平庸的人，

ʑo^{21} t‘y^{21} ŋga^{13}
他也要驱赶，

ʑo^{21} t‘y^{21} dzu^{33} lɯ^{33} dɪ^{13}
要占其地盘。

p‘o^{21} lɯ^{21} ȵɯ^{55} ndɛ^{21}
这皤娄尼歹，

ȵɯ^{55} a^{33} mo^{21} nu^{33} zu^{33}
是平庸之辈，

ŋgɛ^{33} p‘e^{33} mu^{33} de^{13} ȵɪ^{33}
只能杀戮，

t‘ɯ^{13} k‘u^{33} mu^{33} ma^{21} de^{13}
不能驱赶。

ma^{33} hu^{33} ve^{33} ndɪ^{21}
马洪尾甸的人，

ŋgɯ^{33} tʂ‘u^{33} tɕ‘y^{13} nɯ^{33}
像鹿长角无用，

t‘ɯ^{13} k‘u^{33} de^{13}
只能驱赶，

ŋgɛ^{21} p‘e^{33} mu^{33} ma^{21} de^{13}
不可杀戮，

t‘y^{21} tʂɯ^{55} mu^{33} ʑɯ^{33} lɯ^{55}
因而威望上升。

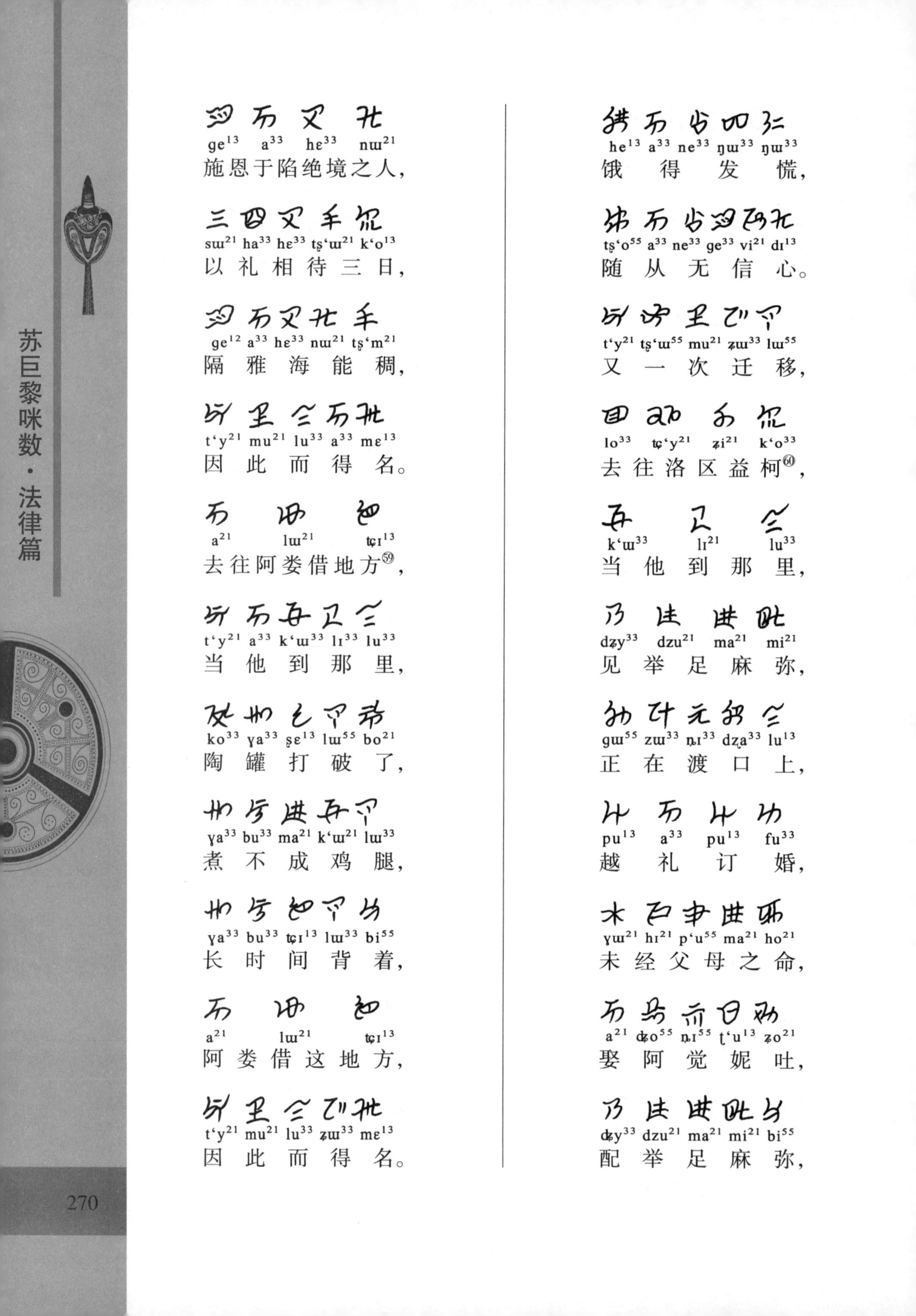

ge^{13} a^{33} hɛ^{33} nɯ^{21}
施恩于陷绝境之人，

sɯ^{21} ha^{33} hɛ^{33} tʂʻɯ^{21} kʻo^{13}
以礼相待三日，

ge^{12} a^{33} hɛ^{33} nɯ^{21} tʂʻm^{21}
隔雅海能稠，

tʻy^{21} mu^{21} lu^{33} a^{33} mɛ^{13}
因此而得名。

a^{21} lɯ^{21} tɕɪ^{13}
去往阿娄借地方[59]，

tʻy^{21} a^{33} kʻɯ^{33} lɪ^{33} lu^{33}
当他到那里，

ko^{33} ɣa^{33} ʂɛ^{13} lɯ^{55} bo^{21}
陶罐打破了，

ɣa^{33} bu^{33} ma^{21} kʻɯ^{21} lɯ^{33}
煮不成鸡腿，

ɣa^{33} bu^{33} tɕɪ^{13} lɯ^{33} bi^{55}
长时间背着，

a^{21} lɯ^{21} tɕɪ^{13}
阿娄借这地方，

tʻy^{21} mu^{21} lu^{33} ʑɯ^{33} mɛ^{13}
因此而得名。

he^{13} a^{33} ne^{33} ŋɯ^{33} ŋɯ^{33}
饿得发慌，

tʂʻo^{55} a^{33} ne^{33} ge^{33} vi^{21} dɪ^{13}
随从无信心。

tʻy^{21} tʂʻɯ^{55} mu^{21} ʑɯ^{33} lɯ^{55}
又一次迁移，

lo^{33} tɕʻy^{21} ʑi^{21} kʻo^{33}
去往洛区益柯[60]，

kʻɯ^{33} lɪ^{21} lu^{33}
当他到那里，

dʑy^{33} dzu^{21} ma^{21} mi^{21}
见举足麻弥，

gɯ^{55} zɯ^{33} ȵɪ^{33} dʐa^{33} lu^{13}
正在渡口上，

pu^{13} a^{33} pu^{13} fu^{33}
越礼订婚，

ɣɯ^{21} hɪ^{21} pʻu^{55} ma^{21} ho^{21}
未经父母之命，

a^{21} dʑo^{55} ȵɪ^{55} tʻu^{13} ʑo^{21}
娶阿觉妮吐，

dʑy^{33} dzu^{21} ma^{21} mi^{21} bi^{55}
配举足麻弥，

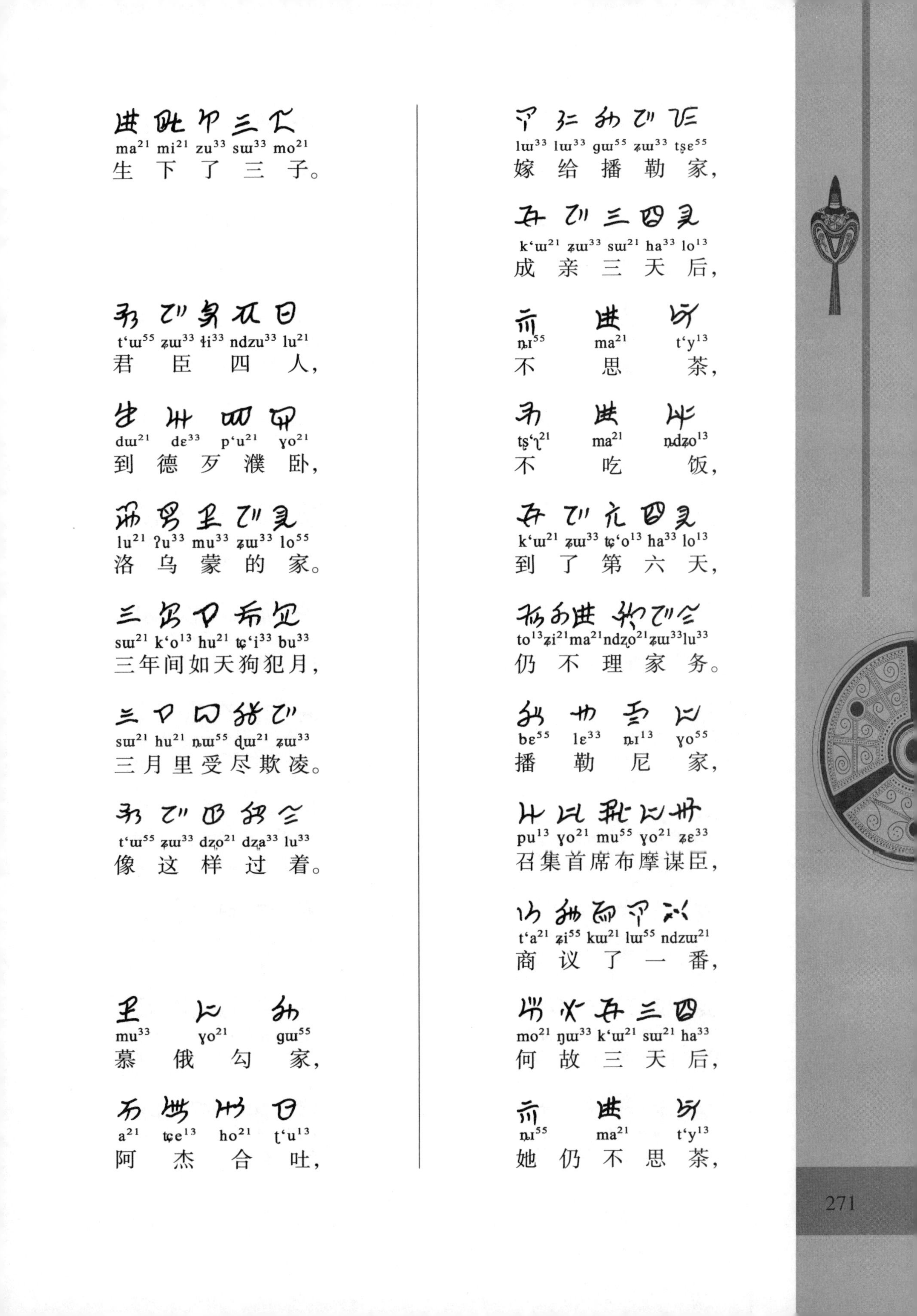

ma^{21} mi^{21} zu^{33} sɯ^{33} mo^{21}
生 下 了 三 子。

t'ɯ^{55} ʑɯ^{33} ɬi^{33} ndzu^{33} lu^{21}
君 臣 四 人，

dɯ^{21} dɛ^{33} p'u^{21} ɣo^{21}
到 德 歹 濮 卧，

lu^{21} ʔu^{33} mu^{33} ʑɯ^{33} lo^{55}
洛 乌 蒙 的 家。

sɯ^{21} k'o^{13} hu^{21} tɕ'i^{33} bu^{33}
三年间如天狗犯月，

sɯ^{21} hu^{21} n̥ɯ^{55} ḍɯ^{21} ʑɯ^{33}
三月里受尽欺凌。

t'ɯ^{55} ʑɯ^{33} dzọ^{21} dzạ^{33} lu^{33}
像 这 样 过 着。

mu^{33} ɣo^{21} gɯ^{55}
慕 俄 勾 家，

a^{21} tɕe^{13} ho^{21} t'u^{13}
阿 杰 合 吐，

lɯ^{33} lɯ^{33} gɯ^{55} ʑɯ^{33} tʂɛ^{55}
嫁 给 播 勒 家，

k'ɯ^{21} ʑɯ^{33} sɯ^{21} ha^{33} lo^{13}
成 亲 三 天 后，

n̥ɪ^{55} ma^{21} t'y^{13}
不 思 茶，

tʂ'ʅ^{21} ma^{21} ṇdʐo^{13}
不 吃 饭，

k'ɯ^{21} ʑɯ^{33} tɕ'o^{13} ha^{33} lo^{13}
到 了 第 六 天，

to^{13}ʑi^{21}ma^{21}ndʐo^{21}ʑɯ^{33}lu^{33}
仍 不 理 家 务。

bɛ^{55} lɛ^{33} n̥ɪ^{13} ɣo^{55}
播 勒 尼 家，

pu^{13} ɣo^{21} mu^{55} ɣo^{21} ʑɛ^{33}
召集首席布摩谋臣，

t'a^{21} ʑi^{55} kɯ^{21} lɯ^{55} ndzɯ^{21}
商 议 了 一 番，

mo^{21} ŋɯ^{33} k'ɯ^{21} sɯ^{21} ha^{33}
何 故 三 天 后，

n̥ɪ^{55} ma^{21} t'y^{13}
她 仍 不 思 茶，

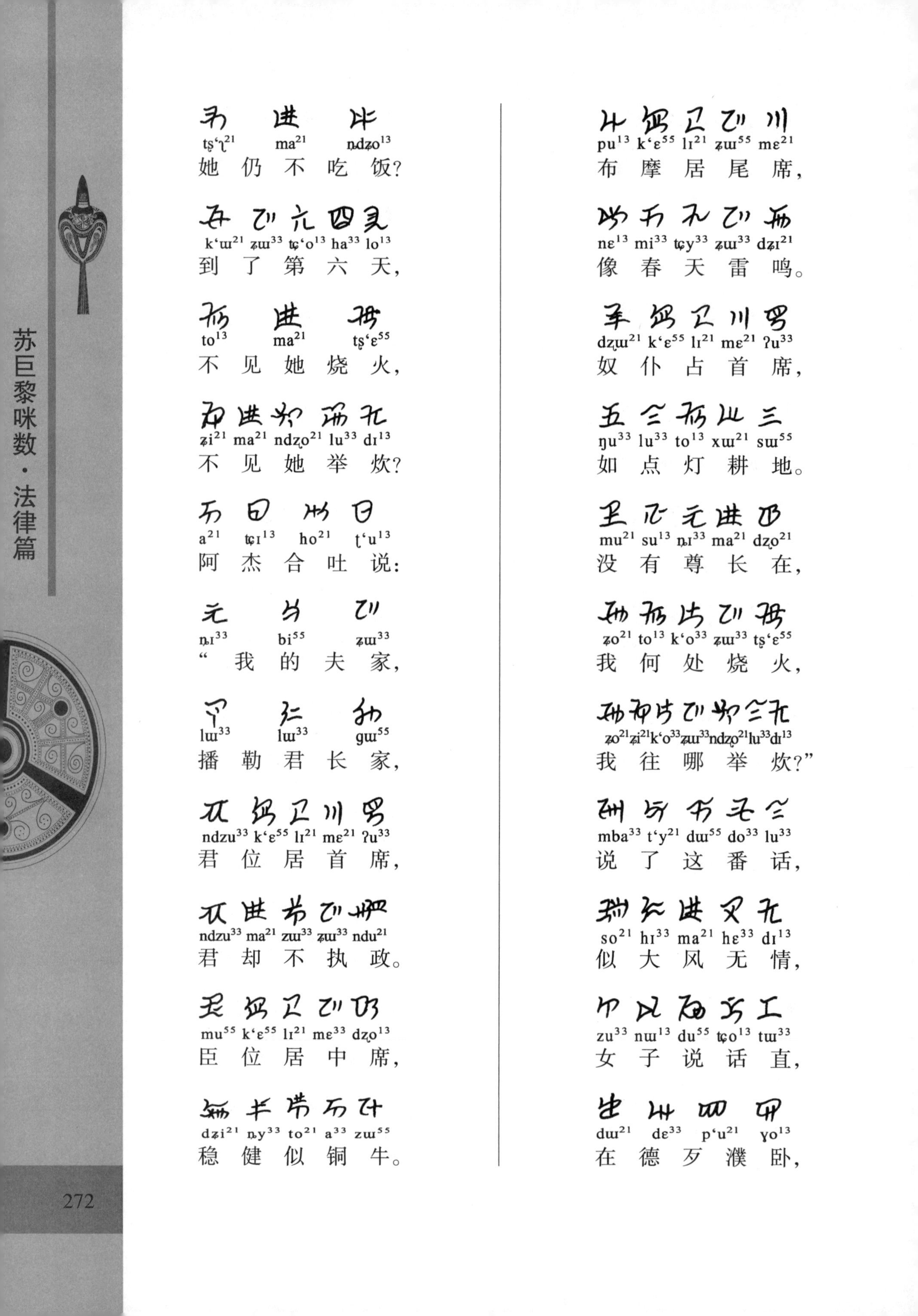

tʂʻʅ21 ma21 ȵdʐo13
她仍不吃饭？

kʻɯ21 ʑɯ33 tɕʻo13 ha33 lo13
到了第六天，

to13 ma21 tʂʻɛ55
不见她烧火，

ʑi21 ma21 ndʐo21 lu33 dɪ13
不见她举炊？

a21 tɕɪ13 ho21 tʻu13
阿杰合吐说：

ȵɪ33 bi55 ʑɯ33
“我的夫家，

lɯ33 lɯ33 gɯ55
播勒君长家，

ndzu33 kʻɛ55 lɪ21 mɛ21 ʔu33
君位居首席，

ndzu33 ma21 zɯ33 ʑɯ33 ndu21
君却不执政。

mu55 kʻɛ55 lɪ21 mɛ33 dʐo13
臣位居中席，

dʑi21 ȵy33 to21 a33 zɯ55
稳健似铜牛。

pu13 kʻɛ55 lɪ21 ʑɯ55 mɛ21
布摩居尾席，

nɛ13 mi33 tɕy33 ʑɯ33 dʑɪ21
像春天雷鸣。

dʐɯ21 kʻɛ55 lɪ21 mɛ21 ʔu33
奴仆占首席，

ŋu33 lu33 to13 xɯ21 sɯ55
如点灯耕地。

mu21 su13 ȵɪ33 ma21 dʐo21
没有尊长在，

ʑo21 to13 kʻo33 ʑɯ33 tʂʻɛ55
我何处烧火，

ʑo21 ʑi21 kʻo33 ʑɯ33 ndʐo21 lu33 dɪ13
我往哪举炊？”

mba33 tʻy21 dɯ55 do33 lu33
说了这番话，

so21 hɪ33 ma21 hɛ33 dɪ13
似大风无情，

zu33 nɯ13 du55 tɕo13 tɯ33
女子说话直，

dɯ21 dɛ33 pʻu21 ɣo13
在德歹濮卧，

t‘ɯ^{55} ʑɯ^{33} ɬi^{33} ndzu^{33} lu^{21}
这君臣四人，

nu^{33} a^{33} hɯ^{21} lɯ^{33} lɯ^{33}
都被打动了。

mi^{21} nɯ^{33} su^{21} te^{33} k‘ɛ^{21}
犹草得水浇，

ȵɪ^{13} tɛ^{13} mi^{55} hɛ^{33} dʑo^{33}
闻阿德良言，

ɛ^{21} hɛ^{21} go^{13} vi^{21} dɪ^{13}
至此思归心切，

go^{13} lɪ^{21} ku^{33} tʂ‘u^{33} p‘o^{33}
迅疾赶回去，

lɯ^{33} lɯ^{33} gɯ^{55} ʑɯ^{33} k‘ɯ^{33}
到播勒本部，

lɯ^{55} hɪ^{21} ŋgu^{21} ndzu^{33} tsy^{13}
建宫立君长，

mɛ^{33} go^{13} ndu^{21} mu^{55} ȵɪ^{33}
任命了臣子，

ɣɯ^{21} tʂ‘ɯ^{21} ŋgu^{21} pu^{13} ȵɪ^{21}
启用了布摩。

ɬu^{33} bi^{55} ŋgɯ^{55}
百废俱兴，

to^{13} tʂ‘ɛ^{55} ʑi^{21} mu^{33} bi^{55}
点火举炊，

tsɿ^{13} su^{13} vu^{55} ʂa^{13} ndʐo^{21}
手下忙如穿梭，

dzɛ^{33} mu^{33} dɪ^{13} ʂɛ^{13}
如骏马奔驰，

he^{55} ŋa^{33} hu^{21} hɯ^{21} du^{55}
似鸟叫翻山，

lu^{21} hɛ^{33} mi^{55} a^{33} tʂ‘o^{55}
百姓有规矩。

bɛ^{55} lɛ^{33} ȵɪ^{13} ɣo^{55}
播勒尼，

dzu^{21} lɯ^{33} lɯ^{21} su^{13} ȵɪ^{33}
得以昌盛，

ȵɪ^{13} tɛ^{13} mi^{55} gu^{33} ndʐu^{55}
仰仗尼德本领好[61]，

mu^{21} lɯ^{55} ʑɪ^{33} ŋɯ^{33} vi^{21}
手段高明啊。

t‘y^{21} tɯ^{33} ȵɪ^{33} ma^{21} bu^{33}
尚需叙述。

k‘ɯ^{21} bo^{21} t‘u^{33} t‘y^{33}
克博妥体地方[62]，

k‘ɯ21 nɛ13 ndzu33 mu55 ȵdʑo21
克耐两部君长互访，

mu33 lɪ21 ɣo21 t‘a33 ȵɪ21
在 这 个 时 候，

k‘ɯ21 ʑɯ33 mba33 mu55 ʂʅ33
克 布 宣 诵 摩 史，

no21 dzu21 ɣɯ21 ʈ‘ɯ55 lo21 dzy21
由诸足厄赤担任[63]。

nɛ13 ʑɯ33 mba33 mu55 ʂʅ33
耐 部 宣 诵 摩 史，

a33 nu33 ɣɯ21 vi21 lo33 dzy21
由 阿 诺 厄 禹 担 任。

vu33 zu33 ȵɪ55 lɯ33 mo21
两 人 势 均 力 敌，

tʂ‘ɯ21 ɣo21 ȵɪ55 dzɯ33 go13
进 入 主 宾 席，

no13 dzu21 ɣɯ21 ʈ‘ɯ55 ȵɪ33
诺 足 厄 赤，

t‘y21 dɯ55 lɯ55 dɪ13 vi21
开 口 来 说 道：

ȵɪ55 ʑɯ33 ts‘ɯ21 nu33 mu33
“古 有 十 耳 兽，

ɕy33 no33 ŋu21 ndʐu55 dʑɪ21
其 血 生 鄂 氏，

po33 no33 mo13 tɯ33 dʑɪ21
身 体 生 莫 氏，

dʐɛ21 no33 ʑi21 mo21 dʑɪ21
牙 齿 化 大 河，

na33 no33 ts‘ɛ13 p‘i55 dʑɪ21
眼 睛 化 金 银，

vɛ21 ʔy33 ȵɪ55 ȵdʑi21 dʑɪ21
左 肾 化 为 虎，

ʑo21 ʔy33 ʂɯ13 ȵdʑi21 dʑɪ21
右 肾 化 为 獭。

t‘y21 tɕ‘o13 mo21 nɛ21 zu33 ŋɯ33 lu33
这 六 类 同 源，

zy55 ɣo21 xɛ33 k‘ɛ55 so21
犹 平 路 好 走。

dʐa33 ŋɯ33 kɯ13 ɣo21 no33
趁 此 好 机 会，

na33 a33 sʅ55 ȵɪ55 ʑo21
你 我 二 人，

tʂ‘ʅ21 dʐo21 ho21 lɪ33 vi21
就 在 此 对 唱。

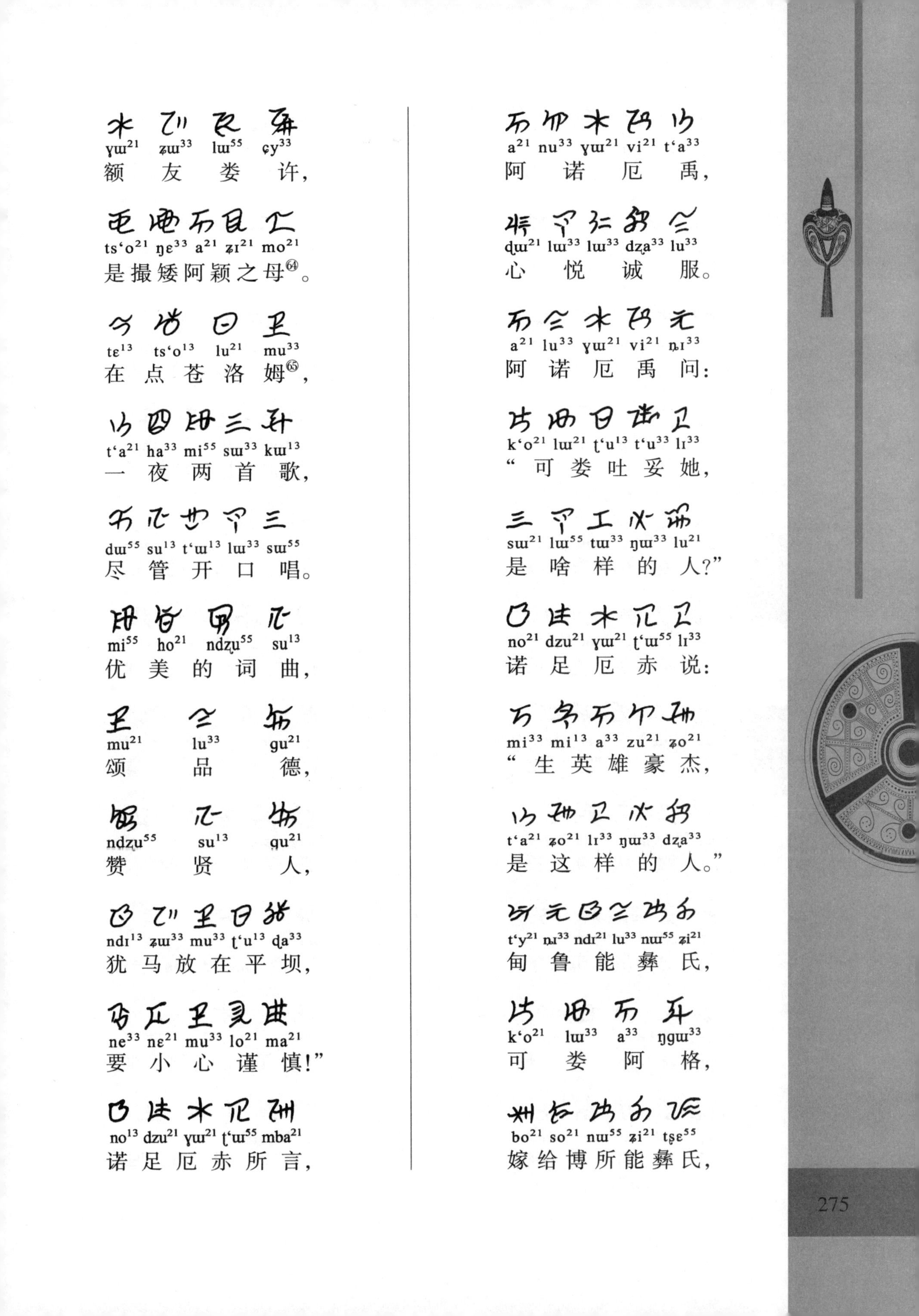

ɣɯ^{21} ʑɯ^{33} lɯ^{55} ɕy^{33}
额　友　娄　许，

ts'o^{21} ŋɛ^{33} a^{21} ʑɪ^{21} mo^{21}
是撮矮阿颖之母[64]。

tɛ^{13} ts'o^{13} lu^{21} mu^{33}
在点苍洛姆[65]，

t'a^{21} ha^{33} mi^{55} sɯ^{33} kɯ^{13}
一　夜　两　首　歌，

dɯ^{55} su^{13} t'ɯ^{13} lɯ^{33} sɯ^{55}
尽　管　开　口　唱。

mi^{55} ho^{21} ndʐu^{55} su^{13}
优　美　的　词　曲，

mu^{21} lu^{33} gu^{21}
颂　品　德，

ndʐu^{55} su^{13} gu^{21}
赞　贤　人，

ndɪ^{13} ʑɯ^{33} mu^{33} ʈ'u^{13} ɖa^{33}
犹马放在平坝，

ne^{33} nɛ^{21} mu^{33} lo^{21} ma^{21}
要　小　心　谨　慎！"

no^{13} dzu^{21} ɣɯ^{21} ʈ'ɯ^{55} mba^{21}
诺足厄赤所言，

a^{21} nu^{33} ɣɯ^{21} vi^{21} t'a^{33}
阿　诺　厄　禹，

ɖɯ^{21} lɯ^{33} lɯ^{33} dʐa^{33} lu^{33}
心　悦　诚　服。

a^{21} lu^{33} ɣɯ^{21} vi^{21} ɳɪ^{33}
阿　诺　厄　禹　问：

k'o^{21} lɯ^{21} ʈ'u^{13} t'u^{33} lɪ^{33}
"可　娄　吐　妥　她，

sɯ^{21} lɯ^{55} tɯ^{33} ŋɯ^{33} lu^{21}
是　啥　样　的　人？"

no^{21} dzu^{21} ɣɯ^{21} ʈ'ɯ^{55} lɪ^{33}
诺　足　厄　赤　说：

mi^{33} mi^{13} a^{33} zu^{21} ʑo^{21}
"生　英　雄　豪　杰，

t'a^{21} ʑo^{21} lɪ^{33} ŋɯ^{33} dʐa^{33}
是　这　样　的　人。"

t'y^{21} ɳɪ^{33} ndɪ^{21} lu^{33} nɯ^{55} ʑi^{21}
甸　鲁　能　彝　氏，

k'o^{21} lɯ^{33} a^{33} ŋgɯ^{33}
可　娄　阿　格，

bo^{21} so^{21} nɯ^{55} ʑi^{21} tʂɛ^{55}
嫁给博所能彝氏，

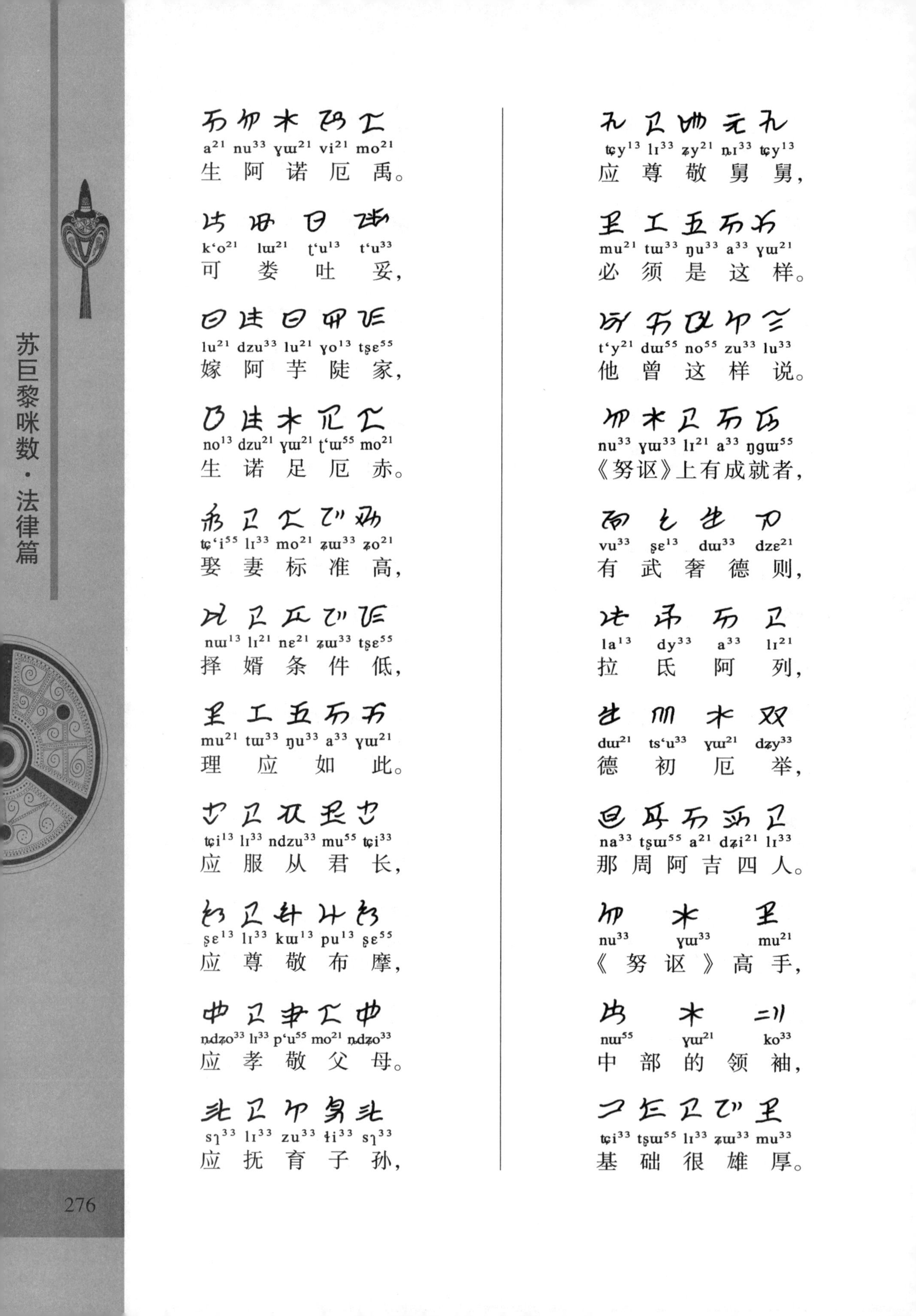

a^{21} nu^{33} ɣɯ^{21} vi^{21} mo^{21}
生 阿 诺 厄 禹。

k'o^{21} lɯ^{21} t'u^{13} t'u^{33}
可 娄 吐 妥，

lu^{21} dzu^{33} lu^{21} ɣo^{13} tʂɛ^{55}
嫁 阿 芋 陡 家，

no^{13} dzu^{21} ɣɯ^{21} t'ɯ^{55} mo^{21}
生 诺 足 厄 赤。

tɕ'i^{55} lɪ^{33} mo^{21} ʑɯ^{33} ʑo^{21}
娶 妻 标 准 高，

nɯ^{13} lɪ^{21} nɛ^{21} ʑɯ^{33} tʂɛ^{55}
择 婿 条 件 低，

mu^{21} tɯ^{33} ŋu^{33} a^{33} ɣɯ^{21}
理 应 如 此。

tɕi^{13} lɪ^{33} ndzu^{33} mu^{55} tɕi^{33}
应 服 从 君 长，

ʂɛ^{13} lɪ^{33} kɯ^{13} pu^{13} ʂɛ^{55}
应 尊 敬 布 摩，

ȵdʑo^{33} lɪ^{33} p'u^{55} mo^{21} ȵdʑo^{33}
应 孝 敬 父 母。

sɿ^{33} lɪ^{33} zu^{33} ɬi^{33} sɿ^{33}
应 抚 育 子 孙，

tɕy^{13} lɪ^{33} ʑy^{21} ȵɪ^{33} tɕy^{13}
应 尊 敬 舅 舅，

mu^{21} tɯ^{33} ŋu^{33} a^{33} ɣɯ^{21}
必 须 是 这 样。

t'y^{21} dɯ^{55} no^{55} zu^{33} lu^{33}
他 曾 这 样 说。

nu^{33} ɣɯ^{33} lɪ^{21} a^{33} ŋgɯ^{55}
《努讴》上有成就者，

vu^{33} ʂɛ^{13} dɯ^{33} dzɛ^{21}
有 武 奢 德 则，

la^{13} dy^{33} a^{33} lɪ^{21}
拉 氏 阿 列，

dɯ^{21} ts'u^{33} ɣɯ^{21} dʑy^{33}
德 初 厄 举，

na^{33} tʂɯ^{55} a^{21} dʑi^{21} lɪ^{33}
那 周 阿 吉 四 人。

nu^{33} ɣɯ^{33} mu^{21}
《 努 讴 》 高 手，

nɯ^{55} ɣɯ^{21} ko^{33}
中 部 的 领 袖，

tɕi^{33} tʂɯ^{55} lɪ^{33} ʑɯ^{33} mu^{33}
基 础 很 雄 厚。

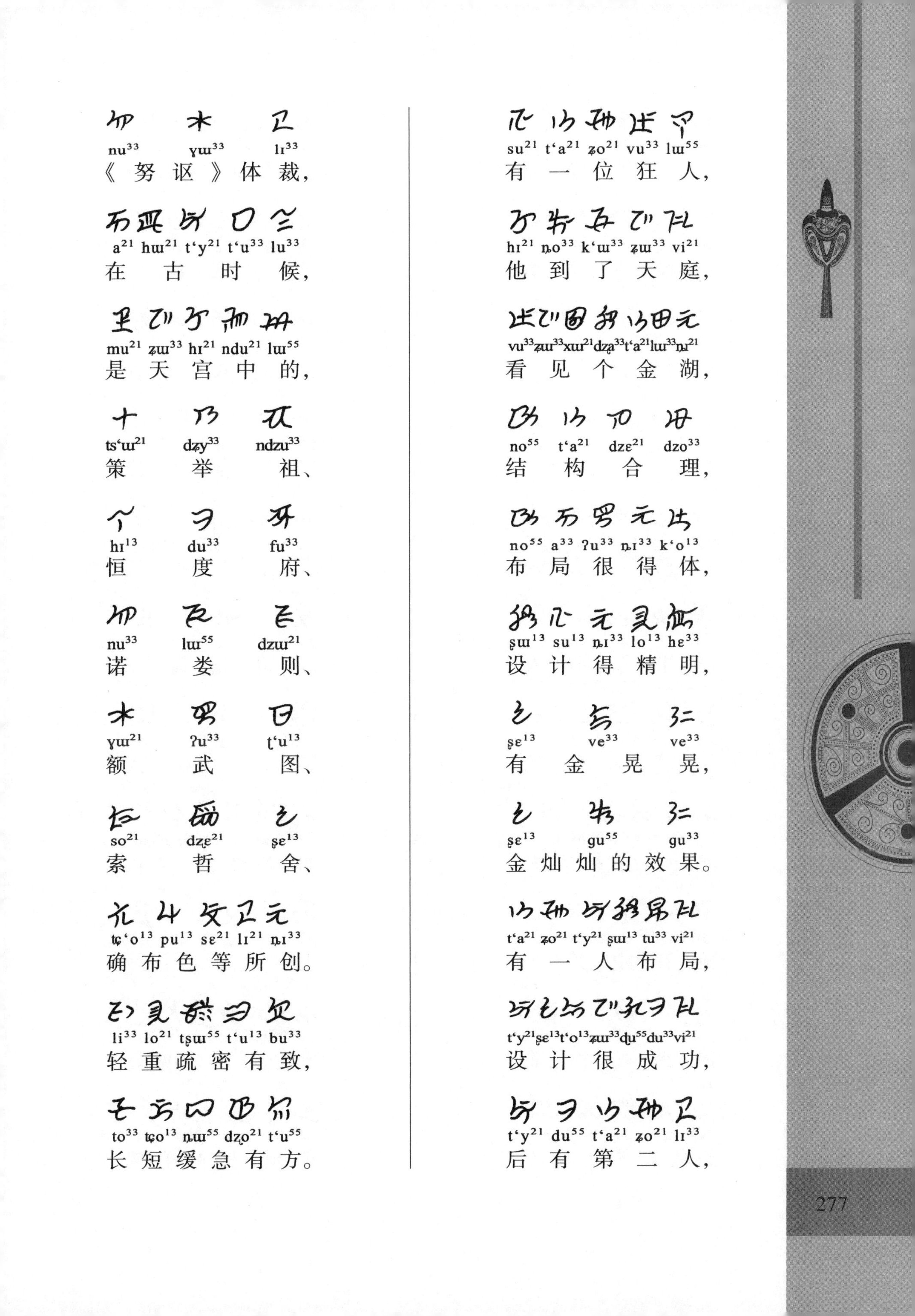

nu^{33} ɣɯ^{33} lɪ^{33}
《努讴》体裁，

a^{21} hɯ^{21} t'y^{21} t'u^{33} lu^{33}
在古时候，

mu^{21} ʑɯ^{33} hɪ^{21} ndu^{21} lɯ^{55}
是天宫中的，

ts'ɯ^{21} dʑy^{33} ndzu^{33}
策举祖、

hɪ^{13} du^{33} fu^{33}
恒度府、

nu^{33} lɯ^{55} dzɯ^{21}
诺娄则、

ɣɯ^{21} ʔu^{33} t'u^{13}
额武图、

so^{21} dʑɛ^{21} ʂɛ^{13}
索哲舍、

tɕ'o^{13} pu^{13} sɛ^{21} lɪ^{21} ȵɪ^{33}
确布色等所创。

li^{33} lo^{21} tʂɯ^{55} t'u^{13} bu^{33}
轻重疏密有致，

to^{33} tɕo^{13} ȵɯ^{55} dʐo^{21} t'u^{55}
长短缓急有方。

su^{21} t'a^{21} ʑo^{21} vu^{33} lɯ^{55}
有一位狂人，

hɪ^{21} ȵo^{33} k'ɯ^{33} ʑɯ^{33} vi^{21}
他到了天庭，

vu^{33}ʑɯ^{33}xɯ^{21}dʐa^{33}t'a^{21}lɯ^{33}ȵɪ^{21}
看见个金湖，

no^{55} t'a^{21} dzɛ^{21} dzo^{33}
结构合理，

no^{55} a^{33} ʔu^{33} ȵɪ^{33} k'o^{13}
布局很得体，

ʂɯ^{13} su^{13} ȵɪ^{33} lo^{13} hɛ^{33}
设计得精明，

ʂɛ^{13} ve^{33} ve^{33}
有金晃晃，

ʂɛ^{13} gu^{55} gu^{33}
金灿灿的效果。

t'a^{21} ʑo^{21} t'y^{21} ʂɯ^{13} tu^{33} vi^{21}
有一人布局，

t'y^{21}ʂɛ^{13}t'o^{13}ʑɯ^{33}dʐu^{55}du^{33}vi^{21}
设计很成功，

t'y^{21} du^{55} t'a^{21} ʑo^{21} lɪ^{33}
后有第二人，

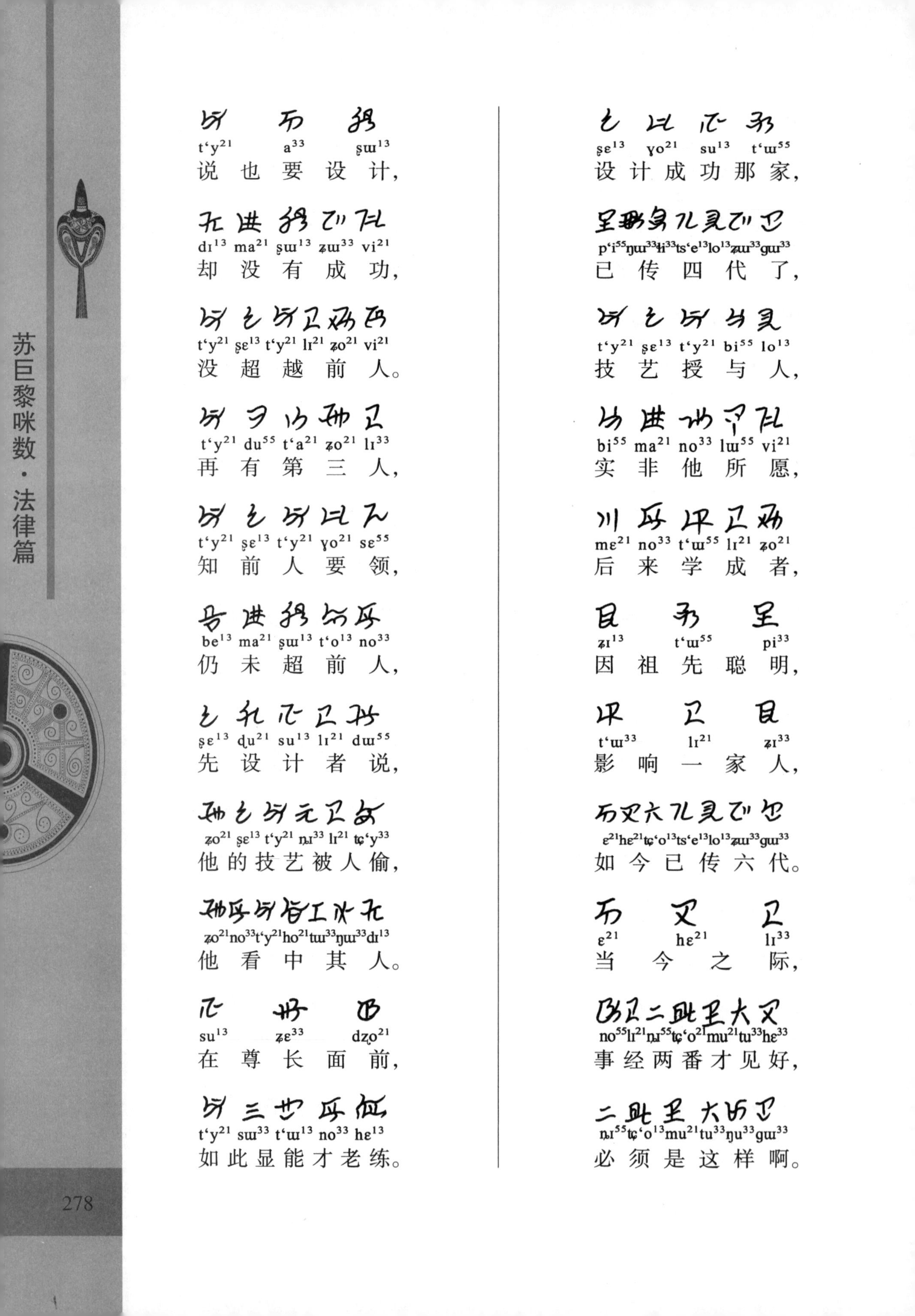

t‘y^{21} a^{33} ʂɯ^{13}
说也要设计，

dɪ^{13} ma^{21} ʂɯ^{13} ʑɯ^{33} vi^{21}
却没有成功，

t‘y^{21} ʂɛ^{13} t‘y^{21} lɪ^{21} ʑo^{21} vi^{21}
没超越前人。

t‘y^{21} du^{55} t‘a^{21} ʑo^{21} lɪ^{33}
再有第三人，

t‘y^{21} ʂɛ^{13} t‘y^{21} ɣo^{21} sɛ^{55}
知前人要领，

be^{13} ma^{21} ʂɯ^{13} t‘o^{13} no^{33}
仍未超前人，

ʂɛ^{13} ɖu^{21} su^{13} lɪ^{21} dɯ^{55}
先设计者说，

ʑo^{21} ʂɛ^{13} t‘y^{21} ȵɪ^{33} lɪ^{21} tɕ‘y^{33}
他的技艺被人偷，

ʑo^{21} no^{33} t‘y^{21} ho^{21} tɯ^{33} ŋɯ^{33} dɪ^{13}
他看中其人。

su^{13} ʑɛ^{33} dʐo^{21}
在尊长面前，

t‘y^{21} sɯ^{33} t‘ɯ^{13} no^{33} hɛ^{13}
如此显能才老练。

ʂɛ^{13} ɣo^{21} su^{13} t‘ɯ^{55}
设计成功那家，

p‘i^{55} ŋɯ^{33} ɬi^{33} ts‘e^{13} lo^{13} ʑɯ^{33} gɯ^{33}
已传四代了，

t‘y^{21} ʂɛ^{13} t‘y^{21} bi^{55} lo^{13}
技艺授与人，

bi^{55} ma^{21} no^{33} lɯ^{55} vi^{21}
实非他所愿，

mɛ^{21} no^{33} t‘ɯ^{55} lɪ^{21} ʑo^{21}
后来学成者，

ʑɪ^{13} t‘ɯ^{55} pi^{33}
因祖先聪明，

t‘ɯ^{33} lɪ^{21} ʑɪ^{33}
影响一家人，

ɛ^{21} hɛ^{21} tɕ‘o^{13} ts‘e^{13} lo^{13} ʑɯ^{33} gɯ^{33}
如今已传六代。

ɛ^{21} hɛ^{21} lɪ^{33}
当今之际，

no^{55} lɪ^{21} ȵɪ^{55} tɕ‘o^{21} mu^{21} tu^{33} hɛ^{33}
事经两番才见好，

ȵɪ^{55} tɕ‘o^{13} mu^{21} tu^{33} ŋu^{33} gɯ^{33}
必须是这样啊。

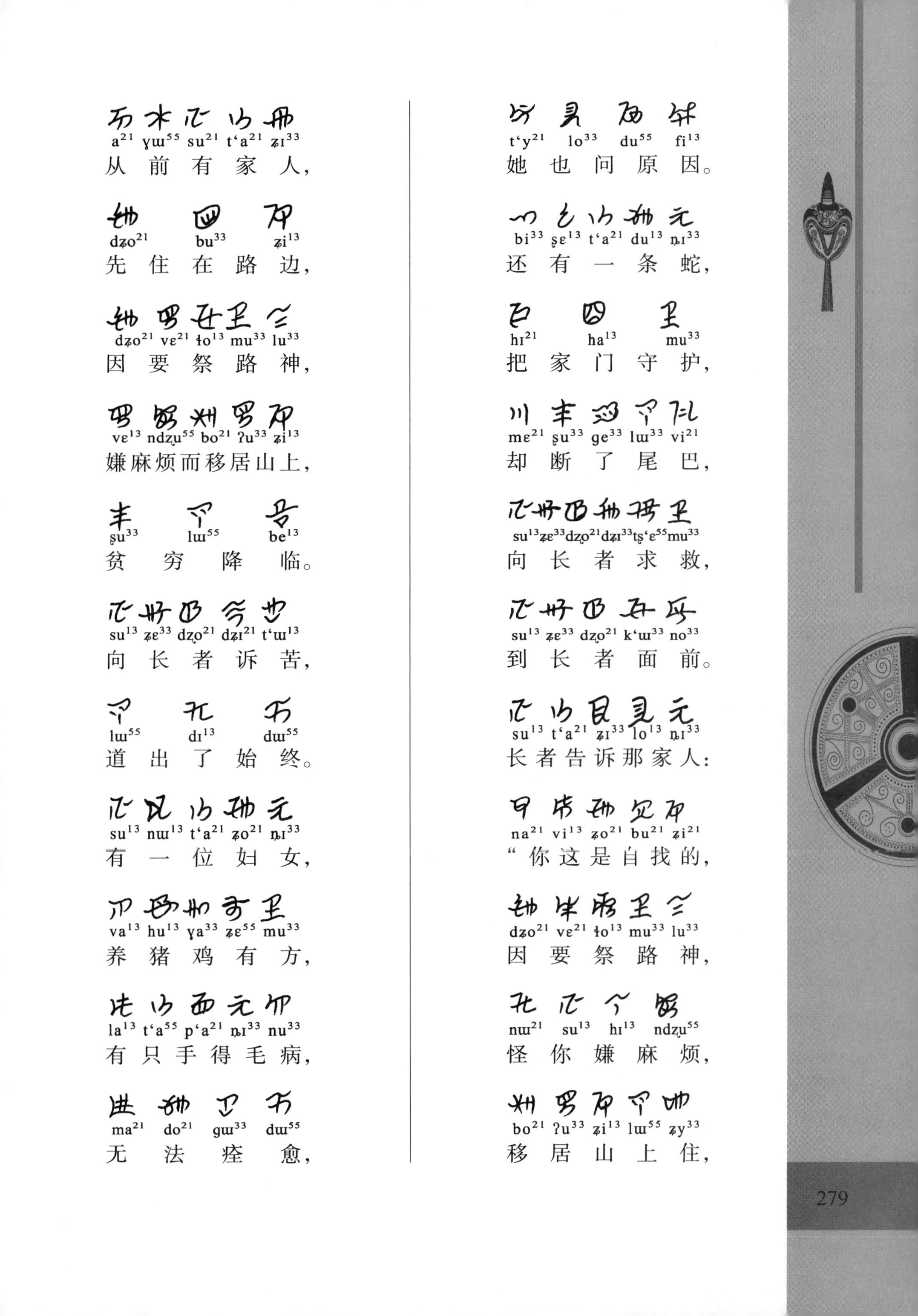

a^{21} ɣɯ^{55} su^{21} t'a^{21} ʑɪ^{33}
从 前 有 家 人，

dʑo^{21} bu^{33} ʑi^{13}
先 住 在 路 边，

dʑo^{21} vɛ^{21} ɬo^{13} mu^{33} lu^{33}
因 要 祭 路 神，

vɛ^{13} ndʐu^{55} bo^{21} ʔu^{33} ʑi^{13}
嫌麻烦而移居山上，

ʂu^{33} lɯ^{55} be^{13}
贫 穷 降 临。

su^{13} ʑɛ^{33} dʐo^{21} dʑɪ^{21} t'ɯ^{13}
向 长 者 诉 苦，

lɯ^{55} dɪ^{13} dɯ^{55}
道 出 了 始 终。

su^{13} nɯ^{13} t'a^{21} ʑo^{21} ȵɪ^{33}
有 一 位 妇 女，

va^{13} hu^{13} ɣa^{33} ʑɛ^{55} mu^{33}
养 猪 鸡 有 方，

la^{13} t'a^{55} p'a^{21} ȵɪ^{33} nu^{33}
有只手得毛病，

ma^{21} do^{21} gɯ^{33} dɯ^{55}
无 法 痊 愈，

t'y^{21} lo^{33} du^{55} fi^{13}
她 也 问 原 因。

bi^{33} ʂɛ^{13} t'a^{21} du^{13} ȵɪ^{33}
还 有 一 条 蛇，

hɪ^{21} ha^{13} mu^{33}
把 家 门 守 护，

mɛ^{21} ʂu^{33} ge^{33} lɯ^{33} vi^{21}
却 断 了 尾 巴，

su^{13}ʑɛ^{33}dʐo^{21}dʑɪ^{33}tʂ'ɛ^{55}mu^{33}
向 长 者 求 救，

su^{13} ʑɛ^{33} dʐo^{21} k'ɯ^{33} no^{33}
到 长 者 面 前。

su^{13} t'a^{21} ʑɪ^{33} lo^{13} ȵɪ^{33}
长者告诉那家人：

na^{21} vi^{13} ʑo^{21} bu^{21} ʑi^{21}
“你这是自找的，

dʑo^{21} vɛ^{21} ɬo^{13} mu^{33} lu^{33}
因 要 祭 路 神，

nɯ^{21} su^{13} hɪ^{13} ndʐu^{55}
怪 你 嫌 麻 烦，

bo^{21} ʔu^{33} ʑi^{13} lɯ^{55} ʑy^{33}
移 居 山 上 住，

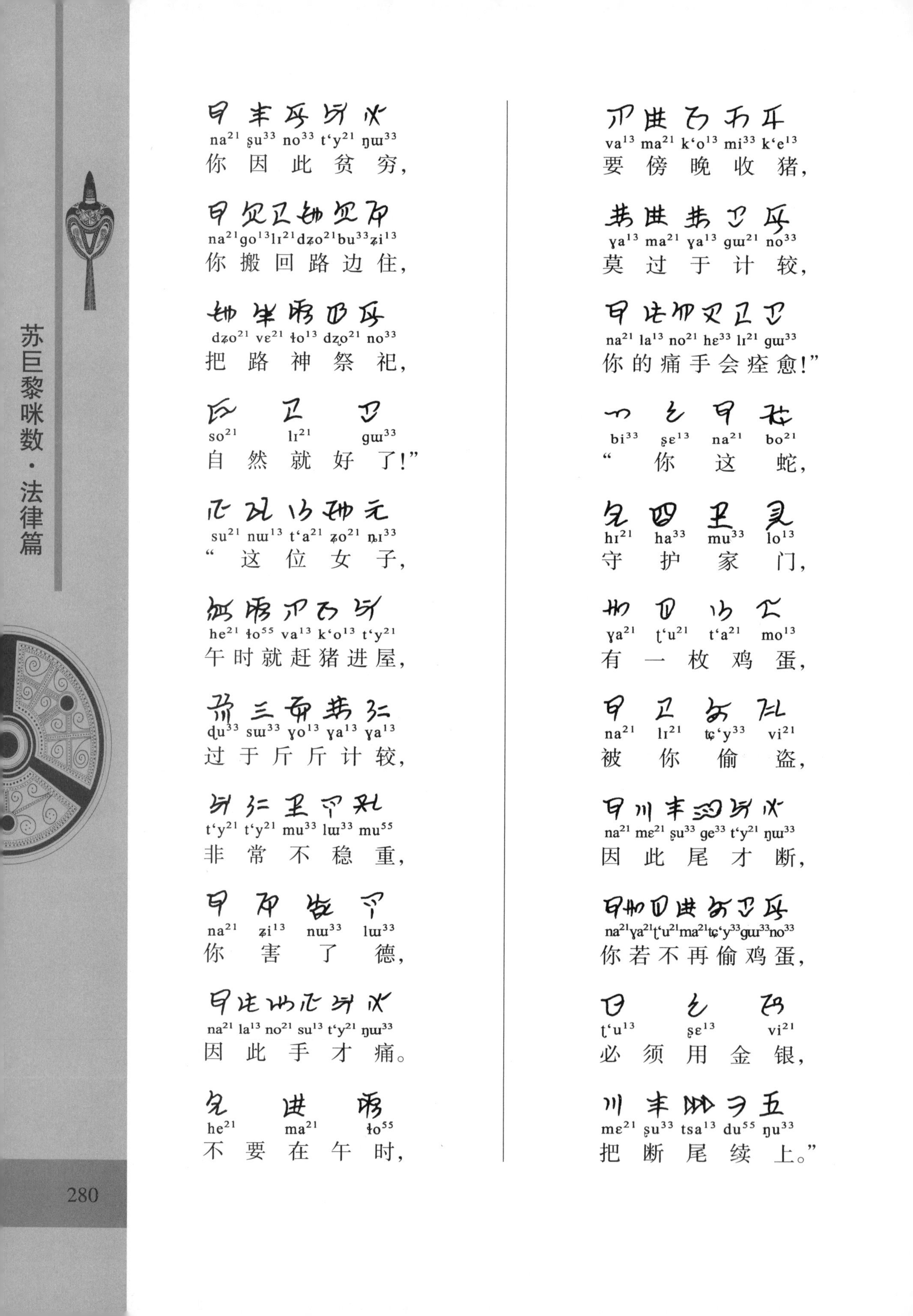

na^{21} ʂu^{33} no^{33} t‘y^{21} ŋɯ^{33}
你因此贫穷，

na^{21}go^{13}lɪ^{21}dʑo^{21}bu^{33}ʑi^{13}
你搬回路边住，

dʐo^{21} vɛ^{21} ɬo^{13} dʐo^{21} no^{33}
把路神祭祀，

so^{21} lɪ^{21} gɯ^{33}
自然就好了！”

su^{21} nɯ^{13} t‘a^{21} ʑo^{21} n̥ɪ^{33}
“这位女子，

he^{21} ɬo^{55} va^{13} k‘o^{13} t‘y^{21}
午时就赶猪进屋，

ɖu^{33} sɯ^{33} ɣo^{13} ɣa^{13} ɣa^{13}
过于斤斤计较，

t‘y^{21} t‘y^{21} mu^{33} lɯ^{33} mu^{55}
非常不稳重，

na^{21} ʑi^{13} nɯ^{33} lɯ^{33}
你害了德，

na^{21} la^{13} no^{21} su^{13} t‘y^{21} ŋɯ^{33}
因此手才痛。

he^{21} ma^{21} ɬo^{55}
不要在午时，

va^{13} ma^{21} k‘o^{13} mi^{33} k‘e^{13}
要傍晚收猪，

ɣa^{13} ma^{21} ɣa^{13} gɯ^{21} no^{33}
莫过于计较，

na^{21} la^{13} no^{21} hɛ^{33} lɪ^{21} gɯ^{33}
你的痛手会痊愈！”

bi^{33} ʂɛ^{13} na^{21} bo^{21}
“你这蛇，

hɪ^{21} ha^{33} mu^{33} lo^{13}
守护家门，

ɣa^{21} ʈ‘u^{21} t‘a^{21} mo^{13}
有一枚鸡蛋，

na^{21} lɪ^{21} tɕ‘y^{33} vi^{21}
被你偷盗，

na^{21} mɛ^{21} ʂu^{33} ge^{33} t‘y^{21} ŋɯ^{33}
因此尾才断，

na^{21}ɣa^{21}ʈ‘u^{21}ma^{21}tɕ‘y^{33}gɯ^{33}no^{33}
你若不再偷鸡蛋，

ʈ‘u^{13} ʂɛ^{13} vi^{21}
必须用金银，

mɛ^{21} ʂu^{33} tsa^{13} du^{55} ŋu^{33}
把断尾续上。”

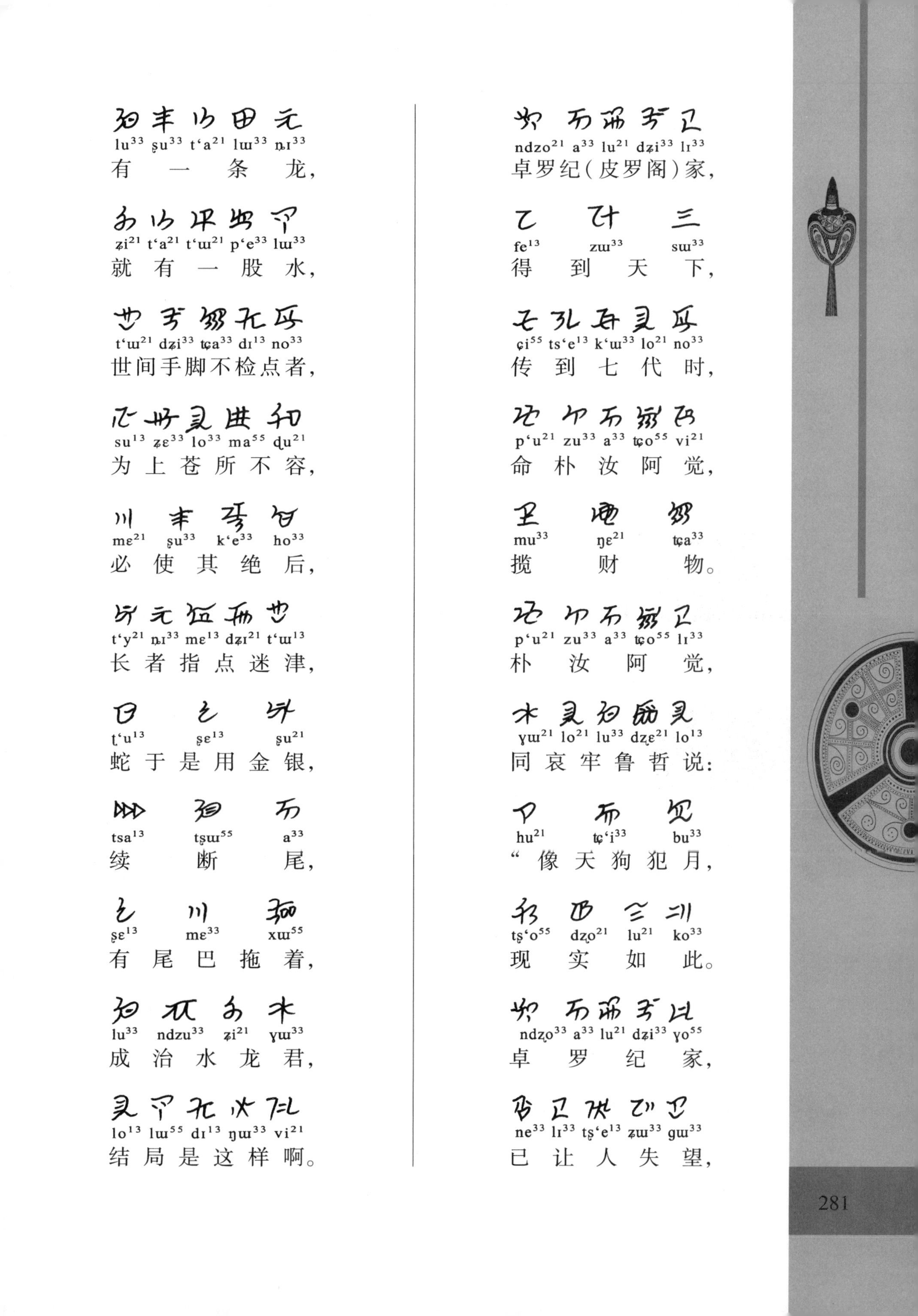

lu^{33} ʂu^{33} t'a^{21} lɯ^{33} ȵɪ^{33}
有一条龙，

ʑi^{21} t'a^{21} t'ɯ^{21} p'e^{33} lɯ^{33}
就有一股水，

t'ɯ^{21} dʑi^{33} tɕa^{33} dɪ^{13} no^{33}
世间手脚不检点者，

su^{13} ʑɛ^{33} lo^{33} ma^{55} ɖu^{21}
为上苍所不容，

mɛ^{21} ʂu^{33} k'e^{33} ho^{33}
必使其绝后，

t'y^{21} ȵɪ^{33} mɛ^{13} dʑɪ^{21} t'ɯ^{13}
长者指点迷津，

t'u^{13} ʂɛ^{13} ʂu^{21}
蛇于是用金银，

tsa^{13} tʂɯ^{55} a^{33}
续断尾，

ʂɛ^{13} mɛ^{33} xɯ^{55}
有尾巴拖着，

lu^{33} ndzu^{33} ʑi^{21} ɣɯ^{33}
成治水龙君，

lo^{13} lɯ^{55} dɪ^{13} ŋɯ^{33} vi^{21}
结局是这样啊。

ndzo^{21} a^{33} lu^{21} dʑi^{33} lɪ^{33}
卓罗纪（皮罗阁）家，

fe^{13} zɯ^{33} sɯ^{33}
得到天下，

ɕi^{55} ts'e^{13} k'ɯ^{33} lo^{21} no^{33}
传到七代时，

p'u^{21} zu^{33} a^{33} tɕo^{55} vi^{21}
命朴汝阿觉，

mu^{33} ŋɛ^{21} tɕa^{33}
揽财物。

p'u^{21} zu^{33} a^{33} tɕo^{55} lɪ^{33}
朴汝阿觉，

ɣɯ^{21} lo^{21} lu^{33} dʐɛ^{21} lo^{13}
同哀牢鲁哲说：

hu^{21} tɕ'i^{33} bu^{33}
“像天狗犯月，

tʂ'o^{55} dʐo^{21} lu^{21} ko^{33}
现实如此。

ndʐo^{33} a^{33} lu^{21} dʑi^{33} ɣo^{55}
卓罗纪家，

ne^{33} lɪ^{33} tʂ'e^{13} ʐɯ^{33} gɯ^{33}
已让人失望，

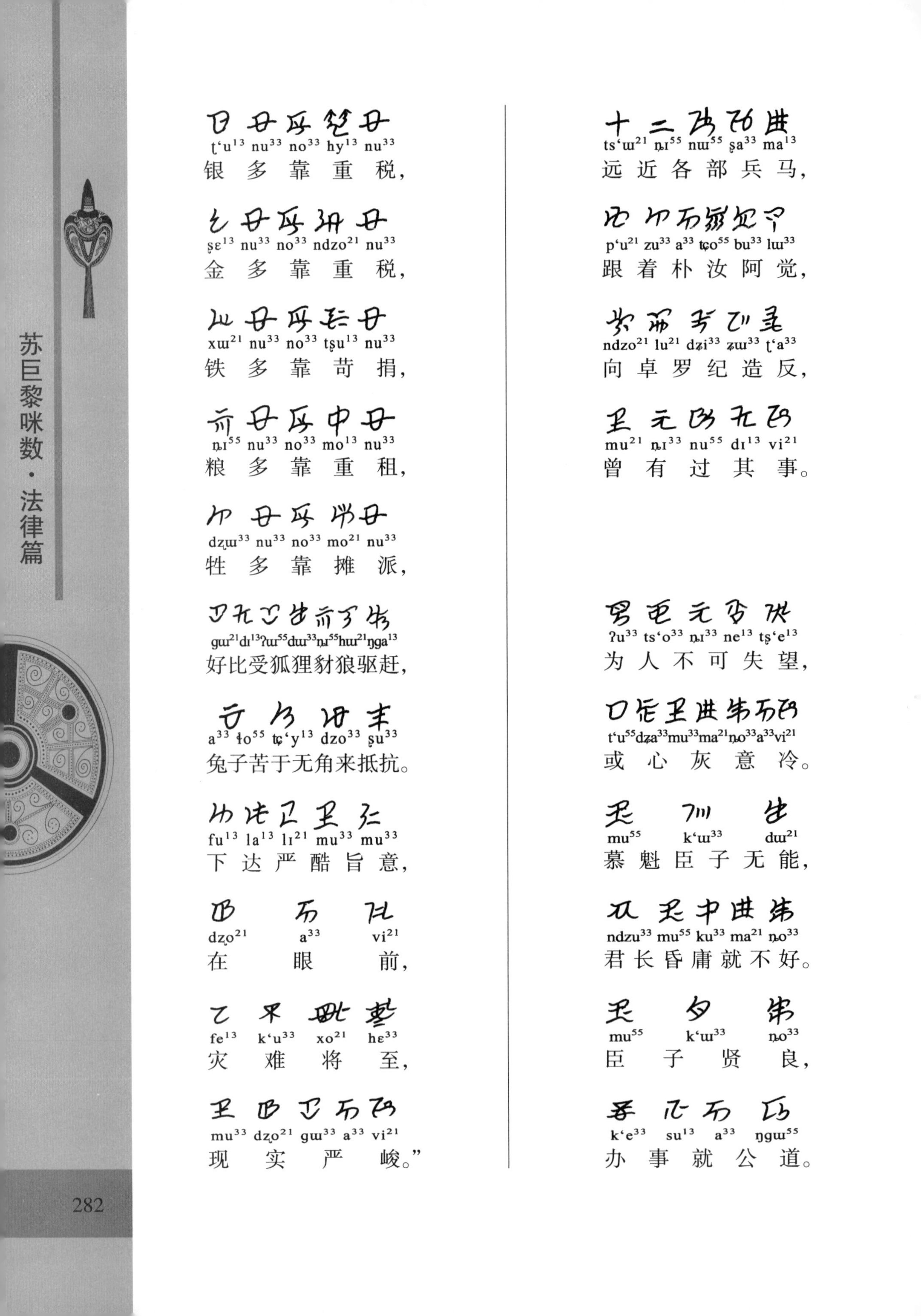

ţ‘u^{13} nu^{33} no^{33} hy^{13} nu^{33}
银多靠重税，

ʂɛ^{13} nu^{33} no^{33} ndzo^{21} nu^{33}
金多靠重税，

xɯ^{21} nu^{33} no^{33} tʂu^{13} nu^{33}
铁多靠苛捐，

ȵɪ^{55} nu^{33} no^{33} mo^{13} nu^{33}
粮多靠重租，

dʐɯ^{33} nu^{33} no^{33} mo^{21} nu^{33}
牲多靠摊派，

gɯ^{21}dɪ^{13}ʔɯ^{55}dɯ^{33}ȵɪ^{55}hɯ^{21}ŋga^{13}
好比受狐狸豺狼驱赶，

a^{33} ɬo^{55} tɕ‘y^{13} dzo^{33} ʂu^{33}
兔子苦于无角来抵抗。

fu^{13} la^{13} lɪ^{21} mu^{33} mu^{33}
下达严酷旨意，

dʐo^{21} a^{33} vi^{21}
在眼前，

fe^{13} k‘u^{33} xo^{21} hɛ^{33}
灾难将至，

mu^{33} dʐo^{21} gɯ^{33} a^{33} vi^{21}
现实严峻。”

ts‘ɯ^{21} ȵɪ^{55} nɯ^{55} ʂa^{33} ma^{13}
远近各部兵马，

p‘u^{21} zu^{33} a^{33} tɕo^{55} bu^{33} lɯ^{33}
跟着朴汝阿觉，

ndzo^{21} lu^{21} dʑi^{33} ʑɯ^{33} ţ‘a^{33}
向卓罗纪造反，

mu^{21} ȵɪ^{33} nu^{55} dɪ^{13} vi^{21}
曾有过其事。

ʔu^{33} ts‘o^{33} ȵɪ^{33} ne^{13} tʂ‘e^{13}
为人不可失望，

t‘u^{55}dʑa^{33}mu^{33}ma^{21}ȵo^{33}a^{33}vi^{21}
或心灰意冷。

mu^{55} k‘ɯ^{33} dɯ^{21}
慕魁臣子无能，

ndzu^{33} mu^{55} ku^{33} ma^{21} ȵo^{33}
君长昏庸就不好。

mu^{55} k‘ɯ^{33} ȵo^{33}
臣子贤良，

k‘e^{33} su^{13} a^{33} ŋgɯ^{55}
办事就公道。

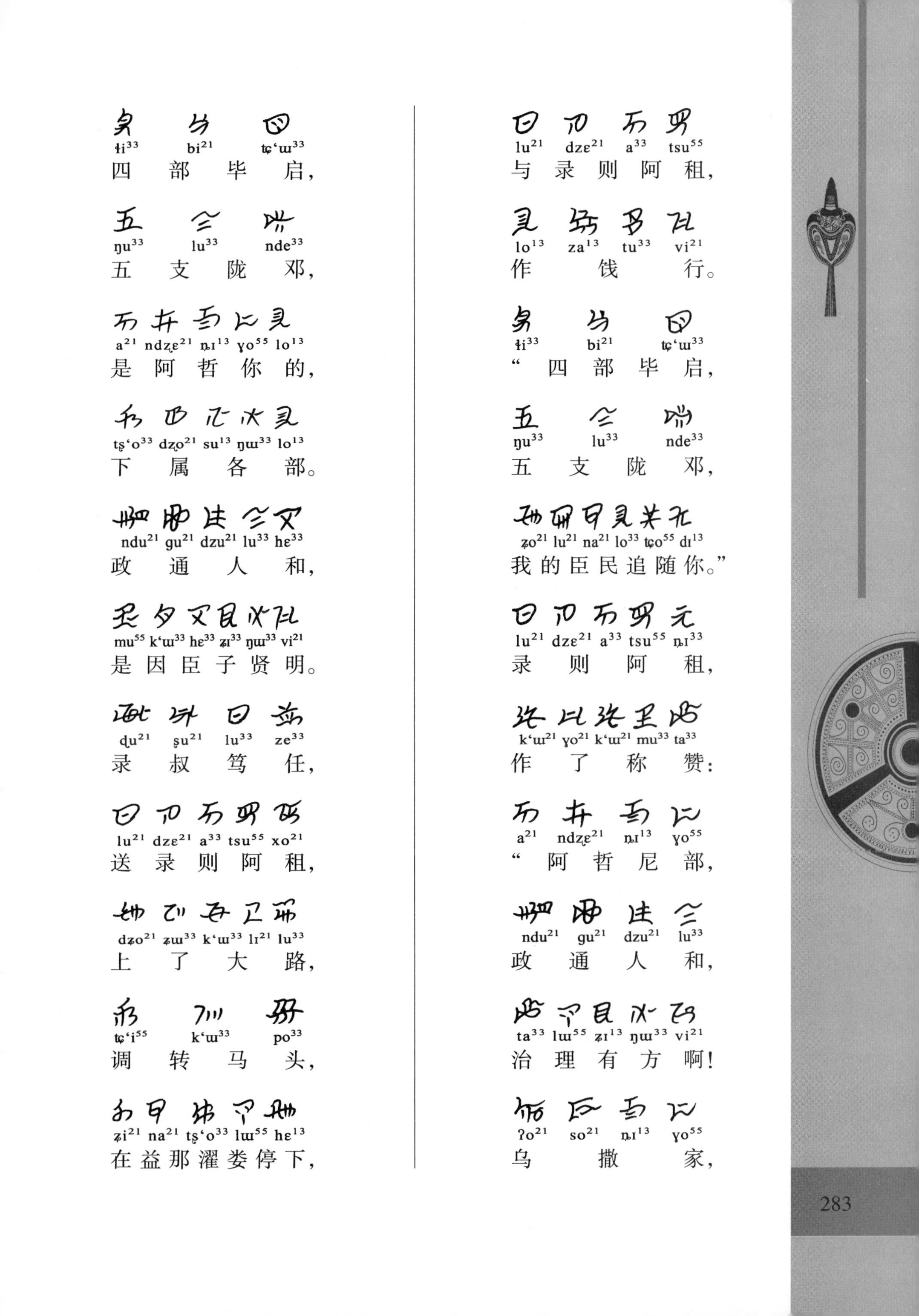

ɬi^{33} bi^{21} tɕʻɯ^{33}

四部毕启，

ŋu^{33} lu^{33} nde^{33}

五支陇邓，

a^{21} ndʐɛ^{21} ȵɪ^{13} ɣo^{55} lo^{13}

是阿哲你的，

tʂʻo^{33} dʐo^{21} su^{13} ŋɯ^{33} lo^{13}

下属各部。

ndu^{21} gu^{21} dzu^{21} lu^{33} hɛ^{33}

政通人和，

mu^{55} kʻɯ^{33} hɛ^{33} ʑɪ^{33} ŋɯ^{33} vi^{21}

是因臣子贤明。

ɖu^{21} ʂu^{21} lu^{33} ze^{33}

录叔笃任，

lu^{21} dzɛ^{21} a^{33} tsu^{55} xo^{21}

送录则阿租，

dʑo^{21} ʑɯ^{33} kʻɯ^{33} lɪ^{21} lu^{33}

上了大路，

tɕʻi^{55} kʻɯ^{33} po^{33}

调转马头，

ʑi^{21} na^{21} tʂʻo^{33} lɯ^{55} hɛ^{13}

在益那濯娄停下，

lu^{21} dzɛ^{21} a^{33} tsu^{55}

与录则阿租，

lo^{13} za^{13} tu^{33} vi^{21}

作饯行。

ɬi^{33} bi^{21} tɕʻɯ^{33}

“四部毕启，

ŋu^{33} lu^{33} nde^{33}

五支陇邓，

ʑo^{21} lu^{21} na^{21} lo^{33} tɕo^{55} dɪ^{13}

我的臣民追随你。”

lu^{21} dzɛ^{21} a^{33} tsu^{55} ȵɪ^{33}

录则阿租，

kʻɯ^{21} ɣo^{21} kʻɯ^{21} mu^{33} ta^{33}

作了称赞：

a^{21} ndʐɛ^{21} ȵɪ^{13} ɣo^{55}

“阿哲尼部，

ndu^{21} gu^{21} dzu^{21} lu^{33}

政通人和，

ta^{33} lɯ^{55} ʑɪ^{13} ŋɯ^{33} vi^{21}

治理有方啊！

ʔo^{21} so^{21} ȵɪ^{13} ɣo^{55}

乌撒家，

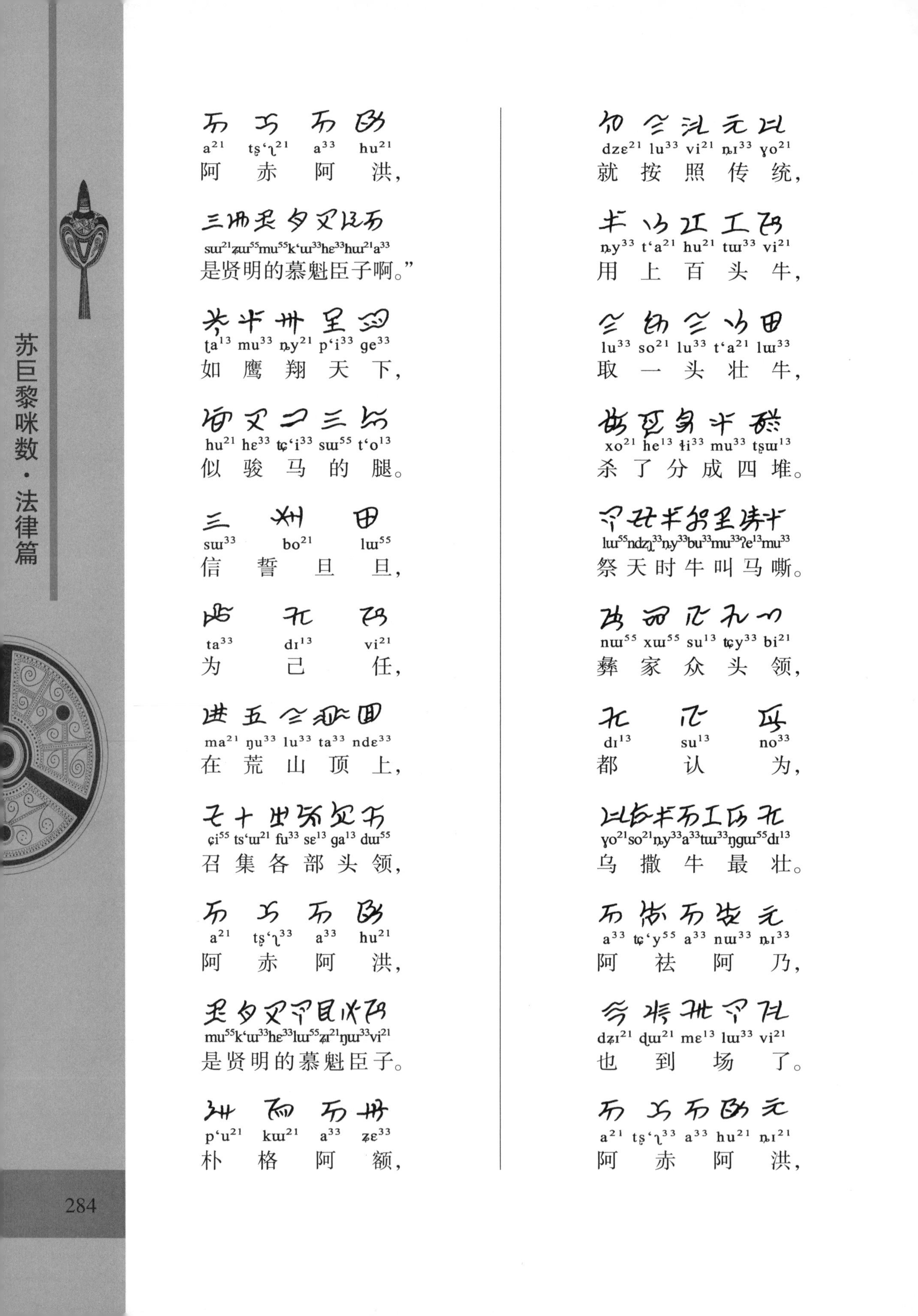

a^{21} tʂʻʅ^{21} a^{33} hu^{21}
阿 赤 阿 洪，

sɯ^{21}ʑɯ^{55}mu^{55}kʻɯ^{33}hɛ^{33}hɯ^{21}a^{33}
是贤明的慕魁臣子啊。”

ʈa^{13} mu^{33} ȵy^{21} pʻi^{33} ge^{33}
如 鹰 翔 天 下，

hu^{21} hɛ^{33} tɕʻi^{33} sɯ^{55} tʻo^{13}
似 骏 马 的 腿。

sɯ^{33} bo^{21} lɯ^{55}
信 誓 旦 旦，

ta^{33} dɪ^{13} vi^{21}
为 己 任，

ma^{21} ŋu^{33} lu^{33} ta^{33} ndɛ^{33}
在 荒 山 顶 上，

ɕi^{55} tsʻɯ^{21} fu^{33} sɛ^{13} ga^{13} dɯ^{55}
召 集 各 部 头 领，

a^{21} tʂʻʅ^{33} a^{33} hu^{21}
阿 赤 阿 洪，

mu^{55}kʻɯ^{33}hɛ^{33}lɯ^{55}ʑɪ^{21}ŋɯ^{33}vi^{21}
是贤明的慕魁臣子。

pʻu^{21} kɯ^{21} a^{33} ʑɛ^{33}
朴 格 阿 额，

dzɛ^{21} lu^{33} vi^{21} ɳɪ^{33} ɣo^{21}
就 按 照 传 统，

ȵy^{33} tʻa^{21} hu^{21} tɯ^{33} vi^{21}
用 上 百 头 牛，

lu^{33} so^{21} lu^{33} tʻa^{21} lɯ^{33}
取 一 头 壮 牛，

xo^{21} hɛ^{13} ɬi^{33} mu^{33} tʂɯ^{13}
杀 了 分 成 四 堆。

lɯ^{55}ndʐʅ^{33}ȵy^{33}bu^{33}mu^{33}ʔe^{13}mu^{33}
祭 天 时 牛 叫 马 嘶。

nɯ^{55} xɯ^{55} su^{13} tɕy^{33} bi^{21}
彝 家 众 头 领，

dɪ^{13} su^{13} no^{33}
都 认 为，

ɣo^{21}so^{21}ȵy^{33}a^{33}tɯ^{33}ŋgɯ^{55}dɪ^{13}
乌 撒 牛 最 壮。

a^{33} tɕʻy^{55} a^{33} nɯ^{33} ɳɪ^{33}
阿 祛 阿 乃，

dʑɪ^{21} ɖɯ^{21} mɛ^{13} lɯ^{33} vi^{21}
也 到 场 了。

a^{21} tʂʻʅ^{33} a^{33} hu^{21} ɳɪ^{21}
阿 赤 阿 洪，

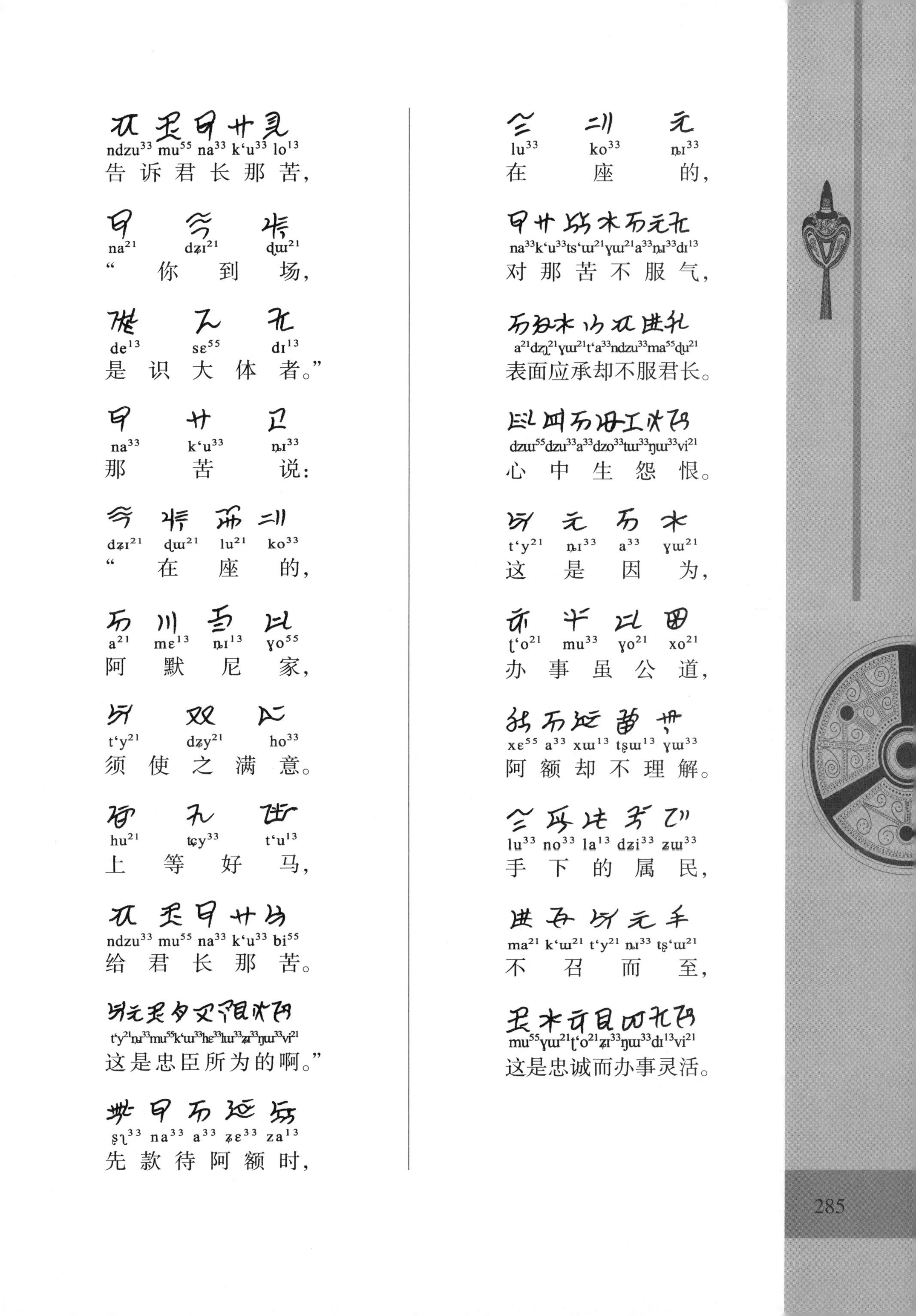

ndzu^{33} mu^{55} na^{33} k'u^{33} lo^{13}
告诉君长那苦，

na^{21} dʑɿ^{21} ɖɯ^{21}
“你到场，

de^{13} sɛ^{55} dɪ^{13}
是识大体者。”

na^{33} k'u^{33} ɳɪ^{33}
那苦说：

dʑɪ^{21} ɖɯ^{21} lu^{21} ko^{33}
“在座的，

a^{21} mɛ^{13} ɳɪ^{13} ɣo^{55}
阿默尼家，

t'y^{21} dʑy^{21} ho^{33}
须使之满意。

hu^{21} tɕy^{33} t'u^{13}
上等好马，

ndzu^{33} mu^{55} na^{33} k'u^{33} bi^{55}
给君长那苦。

t'y^{21}ɳɪ^{33}mu^{55}k'ɯ^{33}hɛ^{33}lɯ^{33}ʑɪ^{33}ŋɯ^{33}vi^{21}
这是忠臣所为的啊。”

ʂʅ^{33} na^{33} a^{33} ʐɛ^{33} za^{13}
先款待阿额时，

lu^{33} ko^{33} ɳɪ^{33}
在座的，

na^{33}k'u^{33}ts'ɯ^{21}ɣɯ^{21}a^{33}ɳɪ^{33}dɪ^{13}
对那苦不服气，

a^{21}dʐʅ^{21}ɣɯ^{21}t'a^{33}ndzu^{33}ma^{55}ɖɯ^{21}
表面应承却不服君长。

dzɯ^{55}dzu^{33}a^{33}dzo^{33}tɯ^{33}ŋɯ^{33}vi^{21}
心中生怨恨。

t'y^{21} ɳɪ^{33} a^{33} ɣɯ^{21}
这是因为，

ʈ'o^{21} mu^{33} ɣo^{21} xo^{21}
办事虽公道，

xɛ^{55} a^{33} xɯ^{13} tʂɯ^{13} ɣɯ^{33}
阿额却不理解。

lu^{33} no^{33} la^{13} dzi^{33} zɯ^{33}
手下的属民，

ma^{21} k'ɯ^{21} t'y^{21} ɳɪ^{33} tʂ'ɯ^{21}
不召而至，

mu^{55}ɣɯ^{21}ʈ'o^{21}ʑɪ^{33}ŋɯ^{33}dɪ^{13}vi^{21}
这是忠诚而办事灵活。

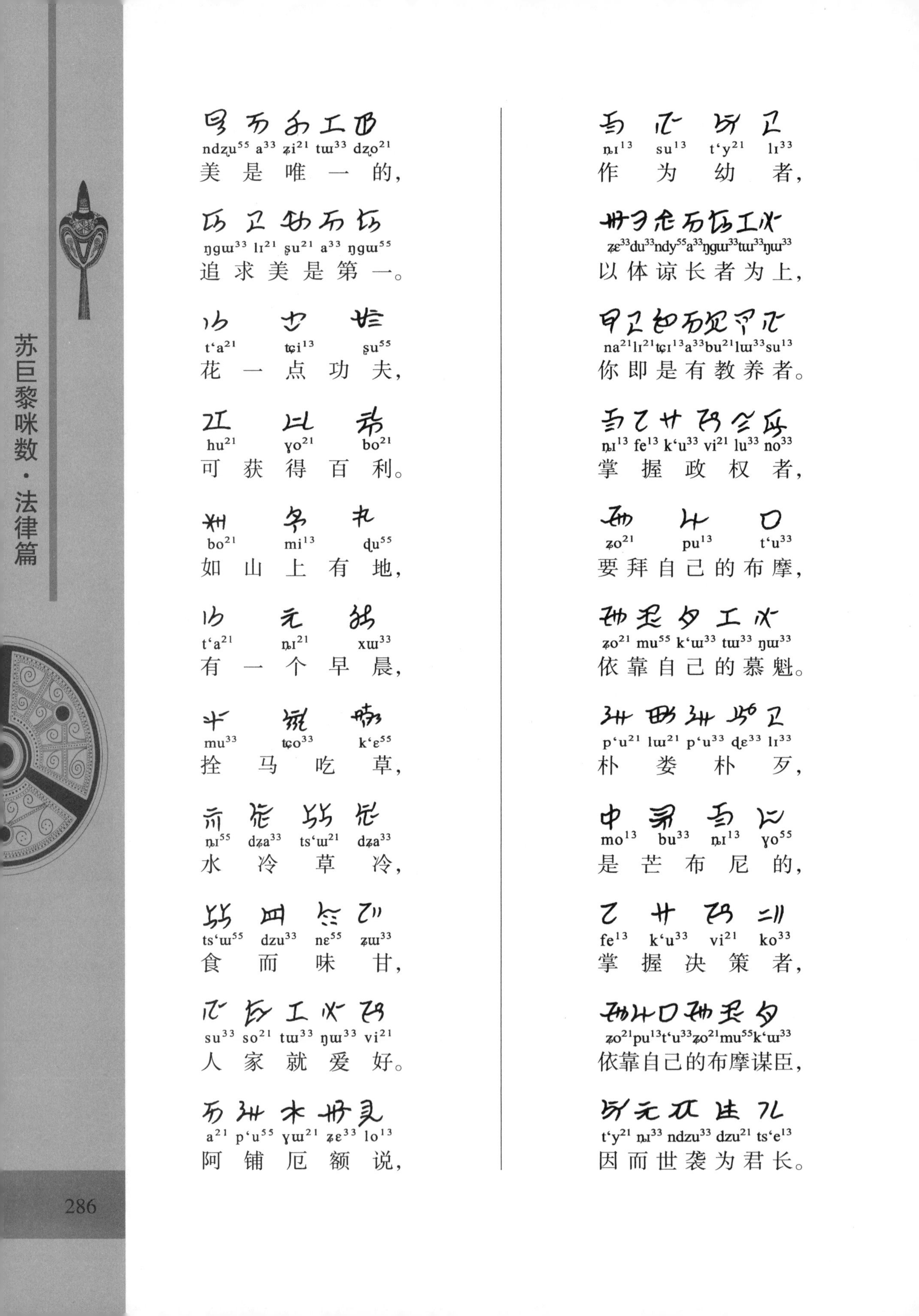

ndʐu^{55} a^{33} ʑi^{21} tɯ^{33} dʐo^{21}
美是唯一的，

ŋgɯ^{33} lɪ^{21} ʂu^{21} a^{33} ŋgɯ^{55}
追求美是第一。

t'a^{21} tɕi^{13} ʂu^{55}
花一点功夫，

hu^{21} ɣo^{21} bo^{21}
可获得百利。

bo^{21} mi^{13} ɖu^{55}
如山上有地，

t'a^{21} ȵɪ^{21} xɯ^{33}
有一个早晨，

mu^{33} tɕo^{33} k'ɛ^{55}
拴马吃草，

ȵɪ^{55} dʑa^{33} ts'ɯ^{21} dʑa^{33}
水冷草冷，

ts'ɯ^{55} dzu^{33} nɛ^{55} ʑɯ^{33}
食而味甘，

su^{33} so^{21} tɯ^{33} ŋɯ^{33} vi^{21}
人家就爱好。

a^{21} p'u^{55} ɣɯ^{21} ʑɛ^{33} lo^{13}
阿铺厄额说，

ȵɪ^{13} su^{13} t'y^{21} lɪ^{33}
作为幼者，

ʑɛ^{33}du^{33}ndy^{55}a^{33}ŋgɯ^{33}tɯ^{33}ŋɯ^{33}
以体谅长者为上，

na^{21}lɪ^{21}tɕɪ^{13}a^{33}bu^{21}lɯ^{33}su^{13}
你即是有教养者。

ȵɪ^{13} fe^{13} k'u^{33} vi^{21} lu^{33} no^{33}
掌握政权者，

ʑo^{21} pu^{13} t'u^{33}
要拜自己的布摩，

ʑo^{21} mu^{55} k'ɯ^{33} tɯ^{33} ŋɯ^{33}
依靠自己的慕魁。

p'u^{21} lɯ^{21} p'u^{33} ɖɛ^{33} lɪ^{33}
朴娄朴歹，

mo^{13} bu^{33} ȵɪ^{13} ɣo^{55}
是芒布尼的，

fe^{13} k'u^{33} vi^{21} ko^{33}
掌握决策者，

ʑo^{21}pu^{13}t'u^{33}ʑo^{21}mu^{55}k'ɯ^{33}
依靠自己的布摩谋臣，

t'y^{21} ȵɪ^{33} ndzu^{33} dzu^{21} ts'e^{13}
因而世袭为君长。

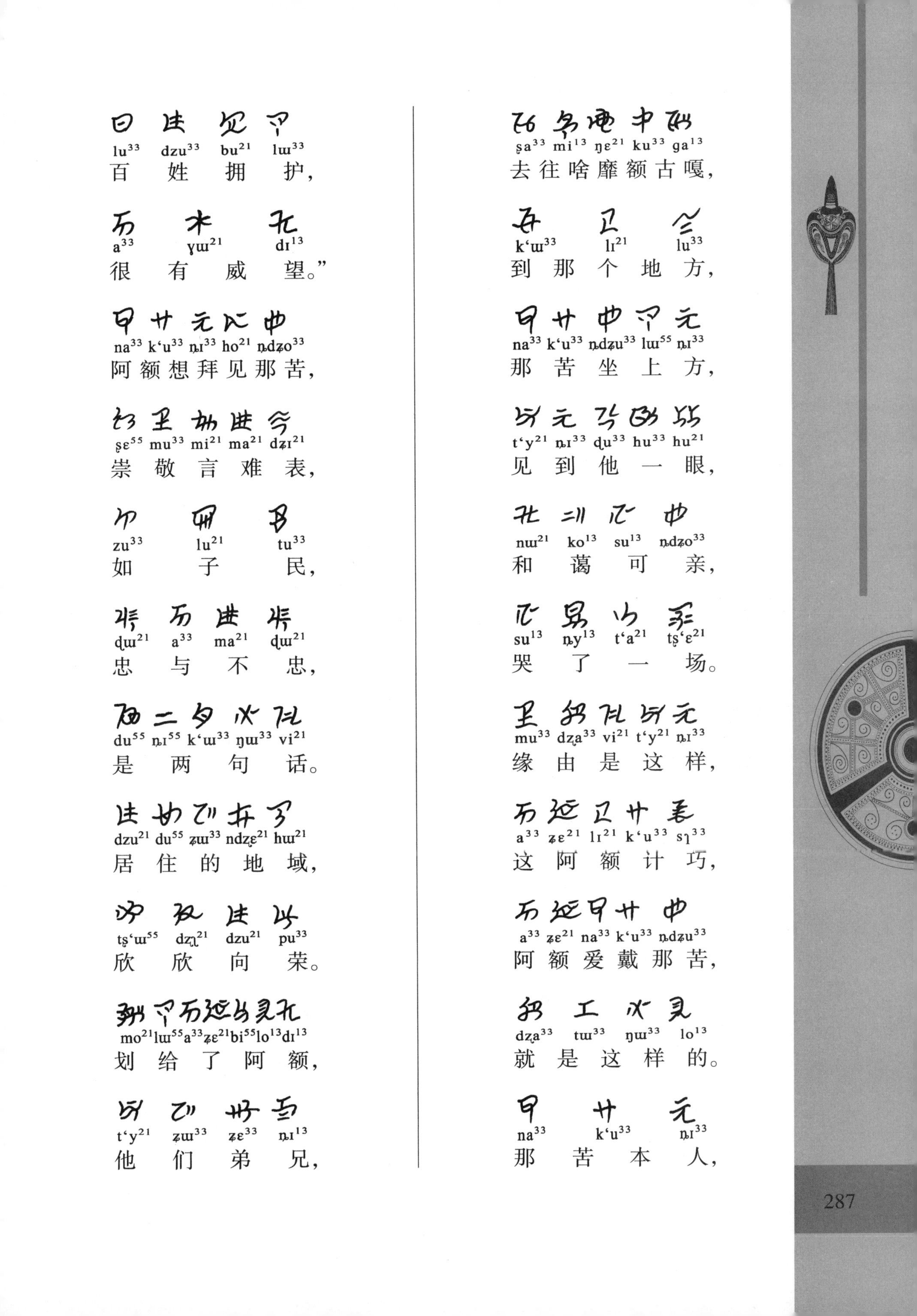

lu^{33} dzu^{33} bu^{21} lɯ^{33}
百姓拥护，

a^{33} ɣɯ^{21} dɪ^{13}
很有威望。”

na^{33} k‘u^{33} n̥ɪ^{33} ho^{21} n̥dʑo^{33}
阿额想拜见那苦，

ʂɛ^{55} mu^{33} mi^{21} ma^{21} dʑɪ^{21}
崇敬言难表，

zu^{33} lu^{21} tu^{33}
如子民，

d̥ɯ^{21} a^{33} ma^{21} d̥ɯ^{21}
忠与不忠，

du^{55} n̥ɪ^{55} k‘ɯ^{33} ŋɯ^{33} vi^{21}
是两句话。

dzu^{21} du^{55} ʑɯ^{33} ndʐɛ^{21} hɯ^{21}
居住的地域，

tʂ‘ɯ^{55} dʐʅ^{21} dzu^{21} pu^{33}
欣欣向荣。

mo^{21}lɯ^{55}a^{33}ʑɛ^{21}bi^{55}lo^{13}dɪ^{13}
划给了阿额，

t‘y^{21} ʑɯ^{33} ʑɛ^{33} n̥ɪ^{13}
他们弟兄，

ʂa^{33} mi^{13} ŋɛ^{21} ku^{33} ga^{13}
去往啥靡额古嘎，

k‘ɯ^{33} lɪ^{21} lu^{33}
到那个地方，

na^{33} k‘u^{33} n̥dʑu^{33} lɯ^{55} n̥ɪ^{33}
那苦坐上方，

t‘y^{21} n̥ɪ^{33} d̥u^{33} hu^{33} hu^{21}
见到他一眼，

nɯ^{21} ko^{13} su^{13} n̥dʑo^{33}
和蔼可亲，

su^{13} n̥y^{13} t‘a^{21} tʂ‘ɛ^{21}
哭了一场。

mu^{33} dʐa^{33} vi^{21} t‘y^{21} n̥ɪ^{33}
缘由是这样，

a^{33} ʑɛ^{21} lɪ^{21} k‘u^{33} sʅ^{33}
这阿额计巧，

a^{33} ʑɛ^{21} na^{33} k‘u^{33} n̥dʑu^{33}
阿额爱戴那苦，

dʐa^{33} tɯ^{33} ŋɯ^{33} lo^{13}
就是这样的。

na^{33} k‘u^{33} n̥ɪ^{33}
那苦本人，

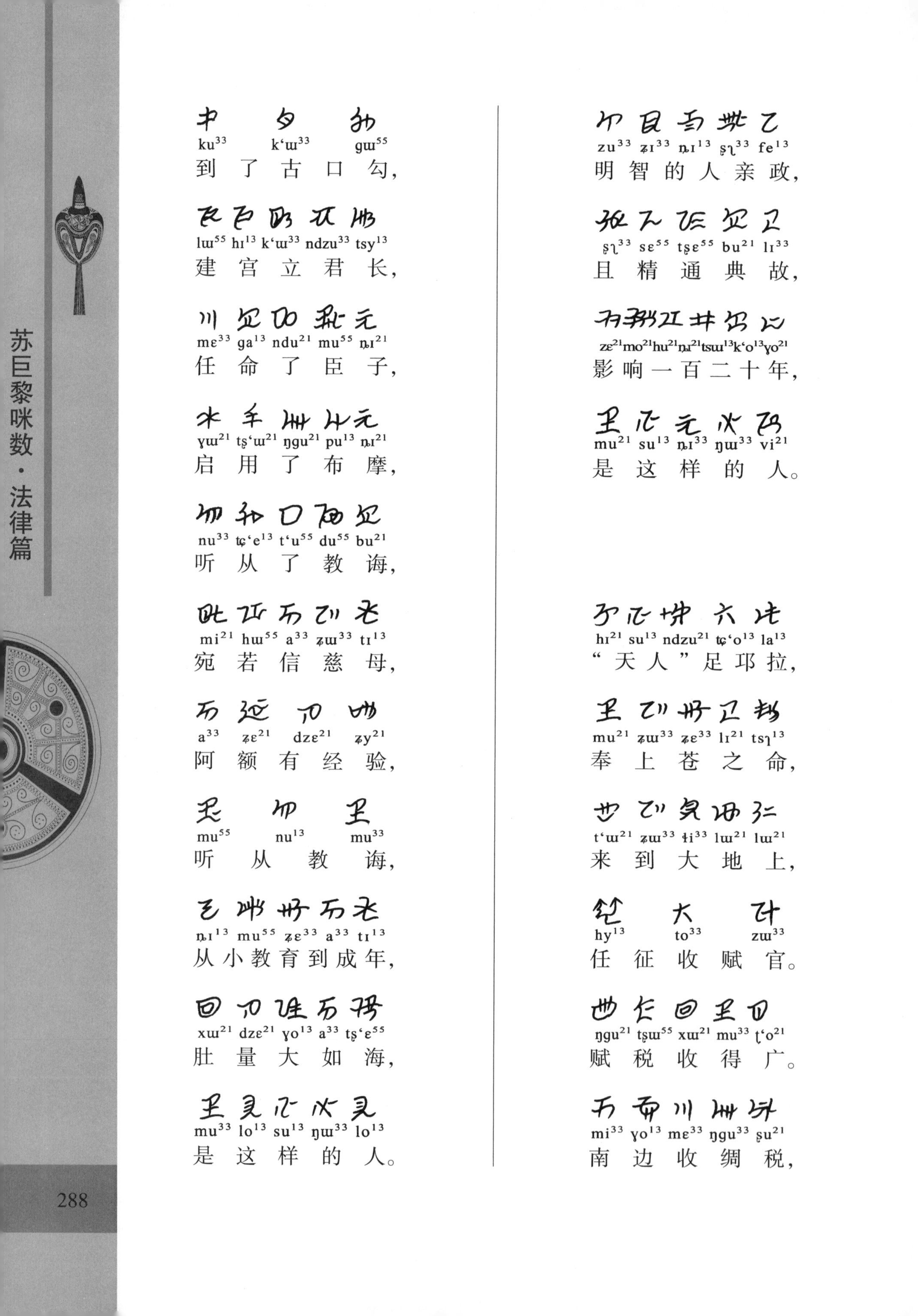

ku^{33} k'ɯ^{33} gɯ^{55}
到了古口勾，

lɯ^{55} hɪ^{13} k'ɯ^{33} ndzu^{33} tsy^{13}
建宫立君长，

mɛ^{33} ga^{13} ndu^{21} mu^{55} ȵɪ^{21}
任命了臣子，

ɣɯ^{21} tʂ'ɯ^{21} ŋgu^{21} pu^{13} ȵɪ^{21}
启用了布摩，

nu^{33} tɕ'e^{13} t'u^{55} du^{55} bu^{21}
听从了教诲，

mi^{21} hɯ^{55} a^{33} ʑɯ^{33} tɪ^{13}
宛若信慈母，

a^{33} ʑɛ^{21} dzɛ^{21} ʑʅ^{21}
阿额有经验，

mu^{55} nu^{13} mu^{33}
听从教诲，

ȵɪ^{13} mu^{55} ʑɛ^{33} a^{33} tɪ^{13}
从小教育到成年，

xɯ^{21} dzɛ^{21} ɣo^{13} a^{33} tʂ'ɛ^{55}
肚量大如海，

mu^{33} lo^{13} su^{13} ŋɯ^{33} lo^{13}
是这样的人。

zu^{33} ʑɪ^{33} ȵɪ^{13} ʂʅ^{33} fe^{13}
明智的人亲政，

ʂʅ^{33} sɛ^{55} tʂɛ^{55} bu^{21} lɪ^{33}
且精通典故，

zɛ^{21}mo^{21}hu^{21}ȵɪ^{21}tsɯ^{13}k'o^{13}ɣo^{21}
影响一百二十年，

mu^{21} su^{13} ȵɪ^{33} ŋɯ^{33} vi^{21}
是这样的人。

hɪ^{21} su^{13} ndzu^{21} tɕ'o^{13} la^{13}
“天人”足邛拉，

mu^{21} ʑɯ^{33} ʑɛ^{33} lɪ^{21} tsʅ^{13}
奉上苍之命，

t'ɯ^{21} ʑɯ^{33} ɬi^{33} lɯ^{21} lɯ^{21}
来到大地上，

hy^{13} to^{33} zɯ^{33}
任征收赋官。

ŋgu^{21} tʂɯ^{55} xɯ^{21} mu^{33} ʈ'o^{21}
赋税收得广。

mi^{33} ɣo^{13} mɛ^{33} ŋgu^{33} ʂu^{21}
南边收绸税，

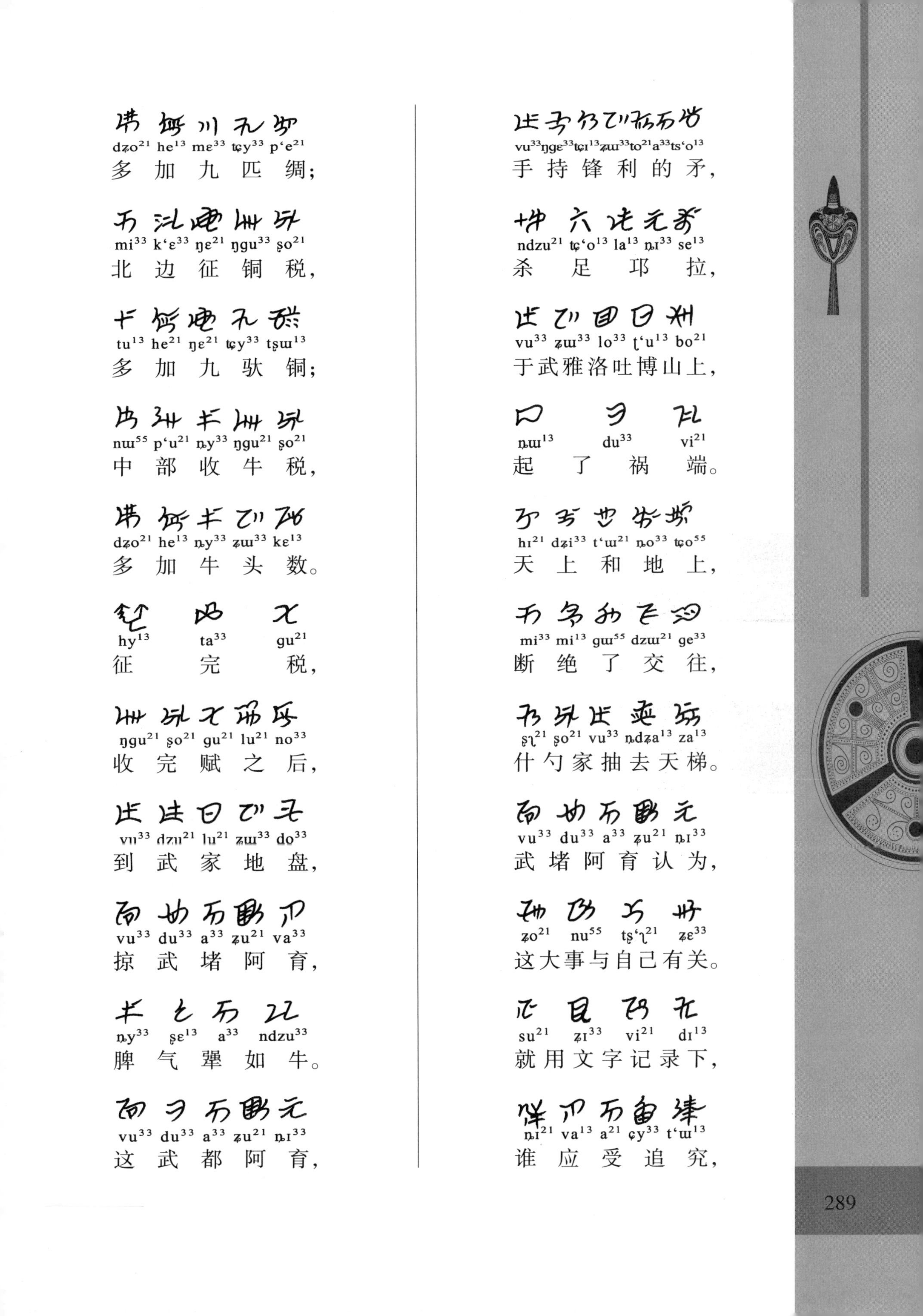

dʑo^{21} he^{13} mɛ^{33} tɕy^{33} pʻe^{21}
多 加 九 匹 绸；

mi^{33} kʻɛ^{33} ŋɛ^{21} ŋgu^{33} ʂo^{21}
北 边 征 铜 税，

tu^{13} he^{21} ŋɛ^{21} tɕy^{33} tʂɯ^{13}
多 加 九 驮 铜；

nɯ^{55} pʻu^{21} ȵy^{33} ŋgu^{21} ʂo^{21}
中 部 收 牛 税，

dʑo^{21} he^{13} ȵy^{33} ʑɯ^{33} kɛ^{13}
多 加 牛 头 数。

hy^{13} ta^{33} gu^{21}
征 完 税，

ŋgu^{21} ʂo^{21} gu^{21} lu^{21} no^{33}
收 完 赋 之 后，

vu^{33} dzu^{21} lu^{21} ʑɯ^{33} do^{33}
到 武 家 地 盘，

vu^{33} du^{33} a^{33} ʑu^{21} va^{33}
掠 武 堵 阿 育，

ȵy^{33} ʂɛ^{13} a^{33} ndzu^{33}
脾 气 犟 如 牛。

vu^{33} du^{33} a^{33} ʑu^{21} ȵɪ^{33}
这 武 都 阿 育，

vu^{33}ŋgɛ^{33}tɕɪ^{13}ʑɯ^{33}to^{21}a^{33}tsʻo^{13}
手 持 锋 利 的 矛，

ndzu^{21} tɕʻo^{13} la^{13} ȵɪ^{33} se^{13}
杀 足 邛 拉，

vu^{33} ʑɯ^{33} lo^{33} ʈʻu^{13} bo^{21}
于武雅洛吐博山上，

ȵɯ^{13} du^{33} vi^{21}
起 了 祸 端。

hɪ^{21} dʑi^{33} tʻɯ^{21} ȵo^{33} tɕo^{55}
天 上 和 地 上，

mi^{33} mi^{13} gɯ^{55} dzɯ^{21} ge^{33}
断 绝 了 交 往，

ʂʅ^{21} ʂo^{21} vu^{33} ndʑa^{13} za^{13}
什勺家抽去天梯。

vu^{33} du^{33} a^{33} ʑu^{21} ȵɪ^{33}
武 堵 阿 育 认 为，

ʑo^{21} nu^{55} tʂʻʅ^{21} ʑɛ^{33}
这大事与自己有关。

su^{21} ʑɪ^{33} vi^{21} dɪ^{13}
就用文字记录下，

ȵɪ^{21} va^{13} a^{21} ɕy^{33} tʻɯ^{13}
谁 应 受 追 究，

t‘u^{21} ʑɪ^{33} ʂɛ^{13} ʑɯ^{33} ɣɯ^{55}
写成了状子，

dʑy^{33} ndzu^{33} ɣɯ^{21} lo^{33} tʂ‘ɛ^{55}
呈送给举祖。

hɪ^{21} dʑi^{33} t‘ɯ^{21} n̥o^{33} tɕo^{55}
在天地之间，

ndzʅ^{21} ts‘ɛ^{13} tsa^{13} ge^{33}
祭祀断了。

hɪ^{21} mu^{55} bu^{33}
天臣怕的是，

p‘u^{55} ndzʅ^{33} ts‘ɛ^{13}
少了祭天。

t‘ɯ^{21} mu^{55} bu^{33}
地臣怕的是，

mo^{21} vu^{33} ts‘ɛ^{13} lɯ^{33}
少了祭地，

bu^{21} lɯ^{21} tɕi^{33}
都怕乱了套。

ʔu^{33} ts‘o^{33} ʑɪ^{33} bu^{33} ts‘e^{13}
人是哎哺的后代，

ʑɪ^{33}bu^{33}mi^{33}mi^{13}ts‘e^{13}ŋɯ^{33}vi^{21}
哎哺是天地的后代。

hɪ^{21} dʑi^{33} nɯ^{55} tʂ‘ɯ^{21} su^{13}
世间的人们，

n̥ɪ^{13}ɖe^{13}ʑɛ^{33}lo^{33}ʑo^{21}dʐa^{33}vi^{21}
应当上行下效的。

n̥ɪ^{55} nu^{33} t‘y^{21} ma^{21} dʑo^{33}
可他充耳不闻，

n̥ɪ^{55} na^{33} t‘y^{21} ma^{21} ho^{21}
熟视无睹。

vu^{33} du^{33} a^{33} ʑo^{21}
武都阿育，

t‘y^{21} t‘a^{21} ʑo^{21} tɯ^{33} ŋɯ^{33}
是这样的人。

ndzo^{21} ma^{21} go^{13} ʑɪ^{33} go^{13}
聪明从愚蠢中教出，

ma^{21} ʑɪ^{33} nu^{55} ma^{21} dʐo^{21}
没有不懂事的人，

ma^{21}ndʐɯ^{33}nu^{55}ma^{21}dʐo^{21}dɪ^{13}
没有无过错的人，

hɪ^{21} ndzu^{33} t‘ɯ^{21} fu^{33} n̥ɪ^{33}
天君地王认为，

sɯ^{33} lɪ^{21} ŋɯ^{33} a^{33} no^{33}
既然是这样，

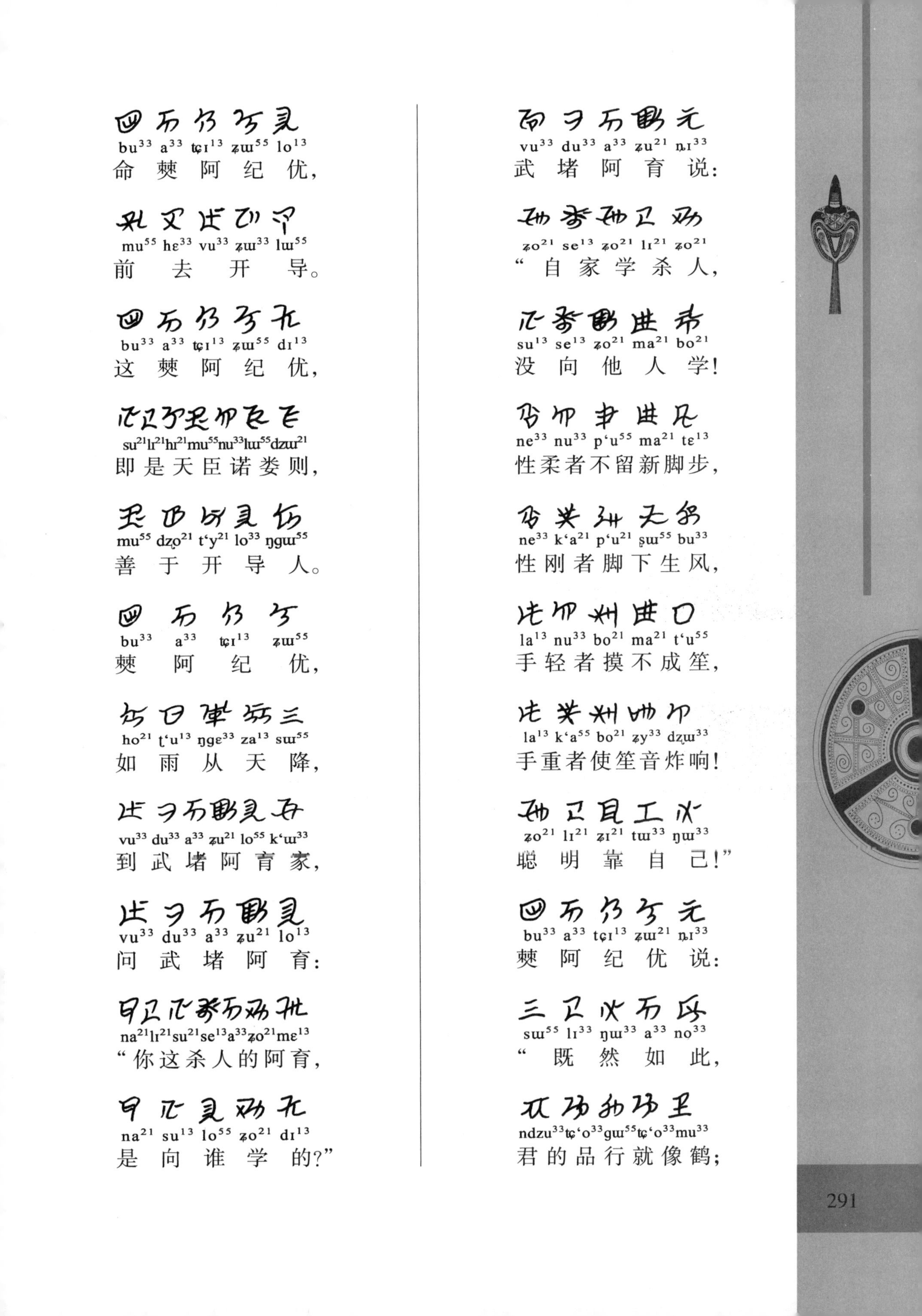

bu^{33} a^{33} tɕɪ^{13} ʑɯ^{55} lo^{13}
命麰阿纪优，

mu^{55} hɛ^{33} vu^{33} ʑɯ^{33} lɯ^{55}
前去开导。

bu^{33} a^{33} tɕɪ^{13} ʑɯ^{55} dɪ^{13}
这麰阿纪优，

su^{21}lɪ^{21}hɪ^{21}mu^{55}nu^{33}lɯ^{55}dzɯ^{21}
即是天臣诺娄则，

mu^{55} dʐo^{21} t'y^{21} lo^{33} ŋgɯ^{55}
善于开导人。

bu^{33} a^{33} tɕɪ^{13} ʑɯ^{55}
麰阿纪优，

ho^{21} t'u^{13} ŋgɛ^{33} za^{13} sɯ^{55}
如雨从天降，

vu^{33} du^{33} a^{33} ʑu^{21} lo^{55} k'ɯ^{33}
到武堵阿育家，

vu^{33} du^{33} a^{33} ʑu^{21} lo^{13}
问武堵阿育：

na^{21}lɪ^{21}su^{21}se^{13}a^{33}ʑo^{21}mɛ^{13}
“你这杀人的阿育，

na^{21} su^{13} lo^{55} ʑo^{21} dɪ^{13}
是向谁学的？”

vu^{33} du^{33} a^{33} ʑu^{21} n̥ɪ^{33}
武堵阿育说：

ʑo^{21} se^{13} ʑo^{21} lɪ^{21} ʑo^{21}
“自家学杀人，

su^{13} se^{13} ʑo^{21} ma^{21} bo^{21}
没向他人学！

ne^{33} nu^{33} p'u^{55} ma^{21} tɛ^{13}
性柔者不留新脚步，

ne^{33} k'a^{21} p'u^{21} ʂɯ^{55} bu^{33}
性刚者脚下生风，

la^{13} nu^{33} bo^{21} ma^{21} t'u^{55}
手轻者摸不成笙，

la^{13} k'a^{55} bo^{21} ʑy^{33} dzɯ^{33}
手重者使笙音炸响！

ʑo^{21} lɪ^{21} ʑɪ^{21} tɯ^{33} ŋɯ^{33}
聪明靠自己！”

bu^{33} a^{33} tɕɪ^{13} ʑɯ^{21} n̥ɪ^{33}
麰阿纪优说：

sɯ^{55} lɪ^{33} ŋɯ^{33} a^{33} no^{33}
“既然如此，

ndzu^{33}tɕ'o^{33}gɯ^{55}tɕ'o^{33}mu^{33}
君的品行就像鹤；

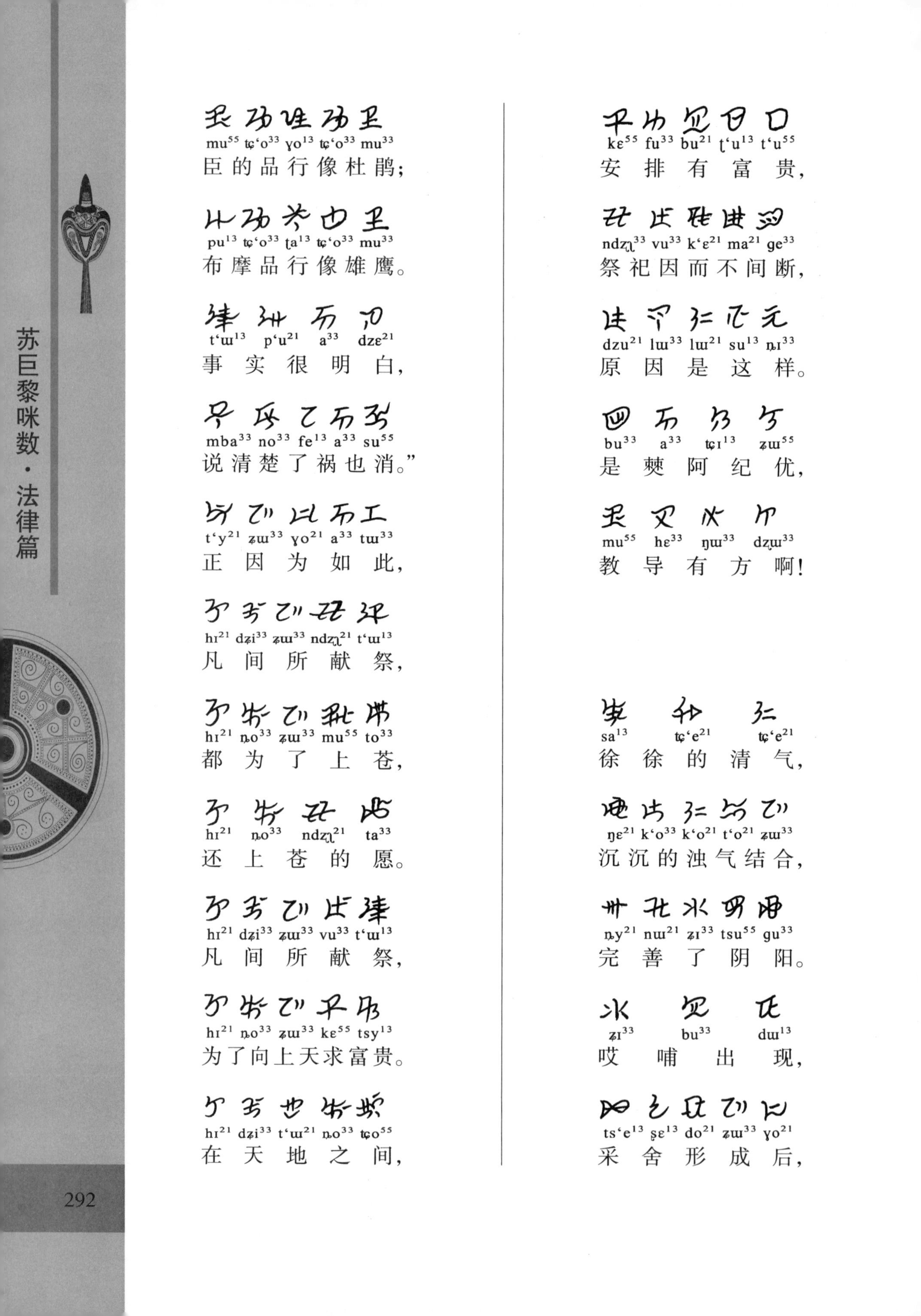

mu^{55} tɕʻo^{33} ɣo^{13} tɕʻo^{33} mu^{33}
臣的品行像杜鹃；

pu^{13} tɕʻo^{33} ta^{13} tɕʻo^{33} mu^{33}
布摩品行像雄鹰。

tʻɯ^{13} pʻu^{21} a^{33} dzɛ^{21}
事实很明白，

mba^{33} no^{33} fe^{13} a^{33} su^{55}
说清楚了祸也消。”

tʻy^{21} ʑɯ^{33} ɣo^{21} a^{33} tɯ^{33}
正因为如此，

hɪ^{21} dʑi^{33} ʑɯ^{33} ndʐʅ^{21} tʻɯ^{13}
凡间所献祭，

hɪ^{21} ȵo^{33} ʑɯ^{33} mu^{55} to^{33}
都为了上苍，

hɪ^{21} ȵo^{33} ndʐʅ^{21} ta^{33}
还上苍的愿。

hɪ^{21} dʑi^{33} ʑɯ^{33} vu^{33} tʻɯ^{13}
凡间所献祭，

hɪ^{21} ȵo^{33} ʑɯ^{33} kɛ^{55} tsy^{13}
为了向上天求富贵。

hɪ^{21} dʑi^{33} tʻɯ^{21} ȵo^{33} tɕo^{55}
在天地之间，

kɛ^{55} fu^{33} bu^{21} ʈʻu^{13} tʻu^{55}
安排有富贵，

ndʐʅ^{33} vu^{33} kʻɛ^{21} ma^{21} ge^{33}
祭祀因而不间断，

dzu^{21} lɯ^{33} lɯ^{21} su^{13} ȵɪ^{33}
原因是这样。

bu^{33} a^{33} tɕɪ^{13} ʑɯ^{55}
是僰阿纪优，

mu^{55} hɛ^{33} ŋɯ^{33} dʐɯ^{33}
教导有方啊！

sa^{13} tɕʻe^{21} tɕʻe^{21}
徐徐的清气，

ŋɛ^{21} kʻo^{33} kʻo^{21} tʻo^{21} ʑɯ^{33}
沉沉的浊气结合，

ȵy^{21} nɯ^{21} ʑɪ^{33} tsu^{55} gu^{33}
完善了阴阳。

ʑɪ^{33} bu^{33} dɯ^{13}
哎哺出现，

tsʻe^{13} ʂɛ^{13} do^{21} ʑɯ^{33} ɣo^{21}
采舍形成后，

mu^{21} tɕʻo^{21} ʈʻɯ^{55} ʑɯ^{33} ɣo^{21}
目 确 发 展 了。

tsʻo^{21} ɬi^{55} hɪ^{21} ndʐu^{55} zu^{33}
人 系 天 所 生，

dɯ^{13} a^{33} do^{21} lɪ^{33} sɿ^{33}
由 窦 朵 抚 育，

ʂɿ^{33} ʑɯ^{33} zu^{33} ʑo^{33} su^{13}
第 一 代 贤 人，

ɖu^{21} lɛ^{21} tsʻɯ^{21} zu^{33} ŋgɯ^{55}
第一是笃勒愁汝，

tʂu^{13} ka^{13} a^{21} lu^{33} dʐo^{13}
第二是支嘎阿鲁，

tsʻo^{21} ŋɛ^{33} a^{21} ʑɪ^{21} mɛ^{21}
第三是撮矮阿颖。

ɣo^{21} ʑɯ^{33} zu^{33} ʑo^{33} su^{13}
第 二 代 贤 人，

ʂu^{55} da^{33} tʻɯ^{33} tsy^{13} ŋgɯ^{55}
第一是输打特巨，

ho^{21} dzu^{33} a^{21} ʂɿ^{33} dʐo^{13}
第二是宏助阿史，

mu^{33} nɯ^{13} ɣɯ^{21} ko^{33} mɛ^{21}
第三是姆诺额哥。

ʂa^{33} ʑɯ^{33} zu^{33} sɯ^{33} ʑo^{33}
外 部 的 贤 人，

ʈʻo^{21}ȵy^{21}xo^{21}ku^{33}tsy^{13}lo^{33}ŋgɯ^{55}
第一是陀尼霍古巨，

sɛ^{33}tʻɯ^{33}ʑɪ^{33}ku^{33}tsy^{13}lo^{33}dʐo^{13}
第二是色吞印古巨，

ʂɛ^{13}va^{13}vu^{55}fu^{33}tsy^{13}lo^{33}mɛ^{21}
第三是舍旺乌夫巨。

ɣo^{21} ʑɯ^{33} zu^{33} ʑo^{33} su^{13}
中 部 的 贤 人，

tu^{13} ʑo^{55} a^{21} vu^{33} ŋgɯ^{55}
第一是杜约阿武，

ʈʻo^{21} ȵy^{21} a^{33} mi^{55} dʐo^{13}
第二是陀尼阿弥，

a^{21} ku^{33} pu^{13} tɕɪ^{13} mɛ^{21}
第三是阿古布纪。

lu^{21} dʑi^{33} zu^{33} ʑo^{33} su^{13}
(皮)罗阁地方的贤人，

lu^{21}dʑi^{33}ʂɿ^{21}ku^{33}tsy^{13}lo^{33}ŋgɯ^{55}
第一是罗纪实古巨，

mu^{33} tɕa^{33} a^{33} bi^{55} dʐo^{13}
第二是姆贾阿毕，

mu^{13} nɯ^{21} a^{33} ʈo^{55} mɛ^{21}
第三是姆乃阿朵。

nɯ^{55} ʑɯ^{33} zu^{33} ʑo^{33} su^{13}
中部的贤人，

ɖu^{21}tu^{13}vi^{21}a^{33}ŋɯ^{55}lo^{33}ŋgɯ^{55}
第一是笃杜禹阿恩，

nɯ^{13}mu^{55}k'u^{33}dʐɯ^{33}ʔɯ^{55}lo^{33}dʐo^{13}
第二是诺慕苦直欧，

ɣɯ^{21} dʐɛ^{21} pu^{13} ka^{13} mɛ^{21}
第三是额哲布嘎。

ndu^{21} ts'u^{33} ʔu^{33} lɯ^{55}
独楚翁娄地方的贤人，

ɣa^{13} pi^{13} bi^{55} ʂu^{21} ŋgɯ^{55}
第一是雅备毕叔，

bo^{21} so^{21} nɯ^{55} ʑi^{21}
博所能彝家支，

bi^{21} ts'ɯ^{21} a^{33} dɯ^{55} dʐo^{13}
毕愁阿兜数第二，

ʑi^{21} na^{21} gɯ^{55} dʑi^{33}
夜郎勾纪家，

ʂɛ^{13} dɯ^{13} dzɛ^{21} lo^{13} mɛ^{21}
奢陡则洛居第三。

ŋɯ^{55} xo^{21} bo^{21} mu^{33}
恩合博姆地方的贤人，

p'u^{21} lɯ^{21} dʐɯ^{21} lo^{33} ŋgɯ^{55}
皤娄直洛居第一，

ʂu^{33} k'u^{33} t'u^{33} mu^{33}
作为布摩的，

lu^{33} nde^{33} a^{33} tʂ'ɯ^{21} dʐo^{13}
陇邓阿仇居第二，

lɯ^{33} lɯ^{33} gɯ^{55}
娄娄勾地方，

bi^{21} ma^{13} ɣɯ^{21} ndʐɛ^{21} mɛ^{21}
毕骂遏哲居第三。

mu^{33} ɣo^{21} gɯ^{55}
慕俄勾地方的贤人，

ɣɯ^{21} tɛ^{13} a^{33}dʐo^{55} ŋgɯ^{55}
第一是额待阿觉，

tʂɯ^{55} nɯ^{21} ɣɯ^{21} ɳdʐo^{33} dʐo^{13}
第二是拆诺额觉，

na^{33} lo^{13} mi^{13} lu^{21} mɛ^{21}
第三是那洛弥鲁。

ʑi^{21} tʂʅ^{33} nɯ^{55} bi^{33}
益旨能毕地方的贤人，

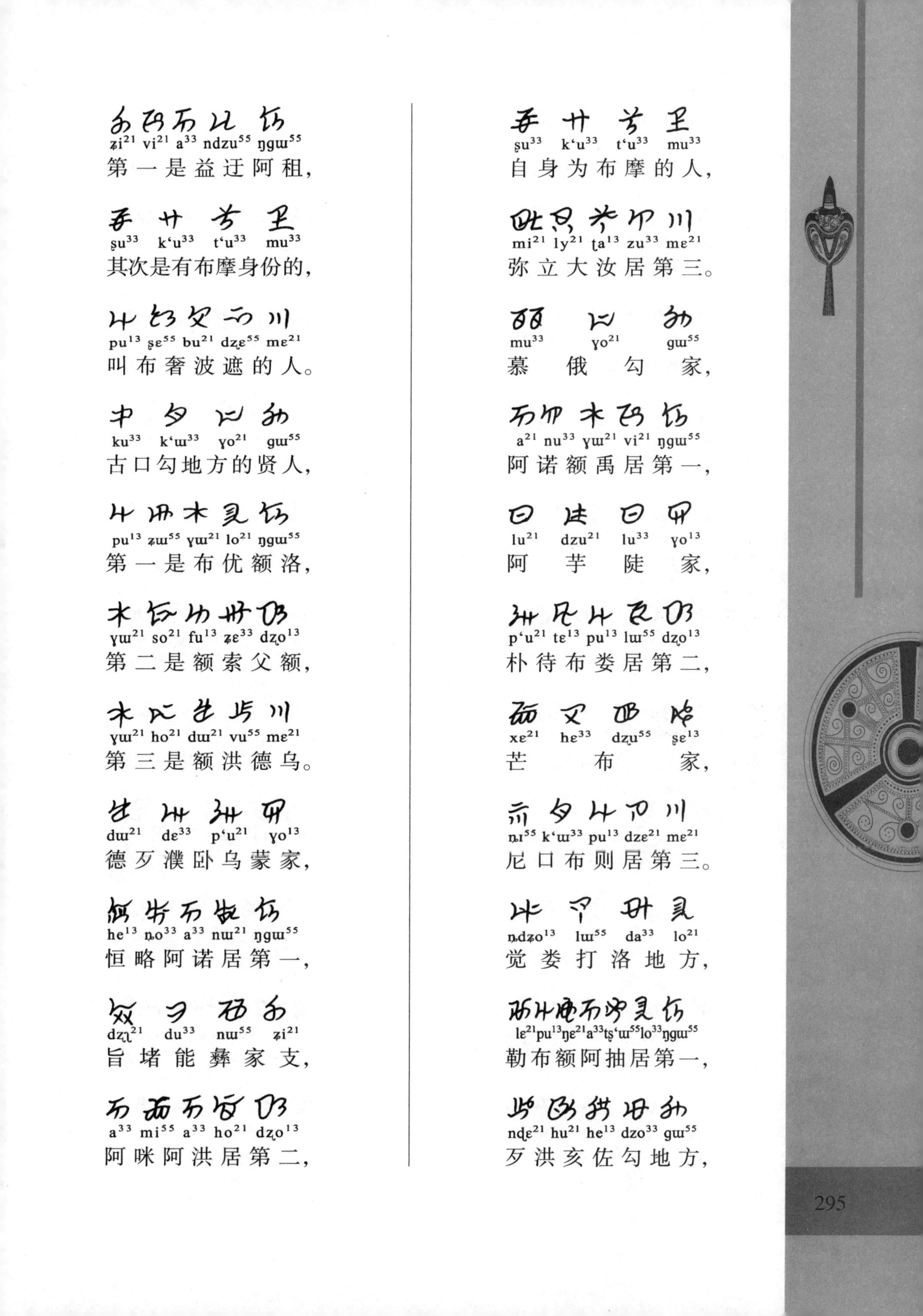

ʑi^{21} vi^{21} a^{33} ndzu^{55} ŋgɯ^{55}
第一是益迁阿租，

ʂu^{33} k'u^{33} t'u^{33} mu^{33}
其次是有布摩身份的，

pu^{13} ʂɛ^{55} bu^{21} dʑɛ^{55} mɛ^{21}
叫布奢波遮的人。

ku^{33} k'ɯ^{33} ɣo^{21} gɯ^{55}
古口勾地方的贤人，

pu^{13} ʑɯ^{55} ɣɯ^{21} lo^{21} ŋgɯ^{55}
第一是布优额洛，

ɣɯ^{21} so^{21} fu^{13} ʑɛ^{33} dʐo^{13}
第二是额索父额，

ɣɯ^{21} ho^{21} dɯ^{21} vu^{55} mɛ^{21}
第三是额洪德乌。

dɯ^{21} dɛ^{33} p'u^{21} ɣo^{13}
德歹濮卧乌蒙家，

he^{13} ȵo^{33} a^{33} nɯ^{21} ŋgɯ^{55}
恒略阿诺居第一，

dʐʅ^{21} du^{33} nɯ^{55} ʑi^{21}
旨堵能彝家支，

a^{33} mi^{55} a^{33} ho^{21} dʐo^{13}
阿咪阿洪居第二，

ʂu^{33} k'u^{33} t'u^{33} mu^{33}
自身为布摩的人，

mi^{21} ly^{21} ʈa^{13} zu^{33} mɛ^{21}
弥立大汝居第三。

mu^{33} ɣo^{21} gɯ^{55}
慕 俄 勾 家，

a^{21} nu^{33} ɣɯ^{21} vi^{21} ŋgɯ^{55}
阿诺额禹居第一，

lu^{21} dzu^{21} lu^{33} ɣo^{13}
阿 芋 陡 家，

p'u^{21} tɛ^{13} pu^{13} lɯ^{55} dʐo^{13}
朴待布娄居第二，

xɛ^{21} hɛ^{33} dʐu^{55} ʂɛ^{13}
芒 布 家，

ȵɪ^{55} k'ɯ^{33} pu^{13} dzɛ^{21} mɛ^{21}
尼口布则居第三。

ȵdʑo^{13} lɯ^{55} da^{33} lo^{21}
觉娄打洛地方，

lɛ^{21}pu^{13}ŋɛ^{21}a^{33}tʂ'ɯ^{55}lo^{33}ŋgɯ^{55}
勒布额阿抽居第一，

ndɛ^{21} hu^{21} he^{13} dzo^{33} gɯ^{55}
歹洪亥佐勾地方，

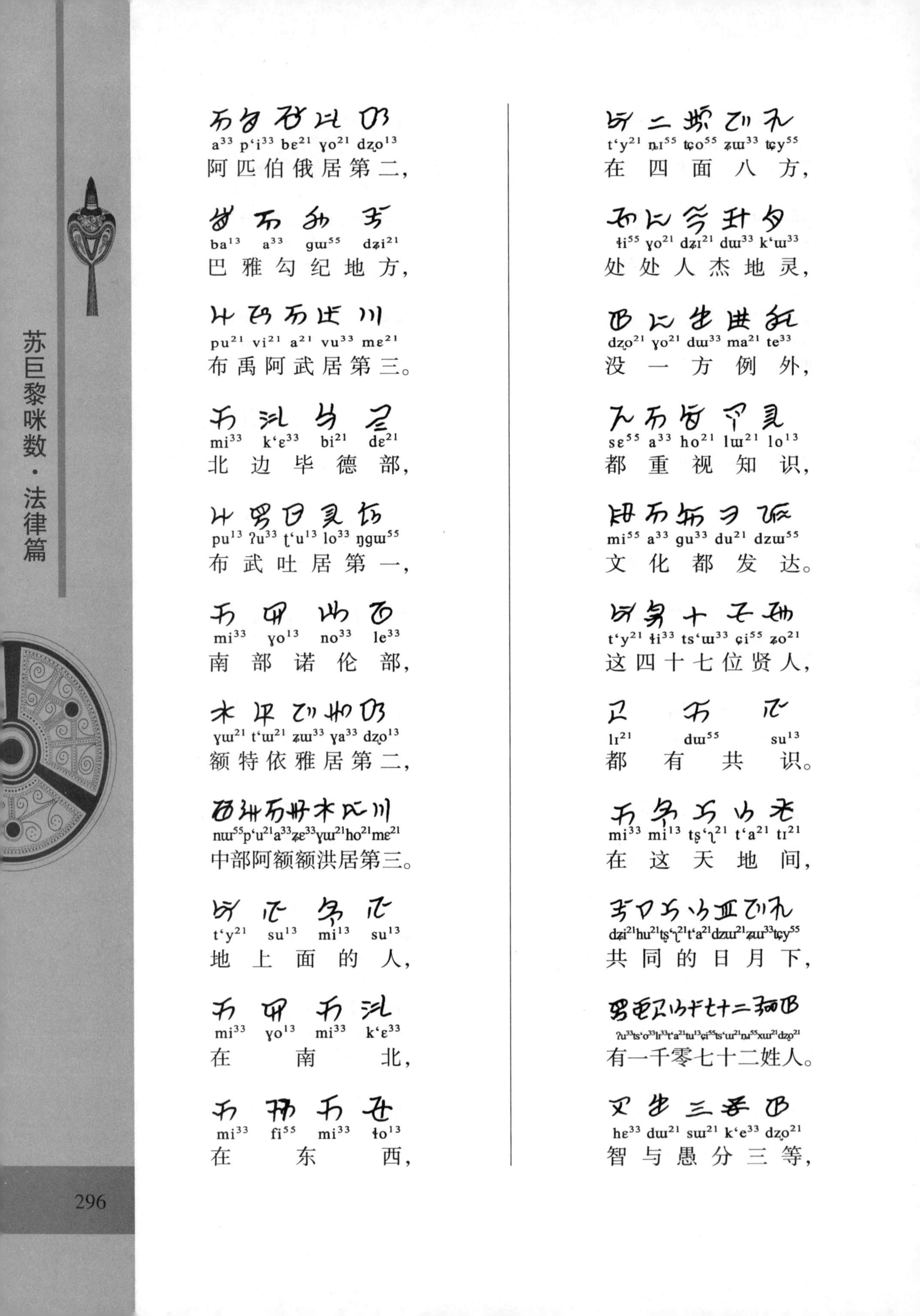

a^{33} p‘i^{33} bɛ^{21} ɣo^{21} dʐo^{13}
阿匹伯俄居第二，

ba^{13} a^{33} gɯ^{55} dʑi^{21}
巴 雅 勾 纪 地 方，

pu^{21} vi^{21} a^{21} vu^{33} mɛ^{21}
布禹阿武居第三。

mi^{33} k‘ɛ^{33} bi^{21} dɛ^{21}
北 边 毕 德 部，

pu^{13} ʔu^{33} ʈ‘u^{13} lo^{33} ŋgɯ^{55}
布 武 吐 居 第 一，

mi^{33} ɣo^{13} no^{33} le^{33}
南 部 诺 伦 部，

ɣɯ^{21} t‘ɯ^{21} ʑɯ^{33} ɣa^{33} dʐo^{13}
额特依雅居第二，

nɯ^{55}p‘u^{21}a^{33}ʑɛ^{33}ɣɯ^{21}ho^{21}mɛ^{21}
中部阿额额洪居第三。

t‘y^{21} su^{13} mi^{13} su^{13}
地 上 面 的 人，

mi^{33} ɣo^{13} mi^{33} k‘ɛ^{33}
在 南 北，

mi^{33} fi^{55} mi^{33} ɬo^{13}
在 东 西，

t‘y^{21} ȵɪ^{55} tɕo^{55} ʑɯ^{33} tɕy^{55}
在 四 面 八 方，

ɬi^{55} ɣo^{21} dʑɪ^{21} dɯ^{33} k‘ɯ^{33}
处 处 人 杰 地 灵，

dʐo^{21} ɣo^{21} dɯ^{33} ma^{21} te^{33}
没 一 方 例 外，

sɛ^{55} a^{33} ho^{21} lɯ^{21} lo^{13}
都 重 视 知 识，

mi^{55} a^{33} gu^{33} du^{21} dzɯ^{55}
文 化 都 发 达。

t‘y^{21} ɬi^{33} ts‘ɯ^{33} ɕi^{55} ʑo^{21}
这 四 十 七 位 贤 人，

lɪ^{21} dɯ^{55} su^{13}
都 有 共 识。

mi^{33} mi^{13} tʂ‘ʅ^{21} t‘a^{21} tɪ^{21}
在 这 天 地 间，

dʑi^{21}hu^{21}tʂ‘ʅ^{21}t‘a^{21}dzɯ^{21}ʑɯ^{33}tɕy^{55}
共 同 的 日 月 下，

ʔu^{33}ts‘o^{33}lɪ^{33}t‘a^{21}tu^{13}ɕi^{55}ts‘ɯ^{21}ȵɪ^{55}xɯ^{21}dʐo^{21}
有一千零七十二姓人。

hɛ^{33} dɯ^{21} sɯ^{21} k‘e^{33} dʐo^{21}
智 与 愚 分 三 等，

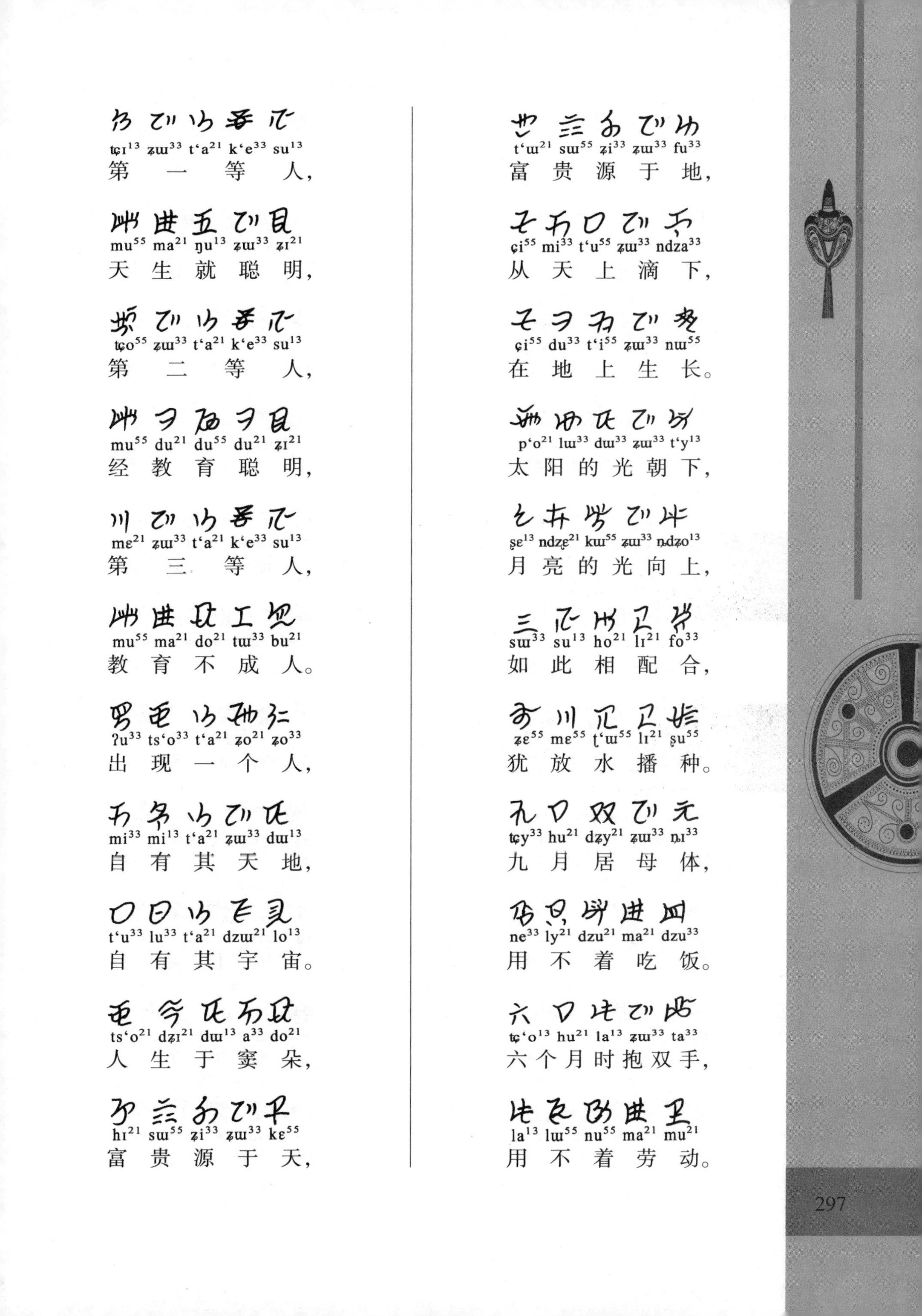

tɕɪ^{13} ʑɯ^{33} t'a^{21} k'e^{33} su^{13}
第一等人，

mu^{55} ma^{21} ŋu^{13} ʑɯ^{33} ʐɪ^{21}
天生就聪明，

tɕo^{55} ʑɯ^{33} t'a^{21} k'e^{33} su^{13}
第二等人，

mu^{55} du^{21} du^{55} du^{21} ʐɪ^{21}
经教育聪明，

mɛ^{21} ʑɯ^{33} t'a^{21} k'e^{33} su^{13}
第三等人，

mu^{55} ma^{21} do^{21} tɯ^{33} bu^{21}
教育不成人。

ʔu^{33} ts'o^{33} t'a^{21} ʑo^{21} ʑo^{33}
出现一个人，

mi^{33} mi^{13} t'a^{21} ʑɯ^{33} dɯ^{13}
自有其天地，

t'u^{33} lu^{33} t'a^{21} dzɯ^{21} lo^{13}
自有其宇宙。

ts'o^{21} dʐɪ^{21} dɯ^{13} a^{33} do^{21}
人生于窦朵，

hɪ^{21} sɯ^{55} ʑi^{33} ʑɯ^{33} kɛ^{55}
富贵源于天，

t'ɯ^{21} sɯ^{55} ʑi^{33} ʑɯ^{33} fu^{33}
富贵源于地，

ɕi^{55} mi^{33} t'u^{55} ʑɯ^{33} ndza^{33}
从天上滴下，

ɕi^{55} du^{33} t'i^{55} ʑɯ^{33} nɯ^{55}
在地上生长。

p'o^{21} lɯ^{33} dɯ^{33} ʑɯ^{33} t'y^{13}
太阳的光朝下，

ʂɛ^{13} ndʐɛ^{21} kɯ^{55} ʑɯ^{33} ȵdʑo^{13}
月亮的光向上，

sɯ^{33} su^{13} ho^{21} lɪ^{21} fo^{33}
如此相配合，

ʑɛ^{55} mɛ^{55} ʈ'ɯ^{55} lɪ^{21} ʂu^{55}
犹放水播种。

tɕy^{33} hu^{21} dʑy^{21} ʑɯ^{33} ȵɪ^{33}
九月居母体，

ne^{33} ly^{21} dzu^{21} ma^{21} dzu^{33}
用不着吃饭。

tɕ'o^{13} hu^{21} la^{13} ʑɯ^{33} ta^{33}
六个月时抱双手，

la^{13} lɯ^{55} nu^{55} ma^{21} mu^{21}
用不着劳动。

ʑo^{33} ʑɯ^{33} lɯ^{55} p‘u^{21} dʐo^{21}
降临到世间，

ɬi^{55} ʑɯ^{33} ɣɯ^{21} gu^{21} dɯ^{33}
如禾苗成长。

ɣɯ^{21} lɪ^{21} hɯ^{21} hɪ^{13} t‘ɯ^{13}
哭时声震屋宇，

so^{21} lɪ^{21} p‘a^{13} hɪ^{21} ndʐa^{33}
乐时如风拂叶。

mɛ^{13} ts‘o^{21} vu^{33} tɪ^{13}
取名排号，

dɯ^{13} a^{33} do^{21} lɪ^{33} ʑo^{21}
按窦朵的传统，

ndʐu^{55} a^{33} ɣo^{13} lɪ^{21} dʐu^{33}
给美好的祝愿。

ʑo^{33} ʑɯ^{33} ȵɪ^{55} sɯ^{33} k‘o^{13}
到两三岁时，

ho^{21} ma^{21} mi^{55}
不受雨淋，

hɪ^{33} ma^{21} t‘u^{55}
不被风吹，

hɛ^{33} no^{33} mo^{21} ʑɯ^{33} ʑɪ^{33}
受母爱恩泽。

ʑo^{33} ʑɯ^{33} ɬi^{33} ŋu^{33} k‘o^{13}
到了四五岁，

ɖe^{13} ŋu^{21} hɛ^{33} ma^{21} tsɯ^{21}
说话无好歹，

p‘u^{55} a^{33} mo^{21} dʑy^{21} gu^{21}
逗父母高兴。

ʑo^{33} ʑɯ^{33} tɕ‘o^{13} ɕi^{55} k‘o^{13}
到了六七岁，

t‘u^{55} ʑɯ^{33} se^{33} ma^{21} k‘e^{33}
不动手拾柴，

mba^{33} ʑɯ^{33} ɣa^{33} ma^{21} ŋga^{13}
不动口赶鸡，

ta^{33} su^{13} sɿ^{33} su^{13} ʑɪ^{33}
受循循善诱。

ʑo^{33} ts‘ɯ^{21} ȵɪ^{55} sɯ^{33} k‘o^{13}
十二三岁时，

va^{13} du^{55} ȵɯ^{55} du^{55} k‘o^{13}
到山上放牧，

tʂ‘o^{55} zu^{33} nɯ^{13} lo^{33} tʂ‘o^{55}
跟少年朋友，

mba^{33} su^{13} ɬa^{13} ʑɯ^{33} mba^{33}
找少年知音，

mi^{55} ho^{21} ʑɛ^{33} ȵɪ^{33} su^{13}
见学问大的人，

ta^{21} kɯ^{33} ȵɪ^{55} kɯ^{33} tʻɯ^{13}
一一地请教，

hɛ^{33} no^{33} tʻy^{21} a^{33} hɛ^{33}
并以此为荣。

ʑo^{33} tsʻɯ^{21} tɕʻo^{13} ɕi^{55} kʻo^{13}
十六七岁时，

tʂʻo^{55} ɬa^{13} su^{13} lo^{33} tʂʻo^{55}
跟青年朋友，

li^{21} mu^{55} su^{13} lo^{33} tɛ^{55}
向老年求教。

ʂu^{33} tɕʻi^{33} zɯ^{33}
会训猎狗，

ʂu^{33} ʑo^{55} kɯ^{21}
约猎人，

tʂʻu^{21} zu^{55} ʂɛ^{55}
还会待亲戚。

ʑo^{33} ȵɪ^{21} tsɯ^{13} ȵɪ^{55} kʻo^{13}
二十二岁时，

xo^{21} dʐɛ^{21} su^{13} nɯ^{33} ndʐu^{55}
尽头牙长齐，

ve^{13} ʂu^{21} gu^{55} ʂu^{21} ko^{33}
把衣着讲究，

hu^{21} dzɛ^{33} tɕɪ^{13} ndɑ^{33} pʻu^{21}
出门就骑马，

ndʐu^{55} no^{33} tʻy^{21} sɯ^{55} ndʐu^{55}
并以此为荣。

ʑo^{33} sɯ^{33} tsʻɯ^{33} sɯ^{33} kʻo^{13}
三十三岁时，

kʻa^{33}ʑɯ^{33}tɕʻy^{13}tɕʻo^{13}ndʐɯ^{33}
把勇猛施展，

la^{13} ga^{33} ʑɯ^{33} lu^{33} ȵɪ^{21}
把手段显露，

kʻo^{21} ʈʻo^{21} dʑi^{21} a^{33} do^{21}
所作图效果。

xɛ^{21} ʂu^{21} da^{13} ʂu^{21}
披挂甲胄，

da^{33} tʻu^{33} tʻu^{33} ʑɯ^{33} da^{33}
奋发求上进，

to^{55} vɛ^{21} vɛ^{21} ʑɯ^{33} ɬo^{13}
祭历代祖先，

ȵɪ^{13} gu^{55} fe^{13} tʂɛ^{55} kʻɯ^{21}
祖宗安宁根基稳，

fe^{13} gu^{55} ȵɪ^{13} ȵɪ^{33} ɣo^{21}
完善了条理，

tʂʻɯ^{55} dʐʅ^{21} ʑɯ^{33} ʑɛ^{21} dɛ^{33}
昌盛兴旺。

fe^{13} kʻu^{33} ʑɯ^{33} li^{33} lo^{21}
一旦有权势，

ʑy^{21} a^{33} su^{55} tɯ^{33} pa^{33}
就拉拢亲戚，

tsʻe^{13} ʑɯ^{33} vi^{21} ʂu^{21} ko^{13}
就照顾家族。

tsʻe^{13} kɯ^{21} lɯ^{55} ȵɪ^{13} mu^{21}
约家族叙谱，

vi^{21} kɯ^{13} lɯ^{55} vɛ^{21} ɬo^{13}
约家族祭祖。

ŋu^{33} tsʻɯ^{21} ŋu^{33} kʻo^{13} lo^{13}
五十五岁时，

tʂʻo^{33} mi^{33} kʻɛ^{33} ŋɛ^{21} sɯ^{55}
如北方秋阳，

ŋɯ^{13} ŋo^{55} lo^{21} mɛ^{13} ndy^{55}
求功名仕宦，

tɛ^{55} tʂɯ^{13} tɕʻe^{13} tʻu^{55} bo^{21}
执扇出谋略。

ʑo^{33} tɕʻo^{13} tsʻɯ^{21} tɕʻo^{13} kʻo^{13}
六十六岁时，

su^{21} se^{33} po^{33} dzɯ^{55} sɯ^{55}
如人间栋梁，

tʂɯ^{55} a^{33} ŋu^{33} dzɛ^{21} dzo^{33}
积累了经验，

tɕʻi^{55} a^{33} zu^{33} ʂʅ^{55} sʅ^{33}
享天伦之乐，

ndy^{55} ȵdʑo^{21} lɪ^{21} sɯ^{33} bo^{33}
有目标实现，

tɛ^{55} tʂɯ^{13} lɪ^{21} sɯ^{33} mo^{21}
有计划落实。

ʑo^{33} ɕi^{55} tsʻɯ^{21} ɕi^{55} kʻo^{13}
七十七岁时，

ȵɪ^{13} dʐu^{33} fe^{13} ɖu^{33} sɛ^{55}
知兴衰胜败，

ŋɯ^{13} ŋo^{55} lo^{33} fo^{33}
看淡功名，

ȵɪ^{13} du^{55} li^{33}
看重家道，

vu^{33} du^{55} fe^{13}
关心后事。

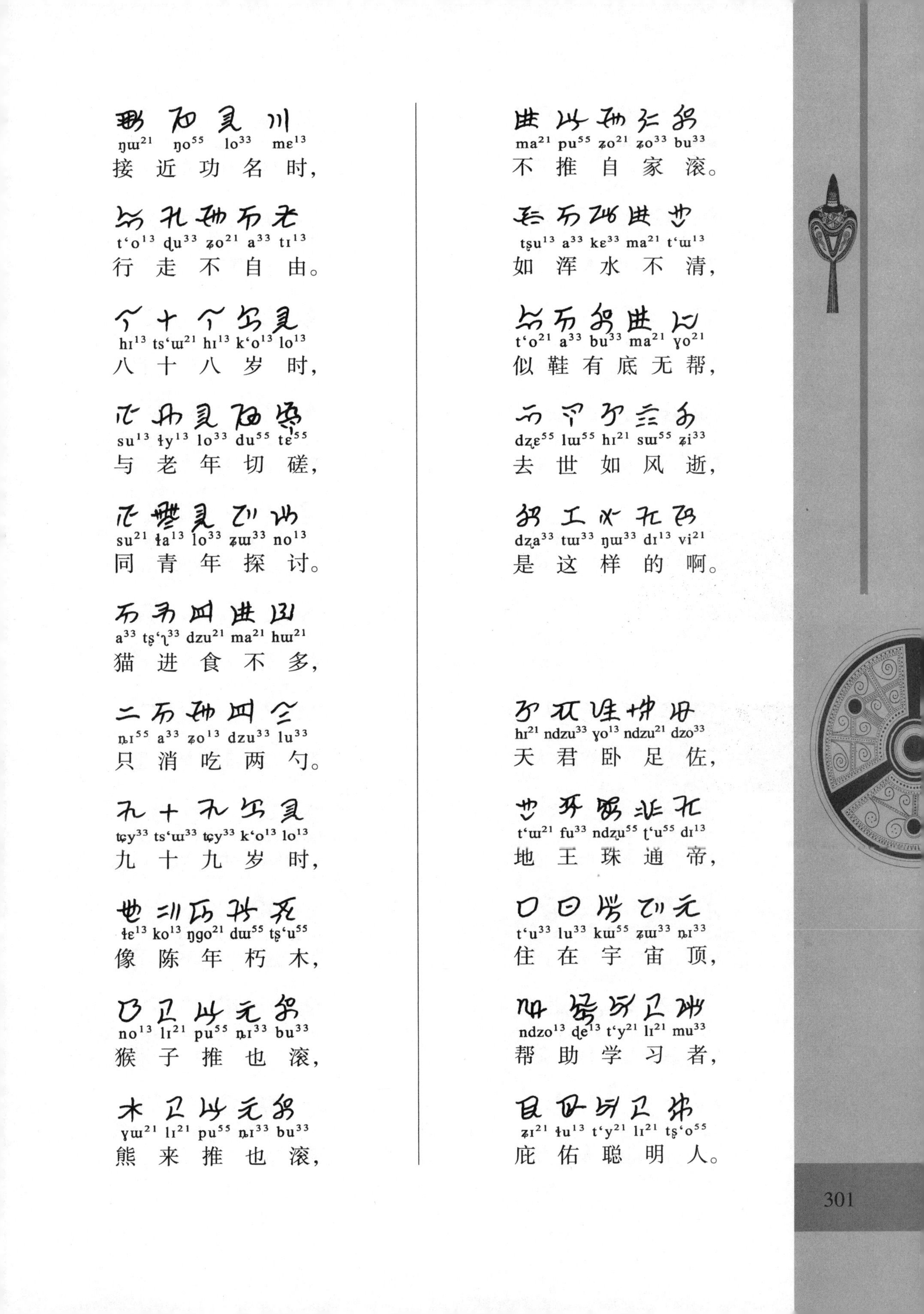

ŋɯ^{21} ŋo^{55} lo^{33} mɛ^{13}
接 近 功 名 时，

t‘o^{13} ɖu^{33} ʑo^{21} a^{33} tɪ^{13}
行 走 不 自 由。

hɪ^{13} ts‘ɯ^{21} hɪ^{13} k‘o^{13} lo^{13}
八 十 八 岁 时，

su^{13} ɬy^{13} lo^{33} du^{55} tɛ^{55}
与 老 年 切 磋，

su^{21} ɬa^{13} lo^{33} ʑɯ^{33} no^{13}
同 青 年 探 讨。

a^{33} tʂ‘ʅ^{33} dzu^{21} ma^{21} hɯ^{21}
猫 进 食 不 多，

ȵɪ^{55} a^{33} ʑo^{13} dzu^{33} lu^{33}
只 消 吃 两 勺。

tɕy^{33} ts‘ɯ^{33} tɕy^{33} k‘o^{13} lo^{13}
九 十 九 岁 时，

ɬɛ^{13} ko^{13} ŋgo^{21} dɯ^{55} tʂ‘u^{55}
像 陈 年 朽 木，

no^{13} lɪ^{21} pu^{55} ȵɪ^{33} bu^{33}
猴 子 推 也 滚，

ɣɯ^{21} lɪ^{21} pu^{55} ȵɪ^{33} bu^{33}
熊 来 推 也 滚，

ma^{21} pu^{55} ʑo^{21} ʑo^{33} bu^{33}
不 推 自 家 滚。

tʂu^{13} a^{33} kɛ^{33} ma^{21} t‘ɯ^{13}
如 浑 水 不 清，

t‘o^{21} a^{33} bu^{33} ma^{21} ɣo^{21}
似 鞋 有 底 无 帮，

dʐɛ^{55} lɯ^{55} hɪ^{21} sɯ^{55} ʑi^{33}
去 世 如 风 逝，

dʐa^{33} tɯ^{33} ŋɯ^{33} dɪ^{13} vi^{21}
是 这 样 的 啊。

hɪ^{21} ndzu^{33} ɣo^{13} ndzu^{21} dzo^{33}
天 君 卧 足 佐，

t‘ɯ^{21} fu^{33} ndʐu^{55} ʈ‘u^{55} dɪ^{13}
地 王 珠 通 帝，

t‘u^{33} lu^{33} kɯ^{55} ʑɯ^{33} ȵɪ^{33}
住 在 宇 宙 顶，

ndzo^{13} ɖe^{13} t‘y^{21} lɪ^{21} mu^{33}
帮 助 学 习 者，

ʑɪ^{21} ɬu^{13} t‘y^{21} lɪ^{21} tʂ‘o^{55}
庇 佑 聪 明 人。

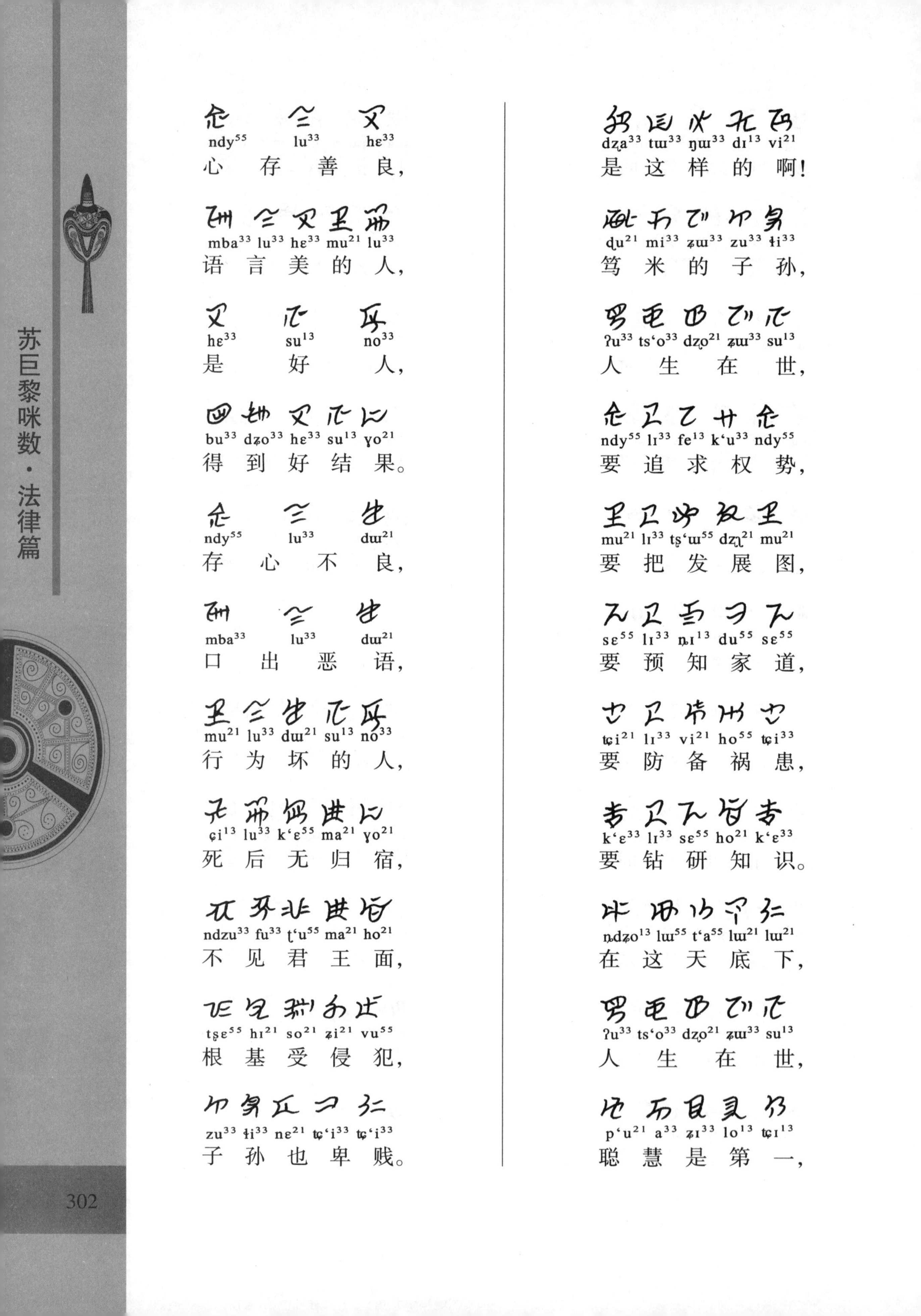

ndy^{55} lu^{33} hε^{33}
心存善良，

mba^{33} lu^{33} hε^{33} mu^{21} lu^{33}
语言美的人，

hε^{33} su^{13} no^{33}
是好人，

bu^{33} dʑo^{33} hε^{33} su^{13} ɣo^{21}
得到好结果。

ndy^{55} lu^{33} dɯ^{21}
存心不良，

mba^{33} lu^{33} dɯ^{21}
口出恶语，

mu^{21} lu^{33} dɯ^{21} su^{13} no^{33}
行为坏的人，

ɕi^{13} lu^{33} k‘ε^{55} ma^{21} ɣo^{21}
死后无归宿，

ndzu^{33} fu^{33} ţ‘u^{55} ma^{21} ho^{21}
不见君王面，

tʂε^{55} hɪ^{21} so^{21} ʑi^{21} vu^{55}
根基受侵犯，

zu^{33} ɬi^{33} nε^{21} tɕ‘i^{33} tɕ‘i^{33}
子孙也卑贱。

dẓa^{33} tɯ^{33} ŋɯ^{33} dɪ^{13} vi^{21}
是这样的啊！

ḍu^{21} mi^{33} ʑɯ^{33} zu^{33} ɬi^{33}
笃米的子孙，

ʔu^{33} ts‘o^{33} dẓo^{21} ʑɯ^{33} su^{13}
人生在世，

ndy^{55} lɪ^{33} fe^{13} k‘u^{33} ndy^{55}
要追求权势，

mu^{21} lɪ^{33} tʂ‘ɯ^{55} dẓʅ^{21} mu^{21}
要把发展图，

sε^{55} lɪ^{33} ȵɪ^{13} du^{55} sε^{55}
要预知家道，

tɕi^{21} lɪ^{33} vi^{21} ho^{55} tɕi^{33}
要防备祸患，

k‘ε^{33} lɪ^{33} sε^{55} ho^{21} k‘ε^{33}
要钻研知识。

ṇdʑo^{13} lɯ^{55} t‘a^{55} lɯ^{21} lɯ^{21}
在这天底下，

ʔu^{33} ts‘o^{33} dẓo^{21} ʑɯ^{33} su^{13}
人生在世，

p‘u^{21} a^{33} ʑɪ^{33} lo^{13} tɕɪ^{13}
聪慧是第一，

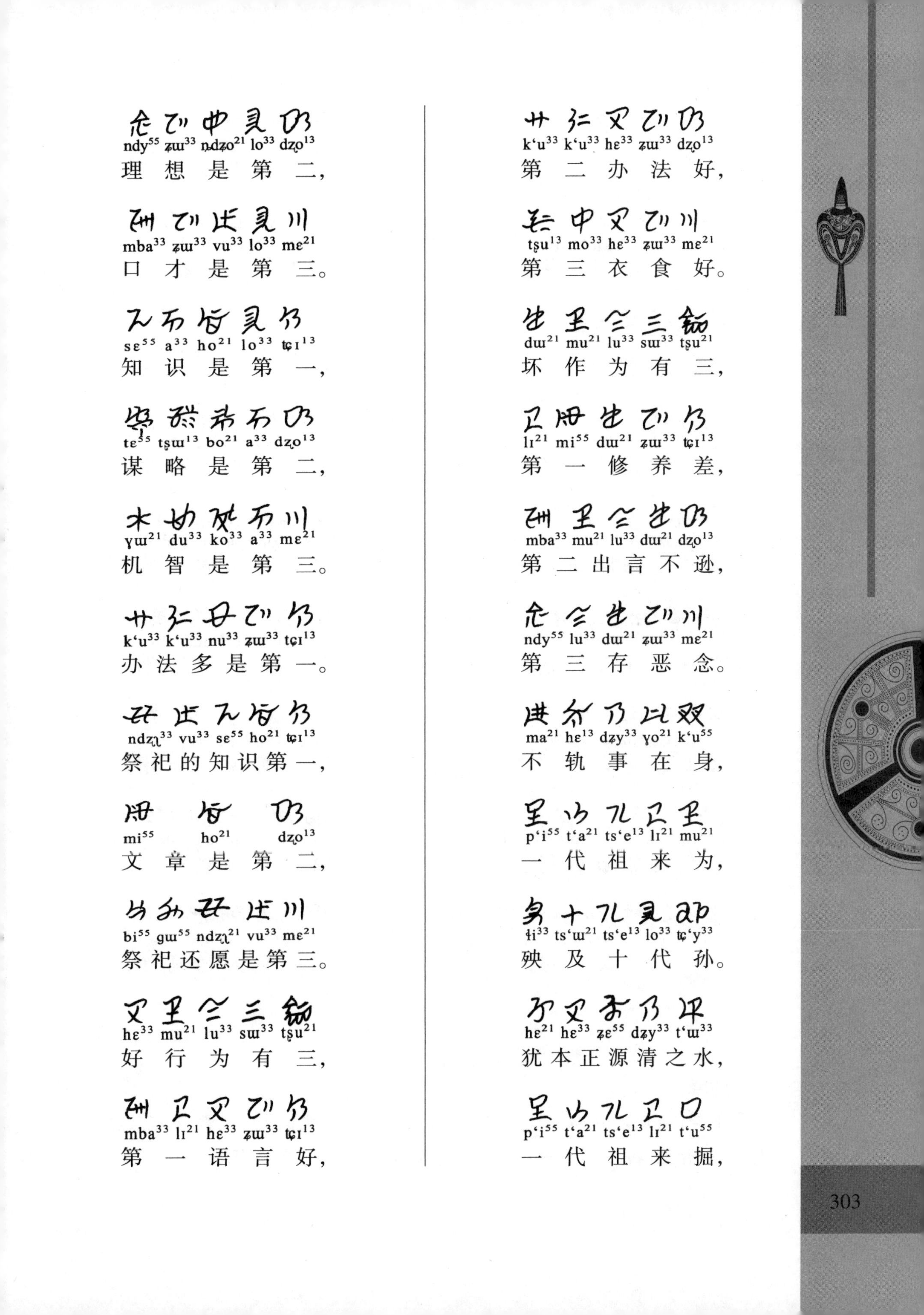

ndy^{55} ʐɯ^{33} ȵdʐo^{21} lo^{33} dʐo^{13}
理想是第二，

mba^{33} ʐɯ^{33} vu^{33} lo^{33} mɛ^{21}
口才是第三。

sɛ^{55} a^{33} ho^{21} lo^{33} tɕɪ^{13}
知识是第一，

tɛ^{55} tʂɯ^{13} bo^{21} a^{33} dʐo^{13}
谋略是第二，

ɣɯ^{21} du^{33} ko^{33} a^{33} mɛ^{21}
机智是第三。

kʻu^{33} kʻu^{33} nu^{33} ʐɯ^{33} tɕɪ^{13}
办法多是第一。

ndʐʅ^{33} vu^{33} sɛ^{55} ho^{21} tɕɪ^{13}
祭祀的知识第一，

mi^{55} ho^{21} dʐo^{13}
文章是第二，

bi^{55} gɯ^{55} ndʐʅ^{21} vu^{33} mɛ^{21}
祭祀还愿是第三。

hɛ^{33} mu^{21} lu^{33} sɯ^{33} tʂu^{21}
好行为有三，

mba^{33} lɪ^{21} hɛ^{33} ʐɯ^{33} tɕɪ^{13}
第一语言好，

kʻu^{33} kʻu^{33} hɛ^{33} ʐɯ^{33} dʐo^{13}
第二办法好，

tʂu^{13} mo^{33} hɛ^{33} ʐɯ^{33} mɛ^{21}
第三衣食好。

dɯ^{21} mu^{21} lu^{33} sɯ^{33} tʂu^{21}
坏作为有三，

lɪ^{21} mi^{55} dɯ^{21} ʐɯ^{33} tɕɪ^{13}
第一修养差，

mba^{33} mu^{21} lu^{33} dɯ^{21} dʐo^{13}
第二出言不逊，

ndy^{55} lu^{33} dɯ^{21} ʐɯ^{33} mɛ^{21}
第三存恶念。

ma^{21} hɛ^{13} dʑy^{33} ɣo^{21} kʻu^{55}
不轨事在身，

pʻi^{55} tʻa^{21} tsʻe^{13} lɪ^{21} mu^{21}
一代祖来为，

ɬi^{33} tsʻɯ^{21} tsʻe^{13} lo^{33} tɕʻy^{33}
殃及十代孙。

hɛ^{21} hɛ^{33} ʑɛ^{55} dʑy^{33} tʻɯ^{33}
犹本正源清之水，

pʻi^{55} tʻa^{21} tsʻe^{13} lɪ^{21} tʻu^{55}
一代祖来掘，

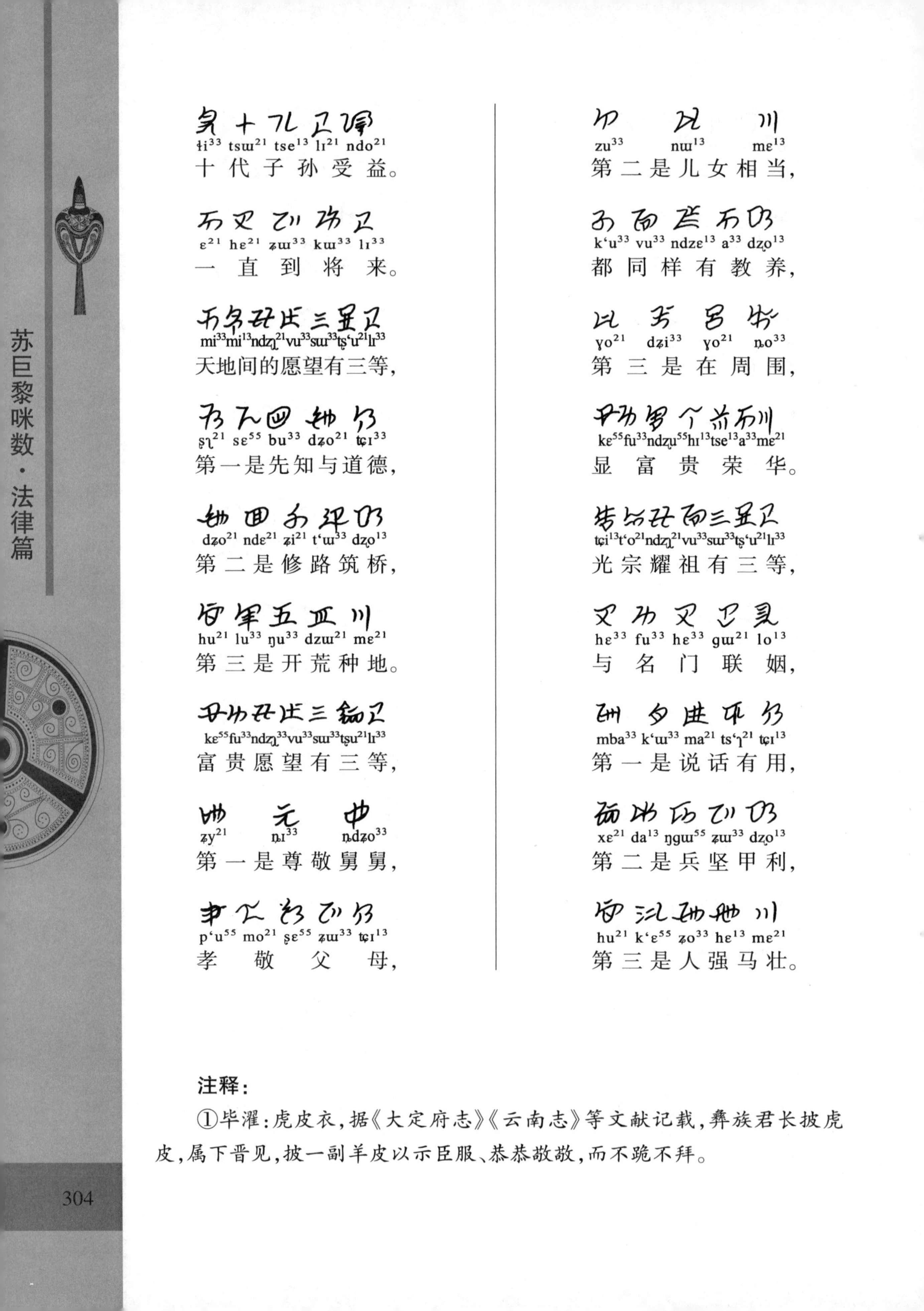

ɬi33 tsɯ21 tse13 lɪ21 ndo21
十代子孙受益。

ɛ21 hɛ21 ʑɯ33 kɯ33 lɪ33
一直到将来。

mi33mi13ndʐʅ21vu33sɯ33tʂ'u21lɪ33
天地间的愿望有三等，

ʂʅ21 sɛ55 bu33 dʑo21 tɕɪ33
第一是先知与道德，

dʑo21 ndɛ21 ʑi21 t'ɯ33 dʐo13
第二是修路筑桥，

hu21 lu33 ŋu33 dzɯ21 mɛ21
第三是开荒种地。

kɛ55fu33ndʐʅ33vu33sɯ33tʂu21lɪ33
富贵愿望有三等，

ʑy21 ȵɪ33 ȵdʑo33
第一是尊敬舅舅，

p'u55 mo21 ʂɛ55 ʑɯ33 tɕɪ13
孝敬父母，

zu33 nɯ13 mɛ13
第二是儿女相当，

k'u33 vu33 ndzɛ13 a33 dʐo13
都同样有教养，

ɣo21 dʑi33 ɣo21 ȵo33
第三是在周围，

kɛ55fu33ndʐʅ55hɪ13tse13a33mɛ21
显富贵荣华。

tɕi13t'o21ndʐʅ21vu33sɯ33tʂ'u21lɪ33
光宗耀祖有三等，

hɛ33 fu33 hɛ33 gɯ21 lo13
与名门联姻，

mba33 k'ɯ33 ma21 ts'ʅ21 tɕɪ13
第一是说话有用，

xɛ21 da13 ŋgɯ55 ʑɯ33 dʐo13
第二是兵坚甲利，

hu21 k'ɛ55 ʑo33 hɛ13 mɛ21
第三是人强马壮。

注释：

①毕濯：虎皮衣，据《大定府志》《云南志》等文献记载，彝族君长披虎皮，属下晋见，披一副羊皮以示臣服、恭恭敬敬，而不跪不拜。

②维度：彝族布摩的签筒状法器，内装以三、六、九计数的神竹竿。

③尼能：彝族历史第二时期的代表氏族，活动在今成都平原一带，以雕塑并崇拜偶像为信仰，以养蚕织绸扬名。

④瞿确：以星名命名的古夷人部族名。

⑤楚陀：以星名命名的古夷人部族名。

⑥哎哺：即哎哺时期，彝族历史的第一个时期。

⑦祖灵桶：安置三代以后到九至十二代祖灵的桶，祖灵桶通常安置在人迹罕至的悬崖绝壁之上。

⑧车益阻姆：地名，在今云南省宣威市境内。

⑨朴格鲁载：人名，磨弥部君长。

⑩补雅洪茨：地名，在今云南省宣威市境内。

⑪耐弥克巴地：在今云南省宣威市与会泽县之间。

⑫古口勾家：彝族磨弥部的部政权名，即"乌蛮"磨弥部君长家，磨弥尼部的政权升格后，就取名为古口勾，在今云南省宣威市。

⑬德皤厄濯：人名，生活在宋代的乌撒部贵族。

⑭录载阿祖：人名，磨弥部的君长。

⑮娄娄勾部：播勒尼的政权升格后，就取名娄娄勾，在今贵州省的安顺市一带。德布氏(即"暴蛮")慕克克传至第12代维遮阿默，维遮阿默传至第7代为海邓氏两弟兄，海邓阿仁为播勒部之祖，从海邓阿仁开始，播勒部有38代连名谱。播勒部属德布部，从慕克克往下传，传了55代。慕克克传到第18代海邓阿仁时与其大宗的磨弥部在云南分支，到第28代时，又分为阿纣阿孟、阿纣莫德两支。阿孟传播勒的大宗普里部(又作普露、普宁、普里等)；莫德为罗殿国之祖。

⑯阿外惹部：阿外惹部是德施系毕额勿之子勿阿洛所传，阿外惹部氏谱系的记载，仅见《彝家宗谱·勿阿洛阿外惹谱》："勿阿洛一代，洛迫默二代，迫默毕余三代，毕余阿格四代，阿格阿鲁五代，阿鲁阿律六代，阿律阿外七代，阿外惹八代，惹依阿泡九代，阿泡阿迂十代。阿迂阿卓一代，阿卓孟武二代，孟武阿恒三代，阿恒阿固四代，阿固阿鄂五代，阿鄂阿妥六代，阿妥阿亥七代，亥依热叩八代，热叩阿格九代，阿格阿史十代。阿史濮格一代，濮格阿大二代，阿大阿祖三代，阿祖额借四代，额借阿诺五代，阿诺举足六代，举足额僰七代，额僰那杓八代，那杓额则九代，额则阿吉十代。阿吉额

苦一代，额苦迫默二代，迫默阿大三代，阿大濮俄四代，濮俄额列五代，额列鲁觉六代，鲁觉笃任七代，笃任那勾八代，那勾那周九代，那周阿姆十代。阿姆额陬一代，额陬阿祖二代，阿祖吉汝三代。住濮妥珠益，皮诺立权柱，建下了基业。”勿阿洛到阿祖吉汝共计传了43代。在彝文文献中，记录阿外惹部史实的有《诺沤苏》《乌撒的姻亲》《宇宙人文论》等，但都不系统，主要内容为与布支系的开亲、战争和摩史间的知识竞赛活动等，涉及一些人和事。额则阿吉、阿吉额苦、额苦迫默这三代和其他文献的事迹记载相符。阿外惹系人名演变为部名，在父子连名传承的谱系中，阿外惹属笃慕的第58世孙，六祖第六支的慕齐齐的第27世孙。最迟在魏晋时期阿外惹部就入住普安地，其部名先后为于矢部、齐弥部，也称“濮吐珠益”家，还有毗那、毗那国、毗那自杞国等名称。“于矢”“齐弥”“濮吐珠益”的命名都与水有关，“于矢”意为“布满水的地方”；“齐弥”，相当于今天说的“湿地”；“濮吐珠益”则与盘江有直接联系，“濮吐珠”是地名，意为长着白蒲草的山谷地，盘江水流经这一带，故盘江在这一段的彝语名就是“濮吐珠益”，“濮吐珠益”又用来代称“阿外惹”家。普安—阿外惹经历了部政权、方国、土司时期，土司制实行后又经历了宣抚司、府、军民府、卫、安抚司、直隶州等阶段，行政区域曾经分属云南、四川、贵州。其势力范围主要为今黔西南的普安、晴隆、兴仁、兴义和六盘水的盘州一带。方国时期的“阿外惹”先后有“毗那”“毗那大蛮”“毗那国”“毗那自杞国”四种名称，前两种名称说明毗那是独立的，后两种名称说明了“毗那国”与“自杞国”合二为一，成为“毗那自杞国”，成了自杞国的一部分。毗那国的“毗那”，是彝语“皮纳”的汉语记音的不同用字，说明阿外惹部把中心建在皮纳山下，久而久之，“皮纳”即“毗那”就成了于矢部阿外惹的代名词，甚至成了国名。

⑰皮罗阁：云南王皮罗阁的彝语乌撒土语名字。

⑱纪俄勾：乌撒部政权由尼（蔺、睑）升格为“勾”后的名称。部政权中与乌撒部同时称“勾”的还有十一部：“慕俄勾（水西部、贵州大方）”“娄娄勾（播勒部、贵州安顺）”“赫海珠舍勾（云南镇雄）”“德歹尼舍勾（云南昭通）”“古口勾（云南宣威）”“沾扎卧勾（云南沾益、曲靖）”“益毕珠吐勾（云南曲靖、东川）”“麻纳姆古勾（云南曲靖、马龙）”“吐洛勾（云南昆明附近）”“阿妥洛则勾（云南盐津或会泽、巧家、鲁甸）”“益那勾纪（云南祥云）”。

⑲参见注⑫。

⑳阿默尼部：彝族磨弥部的部政权名，彝族六祖第五支始祖慕克克传十二代，到维遮阿默，因维遮阿默名望与影响大，故磨弥部在立部时以其祖维遮阿默名字中的阿默为部名，这是在原生形态的部政权建立时期，到其部政权升格后，就取名为古口勾。以维遮阿默为部（尼、蔺、睑）名，还与其突出大宗的地位有关，在布支系的播勒、乌撒、罗婺等各部中，磨弥部阿默尼始终都是他们的大宗。

㉑妥芒布：在巴底妥太，妥氏有两子，分支为两部，各立门户。妥芒布一支，号称“赫海珠舍”。芒布陇氏父子谱，从希慕遮到笃慕为31代，从笃慕经慕齐齐到菲弄阿陡有75代，共计106代，是连续不断的。镇雄芒布陇氏传承的这106代中，最为昌盛的是第35代、第48代、第50代。第35代时分出濮系、白彝系、外族系等多个子系统；第48代时又有多个毕额（余）的分支，且都形成了部；第50代时则开始形成水西、闷畔、于矢、仁德、慕役、芒布等多个著名大部。

㉒录嵯莫嘎：地名，在今云南省宣威市与会泽县之间。

㉓董姆法娜：地名，在今云南省宣威市与会泽县之间。

㉔峨吐洪凯：地名，在今云南省宣威市与会泽县之间。

㉕默遮家：家族名，由诺克博—克博维遮—维遮默遮往下传的布支系家族。

㉖姆默遮：人名，布支系的陡阿姆生姆阿余、姆默遮、姆阿纵等，姆阿余传磨弥和罗婺两部，姆默遮为乌撒部之祖，乌撒部从布氏第25代姆默遮开始创立。

㉗恒索洛义：人名，生活在宋代，出自默支系。

㉘雅扎：一种与异姓结盟的仪式，杀鸡歃血后，结盟的双方履行血亲家庭一样的义务。

㉙洛洪：彝族布摩用具，形如斗笠，主持祭祀时戴在头上。

㉚ 鄂莫：商周时期古夷人氏族名。

㉛益迁阿租：人名，宋代乌撒部著名谋臣、战将，为乌撒的光复与领地扩大立下了汗马功劳。

㉜尼叩布则：人名，益迁阿租之子，生活在乌撒境内的宋代著名彝族布摩。

㉝撮矮布施：人名，据《彝家宗谱》载，是元明之际生活在乌撒境内的著名彝族布摩。

㉞尼奔阿孜：人名，宋代著名彝族布摩。

㉟突目布：水西阿哲部的首席布摩。《大定府志》所录的“白皆土目安国泰所译《夷书》九则”称：“其先，蛮夷君长突穆为大巫，渣喇为次巫，慕德为小巫。”

㊱直娄布：德布氏的一个分支，在德布与德施各部分布的地盘上做世袭布摩。

㊲亥索布：人名，亦是家族名，俄索毕余（毕额）四子之一，专职的世袭布摩。亥索，又作突穆亥索，《大定府志》所录的“白皆土目安国泰所译《夷书》九则”称：“其先，蛮夷君长突穆为大巫，渣喇为次巫，慕德为小巫。”彝文《延师经》称：“阿哲亥索布”，意为亥索是水西阿哲部的首席布摩。

㊳惹家：武僰分支的一个部族，与欧家一道，擅长制作兵器。

㊴恳博：氏族名，约公元前28世纪生活在滇中、滇东、滇东北一带，系武僰分支。

㊵素总头目：彝族古代职官名，相当于现代的乡官。

㊶姆色骂色：彝族古代职官名，主管作战的军事主帅。

㊷狩度氏：叫狩氏的三支古夷人氏族之一。

㊸狩格：叫狩氏的三支古夷人氏族之一。

㊹摩狩氏：叫狩氏的三支古夷人氏族之一。

㊺毕启阿尼：人名，古代彝族社会中不诚实的人的代表。

㊻ 阿俄周德：人名，古代彝族默支系阿芋路部武士。

㊼巴雅注益：地名，在今贵州省威宁彝族回族苗族自治县草海与羊街两镇之间。

㊽笃则那周：人名，宋代乌撒君长。

㊾额借米毕：人名，宋代芒布部贵族。

㊿益舍阻姆：地名，在古时乌蒙部与阿芋路部交界的金沙江畔。

51阿歹阿卓：人名，生活在宋代的乌撒部境内。

52布介阿达：人名，生活在宋代的乌撒部境内。

53益旨能毕：地名，在今贵州省威宁彝族回族苗族自治县境内。

54芍恒：地名，亦城池名，在今贵州省威宁彝族回族苗族自治县县城一